U0920656

ལྷ་ས་ཁྲིང་ཀོན་གྱི་ལོ་རིམ་མེ་ལོང་།

拉萨城关年鉴

2019

（总第8卷）

拉萨市城关区人民政府　主办
拉萨市城关区地方志办公室　编

图书在版编目（CIP）数据

拉萨城关年鉴. 2019 / 拉萨市城关区地方志办公室编. -- 北京 : 方志出版社，2019.12
ISBN 978-7-5144-4065-2

Ⅰ. ①拉… Ⅱ. ①拉… Ⅲ. ①区（城市）– 拉萨 – 2019 – 年鉴 Ⅳ. ①Z527.54

中国版本图书馆CIP数据核字(2019)第300598号

拉萨城关年鉴（2019）

编　　者：拉萨市城关区地方志办公室
责任编辑：范　静

出 版 者：方志出版社
地址　北京市朝阳区潘家园东里9号（国家方志馆 4 层）
邮编　100021
网址　http://www.fzph.org
发　　行：方志出版社图书经销中心
电话（010）67110500
经　　销：各地新华书店
印　　刷：河南金雅昌文化传媒有限公司

开　　本：889 × 1194　　1/16
印　　张：25.75
字　　数：639千字
版　　次：2019年12月第1版　　2019年12月第1次印刷
印　　数：001 ~ 500册

ISBN 978-7-5144-4065-2　　定价：350.00元

西藏自治区测绘院编制

审图号：藏S（2018）022号

2018年9月8日，中央统战部副部长、全国工商联党组书记、常务副主席徐乐江（中）一行到城关区调研“五好”县级工商联建设情况

2018年7月23日，民政部党组书记、部长黄树贤（右三）到尼卓林社区调研民政工作

2018年9月8日，国务院国资委党委书记郝鹏（左六）到西藏净土乳业有限公司调研

2018年9月15日，中华全国供销合作社总社党组书记、理事会主任王侠（前排右二）到城关区调研

2018年4月1日，西藏自治区党委副书记、区政府党组书记、主席齐扎拉（前排右一）考察南北山绿化工程项目

2018年3月21日，西藏自治区党委常务副书记，区政协党组书记丁业现（前排左一）到扎基寺调研

2018年1月19日，西藏自治区党委常委、纪委书记、监委主任王拥军(前排右一)一行到城关区调研

2018年8月22日，西藏自治区党委常委、政法委书记何文浩（中）一行到城关区调研

2018年9月7日，西藏自治区党委常委、拉萨市委书记白玛旺堆（前排中）出席西藏净土乳业正式投产启动仪式

2018年8月24日，西藏自治区人大常委会副主任李文汉（前排右二）率调研组到城关区开展《西藏自治区实施中华人民共和国人民调解法条例》立法调研

2018年7月5日，西藏自治区人大常委会副主任王峻（右二）率调研组到城关区开展学习宣传贯彻实施宪法和城乡建设管理工作情况专题调研

2018年6月20日，西藏自治区人大常委会副主任维色（右一）率执法检查组到城关区开展《中华人民共和国大气污染防治法》执法检查

2018年1月16日，西藏自治区副主席、自治区党委政法委副书记其美仁增（右三）一行到城关区易地扶贫搬迁点恩惠苑社区考察

2018年11月22日，西藏自治区副主席罗梅（中）到城关区调研健康城市建设工作

2018年6月5日，西藏自治区副主席汪海洲（右一）到城关区指导宣传工作

2018年3月6日，西藏自治区副主席石谋军（中）到城关区吉崩岗街道办事处调研

2018年2月26日，西藏自治区副主席江白（左三）考察北山造林工程

2018年4月23日，西藏自治区副主席多吉次珠（中）一行到城关区关帝庙调研指导工作

2018年5月9日，西藏自治区政协副主席王亚蔺（左一）一行到城关区调研

2018年9月7日，中粮集团董事长吕军（前排中）到西藏净土乳业有限公司调研

2018年4月4日，西藏自治区人民检察院党组书记、检察长朱雅频（前排右一）到城关区人民检察院检查指导工作

2018年7月24日，西藏自治区高级人民法院党组书记、院长索达（左三）一行到城关区人民法院检查指导工作

2018年3月7日，西藏自治区民政厅厅长嘎玛泽登（右六）到罗布林卡慰问一线环卫工人

2018年7月1日，西藏社会主义学院党组书记、院长平措旺堆（右二）授牌旧址陈列馆西藏拉萨市社会主义科学院现场教学基地

2018年1月8日，西藏社科联主席、社科院党委副书记、副院长索林（左一）到城关区八廓街道办事处调研

2018年12月27日，西藏自治区妇联党组副书记、主席江措拉姆（右二）一行到城关区开展“下基层、访妇情”调研

2018年12月4日，西藏自治区司法厅党委书记、副厅长肖传江（前排右二）到宗角禄康公园城关区（直）单位法治宣传点指导工作

2018年6月16日，西藏自治区安监局局长达木拉（前排右三）一行到城关区安全生产宣传月“咨询日”活动现场指导工作

2018年7月22日，拉萨市委副书记、市长、城关区委书记果果（前一）一行检查抗洪工作

2018年5月9日，北京市通州区委副书记、区长赵磊（右二）一行到城关区蔡公堂街道恩惠苑社区考察

2018年12月4日，西藏自治区党委组织部副部长郭强（右排右三）一行到城关区嘎玛贡桑街道调研

2018年7月11日，西藏自治区党委宣传部副部长丁勇（前排右一）到城关区扎细街道检查指导宣传工作

2018年8月19日，西藏自治区财政厅党组成员、厅长助理周峰（前排右三）带领自治区脱贫攻坚第二督查组一行到城关区嘎巴生态牧场调研

2018年10月23日，国家卫健委疾控局副局长贺清华（右一）到城关区疾控中心检查指导工作

2018年4月13日，最高人民检察院控告厅副厅长王月光（前排右三）到城关区人民检察院调研

2018年7月6日，最高人民检察院办公厅副主任马骐（前排右二）到城关区人民检察院检查指导工作

2018年10月15日，西藏自治区信访局副局长郭顺成（左二）一行到城关区信访局检查指导工作

2018年5月3日，西藏自治区商务厅党组副书记、副厅长周慧（前排左三）到城关区调研商贸领域工作

2018年5月2日，西藏自治区教育厅副厅长、区脱贫攻坚指挥部教育脱贫组副组长朱赟（中）带队自治区脱贫攻坚第一督查组到城关区督察脱贫攻坚工作

2018年3月5日，西藏自治区妇联副主席龙措（右二）一行到木如社区看望居民

2018年8月14日，拉萨市委副书记、组织部部长庄红翔（中）考察拉鲁湿地栈道

2018年8月24日，拉萨市委常委、常务副市长、北京援藏指挥部副指挥暴剑（中）一行考察夺底沟国土绿化情况

2018年11月5日，拉萨市委常委、宣传部部长吴亚松（右三）一行到城关区详细了解居民生活情况

2018年9月21日，拉萨市委常委、统战部部长阿努次仁（右二）一行到布达拉宫片区指挥部查看扁平化指挥体系运行情况

2018年8月24日，拉萨市委常委、秘书长廖波（中）一行到城关区加荣社区检查指导棚户区改造工程

2018年3月5日，拉萨市副市长、市脱贫攻坚指挥部副总指挥长扎西白珍（前排右一）到城关区恩惠苑易地搬迁安置点检查指导工作

2018年10月30日，拉萨市政协党组成员、城关区委副书记、区长刘亮（右二）考察“双创”工作

2018年5月29日，中纪委审理室六处处长牟立涛（左排左三）到城关区人民检察院调研

2018年7月23日，西藏自治区消防总队防火部部长王涛（左三）一行到大昭寺检查指导寺庙防火工作

2018年5月15日，拉萨市委政法委副书记马骏（右三）一行到城关区信访局检查指导工作

2018年11月20日，拉萨市审计局局长彭多（左排左二）一行到城关区审计局调研

2018年11月27，拉萨市妇联党组书记、副主席赵金花（左一）一行到城关区开展“下基层、访妇情”调研

2018年4月12日，利乐总裁兼CEO杨德森（右四）到西藏净土乳业有限公司调研

2018年9月6日，蒙牛乳业(集团)股份有限公司总裁卢敏放（前排右三）一行到西藏净土乳业有限公司考察

2018年1月8日，拉萨市城关区监察委员会正式挂牌成立

2018年1月11日，出席拉萨市政协十一届三次会议政协委员到城关区乳制品加工厂参观考察

2018年2月8日，城关区举办2018年“我们的节日·春节藏历年”主题联欢活动

2018年3月28日，城关区开展“西藏百万农奴解放纪念日”活动

2018年4月21日，城关区环卫工人趣味运动会开幕

2018年5月6日，城关区举办第三届“最美乡村、行走智昭”徒步活动暨桃花林卡节

2018年5月10日，城关区开展“四讲四爱”群众教育实践活动启动仪式

2018年6月20日，第二届全国网媒体行城关站在拉鲁湿地进行采访。图为部分中央重点新闻网站、中央驻藏媒体、知名商业网站就拉鲁湿地基本情况、生态环境保护等内容听取讲解

2018年6月29日， 城关区开展智慧党建启动仪式

2018年8月3日，城关区召开民族团结进步模范表彰大会

2018年8月25日，西藏首家医疗行业党支部揭牌成立

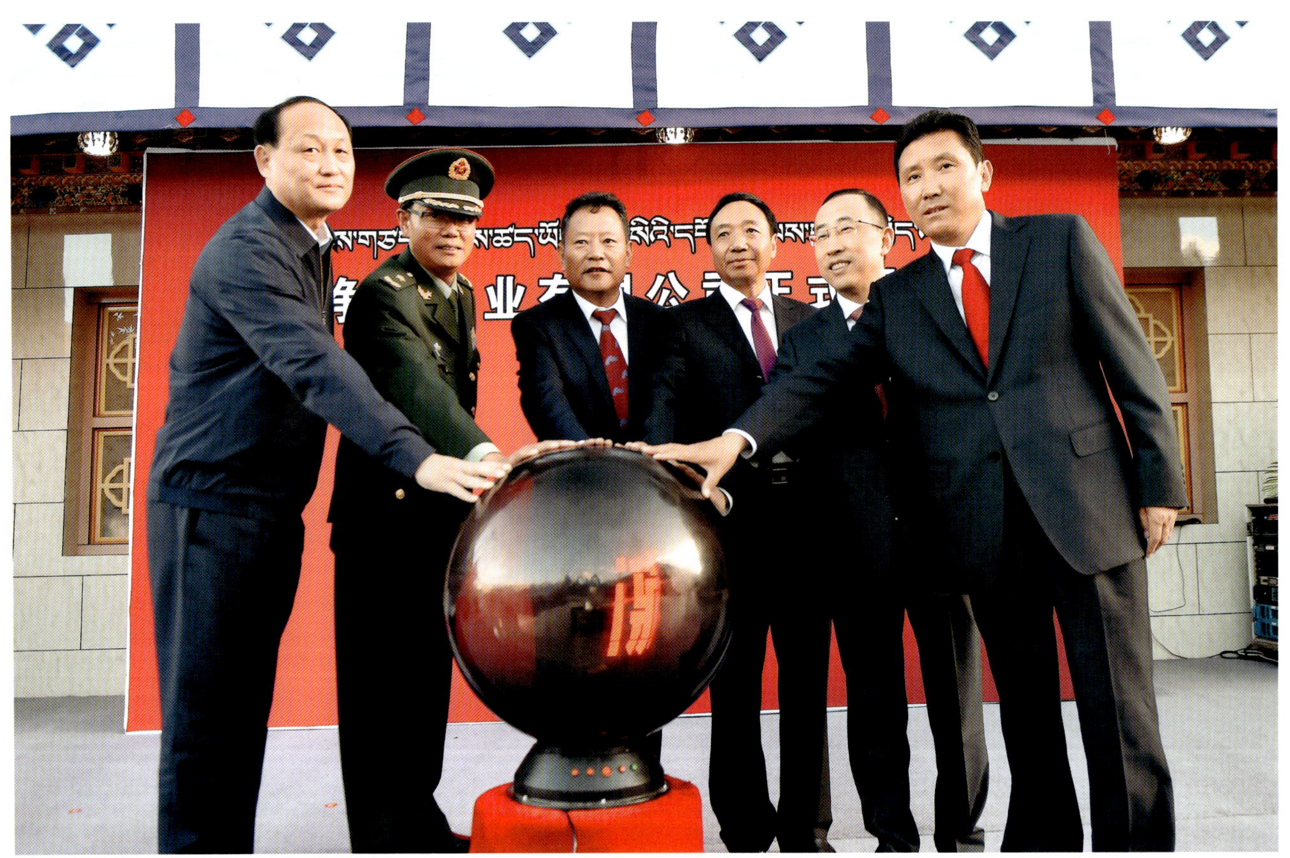

2018年9月7日，西藏净土乳业有限公司投产仪式

2018年9月17日，城关区开展“四讲四爱”群众教育实践活动暨“民族团结从我做起”寄语签名活动

2018年9月23日，城关区庆祝首届“中国农民丰收节”活动在娘热街道加尔西村举办

2018年11月2日， 城关区召开2017年度深化全国文明城市创建工作总结表彰暨2018年度迎接测评动员部署大会

2018年6月，嘎巴生态牧场正式投入运营

《拉萨城关年鉴》编纂委员会

《拉萨城关年鉴》编辑部

编辑说明

一、《拉萨城关年鉴》2012年开始编纂，每年出版1卷，2019年卷为第8卷。

二、《拉萨城关年鉴》以马克思列宁主义、毛泽东思想、邓小平理论、“三个代表”重要思想、科学发展观、习近平新时代中国特色社会主义思想为指导，坚持辩证唯物主义和历史唯物主义的立场、观点和方法，始终坚持“实事求是、质量第一、存史资政、服务大众”的办鉴宗旨，全面、系统、翔实地记述拉萨城关区上一年度政治、经济、文化、社会等各项事业的基本情况，为社会各界与国内外人士了解和研究当今拉萨城关区提供翔实资料。

三、《拉萨城关年鉴》分为正文与彩页两部分。正文采取分类编辑法，以类目、分目、条目为主要框架结构，个别包含多方面资料的条目，则在段落间加插楷体标题提示，方便读者查阅全书。

四、《拉萨城关年鉴（2019）》载录拉萨城关区2018年经济社会发展的基本资料，设有特载、综述、大事记、政治、军事、法治、经济管理、社会事业、城市建设·环保、街道概况、附录等内容。

五、《拉萨城关年鉴》的编辑宗旨，在于求真务实，生动地反映拉萨城关区在改革开放和现代化建设中取得的崭新成就。

六、《拉萨城关年鉴（2019）》所提供的内容和数据，分别来自于拉萨城关区各有关部门和街道办事处，经各级领导审核，但由于口径与统计方法不同，恐有不一致之处，使用时应以区统计局提供的数据为准。本书中农田土地面积的计量单位使用“亩”。

目 录

特 载

勇立潮头争上游 解放思想再出发
奋力谱写新时代城关发展新篇章(节选)
…… 果 果 1
拉萨市城关区人民政府工作报告(节选)
…… 刘 亮 10
拉萨市城关区人民代表大会常务委员会
工作报告(节选) …… 尼玛云丹 18
政协第九届拉萨市城关区委员会常务委员会
工作报告(节选) …… 索朗次仁 23
坚持稳中求进 忠诚履职尽责 推动新时代
纪检监察工作高质量发展 …… 隋兴国 28
拉萨市城关区人民法院工作报告(节选)
…… 才 旺 37
拉萨市城关区人民检察院工作报告(节选)
…… 金 美 41
城关区2018年国民经济和社会发展计划
执行情况与2019年国民经济和社会发展
计划草案的报告(节选)
…… 拉萨市城关区发展和改革委员会 47
拉萨市城关区2018年财政预算执行情况
和2019年财政预算(草案)报告(节选)
…… 拉萨市城关区财政局 52

综 述

概况 …… 57
经济建设 …… 57
党的建设 …… 57
产业发展 …… 57
“三大”攻坚战 …… 58
民生事业 …… 58
社会治理 …… 59

大事记

1月 …… 60
2月 …… 61
3月 …… 62
4月 …… 63
5月 …… 64
6月 …… 66
7月 …… 67
8月 …… 68
9月 …… 69
10月 …… 71
11月 …… 72
12月 …… 73

政　　治

中共城关区委员会

概况 …… 75
思想建设 …… 75
基层基础不断夯实 …… 75
队伍建设 …… 76
党风廉政建设 …… 76
特色产业 …… 76
旅游事业 …… 76
精准脱贫 …… 76
生态环保 …… 77
教育事业 …… 77
健康事业 …… 77
文化事业 …… 77
保障水平有新提升 …… 78
城市管理 …… 78
民族团结持续巩固 …… 78
宗教领域和谐稳定 …… 78
社会治理 …… 79
平安创建 …… 79

中共城关区委办公室

概况 …… 80
党建工作 …… 80
党风廉政建设 …… 80
办文办会 …… 80
保密工作 …… 81
机要工作 …… 81
档案工作 …… 81
农工办工作 …… 81
改革办工作 …… 81
信息工作 …… 82
督查工作 …… 82

城关区人民代表大会常务委员会

概况 …… 82
区人民代表大会 …… 82
人大常委会会议 …… 83
人大代表工作 …… 83
协助区、市人大做好立法工作 …… 83
党建工作 …… 84
党风廉政建设 …… 84
搭建平台创优代表活动条件 …… 84
重视代表议案，建议、批评和意见办理 …… 84
对外交流探索新思路 …… 84

城关区人民代表大会常务委员会办公室

概况 …… 85
文秘工作 …… 85
档案管理与保密工作 …… 85
会务工作 …… 85
机关管理 …… 85
协助常委会开展各项工作 …… 86
督办各类议案、建议和意见 …… 86
党建工作 …… 86
党风廉政建设 …… 86
信访工作 …… 87

城关区人民政府

概况 …… 87
党的建设 …… 87
政府建设 …… 87
产业发展 …… 87
“三大”攻坚战 …… 88
民生保障 …… 89
社会治理 …… 89

城关区人民政府办公室

概况 …… 90
文秘工作 …… 90
会务工作 …… 90
文件管理和保密工作 …… 91
协调服务 …… 91

地方志工作 …… 91
编译工作 …… 91
法治政府建设 …… 91
后勤服务 …… 91
党建工作 …… 92
党风廉政建设 …… 93
督查督办 …… 93

中国人民政治协商会议城关区委员会

概况 …… 93
政协第九届城关区委员会第三次会议 …… 94
政协常委会召开第六次会议 …… 94
政协常委会召开第七次会议 …… 94
政协常委会召开第八次会议 …… 94
政协常委会召开第九次会议 …… 95
政协常委会召开第十次会议 …… 95
开展节前慰问活动 …… 95
慰问基层维稳工作人员 …… 95
自治区政协社会法制外事委员会主任孙永平调研 …… 95
调研“两创”工作 …… 95
自治区党委统战部党外干部处处长任显东调研 …… 95
调研“食品安全及监管”工作 …… 96
深圳福田区政协到城关考察 …… 96
墨竹工卡县政协到城关学习考察 …… 96
慈善活动和社会公益事业 …… 96
参政议政 …… 96
民主监督 …… 96

中国人民政治协商会议城关区委员会办公室

概况 …… 97
“两学一做”学习教育 …… 97
党员政治教育活动 …… 97
党风廉政建设 …… 97
反分裂斗争 …… 98
提案办理 …… 98
自身建设 …… 98

拉萨市八廓古城管理委员会

概况 …… 98
党建工作 …… 99
党风廉政建设 …… 99
市政养护 …… 100
规划审批 …… 100
城市综合治理 …… 100
决策执行 …… 101

中共城关区纪律检查委员会（城关区监察委员会）

概况 …… 102
党建工作 …… 102
推动党委主体责任落实情况 …… 103
反腐败斗争 …… 103
纪律建设 …… 104
作风建设 …… 104
监察体制改革 …… 104
自身建设 …… 105

中共城关区委组织部（编办）

概况 …… 106
城市基层党建 …… 106
党员干部教育 …… 108
人才工作 …… 108
老干部管理 …… 108
干部队伍建设 …… 108
干部驻村工作 …… 109

中共城关区委宣传部

概况 …… 110
党建工作 …… 110
党风廉政建设 …… 111
理论学习 …… 111
宣传活动 …… 112

"四讲四爱"群众教育实践活动 …… 113
文明创建 …… 114
网信工作 …… 115
城关掌上通 …… 115

中共城关区委统战部

概况 …… 116
党建工作 …… 116
党风廉政建设 …… 116
集中学习、统一思想 …… 117
政策宣传 …… 117
藏胞基本情况 …… 117
送党关怀、喜迎节日 …… 117
召开"3·28"纪念日座谈会 …… 118
解决佛协理事生活补助 …… 118
心系藏胞、鼎力相助 …… 118
参观教学、寓教于乐 …… 118
党外政协委员 …… 118
党外干部及知识分子 …… 118
新的社会阶层人士概况 …… 119

城关区总工会

概况 …… 119
工会第六届代表大会 …… 119
党建工作 …… 120
党风廉政建设 …… 120
按规定收取会费 …… 121
帮扶解困服务 …… 121
丰富职工生活 …… 121
自治区、拉萨市两级工会调研 …… 122
提升队伍素质 …… 122
开展关爱健康活动 …… 122
安全生产 …… 122
精神文明建设 …… 122

共青团城关区委员会

概况 …… 123
自身建设 …… 123
发挥青少年阵地作用 …… 123
构建思想引领新格局 …… 123
服务大局 …… 123
保护母亲河行动 …… 124
维护青少年合法权益 …… 124
理论和业务学习 …… 124
落实志愿者相关政策性福利 …… 125
党建工作 …… 125
党风廉政建设 …… 125

城关区妇女联合会

概况 …… 125
党建工作 …… 125
党风廉政建设 …… 126
召开城关区妇女第九次代表大会 …… 126
妇女思想引领 …… 126
妇女儿童维权 …… 126
妇女儿童法律知识宣传 …… 127
巾帼关心关爱 …… 127
妇女与健康 …… 128
家庭教育 …… 128
妇联组织建设 …… 129
巾帼脱贫行动 …… 129
精神文明建设 …… 129
妇女儿童"两规"工作 …… 129

城关区工商业联合会

概况 …… 130
党建工作 …… 130
党风廉政建设 …… 130
组织召开执常委会 …… 130
服务会员企业发展 …… 130
引导企业投身公益事业 …… 131
交流共建 …… 131

城关区信访局

概况 …… 131
组织领导重视 …… 131
队伍建设 …… 132
信访业务办理 …… 132
建设领域矛盾隐患排查 …… 132
完善制度,压实责任 …… 132

城关区藏语委办(编译局)

概况 …… 133
翻译工作 …… 133
创建微信翻译平台 …… 133
创建城关社会用字专项监控网 …… 133
首次召开全区藏语文总结工作暨表彰大会 …… 133
开展社会用字大检查 …… 133
拟定各街道藏文社会用字规范专干 …… 134

城关区创先争优强基础惠民生活动领导小组办公室

概况 …… 134
因地制宜精准派驻 …… 134
学习贯彻党的十九大精神 …… 134
脱贫攻坚 …… 135
瞄准重点强基础惠民生 …… 135
推进乡村振兴战略 …… 136
基层精神文明建设 …… 136
牢记使命担当高效履职尽责 …… 136

军 事

城关区人民武装部

概况 …… 138
党建工作 …… 138
国防后备力量建设 …… 139
建好民兵组织 …… 139
民兵训练 …… 139
选送优质兵员 …… 139
落实战备制度 …… 140
双拥共建 …… 140
后装建设 …… 140
党风廉政建设 …… 141

城关区消防大队

概况 …… 141
党建工作 …… 141
党风廉政建设 …… 141
火灾基础防控体系建设 …… 142
执法规范化建设 …… 142
部队改革转隶工作 …… 142

法 治

中共城关区委政法委员会

概况 …… 144
政法委职能 …… 144
综治办职能 …… 145
校园周边整治 …… 145
实有人口服务管理 …… 145
矛盾纠纷排查 …… 146
群防群治 …… 146
教育培训 …… 146
专项宣传活动 …… 146
平安城关建设 …… 147
创新社会治理 …… 147
网格化服务管理 …… 147
“双联户”工作 …… 147
基层党建工作 …… 147
党风廉政建设 …… 148
扫黑除恶打非治乱 …… 148

城关区公安局

概况 …… 148

筑牢“三道防线” …… 148
管理流动人员 …… 149
守护重点区域 …… 149
整治重点行业 …… 149
严抓安全生产 …… 149
开展清理清查 …… 149
排查矛盾纠纷 …… 150
收集情报信息 …… 150
推进专项斗争 …… 150
查处治安案件 …… 150
安全保卫 …… 150
理论武装 …… 150
思想政治教育 …… 151
基层党建工作 …… 151

拉萨市八廓古城公安局

概况 …… 151
标定奋进目标路线 …… 152
全面清查堵塞漏洞 …… 152
收集情报信息 …… 152
开展扫黑除恶专项行动 …… 152
矛盾纠纷调处 …… 152
检查整治 …… 153
“一标三实”工作 …… 153
实兵实战处置演练 …… 153
红袖标队伍规范化 …… 153
坚持政治建警 …… 153
坚持从严治警 …… 153
坚持从优待警 …… 153

城关区人民检察院

概况 …… 154
全力护航国家安全社会稳定 …… 154
法律监督 …… 155
推进司法体制改革 …… 155
队伍建设 …… 155
党建工作 …… 156
党风廉政建设 …… 156

城关区人民法院

概况 …… 157
维护国家安全和社会稳定 …… 157
能动参与社会治理 …… 157
保护民事权益 …… 157
化解行政争议 …… 157
破解执行难题 …… 157
诉讼服务中心建设 …… 158
拓宽调解渠道 …… 158
司法公开力度 …… 158
人员分类管理 …… 159
筑牢思想根基 …… 159
党风廉政建设 …… 159

城关区司法局

概况 …… 159
法治宣传 …… 159
社会矛盾纠纷排查化解 …… 160
法律援助 …… 160
社区矫正和安置帮教 …… 160
司法行政业务能力建设 …… 161
党风廉政建设 …… 161

经济管理

城关区发展和改革委员会

概况 …… 162
党建工作 …… 162
党风廉政建设 …… 163
重点工作 …… 163
项目审批及备案 …… 163
项目管理 …… 163
受援工作 …… 164
交通工作 …… 165

物价工作 …… 165
粮食工作 …… 166
户籍管理 …… 166

城关区统计局

概况 …… 166
党风廉政建设 …… 166
党建工作 …… 166
生产总值 …… 166
固定资产投资 …… 166
财政收入 …… 166
工业经济 …… 167
消费品领域 …… 167
城乡居民收入 …… 167
专业知识学习 …… 167
统计法律知识学习 …… 167
统计法制宣传 …… 167
统计数据分析 …… 167
全国第四次经济普查 …… 167
精准扶贫 …… 167

城关区财政局

概况 …… 168
党风廉政建设 …… 168
党建工作 …… 169
财税体制改革 …… 169
财政管理 …… 169
2018 年重点领域资金落实情况 …… 170
基本建设领域资金保障 …… 170
构建高原生态屏障 …… 170
社会救助工作资金保障 …… 170
完善社会保障体系 …… 170
教育事业 …… 171
医药卫生体制改革 …… 171
落实各项强农惠农富农政策 …… 171
文化科技体育事业发展 …… 171
住房保障 …… 171
确保社会局势持续稳定 …… 171

拉萨市国土资源局城关分局

概况 …… 171
党建工作 …… 171
党风廉政建设 …… 171
土地征收 …… 172
农村集体土地发证 …… 172
编制城关区土地利用总体规划 …… 172
土地预审 …… 172
农用地转用手续 …… 172
耕地占补平衡事宜 …… 172
宣传工作 …… 173
土地矿产卫片检查 …… 173
生态恢复 …… 173
工商资本违法违规租地问题 …… 173
人大、政协提案、议案答复 …… 173
安置就业用地 …… 173
矛盾纠纷调处 …… 174
国土工作取得成效 …… 174

城关区审计局

概况 …… 174
内部建设 …… 174
合理安排培训 …… 174
党组织建设 …… 174
党建工作 …… 175
党风廉政建设 …… 175
“两学一做” 学习教育 …… 175
建立项目库 …… 175
配合审计组工作 …… 175
审计工作 …… 176

城关区工业和信息化局

概况 …… 176
协调服务 …… 176
提升履约率 …… 176

走出去、请进来 …… 177
项目储备 …… 177
信息化建设 …… 177
党建工作 …… 178
党风廉政建设 …… 178

城关区食品药品监督管理局

概况 …… 179
党建工作 …… 179
党风廉政建设 …… 179
政务审批 …… 180
监管工作 …… 180
火锅市场专项整治 …… 180
集体聚餐专项检查 …… 181
严厉查处食品药品违法行为 …… 181
宣传营造氛围 …… 181

城关区安全生产监督管理局

概况 …… 182
强化组织，全面压实责任 …… 182
党建工作 …… 182
隐患整改 …… 182
深化源头治理 …… 183
全面提升安全素质 …… 183

城关区商务局

概况 …… 184
“两创”工作 …… 184
推进“互联网+” …… 184
肉菜追溯体系工作 …… 184
“万村千乡”市场工程建设 …… 185
治理辖区木材市场 …… 185
整治仓库、家具厂、旧货市场 …… 185
物价监测 …… 185
碘盐推广 …… 185
加油站监管 …… 185
商贸领域安全生产 …… 185
商贸领域环保工作 …… 186
打击侵犯知识产权 …… 186
公共服务体系建设 …… 186
党建工作 …… 186
党风廉政建设 …… 186
社会综合治理 …… 186

城关区旅游局

概况 …… 187
旅游管理 …… 187
旅游基础设施建设 …… 187
旅游质量建设 …… 187
旅游培训 …… 188
创新宣传推介 …… 188
党建工作 …… 188
党风廉政建设 …… 189
规范管理 …… 190
内外监督 …… 190

城关区净土农业发展有限公司

概况 …… 190
党建工作 …… 190
“两学一做”学习教育 …… 191
“四讲四爱”群众教育实践活动 …… 191
党风廉政建设 …… 191
开展党员日常活动 …… 191
解决当地群众就业 …… 192
精准扶贫 …… 192
园区土地流转征用款项事宜 …… 192
蔬菜惠民直销车 …… 192
稳价保供 …… 193
农牧民专业合作社 …… 193
保障“两节”期间产品供应 …… 193
奶产业建设与发展 …… 193
“三包”物资发放 …… 193
精准扶贫 …… 194

拉萨城发实业有限公司

概况 …… 194
党建工作 …… 194
“两学一做”学习教育 …… 194
“四讲四爱”主题教育实践活动 …… 195
党风廉政建设 …… 195
拉萨城发建设工程有限公司 …… 195
西藏城馨建设工程有限公司 …… 195
西藏亚兴建筑有限责任公司 …… 195
城关区房地产开发公司 …… 195
拉萨城发房地产开发有限公司 …… 195
拉萨城发旅游综合开发有限公司 …… 195
拉萨城发投资有限公司 …… 195
党建扶贫 …… 195

社会事业

城关区民政局

概况 …… 197
党建工作 …… 197
党风廉政建设 …… 197
城乡低保 …… 197
特困人员救助供养 …… 197
城乡大病医疗救助 …… 198
“一门救助、协同办理” …… 198
社会救助联席会议制度 …… 198
城乡低保稳步提升三年行动计划 …… 198
援藏工作 …… 199
灾情信息报送管理 …… 199
救灾资金管理 …… 199
灾民临时救助管理制度 …… 199
救灾物资管理 …… 199
“全国综合减灾示范社区”创建活动 …… 199
残疾人联合会工作 …… 200
社区建设 …… 200
监督委员会 …… 200
双拥工作 …… 200
儿童福利 …… 200
老龄工作 …… 201
行政区划 …… 201
地名管理 …… 201
社会组织管理 …… 201
婚姻档案登记管理 …… 201
殡葬管理 …… 201
基层民政力量建设 …… 201

城关区人力资源和社会保障局

概况 …… 202
党建工作 …… 202
党风廉政建设 …… 202
高校毕业生就业 …… 202
保障公共服务平台 …… 203
保障基层平台人才待遇 …… 203
公益性岗位招聘 …… 203
医疗保险 …… 203
城乡居民养老保险 …… 203
城镇职工养老保险 …… 203
工伤保险 …… 203
失业保险 …… 203
生育保险 …… 203
全民参保暨社会保障卡数据采集 …… 204
工资福利 …… 204
档案管理 …… 204
事业专技人员管理 …… 204
办公室管理 …… 204
财务室管理 …… 204

城关区民族宗教事务局

概况 …… 205
党建工作 …… 205
党风廉政建设 …… 205
寺庙服务管理 …… 205

完善各类管理机制 …… 206
深化法制与政策宣传 …… 206
僧尼自然减员补充 …… 206
寺庙僧尼及人员管理 …… 206
宗教活动审核上报 …… 206
僧尼“两保一低” …… 207
僧尼到各省市参观考察 …… 207
完成穆斯林群众朝觐工作 …… 207
爱国守法先进僧尼表彰评选 …… 207
遵行“四条标准” …… 207
寺庙基础设施 …… 207
民族团结事业 …… 208
民族团结活动 …… 208
民族团结进步模范表彰大会 …… 208
少数民族流动人口服务管理 …… 208
社会流动从事宗教人员调查 …… 208

城关区卫生和计划生育委员会

概况 …… 209
健康服务 …… 209
项目建设 …… 209
地方病防治 …… 209
艾滋病、性病防控 …… 210
免疫规划 …… 210
结核病防治 …… 210
传染病防控 …… 210
慢性非传染性疾病防控 …… 210
卫生监督 …… 211
风湿病筛查 …… 211
结核病筛查 …… 211
家庭医生签约 …… 211
妇幼保健 …… 211
计划生育 …… 212
农牧区医疗管理 …… 212
卫生应急 …… 212
分级诊疗 …… 212
爱国卫生 …… 212
党建工作 …… 212

城关区文化新闻出版广电局（文物局）

概况 …… 213
党建工作 …… 213
党风廉政建设 …… 213
通过创建国家公共文化服务体系示范区终验 …… 214
文化产业发展 …… 214
民间艺术团队 …… 214
弘扬传承历史文化遗产 …… 214
文物保护 …… 214
广播影视 …… 215
优化文化市场发展环境 …… 215

城关区农牧（科技、林业）局

概况 …… 215
项目投入 …… 216
种植业 …… 216
培育合作社 …… 216
农产品保护 …… 216
“土十条”工作 …… 216
农村土地确权颁证 …… 216
实施涉农保险 …… 216
畜牧业生产 …… 216
“春秋两季”防疫 …… 216
非洲猪瘟 …… 217
奶牛引进 …… 217
动物包虫病防治 …… 217
草补奖工作 …… 217
基本草原划定 …… 217
动物卫生监督执法 …… 217
植物检疫 …… 217
义务植树 …… 218
米琼日生态修复 …… 218
野生动物保护工作 …… 218

科技型中小企业申报 …… 218
创新创业载体建设 …… 218
知识产权保护 …… 218
开展“三区”人才工作 …… 218
科技人才培养和储备 …… 218
打造“高原奶都” …… 218
涉农项目 …… 219
“菜篮子”工程 …… 219
成功申报第二批自治区农产品质量安全县区 …… 219
城关区农机加油一卡通推行 …… 219
农村集体资产清产核资 …… 219
科学划分,制定禁养区 …… 219
产业园区申报 …… 219
建立教授工作站 …… 220
乡村建设 …… 220
以业脱贫 …… 220
以补脱贫 …… 220
党建工作 …… 220
党风廉政建设 …… 220
宣传培训 …… 220
信息工作 …… 220

城关区水利局

概况 …… 220
娘热乡加尔西村五组农田灌溉工程 …… 221
2017 年小农维修养护项目 …… 221
水毁项目 …… 221
拉萨市 2017 年第一批脱贫攻坚整合资金项目 …… 221
蔡公堂乡白定支沟防洪工程 …… 221
精准扶贫 …… 221
“河长制”工作 …… 221
党风廉政建设 …… 222
信息工作 …… 222

城关区扶贫(农发)办公室

概况 …… 222
党建工作 …… 222
党风廉政建设 …… 223
宣传教育 …… 223
机关作风效能建设 …… 223
脱贫攻坚 …… 224

城关区教育(体育)局

概况 …… 224
加快发展学前教育 …… 225
均衡发展义务教育 …… 225
打造风清气正教育生态 …… 225
营造和谐稳定教育环境 …… 225
党建工作 …… 225
精准推进脱贫攻坚 …… 225
推进基建项目实施 …… 226
教师专业化水平持续提高 …… 226
教育信息化建设 …… 226
体育事业 …… 226

拉萨市拉鲁湿地国家级自然保护区管理局

概况 …… 227
党建工作 …… 227
党风廉政建设 …… 227
生态文明建设 …… 228
宣传教育 …… 228
综合治理 …… 228
环保督办 …… 229
水质监测 …… 229
取得成效 …… 229

城关区洁达园林绿化投资工程有限公司

概况 …… 229
党风廉政建设 …… 230
创建绿色拉萨 …… 230
绿化工程建设 …… 230
严抓安全生产 …… 230

拉萨城顺综合服务有限公司

概况 …… 231
党建工作 …… 231
党风廉政建设 …… 231
“四讲四爱”群众教育活动 …… 232
解决群众就业 …… 232
招商引税 …… 232
卫生工作 …… 232
经济运营 …… 232
停车场管理 …… 233
物业服务 …… 233
保安服务 …… 233
广告公司 …… 233
城桑服装贸易公司 …… 233
城创电子科技信息公司 …… 233

清政府驻藏大臣衙门旧址陈列馆

概况 …… 233
文物藏品 …… 234
接待工作 …… 234
党建工作 …… 234
开展爱国主义教育 …… 234
文物安全 …… 235
党风廉政建设 …… 235

拉萨市实验小学

概况 …… 235
办学理念 …… 236
综合实践,伴我成长 …… 236
社会实践,探索发现 …… 236
课题引领,以研促教 …… 236
多元评价,全面发展 …… 237
党建工作 …… 237

拉萨市第七中学

概况 …… 237
办学特色 …… 238
科研兴校 …… 238
发展愿景 …… 238

拉萨市实验幼儿园

概况 …… 238
办园特色 …… 239
教学特色 …… 239
科研兴教 …… 239
指导交流 …… 240
送教引领 …… 240

城市建设・环保

城关区住房和城乡建设局

概况 …… 241
党建工作 …… 241
“两学一做”学习教育 …… 241
党风廉政建设 …… 241
“四讲四爱”主题教育实践活动 …… 242
对口帮扶 …… 242
工程建设领域安全生产监督管理 …… 242
物业管理 …… 242
办理人大、政协提案 …… 242
房产管理 …… 242
房屋租赁补贴发放 …… 243
加措棚户区 …… 243
加荣棚户区 …… 243
洛堆棚户区 …… 243
2017 年团结新村基础设施改造项目（733 套）…… 243
2017 年江苏路以北老城区棚户区（612 套）…… 243
2017 年城关区娘热阿坝林社区棚户区（323 套）…… 243
历史文化名城保护项目 …… 243
新建项目棚户区 …… 243
其他新建项目 …… 243
抢抓老城区改造工程 …… 243
解决历史遗留问题 …… 244

城关区环境保护局

概况 …… 244
党建工作 …… 244
党风廉政建设 …… 244
环保宣传 …… 245
建设项目环境管理 …… 245
生态创建 …… 245
环境投诉、举报受理 …… 245
重点排污企业监管 …… 245
规范排污许可发放 …… 245
全国第二次污染源普查 …… 245
巩固“禁白”工作成果 …… 245
解决环境突出问题 …… 246
大气、水、土壤污染防治 …… 246
开展环保专项整治行动 …… 246
完成中央、自治区环保督察整改落实 …… 247

城关区环境卫生保护局

概况 …… 247
健全党建工作机制 …… 247
思想建设 …… 247
党员干部队伍建设 …… 248
环卫工作 …… 248
环卫督查 …… 248
城乡一体化 …… 248
垃圾分类 …… 248
“厕所革命” …… 249
拉萨河道清理 …… 249
建筑垃圾监管和整治 …… 249

城关区城市管理综合执法局

概况 …… 249
统一装备标识 …… 250
党建工作 …… 250
党支部改选补充 …… 250
“两学一做”学习教育 …… 250
党风廉政建设 …… 251
文件保密 …… 251
印章管理 …… 252
档案管理 …… 252
法治宣传教育 …… 252
督查工作 …… 252
执法整治 …… 252
“门前三包”责任制 …… 252
冬季牛羊肉市场整顿 …… 252
年货市场专项整治 …… 252
露天烧烤专项整治 …… 252
户外广告治理 …… 252
“禁白”工作 …… 252
散养牛专项整治 …… 253
香草专项整治 …… 253
尾随兜售专项整治 …… 253
渣土车辆、建筑垃圾乱倒专项整治 …… 253
临时性执法保障任务完成圆满 …… 253
公共设施管理 …… 253
开展私设石墩、铁桩摸底工作 …… 253
主次干道简易房摸底调研 …… 253
国庆期间重点整治 …… 254
办理人大、政协提案 …… 254
项目风险评估 …… 254
信息报送、宣传报道 …… 254
城南大队成立 …… 254
完成辖区成立中队试点 …… 254
划转人员，增加编制 …… 254
拟定上报“街巷长”制方案 …… 255
“我以城管为荣”首届文艺演出 …… 255

街道概况

蔡公堂街道办事处

概况 …… 256
党风廉政建设 …… 256
党员队伍建设 …… 256
人大工作 …… 257

经济发展 …… 257
精准扶贫 …… 257
民生工作 …… 258
发放养老补贴 …… 258
教育工作 …… 258
转移就业 …… 258
农牧工作 …… 258
食品药品安全 …… 259
生态、精神文明建设 …… 259
环境保护 …… 259
宣传工作 …… 259
司法工作 …… 260
信息上报 …… 260
征地拆迁 …… 260
防违控违 …… 260
恩惠苑社区居委会 …… 260
蔡村委会 …… 261
白定村委会 …… 261

纳金街道办事处

概况 …… 262
亮点工作 …… 262
精准扶贫 …… 263
农牧业 …… 263
环境保护 …… 263
便民服务 …… 263
惠民政策 …… 264
社会事业统筹发展 …… 264
党建工作 …… 264
党风廉政建设 …… 265

夺底街道办事处

概况 …… 265
履行基层党建责任 …… 265
“两学一做”学习教育 …… 266
激发基层党组织活力 …… 266
党管意识形态 …… 266
村级活动场所标准化建设 …… 266
“支部主题党日”（党建载体）活动 …… 267
宣传教育 …… 267
党风廉政建设 …… 267
经济发展 …… 267
掌握“两违”情况 …… 268
生态文明建设 …… 268
以教脱贫 …… 268
以助脱贫 …… 268
以保脱贫 …… 268
以迁脱贫 …… 268
以补脱贫 …… 268
以业脱贫 …… 268
教育工作 …… 268
民政工作 …… 269
城乡环境卫生 …… 269
全民健康 …… 269
就业和社会保障 …… 269
农牧、水利工作 …… 269

娘热街道办事处

概况 …… 269
各项经济指标完成情况 …… 270
“两学一做”学习教育常态化制度化 …… 270
党风廉政建设 …… 271
民生工作 …… 271
违建工作 …… 271
医疗卫生 …… 272
社保工作 …… 272
环保工作 …… 272
扶贫工作 …… 272

八廓街道办事处

概况 …… 273
基层党组织建设 …… 273
非公企业党建工作 …… 273
制度完善 …… 273
村级组织标准化建设 …… 274
基层党建 …… 274

党风廉政建设 …… 274
网格化工作 …… 274
“双联户”工作 …… 275
流动人员管理 …… 275
出租房屋管理 …… 275
法制宣传教育 …… 275
矛盾纠纷 …… 275
司法工作 …… 275
信访工作 …… 275
安全生产 …… 275
城市管理 …… 275
“扫黑除恶”专项斗争 …… 275
全国第四次经济普查 …… 276
环保工作 …… 276
“禁白”工作 …… 276
“污普”工作 …… 276
教育工作 …… 276
解决就业问题 …… 276
社会保障 …… 277
食品安全 …… 277
卫生健康 …… 277
提升城市低收入群体生活水平 …… 277
民政工作 …… 277
“河长制”工作 …… 278
意识形态 …… 278
精神文明建设 …… 278
开展“扫黄打非”行动 …… 278
组织群众性文化文艺活动 …… 278
团建工作 …… 278
文明煨桑工作 …… 278

吉崩岗街道办事处

概况 …… 279
基层党建 …… 279
党员队伍 …… 280
思想宣传 …… 280
党风廉政建设 …… 280
信访工作 …… 280
开展普法宣传 …… 280
综合治理 …… 280
开展“扫黑除恶” …… 281
安全生产 …… 281
环境保护 …… 281
社会保障 …… 282
发展社区集体经济 …… 282
就业工作 …… 282
人大工作 …… 283
民族团结 …… 283
食品安全 …… 283

吉日街道办事处

概况 …… 283
理论学习 …… 284
完善落实制度 …… 284
强基惠民 …… 284
政治文明建设 …… 284
机关效能建设 …… 285
精神文明建设 …… 285
城市管理 …… 285
创新社会管理 …… 285
团委工作 …… 285
司法工作 …… 285
社区建设 …… 285
计生、卫生、食品安全 …… 286
民族团结 …… 286
基层党建工作 …… 286
党风廉政建设 …… 287

公德林街道办事处

概况 …… 287
“两学一做”学习教育 …… 288
意识形态领域建设 …… 288
非公党建工作 …… 288
党风廉政建设 …… 289
经济与民生 …… 289
低收入群体 …… 289

中央环保督导组督导整改案件 …………… 290
“三渠一河”专项治理 ………………………… 291
辖区环境卫生综合整治 ……………………… 291
不断完善慈善超市运营 ……………………… 291
推动旅游智慧化建设 ………………………… 291

扎细街道办事处

概况 ………………………………………… 291
党建工作 …………………………………… 291
党风廉政建设 ……………………………… 293
意识形态工作 ……………………………… 293
民生工作 …………………………………… 294
环保工作 …………………………………… 294

嘎玛贡桑街道办事处

概况 ………………………………………… 295
组织机构 …………………………………… 295
经济发展 …………………………………… 295
基层组织建设 ……………………………… 295
党员队伍建设 ……………………………… 296
群团工作 …………………………………… 296
“两学一做”教育常态化、制度化 ………… 296
社区活动场所标准化建设 ………………… 296
党风廉政建设 ……………………………… 296
意识形态 …………………………………… 297
人大工委工作 ……………………………… 297
环境卫生整治 ……………………………… 298
集体经济发展壮大 ………………………… 298
第四次全国经济普查 ……………………… 299
就业创业 …………………………………… 299
社会保障 …………………………………… 299
健康城关 …………………………………… 299
提升城市低收入人群生活水平 …………… 299
教育均衡 …………………………………… 299
东西部扶贫协作 …………………………… 299
城市管理 …………………………………… 300
“三个专项”斗争 …………………………… 300
社会面管控 ………………………………… 300
矛盾纠纷排查 ……………………………… 301
民族团结创建 ……………………………… 301

两岛街道办事处

概况 ………………………………………… 301
党建工作 …………………………………… 301
党风廉政建设 ……………………………… 302
京藏合作交流 ……………………………… 302
集体经济 …………………………………… 302
全国第四次经济普查 ……………………… 303
就业创业 …………………………………… 303
文化惠民 …………………………………… 303
三病筛查 …………………………………… 303
健康活动 …………………………………… 304
生态环境保护 ……………………………… 304
法治宣传 …………………………………… 304
综合治理 …………………………………… 304
扫黑除恶、打非治乱 ………………………… 304

金珠西路街道办事处

概况 ………………………………………… 305
社会保障 …………………………………… 305
民政救助 …………………………………… 305
卫生计生 …………………………………… 305
文明创建 …………………………………… 305
妇联工作 …………………………………… 306
食品药品 …………………………………… 306
环境保护 …………………………………… 306
社区矫正 …………………………………… 306
安置帮教 …………………………………… 306
人民调解 …………………………………… 306
党建工作 …………………………………… 306
党风廉政建设 ……………………………… 307

附　录

受区（县）级以上表彰的先进集体名录 …… 309
受区（县）级以上表彰的先进个人名录 …… 321
城关区 2018 年国民经济和社会发展统计公报 ……………………………………………… 343

索　引 ………………………………………… 345

特　　载

勇立潮头争上游　解放思想再出发　奋力谱写新时代城关发展新篇章(节选)

——在中国共产党拉萨市城关区第九届委员会第四次全体会议上

拉萨市委副书记、市长、城关区委书记　果　果

(2018年12月29日)

一、2018年工作回顾

过去一年,区委常委会坚持高举习近平新时代中国特色社会主义思想伟大旗帜,深入学习宣传贯彻中共十九大、十九届二中、三中全会,中央第六次西藏工作座谈会精神,贯彻落实习近平总书记关于治边稳藏重要论述和"加强民族团结、建设美丽西藏"的重要指示以及给隆子县玉麦乡群众的回信、致西藏民族大学建校60周年贺信精神,贯彻落实区市党委九届三次全会精神,牢固树立"四个意识",坚定"四个自信",自觉做到"两个维护",坚决贯彻执行区市党委、政府各项决策部署,坚持稳中

求进工作总基调,以确保稳定为基石,以高质量发展为核心,以推进供给侧结构性改革为主线,以全面从严治党为前提,全面落实中央和区市党委各项决策部署,科学研判形势,深化区情认识,着力攻坚克难,勠力同心奋斗,各项事业呈现协同发展新气象、迈出开拓向前新步伐。

一是学思践悟新思想,用党的十九大精神引领事业全局。我们坚持把学习宣传贯彻习近平新时代中国特色社会主义思想和党的十九大精神作为首要政治任务,持续在学懂、弄通、做实上下功夫,先后召开常委会、领导干部大会、理论中心组学习会议,组织全区各级党组织通过集中学、邀请专家辅导学等方式,全方位、高频率、多层次推进学习任务落实。压茬举办干部政治教育轮训班,实现党员领导干部集中学习培训全覆盖。县级领导带头到农村、社区、机关、校园、寺庙开展面对面宣讲,让党的十九大精神家喻户晓、深入人心。在习近平新时代中国特色社会主义思想和党的十九大精神引领下,全区工作思路更加清晰,重点更加突出,措施更加务实,有效推动了中央和区市党委各项决策部署全面贯彻落实。

二是发力构建党的建设引领区,党的全面领导坚强有力。我们坚持把抓好党建作为最大政绩,认真践行新时代党的建设总要求,自觉担负管党治党主体责任,把从严治党要求落实到党的建设全过程,党的全面领导能力得到新提升。切实强化思想理论武装,扎实推动"两学一做"学习教育常态化制度化,坚持每周三下班后雷打不动组织区委理论学习中心组集中学习,围绕城关实际设置17个学习专题,及时将中央区市重要会议文件精神纳入学习内容,共开展集中学习51次,各级党组织专题学习党的十九大精神、习近平新时代中国特色社会主义思想1340余次,专题研讨27次,各级书记讲党课126次。集中开展党员政治教育培训16期,培训3750人次,基层党组织开展培训1300多场次,实现政治教育全覆盖,全区党员干部践行"四个意识""四个自信""两个维护"自觉性不断提升。牢牢掌握意识形态工作领导权,建立意识形态领域专班推进和工作例会制度,配强宣传干部人才队伍。大力培育和践行社会主义核心价值观,启动第四轮全国文明城市创建活动。持续深入开展"四讲四爱"群众教育实践活动,累计开展集中宣讲1800多场次,白定村"四讲四爱"示范讲习所建设项目和"三宣五课十四讲"经验做法得到市里充分肯定,选树了民族团结模范罗布曲扎等一大批"接地气、树得起、立得住"的群众身边先进典型,广大群众感党恩、听党话、跟党走,自觉与十四世达赖分裂集团划清界限,"三个离不开""五个认同"意识不断增强。大力开展净化舆论环境整治,建立了专兼职网评员队伍,落实24小时舆情监测值班制度,负面舆情发现及时、处置稳妥,网络环境保持干净清爽。夯实全面从严治党基层基础,大力推进基层组织标准化建设,组织活动场所实现"服务区域最大化、办公区域最小化、服务功能最优化"的资源配置。从严落实基层党建责任清单管理、约谈提醒督办、述职评议考核等制度,整顿18家软弱涣散基层党组织,调整履职不力的第一书记5名,调整设置6个寺管会党组、11个寺管会党支部。推动基层党建与信息技术互联互通,建成自治区首个"智慧党建"平台;成立区"两新"工委,建立西藏首家行业系统、商务楼宇、"小个专"非公经济组织党组织,非公企业党组织覆盖800余家。全年调整提拔干部85人,得到广大干部群众认可。大力提高基层岗位待遇,2019年村居正职待遇将增长至6万元/年,跃居全市之首。启动村(居)基层助理招聘工作,基层人才短板有效解决。

三是聚力打造安全稳定示范区,维护和谐稳定更加得力。我们始终保持高度的政治敏锐性,牢牢把握不出事、不给中央添乱这条底线,认真落实区市各项维稳措施,逐层逐级落实责任,坚持打好"反分裂斗争、三个专项斗争、社会治理"群防群治组合拳,实现了"三无、三不出、三稳定"的目标。铁拳打击分裂。贯彻落实《宗教事务条例》,积极应对"后达赖"和"达赖后"时期各项挑战,深入揭批十四世达赖"三性""五顶帽子",引导群众充分认清其反动分裂本质,形成反分裂斗争的铁拳,进一步清除其在区内的组织基础、经济基础、社会基础和舆论基础,结合城关实际制定应对突发事件总方案和6

个分预案，扎实开展方案预案的实战演练。重拳整治三类突出问题，坚持打早打小、除恶务尽，标本兼治、综合施策，专群结合、依靠群众原则，深入开展“扫黑除恶、打非治乱、扫黄打非”专项斗争，清除影响社会发展稳定的黑恶势力、非法组织和治安乱点537个，人民群众安全感持续提升。打好社会治理组合拳，人防、技防、物防合力发挥效能，搭建起“三级平台、四级服务”管理体系，划分174个网格10254个联户单位，形成群防群治良好格局。重点区域、重点领域的服务管理不断强化，“一对一、多对一”管控措施落实到位。公共安全、生产安全、食品药品安全、消防安全措施得到有效落实，全年未发生有影响的安全生产事故。严厉打击非法买卖集体土地违法行为，依法对蔡公堂乡蔡村26户违建户强制拆迁，拆除违法建设11.29万平方米。推动信访矛盾化解攻坚工作，集中开展8次信访隐患排查，化解率达98%。城市管理更加精细，探索执法力量下沉乡办的治理新模式，在公德林和嘎玛贡桑街道试点并取得显著成效。完成老城区功能疏解前期调研，做好仓库、家具市场、旧货市场整治搬迁前期准备工作。基层社会治理向着善治、法治、德治、自治“四位一体”的体系化方向迈进，城关区被拉萨市评为综合治理先进区。

*四是巩固提升民族团结模范区，民族宗教更加和谐理性。*我们牢记“加强民族团结，建设美丽西藏”重要指示精神，把民族团结创建和宗教工作列入重要议事日程，建立民族团结进步创建工作长效机制，依法管理宗教事务，各民族和睦相处、和衷共济、和谐发展，宗教事务宗教领域和睦和顺和谐。民族团结创建活动多姿多彩。擦亮民族团结模范区金字招牌，试点开展少数民族流动人口服务与管理，保障少数民族合法权益。在穆斯林开斋节、古尔邦节开展慰问，邀请民族团结先进代表召开座谈会，交流经验做法。把“五下乡四进社区”融入民族团结创建活动，群众自发组织开展“我们的节日”等活动360多场次，中华民族一家亲的关系更加融洽。宗教事务管理进一步加强。依法管理宗教事务，严控原有宗教活动规模，严禁举办新增宗教活动，取缔11处违法宗教临时活动点。坚决防范宗教侵蚀青少年学生思想，坚决防范宗教极端思想。落实各项惠寺利僧政策，持续改善寺庙僧尼修行条件，僧尼免费体检全覆盖。深入开展“遵行四条标准争做先进僧尼”教育实践活动320多场次，累计组织12批次597名僧众前往北京等地参观学习，僧尼爱国、爱教意识不断增强。着力淡化宗教消极影响。注重在“导”字上下功夫，教育群众认清十四世达赖披着宗教外衣祸教乱藏的分裂本质，自觉与其划清界限，引导群众文明礼佛、理性消费、科学煨桑。加强“五有五好”精神文明创建活动，引导群众组织学跳幸福拉萨规范舞比赛等群众性文艺活动1300多场次。据统计，今年萨嘎达瓦、公堂梅朵曲巴、白来日追、燃灯节等大型宗教活动参与人数较去年分别下降18%、12%、12.94%、15.38%。

*五是创新引领经济发展先行区，经济转型发展增添活力。*我们始终牢记“发展是解决西藏所有问题的基础和关键”，坚定不移抓发展，用好用足各项优惠政策，妥善化解政府债务风险，稳步推动经济向高质量转型。既定目标任务达到预期。实现地区生产总值（GDP）266.55亿元，同比增长10%。完成地方财政一般公共预算收入9.3亿元，同比增长11.64%。完成财政支出37.72亿元。固定资产投资同比增长28.2%。实现社会消费品零售总额239.02亿元，同比增长14.4%。规模以上工业增加值同比增长15.3%。实现农牧民人均可支配收入19200元，同比增长11.2%。实现城镇居民人均可支配收入38187.53元，同比增长14%。税收收入占财政收入90.54%，经济结构更趋合理，增长方式更加多元，扭转了去年同期部分指标下滑趋势。净土健康产业势头强劲。持续培育壮大净土健康产业，“一支奶”产业链条不断完善，嘎巴生态牧场投入运营，两个养殖中心累计引进3000余头荷斯坦奶牛，全区产奶量提升至1.7万吨，完成牛奶收购样板站项目设计及投资概算，乳制品加工厂正式投产运营，填补了西藏高原无现代化标准化乳制品加工生产线的历史空白。“两支水”产销能力实现新提升，产品打入北京、成都等地市场，在自产自销基础上拓展产品代加工模式，实现产量1.4万吨、销量1.3万吨。智能温室成功转型为净土生态体验馆，新增就

业岗位36个，实现了扭亏为盈。文旅产业加速融合。大力推进“旅游+”产业体系完善，给旅游产业注入文化内涵，深度推进全域旅游和体验式旅游，开发“山水沟域经济”，五条沟精品旅游线路品牌正在形成，成功举办徒步大会、桃花林卡节和油桃采摘节等活动，“好客藏家”等吸引力大大增加，在“冬游西藏”优惠政策驱动下，旅游业淡季不淡、持续升温。全年接待游客1757万人次，同比增长15%，旅游接待总收入达142.8亿元，同比增长18%。新兴产业异军突起。投资3700万元打造“两创”示范基地，提供“一站式”服务，两批入驻企业37家，共180家企业达成入驻意向。招商营商安商环境优化，招商引资由量向质转变，转向楼宇经济、总部经济和数字经济，逐步突破项目建设用地瓶颈。全年落实招商引资项目36个，投资总额110.23亿元，实际到位资金29.6亿元，同比增长2.2%，完成拉萨市招商引资任务（27.5亿元）的107.78%。援助推动更加有力。北京组织46人次专家到我区开展业务培训，城关区派出205人次前往北京挂职交流培训。争取援藏资金5800万元投入乳制品加工厂项目。争取3500万元实施团结新村基础设施改造、嘎巴生态牧场设备购置以及三个办事处安全饮水工程。全区92个机关企事业单位、村居与通州区80家单位签订对口帮扶协议，争取通州区援助资金物资1800余万元。

六是倾力打造全面小康先导区，民生福祉保障更加给力。坚持把人民对美好生活的向往作为奋斗目标，做到财力优先向民生集中、政策优先向民生倾斜、服务优先向民生覆盖。持续巩固脱贫攻坚成果，截止11月，建档立卡脱贫户年人均可支配收入提高到8082.3元，同比增长22.98%，贫困发生率低于0.27%，返贫率为0%。研究制定《关于稳步提升城市低收入群体生活水平的三年（2018—2020）行动计划》，确定了一户一策帮扶措施。大力推进均衡教育，今年教育投入2.22亿元，占本级财政收入26.4%。深化教育组团援藏，对援藏教师委以重任，加强双向交流，提升教师业务素质，新增215名教师解决师资数量短缺和结构性矛盾，落实教育编制3288名。教育均衡通过拉萨市督导评估。计划实施教育基建项目60个，开工50个，计划总投资7.12亿元。学前教育加快发展，公办园增加至23所，启动5个盟园共同体，形成公办与民办园协同发展、抱团竞争、捆绑评价机制。健康城关建设全面推进，完成城关区人民医院选址。构建以人社局、人保财险公司和民政局为一体的“医联体”，家庭医生签约服务深入寻常百姓家，药品“零差价”销售制度、“5535”报销机制有效落实，10个社区卫生服务中心运行医保刷卡业务，群众“看病难、看病贵”等问题得到有效缓解。“三病”筛查21.54万人次，实现“全覆盖”。增加文化服务供给，实施文化站（室）提升工程，顺利通过全国第三批国家公共文化服务体系示范区创建终验。举办“红色轻骑兵进基层”等各类文艺演出活动70场，放映电影427场，组织娘热民间艺术团赴北京东城区、通州区开展“大美西藏，感恩北京”公益性演出6场，文化交流实现双向互动。保障体系更加完备，投资1.1亿元改造维修38座大院，加措棚户区一期改造工程即将竣工，加措二期、加荣、洛堆棚户区改造工程已经开工。全面展开退役军人登统计，进行低保核查，实现应保尽保、应退尽退。积极扩大就业，开展培训20期，实现城镇新增就业3310人，高校毕业生就业1785人，就业率达93.11%，占拉萨市的43%。城镇登记失业率控制在2.2%以内，调查失业率控制在5.5%以内。

七是共建共享生态保护样板区，生态文明建设凝聚众力。生态环境保护责任严格落实。坚持“四个不批”“三同时”，把好企业准入关，完成项目环评登记表备案323个，出具建设项目环评报告预审意见10个。抽调130人开展全国第二次污染源普查并完成清查建库。环境突出问题扎实整改。持续推进中央第六环境保护督察组进驻期间转办的41项长期整改问题，已完成销号20项，哲蚌寺仓库搬迁等21项正在有序推进。认真整改自然资源部反馈问题，严守耕地保护红线，严厉打击非法买卖、占用耕地行为，收储土地845.5亩。整改全国饮用水专项行动反馈问题，拆除1家商混站设备，搬迁31家石材加工厂。受理并办结环境举报26件，审核上报“未批先建”建设项目326家，搬迁22家“未批先建”家具厂。实施拉鲁湿地三期保护工程，一期项目完成64%。宜居城市建设全面推进。坚决贯彻落实“大气十条”“水十条”“土十条”，深入推进“净土、静音、净空、净水”工程，逐级落实“河长制”，全面加强城市水系保护，辖区河道水质持续优良。实施生活垃圾密闭式清运，市区道路洒水降尘覆盖率达60%，持续开展尾随兜售、占道经营、露天烧烤等专项整治活动，城市环境持续保持整洁，空气优良率稳定保持在98%以上。全面启动“厕所革命”，新建厕所40座，改（扩）建厕所60座。全力推进绿色围城，实施树上山工程、夺底沟国土绿化工程，植树超过7万棵，基本消除无树村、无树户。

八是铁纪塑造政治生态良好区，践行廉政自律增强定力。我们坚持党要管党、从严治党，成立城关区监察委员会、12个街道监察室，监察体制改革在自治区率先推进到“最后一公里”。严格落实党风廉政建设责任制，制定完善街道、部门、行业巡察制度体系，开展3轮巡察，覆盖32个党组织，发现问题线索208个，推动台账化、清单化整改，基层组织“七项重点任务”落实不严等共性问题得到有效解决。集中整治“四风”，不作为、慢作为、文山会海等形式主义、官僚主义问题得到有效治理，各级干部的精神状态和工作作风明显提升。以“零容忍”态度查处各类违纪违法问题，用“拍蝇”实效赢得群众信任，开展扶贫攻坚、维护稳定等专项检查274次，接收案件问题线索74件，党纪政纪处分17人，组织处理20人。不敢腐、不想腐、不能腐的制度笼子越扎越紧，反腐败斗争压倒性态势持续巩固。

这些成绩的取得，得益于以习近平同志为核心的党中央的亲切关怀，得益于区市党委、政府的坚强领导，得益于北京市及兄弟城区的无私援助，得益于全区各族干部群众的共同奋斗，在此，我谨代表城关区委向长期关心和支持城关各项事业发展的各级组织、各级领导、各界人士、各族群众表示衷心的感谢！

回顾一年来的历程，我们深切体会到，做好城关各项工作，必须坚持党的绝对领导。我们始终坚决牢固树立“四个意识”、增强“四个自信”、践行“两个维护”，坚持“书记抓、抓书记”，一级抓一级，层层抓落实，确保上级决策部署在城关贯彻落实不打折、不走样。必须坚持以人民为中心。我们始终坚持一切为了群众、一切依靠群众，不忘初心使命，把百姓安危冷暖放在心上，让老百姓切实感受到发展带来的实惠，真心实意感党恩、听党话、跟党走。必须坚持新发展理念。我们深入贯彻“五大发展理念”，正确处理“十三对关系”，大力实施“六大战略”，坚持抓紧抓实“发展、稳定、生态”三件大事，物质文明和精神文明协调发展，取得全面发展、全面提升、全面促进的良好成绩。必须坚持维护社会稳定。我们充分认识城关“要城”位置，精准分析研判反分裂斗争形势，充分发挥群防群治优势，坚决打赢关键节点、关键部位维稳攻坚战，确保社会局势持续和谐稳定，为经济社会各项事业发展提供良好环境。必须坚持团结奋斗。我们始终坚持团结就是力量，上下同欲、直面挑战，不骛虚名、务实进取，凝聚起齐心协力谋发展、同心同德干事业的强大合力，形成干部有为、群众有劲、干事有成的大好局面。这些体会，是城关发展稳定的宝贵经验，我们必须一以贯之、长期坚持。

在肯定成绩的同时，我们也清醒地认识到，我区经济社会发展不平衡、不充分的问题仍十分突出，西藏特殊矛盾的现实斗争压力持续增加。在经济发展方面，经济下行压力仍然较大，经济增长的结构还有待优化，招商引资的质量不高、数量不够，项目投资接续不足，缺乏大项目支撑，新兴产业培育滞后，传统产业转型缓慢，产业支撑财政增长动力不足，创新驱动能力不强，新旧动能转化不畅，制约发展的空间动能瓶颈仍未找到有效解决办法。在维护稳定方面，“后达赖”向“达赖后”转变阶段，分裂敌对势力向拉萨重点突破的动机和欲望更加强烈，渗透破坏手法更加隐蔽复杂，我们的防控手段仍然是以人防为主、技防物防为辅，反分裂斗争形势日趋严峻，现实挑战压力剧增。在城市治理方面，执法体制改革还在初始探索阶段，执法理念更新不够、执法力量严重不足、执法队伍素质不齐等问题突出，城市环境承载力、生活垃圾处理和再生能力跟不上人口增长速度，环境污染现象还时有发生，生态环境脆弱的现状尚未得到根本转变。在社会民生方面，历史欠账仍然较多，基础建设的短板仍然不少，城镇低收入群体增收办法不多，教育、医疗等基本公共服务资源配置不均衡的问题仍然存在，老城区功能疏解面临的阻力和压力异常之大，城镇化推进工作难度大，基层社会治理还有不少薄弱环节。在思想解放方面，思想保守、观念陈旧，视野不宽、格局不大，因循守旧、按部就班，面对机遇只算眼前账不算长远账、只算直接账不算间接账、只算有形账不算无形账，“不想为、不敢为、不会为”等问题不同程度存在。在作风转变方面，有的领导干部政治站位还不够高，管党治党主体责任落实上仍有差距，部分党员干部作风不实、担当实干闯劲不够，不敢直面矛盾。这些问题，都要引起我们高度重视，并切实加以解决。

二、2019 年工作安排

2019 年，是建国 70 周年、西藏民主改革 60 周年，是城关决胜全面建成小康社会的关键之年。2019 年工作的总体要求是：坚持以习近平新时代中国特色社会主义思想为指导，深入学习贯彻党的十九大和十九届二中、三中全会精神，落实习近平总书记在庆祝改革开放 40 周年大会上的重要讲话精神，深入贯彻落实区市第九次党代会、九届二次、三次、四次全会精神，全面加强党的领导，统筹推进“五位一体”总体布局，协调推进“四个全面”战略布局，牢牢把握习近平总书记为西藏明确的“发展、稳定、生态”三件大事，正确处理好“十三对关系”，模范实施“六大战略”，坚持稳中求进、进中求好、补齐短板、突出特色工作总基调，坚决打好“防范风险、脱贫攻坚、生态保护”三大攻坚战，切实坚持推动高质量发展，聚焦九个方面重点工作，持续深化思想解放，勇当改革开放先锋，积极应对困难挑战，增强群众获得感、幸福感、安全感，为全面建成小康社会收官打下决定性基础，以优异成绩庆祝中华人民共和国成立 70 周年、西藏民主改革 60 周年。

2019 年的工作目标是：党的全面领导更加有力，政治定力坚如磐石，社会主义核心价值观深入人心，中华民族共同体意识不断增强，社会治理不断提升，社会局势持续稳定，生态文明建设成效明显，城乡公共服务主要指标持续提升，经济发展稳中有进，预期地区生产总值增长 10%，公共财政预算收入增长 7%，全社会固定资产投资增长 10%，社会消费品零售总额增长 13%，规模以上工业增加值增长 13%，农牧民人均可支配收入增长 13%，城镇居民人均可支配收入增长 10%，居民消费价格指数控制在 2.5% 以内，城镇登记失业率控制在 2.2% 以内，调查失业率控制在 5.5% 以内。

为确保圆满实现以上目标，全区上下要团结一心、拼搏进取，奋发有为、开拓创新，凝心聚力抓好以下九个方面的工作：

一是聚焦学习践行新思想，始终保持正确发展方向。全区上下要以深入学习贯彻习近平新时代中国特色社会主义思想和党的十九大精神为主线，同贯彻落实中央经济工作会议精神、区市党委九届三次、四次全会精神结合起来，按照学懂弄通做实的要求，在学习贯彻党的十九大精神的广度和深度上持续用力，在“巩固、增强、提升、畅通”上下功夫，用新思想新理念引领城关改革发展稳定各项工作，确保城关始终在正确的航向上扬帆远航。深入领会习近平新时代中国特色社会主义思想核心要义、精神实质及丰富内涵，深刻领会和把握中央及区市党委对当前形势的科学研判，持续激发深入学习的内生动力，为全区经济社会发展奠定思想基础。弘扬理论联系实际的学风，吃透区情，找准中央及区市会议精神与城关工作的结合点，紧密联系社会主要矛盾变化在城关的具体表现，紧密联系持续打赢三大攻坚战、乡村振兴、深化体制机制改革等重点工作，进一步把握政策机遇，进一步理清发展思路，科学谋划各项工作，把中央及区市会议精神转化到抓落实促发展上，细化为具体的工作任务，排出时间表、路线图，扎扎实实、踏踏实实，一件一件往深里做、往实里做。

二是聚焦机构改革明责任，实现优化合理职能配置。深化机构改革，要上接天线，深刻领会总书记和党中央关于深化党和国家机构改革的重大决策部署，认真贯彻落实自治区党委九届四次全会关于深化机构改革的重要部署，在区市党委统一领导下，推进改革事项落地，明年3月底前基本完成机构改革任务。要下接地气，结合城关工作任务繁重、编制严重不足的实际情况，积极争取编制名额，实现职能与编制匹配，利用改革机会进一步理顺体制机制，结合城关各部门业务工作实际情况，不搞上下一般粗，处理好“忙”与“闲”的关系。要做足前期准备，做实做细调查研究、征求意见、评估把关等关键环节，制定好具体改革实施方案和改革举措，确保各项改革有计划、有步骤顺利开展。要统筹设置党政机构，强化党的组织在同级组织中的领导地位，更好发挥党总揽全局、协调各方作用，加强归口协调职能，统筹好本系统本领域工作。要优化政府机构设置和职能配置，完善市场监管和执法体制，坚持一类事项原则上由一个部门统筹、一件事情原则上由一个部门负责，减少职责分散交叉。要深化人大、政协和司法机构改革，深化群团组织改革，推进社会组织改革。深化街道管理体制改革，按照“2423”的原则设置好街道内设机构、所属事业单位，理清权责关系。各级领导干部要以党和人民事业为重，正确对待职务变动、岗位调整和进退留转，继续履好职、尽好责，切实做到思想不乱、工作不断、队伍不散、干劲不减。

*三是聚焦改革开放求突破，破解创新发展制约瓶颈。*立足面对南亚开放的节点城区、中印缅孟经济走廊建设重要城区的区位优势，深度融入“一带一路”建设和西部大开发战略，充分利用喜玛拉雅经济带建设和拉萨—山南一体化发展机遇，借助东西部扶贫协作携手奔小康平台，走出去、请进来，深化与北京市通州区的交流合作，促进文化交流、理念接轨、经济相融，构筑全域、全面、全方位开放格局，打造高原特色市场开放高地。深入推进“放管服”改革。按照“精简、规范、效能”的原则，准确分析把握重点难点，聚焦市场准入，投资建设和民生服务等重点领域，加快“5750”商事制度改革，90%以上的行政审批事项进驻便民服务中心，努力实现“只进一扇门，最多跑一次”。大力推进国企改革。坚持现代企业制度改革方向，聚焦实体经济和产业发展，积极谋划、协调解决好企业改革中的关键问题，进一步激发企业内生动力。以乳制品加工厂、高标准奶牛养殖中心、净土健康产业、亨通物流园区等为开放平台，大力发展开放型经济，探索合资新设、增资扩股等多种形式，使企业突破瓶颈、减轻阻力、焕发活力，实现国有企业转型升级、提质增效。扎实开展好第四次全国经济普查、第三次国土调查，提前谋划“十四五”规划编制工作，摸清家底、明确方向。

*四是聚焦品牌特色促升级，构建高质高效产业体系。*以智昭产业园区为中心，推动产业布局调整和结构优化。持续扩大水产业销量，打通内地销售环节，巩固沈阳、成都销售合作关系，积极跟进北京、重庆、上海、山东等地签约合作事宜，实现销量达到1.6万吨；依托蒙牛运营团队，在试运行阶段不断总结问题，完善工艺流程，健全体制机制，加快手续办理，尽快实现正式投产运营，打响净土乳业品牌；进一步优化产业结构，做好生态餐厅和智昭科技花卉运营管理，筹划智昭生态小镇建设项目，构建健身、旅游、科普、餐饮等全方位发展体系。加快推进“智昭同城”电子商务平台建设运营，打造本地电商平台和品牌，实现净土产业销售总额2.51亿元。以建设国际旅游文化城市为目标，大力发展“旅游+产业、文化、生态、扶贫”，不断完善都市旅游区功能布局、特色休闲区发展格局，加强旅游基础设施建设，打造全域旅游发展示范区。紧紧抓住自治区“冬游西藏”优惠政策，提升服务品质，深挖特色资源，打造精品路线，延长游客驻留时间，扩大旅游消费，实现旅游接待总人数增长15%、旅游接待总收入增长20%。发挥文化产业扶持资金作用，扶持一批本土文化企业做大做强，打造有文化底蕴、民族特点、地域特色的文化品牌。

*五是聚焦项目建设强带动，补齐发展基础短板弱项。*要着力在储备、引资、实施上下功夫，实施好2019计划总投资356.5亿元、265个建设项目计划。突出重点项目建设，做好加荣棚户区改造、洛堆棚户区改造、加措棚户区改造（二期）、扎细街道团结新村基础设施改造、城关区2018年公租房建设项目、蔡公堂街道、娘热街道、夺底街道基础设施改造项目、饮用水源地保护工程等重大基础设施建设项目，配合市城投做好老城区功能疏解项目，不断夯

实发展基础。积极协调解决拉墨铁路、拉萨至林周快速通道城关段项目建设中的困难和问题。筹划准备好大庆项目，提前做细做实前期调研、选点、设计工作，为庆祝活动营造浓厚氛围。突出做好企业备案项目服务管理，不断优化营商环境，打造高原投资新高地。筹划包装一批产业类投资项目，利用各类展会、洽谈活动，积极寻找有实力、有想法的投资商前来城关投资兴业，充分发挥社会资本带动作用。抓好项目储备和招商引资。主动对接国家和自治区投资重点，重点围绕基础设施、生态环保、社会民生等领域，继续谋划储备一批重大项目，并积极争取纳入国家、自治区投资计划中，进一步缓解本级财政配套压力，逐步化解政府债务风险。继续加大招商引资力度，推动招商引资理念优化升级，引进聚集能力强、产业规模大、科技含量高的企业。同时抓好已签约项目的跟踪落实，确保招商项目“引得进、落得下、建得快、留得住”。

六是聚焦多措并举保稳定，构建万无一失防控体系。清醒认识城关作为反分裂前沿的“要城”位置，充分认清建国70周年大庆、西藏民主改革60周年大庆安保维稳压力，深入分析研判反分裂和防暴恐严峻形势，打好政治风险防范战，做足准备应对“后达赖”“达赖后”时期各种风险挑战，全面提升维护社会和谐稳定的能力和水平。加强社会治理体系建设，提升科技应用能力，完善社区视频监控系统，扎实推进立体化、信息化社会治安防控体系建设，进一步提升社会治安法治化、智能化、专业化、社会化水平。提升维稳实战能力，加强各类预案学习和实战演练，确保一旦有事能够快速反应、稳妥处置。依法加强宗教事务和宗教场所管理，依法审批宗教佛事活动，不断强化宗教教职人员培训，着力化解宗教内部矛盾纠纷，依法严厉打击各类非法传教活动，落实寺管会和特派员制度，加强驻寺干部队伍建设，抓牢寺庙教育、服务、管理主导权，引导宗教与社会主义社会相适应。持续深化“扫黑除恶、打非治乱、扫黄打非”三个专项斗争，大力营造严打氛围，形成打击高压态势，做到依法治理、依法打击。要强化阳光信访、责任信访、法治信访建设，着力构建多元化纠纷排查化解体系。牢固树立以人民为中心的公共安全观，重点加强交通、生产、消防、食品等领域安全监管，毫不松懈地抓好学校、医院、商场等公共建筑、公用设施的防护，深入开展隐患排查整治，防止重特大事故的发生。

七是聚焦真心实意惠民生，满足人民美好生活需要。着力推进民生福祉持续改善，不断增进群众的幸福感、获得感。加强妇幼“三网监测”“降消”项目工作，做好预防接种规范化管理，开展村（居）民、流动人口育龄妇女免费生殖健康检查工作；继续开展出生缺陷一级干预健康体检及孕前优生健康检查；继续抓好“三病”筛查及民生基因HPV检测工作；筹建城关区人民医院。按照教育均衡发展要求，逐步研究解决中小学功能教室、体育场馆、图书室不健全以及教学仪器设备、计算机、生活设施设备不达标等问题；加快推进第23幼儿园、第33幼儿园前期手续办理，不断完善教学网点布局，举全区之力，为迎接自治区教育均衡发展验收做好充分准备。加大农牧区劳动力的转移力度，加强组织管理和培训工作，结合实际推荐就业岗位，实现就业率90%以上，促进农牧民收入持续增加。重点关注城关区籍高校毕业生就业问题，积极引导就业观念转变，利用“双创基地”鼓励自主创业，确保大学生就业率持续保持在90%以上。落实城镇低收入家庭一户一策增收办法，稳步提升低收入群体生活水平。持续落实“六脱”措施，强化智志双扶，巩固脱贫成果，确保建档立卡贫困户不返贫、能致富。全面提高保障水平，妥善安排好因灾、突发事故、重大疾病导致基本生活暂时出现严重困难的家庭。着力做好老城区功能疏解，进一步优化城市空间布局，强化历史文化保护，降低人口密度，从根本上改善老城区居民群众生产生活条件。按照城关区乡村振兴战略规划，着力补齐农村基础设施短板，打造宜居宜业的新农村。

八是聚焦生态保护利长远，打造共建共享优美环境。加强环境宣传教育，针对不同对象，开展形式多样的宣传活动，营造全民参与环保氛围。守牢生态底线，严格实施产业项目环境准入制度，对不符合产业政策、达不到环保标准的项目要限制实施。加强生态文明建设，划定生态保护红线，完成生态红线的勘界、定标等工作。坚决打好污染防治攻坚战，持续推进大气、水域、土壤污染防治，确保空气质量持续向好，水质环境持续良好，土地资源安全利用。扎实开展全国第二次污染源普查工作，对入户核查数据进行质量核查，编制质量检查评估报告，完成数据定库工作。持续整改中央环保督察转办尚未完成的21项问题，坚决防止环保突出问题反弹。落实长效监管，实现从被动管理、突击管理向主动管理、长效管理的转变。进一步理顺城市服务管理机制体制，减少执法层级，逐步推进执法力量下沉，构建简约高效的行政治理体制，积极探索高原城市服务管理经验，全面规范市场经营秩序，改进执法手段，持续整治违法建设和非法土地买卖，精心打造西藏城市精细化管理典范。

*九是聚焦党的建设不放松，筑牢坚强有力执政根基。*强化政治建设，把政治教育贯穿党员教育全过程，认真落实《城关区党员政治教育三年规划（2018—2020）》各项任务，持续推进“两学一做”学习教育常态化制度化，深化“做合格党员、当先进模范”教育，引导全区各级党组织和广大党员干部提高政治站位，在更高层次筑牢“四个意识”、增强“四个自信”、做到“两个维护”。强化思想建设，凝聚精神力量，坚持以习近平新时代中国特色社会主义思想为指导，以深入学习贯彻党的十九大精神为主线，精心筹划“不忘初心、牢记使命”主题教育。围绕庆祝建国70周年、西藏民主改革60周年，组织开展好系列庆祝活动，积极营造向大庆献礼的浓厚氛围。牢牢把握意识形态工作的领导权，加强宣传阵地管理，确保阵地可管可控、导向正确、发声一致。加快推进城关融媒体建设，壮大城关新闻传媒阵地，加强互联网舆论引导能力建设，妥善引导社会热点，打赢网络时代舆论斗争，强化外宣，展示城关形象、传播城关声音、讲好城关故事。持续巩固民族团结进步创建成果，扎实推进“四讲四爱”群众教育实践活动，进一步巩固各民族共同团结奋斗、共同繁荣发展的思想基础。立足固本强基，打牢基层基础，着力增强基层党组织领导核心和政治核心作用，全面推进“党旗引领、红色围城”工程，从各领域实际出发，建立与功能相匹配的基层党组织作用发挥机制；深入推进农牧区、街道社区、机关、学校、事业单位、国有企业、非公有制企业、社会组织、离退休等9大领域基层党组织标准化建设。规范寺管会领域党的建设工作，牢牢掌握党在寺庙教育管理服务中的领导权和主动权。切实加强学校党的建设，把握正确的育人方向。全面贯彻新时期好干部标准，把政治标准放在首位，突出“三个特别”要求，抓好“五大体系”建设，着力培养忠诚干净担当的高素质干部队伍，通过社会化招聘、契约化管理、专业化培训、职业化运作等办法，着力把那些政治立场坚定、基层发展紧缺的人才选聘到村（居）任职，优化村居干部队伍结构。净化政治生态，弘扬正风正气，严格执行中央八项规定精神，严防“四风”反弹，持续正风肃纪。严格执行新形势下党内政治生活若干准则和民主生活会实施细则，推动党内政治生活制度化、经常化、规范化；持续整治形式主义官僚主义，表态多、调门高、行动少、落实差，不作为慢作为等“四风”“四风变形”问题，推动作风持续好转；继续推进巡察工作，确保九届区委巡察全覆盖，组织开展“回头看”，防止巡察过的问题死灰复燃；坚持“十八字方针”，持续保持惩治腐败高压态势，加大整治群众身边腐败问题力度；继续深化监察体制改革，打通派出街道监察室在“最后一公里”中的监督作用发挥渠道，探索派出纪检监察组，延伸监督触角，释放监察体制改革红利，巩固城关区良好的政治生态。

拉萨市城关区人民政府工作报告(节选)

——在拉萨市城关区第十二届人民代表大会第四次会议上

拉萨市城关区政府区长 刘 亮

(2019年1月16日)

一、2018年工作回顾

过去的一年,在区市党委、政府和城关区委的坚强领导下,我们坚持以习近平新时代中国特色社会主义思想为指导,认真贯彻落实党的十九大、十九届二中、三中全会精神和习近平总书记关于治边稳藏的重要论述,按照区市党委和城关区委九届三次、四次全会的决策部署,牢固树立以人民为中心的发展思想,坚持稳中求进工作总基调,着力解决发展不平衡不充分的问题,扎实推进供给侧结构性改革,坚决打好"三大攻坚战",大力实施"乡村振兴"战略,全区呈现出经济稳步发展、民生持续改善、城市管理有效、文化繁荣欣盛、社会和谐稳定、民族团结融洽、生态持续向好的良好局面。荣获第三批全国民族团结进步创建活动示范单位,中国美丽休闲乡村,自治区民族团结进步模范集体,拉萨市综合治理先进区、法治政府建设优秀单位、目标绩效争先进位考核争先二等奖等荣誉称号。

——党领导经济工作的水平实现了新提升。党的领导全面加强。城关区委高度重视强化对经济工作的领导掌舵,拉萨市委副书记、市长、城关区委书记果果同志定期召开季度经济运行分析会,研究分析经济形势,结合城关实际,明确具体措施推进经济发展。作风效能转变有效。严格落实主体责任,对中央、区市纪委通报第一时间安排在政府党组会、常务会学习,警示威慑作用有效发挥,"不敢腐、不想腐、不能腐"的思想意识进一步树牢,廉洁政府建设全面加强。配合做好九届区委四轮巡察、专项领域治理和整治"四风"工作,发现问题线索130余个,约谈提醒15人,书面函询15人,诫勉谈话3人,问责追责17人。配合做好自治区审计厅对城关区委、区政府主要领导的经济责任审计,并推动问题整改落实。主动开展区内专项审计，查出问题378个，整改372个，整改率98.4%。强化制度规范，修改完善《政府议事规则》等10余项规章制度，依法行政有效加强，防控廉政风险能力有效提升，政治生态环境持续保持良好，经济发展持续向好。2018年，实现地区生产总值（GDP）273.15亿元，同比增长9.5%；实现一般公共财政预算收入9.29亿元，同比增长11.52%；社会消费品零售总额达到238.5亿元，同比增长14.2%；完成全社会固定资产投资同比增速10.6%；完成规模以上工业可比价增速为4.7%；农牧民人均可支配收入达到19080元，同比增长10.54%；城镇居民人均可支配收入达到38187.5元，同比增长14%；城镇登记失业率控制在2.2%以内，调查失业率控制在5.5%以内。

——改革创新，产业发展实现了新提升。改革持续推进。深化“放管服”改革，调整权责清单3次后，城关区共有责任清单2671项，行政审批事项127项。抓实全科化便民服务，加快“5750”商事改革落地，设立医疗保险办理等16个便民服务窗口，建立行政审批项目“一个窗口”受理体系，办理行政审批和服务事项29094件，推行网上办理事项110项，可办率达85.27%，让服务更贴近群众。开展“双公示”工作，公示行政处罚48项、行政许可514项，确保了群众知情权和监督权。深化执法体制下沉改革，在公德林和嘎玛贡桑街道试点推行城市治理新模式，城市管理更加精细化。产业持续升级。2018年，净土健康产业实现销售额2.45亿元，让利群众2600余万元，利润374.07万元，发展势头良好。亨通物流实现收入1000万元，服务水平全面提升。智能温室成功转型为净土农业生态体验馆，提供就业岗位36个。大昭圣泉、藏净泉两支水成功打入北京、成都、广州、上海等内地市场，年产量1.4万吨，销量1.3万吨，盈利210万元，为藏玉冰泉等三个水产品代加工175吨，销售额1500万元，水产业产销持续增长。重点产业项目嘎巴生态牧场和年生产5万吨液态奶的乳制品加工厂正式投产运营，填补了西藏高原没有现代化乳制品加工生产线的历史空白，延伸了种养、产销一体化净土奶产业链条，推动净土健康产业旅游文化产业、现代服务业协同发展。城投建材实现年产值1408万元，利润165万元。城投商砼实现年产值6.4亿元，利润6000万元。城发莲华之宝完成外贸订单额207万美金，区内销售额180万元，节能环保产业产值不断攀升。完成城关区级第四批非物质文化遗产项目传承人认定工作，洛欧村擦擦文化展览馆成功申报为自治区第五批文化产业示范基地和拉萨市首批文化产业示范基地。制定《城关区文化产业发展专项资金管理办法（试行）》，规范产业扶持评审程序，投资60.56万元扶持中国西藏人物数据共享平台和“藏文化+创意设计”项目，培育文化产业项目持续发展。积极开展“冬游西藏·共享地球第三级”活动，开发旅游纪念品自动销售模式，“一景区一特色礼物”初具成型。升级改造“好客藏家”民俗示范点9家，成功举办第二届“最美乡村行走智昭”徒步大会、桃花林卡节和油桃采摘节等活动，圆满完成跨喜玛拉雅自行车赛拉萨赛事活动和拉萨马拉松赛事任务，乡村旅游内涵不断丰富，全域旅游示范区创建持续向好。接待旅游总人数1758万人次，同比增长15%，旅游总收入145.2亿元，同比增长18%。项目持续领航。加强投资软环境建设，积极参加招商引资项目推进会，全年实施投资项目227个，投资258.22亿元。落实招商引资项目36个，投资110.23亿元，实际到位27.05亿元，同比增长2.67%，项目带动作用持续发挥。成立城关区第四次全国经济普查和“十四五”规划编制领导小组，全面启动经济普查和“十三五”规划中期评估工作。

——打赢“三大攻坚战”实现了新提升。着力打好防范化解重大风险攻坚战。全面排查政府隐形债务，筑牢防范债务风险意识，认真规范政府性债务行为，严格控制债务规模。截至2018年12月，政府债务7.58亿元，已偿还债务1.02亿元，在安全可控范围内。着力打好污染防治攻坚战。持续推进中央第六环境保护督察组反馈问题整改，41项长期整改任务已完成销号20项，21项正在稳步推进。环境违法案件行政处罚74.3万元。完成项目环评登记表备案379个，发放排污许可证238个。深入推进“净土、静音、净空、净水”工程，严格落实河长制，河道水质保持优良，空气优良率保持在98.1%

以上。拉鲁湿地三期保护项目进展顺利，完成13.8公里巡护步道建设，基建部分基本完成。深入开展全国第二次污染源普查清查建库工作，清查污染源工业企业936家。全力开展家具厂和仓库搬迁，已完成20%搬迁任务。完成31家纳金石材加工厂整治搬迁工作，平整土地面积290余亩。出动5个工作组，完成约865.54亩土地征收工作，落实兑现征地补偿资金约18823万元。投资3624.78万元，全力推进绿色围城和国土绿化工程建设，城市园林绿化养护面积达220万平方米。常态化开展城市乱象治理工作，行政处罚179.13万元。实施生活垃圾密闭式清运，市区道路洒水降尘覆盖率达60%，全面启动“厕所革命”，确保市容市貌整洁有序。着力打好脱贫攻坚战。2018年底，全区387户1186名建档立卡户年人均可支配收入达到9286.85元，同比增长19.01%，实现贫困户累计人均可支配收入由2015年的2153.23元增长到现在的22044.52元，增长了9.24倍，贫困发生率、返贫率均为0，贫困户收入水平由脱贫转向稳定致富。加强与北京市通州区的扶贫协作，两地党政正职成功互访交流，深化与东城区、海淀区的交流交往，争取通州区各类援助资金物资1800余万元，组织251人次赴京藏两地交流培训。编制完成乡村振兴战略（2018—2022），启动招录村（社区）党支部第一书记助理、书记助理和村（居）委会主任助理工作，实施村级集体经济扶持项目12个，实现了6个村居集体经济收入在1000万元以上。

——为民服务，民生改善实现了新提升。教育事业优先发展。财政投入教育资金2.22亿元，占本级财政收入的26.4%。投资2.95亿元，实施教育改扩建和维修改造项目19个。统筹做好3288个教师编制的分编工作，引进教师140名，消除中小学“大班额”55个。落实在校大学生、建档立卡贫困户子女教育补助及生活补贴1133.7万元。义务教育均衡发展专项投资9519.78万元，开展满意度测评自评工作，群众满意度达91.5%，自评得分为97分，八项指标综合差异系数分别为0.23、0.25，符合自治区规定要求，顺利通过拉萨市督导验收。健康城关深入巩固。加快推进全民健身基础设施建设，对17所市区学校体育场地、场馆进行改造升级，免费向社会开放。强化城市“十五分钟健康服务圈”网络建设，全面启动家庭医生签约志愿服务，签约16.15万人，签约率、服务率分别达到98.4%、100%。扎实开展“两病”筛查工作，完成102例“包虫病”患者医疗救治任务，共筛查20.41万人次，综合防治取得重要成果。完成2个社区卫生服务中心纳入医保刷卡支付范围。住房安全保障有力。制定2018至2020年老城区危房改造计划，逐年对老城区110座居民大院进行改造，改造建筑面积达到11.73万平方米。投入17.78亿元全力实施加措、加荣、洛堆棚户区改造工程，加措棚户区一期建设基本完成。雪新村以西、团结新村、蔡村一二组2488套棚户区基础设施改造工程有序推进。启动八廓古城保护、生态优化、环境治理工作。启动实施1001套公租房建设项目。低保收入稳步提升。清退不符合低保条件的低保户620户1201人，研究制定《关于稳步提升城市低收入群体生活水平的三年（2018—2020）行动计划》，建立低收入群体动态管理数据平台，确定一户一策帮扶措施。就业创业全面推进。开发就业岗位8871个，实现城镇新增就业3310人，高校毕业生就业1785人，就业率达到93.11%，人民群众获得感、幸福感持续提升。

——创建平安城关实现了新提升。管理治理规范有序。探索创新善治、法治、德治、自治“四位一体”社会治理体系和基层群防群治体系，网格、联户单位形成工作合力。制定应对“后达赖”时期和“达赖后”时期维稳突发事件总方案和分预案，组织联合反恐防暴实战演练。深入开展“扫黑除恶、打非治乱、扫黄打非”三个专项斗争，消除黑恶势力、非法组织和治安乱点537处。扎实开展公共安全、生产安全、食品药品安全、消防安全等专项检查共154次，争取北京市海淀区援藏资金100万元，在老城区安装独立式感烟器和可燃气体报警器，提升了居民群众生命财产安全技防能力。全面推动信访事项“七化”工作机制，严格落实县级包案制，受理并积极化解群众来信来访71件。检法两院分别受理案件826件、6297件，办结826件、5385件，在法定期限内结案率均达到100%。依法依规推进蔡公堂办事处等违法建设专项整治，强制拆除违建 133 处 501 间 10.7 万平方米，收回土地 160 多亩，无一例群体性事件发生，有效震慑了土地非法买卖、违法建设等不法行为。创建共建氛围浓厚。全区平安街道、村（社区）、寺庙、景区创建率达 100%，平安家庭创建率达 95.93%。深入开展“四讲四爱”群众教育实践活动和“遵行四条标准争做先进僧尼”教育实践活动 1100 余场次。投资 259.6 万元，组织 5 批次 236 名僧众前往北京等地参观学习，实现了教育引导潜移默化，切实增强了广大僧尼的“五个认同”。依法规范整治非法宗教活动场所 11 处，未出现反弹，宗教和睦和谐和顺。深入开展“五有五好”文明村镇创建，群众自觉参与学跳幸福拉萨规范舞活动，基层文艺演出 50 余场次，群众性文体活动多姿多彩，基层文化阵地发挥作用。深入揭批十四世达赖分裂集团“三性”“五顶帽子”，引导信教群众文明煨桑理性信佛。萨嘎达瓦、公堂梅朵曲巴、白来日追、燃灯节大型宗教活动参与人数较去年分别下降 18%、12%、12.94%、15.38%，坚决打赢了“三大节日”等各重要节点维稳攻坚战，实现了“三无三不出三稳定”目标，人民群众安全感持续提升。

各位代表！成绩的取得与以习近平总书记为核心的党中央的亲切关怀，与区市党委、政府和城关区委的正确领导，与北京市兄弟城区的无私援助，与区人大、区政协对政府工作的监督支持密不可分，凝聚着我区广大干部职工和各族群众的智慧力量心血和汗水。在此，我代表十二届城关区人民政府，向为我区改革发展稳定事业付出辛勤劳动的各族人民，向给予区政府工作大力支持与有效监督的人大代表、政协委员和工商联、人民团体、无党派人士、离退休老同志，向自治区、拉萨市属单位，向所有关心、支持城关区建设和发展的各界人士，表示衷心的感谢并致以崇高的敬意！

在肯定成绩的同时，我们也清醒地认识到，城关经济社会发展中仍然存在不少困难和问题。主要表现为不作为、慢作为现象依然存在；工作作风不扎实，表态多、调门高，行动不迅速、落实不精准到位的问题还未彻底解决；国有企业市场化经营管理人才紧缺，主动开拓市场营销力度不大；产业发展扶持、人才激励等政策不完善；辖区土地资源紧缺，权责不对等，执法权限受限等。这些问题不容忽视，我们将科学分析，沉着应对，努力解决。

二、2019 年工作安排

2019 年，是中华人民共和国成立 70 周年，西藏民主改革 60 周年的喜庆之年，是深化巩固精准扶贫精准脱贫成果，在全区全面建成更高水平小康社会的决胜之年，做好今年各项工作意义重大。

今年政府工作的总体要求是：高举中国特色社会主义伟大旗帜，认真贯彻落实 1 月 6 日自治区党委常委、拉萨市委书记白玛旺堆在参加拉萨市十一届人大四次会议城关代表团讨论时提出的“严格落实‘两个维护’，服务‘两个中心’，继续确保社会大局持续和谐稳定，建成特色文化、生态宜居、健康幸福新城关”的总要求，认真贯彻落实 1 月 7 日拉萨市委副书记、市长、城关区委书记果果在参加拉萨市十一届人大四次会议城关区代表团讨论时提出的“加大脱贫攻坚成果巩固，稳步提升城市低收入家庭生活水平，切实加强城市管理，高度重视教育工作，认真落实中央环保督查案件整改工作，加大棚户区改造项目落地实施，确保社会和谐稳定”七项要求，坚持以人民为中心的发展思想，坚持稳中求进、进中求好、补齐短板、突出特色的工作总基调，牢固树立“四个意识”，坚定“四个自信”，坚决做到“两个维护”，紧紧围绕发展稳定生态三件大事，正确处理“十三对关系”，贯彻落实供给侧结构性改革“巩固、增强、提升、畅通”八字方针，切实加强党对经济工作的领导，调整优化经济结构，培育壮大特色产业，在推进市场化运营提质增效上下功夫，持续保障和改善民生，坚决打赢“三大攻坚战”，加快富强民主文明和谐美丽新城关建设，不断增强人民群众的安全感、获得感、幸福感。

今年经济社会发展的主要预期目标：地区生产总值增长 10% 左右，地方财政收入增幅略高于全市平均水平，招商引资实际到位资金增长 10%，全社会固定资产投资增长 10%，社会消费品零售总额增长 13% 以上，规模以上工业增加值增长 13%，农牧民人均可支配收入增长 13%，城镇居民人均可支配收入增长 10%，居民消费价格指数控制在 2.5% 以内，城镇登记失业率控制在 2.2% 以内，调查失业率控制在 5% 以内。

实现上述目标，我们要坚持做好五个方面的工作。

——坚持把加强区委对经济工作领导，建设特色文化新城关作为推动经济高质量发展的基本前提。坚决维护习近平总书记党中央的核心、全党的核心地位，坚决维护党中央权威和集中统一领导，坚决服从区市党委、政府和城关区委的领导，坚决贯彻区委的各项决策部署，确保政令畅通，各项工作部署在城关不打折、不走样。要服务政治中心、文化中心，切实保障政治环境、经济环境、社会环境、文化环境、精神环境干净整洁，确保西藏政治经济“司令部”正常运转。按季度召开经济运行分析会，半年召开一次经济工作总结部署会，确保区委实时掌握经济发展形势，为全区经济社会发展定好向、掌好舵。精准抓住自治区审计厅对城关区委、区政府主要领导经济责任审计提出问题，做好整改落实，建立健全长效工作机制。严格落实政府党组党风廉政建设主体责任，推进节约型政府建设，着力解决“不作为慢作为乱作为”等突出问题，持续转作风、强服务，把廉政建设和作风建设贯穿政府工作全过程，解决好群众最关心的“最后一公里”问题，做到干部清正、政府清廉。积极配合做好区委巡察工作，完成对重大资金、生态保护和民生领域脱贫攻坚巩固的专项审计。强化政府自身建设，牢固树立过紧日子的思想，压缩“三公”经费开支。认真落实全面从严治党主体责任和“一岗双责”，严格执行中央八项规定和实施细则，不断健全行政权力监督制约机制，不断强化责任担当，健全正向激励和容错纠错机制，建设法治政府，提升依法行政水平。强化源头治理，始终保持有案必查、有腐必惩的高压态势。充分挖掘财源税源潜力，加快财政支出进度，实现开源节流、增收节支。深入推进政府机构改革，理顺权责关系，规范机构设置，理顺古城管委会、拉鲁湿地管理局、布达拉宫广场管理处等代管单位的体制机制，做到属地管理权责精准对接。组建好慈觉林办事处，深化街道管理体制改革，推行“街道吹哨、部门报到”，夯实基层工作基础。积极推进“互联网 + 政务服务平台”建设，打造“放管服”改革升级版，“让数据多跑路，让群众少跑腿”。全面推行国库集中支付线上办理系统，筑牢资金安全“防护网”。配合做好第四次全国经济普查和第三次国土调查，启动“十四五”时期国民经济和社会发展规划编制调研工作。大力发展繁荣文化事业和文化产业，努力建设特色文化城关。

——坚持把投资拉动，培育产业发展，促进市场化运营，建设全面小康新城关作为推动经济高质量发展的基本保障。做实做细做精项目前期工作，强化项目申报，争取上级投资，吸引社会投资，发挥政府投资撬动作用。高效推动 2019 年计划投资 356.57 亿元、265 个项目落地实施。着力打造净土健康产业示范样板，实现净土产业销售额达 2.4 亿元；天然饮用水年产量达 1.75 万吨，销售量达 1.5 万吨；物流服务业实现收入增长 5%。加快牛奶收购站建设进度，加快建设乳制品销售网络，延展产业链条，规范生产加工运营，奶源标准化生产检测。推动新建综合文化活动中心的工程进度，确保 2019 年 7 月竣工。注重扶持和培育相结合，完善《城关区文化产业发展专项资金管理暂行办法》，将富有民族特色、发展潜力强的文化企业纳入“双创”范围，实现就业增收双赢。保护性开发利用藏戏等文化产品，积极申报非遗项目和传承人，提升非物质文化遗产的影响力。聚焦“全域旅游”示范区建设，从“吃、住、穿、行、游、购、娱”七个方面加强顶层设计，深度推进城郊民俗文化游、生态休闲游和观光体验游，着力打造一批精品旅游线路和旅游产品，大力推广旅游产品自动销售模式，实现旅游接待总人数增长 15%，旅游接待总收入增长 20%。加快构筑“飞地”共享发展模式，优化招商项目布局，打破行政区划界限，创新跨区域合作模式，推进区域协同共赢发展。坚决贯彻中央支持民营企业发展的决策部署，破除民营企业发展障碍，保护各类所有制经济合法利益。坚持以商引商，积极主动参加区内外各类推介活动，推进区内国企民企和区外国企民企“四轮驱动”，提振投资和发展信心，健全企业参与涉企政策制定机制，落实完善“全程代办、专班服务”机制，以优良的投资环境和高水平的服务质量，实现招商引资落地资金增长10%。全力做好固定资产投资工作，优化本级财政投资建设项目审批建设程序，确保重点项目按计划推进。高质量完成全国第四次经济普查工作，落实好“十三五”中期调整，拓展产业新领域，做强做大实体经济。拓宽市场销售渠道，实行线上线下销售同步协调。大力发展“互联网+”，激发城关经济发展新动能，努力建设全面小康新城关。

——坚持把打赢“三大攻坚战”，建设生态宜居新城关作为推动经济高质量发展的基本目标。坚决打好防范化解重大风险攻坚战。健全完善全口径预算体系和政府综合财务报告制度，深化财政预决算信息公开。坚持防范和化解并重，严格限定举债程序和资金用途，建立规范政府举债融资、债务风险应急处置、问责机制，偿还政府债务2亿元，确保政府债券、债务管理安全可控。加强“营改增”后的跟踪分析和管理，不断完善税制要素、结构和功能，积极推进财政信息公开制度，扩大财政信息公开范围，打造阳光、透明财政。坚决打好污染防治攻坚战。深入实施污染防治攻坚战三年行动计划，全面启动“禁白”工作，完成第二次污染源普查，对重点督办案件进行“拉网式”排查，巩固大气保护、水源地监管和土壤监测等污染防治工作成果。统筹推进生态红线的勘界、定标等生态文明建设工作，扎实开展农村环境整治工作，强化环境准入审批和执法监督，坚决杜绝违规落地、未批先建现象的发生。全面完成“厕所革命”任务，深化国土绿化和绿色围城项目建设，继续加大国土绿化后期管护工作，提升城市园林管养水平，环卫机械化作业率、绿化成活率分别达到80%，90%，进一步巩固“国家园林城市”创建成果。深入推进“净土、静音、净空、净水”工程，严格落实河湖长制，加大对市容市貌的专项整治力度，继续做好拉鲁湿地三期保护工程，实现管理精细化、规范化。建立高效运转的违建联动机制，坚持对新增违法建筑和非法买卖土地“零容忍”，坚决打击整治违法建设行为，积极推进家具厂和仓库搬迁工作，实现部门从履行执法流程到实施强制行动的无缝衔接。持续完善生态补偿制度，营造公众积极参与的生态文化，确保天更蓝、水更碧、地更绿。坚决打好脱贫攻坚战。做好国务院对我区脱贫攻坚审计监督各项准备，充分发挥精准扶贫大数据管理系统信息平台跟踪监测作用，加大“志智双扶”和“产业扶贫”工作力度，有序推进贫困边缘户帮扶工作，保持帮扶政策的延续性。加大对乡村公共服务事业财政倾斜和支持，逐步缩小城市与乡村公共服务供给差异，保障进城务工流动人员享有基本公共服务。推进农村承包地所有权、承包权、经营权“三权分置”改革，加快培育农牧民增收新动能，积极推进失地农民就业安置用地合理开发利用、产业升级换代、脱贫攻坚成果巩固、生态环境保护融合发展，努力建设生态宜居新城关。

——坚持把保障改善民生，建设健康幸福新城关作为推动经济高质量发展的基本任务。完成“五个100%”工作目标，加强教育顶层设计，着力提升教育教学质量，强化教育教学过程管理和动态评估，加快推进第23幼儿园、第33幼儿园的前期手续办理，不断完善教学网点布局，全面做好2019年国家义务教育均衡评估验收工作。按照“就近就便、免试入学”原则，优先解决低保家庭子女和环卫工人子女就学需求，确保所有适龄儿童少年“有学上、上好学”。加快推进城关区体检中心建设进程，建立健全健康教育、疾病预防、干预治疗相结合的工作机制，做好户籍人口和流动人口的“两病”筛查工作，持续开展家庭医生签约、免费巡诊等“优质服务群众”活动，年内实现卫生系统医保刷卡支付运行全覆盖。设立“一站式绿色专柜”，缩短医疗保险赔付周期，全面提高城市低收入群体医疗救助工作。严格落实《社会救助暂行办法》，城镇低收入家庭住房租赁补贴实现应补尽补，对城市低保标准提标17%。构建面向残障人士、留守儿童、孤寡老人等特殊人群的信息服务体系，把麻烦和困难留给政府，把便利和实惠留给群众，确保各项保障经费足额按时兑现。全面落实《村居干部考核奖励办法》，实现村居优秀“两委”班子正职年收入达到7.14万元，“两委”班子成员年平均收入达到5.4万元，居全市第一。大力推进就业创业工作，严格落实《城关区高校毕业生低收入群体建档立卡贫困户就业创业奖励办法(试行)》,实施好"三个全覆盖",鼓励创业带动就业,实行就业动态跟踪监管,确保"培训一人、转移一人、致富一人",实现就业率90%以上。加快推进加措二期、加荣、洛堆三个棚户区改造、城关区2018年二期公租房建设项目,稳步推进做好老城区功能疏解外迁,完善住房保障体系,实现"住有所居"。大力开展群众性精神文明创建活动,丰富群众日益增长的精神文化需求,完善养老政策落实,继续办好城关区福利院,启动老年人日间照料中心投入运营,促进公共服务均等化,提高群众获得感、幸福感,努力建设健康幸福新城关。

——坚持把深化平安和谐共建,建设和谐稳定新城关作为推动经济高质量发展的基本要求。牢固树立稳定压倒一切和长期连续作战思想,稳慎应对"后达赖""达赖后"严峻复杂的分裂斗争形势,紧紧围绕"六个不发生""六个严防"的工作总要求,加强对特殊时期情报信息的搜集研判,加强对17种突发事件处置演练,确保重要时段、重要地段、重要部位的服务管理到位,在整合基层群防群治力量上探索建立长效机制,确保社会大局持续和谐稳定。全面推行"街道吹哨、部门报到"工作机制,不断优化和增强网格化和双联户工作水平,充分调动网格格长、联户户长、红袖标、基层民兵等基层治理力量,加强三级联防联动工作机制建设,切实把基层党组织建设成为坚强战斗堡垒。坚持继续深化"扫黑除恶、打非治乱、扫黄打非"三个专项斗争,形成打击犯罪的高压态势,做到依法治理、依法打击。深入开展公共安全、生产安全、消防安全、食品药品安全等专项整治工作,严厉打击危害社会安全行为,创造良好的社会安全环境。运用枫桥经验,充分发挥信访工作联席会议、领导干部包案制度,加快推进街道一级信访案件办理实效,实现"小事不出村(社区)、中事不出街道、大事不出城关区"的总体工作目标,实现信访案件"零搁置"。加大矛盾纠纷调解力度,加大对干扰土地执法、违建执法人员的惩戒力度,坚决遏制违建行为的滋生和蔓延。持续深入开展"四讲四爱""五有五好"等活动,扎实做好群众教育引导工作,持续淡化宗教消极影响,过好今生幸福生活。

名词解释

1. 供给侧结构性改革:旨在调整经济结构,使要素实现最优配置,提升经济增长的质量和数量,需求侧改革主要有投资、消费、出口三驾马车,供给侧则有劳动力、土地、资本、制度创造、创新等要素。

2. 三大攻坚战:党的十九大首次提出的新表述,指防范化解重大风险、精准脱贫、污染防治。

3. 乡村振兴战略:党的十九大首次提出的新表述,总要求是产业兴旺、生态宜居、乡风文明、治理有效、生活富裕。

4."放管服":指简政放权、放管结合、优化服务。

5."双公示:指行政许可、行政处罚等信用信息做出决定后上网公示。

6. 厕所革命:2015年4月,习近平总书记就"厕所革命"做出重要指示,强调抓"厕所革命"是提升旅游业品质的务实之举。目前"厕所革命"逐步从景区扩展到全域、从城市扩展到农村、从数量增加到质量提升,受到广大群众和游客的普遍欢迎。

7."两病"筛查:风湿病和结核病筛查。

8. 信访"七化":预防源头化、排查常态化、渠道畅通化、化解实效化、处置法制化、责任倒查化、队伍规范化。

9. 五有五好:指有组织、有队伍、有制度、有活动、有效果;领导班子建设好、"五好"作用发挥好、制度健全执行好、活动经常效果好、探索创新成果好。

10."三性":政治上反动性、宗教上的虚伪性、手法上的欺骗性。

11."五顶帽子":图谋西藏从祖国分离的分裂主义政治集团的总头子、国际反华势力的忠实工具、在西藏制造社会动乱的总根源、阻挠藏传佛教建立正常秩序的最大障碍、披着宗教外衣祸藏乱教的政客。

12. 营改增:指以前缴纳营业税的应税项目改成缴纳增值税。

13. 五个100%:即中小学双语教育普及率、小学数学课程开课率、中学数理化课程计划完成率、中学理化生实验课程开出率、职业技术学校国家目录规定课程开出率均达到 100%。

14. 三个全覆盖：职业培训、职业介绍、就业创业政策全覆盖。

15. 六个一：交一个朋友、开展一次家访、办一件实事、建一套档案、畅通一条渠道、形成一套机制。

拉萨市城关区人民代表大会常务委员会工作报告（节选）

——在拉萨市城关区第十二届人民代表大会第四次会议上

拉萨市城关区人民代表大会常务委员会主任 尼玛云丹

（2019 年 1 月 17 日）

2018 年主要工作

2018 年，城关区人大常委会在区委的坚强领导和上级人大常委会的精心指导下，坚持以习近平新时代中国特色社会主义思想为指导，认真贯彻党的十九大、十九届二中、三中全会和中央第六次西藏工作座谈会精神，贯彻落实习近平总书记关于治边稳藏重要论述和“加强民族团结、建设美丽西藏”的重要指示以及给隆子县玉麦乡群众的回信和致西藏民族大学建校 60 周年贺信精神，按照区市党委和城关区委九届三次全会精神，毫不动摇的坚持党的领导、人民当家做主和依法治国有机统一，紧紧围绕全区工作大局，立足工作重点，敢于担当，勇于作为，认真履行宪法和法律赋予的神圣职责，充分发挥地方国家权力机关作用。

2018 年，共召开人大常委会会议 6 次，主任会议 6 次，听取和审议“一府一委两院”专项工作报告 14 次，做出审议意见、决议 8 个，依法任免“一府一委两院”国家工作人员 10 名，依法罢免拉萨市级人大代表 1 名，依法通过 2 名人大代表的辞请，配合自治区、拉萨市人大开展调研、视察和执法检查 9 次，组织两级人大代表视察、调研共 4 次，组织人大代表学习培训 5 次 596 人次，各街道通过“人大代表之家”平台组织代表开展活动 241 次 2391 人次，接待区内外兄弟市县人大交流工作团 11 次。圆满完成了十二届人大三次会议确定的目标任务。

一、坚持党对人大工作的领导，坚决贯彻区委重大决策部署

人大常委会始终坚持党的领导，紧紧围绕区委各项决策部署，坚持把党的领导贯穿于人大工作全过程，做到与区委思想同心，目标同向，工作同步，确保人大工作在党委领导下依法有序开展。

认真落实维稳工作任务。常委会紧紧围绕区委中心工作，将人大工作同全区发展稳定任务相结合，按照区委统一部署，常委会主要领导狠抓涉稳涉宗工作，其他班子成员按照各自责任片区分工要求，自觉带头维护社会维稳工作大局。在全国“两会”、三大节日、3月敏感月、“萨嘎达瓦”等敏感节点和重大宗教活动期间，全力下沉，全心投入维稳工作中，实现了责任片区“三无”“三不出”的维稳目标，为城关区的和谐稳定做出了积极贡献。

认真开展学习教育活动。常委会领导班子以身作则结合“两学一做”深入开展“四讲四爱”“党员政治教育”主题活动，带头学、带头讲、带头做。由常委会党组书记带头开展“如何践行新时期人大系统党建工作”等讲党课活动，深入各责任片区为居民群众、寺庙僧尼、党员干部大力宣讲，引导广大党员干部和各族群众讲党恩，爱核心，破除迷信，淡化宗教影响，过好今生幸福生活，切实将思想和行动统一到活动中，增强沿着中国特色社会主义道路前进的自觉性和坚定性。

认真执行区委统筹安排。常委会领导班子成员牢固树立“四个意识”，按照区委统一部署，积极参与了精准扶贫巩固工作、中央环保督查组反馈问题整改落实和棚户区改造工作等重点工作以及民生项目，认真调研、讲解政策，积极协调工作中遇到的困难和问题，切实促进了棚户区改造和精准扶贫巩固等各项工作的快速推进，为推动我区经济社会持续和谐稳定发展做出了不懈努力。

认真行使人事任免权。常委会始终坚持党管干部的原则和德才兼备的标准，严格按照法定程序办事，充分发扬民主，认真做好人事任免工作，确保党委人事安排意图的实现。2018年，依法决定任免了“一府一委两院”国家工作人员共10名，被任命的“一府一委两院”10名国家工作人员都严格按照有关规定，公开向宪法进行了宣誓。

二、突出监督重点，着力推动经济平稳发展和民生改善

城关区人大常委会紧紧围绕全区工作大局，按照突出重点，讲究实效的原则，加强和改进对“一府一委两院”的监督，有效增强了“一府一委两院”各职能部门的公仆意识和服务意识。

积极迎接上级各种监督检查。区人大常委会主动接受上级人大的工作指导，积极配合上级人大常委会及专门委员会对我区开展的《中华人民共和国预防未成年人犯罪法》和《中华人民共和国大气污染防治法》执法检查，“两院”全面深化司法改革、卫生健康事业等内容的视察调研。以区市人大执法检查为契机，加强对政府、监委、法检两院职能部门的监督力度，有效推进我区依法行政。2018年来，区市执法检查活动共9次。

坚持问题导向开展平级监督。今年，常委会先后听取城关区人民政府、城关区监察委员会、城关区发展和改革委员会、城关区财政局、城关区人民法院、城关区人民检察院2018年上半年工作报告和城关区环保工作、监察委员会、人民法院、人民检察院专项工作报告；此外，针对今年财政预算调整较大，出现个别部门工作经费短缺情况的问题，组织代表召开了专题询问会。

围绕中心工作开展对下调研。人大常委会先后组织人大代表围绕精准脱贫巩固工作，深入各扶贫联系点开展了调研工作；围绕城关区法检两院第一季度工作开展情况，“三包”学生早餐奶和配餐中心运行情况以及城关区净土公司资金投入及运行情况等开展视察工作。2018年来，共视察调研4次，撰写视察调研报告3篇，为区委提供决策参考。

三、坚持代表主体地位，切实提升代表履职服务和管理水平

人大代表是国家权力机关的主体，是党和政府联系人民群众的桥梁和纽带。常委会充分尊重代表主体，积极主动为代表履行职责，发挥作用搭建平台，提供服务保障。

强化代表履职管理。今年，我们严格按照上级业务部门要求，经报请区委同意后，出台了《拉萨市

城关区人民代表大会常务委员会讨论决定重大事项的规定》《城关区人大常委会关于加强和规范人大代表履职活动办法（试行）》《城关区人大常委会关于加强和改进基层人大代表履职活动保障工作的办法（试行）》，将人大代表参加各类会议、活动的误餐补助从以前的每人每天100元标准提高到现在的区内每人每天450元，区外每人每天540元的标准。

提高代表履职能力。常委会通过集中授课、专题讲座、考察交流等方式，积极组织全区范围内的各级人大代表系统学习宪法及人大业务工作。今年，先后邀请了拉萨市党的十九大精神宣讲团成员和珠峰律师事务所法律专家以及城关区人大常委会主任、副主任授课等方式对“十九大”会议精神和十三届全国人大一次会议通过的宪法修正案、党与人大的工作关系、代表如何履职、如何发挥基层人大代表作用等内容为人大代表进行培训，组织代表观看了电影《厉害了，我的国》爱国主题教育片，同时组织部分人大代表赴北京东城区、通州区考察学习人大工作的先进经验，有效提升了代表的履职责任和履职能力。

激发代表履职活力。通过主动邀请代表列席人大常委会、专题召开代表座谈会、征求意见会等形式，组织代表参与视察、调研和议案、建议督办活动等方式使代表更多的了解常委会工作，也使常委会工作建立在深入了解民情，充分反映民意，广泛集中民智的基础之上。

发挥人大平台作用。为积极推进我区“人大代表之家”规范化建设，区人大常委会年中检查验收了12个街道“人大代表之家”上半年工作开展情况，年末召开了全年工作开展情况专题汇报会议，督促各街道发挥好“人大代表之家”应有的作用。2018年，各街道“人大代表之家”以“家”为依托，组织代表开展丰富多样的学习培训、接待选民、视察、调研和向选民述职等活动241次，共参与2391人次，使“人大代表之家”真正成为代表学习培训之家、服务群众之家、履职交流之家、帮扶解困之家。

强化代表督办工作。城关区第十二届人大三次会议期间，代表提出的议案、建议共83件。对此，常委会及时协调政府召开议案、建议交办专题会议，明确工作任务、责任主体和办理程序。组织代表以抽查的形式实地检查办理情况，对代表不满意的11件建议召开专题询问会议，并以常委会的名义向区政府进行通报，要求限期整改，从而切实提高了承办单位的办理质量和办理效率。

四、加强自身建设、切实提高政治意识和履职能力

常委会高度重视自身建设，坚持以学习强素质，以制度促规范，以创新提效能，不断提升干部职工依法履职能力和水平。

突出思想政治教育。一年来，常委会党组和机关党支部认真开展党的建设工作，常委会主任带头讲党课，积极组织召开民主生活会和机关组织生活会，班子成员带头参加，深入查摆问题，认真开展批评和自我批评，牢牢把握加强党的执政能力建设、先进性和纯洁性建设这条主线，全面贯彻落实党风廉政建设责任制。认真学习贯彻中央八项规定及其实施细则精神，学习《中华人民共和国宪法》《西藏自治区地方性法规》等，切实加强常委会及机关党员领导干部廉洁自律意识，坚定理想信念，增强宗旨意识，树立正确的世界观、权力观和事业观。

认真组织学习教育。常委会组成人员和机关党员干部认真学习贯彻党的十九大精神，习近平新时代中国特色社会主义思想，认真开展“两学一做”“党员政治教育”主题活动，坚持每周一次的常委会党组学习和领导参加区委理论中心组学习的工作模式，通过集中学习、集中研讨、召开专题党课和组织生活会等形式，对标看齐，从而增强践行“两学一做”的政治自觉和履职能力，积极推进学习型党组织和学习型机关建设。

注重相互学习沟通。一是加强同兄弟县区人大的学习与交流，进一步拓宽了工作思路与视野，达到了相互学习共同提高的目的。2018年，共接待山南、阿里、云南等区内外兄弟市县人大交流考察团11次。二是抓好人大工作宣传，依托拉萨市人大期刊、城关掌上通、城关微党建等各类媒介及时发布人大信息，扩大人大工作的社会知晓面和影响力。

抓好基层工作指导。一是坚持常委会领导分

片指导街道人大工作，坚持街道人大工委主任列席常委会会议，参加区人大常委会组织开展的调研视察等活动，切实加强与基层人大的联系，着力提高基层人大业务水平，促使人大系统工作合力得到有效发挥。二是常委会结合街道实际工作，专门组织工作人员围绕人大工作程序、经费运行情况及其他业务知识等进行了培训，有效提高了街道人大工作人员的履职能力。三是督导检查街道“人大代表之家”规范化运行。为进一步规范各街道“人大代表之家”的活动开展，充分利用好“人大代表之家”这一平台，促进人大代表在闭会期间能够有效履职，常委会领导多次对12个街道“人大代表之家”的运行情况进行督导检查，并对工作中存在的问题提出了针对性的指导意见，为我区街道“人大代表之家”全面规范化运行指明了方向。

五、认真开展基层立法联系点工作

根据《自治区人大常委会关于印发〈西藏自治区人民代表大会常务委员会基层立法联系点工作规则（试行）〉的通知》精神，今年7月城关区被自治区人大常委会确定为首批自治区六个立法联系点之一，也是拉萨市唯一的基层立法联系点单位，这是自治区人大常委会对我区人大工作的肯定和信任。常委会高度重视基层立法联系点工作，专门成立了城关区基层立法联系点领导小组，并确定了一名副主任为立法联系点责任人和一名办公室工作人员为联络人，以确保同自治区人大的沟通联系做到上情下达、下情上传。2018年，配合自治区人大常委会及各专委会共开展了执法检查、地方性法规征求意见工作5次，切实发挥了基层立法联系点战斗堡垒作用。

各位代表，一年来，我们戮力同心，务实奋进，区第十二届人大常委会各项工作迈出了新步伐、取得了新成效，这是区委正确领导的结果，是常委会组成人员和全体代表共同努力的成果，是区政府、区监委、区法院、区检察院以及各有关部门积极配合的效果，是区政协以及各街道人大、广大人民群众大力支持的硕果，在此，我谨代表区人大常委会表示衷心的感谢！

回顾一年的工作，我们也清醒的认识到，常委会工作与新形势下人大工作要求相比，特别是习近平总书记关于坚持和完善人民代表大会制度的重要思想相比，与各位代表和人民群众期望相比，还存在不少差距。主要是：对“一府一委两院”监督方式和实效有待进一步增强；代表履职能力、履职水平需进一步提高；人大系统规范化建设需进一步提升；人大机关工作人员履职理念、履职方式需进一步创新；常委会办事机构和人员配备需进一步完善。针对以上问题，我们将在今后工作中虚心听取各方意见，不断加以改进和完善。

2019年主要工作任务

常委会将全面学习贯彻党的十九大会议精神，以习近平新时代中国特色社会主义思想为指引，坚持党的领导，牢固树立政治意识、大局意识、核心意识、看齐意识，把贯彻落实中央、区市党委和城关区委系列重要决策部署作为今年工作的主线。按照城关区委九届四次全委会上确定的目标，统筹安排各项工作，以服务发展大局为己任，以推进依法治区为根本，以促进民生改善为重点，切实履行宪法和法律赋予的职责，扎实做好以下几个方面的工作。

一、坚定正确方向，进一步提升政治站位

党的领导是人大工作始终保持正确政治方向的根本保证。常委会将始终坚持党的领导、人民当家做主、依法治国的有机统一。严格遵守党的政治纪律和政治规矩，在思想上政治上行动上始终同以习近平同志为核心的党中央保持高度一致，确保人大工作正确的政治方向。严格落实全面从严治党主体责任，坚持作风建设永远在路上，密切与人大代表和人民群众的联系，切实担当起落实区委重大决策部署的政治责任。坚持围绕中心、服务大局，真正做到高点定位，落实用力，在大局下开展工作。加强人大自身建设和干部队伍建设，不断创新人大工作思路和举措，建立接地气、查实情、出实招、重实效的工作机制，强化“说办就办，马上就办”的工作理念，切实履行好法律赋予的职责。继续协调解决我区人大常委会“一室三委”机构设置和人员配备问题，不断强化我区人大常委会的工作机构和人

员结构，早日解决有机构和人员办事的问题。加大对人大干部的学习培训力度，进一步增强全区人大工作的整体水平和活力，努力打造信念坚定、为民服务、勤政廉洁、务实高效的人大干部队伍。

二、围绕中心工作，加强和改进监督工作

常委会紧紧围绕区委中心工作和决策要求，统筹安排代表监督、常委会讨论、决定重大事项以及人事任免等各项工作和重要活动，认真履行推动区委重大决策部署的贯彻落实责任，找准发挥人大作用与服务中心工作的结合点。着眼全局，围绕大局，围绕民生、教育、巩固精准脱贫成果以及产业项目的发展和重大民生工程项目的实施、生态环境治理等相关工作开展专题视察和调研；依法开展专题询问质询工作；行使好重大事项决定权，适时作出决议决定；定期听取“一府一委两院”专项工作报告，以组织代表对专项工作进行视察等方式，加大对“一府一委两院”的监督力度，更好的实现依法行政，促进公正司法。认真落实宪法宣誓制度，积极探索和创新被任命的“一府一委两院”国家工作人员在任期内的履职情况监督工作。

三、改进代表工作，充分发挥代表主体作用

常委会将积极探索和改进新时期代表工作途径和方法。完善代表履职服务保障机制，创新代表工作的内容、方式和载体，支持和保障代表依法履行职责。着力深化代表活动，围绕全区发展大局，继续组织视察调研活动，进一步丰富活动内容，增强实际效果。积极组织代表参与常委会的重要活动，使代表更好地了解和把握全局，更积极地了解民情，反映民意。扎实做好代表提出的议案、建议督办工作，进一步加大建议的落实率，提高办理质量，增强办理实效。充分利用“人大代表之家”这一重要平台丰富代表履职活动，发挥好代表在闭会期间的作用。加强代表培训，拓展培训内容，创新培训方式，采取走出去和请进来相结合的办法，邀请专家及经验丰富的人大工作者进行专题授课，继续加强同区内外人大的交流，有针对性的组织人大代表分期分批赴区内外开展专题调研和考察学习，努力提升代表履职能力和水平。

政协第九届拉萨市城关区委员会常务委员会工作报告(节选)

——在政协第九届拉萨市城关区委员会第四次会议上

政协拉萨市城关区委员会主席 索朗次仁

(2019 年 1 月 16 日)

2018 年工作回顾

一、提高政治站位,政协系统党的建设全面加强

政协是政治组织,委员是政治身份。中国共产党领导是中国特色社会主义最本质的特征,也是人民政协这一制度安排和政治组织最本质的特征。今年,中央出台了新中国成立以来第一个加强政协党的建设文件,全国政协召开了人民政协历史上第一次党的建设工作座谈会,明确了全面加强新时代人民政协党的建设总体要求。区、市政协逐级召开加强党的建设工作会议,为政协系统加强党建工作做出安排部署。

城关区政协站在树牢“四个意识”,坚定“四个自信”,践行“两个维护”的政治高度,认真贯彻中央《关于加强新时代人民政协党的建设工作的若干意见》,始终把各项工作置于城关区委的正确领导之下,全面加强政协系统党的建设。深入学习贯彻习近平新时代中国特色社会主义思想和中共十九大精神,将习近平总书记关于加强和改进人民政协工作的重要思想作为必修课,以习近平总书记在人民政协成立65周年大会上的讲话为基本教材,以新修订的《政协章程》为履职守则,举办专题学习会、中心组学习、委员培训班、集中学习共70余次,政协党组书记带头讲党课,通过“政协之家”微信群推送有关学习内容,通过常态化学习教育,广大委员对政协性质定位认识更加清晰,理想信念更加坚定。

建立党员委员联系党外委员制度。以四个街

道政协委员联络办公室为平台，将委员中的党员联系党外委员作为加强党对人民政协领导的重要抓手，建立党员委员联系党外委员制度，1 名党员委员联系 2 名党外委员，中共界委员发挥“关键少数”作用，影响和带动党外委员把思想和认识统一到党中央的路线方针政策上来，统一到区市党委和城关区委的重大决策部署上来，把党的主张及时转化为全体政协委员的思想共识和自觉行动，以共同目标寻求最大公约数，以团结合作画出最大同心圆。

二、强化职责担当，在高质量履职中凸显政协地位作用

有为才有位，有位更有为。我们坚持把加强政协党建与政协履职紧密结合起来，与落实新型政党制度结合起来，以高质量履职凸显政协地位作用。

城关区政协全年共召开 5 次常委会议、6 次主席会议和 15 次专题协商议政会，围绕贯彻落实区委重大决策部署、全区经济社会发展的重大问题和重点工作积极议政建言，以政协高质量履职助力城关高质量发展。政协第九届委员会第三次会议期间，广大政协委员积极参加讨论，站在建设雪域高原首善城区的高度，与区委、区政府领导面对面协商议政，提出完善城市建设体系、做好城乡规划、建设美丽乡村等重要建议 50 多条。全年共委派委员 80 余人次，围绕政策落实、扶贫措施、资金管理等区委区政府重点实施项目开展督导活动，积极参与城关区政府外围商铺、拉萨市第一小学商铺拆迁的监督和政策宣传工作，充分发挥民主监督作用。

我们坚持不调研不发言、不调研不立论，将调查研究作为政治协商、民主监督、参政议政的基础，把提质增效贯穿于履职全过程，用心调研、潜心发展、精心建言，努力实践履职建言能与群众的期盼等高、与党政领导的需求同频。一年来，我们紧扣人民群众日益增长的美好生活需要，紧扣经济社会发展实际，充分发挥政协人才智力优势，先后围绕“两创示范”、食品药品监督管理、政协委员履职情况等课题视察了城关区小微企业创业创新集中示范基地、雪堆白・西藏手工艺术众创空间、夺底乡擦擦文化展览馆、公德林街道沿街小作坊，小商铺等，参与委员 60 人次。向区委、区政府报送了《关于推动“两创示范”工作调研报告》《关于城关区食品药品监督管理工作调研报告》《城关区政协赴北京考察报告》等书面材料，得到市委副书记、市长、城关区委书记果果同志及市政协党组成员、城关区委副书记、区长刘亮同志的充分肯定。调研及视察所形成的意见建议已被吸纳到区委、区政府的重要决策或部门工作中，为区委科学决策提供参考，促进了党政科学民主决策。

三、围绕中心用力，为民族团结社会稳定做出政协贡献

城关政协始终坚持围绕区委中心工作用力，主动靠前担当，充分发挥政协优势，在巩固民族团结、化解群众矛盾、维护社会稳定、淡化宗教消极影响、助力精准扶贫等方面发挥了特殊作用，做出了积极贡献。

城关区政协始终牢固树立宗旨意识，以人民群众最关心最直接最现实的利益着手，不论在开展精准扶贫结对帮扶工作中，还是在解决历史遗留的人民内部矛盾工作中，坚持以民主作风团结人、以宽广胸襟包容人、以真挚感情凝聚人，做到让组织放心、群众满意。政协领导班子特别是主要领导同志参与纳金辖区八块宗地及纳金献多水厂管道项目、纳金村失地农民安置、东环线征地拆迁、石材厂搬迁、违章建筑拆迁、洛堆棚户区改造等全区阶段性重点工作，各项工作任务圆满完成，没有发生一起群众上访事件。领导班子成员分别包片负责纳金街道、娘热街道精准扶贫精准脱贫工作，纳金街道 163 户建档立卡贫困户人均收入由 2017 年的 9841.16 元增长到 23102.41 元，娘热街道 53 户建档立卡贫困户人均收入由 2017 年的 10785.97 元增长到 16537.88 元。常态化走访慰问民族宗教界人士和新疆籍结对人员，不断推进协调关系、理顺情绪、化解矛盾、增进团结工作，进一步促进各民族间的交往、交流、交融。深入联系走访委员，积极解决困难和问题，让委员感受到政协大家庭的温暖。全年为 97 名党外群众委员兑现 12 个月生活补贴共 96.6 万元，将党和政府的关怀落到了实处。

坚定不移站在维护民族团结的第一线、反分裂斗争的第一线，专门召开专题议政性常委会集体发声亮剑，组织动员政协机关全体干部职工坚决维护祖国统一、维护民族团结、维护社会稳定，严禁宗教界委员私自聚集信徒讲经说法，严禁党员干部职工及家属子女参加各类佛事活动。在“三月敏感期”、萨嘎达瓦、雪顿节等重要节点，政协党组成员深入到责任片区、联系寺庙、联系学校指挥督导，政协机关将三分之一的力量下沉到村（社区），协助做好维稳防控工作。认真贯彻落实中央统战、民族宗教工作会议精神，认真贯彻落实区市党委淡化宗教消极影响的决策部署，发挥政协优势，积极引导藏传佛教与社会主义社会相适应。宗教界委员自觉践行“政治上靠得住、宗教上有造诣、品德上能服众、关键时起作用”四条标准，着力提高佛学造诣，推动了宗教和睦、佛事和顺、寺庙和谐。在全区寺庙开展的和谐模范寺庙暨爱国守法先进僧尼表彰评选中，党外宗教界人士、城关区政协副主席、下密院管委会副主任久美，小昭寺桑珠旺堆委员等被评为“爱国守法先进僧尼”。

积极引导委员投身社会公益事业，承担社会责任。城关区蔡公堂街道吉冈建筑有限公司党支部举行“践行十九大精神对建档立卡贫困户进行节前送温暖、献爱心”慰问活动，对恩惠苑社区331户异地搬迁户发放价值8.6万元的慰问品；哈达集团有限公司对绕赛社区25户低保及低保边缘户发放慰问金10万元，对绕赛社区11户困难家庭发放慰问金5.5万元；为改善娘热街道加尔西村村办幼儿园的教学条件，嘎吉林建筑（集团）有限公司对幼儿园进行改扩建并配备相关教学和生活设备，共计投入资金140.8万元，并为幼儿园援助5万元伙食补贴；城祥物业管理有限公司积极响应区委区政府“搬得出、稳得住、能致富”的为民理念，有针对性的提供岗前培训、就业岗位，成功解决了藏热社区16名失地农民、71名异地搬迁群众及200多名城市低收入家庭人员的就业问题；城关区净土农业发展有限公司整合就业岗位，解决20多名贫困家庭的就业，慰问部分贫困户，发放了价值1万余元的慰问品。

四、坚持党建引领，政协机关建设和委员管理实现新提升

常委会主动适应新形势新要求，坚持用党建引领、用制度管人、用规范治事、用考核提效，全面提升政协工作的制度化、规范化、程序化水平。

加强机关党支部建设，健全完善政协系统党务工作机制。严格落实党建工作职责、议事规则、“三会一课”、民主（组织）生活会、民主评议党员、党员联系群众、党员教育管理、谈心谈话等规章制度，不断提升党建工作规范化水平。特别是在党员教育管理上，政协全体机关党员干部在城关区智慧化党建平台实名注册，定期在支部平台上发布活动内容、定期发布共享资源、定期发布服务事项、定期发布学习资料等内容。将党员委员纳入政协党务管理体系，对党员委员实行双重管理。以自治区纪委集中整治蹲点督导工作第五组反馈问题为重点，对症下药、综合施策，整治工作取得成效。加强廉政教育和反面典型警示教育，抓好组织生活会查摆问题的整改落实，持之以恒巩固作风建设成果。召开机关党支部党员政治教育专题组织生活会，坚持问题导向，认真查找机关党支部和党员队伍中存在的问题，切实加以整改，使政协履职的组织保证更加坚强有力，推进了政协机关作风效能提升。

按照“懂政协、会协商、善议政”和“守纪律、讲规矩、重品行”要求，扎实开展委员学习培训工作，举办委员培训会3期。足额预算调研专项工作经费，开展调研业务培训和专题座谈，邀请区内外专家、能人传经送宝，确保不说外行话、少讲题外话，增强调研专业性、针对性和实效性。2018年接待区市政协、内地政协共7个考察调研团（组）考察调研。今年5月先后带着专题、带着问题派出政协考察组赴北京东城区、通州区学习考察，开展交流研讨，深入学习借鉴，进一步提升了政协委员的眼界和履职能力。发挥委员履职考评“指挥棒”作用，建立履职档案，强化对委员的履职考评。

回顾过去一年的工作，我们深刻体会到：全面加强政协系统党的建设，是做好政协工作的根本保证；深入学习贯彻习近平总书记关于政协工作的重要论述，是做好政协工作的思想基础；牢牢把握党政发展大局，是做好政协工作的基本原则；充分发挥委员主体作用，是做好政协工作的动力源泉。

各位委员，过去一年我们工作取得的成绩，是

以习近平同志为核心的党中央亲切关怀的结果，是城关区委坚强领导的结果，是区市政协精心指导的结果，是区人大、区政府和全区各单位各部门支持配合的结果，是全体委员和统战、工商联、无党派人士、各人民团体和社会各界人士通力合作与共同努力的结果。在此，我谨代表九届城关区政协，向长期关心支持政协工作的各级领导、有关部门、各界人士及广大政协委员表示衷心的感谢！

在总结成绩的同时，也要看到，同新时代新任务的要求相比、同人民群众的期待相比，工作还有一定差距：政协系统党的建设还需要进一步加强，政协联络办公室的作用发挥还不够充分，一些调研议政活动还需进一步深入，民主监督的方式方法还需进一步探索，界别联系群众的作用还需进一步发挥，团结联谊的范围和渠道还有待进一步拓展等等，这些都需要切实加以改进。

2019 年主要任务

2019 年，是建国 70 周年、西藏民主改革 60 周年，是城关决胜全面建成小康社会的关键之年。

政协工作总体要求是：高举爱国主义和社会主义伟大旗帜，以马列主义、毛泽东思想、邓小平理论、“三个代表”重要思想、科学发展观和习近平新时代中国特色社会主义思想为指导，继续全面贯彻中共十九大精神，贯彻落实习近平总书记治边稳藏重要战略思想，在区委坚强领导下，紧紧围绕区委重要决策部署，围绕团结民主两大主题，认真履行政治协商、民主监督、参政议政职能，围绕“发展、稳定、生态”三件大事，着力做好思想引导、汇聚力量、议政建言、服务大局的各项工作，谱写我区政协事业发展新篇章。

一、牢牢把握正确政治方向，用习近平新时代中国特色社会主义思想统领政协工作

要深入学习贯彻习近平新时代中国特色社会主义思想和中共十九大精神，认真学习关于统一战线、人民政协的新思想新要求，加强对委员的培训，推动参加政协的各团体和各族各界人士自觉接受中国共产党的领导，坚定理想信念、汲取精神力量、锻造忠诚品质，树牢“四个意识”，坚定“四个自信”，做到“两个维护”，在城关区委领导下，始终保持人民政协正确的政治方向。围绕“懂政协、会协商、善议政”要求，往深里学、往实里学、往心里学，促进思想大武装、工作大提升。要把党的建设摆在首位，深入学习贯彻《关于加强新时代人民政协党的建设工作的若干意见》，贯彻落实全国政协系统党的建设工作座谈会要求，落实从严治党要求，切实发挥政协党组把方向、管大局、保落实的领导核心作用，建立完善政协党的组织体系，持之以恒地推进党风廉政建设。要扎实开展政治纪律教育，深入开展揭批达赖集团“三性”“五顶帽子”反动本质活动，正确判断和充分认清“后达赖”到“达赖后”的形势变化，做好应对上的思想准备和行动准备。

二、牢牢把握协商民主要义，充分发挥协商民主重要渠道和专门协商机构作用

要把协商民主贯穿政治协商、民主监督、参政议政全过程，更加灵活、更为经常地开展专题协商、对口协商、界别协商、提案办理协商，完善政协协商民主建设。进一步拓展“走出去、请进来”渠道，探索政协工作更加贴近大局、更加贴近群众的方法和载体。坚持协商式监督特色优势，把握好监督的方向和原则、节奏和力度，聚焦区委区政府重要决策部署的贯彻落实，开展监督工作，融协商、监督、参与、合作于一体，强化民主监督职能，拓展民主监督形式，提升民主监督实效。完善协商成果采纳、落实和反馈机制，推动协商成果有效转化为政策和具体工作举措。

三、牢牢把握团结民主两大主题，广泛凝聚改革发展的智慧和力量

我们要有懂团结的大智慧、会合作的硬本事、真共事的高境界，以民主作风团结人、以宽广胸襟包容人、以真挚感情凝聚人，努力寻求最大公约数、画出更大同心圆。从城关特殊区情实际出发，着眼解决好“谁影响谁”“谁统谁”的问题，进一步深化党员委员联系党外委员工作，发挥好党员委员辐射带动作用，巩固和扩大团结，最大限度地把各族各界团结在党的周围。进一步加强同党外知识分子、宗教界人士的团结联谊，密切与非公有制经济人

士、新的社会阶层人士的联系，推动构建新型政商关系，共同致力于我区改革发展、人民幸福的伟大事业。要围绕这次“两会”新部署新要求，正面鼓劲、正向发力，把各族各界人士的思想和行动统一到区委区政府决策部署上来，把智慧和力量汇聚到各项目标任务上来。

四、牢牢抓住创新工作总要求，切实提升政协履职能力和队伍建设水平

创新是习近平总书记对新时代人民政协工作的要求，我们一定要立足新时代，进一步创新理念、创新方法、创新载体，强化委员创新意识，全面增强履职本领，提高政治把握能力、调查研究能力、联系群众能力、合作共事能力。要创新思维理念，提升话语权，努力克服人云亦云，看问题要有独特的视角，谈建议要说有新意的话，让人“眼前一亮”；树立开放理念，善于汇聚方方面面的智慧力量，深入探究问题，拿出有用实用的建议，让人“精神一振”；树立协商理念，用政协智慧赢得各方支持，提高协商舒适度，说有亲和力的话，让人“心头一热”。进一步拓展“走出去、请进来”渠道，探索政协工作更加贴近大局、更加贴近群众的方法和载体。全面运用提升“互联网＋政协”工作模式，建好用活“政协之家”微信平台，使委员管理服务和委员交流沟通更直接、更有效，使微提案、微建议、微协商成为有效履职方式，让委员建言快捷方便，让政协履职活跃高效。

坚持稳中求进 忠诚履职尽责 推动新时代纪检监察工作高质量发展

——在中国共产党拉萨市城关区第九届纪律检查委员会第四次全体会议上的工作报告

拉萨市城关区纪委书记、监委主任 隋兴国

（2019 年 4 月 19 日）

一、2018 年工作回顾

2018 年，在以习近平总书记为核心的党中央的亲切关怀和区市党委、纪委的坚强领导下，以果果书记为班长的区委自觉担负起全面从严治党政治责任，管党治党力度不断加大，党风廉政建设和反腐败工作全面加强。城关区纪委在区委的坚强领导下，深入学习贯彻习近平总书记关于全面从严治党的系列重要论述和重要指示精神，全面贯彻落实十九届中央纪委二次全会和九届自治区、拉萨市纪委三次全会精神，牢固树立“四个意识”，坚定“四个自信”，坚决做到“两个维护”，不断提高政治站位，忠诚履行政治责任，推进党风廉政建设和反腐败工作取得新成效。

（一）以政治建设为统领，切实担负起“两个维护”政治责任。一是坚持把深入学习贯彻习近平新时代中国特色社会主义思想和党的十九大精神作为首要政治任务，通过常委会学、理论中心组学、周例会学等方式，深入系统地学习习近平新时代中国特色社会主义思想和党的十九大精神，并以交流发言、撰写心得体会等形式巩固学习成效，分专题召开各类学习会 50 余次，党员干部撰写心得体会 130 余篇，全区各级纪检监察机关坚持把学习贯彻习近平新时代中国特色社会主义思想和党的十九大精神情况作为日常监督、专项检查和政治巡察的重要内容，共开展监督检查 20 余次。二是严明党的政治纪律和政治规矩，制定印发关于严禁共产党员和国家公职人员参加“色拉崩坚”“萨嘎达瓦”宗教活动的通知，紧盯宗教节日和重大宗教佛事活动，集中力量对党员信仰宗教、参与宗教活动开展明察暗访，共开展督导检查 20 余次。三是深入开展政治纪律教育，印发《关于加强政治纪律教育的通知》，全区共思想发动 355 场 / 次，组织学习 689 次、开展专题讨论 260 次，召开政治纪律教育专题组织生活会 300 余场。

（二）加强党对反腐败工作的集中统一领导，巩固发展反腐败斗争压倒性胜利。一是严格执行“双报告”制度，落实“两个为主”要求，更加自觉地把党的领导贯穿到监督执纪问责、审查调查处置、巡察全过程中，重要问题线索处置、政治生态研判、重大案件查办等情况及时向上级纪委监委和同级党委请示报告，即报告结果又报告过程。全年，区委共听取纪委监委监察体制改革、扶贫领域专项治理和文山会海、不作为慢作为等形式主义官僚主义作风问题专项检查等汇报 20 余次，听取案情汇报 30 余次，批准立案审查 17 人，各个环节体现区委的领导核心和把关作用，党领导下的反腐败工作体制、决策机制和工作举措更加完善。二是坚持有腐必反、有贪必肃，始终保持惩治腐败高压态势。紧盯选人用人、审批监管、工程招标等重点领域和“三类重点人”,高度警惕政治问题与经济问题、反分裂问题与腐败问题相互交织的情况。全年,接收来电、来信、来访及上级转办问题线索 73 件,其中上级转办 32 件,已办结 57 件,了结 19 件,立案 13 件,给予党纪处分 13 人、给予政纪处分 6 人。

(三)进一步深化纪检监察体制改革,实现党内监督和国家监察乡(街道)全覆盖。一是持续深化纪检监察体制改革,2018 年 1 月 8 日,城关区监察委员会在全区率先组建完成,划转编制 21 个、转隶干部 10 名,其中员额检察官 4 名。为学习先行县区经验做法,先后两批,共计 12 人到北京市东城区、通州区,山西省运城市盐湖区学习监察体制改革试点工作好经验、好做法。在建成全区县级首个规范化谈话场所基础上,严格落实没有安全就没有审查调查的工作要求,制定《谈话室管理制度》《谈话室保密制度》《谈话室医疗制度》等一系列确保审查调查安全的工作制度,实现了全年走谈式谈话“零”事故。二是推进国家监察体制改革向街道延伸,根据《在拉萨、山南推进监察体制改革向乡(街道)延伸的试点方案》,选取蔡公堂乡、公德林街道进行试点,为全市县(区)向乡(街道)派出监察室提供了可借鉴、可复制经验。11 月 8 日,城关区监委向 12 个乡(街道)派出监察室全部挂牌成立,实现国家监察乡(街道)全覆盖。派出以来,乡(街道)监察室共处置问题线索 2 件,给予党政纪处分 5 人。三是全面启动巡察工作,根据《中共拉萨市城关区委员会 2017–2021 年巡察工作规划》,全年共安排 3 轮巡察,组建巡察组 12 个 89 人次,巡察党组织 41 个,向被巡察单位反馈问题 241 条,向有关职能部门反馈问题 14 条,向纪委、组织部移交问题线索 6 件 6 人,给予党纪处分 1 人,追缴违规资金 20.6 万元、督促收缴财政资金 44.2 万元,巡察工作的探头作用初步显现。

(四)坚持挺纪在前,切实履行监督首责。一是持续开展廉政文化建设,以开展廉政文化宣传月活动为契机,组织观看廉政影片、参观廉政教育警示基地、知识竞赛等各类活动 30 余场(次)。按照区市纪委《关于进一步加强以案促改工作通知》要求,及时传达学习区市各类案例通报,在全区通报我委查办案例,加大身边案例警示作用。二是践行监督执纪“四种形态”,对发生苗头性、倾向性问题,坚持抓早抓小、关口前移,够不成党纪处分的及时谈话、函询,发生轻微违纪问题的,第一时间给予党纪轻处分或组织处理。全年运用“四种形态”处理 43 人,第一种形态批评教育、谈话函询 26 人次、占 60%,使红脸出汗、咬耳扯袖成为了常态;第二种形态纪律轻处分、组织调整 12 人次、占 28%,第三种形态纪律重处分、重大职务调整 5 人次、占 12%,督促受到前三种形态处理的 43 名党员在民主(组织)生活会上做出说明。

(五)严肃整饬风纪,以钉钉子精神打好作风建设持久战。一是扎实开展“四风”问题监督检查,在节假日期间,下发关于廉洁过节的通知,督促各级党组织加强对党员干部日常教育管理。印发《城关区纪委关于规范伙食费收缴有关事项的通知》,成立专项督查组,对公务接待、福利发放、公车私用等违反中央八项规定及其实施细则精神问题进行督查。共查处违反中央八项规定及其实施细则精神问题 4 件 8 人,给予党纪政纪处分 7 人,通报曝光 1 人。二是专项整治党员干部和国家公职人员参与赌博或带有赌博娱乐性质活动,建立健全专项整治活动监督检查长效机制,联合城关公安分局加强“八小时以外”监督检查。全年,共开展督导检查 4 次,查获涉赌公职人员 11 名,依纪全部移送市纪委。三是集中整治不作为慢作为文山会海等形式主义官僚主义,在自查基础上对全区各单位进行督导检查,发现并反馈问题 78 个。四是开展援藏资金专项检查,联合发改、财政、审计组成专项检查组,对 2013 至 2018 年北京援藏资金管理使用情况进行检查,督促责任单位限时整改。五是有效查处教育领域违纪问题,成立专项督导检查组,针对多发、频发问题势头,共开展督导调研 5 次,检查发现问题线索 17 个,查处 4 起 7 人,给予党政纪处分 5 人,组织处理 2 人。六是在全区深入开展领导干部利用名贵特产类特殊资源谋取私利问题专项整治,在全面自查基础上督促相关单位对查摆出的问题进行整改。

(六)树牢宗旨意识,从严查处群众身边的四风和腐败问题。一是严格落实扶贫领域工作月报告工作机制，层层压实责任，紧盯问题易发多发的风险点和关键环节，通过明察暗访、交叉督查等方式，重点查处贪污挪用、虚报冒领、截留私分、优亲厚友、挥霍浪费等问题，坚决斩断伸向扶贫领域的“黑手”，为打赢脱贫攻坚战提供纪律保障。共发现问题线索3个，立案审查1件4人，约谈提醒1件6人。二是深入开展扫黑除恶专项斗争，成立办案协调小组，及时制定印发《城关区纪委与政法机关在扫黑除恶专项斗争中协同办案工作实施方案》，明确工作责任分工，形成资源共享、优势互补、沟通顺畅的工作模式，坚决惩治黑恶势力“保护伞”。三是针对公益性岗位人员存在脱岗、替岗、吃空饷等情况，联合城关区人社局，对46家单位，共计1181名公益性岗位人员在位情况进行督导检查。

（七）加强队伍建设，着力建造忠诚干净担当的纪检监察铁军。一是深入开展政治纪律教育活动，纪委监委巡察党支部认真完成学习提高、查摆整改、梳理汇总等三个阶段规定动作，不断提高全委干部职工思想水平，党员干部共撰写心得体会20余篇，开展谈心谈话75人次，提出意见建议100余条。二是狠抓能力建设，针对国家监察体制改革后，纪检监察干部执纪审查能力不足、业务不精等问题采取跟岗学习、以会代训、以案代训等方式进行轮训，着力提升基层纪检监察干部贯彻落实党章党规党纪和宪法法律法规的能力和水平。共选派4批89名委机关干部参加自治区、拉萨市纪委培训，提升监督执纪问责和监督调查处置能力水平。三是强化纪律约束，坚持月、季度报告制度，召开纪检监察系统述责述廉及接受质询评议大会，5名纪检干部现场述责述廉，纪委监委全体干部撰写并提交述责述廉报告，进一步增强纪检监察干部履职意识和作风转变。

过去一年，全区纪检监察工作政治属性更加明确、惩贪治腐效应更为凸显、把握运用政策策略更见全面、监督执纪和内部管理更趋规范、纪检监察队伍更富活力。但是，我们也清醒地认识到工作中的主要问题和不足。全区各级党委（党组）“两个责任”压力传导不到位，党风廉政建设和反腐败斗争形势依然严峻复杂，上热下冷、水流不到田头等问题依然突出；个别基层党委在贯彻落实区委决策部署方面还存在落实不及时的问题；部分行业、领域党组织从严治党不力，管党治党“宽松软”，形式主义官僚主义特别是说得多、行动少、不落实的现象未得到全面查处和纠正；一些党员干部甚至有的领导干部理想信念不牢，纪律规矩意识淡薄；个别部门廉政和腐败风险依然较高，有可能出现严重违纪甚至违法行为，“四风”反弹回潮的隐患犹存。部分乡（街道）纪（工）委和派出监察室职能作用未充分发挥出来，履行职责表面化，基层“微腐败”和扶贫领域问题专项治理工作开展不平衡，发现问题能力不足、线索处置不及时；部分乡（街道）纪（工）委在落实“三转”要求上仍然出于被动执行的层面，对“三转”缺乏系统地思考，简单地把“三转”与“转职能”划等号，对转方式、转作风主动思考较少。对于这些问题，我们都要高度重视，认真加以解决。

二、改革开放40年纪检监察工作认识体会

2018年是改革开放40周年，也是党的纪律检查机关恢复重建40周年。改革重建以来，城关区纪检监察系统在区市党委、纪委和城关区委的坚强领导下，在全区上下的共同努力下，聚焦服务保障全区发展稳定生态大局，忠诚担当、无私无畏、艰辛探索，在推进全面从严治党的伟大实践中积累了弥足珍贵的经验。

第一，必须始终坚持和加强党的全面领导，紧紧围绕区委中心工作，保证党的路线方针坚决贯彻落实。中国共产党领导是中国特色社会主义最本质的特征。旗帜鲜明讲政治，维护党中央权威和集中统一领导，巩固党的团结一致，保证党的政治纲领和政治目标实现，是纪检监察机关的初心初衷，任何时候都不能模糊、动摇、放松。40年的实践充分证明，党是最高政治领导力量，是我们战胜一切困难和风险的坚强保证，是推动西藏长足发展和长治久安的根本所在。城关区作为拉萨首府城区，作为拉萨政治经济文化各项事业的主要承载地，在新时代，面对依然严峻复杂的反腐败斗争形势，全区

各级纪检监察机关要毫不动摇地坚持党的领导，加强党的建设，以永远在路上的执着推进全面从严治党、党风廉政建设和反腐败斗争。

第二，必须始终坚守协助党委推进全面从严治党职责定位，不断以党的自我革命推动党领导的社会革命，夯实推进党的建设新的伟大工程。40年的实践充分证明，纪检机关只有聚焦主业主责，勇敢地担负起协助党推进全面从严治党、加强党风廉政建设和组织协调反腐败工作的政治任务，才能把党建设得更加坚强有力。在新时代，全区各级纪检机关要坚决落实党的建设总要求，坚持党要管党、全面从严治党，以党的长期执政能力建设、先进性和纯洁性建设为主线，把协助职责摆进去，把监督责任摆进去，持续深化“三转”，忠实履行党章赋予的职责，纠治不正之风、铲除腐败毒瘤，使党在勘误纠错中强身健体、在守正出新中实现升华，永葆党旺盛生命力和强大战斗力。

第三，必须始终坚持以人民为中心的政治立场，努力实现好、维护好、发展好最广大人民根本利益，厚植党执政的政治基础。人民立场是我们党的根本政治立场，党的一切工作都离不开人民群众的支持和参与。40年的实践充分证明，只有始终坚持以人民为中心的发展思想，认真倾听群众呼声、回应群众关切、解决群众诉求，我们党才能赢得民心，赢得时代。在新时代，全区各级纪检监察机关要始终把人民对美好生活的向往作为奋斗目标，始终紧盯人民群众反映强烈、损害群众利益的人和事，强化监督执纪问责和监督调查处置，坚持人民群众反对什么、痛恨什么，我们就坚决防范和纠正什么，顺应人们期盼，维护群众切身利益，反腐败得人心、顺民意，赢得拥护、提振信心，不断厚植党执政的政治基础。

第四，必须始终坚持标本兼治，为营造风清气正的社会氛围，全力推进不敢腐、不能腐、不想腐。治标和治本内在统一、相辅相成，治标是为了治本，治本才能巩固治标成效。40年的实践充分证明，全面从严治党，既要靠治标，猛药去疴、重典治乱，为治本创造条件，也要靠治本，激浊扬清、涵养文化，为治标根除病源。在新时代，全区各级纪检监察机关要充分认识反腐败斗争的长期性复杂性艰巨性，把握好纠正与防范、治标与治本、阶段性与连续性的关系，既要善用治标的利器，又要夯实治本的基础，筑牢党员干部拒腐防变的思想根基，最大限度地减少制度漏洞和监管盲区，充分发挥标本兼治综合效应，坚决防范和消除一切损害党的先进性和纯洁性的因素，实现自我净化、自我完善、自我革新、自我提高。

第五，必须始终坚持打铁还需自身硬，努力建造“忠诚干净担当”的纪检监察队伍，以自身建设立信立威。纪检干部承担着庄严而神圣的使命，肩负着党和人民的重托，当好党和人民的忠诚卫士，必须加强自身建设特别是干部队伍建设。40年的实践充分证明，纪检监察机关不是保险箱，纪检监察干部也没有天然的免疫力，自身廉洁过硬始终是我们执纪执法最大的底气。在新时代，全区各级纪检监察系统要牢牢把握政治过硬、本领高强要求，在深化理论学习中提高政治站位，在行使权力上慎之又慎、自我约束上严之又严，自觉接受组织监督、严格依纪依法、健全内控机制，以刀刃向内的政治自觉严惩纪检监察干部违纪违法行为，对失职失责的严肃问责，严防“灯下黑”，挺直腰杆、依纪依法履职用权，确保党和人民赋予的权力不被滥用、惩恶扬善的利剑永不蒙尘。

三、2019年主要任务

2019年是中华人民共和国成立70周年，是西藏民主改革60周年，是决战决胜全面建成小康社会的关键一年，做好纪检监察工作责任重大。今年工作的总体要求是：坚持以习近平新时代中国特色社会主义思想为指导，深入学习贯彻习近平总书记关于治边稳藏的重要论述和关于西藏工作的重要指示批示，全面贯彻落实党的十九大和十九届二中、三中全会精神，狠抓十九届中央纪委三次全会、九届自治区纪委四次全会、九届拉萨市纪委四次全会任务落实，不忘初心、牢记使命，强化“四个意识”，坚定“四个自信”，坚决维护习近平总书记党中央的核心、全党的核心地位，坚决维护党中央权威和集中统一领导，坚持稳中求进，持续深化改革，在增强“四个自我”能力中忠实履行党章和宪法赋予的职责，强化“三个牢固树立”，协助区委全面从严治党，以党的政治建设为统领，一体推进不敢腐、不能腐、不想腐，巩固发展反腐败斗争压倒性胜利，打造忠诚干净担当的反腐铁军，推动纪检监察工作实现高质量发展，为党的十九大精神和党中央重大决策部署落实到位提供坚强保障，以优异成绩迎接中华人民共和国成立70周年和西藏民主改革60周年。

（一）切实在学懂弄通做实习近平新时代中国特色社会主义思想上下功夫，全面贯彻稳中求进工作总基调

扎实开展“不忘初心、牢记使命”主题教育。要加强组织领导，精心谋划部署，牢牢把握主题主线，在学深悟透、联系实际、务实戒虚、整改提高上持续发力，始终抓住用习近平新时代中国特色社会主义思想武装头脑这个根本，教育引导纪检监察干部进一步坚定理想信念，切实提高纪检监察干部的政治站位和政治觉悟。要突出学习重点，始终把学习习近平新时代中国特色社会主义思想作为首要政治任务，深刻认识党面临“四个考验”的长期性和复杂性，深刻认识党面临“四个危险”的尖锐性和严峻性，认真学习《习近平谈治国理政》，及时跟进学习习近平总书记发表的重要讲话、作出的重要指示批示，尤其要按照十九大报告提出的八个方面要求，切实以更加昂扬的精神状态履职尽责。要提高学习质量，把思想政治教育落到党支部，把主题教育与推进纪检监察工作结合起来，督促领导干部带头参加学习研讨，带头谈体会、讲党课、做报告，扭住转变作风这个要害，进一步端正广大党员干部的政绩观事业观，真正做到求真务实、真抓实干。

坚持稳中求进工作总基调，进一步推动“三个一以贯之”落地见效。要旗帜鲜明讲政治，自觉把纪检监察工作置于党的绝对领导之下，把“四个意识”落实到行动上，一以贯之用习近平新时代中国特色社会主义思想蕴含的立场观点方法观察、分析、解决问题，提高用党的创新理论指导解决实际问题的水平；一以贯之坚定践行“两个维护”，把督促落实习近平总书记重要指示批示和党中央重大决策部署、区市党委和城关区委重要安排作为履职尽责的根本着力点，加强监督检查、及时纠偏矫正，推动党中央大政方针落实落地；一以贯之落实全面从严治党的方针要求，敢担当、善作为，不断把全面从严治党战略任务一项一项贯彻到底、执行到位。要深刻把握当前反腐败斗争形势任务，把“稳中求进”这个习近平新时代中国特色社会主义思想的科学方法论自觉贯彻到纪检监察工作全过程。“稳”是重要基础，保持政治定力，保持稳扎稳打，分清轻重缓急，做到工作初心不变、力度不减、成效不降，不断巩固稳中向好的发展态势；“进”要真抓实干，全面深化改革，强化政治引领，坚持实事求是，重点在提高监督质量特别是日常监督实效、提高纪法贯通能力和审查调查精准性上积极作为，努力在关键领域、薄弱环节上有所突破，不断激发创新求进的动力。

（二）以党的政治建设为统领，坚决破除形式主义、官僚主义

严明政治纪律和政治规矩。要坚持审查调查“首先从政治纪律查起”、案件审理首先从政治视角分析，对违反政治纪律行为准确定性、合理量纪，真正把严明政治纪律和政治规矩落实到具体的人和事。要严肃反分裂斗争纪律和维稳工作纪律，探索“两面人”排查有效措施，教育引导党员和公职人员认清十四世达赖的反动本质，自觉同一切分裂破坏活动做斗争，对于在反分裂斗争中态度暧昧、立场模糊、阳奉阴违的，一律依纪依法严肃处理。要严格执行党员不得信仰宗教、更不得传播和发展宗教的规定，紧盯宗教节日和重大宗教佛事活动，强化明察暗访，加强与相关职能部门的协作配合，对发现的党员信教问题要督促所在党组织进行教育转化，对屡教不改的要劝其退党、劝而不退的予以除名，对参与利用宗教搞煽动活动的坚决开除党籍，维护党员队伍的思想纯洁。

严肃党内政治生活。要严格执行《新形势下党内政治生活若干准则》，增强党内政治生活的政治性、时代性、原则性、战斗性，营造风清气正的良好政治生态。要完善和落实民主集中制，坚决不搞“家

长制”“一言堂”，紧盯“关键少数”和关键部门，督促各级各部门领导班子和领导干部严格执行民主集中制，自觉加强党性锻炼，对擅自改变集体决定，把个人意见强加给集体、组织或他人以及插手干预不属于自己分管领域或者应该回避的工作事项的严肃处理，坚决纠正党内政治生活不认真不严肃不健康的问题。要坚持请示报告制度，严格落实《中国共产党重大事项请示报告条例》，督促党员领导干部及时主动如实向组织请示报告重大问题、重要事项，坚决杜绝迟报瞒报甚至弄虚作假问题，对唆使或者允许有关人员在数据数字上做手脚的，一律从严惩处。要严把人选政治关、品行关、作风关、廉洁关、形象关，主动听取纪委意见建议，做到政治不坚定的坚决不用、作风不过硬的坚决不用、能力不胜任的坚决不用、廉洁有问题的坚决不用，做好党风廉政意见回复，严查选人用人上的不正之风和腐败问题，坚决杜绝“带病提拔”“带病上岗”。

深化形式主义官僚主义问题集中整治。要提高政治站位，重点整治在学习传达党中央精神方面不求甚解、照抄照搬，贯彻落实党中央重大决策部署不敬畏、不在乎、喊口号、装样子的错误表现，严肃查处空泛表态、应景造势、敷衍塞责、出工不出力等突出问题，大力整治在联系服务群众方面消极应付、冷硬横推，在服务经济社会发展方面不担当、不作为、乱作为、假作为，在文风会风及检查调研方面搞形式、走过场、重痕迹、轻效果等突出问题。要突出关口前移，督促党委（党组）履行主体责任，进一步排查梳理问题、深刻剖析问题成因、研究制定整改方案，加大跟踪督办力度，对工作迟缓、“走过场”“做虚功”等以形式主义、官僚主义方式对待集中整治工作的及时纠正、责令整改，巩固集中整治成果。要严格执纪问责，采取不打招呼，直接深入重点领域、重点项目、工作现场和群众反映集中的部门开展明察暗访，加大典型问题的督查力度，既检查整改落实情况，又注重发现新问题。对发现的工作推动不力、整治措施不实、整改走过场，侵害群众利益、“四风”和腐败等问题发现一起、查处一起、问责一起，从严追责问责，加大通报曝光数量和频次，形成教育和震慑的强大声势。

（三）全面持续深化纪检监察体制改革，打通纪律、监察监督“最后一公里”

推动监察体制改革向纵深发展。要坚持加强党对反腐败工作的统一领导，将体制机制创新作为改革关键点，深化监委与司法机关、公安机关、审判机关、检察机关在涉嫌职务违法犯罪案件线索处理、立案调查、移送起诉等协调衔接机制，健全统一决策、一体运行的执纪执法高效运行模式。要坚持把党的领导贯穿改革试点工作全过程，推动实现区委对反腐败工作由“结果领导”转变为“全过程领导”。要积极适应职能职责变化，加快工作流程磨合，推动工作方式转变，认真研究解决工作中遇到的问题。要增强对公权力和公职人员的监督全覆盖、有效性，突出“关键少数”、关键岗位，强化监督管理、严格责任追究，既管住乱用滥用权力的渎职行为，又管住不用弃用权力的失职行为。要充分发挥街道监察室职能作用，使群众身边行驶公权力人员受到严密监督。要持之以恒深化纪检监察体制改革，把合署的制度优势转化为治理效能。

深化巡察监督。要深化政治巡察，聚焦全面从严治党，突出问题导向，紧扣“六项纪律”，紧盯党的领导弱化、党的建设缺失、全面从严治党不力等问题，紧抓重点问题以及与问题相关联的重点人、重点事，对执行《中国共产党章程》和其他党内法规、遵守党的纪律、落实党风廉政建设主体责任和监督责任情况进行监督。要紧盯被巡察党组织政治立场和政治生态，把巡察工作与考核政治生态状况结合起来，与整治群众反映强烈的问题结合起来，与解决日常监督发现的突出问题结合起来，善于从政治高度全面审视被巡察党组织工作，着力发现政治和腐败问题。

推行派驻机构试点工作。要进一步加强党内监督，把派驻机构试点工作作为今年重点工作之一，选好派驻人员，制定保障措施和评价机制，打通纪律、监察监督“最后一公里”。要明确派驻监督机构职责，坚持以发现问题为突破口，积极探索当好“探头”“前哨”的途径和机制，有苗头早提醒、有问题早报告、有线索早核实，切实发挥派驻监督作用。

（四）坚持把纪律挺在前面，全面加强党的政治

建设

在"常"和"长"上下功夫。要聚焦监督的政治属性,从政治角度敏锐认识矛盾的主要方面,从政治高度分析考量反映出来的政治问题,做到把握形势坚守政治立场,谋划工作落实政治要求,解决问题注意政治导向。要探索科学有效的监督方式和措施,提高精准发现问题能力,紧扣重点工作,紧盯重点人、重点事,把监督寓于日常工作中,定期组织监督检查、随机抽查,结合约谈提醒、谈话函询及巡视巡察整改"回头看"等专项工作,采取主动介入、沟通交流的方式,将发现的问题作为精准研判政治生态的重要抓手,针对发现的问题建立台账和数据库,实时观察问题表现形式和发展趋势,全面把握"树木"和"森林"的关系。要深入开展经常性纪律教育,充分发挥先进典型的示范引领作用,用好忏悔录这个反面教材,提高警示教育的政治性。要大力弘扬优秀传统文化、红色文化,讲好正风反腐故事,将树立廉洁家风作为领导干部必修课,筑牢拒腐防变屏障。要抓好意识形态工作,提高信息化时代应变处置水平,牢牢把握网络主动权,营造惩恶扬善、风清气正的舆论氛围。

聚指成拳、有效整合监督力量。要理顺执纪监督部门与审查调查部门、派驻机构的职责界限,进一步明确执纪监督室调查权限、派驻机构监察权限和工作程序。要整合纪律、监察、巡察、派驻等监督资源,建立健全信息互通、问题会商、联合审查调查等机制,注重差异化监督与协同化监督相结合,着力形成工作统筹考虑、力量统筹调配、成果统筹运用的格局。要强化自上而下的组织监督,改进自下而上的民主监督,完善相互制约的同级监督,把党内监督同国家机关监督、民主监督、司法监督、群众监督、舆论监督贯通起来,切实提升监督实效。

用严厉问责倒逼主体责任落实。要强化责任落实,督促各级党委(党组)进一步增强"四个意识",提高政治站位,多从区委高度分析研究问题,安排部署工作,带头履行"一岗双责",坚持原则,敢抓敢管;督促各级党组织特别是街道党工委、区直机关党组织、村(社区)党支部落实主体责任,推动管党治党政治责任向基层延伸。要明确问责导向,认真贯彻执行《中国共产党问责条例》,围绕"两个责任"落实、权力关进笼子、维护政治生态等目标,强化检查考核,督促各级党委(党组)把主体责任扛起来。要规范问责实施,按照"一案双查"要求,科学运用批评教育、函询、约谈、诫勉谈话、公开通报、组织处理和纪律处分等问责手段,提高问责综合效果,促进主体责任归位。要突出问责重点,对维护党的政治纪律和政治规矩不力,落实全面从严治党主体责任不到位,在推进重大改革、重点工作中敷衍塞责、不担当不作为的,坚决追责问责、抓住典型通报曝光;对以整改代替问责、以一般干部代替领导干部问责、只问责基层不问责上级等避重就轻行为,监督责任缺位越位不到位问题,必须严肃问责;对失职失责性质恶劣、后果严重的,坚持终身问责。要营造问责氛围,加大对问责案件的通报曝光力度,使"有权必有责、失责要追究"强烈信号深入人心。

(五)驰而不息落实中央八项规定精神,保持正风肃纪强劲势头

坚持久久为功,不放手、不停歇。要把作风建设往深里抓、实里做,不断巩固和深化落实中央八项规定精神和区市党委、城关区委实施意见成果,对执纪审查对象存在"四风"问题的,要先于其他问题查处和通报,坚决防止不正之风反弹回潮。要加大整治"庸懒散"力度,对不作为、不担当、不落实造成严重后果的毫不手软、坚决问责。坚持经常抓、抓经常,把节点正风与常规监督相结合,与整治群众身边的腐败和作风问题相结合,与深化党和国家机构改革相结合,在日常监督、长期监督上探索创新、实现突破,以点带面深化作风建设。要坚持越往后执纪越严,对违反中央八项规定精神问题露头就打,对节日期间"四风"问题线索,一律严查快办,对党的十九大后初次违反中央八项规定及其实施细则精神的,一般要给予党内严重警告处分,对屡教不改的要加重惩处。

紧盯重点领域、"关键少数"。要继续从严查处享乐主义和奢靡之风,以更大力度整治隐形变异"四风"问题,一锤接着一锤敲,一个问题一个问题解决到位。要坚决整治领导干部利用名贵特产

类特殊资源谋取私利的问题，把违规公款购买、违规收送、违规占用、违规插手干预或参与经营等事实作为定性量纪的从重情节、严肃处理。要强化公务用车管理，加强公车私用问题监督检查，对违规使用公务用车的严肃处理，对挪用扶贫民生资金购买、装饰公务用车的从严从重处理。要继续盯住领导干部借婚丧嫁娶、子女升学等事宜借机敛财问题，对违规收受礼金、小范围多次宴请等隐形变异、打擦边球的从严处理。要盯牢"关键少数"，重点纠正一些领导干部爱惜羽毛、回避问题、庸懒无为，执法、监管、公共服务等行业和领域党员干部吃拿卡要、不给好处不作为、给了好处乱作为等问题。对表态多调门高、行动少落实差，群众反映强烈、造成严重后果的，抓住典型、坚决问责。要推动建设长效机制，健全集问题发现、纠正整改、执纪问责、长效治理为一体的工作机制，不断挤压"四风"生存空间。

（六）践行监督执纪"四种形态"，巩固反腐败斗争成果

以坚如磐石的决心惩治腐败。要始终保持不敢腐的震慑，面对反腐败斗争依然严峻复杂的形式，坚持反腐败"零容忍""无禁区"态度不变、力度和节奏不变，做到有案必查、有腐必惩，让腐败分子在党内没有任何藏身之地。要强化执纪监督主动性，明确重点和围范，突出对"一把手"和重点领域、重大任务、重要岗位、关键换届的监督，完善监督手段，强化监督实效。要牢牢把握执纪审查工作政治要求，不断完善监督执纪"四种形态"的方法措施，坚持把纪律挺在前面，做到早发现、早处置，对苗头性、倾向性或轻微型违纪问题要及时谈话提醒、约谈批评、函询诫勉，让红脸出汗、咬耳扯袖成为常态，让不知止、不收手着受到党纪和国法的惩处，提高监督执纪问责的政治效果和社会效果。

提高反腐败工作法治化水平。要依法行使监察职能，严把事实关、程序关和法律适用关，严格遵循刑事审判关于证据的要求和标准，规范审理提前介入工作，保障审理工作时限，严格审查调查措施的使用权限和审批程序，继续全方位、全要素深入试用各类监察措施，健全留置案件指导机制和留置措施使用配套制度。要建立案件审理质量责任制，把案件事实证据、定性量纪、手续程序等质量责任层层明确到人。要继续开展案件质量评查和处分执行情况的监督检查，坚决纠正处理畸轻畸重、处分决定执行"打白条"等问题。要加强内部职能衔接，明确不同级别的纪检监察机关、驻在不同部门的纪检监察机构可使用的措施种类、审批权限和办理程序，完善日常监督、线索处置、审查调查、案件审理的协作配合和监督制约机制。要严格落实审查调查安全责任制，绷紧"安全弦"，消除安全隐患，守住安全底线。要严格问题线索管理，健全覆盖全区纪检监察系统检举举报平台，建立情况明、数字准、可监控的信息系统，进一步夯实纪检监察工作基础。

做实做深审查调查"后半篇文章"。要不断深化以案促改工作，典型案件必须通报曝光、必须查摆剖析、必须警示教育、必须整改建制、必须回访督促，实现处理极少数、教育大多数的目的，达到"查处一个、警示一片、治理一方"的效果。要推动相关部门针对腐败易发多发领域，完善廉政风险防控机制，扎紧扎密制度笼子，从源头上防治腐败。

（七）坚决惩治群众身边的腐败问题，不断增强人民群众幸福感和获得感

重拳惩治扶贫领域问题。要将中央第三巡视组巡视反馈问题整改工作作为全区扶贫领域专项治理的工作重点，制定出台整改方案，督促各级党组织切实担负起整改落实的政治责任；积极配合、主动参与上级纪检监察机关脱贫攻坚业务培训，督促完善扶贫领域信访举报定期汇总分析和问题线索移送处置机制，坚决防止群众信访举报"石沉大海""杳无音信"；充分发挥基层派出监察室作用，加强整改全过程监督，把巡视反馈问题的整改落实情况纳入纪检监察机关日常监督范畴，推动解决脱贫攻坚领域存在的突出问题。要科学统筹县乡村三级纪检监察力量，紧盯扶贫资金使用管理、项目推进建设、项目效益发挥、固定资产保值增值等关键环节，抓住扶贫任务、扶贫政策、扶贫资金、扶贫项目、扶贫干部"五个重点"和援藏项目资金的监督检查，坚决纠正和查处贯彻执行脱贫攻坚政策不

力、弄虚作假、欺上瞒下等问题，坚决纠正和查处监督检查、统计报表、材料报送过多过滥等问题，坚决斩断伸向扶贫领域的“黑手”。要优先立案调查扶贫领域涉嫌犯罪问题，发现一起、查处一起；对纪检监察机关将专项治理工作混同于一般性工作，代替党委、政府和有关职能部门看项目、管资金、清查贫困人口，以及行业部门协调配合不够，没有形成监督合力的，严肃进行组织处理和党纪政务处分。

加大基层“微腐败”查处力度。要坚持问题导向、对症施策，严肃查处在教育医疗、环境保护、食品药品安全等领域贪污侵占、截留挪用、优亲厚友、虚报冒领、刁难群众等问题，维护群众切身利益。要积极配合扫黑除恶专项斗争，深挖涉黑腐败和黑恶势力“保护伞”，坚决清除包庇、黑恶势力的腐败分子，严肃查处党员干部和公职人员助长黑恶势力坐大成势、干预和阻扰案件调查处理等问题。要改进基层纪检监察系统办案方式，加强交叉办案、联合办案，破除“熟人社会”干扰，让人民群众感受到实实在在的变化，为改革发展注入更多正能量。

（八）坚持打铁必须自身硬，从严从实锻造政治过硬、本领高强的新时代纪检监察铁军

稳固思想理念、锤炼品格精神。要带头执行党中央确定的路线方针政策，始终在政治立场、政治方向、政治原则、政治道路上同以习近平同志为核心的党中央保持高度一致，深刻认识和准确把握新情况新问题新挑战，保持和发扬斗争精神。要带头强化“四个意识”、坚定“四个自信”、践行“两个维护”，带头贯彻习近平新时代中国特色社会主义思想，抓住开展“不忘初心、牢记使命”主题教育重大契机，扎实推进“两学一做”学习教育常态化制度化，使广大纪检监察干部不断从习近平总书记系列讲话中汲取力量、受到感召，始终保持旺盛昂扬的精神状态。要带头强化党支部政治功能，加强基层党组织建设，丰富内部政治文化，形成浓厚政治氛围，带头强化班子建设，严肃党内政治生活，严格执行组织生活制度，把纪委常委会打造成为坚强战斗集体，建设让党中央放心、人民群众满意的模范队伍。

持续深化“三转”、提升战斗本领。要强化上级纪委监委对下级纪委监委的领导和指导，在“两个为主”的基础上，重点围绕线索管理、审查调查、处分处置等环节，建立健全查办腐败案件以上级纪委监委领导为主的工作机制。要建立健全街道纪检监察干部跟班学习工作制度，定期抽借干部学习执纪监督、审查调查工作经验，进一步推动基层“三转”工作从“转职能”划等号，向转方式、转作风转变。要树立正确用人导向，坚持党管干部原则和“好干部”标准，对敢担当、善作为、实绩好的干部优先提拔重用。要关心关爱干部，表彰鼓励优秀个人和集体，严格落实休假、补休和体检制度，开展经常性谈心谈话，及时恰当地解决干部的后顾之忧，不断激发干事热情和履职担当。要合理设置内设机构、注重培养审理人才，推动基层纪检监察系统形成完整、独立的工作体系。

用严明的纪律强化自我监督。要发挥纪委常委会“头雁效应”，以身作则、以上率下，用制度笼子关住权力、用人文情怀管住人心，切实履行在队伍建设中的主体责任。要完善干部考核评价系统，提高日常考核的全面性、科学性和实效性。要加强内部制约和监督，严守监督执纪工作规则，健全内控机制，严格审批权限，对违纪违法、执法犯法的坚决清理门户，形成自我监督与外部监督良性循环，打造一支经得起磨砺、顶得住压力、打得了硬仗的队伍，建设忠诚坚定、担当尽责、遵纪守法、清正廉洁的纪检监察铁军。

拉萨市城关区人民法院工作报告(节选)

——在拉萨市城关区第十二届人民代表大会第四次会议上

拉萨市城关区人民法院院长 才 旺

(2019年1月17日)

2018年履职情况

一、立足本职,不忘初心,维护司法公正

凝心聚力,力抓审判工作。全年共受理各类案件6297件,同比增长61%;审执结各类案件5385件,结案率85%,同比增长6%;结案标的额2.6亿元;收案占全区的21%,占全市的47%,收结案数和结案标的均创本院历史之最。以把城关建设为"近者悦、远者来"的西藏首善之区为目标,深入开展"扫黑除恶打非治乱"活动,切实提升了公众安全感,维护了区域安全稳定。共受理刑事案件394件,审结389件。依法审结了拉萨市监察委移送的首例职务犯罪案件,全区首例代考案件。准确把握城关区发展总基调,共受理各类民商事案件3978件,审结3444件,促进了经济良性循环、健康发展。成功审结了拉萨一小39户、实验小学33户房屋租赁合同纠纷案件等一系列群众关切度高的案件,有效地化解了社会矛盾。坚持监督与支持并举,通过建立诉前协调机制、召开联席会议、发送司法建议等方式,促进行政争议实质化解,受理行政案件47件,结案37件。大力支持行政首长出庭,今年行政首长出庭20人次,有效地缓解官民矛盾,彰显了公平公正,提升了行政机关执法水平。

对标找差,力解执行难题。推进"执行决胜年"工作,先后部署开展了执行案件集中清理活动和"百日攻坚""雪域飓风"等专项活动,全力破解"执行难",共受理执行案件1861件,执结案件1472件,结案标的2.5亿元,实际到位金额8000余万元。对照第三方评估体系要求,补短板、强弱项,目前基本解决执行难四项核心指标均已达标,执行决战取得了阶段性效果。引入保全保险机制,独立办理财产保全案件56件,以保促审,以保促执。加强与有关部门对接协调,强化联合惩戒,今年依法执结了军区参谋部、拉萨一小等176件强迁案,在城关区范围内,震慑了一批拒不履行法院判决的老赖。加大惩治力度,发布悬赏执行公告33件134人,公布失信被执行人信息1383人次,限制乘坐飞机、高铁、高消费及出境3902人次,司法拘留52人次。目前已有932人被列为"失信被执行人",88名失信被执行人因慑于信用惩戒而主动履行义务。创新执行举措,今年与阿里巴巴公司达成了司法协助协议,在全区首创划扣支付宝余额以督促被执行人履行给付义务。目前已成功划扣1名被执行人的款项。

二、着眼大局,主动参与,强化司法保障

延伸职能,助力发展大局。充分发扬老西藏精神,在认真履行审判职责的同时,积极参与值班带班、应急待命、巡逻执勤等维护稳定工作。今年,参与维稳下沉共出动干警329人次,其中安排93人参与社区下沉及维稳防控工作,安排216人在一线指挥部蹲点值守,安排16人参与棚户区改造、违建拆除、环保督查等工作组,选派4名干警进驻村居开展驻村工作,有力地促进了我区持续、长期、全面稳定。围绕扶贫工作大局,全院党员干部85人结对帮扶贫困户52户,累计开展入户帮扶活动200

余人次，捐款捐物9.8万元。成立涉军停偿专案工作领导小组，依法妥善协调处理77件涉军停偿案件，无一件一人上访，闹访，缠访，得到了区市党委的高度赞誉及群众的一致好评。

凸显便民，保障民生权益。升级改造诉讼服务中心，秉持“宁肯法官累一点，也要让群众方便一点”的理念，不断优化预约立案、巡回审判、假日法庭、普法宣传、司法救助等各项司法为民举措。今年，利用“车载流动法庭”巡回审判案件347件，通过“假日法庭”“午休法庭”、手机电话或视频调解等方式审结案件200余件，为困难群众办理缓、减、免诉讼费11万元。树立以人民为中心的司法理念，与外包公司签订电子卷宗扫描归档协议，为开通诉讼档案网上查询奠定了基础；投资40余万元在全区基层法院率先建成了集多种功能为一体的执行指挥中心，构建了阳光执法。

拓宽维度，深化司法公开。加快推进人民法院信息化3.0版建设，持续开展裁判文书上网、庭审“三同步”、庭审直播、档案数字化等工作，今年推送案件流程信息5500余条，直播庭审88次，上网公开裁判文书3103份，执行信息网公开执行信息629条。依托“车载流动法庭”“法律七进”“微党建”“微信公众平台”“执行微信公众号”“12368”便民诉讼服务热线等措施建立便捷的法制宣传网络。今年，开展法制宣传43次，在人民法院报及省级报刊上刊发法制宣传文章27篇，微信推送69篇。有效地弘扬了法治文化，促进了普法惠民。加强与人大代表、政协委员沟通联络，主动通报法院工作情况，共邀请代表、委员80余人次旁听庭审、监督执行。充分发挥人民陪审员来自于群众的优势，帮助法院做好释法说理工作。今年人民陪审员共参审案件526件，参审率达50%，与去年同期相比参审率上升了12%。

协同联动，合力定纷止争。积极推进基层社会治理创新，目前我院已与区市多家单位及辖区内的各司法调解室建立了诉调对接，今年指导人民调解员调解176件，律师参与诉前调解43件，通过多元化纠纷解决方式分流案件417件。2018年5月份，挂牌成立了“拉萨市城关区法律援助中心驻城关区人民法院法律援助工作站”，同年8月份成立了“城关区律师调解室”，安排律师开展值班工作。截至目前，共接待当事人咨询336件，代写法律文书243件，申请法律援助31件，成功调解案件9件。

三、创新机制，砥砺前行，增强司法公信

整合资源，推进审判能力现代化。建立随机分案为主、指定分案为辅的案件分配机制。深入推进速裁机制改革，基本做到70%的民商事案件由30%的员额法官审理。自试点以来民商事案件调解率达59%，同比上升了4%。推行婚姻冷静期、发放离婚证明、发出人身安全保护令裁定、婚姻财产申报、家事案件回访、“三封信”等措施，有效推进家事审判改革试点工作。2018年5月，我院代表全区法院在全国部分法院家事审判方式和工作机制改革试点座谈会上做了交流发言，取得良好效果，赢得了普遍赞誉。积极探索刑事速裁，在区公安局及检察院的积极配合下，制定《城关区人民法院关于推进刑事案件繁简分流的实施细则》，今年我院开庭审理首例适用刑事速裁程序审理的案件，从立案受理到宣判仅用了4天。强化刑事专业法官会议和审判委员会对缓刑适用的指导和决定作用，规范统一缓刑适用标准。今年，判处缓刑64人，回访帮教13人。

激发活力，助推审判机制改革。拟定了内设机构改革方案，完成第二批8名员额法官的遴选，建立健全了22个审判团队，完成了53项权责清单修订，“让审理者裁判，由裁判者负责”得到全面落实。2018年，人均受理案件115件，法官收案量最高415件，较去年全年人均增长41件，增加率55%。院庭长办案2044件，占比34%。在全区基层法院率先开展刑事庭审实质化、民事庭审优质化、行政诉讼优化审“三大庭审”，有力地促进了审判质效。2018年上诉465件，上诉率12.79%；改判51件，改判率17.83%；发回12件，发回率4.2%。较去年同期上诉率下降4.92%，改判率下降6.14%，发回率下降1.6%。积极推进聘用制书记员管理体制改革，实行书记员单独序列管理，评定等级。在财政厅、区高院的大力支持下，推动落实聘用制书记员经费纳入财政预算工作，提高聘用制书记员履职保障。

四、坚定信念，提升素养，夯实队伍建设

加强党建工作。深入学习贯彻党的十九大，十九届二中、三中全会精神、习近平总书记系列重要讲话精神，扎实开展“两学一做”“四讲四爱”“政治纪律”“全面加强政治建警、打造过硬法院队伍”等主题教育活动，实行党员党建述职考核评议制度，切实提升了机关党建工作。全年召开院党组中心组学习会 6 次，院领导讲党课 4 次，以支部为单位开展党建理论专题学习 400 多人次，党员民主评议 2 次。深入开展纪律作风专项整顿，全年发出审务督察通报 24 期。狠抓廉洁司法。严格落实“两个责任”“干预过问案件记录”等规定，组织干警观看《警醒》《围猎》等警示教育片，邀请市中院及纪委领导讲廉政党课 2 次。落实谈话提醒制度，全年谈心谈话 278 人次，进一步筑牢廉洁思想防线。提升队伍素质。开展岗位技能练兵 50 人次，安排干警参加各类培训 103 人次，不断提升干警综合素质。推进法院文化墙建设，营造浓厚的法文化氛围。创新宣传模式，以真实案例改编拍摄了普法宣传微电影《流动的阳光》和宪法公益宣传片。《流动的阳光》不仅取得了良好的普法效果，也荣获了第三届中国少数民族电影文化周“优秀短片奖”的荣誉称号。

各位代表，过去一年，区委高度重视法院工作，给予大力支持，全院干警深受鼓舞、倍感温暖。过去一年，上级法院周密统筹部署，给予全面指导，全院干警深受启发、倍感振奋。过去一年，城关法院奋勇拼搏，锐意进取，勇立潮头，全面发展，被最高院评为“全国法院家事审判先进集体”“全国法院审判管理优秀业务单位”，被拉萨市评为“全市文明建设先进单位”，有 15 名干警分别获得国家、区市的各类奖项。成绩和进步的取得，是区委坚强领导、区人大及其常委会有力监督和区政府、区政协及社会各界人士大力支持的结果。在此，我谨代表区法院向各位领导、各位代表表达最诚挚的谢意！

同时，我们也清醒地认识到，当前法院工作还存在许多困难和问题：一是案件持续增长和法官数量不足进一步加剧了人案矛盾。二是面对新类型和疑难复杂案件，整体司法能力有待进一步提高。三是执行“骨头案”还有待努力攻坚。四是司法改革任务还比较繁重，司法公开需要进一步深化。五是队伍建设有待进一步加强等。对于这些问题，我们将高度重视，采取有效措施，全力加以解决。

2019 年工作思路

各位代表，2019 年是全面落实“十三五”规划的关键之年，也是深入推进司法体制改革的关键之年。为此，我院的主要工作思路是：深入学习贯彻党的十九大，十九届二中、三中全会精神，习近平总书记系列重要讲话精神，区党委九届三次、四次全委会精神，牢固树立“四个意识”，坚定“四个自信”，践行“两个维护”，以服务大局为己任，以人民满意为标准，以深化改革为动力，以信息化建设为支撑，以队伍建设为保障，加快推进审判体系和审判能力现代化，努力建设成具有一流司法公信力的先进法院，为建设美丽幸福城关提供有力的司法服务和保障。重点做好以下四个方面的工作：

一是从严治院，科学管理。坚持把政治过硬作为合格法官的首要标准，抓好抓实理想信念和党性教育，积极开展“不忘初心、牢记使命”主题教育，引导法官铸就绝对忠诚的政治品格。扎实推进“学习型法院”建设，强化教育培训和技能练兵，着力培养专家型、学者型法官；大力实施文化兴院战略，凝聚队伍力量、激发干警活力。加快推进“智慧法院”建设，努力在更高水平上推动审判体系和审判能力的现代化，促进透明便民、提升公信、精细管理。始终把纪律挺在前面，严格执行党规党纪，以“零容忍”的态度严肃查处违纪违法案件。健全接受监督机制，主动接受人大及社会各界监督，积极拓展新媒体司法公开渠道，着力构建开放、动态、透明、便民的阳光司法机制。

二是忠诚履职，勇于担当。积极主动融入城关区发展大局，全力提供精准司法服务。聚焦重大项目发展，公正高效司法，营造公开、透明、可预期法治化投资环境；聚焦文明城市建设，将社会主义核心价值观融入公正司法每个环节，促进形成良好社会风尚；聚焦供给侧结构性改革，完善执转破工作机制，推动化解产能过剩，助力经济转型升级；聚焦

全域旅游开发，严厉打击环境资源犯罪，保护城关绿水青山。

三是创新机制，深化改革。始终坚持党的领导，正确把握改革方向，积极探索建立完善法官员额动态管理、司法人员职业保障、内设机构扁平化管理、司法绩效考核、司法辅助事务外包等机制制度改革，实现系统性、整体性、协同性改革，确保改革精神落地见效。积极应对新常态下案件迅猛增长态势，推进多元化纠纷解决机制建设，将外部“疏源”和内部“提速”相结合，实现矛盾纠纷源头化解。全面增强速裁等改革品牌效应，巩固立案登记制、“繁简分流、简案快办”等改革工作成效。

四是践行宗旨，固本强基。推进司法供给侧改革，完善诉讼服务中心功能，推动派出法庭建设，建立“一心多点、全区覆盖”的“半小时诉讼服务圈”，切实打通联系服务群众“最后一公里”。规范裁判尺度，促进案件审理专业化、精细化、标准化，坚决杜绝“类案不同判”现象，努力让每一起案件彰显公平正义。妥善审理经济发展新常态下的婚姻、教育、就业、医疗等民生领域案件，加大对弱势群体的司法保护力度。继续深化阳光执行体系，加快推进失信被执行人联合惩戒机制建设，维护胜诉当事人的合法权益。

拉萨市城关区人民检察院工作报告（节选）

——在拉萨市城关区第十二届人民代表大会第四次会议上

拉萨市城关区人民检察院代理检察长　金　美

（2019年1月15日）

2018年工作回顾

2018年是全面贯彻党的十九大精神开局之年。一年来，我院在城关区委和拉萨市院的正确领导下，在区人大及其常委会的有力监督、区政府的大力支持和区政协民主监督下，以习近平新时代中国特色社会主义思想特别是治边稳藏重要论述为引领，切实增强“四个意识”、坚定“四个自信”、做到“两个维护”，不断提高政治站位，紧紧围绕服务保障城关工作大局，认真落实城关区第十二届人民代表大会第三次会议决议，全面依法履行检察职能，争做美丽西藏的建设者、幸福家园的守护者，体现新担当，展现新作为，努力答好新时代检察工作人民满意答卷，为城关社会和谐稳定、经济繁荣发展、民生持续改善贡献了检察力量。

2018年，共办理各类案件826件。其中，刑事案件779件840人，同比下降1.8%；民事行政案件9件，同比上升50%；控告申诉案件10件12人，同比上升25%；刑事执行检察案件6件6人，同比上升100%；公益诉讼案件22件。因工作业绩突出，11月27日，我院被最高人民检察院授予“集体一等功”。

一、在维护国家安全社会稳定上展现担当

我们始终把维护国家安全和社会稳定作为首要政治责任，不断强化风险意识、忧患意识和大局意识，坚持问题导向，积极稳妥处理好“两个矛盾”。

深入开展矛盾纠纷排查。发展新时代“枫桥经验”，通过走访、座谈、电话沟通等形式，定期不定期向各街道联络员了解涉法信访、矛盾纠纷等情况，及时满足基层群众法律服务需求。开展下访巡访37次，接待来访群众73人，化解群众内部大小矛盾纠纷20余起。办理司法救助案件5件，向因案致贫的受害人发放救助金16.3万元。结合“三同步”要求，认真开展办案风险评估，做到早发现、早汇报、早预防，制定相关预案83份，确保从源头上消除因办案引发的不稳定因素。

深入贯彻宽严相济刑事政策。坚持该严则严，以“三个专项斗争”为契机，坚持“稳、准、狠、快”的办案原则，依法严厉打击各类容易诱发稳定事件的严重刑事犯罪，共批准逮捕270件338人，提起公诉399件495人，有效震慑了犯罪。坚持当宽则宽，对于初犯、偶犯、轻微刑事犯罪以及未成年犯，坚持“教育、感化、挽救”方针，不批准逮捕110件157人，不起诉47件55人。慎重办理未成年人犯罪案件44件55人，其中不批捕6件11人，不起诉10件13人。对涉罪未成年人，通过指派法律援助律师、委托心理疏导等措施，充分保障其诉讼权益。积极开展未成年人心理干预、亲职教育、观护帮教等，建立观护基地1个，与团委合作开启“向阳花计划”，以此引导涉罪未成年人正常回归。

二、在护航经济改善民生上找准定位

我们紧紧围绕区委政府重大决策部署，充分发挥法治在服务发展中的规范、引导、推动、保障作用，以法治思维和法治方式护航城关经济社会发展

新常态，确保检察工作与大局需求同向而行。

为经济发展营造良好的法治环境。主动适应经济发展新常态，严格区分经济纠纷与经济犯罪，最大限度减少司法办案对市场主体的不利影响，积极支持非公企业发展。严厉打击各类破坏市场经济秩序犯罪，办理合同诈骗、信用卡诈骗、买卖外汇、非法经营、组织领导传销等犯罪案件49件58人。坚决拔除影响营商环境的腐败毒瘤，夺取反腐败斗争压倒性胜利，办理职务犯罪相关案件22件25人，向监委移送线索4件4人。办理了西藏全面推开监察体制改革试点以来，监委移送检察机关审查起诉的首例职务犯罪案件。

为群众健康创造美好的生活环境。积极回应人民群众对食品安全的司法需求，深入开展“保障千家万户舌尖上的安全”检察公益诉讼专项监督。依法对辖区内“美团”“饿了么”等第三方网络餐饮平台开展食品安全专项排查，坚决维护食品安全公共利益。首次举办食品安全公益诉讼案件通报会，向工商、食药、动检等相关行政部门主要领导当面送达检察建议书，有效提升了检察建议的刚性。全年对食品安全领域立案14件，向相关部门发出检察建议6份，精准服务和保障美丽西藏、健康西藏建设。

为基层群众提供丰富的法治产品。配合综治、司法等部门，以开展普法知识讲座、免费法律咨询等形式集中开展法治宣传7次，提供法律咨询1200余人次，发放宣传材料3500余份，受教育群众达5000余人，有效提高了群众的法律意识。当好校外法治辅导员，对拉萨六中等22所中小学校3000余名师生开展“宪法进校园”主题巡讲，发放宪法读本400余份，受到广大师生一致好评。协调江苏东南证据科学研究院，向辖区内25名贫困学生兑现助学金10万元。抽派4名干警参与驻村，全力配合村居两委班子做好十九大精神、“四讲四爱”、包虫病防治、扫黑除恶等宣讲工作，开展宣讲110余次，争取项目资金40余万元，包户帮扶4户8人。积极支持对口联系点铁崩岗和八朗学两个社区各项建设，多次为其提供资金、设备、技术等支持，进一步夯实了基层基础。

三、在强化监督做强主业上履职尽责

我们始终牢牢把握检察机关宪法定位，全面强化监督职能，努力在敢于监督、善于监督、依法监督、规范监督上做文章，在聚焦法律监督主责主业上发力。

突出做好民事行政检察监督，全面推进公益诉讼。受理各类民事申诉案件9件，其中生效判决监督案件2件，审判人员违法监督案件1件，民事执行监督案件6件，向上级院提请抗诉1件。派员参加城关区法院现场执行监督案件11次，确保了民事执行公平公正。主动向区委政府汇报公益诉讼开展情况，并得到主要领导高度重视和大力支持，为此项工作打开局面、迅速铺开奠定了坚实基础。全年共获取公益诉讼案件线索49条，立案22件，向环保、食药、工商、国土、动检、卫生等行政机关发出检察建议19件，均已全部整改回复。

进一步加大刑事侦查、审判、执行监督力度。制发《刑事案件审查指导意见》2期，提出侦查指导意见20条，促进了侦查机关办案质量的有效提高。向侦查机关发出《逮捕案件继续侦查取证意见书》422份，提前介入侦查案件9件，积极引导侦查机关调查取证。对侦查过程中违法行为提出书面纠正意见3件，对轻微违法情形提出口头纠正50余次，均得到了回复并依法更正。纠正漏捕2人，均已逮捕；追诉漏犯6人，已获判3人，另外3人即将起诉。做好刑事审判监督，成功抗诉1起交通肇事案。监督抽查司法所社区矫正工作开展情况17次，对矫正人员档案不齐、无思想汇报、无学习情况、请销假记录不齐等问题提出口头纠正意见70余次。认真开展羁押必要性审查，依职权审查羁押必要性案件74件，依申请审查6件，立案3件，向办案机关发出检察建议3份，均被采纳。

四、在为民司法接受监督上胸怀坦荡

我们始终牢固树立监督者更要受监督的理念，自觉接受监督、主动寻求监督、积极服务监督，确保检察权关进制度的笼子，始终在法治轨道上公正行使。

自觉接受人大、政协监督。认真贯彻城关区第十二届人大三次会议精神，及时将代表、政协委员提出的意见建议与年度工作计划深度融合，不折不扣地落实到具体检察工作中。主动向自治区人大调研组和城关区人大常委会专题汇报司法体制改革、职务犯罪检察工作情况。积极做好人大代表、政协委员实地视察监督检察工作活动，邀请他们“零距离”参观案件管理中心、控申接待室、刑检办案区等。主动联系全国人大代表，详细汇报近年来检察工作取得的成绩和下一步工作打算。承办以“关爱祖国未来、擦亮未检品牌”为主题的检察开放日活动，邀请人大代表、政协委员参加，共商护航青少年健康成长之策。

拓宽群众监督渠道。启动建设12309检察服务中心，着力为群众控告申诉、法律咨询等提供更加便捷高效的“一站式”服务。指定专人负责“两微一端”、城关检察官网等平台，确保人民群众第一时间了解检察工作新动态，公开发布各类动态信息2300余条。安装案件信息推送软件，及时将案件进展等重要信息推送给有查询需求的当事人、律师或其他代理人，使得案件信息查询变得更加高效便捷，在充分保障其知情权的同时，方便人民群众对检察工作的监督。举行全区首例附条件不起诉听证会，通过引入第三方监督和社会评议，进一步扩大未成年人保护的参与主体，取得了良好的法律效果和社会效果。

五、在改革创新科技强检上敢闯敢试

我们深刻认识改革创新对推动新时代检察工作的重大意义，坚决支持和坚定推进司法改革各项工作，在推进司法体制改革与现代科技深度融合上争做全区基层院改革的“急先锋”。

深入推进司法体制改革。不断推进司法体制改革向纵深发展，检察官办案责任制、员额制、分类管理等改革举措得到进一步巩固，被自治区政法委推举为“政法战线改革之星”上报中央政法委。院领导带头深入一线办案，以实际行动落实司法责任制要求，全年人均办案量达13件。为实现人员转隶后与监委无缝对接，建立了提前介入或提前了解案情工作机制、退回补充调查和自行补充侦查机制等多项常态化工作机制，在全区率先成立职务犯罪检察部，专门负责监委移送案件的办理。我院职务犯罪检察工作经验得到了自治区院充分肯定，并作为改革创新典型向全区作经验交流。积极贯彻执行新修改的《刑事诉讼法》，建立值班律师工作站，办理了全区首例适用刑事速裁程序和认罪认罚从宽制度案件。

加大科技强检保障力度。坚持以信息化建设为重点，借助科技的伟力突破检察资源瓶颈约束，全面推动科技强检，先后投入400余万元进行信息化、智能化改造，智慧检务建设向前迈出了一大步。为克服“案多人少”矛盾，积极对接看守所，启动了远程提审系统建设；为提高赃证物管理的规范性、科学性、安全性，建设了标准规范的智能赃证物室；为破解公益诉讼取证难问题，购置了航拍无人机，用于证据调查、现场勘查、污染源头跟踪等工作；为做好青少年法治教育工作，落实了法治教育基地项目资金，即将开工建设，等等。检务保障的强化必将为检察工作创新发展插上腾飞的翅膀。

六、在苦练内功建设自身上砥砺前行

我们深知做好新时代检察工作，必须撸起袖子加油干，苦练内功重自强，以过硬本领战胜各种困难和挑战。

抓班子强队伍。在上级部门的关心支持下，3月初，院党组书记实现顺利交接。新班子围绕实干型、民主型、廉洁型这个中心，率先垂范、身体力行，带头严格执行民主集中制、党内政治生活准则等，在守纪律、讲规矩上不打折扣，带出了良好的院风。积极配合国家监察体制改革，针对转隶后面临的现实问题，及时对8人岗位和15人任职做出调整，确保了改革期间思想不乱、工作不断、队伍不散。做好员额检察官入额选拔和等级晋升工作，新确定入额检察官2名，晋升一级检察官2名，报上级院审批晋升三高、四高人员8名，激励了全院干警干事创业热情。新招录聘用制书记员10名，有效缓解了司法辅助人员短缺问题。

抓业务强素质。聚焦司改后的实际，认准本领上的短板，主动与上级院、对口援藏和我区兄弟单位对接，量身定制人才培养和业务培训方案，在全院掀起队伍素质建设大热潮。通过走出去、请进来等形式，多渠道、全方位开展参观考察、交流学习等活动20余场次，开阔了干警视野、打开了工作思路。

积极运用网络平台开展培训，通过中国检察教育培训网络学院、“两微一端”等平台，对全体干警进行网上教学，共培训420余人次，有效提升了干警素质。充分发挥“公诉实训基地”的“传帮带”作用，培训实训生10名，实现了实训干警和本院干警取长补短、共同进步的目的。

抓纪律强作风。坚持抓好党员政治教育、“全面加强政治建检、打造过硬检察队伍”等专项教育活动，全院集中学习30余次，撰写心得体会180余篇。严格落实中央“八项规定”和区党委“约法十章”，驰而不息抓好党风廉政建设，严防“四风”问题反弹，争做廉政建设的表率。认真落实“一把手”履行第一责任人职责，党组书记带头执行领导干部廉洁从政规定，班子成员和各部门负责人严格按照“一岗双责”要求，充分发挥示范作用和导向作用，齐抓共管，保证了党风廉政建设责任制落实。紧盯重要节点，强化廉政教育，随时进行廉政提醒，打好“预防针”，做到警钟长鸣，防患于未然。全年党组书记听取班子成员党风廉政汇报16次，对科级以上和重要岗位干部廉洁谈话32次，督促内设机构开展建章立制工作和督导检查43次，确保了干警队伍无违法违纪问题发生。

各位代表，一年来，我院各项工作取得了一定成绩，多次受到上级的肯定和表彰，检察业务均衡发展初见成效，这是区委和上级检察院正确领导，区人大有力监督，区政府、政协和社会各界关心支持的结果。在此，我代表城关区人民检察院表示衷心感谢和崇高敬意！

在看到成绩的同时，我们也清醒地认识到自身工作还存在一些不足，主要表现为：法律监督职能的发挥与维护司法公正的要求有待进一步提高；部分干警办案能力和水平不能完全适应司法改革后的履职要求；人员短缺、人少案多在很大程度上仍然制约着检察职能全面发挥。对此，我们将采取有效措施，努力加以改进。

2019年工作思路

2019年，我们要坚持以习近平新时代中国特色社会主义思想为指导，深入学习贯彻党的十九大精神，在城关区委和上级院的统一领导下，紧扣社会主要矛盾和西藏特殊矛盾，坚持以人民为中心的发展理念，以政治建检为灵魂，以队伍建设为根本，以提高法律监督能力为重点，以深化检察改革和智慧检务建设为动力，以维护社会大局稳定、促进经济繁荣发展、确保公平公正司法为己任，突出问题导向，着力补齐短板，努力推进城关检察工作再上新台阶。重点做好以下工作。

一、在反分裂护稳定上敢担当，全力维护社会稳定

不断提高政治站位，强化责任担当，坚决贯彻落实中央、区市党委和城关区委的决策部署，积极主动作为，切实做到守土有责、守土负责、守土尽责。继续深入开展扫黑除恶打非治乱专项斗争，严厉打击各类危害社会稳定和公共安全的犯罪。积极配合监察委，严厉打击贪污贿赂、渎职侵权等严重危害党的形象、影响党的执政能力和政治生态的犯罪。经常性开展下访、巡访，走村入户深入了解群众困难和思想动态，将苗头性、倾向性等不稳定因素化解在基层、消除在萌芽，不给上级党委政府添乱。

二、在促发展保民生上对坐标，服务城关经济社会全局

更加自觉地把检察工作置于城关经济社会发展的全局来考虑，在大局中找准定位，在服务中争取主动，积极参与各类专项工作组，为解决好城关发展不平衡不充分的问题提供法治保障。聚焦食品药品、生态环境等领域的突出问题，经常性开展专项检察监督。依法严厉打击合同诈骗、恶意欠薪等侵犯群众切身利益的案件，通过检察官说法、“法律七进”等形式，增强群众防范意识。认真落实服务保障非公经济发展的相关措施，防止因司法办案不当影响企业发展。

三、在抓主业强监督上出成绩，切实维护司法公正

进一步推动城关检察工作转型创新发展。将民事行政检察监督作为主攻方向，把刚性监督手段与柔性监督手段、依申请监督与依职权监督结合起

来，切实增强监督的法治化、权威性和实效性。继续做好公益诉讼工作，重点办理食品药品安全、生态环境等领域案件。切实加强刑事诉讼监督，积极创新检察职能调整后的法律监督新措施，确保公正司法。深化检务公开，进一步拓宽接受外部监督渠道，主动向区委、区人大和上级检察院汇报工作，自觉接受人民政协和社会各界监督。

四、在抓创新促改革上做引领，努力建设创新型检察院

进一步更新司法理念，强化创新思维，营造创新氛围，健全创新机制，鼓励引导检察人员研究新形势，提出新办法，创造性开展工作。强化法治思维，遵循司法规律，善于在司法办案中用法治思维判断对错，用法治方式处理矛盾纠纷。强化互联网思维，树立向信息化要检力、要战斗力的理念，以信息化助推检察工作现代化，推动检察工作由人力密集型向信息密集型、技术密集型转变，由粗放式管理向精细化管理转变。

五、在讲政治抓党建上求突破，加强过硬队伍建设

坚持党对检察工作的绝对领导，紧紧抓住政治建设这个“根”和“魂”，继续深入开展党员政治教育和“全面加强政治建检、打造过硬检察队伍”专项整顿教育，确保学懂弄通做实。进一步加强党风廉政建设，坚持把管党治党主责与检察监督主业结合起来，切实做到同谋划、同安排、同落实、同考核。聚焦司改后的实际，认准本领上的短板，全面依托对口援藏优势，积极发挥实训基地作用，量身定制人才培养方案，健全教育培训机制，不断提升检察队伍能力和素质。

名词解释

1. 检察建议：是指检察机关在履行法律监督职能过程中，结合执法办案，建议有关单位完善制度，加强内部制约监督，正确实施法律法规，完善社会管理服务，预防和减少违法犯罪的一种重要监督方式。

2. 公益诉讼：检察机关提起公益诉讼分为提起民事公益诉讼和提起行政公益诉讼。民事公益诉讼，是指人民检察院在履行职责中发现破坏生态环境和资源保护、食品药品安全领域侵害众多消费者合法权益等损害社会公共利益的行为，在没有适格主体或者适格主体没有提起诉讼的情况下，可以向人民法院提起诉讼。行政公益诉讼，是指人民检察院在履行职责中发现生态环境和资源保护、食品药品安全、国有财产保护、国有土地使用权出让等领域负有监督管理职责的行政机关违法行使职权或者不作为，致使国家利益或者社会公共利益受到侵害的，应当向行政机关提出检察建议，督促其依法履行职责。行政机关不依法履行职责的，人民检察院依法向人民法院提起诉讼。

3. 司法救助：检察院国家司法救助工作，是检察院在办理案件过程中，对遭受犯罪侵害或者民事侵权，无法通过诉讼获得有效赔偿，生活面临急迫困难的当事人采取的辅助性救济措施。

4. 羁押必要性审查：是指人民检察院根据《刑事诉讼法》规定，对被逮捕的犯罪嫌疑人、被告人有无继续羁押的必要性进行审查，对不需要继续羁押的，建议办案机关予以释放或者变更强制措施的监督活动。

5. 刑事速裁程序：是较简易程序更为简化的一种诉讼程序。该程序的设立意在通过改革创新实现“简单案件快办、疑难案件精办”，构建与案件难易、刑罚轻重程度相适应的多层次刑事诉讼程序体系，从而在确保司法公正的前提下，进一步推动繁简分流，优化司法资源配置，为社会提供更加优质高效的司法服务。

6. 认罪认罚从宽：是指犯罪嫌疑人、被告人自愿如实供述自己的犯罪，对于指控犯罪事实没有异议，同意检察机关的量刑意见并签署具结书的案件，可以依法从宽处理。

7. 值班律师：《认罪认罚从宽制度试点办法》第五条规定：“犯罪嫌疑人、被告人自愿认罪认罚，没有辩护人的，人民法院、人民检察院、公安机关应当通知值班律师为其提供法律咨询、程序选择、申请变更强制措施等法律帮助。”

8. 未成年人观护基地：是指检察机关对主观恶性较小、悔罪态度较好，情节轻微的无社会危险性，不捕、附条件不起诉的涉罪未成年人采取非羁押措

施，经过未成年人及其监护人的同意，由检察机关选送符合入校条件的未成年人到观护帮教基地进行技能培训和德育教育，为其有效回归社会创造条件，达到考察、教育、挽救的目的。

9. 向阳花计划：该计划是由我院联合共青团城关区委、拉萨海雕视角教育咨询有限公司推出的，其主要依托团区委在城关区俄杰塘、加荣、白林等社区开展的"阳光社区"活动，将我院附条件不起诉的涉罪未成年人纳入其中，参与社区教育。通过委托海雕公司的司法社工，对涉罪未成年人进行专业、全面的社会调查，对他们的成长进行追踪，以更好地掌握涉罪未成年人的成长背景和生活状态，实现未成年人检察工作依法办理、舆论引导和社会面管控"三同步"。

10. 两微一端：微博、微信和新闻客户端。

11. 智慧检务：是指在检察工作中运用现代信息技术，构建"感、传、知、用、管"五维一体的检察信息化应用体系。

12. 三个专项斗争：即扫黑除恶、打非治乱、扫黄打非。

13. 两个矛盾：人民群众对美好生活的向往与不平衡不充分发展之间的矛盾，西藏各族群众与十四世达赖分裂集团斗争的矛盾。

城关区2018年国民经济和社会发展计划执行情况与2019年国民经济和社会发展计划草案的报告(节选)

——在拉萨市城关区第十二届人民代表大会第四次会议上

拉萨市城关区发展和改革委员会

(2019年1月16日)

一、2018年国民经济和社会发展计划执行情况

2018年,面对复杂多变的国际国内形势,城关区在区市党委、政府的坚强领导下,树牢"四个意识",深入学习贯彻习近平新时代中国特色社会主义思想和党的十九大精神,按照区委九届三次全会部署要求,坚持稳中求进工作总基调,正确处理"十三对"关系,深入实施"六大战略",认真执行城关区十二届人大三次会议审议批准的2018年国民经济和社会发展计划,坚持以提高发展质量和效益为中心,以推进供给侧结构性改革为主线,以保障和改善民生为重点,以维护稳定和促进民族团结为核心,统筹推进稳增长、促改革、调结构、惠民生、防风险各项工作,经济运行稳中有进、稳中向好,全年经济社会发展主要目标任务完成较好,计划执行情况总体良好。

——突出稳中求进,经济运行保持合理区间

实现地区生产总值(GDP)273.15亿元,同比增长9.5%。完成地方财政一般公共预算收入9.29亿元,同比增长11.52%。完成财政支出37.72亿元。固定资产投资同比增长10.6%。实现社会消费品零售总额238.5亿元,同比增长14.2%。规模以上工业增加值同比增长4.7%。实现农牧民人均可支配收入19080元,同比增长10.54%。实现城镇居民人均可支配收入38187.53元,同比增长14%。扭转了去年同期部分指标下滑趋势,实现恢复性增长。

——突出升级提质,特色产业发展步伐加快

净土健康产业发展势头良好,"一支奶"产业体系不断完善,嘎巴生态牧场和乳制品加工厂投产运营,全产业链条初步形成,"高原奶都"建设稳步推进。着力拓展"两支水"产销能力,推出代加工、VIP高端定制水等多元销售模式,实现年产量1.4万吨、销售1.3万吨。智能温室转型为净土生态体验馆,提供就业岗位36个。城投商砼实现产值6.4亿元,利润6000万元。成功举办"行走智昭"徒步大会、桃花林卡节和油桃采摘节等活动,旅游品牌初步形成,全域旅游深度推进,全年接待游客1757万人次,实现旅游收入142.8亿元

——突出脱贫巩固,贫困人口收入稳步提升

11月,全区387户1186名建档立卡群众年人均可支配收入8082.3元,同比增长22.98%,贫困发生率低于0.27%,返贫率为0%。423名建档立卡群众实现就业,840名易地搬迁群众实现转移就业,379名学生就近转学入学,资助66名建档立卡大学生79.42万元。安排生态补偿岗位957个,兑现补偿金168.475万元。落实"两线合一"标准,由本级财政补贴2400元/人/年,农村低保标准提高

到6981元/人/年,54名低保兜底户、37名“五保户”兜底保障资金全额兑现,贫困群众参保率达到100%。

——突出民生改善,各项惠民政策落到实处

着力提升城市低收入群体生活水平,研究制定了《关于稳步提升城市低收入群体生活水平的三年(2018—2020)行动计划》,确定了一户一策帮扶措施。坚持教育优先发展,持续推进基础教育资源均衡配置,财政性教育经费占全区收入的26.4%,达到2.22亿元,教育均衡发展教育“三包”和营养改善等惠民政策惠及6.09人。稳步推进健康城关建设,新启动运行4个卫生服务站(中心),完成6个卫生服务中心(卫生院)改造,积极筹建城关区人民医院。启动家庭医生签约服务,65个家庭医生团队签约5.5万人。开展“三病”筛查工作,筛查21.54万人次。文化惠民深入人心,投资991万元新建城关区县级综合文化活动中心,为27支艺术团队发放扶持资金78.5万元。举办各类文艺活动50余场,放映电影407场,受益群众45400余人次,争取援藏资金135万元组织娘热民间艺术团赴北京演出6场次。

——突出综合治理,社会局势持续和谐稳定

划分174个网格10254个联户单位,设立164个治安守望点,发展红袖标1.9万人,建立起群防群治维稳体系。制定《城关区反自焚、防自焚、反恐防暴长效机制》,组织联合反恐防暴演练167次,提升反恐处置能力。搭建“三级平台、四级服务管理”组织体系,成立“网格化社会服务管理综治指挥中心”,12个办事处设立分中心,51个村居实现社会治理综合工作站全覆盖。深入开展“扫黑除恶、打非治乱、扫黄打非”三个专项斗争。加强重点人员管控,邻省藏区和新疆籍来拉人员登记率达100%,对区域内27名重点人员和282名特殊人员实行“一对一、多对一”管控。

——突出依法管理,平安创建工作扎实开展

组织消防检查10余次,检查单位3134家/次,发现消防隐患1856处,督促整改1852处,动用警力5287人次,抢救被困人员21人,抢救财物1000余万元;组织安全生产专项检查5次,出动人员3万余人,发现安全隐患2000余处,下发整改指令184份;食品药品安全共受理投诉举报152起,下达责令整改通知书106份,立案20起,结案12起,罚没收入32万余元。开展普法活动50余场次,参与群众15万余人,发放宣传资料6.5万余份,全区法制意识进一步提高。公、检、法积极履行职责,目前共受理各类案件5018件,审结3288件;受理审查批捕案件125件150人,批捕89件103人;受理审查起诉案件153件156人,提起公诉182件186人。全区平安街道、村(社区)、寺庙、景区创建率达100%,平安家庭创建率达95.93%。集中开展8次矛盾纠纷隐患排查,排查出纠纷隐患33件108人次,化解32件,化解率达98%。严格落实信访案件县级领导包案责任制,受理并积极化解各类信访案件71件。

——突出导之有效,宗教消极影响持续淡化

深入开展“遵行四条标准争做先进僧尼”活动,组织5批次236名僧众前往北京等地参观学习,激发僧尼爱国热情。落实各项惠寺利僧政策,实现僧尼免费体检全覆盖。严控原有宗教活动规模,严禁举办新增宗教活动,依法取缔11处违法设立的宗教临时活动点。充分发挥基层党组织政治引领作用,着重在“导”字上下功夫,引导群众清醒认识宗教消极影响,教育群众科学理性煨桑。据统计,今年萨嘎达瓦、公堂梅朵曲巴、白来日追、甘丹昂曲宗教活动参与人数较去年分别下降18%、12%、12.94%、15.38%。

——突出环境保护,美丽城关建设成效明显

持续推进中央第六环境保护督察组反馈问题整改,41项长期整改任务已完成20项,21项正在有序推进。受理并办结环境举报59件,处罚环境违法问题60起,处罚67.1万元。对31家石材加工厂进行处理,已全部完成搬迁。拉鲁湿地三期保护工程完成总工程量的64%。深化企业排污整治,建立完善高标准奶牛养殖中心等重点企业一源一档资料。完成项目环评登记表备案323个,出具建设项目环境影响评价报告表(书)预审意见10个。抽调130人开展全国第二次污染源普查,现已完成清查建库工作。投资2446.1万元实施夺底沟国土绿化工程,投资742.91万元在夺底街道米琼日西侧山坡人工造林 223.5 亩 4.2 万余株。

总体来看，我区 2018 年经济社会发展平稳有序、稳中有进，但是，我们也要清醒的看到，当前经济和社会发展仍面临一些困难和问题，主要表现在：保稳定、保发展、保民生的资金压力逐年增大，可用财力相对不足，特别是在产业发展扶持上资金不足；经济增长质量和效益不高，特色产业效益还不够突出；支柱性财源项目不多；制约发展的体制机制仍需突破；城镇低收入群体增收困难；部分干部的发展理念、担当意识、执行能力有待强化，这些困难和问题，必须采取更加有力措施加以解决。

二、2019 年经济社会发展总体要求、发展目标和任务措施

2019 年工作指导思想：坚持以习近平新时代中国特色社会主义思想为指导，深入学习贯彻党的十九大和十九届二中、三中全会精神，落实习近平总书记在庆祝改革开放 40 周年大会上的重要讲话精神，深入贯彻落实区市第九次党代会、九届二次、三次、四次全会精神，全面加强党的领导，统筹推进“五位一体”总体布局，协调推进“四个全面”战略布局，牢牢把握习近平总书记为西藏明确的“发展、稳定、生态”三件大事，正确处理好“十三对关系”，模范实施“六大战略”，坚持稳中求进总基调，坚持推动高质量发展，持续深化思想解放，勇当改革开放先锋，积极应对困难挑战，增强群众获得感、幸福感、安全感，为全面建成小康社会收官打下决定性基础，以优异成绩庆祝中华人民共和国成立 70 周年、西藏民主改革 60 周年。

2019 年全区经济发展主要预期目标为：全区地区生产总值增长 10%，财政收入增长 7%，全社会固定资产投资增长 10%，社会消费品零售总额增长 13%，规模以上工业增加值增长 13%，城镇居民人均可支配收入增长 10%，农牧民人均可支配收入增长 13%，居民消费价格指数控制在 2.5% 以内，城镇登记失业率控制在 2.2% 以内，调查失业率控制在 5.5% 以内。

围绕以上目标，按照区委九届四次全委会部署，强化措施，抓好落实，要重点做好以下八个方面工作：

（一）聚焦深化改革，不断释放经济发展活力

深刻领会总书记和党中央关于深化党和国家机构改革的重大决策部署，认真贯彻落实自治区党委九届四次全会关于深化机构改革的重要部署，在区市党委统一领导下，坚持分类指导，精心组织实施，严格按照明年 3 月底前基本完成机构改革任务的时限要求完成改革相关工作。推进供给侧结构性改革工作，提升经济增长的质量。继续深化“放管服”改革，进一步精简审批事项，优化审批流程，提高审批效率。充分发挥双创基地作用，全力推进“大众创业、万众创新”，激发各类市场主体活力。

（二）聚焦优化结构，推动特色产业升级提效

持续扩大水产业销量，巩固沈阳、成都销售合作关系，积极跟进北京、重庆、上海、山东等地签约合作事宜。依托蒙牛运营团队，在试运行阶段不断总结问题，健全体制机制，尽快实现正式运营，打响净土乳业品牌；做好生态餐厅和智昭科技花卉运营管理，筹划智昭生态小镇建设项目，构建健身、旅游、科普、餐饮等全方位发展体系。加快推进“智昭同城”电子商务平台建设运营，打造本地电商平台和品牌。以建设国际旅游文化城市为目标，进一步深挖旅游资源，坚持旅游与产业、文化、生态、扶贫等相结合，不断完善都市旅游区功能布局、特色休闲区发展格局，打造全域旅游发展示范区。

（三）聚焦项目建设，充分发挥投资主导作用

着力实施好 2019 计划总投资 356.5 亿元、265 个建设项目计划。重点抓好计划完成 119.29 亿元投资的 111 个确定实施项目建设，针对重点领域、重点行业、重点项目，要做好项目要素保障、协调服务和考核督查工作。做好加荣棚户区改造、洛堆棚户区改造、加措棚户区改造（二期）、扎细街道团结新村基础设施改造、娘热乡、夺底乡基础设施改造、城关区 2018 年二期公租房建设项目、饮用水源地保护工程等重大基础设施建设项目，不断夯实发展基础。抓好项目储备和招商引资。主动对接国家和自治区投资重点，继续谋划储备一批重大项目，并积极争取纳入国家、自治区投资计划中，进一步

缓解本级财政配套压力。突出做好企业备案项目服务管理，不断优化营商环境，吸引民间资本来城关投资兴业，充分发挥社会资本带动作用。加大招商引资力度，引进聚集能力强、产业规模大、科技含量高的企业。抓好已签约项目的跟踪落实，确保“引得进、落得下、建得快、留得住”。

（四）聚焦乡村振兴，统筹城乡区域协调发展

在科学编制乡村振兴战略规划的基础上，有步骤、有计划组织实施，推动具有城关特色乡村振兴统筹发展。打牢产业基础，通过培育特色品牌、强化科技创新、促进城乡融合、补齐农业短板，构建乡村特色产业体系。强化人才支撑，既重视本乡本土人才培育，使之成为推动乡村振兴的生力军，也要吸引外来人才到农村创新创业，增强农业发展创新驱动，激发经济社会发展活力。突出文化灵魂，保护并传承好特色文化，增加文化产品，促进文化供给，强化文化服务，大力开展具有乡村特色的文化活动，让社会主义核心价值观在乡村深深扎根。守住生态底线。坚持以绿色生态为导向，推动农业可持续发展，增强乡村振兴的恒久生命力。持续攻坚农村环境综合治理，彻底改变脏乱差现状。抓牢组织保障。强化基层党组织建设，增强振兴乡村的领导力、凝聚力、推动力、治理力，激发乡村振兴活力。

（五）聚焦民生改善，推动发展成果全民共享

加强妇幼“三网监测”“降消”项目工作，做好预防接种规范化管理，开展育龄妇女免费生殖健康检查工作；继续开展出生缺陷一级干预健康体检及孕前优生健康检查；抓好“三病”筛查及民生基因HPV检测工作；筹建城关区人民医院。按照教育均衡发展要求，逐步研究解决中小学功能教室、体育场馆、图书室不健全以及教学仪器设备、计算机、生活设施设备不达标等问题；加快推进公办幼儿园建设，不断完善教学网点布局，为迎接自治区教育均衡发展验收做好充分准备。加强对农牧区转移劳动力的组织管理和培训工作，结合实际推荐就业岗位，促进农牧民收入持续增加。重点关注城关区籍高校毕业生就业问题，积极引导就业观念转变，利用“双创基地”鼓励自主创业。进一步提高最低生活保障标准。将农村最低生活保障标准与扶贫标准“两线合一”，完善特殊人员供养制度。提高特殊人员供养标准，全面提高服务保障水平，妥善安排好因灾、突发事故、重大疾病导致基本生活暂时出现严重困难的家庭。开展“支出型贫困”救助，出台相关政策，实施精准救助。落实城镇低收入家庭一户一策增收办法，稳步提升低收入群体收入。持续落实“六脱”措施，巩固脱贫成果，确保建档立卡贫困户不返贫、能致富。

（六）聚焦综合治理，确保社会持续和谐稳定

充分认识大庆之年安保维稳压力，做足准备应对“后达赖”“达赖后”时期各种风险挑战，加强平安建设和综合治理工作，认真贯彻自治区十项维稳措施，发挥五个片区指挥部作用，加强协作配合，始终保持对各类犯罪活动的高压态势。依法加强和改进信访工作，畅通信访渠道，确保问题有地方反映、有部门解决。加强社会治理制度建设，探索完善创新引领下的社会治理社会化、法治化、智能化和专业化水平。提升维稳实战能力，加强各类预案实战演练，确保一旦有事能够快速反应、稳妥处置。加强危爆物品管控，强化流动人口和重点人员服务管理，加强社区矫正和刑满释放人员安置帮教工作，集中整治社会治安突出问题。强化安全监管，深入开展安全生产大检查、大排查、大整治行动。依法加强宗教事务管理，加强驻寺干部队伍建设，抓牢寺庙教育、服务、管理权。依法审批宗教佛事活动，严防宗教妨碍干扰正常生产生活秩序。抓好僧尼及信众教育引导，依法开展正常宗教活动，发挥宗教积极向上的正面影响。

（七）聚焦生态保护，致力抓好美丽城关建设

加强环境宣传教育，开展形式多样的宣传活动，营造全民全社会“热爱环保、支持环保、参与环保”的良好氛围。健全环境监管体系，把好产业发展和招商引资项目环境准入关，加强环境准入审批和执法监督，坚决杜绝违规落地、未批先建。强化环境执法监察，严厉打击环境违法行为，整治环境违法存在问题，力争将环境问题解决在萌芽状态。加大“大气、水、土壤”污染防治力度。大力实施污染防治攻坚战三年行动计划，巩固和推进大气污染防治工作成果；加强饮用水水源地监管工作；开展

土壤现场点位核查工作，确保城关区辖区内土壤监测点位准确。扎实开展全国第二次污染普查工作，通过数据对比、多审核数据等方式，进一步强化普查质量，完成数据定库工作。突出抓好问题整改，认真整改中央环保督察转办案件长期整改案件41项问题，对已完成整改20项进行逐一销号，督促跟进长期整改未完成整改案件21项，切实巩固好中央环保督察工作成果。

（八）聚焦对口帮扶，加快补齐自身发展短板

深化沟通交流，明确帮扶内容，争取实施一批筑根基、强基础、见效快、反响好的项目，增强对口支援的影响力。加强交流与合作，积极利用与通州区签订的各类扶贫协作框架协议，把援助区市场、管理、人才、技术等方面优势与城关区优势资源结合起来，强化产业支撑，培育特色优势，助力扶贫攻坚。在经济、文化、人才、社会等领域，加强与援助区合作，构建起全方位、宽领域、多层次的交流交往模式，促进相互借鉴、相互学习、深入交融。继续加强人才交流培养工作，选派有发展潜力党政领导干部、基层工作人员、专业技术人员、企业经营管理人员，通过各类专题培训、挂职锻炼、顶岗实习等方式，提升城关区干部人才的综合实力。

拉萨市城关区2018年财政预算执行情况和2019年财政预算(草案)报告(节选)

——在拉萨市城关区第十二届人民代表大会第四次会议上

拉萨市城关区财政局

(2019年1月16日)

一、2018年公共财政预算执行情况

在城关区委的坚强领导下,在区人大的有效监督下,全区上下坚持以习近平新时代中国特色社会主义思想为指导,深入贯彻落实党的十九大、十九届二中、三中、四中全会精神,按照区市党委及城关区委九届三次全会决策部署,坚持稳中求进工作总基调,坚持新发展理念,统筹推进"五位一体"总体布局,协调推进"四个全面"战略布局,坚持以供给侧结构性改革为主线,认真落实稳增长、调结构、强支撑、促改革、惠民生、保稳定、防风险各项工作,严格执行城关区人大会议审议批准的年度公共财政收支预算,深入推进财税体制改革,强化依法理财,加快财政支出,统筹盘活财政存量资金,提高资金使用效益,防控化解政府性债务,财政预算执行情况良好。

(一)2018年公共财政预算收支完成情况

2018年年初总财力:年初我区总财力为24.71亿元,比上年减少2.98亿元,减少10.76%。其中一般公共财政预算收入8.58亿元,比上年减少1.27亿元,减少12.89%。调入国有资本经营收入24万元,转移性收入为15.58亿元,比上年减少2.26亿元,减少12.67%。动用本级预算稳定调节资金0.55亿元。

2018年年底总财力:我区总财力达到41.50亿元,比上年增加9.82亿元,增长31.00%;比年初预算增加16.79亿元,增长67.94%。其中上级补助收入为31.66亿元,占总财力的76.29%,比上年年底增加8.3亿元,增长35.53%;比年初增加16.08亿元,增长103.21%。公共财政预算收入完成9.29亿元,占总财力的22.39%,比上年增加0.96亿元,增长11.52%;比年初预算增加0.72亿元,增长8.39%。调入预算稳定调节基金0.55亿元。调入国有资本经营收入0.0024亿元。

2018年政府性基金收入实现1.7亿元。(上级部门下达转移支付收入)

公共财政预算收入完成情况:2018年公共财政预算收入实现9.29亿元,其中税收收入完成8.41亿元,比上年增加2.90亿元,增长52.63%。非税收入完成0.88亿元,比上年减少1.95亿元,减少68.9%。

税收收入增长原因:自2018年起,八一路以西部分商户转至城关区辖区缴纳税收。本级公共财政预算收入实现税收近4000万元。通过开展协税护税工作,密切跟踪监控重点税源,税务部门加大对房地产、建筑行业管理,加强税收征管,使城关区税收收入得到稳步增长。

公共财政预算支出完成情况:全年支出达到40.78亿元,比上年增加9.10亿元,增长28.72%。其中:教育支出1.4亿元,文化体育与传媒支出

1578万元，社会保障和就业支出3.5亿元，医疗卫生与计划生育支出1.6亿元，节能环保支出3.1亿元，城乡社区支出2.8亿元，农林水支出4亿元，住房保障支出2.1亿元，资源勘探和信息等支出3882万元，商业服务业等支出194万元，交通运输支出114万元，公共安全支出3.2亿元，国土海洋气象支出269万元，一般公共服务支出5.2亿元，预备费支出2416万元，其他支出863万元。

公共财政预算滚存至预算稳定调节基金7176万元。

2018年预备费动支情况：经政府批准，安排2416万元，主要用于娘热乡加尔西土地征收资金663.35万元、敏感时期乡街道伙食补助380万元、毛纺厂收购资金1372.65万元。

（二）2018年财政主要工作及重点领域资金支出情况

1.2018年财政主要工作开展情况

一是财税体制改革深入推进。坚持“先有预算、后有支出”“没有预算不得支出”原则，严格预算追加，从严控制一般性支出。完善政府预算体系，加大一般公共预算统筹力度，本级国有资本经营预算调入一般公共预算比例。实现全区国库集中支付功能及电子化支付功能，强化预算执行动态监管，对预算执行进度较慢或难以执行的资金，及时收回或调整用于亟须支持的领域。预决算公开制度不断完善，公开范围不断扩大，公开内容不断细化，预算管理制度改革取得新进展。开展财税优惠政策清理规范工作，严禁违法违规对企业（个人）实行税收返还或变相税收返还政策，有力维护公平竞争的市场环境，推动我区经济可持续发展，税收制度改革有序推进。

二是财政管理水平持续提升。严肃财经纪律。认真落实中央八项规定，牢固树立过“紧日子”思想，集中财力保重点，厉行节约压一般。2018年“三公经费”支出达到851.85万元，比上年增加7.14万元，增长0.85%。其中：公务接待费13.76万元，比上年增加7.76万元，增长129%，公务用车运行维护费838.09万元，比上年减少0.62万元，下降0.07%。（最终以总决算数据为准）认真整改审计问题，高度重视2018年自治区审计厅提出的审计问题，及时建章立制，堵塞管理漏洞，做到立行立改，财政管理工作水平不断提升。盘活存量资金，建立健全结转资金定期清理机制，及时收回部门预算结余资金9440万元，用于保障重点民生支出，进一步提高资金使用效益。规范政府债务管理，全面排查政府隐性债务，清查出政府债务7.58亿元，已偿还债务1.02亿元，在安全可控范围内。成立城关区地方政府性债务管理领导小组，开展地方政府债务投资项目资产清查，清理规范地方政府融资举债。建立健全地方政府债务风险应急处置机制，强化债务风险处置，防范政府性债务风险。规范政府采购管理。加强制度建设和监督，进一步精简优化政府采购管理流程。开展财务会计人员培训，举办3期培训班，对国库集中支付和财经业务知识进行讲解，每次独立财务核算部门参训人员达70余人，不断提高业务水平。

2.2018年重点领域资金落实情况

2018年，以做足总量、整合存量、保障重点、兼顾一般为原则，切实做到千方百计抓收入、集中财力保重点、厉行节约压一般、完善机制增效益，圆满完成了各项目标任务，财政工作取得了新的成绩。做好基本建设领域资金保障。2018年城关区基本建设领域落实资金5000万元：用于城关区县级综合文化活动中心建设500万元；白定支沟防洪工程1074.1万元；工程水电接入费200万元；农村公路养护配套100万元；项目前期经费600万元；项目预留1025.9万元；派出所业务用房；门卫室、食堂等建设经费1500万元。支持构建高原生态屏障。落实资金1.1亿元，环保专项经费50万元；“自治区级生态区”“国家级生态村（社区）”创建经费100万元；拉鲁湿地保护管理局经费568.6万元；夺底乡吉仓日追山体修复经费1330.5万元；嘎巴生态牧场粪肥还田项目650万元；净土健康产业扶持资金8000万元等。到位生态补偿资金338.3万元，严格按照岗位数量足额兑现。落实上级资金1.2亿元，用于拉鲁湿地国家级自然保护区三期工程。做好社会救助工作资金保障。为切实改善老城区低收入群体的生活条件，落实资金6042万元，用于

2018年城乡低保惠民资金3226.37万元；低保肉食补贴97.16万元；残疾人惠民补贴757.08万元；寿星老人健康补贴144.5万元；城关区五保供养中心运行经费174.73万元；城关区五保供养中心工作人员工资118.35万元；五保户供养调标资金（上级资金）21.78万元；经济困难高龄、失能等老人补贴（上级资金）35.03万元；2018年三大节日慰问经费946万元；五保供养机构运转经费39万元；城关区居民肉食补贴450万元等。支持完善社会保障体系。落实资金2.5亿元，用于公益性岗位人员工资9941万元；公益性养老保险2526.67万元；公益性岗位人员工伤保险25.92万元；公益性岗位人员失业保险113.38万元；基层服务平台工作人员社保；工资、伙食补助252.69万元；公益性、城镇居民医疗保险300万元；2018年军队移交政府安置离退休人员经费2100万元；城关区居民养老保险16—59岁本级财配12.5万元；城关区居民养老保险60岁本级补贴570.6万元；农民工工资应急保障资金200万元；城关区双创经费288万元；市级双创切块资金8500万元等。支持教育事业优先发展。优先发展教育事业，优化学校布局，改善教育教学条件，提高教育教学质量。本级财政投入2.2亿元、占上年财政收入的26.4%。支持深化医药卫生体制改革。落实2.3亿元，用于社区卫生服务中心医务人员及工勤人员经费282万元、卫生人才引进医务人员工资195万元、未纳入的公益性岗位及医保专干经费35万元、专家到社区坐诊工资30万元、农牧区合作医疗城关区惠民政策提高报销比例资金800万元、孕产妇奖励城关区惠民政策提高资金40万元、创建文明城市病媒生物消杀经费210万元、艾滋病示范区城关区配套资金50万元、60周岁以上老年人流感疫苗免费接种44万元、儿童口腔综合干预项目46万元、新型农村合作医疗补助550万元、计划生育调标111.2万元、基本公共卫生服务经费970.61万元等。认真落实各项强农惠农富农政策。落实资金1.5亿元，用于2018年自治区级脱贫致富产业发展资金1223.7万元、脱贫攻坚小型基础设施及生产扶持资金2369.7万元、拉萨市第七批强基惠民工作经费1020万元、农机推广与服务经费50万元、养殖业、科技、种植业项目配套54万元、科技特派员补助（上级资金）13.2万元、扶贫投入资金1668万元（上年财政收入的2%）净土健康产业扶持资金8000万元、农村小型农田水利设施维修经费100万元、城关区八条沟修养经费150万元、防汛抗旱经费75万元、河长制经费150万元、水利配套经费100万元、农村人畜饮水维修养护经费50万元等。促进文化科技体育事业发展。落实1773万元，用于文化旅游提升工程项目1000万元、图书馆、群艺馆、乡镇综合文化活动中心等免费开放经费（上级资金）84万元、宣传文化专项经费78.5万元、雪顿及其他活动经费30万元、民间艺术团补助（上级资金）30万元、村级文化建设（上级资金）51万元、民间艺术团场次补贴（上级资金）20万元、文化产业发展专项资金100万元等。支持做好住房保障工作。落实资金1.1亿元，用于洛堆、加荣棚户区改造本级资金694万元、2018年城镇棚户区危旧房改造项目4087.73万元，加措棚户区改造项目192万元、拉萨市2018年第一批保障性安居工程配套基础设施项目资金5616万元等。确保社会局势持续稳定。加大社会治安综合治理经费保障工作力度，确保平安县区创建活动的有序开展。

在肯定成绩的同时，我们也要清醒地看到，财政运行还面临着一些困难和问题，主要表现在：税源基础薄弱、受政策性因素影响较大等，导致财政收入增长缓慢；民生等重点领域资金的投入规模逐年递增，维稳工作繁重，导致支出资金量较大；部分预算单位法治意识和绩效意识淡薄，预算管理水平参差不齐，执行进度缓慢；资金使用不规范，导致资金沉淀闲置，发挥效益不够明显。针对以上问题，我们将高度重视，采取有效措施，改进和加强预算管理，确保财政资金安全有效使用。

需要报告的是，2019年预算年度开始后，全区预算（草案）提请城关区人民代表大会批准前，为确保必须支付的部门基本支出和项目支出顺利进行，我们已按照《中华人民共和国预算法》规定，安排了部分部门基本支出和项目支出，提前下达了固定部分的转移性支出等相关支出。依法依规进行上一年度结转的支出，法律规定必须履行支付义务的支

出，以及用于自然灾害等突发事件处理的支出，

二、2019 年公共财政预算安排情况

2019 年，根据《中华人民共和国预算法》规定，结合我区实际，编制了 2019 年城关区财政预算草案。

（一）指导思想

2019 年是中华人民共和国成立 70 周年，西藏民主改革 60 周年的喜庆之年，是实现全面建成小康社会的关键之年。我们要坚持以习近平新时代中国特色社会主义经济思想为指导，牢固树立以人民为中心的发展思想，按照高质量发展要求，坚持稳中求进、进中求好、补齐短板、突出特色的工作总基调，以供给侧结构性改革为主线，以打赢“三大攻坚战”为突破口，牢固树立过“紧日子”的思想，加大财政资金统筹力度，盘活存量资金，集中财力办大事，提高预算编制科学性，全面实施预算绩效管理，切实防范化解政府隐性债务风险，强化预算执行主体地位，完善国库集中支付运行机制，进一步提高财政资金使用效益。

（二）基本原则

1. 依法理财，规范管理。严格遵循《预算法》等法律法规和预算编制制度的相关规定，增强预算刚性约束，坚持“先有预算，后有执行”，严禁无预算支出和超范围、超标准开支。

2. 突出重点，压缩一般。按照“保运转、保民生、保稳定”的工作要求，适度扩大支出规模，提高支出精准度，改变支出项目只增不减的惯性思维，集中财力办大事。坚持以人民为中心的发展思想，统筹财力向基层倾斜，向民生倾斜，向生态倾斜，切实提高全区人民的幸福指数。继续压减机关事业单位的一般性支出，严格控制“三公”经费。

3. 统筹整合，提高绩效。加强专项资金清理整合，盘活财政存量资金，集中用于亟须领域。完善财政绩效制度体系，科学设定绩效目标，强化绩效运行监控，大力压减绩效较差的资金安排。遵循市场规律，充分发挥市场作用，切实扩大财政资金引导作用。

4. 积极稳妥，防范风险。实施更加积极有效的财政政策，注重财政可持续性，充分考虑经济发展水平和财力状况，遵循量力而行的原则，安排民生领域支出，不做脱离实际的过高承诺。

（三）2019 年公共财政预算收支安排

2019 年我区总财力达到 28.13 亿元，比上年年初增加 3.43 亿元，增长 13.88%。

1.2019 年公共财政预算收入安排为 8.95 亿元，比上年收入增长 0.38 亿元，增加 4.43%。（市级下达的 2019 年年初财力安排预算收入）

2.2019 年上级补助收入为 18.98 亿元，比上年年初增加 3.4 亿元，增长 21.82%。其中税收返还为 2.22 亿元，一般转移性支付为 14.74 亿元，专项转移支付为 2.02 亿元。

3. 一般公共预算支出安排为 28.13 亿元，比上年年初增加 3.4 亿元，增长 13.88%。其中本级安排 8.95 亿元，占当年预算财力的 31.82%。上级补助支出 18.98 亿元，占当年预算财力 67.47%。调入预算稳定调节基金 0.2 亿元，占当年预算财力 0.71%。调入国有资本经营收入 0.0027 亿元。

（四）2019 年重点领域资金安排情况

1. 扎实做好化解政府性债务工作。安排还贷资金 2 亿元，其中：净土健康产业还贷资金 1.5 亿元；教育项目还贷资金 4100 万元；卫生项目还贷资金 900 万元；易地扶贫搬迁还贷资金 260 万元。

2. 全力保障党建专项资金。安排资金 1074.42 万元，其中村居党建经费 765 万元、街道党建经费 210 万元、两新工委党建经费 22.42 万元、农牧民党员教育培训经费 19 万元、国企工委党建经费 5 万元、区委组织部党建经费 30 万元、区直工委党建经费 23 万元。

3. 坚持教育事业优先发展。2019 年本级财政对教育投入资金达到 2.46 亿元，占上年财政收入的 26.5%。

4. 做好基本建设领域资金保障。本级财政安排基本建设领域资金 5000 万元。用于 2019 年实施重点领域基本建设项目以及弥补以前年度项目缺口资金。

5. 大力支持生态文明建设。继续实施重点生

态功能区转移支付，加大环境保护力度。投入资金1662万元实施国土绿化项目，加快推进生态文明建设，着力构筑生态安全屏障。

6. 全力保障巩固脱贫攻坚成效。2019年扶贫领域资金投入1861.34万元，占上年财政收入的2%。安排资金1000万元实施乡村振兴战略，巩固脱贫成果，确保建档立卡贫困户不返贫、能致富，安排城乡低保惠民补贴资金902.52万元。

7. 安排就业专项资金1000万元。安排本级两创示范工作经费500万元，人社就业培训专项资金500万元，继续实施积极就业政策，完善就业创业扶持体系。促进农牧民就业，拓宽增收渠道，重点解决高校毕业生就业问题。

8. 安排厕所革命项目资金3454万元。切实改进卫生设施，改善广大群众生活品质及旅游环境，提高环保意识。

9. 合理安排预备费。安排本级预备2900万元，占本级财力的比重为1%。

（五）2019年推进财政改革与管理主要工作

深入推进财政改革与管理工作，进一步树牢依法、依规、科学理财意识，夯实财政管理的制度基础，对预算编制、执行等方面存在的困难和问题，我们将高度重视，研究政策，认真整改。

一是加强预算编制管理。细化项目预算编制，将预算编制进一步细化到部门、到项目，压缩代编预算规模。二是强化预算执行管理。严格预算追加，从严从紧控制一般性支出，除“特殊事项”外，原则上一律不予安排。三是严格实行国库集中支付。进一步加强财政资金管理，严格执行国库集中支付，财政电子化支付制度，切实提高国库资金支付效率，确保资金安全、透明。四是规范预决算编报。严格落实《中华人民共和国预算法》及财经法律法规相关规定，进一步规范城关区本级预决算编报工作。五是推进预算绩效管理改革。推进预算绩效管理，对财政预算安排30万以上项目支出实行绩效管理，持续增强执行主体的责任意识和效率意识。实施重点、重大专项支出绩效评价，逐步将绩效管理范围覆盖各级预算单位和所有财政资金，将评价结果作为调整支出结构、完善财政政策和科学安排预算的重要依据，对绩效不高、资金沉淀的项目，减少或不再安排预算，切实做到“花钱必问效，无效必问责”。六是防范化解地方政府隐性债务风险。坚决遏制地方政府隐性债务增加，积极化解隐性债务存量。健全“举债必问效、无效必追责”的督查问责机制，对地方政府债务违法违规问题实行终身问责、倒查责任。七是加大财政资金统筹。盘活存量、用好增量，加大财政资金整合力度，强化结转结余资金管理，将趴在账面上的资金盘活好，对结转规模较大或预算执行进度缓慢的资金，调整用于其他需要资金支持的领域或事项，提升财政资金的聚合效益。八是坚持政府过“紧日子”。坚定“政府过紧日子，百姓过好日子”的信心，严格控制和压缩一般性支出，从严安排“三公”经费预算，全区一般性支出压减10%，“三公”经费支出压减3%，增强基层部门保工资、保运转、保基本民生的能力。

综　　述

【概况】 城关区位于西藏自治区中部偏东南的雅鲁藏布江支流拉萨河下游段南北两岸，东与达孜区接壤，南与山南市贡嘎县和扎囊县毗邻，西与堆龙德庆区紧靠，北与林周县相依。城区面积554平方千米，行政区域东西跨距28千米，南北跨距31千米。下辖12个街道办事处、50个村（居）委会。城关区总人口数164136人，其中：农业人口11941人，城镇人口152195人。

【经济建设】 2018年，实现地区生产总值（GDP）273.15亿元，同比增长9.5%；实现一般公共财政预算收入9.29亿元，同比增长11.52%；社会消费品零售总额达到238.5亿元，同比增长14.2%；完成全社会固定资产投资同比增速10.6%；完成规模以上工业可比价增速为4.7%；农牧民人均可支配收入达到19080元，同比增长10.54%；城镇居民人均可支配收入达到38187.5元，同比增长14%；城镇登记失业率控制在2.2%以内，调查失业率控制在5.5%以内。

【党的建设】 2018年，拉萨市委副书记、市长、城关区委书记果果定期召开季度经济运行分析会，研究分析经济形势，结合城关实际，明确具体措施推进经济发展。作风效能转变有效。严格落实主体责任，对中央、区市纪委通报第一时间安排在政府党组会、常务会学习，警示威慑作用有效发挥，“不敢腐、不想腐、不能腐”的思想意识进一步树牢，廉洁政府建设全面加强。配合做好九届区委四轮巡察、专项领域治理和整治“四风”工作，发现问题线索130余个，约谈提醒15人，书面函询15人，诫勉谈话3人，问责追责17人。配合做好自治区审计厅对城关区委、区政府主要领导的经济责任审计，并推动问题整改落实。主动开展区内专项审计，查出问题378个，整改372个，整改率98.4%。强化制度规范，修改完善《政府议事规则》等10余项规章制度，依法行政有效加强，防控廉政风险能力有效提升，政治生态环境持续保持良好，经济发展持续向好。

【产业发展】 2018年，深入实施改革持续推进。深化“放管服”改革，调整权责清单3次后，城关区共有责任清单2671项，行政审批事项127项。抓实全科化便民服务，加快“5750”商事改革落地，设立医疗保险办理等16个便民服务窗口，建立行政审批项目“一个窗口”受理体系，办理行政审批和服务事项29094件，推行网上办理事项110项，可办率达85.27%，让服务更贴近群众。开展“双公示”工作，公示行政处罚48项、行政许可514项，确保群众知情权和监督权。深化执法体制下沉改革，在公德林和嘎玛贡桑街道试点推行城市治理新模式，城市管理更加精细化。

2018年，净土健康产业实现销售额2.45亿元，让利群众2600余万元，利润374.07万元，发展势头良好。亨通物流实现收入1000万元，服务水平全面提升。智能温室成功转型为净土农业生态体验馆，提供就业岗位36个。大昭圣泉、藏净泉两支水成功打入北京、成都、广州、上海等内地市场，年产量1.4万吨，销量1.3万吨，盈利210万元，为藏玉冰泉等三个水产品代加工175吨，销售额1500万元，水产业产销持续增长。重点产业项目嘎巴生态牧场和年生产5万吨液态奶的乳制品加工厂正式投产运营，填补了西藏高原没有现代化乳制品加工生产线的历史空白，延伸了种养、产销一体化净土奶产业链条，推动净土健康产业旅游文化产业、现代服务业协同发展。城投建材实现年产值1408万元，利润165万元。城投商砼实现年产值6.4亿元，利润6000万元。城发莲华之宝完成外贸订单额207万美金，区内销售额180万元，节能环保产业产值不断攀升。完成城关区级第四批非物质文化遗产项目传承人认定工作，洛欧村擦擦文化展览馆成功申报为自治区第五批文化产业示范基地和拉萨市首批文化产业示范基地。制定《城关区文化产业发展专项资金管理办法（试行）》，规范产业扶持评审程序，投资60.56万元扶持中国西藏人物数据共享平台和“藏文化＋创意设计”项目，培育文化产业项目持续发展。积极开展“冬游西藏·共享地球第三级”活动，开发旅游纪念品自动销售模式，“一景区一特色礼物”初具成型。升级改造“好客藏家”民俗示范点9家，成功举办第二届“最美乡村行走智昭”徒步大会、桃花林卡节和油桃采摘节等活动，圆满完成跨喜玛拉雅自行车赛拉萨赛事活动和拉萨马拉松赛事任务，乡村旅游内涵不断丰富，全域旅游示范区创建持续向好。接待旅游总人数1757万人次，同比增长15%，旅游总收入142.8亿元，同比增长18%。

加强投资软环境建设，积极参加招商引资项目推进会，全年实施投资项目227个，投资258.22亿元。落实招商引资项目36个，投资110.23亿元，实际到位27.05亿元，同比增长2.67%，项目带动作用持续发挥。成立城关区第四次全国经济普查和“十四五”规划编制领导小组，全面启动经济普查和“十三五”规划中期评估工作。

【“三大”攻坚战】 2018年，全面排查政府隐形债务，筑牢防范债务风险意识，认真规范政府性债务行为，严格控制债务规模。截至年底，政府债务7.58亿元，已偿还债务1.02亿元，在安全可控范围内。持续推进中央第六环境保护督察组反馈问题整改，41项长期整改任务已完成销号20项，21项正在稳步推进。环境违法案件行政处罚74.3万元。完成项目环评登记表备案379个，发放排污许可证238个。深入推进“净土、静音、净空、净水”工程，严格落实“河长制”，河道水质保持优良，空气优良率保持在98.1%以上。拉鲁湿地三期保护项目进展顺利，完成13.8公里巡护步道建设，基建部分基本完成。深入开展全国第二次污染源普查清查建库工作，清查污染源工业企业936家。全力开展家具厂和仓库搬迁，已完成20%搬迁任务。完成31家纳金石材加工厂整治搬迁工作，平整土地面积290余亩。出动5个工作组，完成约865.54亩土地征收工作，落实兑现征地补偿资金约18823万元。投资3624.78万元，全力推进绿色围城和国土绿化工程建设，城市园林绿化养护面积达220万平方米。常态化开展城市乱象治理工作，行政处罚179.13万元。实施生活垃圾密闭式清运，市区道路洒水降尘覆盖率达60%，全面启动“厕所革命”，确保市容市貌整洁有序。

2018年，全区387户1186名建档立卡户年人均可支配收入达到9286.85元，同比增长19.01%，实现贫困户累计人均可支配收入由2015年的2153.23元增长到现在的22044.52元，增长9.24倍，贫困发生率、返贫率均为0，贫困户收入水平由脱贫转向稳定致富。加强与北京市通州区的扶贫协作，两地党政正职成功互访交流，深化与东城区、海淀区的交流交往，争取通州区各类援助资金物资1800余万元，组织251人次赴京藏两地交流培训。编制完成乡村振兴战略（2018—2022），启动招录村（社区）党支部第一书记助理、书记助理和村（居）委会主任助理工作，实施村级集体经济扶持项目12个，实现6个村（居）集体经济收入在1000万元以上。

【民生事业】 2018年，财政投入教育资金2.22亿元，占本级财政收入的26.4%。投资2.95亿元，实施教育改扩建和维修改造项目 19 个。统筹做好 3288 个教师编制的分编工作，引进教师 140 名，消除中小学“大班额”55 个。落实在校大学生、建档立卡贫困户子女教育补助及生活补贴 1133.7 万元。义务教育均衡发展专项投资 9519.78 万元，开展满意度测评自评工作，群众满意度达 91.5%，自评得分为 97 分，八项指标综合差异系数分别为 0.23、0.25，符合自治区规定要求，顺利通过拉萨市督导验收。加快推进全民健身基础设施建设，对 17 所市区学校体育场地、场馆进行改造升级，免费向社会开放。强化城市“十五分钟健康服务圈”网络建设，全面启动家庭医生签约志愿服务，签约 16.15 万人，签约率、服务率分别达到 98.4%、100%。扎实开展“两病”筛查工作，完成 102 例“包虫病”患者医疗救治任务，共筛查 20.41 万人次，综合防治取得重要成果。完成 2 个社区卫生服务中心纳入医保刷卡支付范围。

制定 2018 至 2020 年老城区危房改造计划，逐年对老城区 110 座居民大院进行改造，改造建筑面积达到 11.73 万平方米。投入 17.78 亿元全力实施加措、加荣、洛堆棚户区改造工程，加措棚户区一期建设基本完成。雪新村以西、团结新村、蔡村一二组 2488 套棚户区基础设施改造工程有序推进。启动八廓古城保护、生态优化、环境治理工作。启动实施 1001 套公租房建设项目。清退不符合低保条件的低保户 620 户 1201 人，研究制定《关于稳步提升城市低收入群体生活水平的三年（2018—2020）行动计划》，建立低收入群体动态管理数据平台，确定一户一策帮扶措施。就业创业全面推进。开发就业岗位 8871 个，实现城镇新增就业 3310 人，高校毕业生就业 1785 人，就业率达到 93.11%，人民群众获得感、幸福感持续提升。

【社会治理】 2018 年，深入开展“扫黑除恶、打非治乱、扫黄打非”三个专项斗争，消除黑恶势力、非法组织和治安乱点 537 处。扎实开展公共安全、生产安全、食品药品安全、消防安全等专项检查共 154 次，争取北京市海淀区援藏资金 100 万元，在老城区安装独立式感烟器和可燃气体报警器，提升了居民群众生命财产安全技防能力。全面推动信访事项“七化”工作机制，严格落实县级包案制，受理并积极化解群众来信来访 71 件。检法两院分别受理案件 826 件、6297 件，办结 826 件、5385 件，在法定期限内结案率均达到 100%。依法依规推进蔡公堂办事处等违法建设专项整治，强制拆除违建 133 处 501 间 10.7 万平方米，收回土地 160 多亩，无一例群体性事件发生，有效震慑了土地非法买卖、违法建设等不法行为。

城关区平安街道、村（社区）、寺庙、景区创建率达 100%，平安家庭创建率达 95.93%。深入开展“四讲四爱”群众教育实践活动和“遵行四条标准争做先进僧尼”教育实践活动 1100 余场次。投资 259.6 万元，组织 5 批次 236 名僧众前往北京等地参观学习，实现教育引导潜移默化，切实增强广大僧尼的“五个认同”。依法规范整治非法宗教活动场所 11 处，未出现反弹，宗教和睦和谐和顺。深入开展“五有五好”文明村镇创建，群众自觉参与学跳幸福拉萨规范舞活动，基层文艺演出 50 余场次，群众性文体活动多姿多彩，基层文化阵地发挥作用。

（谢 静）

大事记

1月

4—8日 城关区第十二届人民代表大会第三次会议召开。

6日 政协第九届城关区委员会第三次会议在庄严的国歌声中隆重开幕。拉萨市委副书记、市长、城关区委书记果果，拉萨市政协党组成员、城关区委副书记、政府区长刘亮等领导出席会议。

7日 城关区召开强基惠民第六批驻村工作总结表彰暨第七批驻村工作动员大会。

同日 拉萨市城关区召开第十二届人大三次会议。大会应到代表156人，实到代表123人，符合法定人数。拉萨市委副书记、市长、城关区委书记果果出席大会。拉萨市政协党组成员、城关区委副书记、区长刘亮在大会上作《城关区人民政府工作报告》。城关区委副书记、政协主席索朗次仁出席会议。城关区委常委、人大常委会主任尼玛云丹主持大会。尼玛云丹、果果、李德明、次仁德吉、杜飞、亚哈亚、德吉央珍、格桑卓嘎、索朗、索朗晋美、彭措次仁担任城关区第十二届人大三次会议的执行主席。

同日 政协第九届城关区委员会第三次会议圆满完成各项议程胜利闭幕。拉萨市委副书记、市长、城关区委书记果果，拉萨市政协党组成员、城关区委副书记、政府区长刘亮出席闭幕会，城关区委、人大、政府、检法两院、寺管会在岗县级领导在主席台就座，政协副主席索朗顿珠主持闭幕会。

8日 城关区第十二届人大常委会第八次会议召开。

同日 拉萨市城关区监察委员会成立大会召开，拉萨市委副书记、市长、城关区委书记果果出席会议并讲话。城关区人大常委会选举，城关区委常委、纪委书记隋兴国高票当选为城关区首届监察委员会主任，拉萨市城关区监察委员会正式挂牌成立。

同日 城关区召开监察委员会成立大会。拉萨市委副书记、市长、城关区委书记果果出席会议并讲话。拉萨市政协党组成员、城关区委副书记、区长刘亮主持会议。城关区委常委、人大常委会主任尼玛云丹宣读城关区监委会主任、副主任、委员的任职文件。城关区委常委、纪委书记、监委会主任隋兴国作表态发言。

同日 城关区召开十二届人大常委会第八次会议。城关区委常委、人大常委会主任尼玛云丹主持会议。城关区副区长尼玛仓决、城关区人民法院院长才旺、城关区人民检察院检察长杨立峰、城关区监察委员会主任隋兴国、城关区委组织部部长李德明出席会议。各乡办人大负责人、人大代表参加了会议。

同日 拉萨市城关区第十二届人大三次会议闭幕，122名人大代表出席会议。拉萨市委副书记、市长、城关区委书记果果，拉萨市政协党组成员、城关区委副书记、区长刘亮出席闭幕式，城关区委副书记、政协主席索朗次仁列席闭幕式，城关区委常委、人大常委会主任尼玛云丹主持闭幕式。

9 日　拉萨城祥物业有限公司启动格绿室内甲醛治理部揭牌仪式。

11 日　城关区委组织部召开 2018 年“三大节日”慰问安置区外退休人员区外座谈会（成都）。

同日　城关区消防大队组织召开“1·9”梦家家私火灾事故现场警示教育会，拉萨市消防支队党委常委、副支队长秦安全，城关区副区长张志、城关区公安局党委委员、公安局纪委书记洛松扎西出席会议。

17 日　西藏自治区社科院党委副书记、副院长、区社科联主席索林，自治区文化市场综合执法总队执法处处长安佰军，自治区委党委外宣办（区政府新闻办）一处主任科员吴庆生一行到城关区考察验收意识形态工作责任制“四讲四爱”主题教育实践活动。拉萨市委常委、宣传部部长吴亚松出席会议。城关区委副书记、政协主席索朗次仁主持会议。

19 日　西藏自治区党委常委、纪委书记、监委主任王拥军一行到城关区调研指导工作。

22 日　国家发改委地区司巡视员邹勇带队，一行 11 人，对城关区“城关区乳制品加工厂就业扶贫建设项目”“城关区第 22 幼儿园”两个北京援藏项目进行实地调研，同时参观城关区高标准奶牛养殖中心。此次实地核查调研，由北京市援藏指挥部、市发改委相关负责人、城关区区长刘亮、城关区项目分管领导唐兵兵及城关区发改委同志等陪同。

24 日　完成 2018 年（859 套）公租房二期、三期项目开标。

26 日　西藏自治区话剧团、自治区歌舞团到纳金街道嘎巴村开展西藏“红色文艺骑兵”小分队百乡千村慰问演出活动。

28 日　西藏自治区十一届人大代表、区党委副书记齐扎拉参加自治区十一届人大一次会议拉萨代表团分组审议。拉萨代表团团长、区党委常委、拉萨市委书记白玛旺堆主持审议。

29 日　城关区召开 2018 年脱贫攻坚指挥部第一次例会暨迎接省际交叉考核部署会。拉萨市政协党组成员、城关区委副书记、区长、脱贫攻坚指挥部副总指挥长刘亮主持会议，城关区在岗“四大班子”领导、脱贫攻坚指挥部成员单位、各街道主要领导参加会议。

30 日至 2 月 2 日　城关区委副书记、常务副区长唐兵兵带队到北京参加东城区地方志办公室举办的援藏援疆志书编纂对接仪式，并与北京东城区地方志系统座谈，就地方志援藏事宜达成相关协议。北京市东城区地方志办公室主任彭积冬出席对接仪式并讲话，唐兵兵出席会议并致辞。

31 日　娘热乡仁钦蔡村八组集体经济项目为 43 户群众进行产业分红，每户分红 5000 元，共计 215000 元。

同月　城关区全面推行新版中央国库支付管理系统（以下简称新国库支付系统）上线相关工作，城关区乡（街道）一级也顺利实现国库集中支付。

2 月

1 日　全国人大常委会副委员长向巴平措一行参观清政府驻藏大臣衙门旧址陈列馆。

同日　全国人大代表一行到城关区智昭产业高标准奶牛养殖项目基地进行视察。

5 日　拉萨市副市长、市政府秘书长廖波，城关区副区长格桑旺久到吉崩岗街道社区慰问特殊困难群众。

6 日　拉萨市委副书记、市长、城关区委书记果果到八廓街道冲赛康调研年前年货供销情况。

同日　城关区纪委监委组成由纪委班子成员和综合办公室、党风政风监督室、案件审理室、纪检监察一室、纪检监察二室业务骨干一行到北京市东城区纪委监委和山西省运城市盐湖区纪委监委学习。

同日　拉萨市委常委、常务副市长王念东到八朗学社区德玛康桑大院，集中慰问社区内 10 户低保户家庭代表。

8 日　西藏自治区党委副书记、主席齐扎拉一行到嘎玛贡桑街道统建社区慰问“三老”人员。

同日　城关区委宣传部、文广局、文明办、纳金街道在藏热社区联合举办城关区 2018 年“我们的节日·春节藏历新年”主题联欢活动。

10日 拉萨市红色文艺轻骑兵到城关区蔡公堂街道慰问演出。

11日 拉萨市政协党组成员、城关区委副书记、区长刘亮到八廓街道八廓社区慰问困难户。

12日 西藏自治区党委常务副书记，自治区政协党组书记丁业现一行到金珠西路街道调研。

15日 西藏自治区党委常委、拉萨市委书记白玛旺堆到城关区蔡公堂恩惠苑社区易地扶贫搬迁安置点，慰问困难群众并向他们送去党和政府的关心关怀和节日祝福。

同日 西藏自治区党委常委、拉萨市委书记白玛旺堆到城关区蔡公堂恩惠苑社区易地扶贫搬迁安置点，慰问5户困难群众并向他们送去党和政府的关心关怀和节日祝福。2月19日 西藏自治区党委副书记、主席齐扎拉到八廓街调研。

26日 西藏自治区副主席江白为组长的调研组到拉萨周边调研拉萨绿色围城及南北山造林绿化工程，实地察看北山山体生态修复工程的可行性及总体规划，并督导检查南山鹏矗生态园及周边山体的造林绿化工程。拉萨市政协党组成员、城关区委副书记、区长刘亮陪同调研。

27日 西藏自治区副主席江白一行到城关区北山山体修复工程、夺底乡维巴村吉苍山底修复工程及国土绿化工程检查指导工作。

3月

5日 拉萨市副市长、市脱贫攻坚指挥部副总指挥长扎西白珍带队，协同拉萨市扶贫办党组书记、市脱贫攻坚指挥部办公室副主任普布顿珠，市“六脱”脱贫专项推进组负责人组成督促检查工作组到城关区恩惠苑易地搬迁安置点指导工作。

同日 拉萨市副市长扎西白珍带领拉萨市以业脱贫专项推进组到城关区蔡公堂街道恩惠苑社区异地扶贫搬迁安置点调研。

同日 西藏自治区妇联副主席龙措慰问木如社区10户妇女信访代理员。

同日 备受瞩目的十三届全国人大一次会议隆重开幕。拉萨市人大常委会副主任、秘书长张慧，拉萨市政协党组成员、城关区委副书记、区长刘亮，以及城关区各级干部职工一同收看大会直播盛况，认真听取国务院总理李克强在大会上所作的政府工作报告。各乡（办）、村（居）、寺管会、驻村工作队、各外驻单位、各区属企业等干部群众纷纷通过电视、广播、网络等途径及时收听收看会议盛况。

3月6日 城关区与广东碧桂园集团签订合作协议。

同日 城关区委常委、副区长汪锋主持召开城市管理综合执法局成立城南大队启动仪式。

10日 拉萨市政协党组成员、城关区委副书记、区长刘亮到两岛街道检查指导工作。

11日 拉萨市国土资源局城关分局组织实施《拉萨市城关区土地利用总体规划（2006—2020年）调整完善方案》编制工作，通过拉萨市国土资源局评审，城关区净土健康产业项目8宗地面积共58.77公顷全部纳入城关区土地利用总体规划内，并在土规中调整为建设用地，该方案已通过城关区、拉萨市评审，已报至自治区自然资源厅。

同日 拉萨市委常委、常务副市长占堆一行到加措社区检查指导棚户区改造项目进展情况。

14日 西藏自治区党委常务副书记、区政协党组书记丁业现到八廓街道冲赛康社区调研。

29日 西藏自治区政协社会法制外事委员会主任孙永平带队，区政协社会法制外事委员会、区司法厅、相关律师事务所人员组成的调研组到城关区实地了解人民调解工作开展情况。

同日 受拉萨市委副书记、市长、城关区委书记果果，拉萨市政协党组成员、城关区委副书记、区长刘亮2名同志委托，城关区委常委、组织部部长李德明同相关人员一道代表城关区委、区政府，到西藏军区总医院，看望慰问在维修电路过程中因触电受伤的金珠西路街道当巴社区党总支副书记普布次仁，为其送去慰问金及慰问品。

30日 西藏自治区民政厅副厅长江娟一行到城关区检查指导社会救助工作。

同日 西藏自治区政协一行到金珠西路街道

调研人民调解工作。

31日 西藏自治区司法厅一行到金珠西路街道检查社区矫正工作。

4月

1日 西藏自治区党委副书记、主席齐扎拉一行到城关区北山山体绿化试点项目点、夺底维巴村吉苍山体生态修复点、城关区2018年米琼日山体绿化造林点绿化项目点考察指导工作。

3日 两岛街道甲玛林卡社区党支部与辖区27家企业举行“企业之家”揭牌仪式，并召开交流座谈会。

同日 西藏自治区政协社会法制外事委员主任孙永平带领区政协社会法制外事委员会、区司法厅、相关律师事务所人员组成的调研组到城关区实地了解城关区人民调解工作开展情况。

同日 城关区召开第八届执行委员会第四次会议。拉萨市妇联党组副书记、主席向巴彩喜，城关区委副书记、政协主席索朗次仁出席会议并讲话，城关区委常委、组织部部长李德明主持会议。

4日 西藏自治区农科院、拉萨市科技局一行到城关区开展奶产业科学技术创新调研。

9日 两岛街道党工委举行街道“七色党建”活动启动仪式。

同日 西藏自治区人大常委会内务司法工作委员会主任布尼玛率执法检查组赴城关区开展《中华人民共和国预防未成年人犯罪法》和《西藏自治区实施〈中华人民共和国预防未成年人犯罪法〉办法》执法检查工作。

同日 拉萨市林业局林勘所所长晋美一行到城关区夺底乡维巴村检查2017年防沙治沙工程进展情况，城关区林业局、洁达园林公司相关负责人陪同。

同日 西藏自治区人大常委会内务司法工作委员会主任布尼玛率执法检查组到城关区开展《中华人民共和国预防未成年人犯罪法》和《西藏自治区实施〈中华人民共和国预防未成年人犯罪法〉办法》执法检查工作。

10日 城关区委组织部、城关区委党校举办第一期新任村（居）“两委”班子成员党建工作暨十九大精神专题培训班。城关区51个村（居）党建工作主要负责人共100余人参加培训。

同日 城关区委召开2018年上半年党建工作领导小组专题会议，拉萨市委副书记、市长、城关区委书记果果主持会议并讲话。

11日 城关区召开2018年农村工作会议，会议书面传达中央、自治区、拉萨市农村工作会议精神以及西藏自治区农牧厅、环保厅联合下发的关于切实做好畜禽养殖禁养区工作的函。拉萨市政协党组成员、城关区委副书记、区长刘亮出席会议并讲话。

13日 拉萨城顺综合服务有限公司旗下成立新公司城桑服装贸易有限公司。

同日 北京市通州区代表团到拉萨市城关区开展扶贫协作帮扶座谈会。各相关单位汇报具体援助需求。城关区委副书记、政协主席索朗次仁主持会议并讲话。

13—17日 以北京市通州区副区长阳波为首的代表团到城关区考察调研城关区贫困村、贫困户和易地扶贫搬迁安置情况，考察调研城关区特色产业发展现状。

14日 北京市通州区副区长阳波带领代表团成员，到城关区夺底乡维巴村、蔡公堂乡恩惠苑社区、八廓街道白林社区和净土农业发展公司各产业点调研，深入了解贫困村（社区）和贫困户家庭现状，实地考察产业发展情况。在调研产业项目发展情况时，代表团先后来到智能温室、乳制品加工产、大昭圣泉水厂等项目点，通过实地参观、听取讲解介绍等方式，深入了解产业发展现状、存在的问题和困难、需要通州区帮扶的重点等。

14—15日 北京市通州区永顺镇人民政府邓小民镇长和通州区张家湾镇人民政府范亮亮镇长分别到对口帮扶的城关区两岛街道办事处、金珠西路街道办事处考察调研，初步达成特色藏餐进入北京市场、企业对口帮扶、专项资金支持等帮扶意向。

14日 城关区农牧局组织区国土局、规划局等负责人一行到夺底街道办事处开展农村土地承包经营权证试点颁证仪式。

同日 城关区与广东碧桂园集团举行招商合作座谈会，签订合作协议，并达成开展全方位、多领域的合作意向。市委副书记、市长、城关区委书记果果、副市长王国臣出席座谈会。市政协党组成员、城关区委副书记、区长刘亮主持座谈会。

同日 城关区与广东碧桂园集团举行招商合作座谈会。

16 日 吉日街道辖区嘎玛夏寺顺利完成寺庙搬迁工作，搭建简易房确保临时存放佛像及安置僧人。

同日 北京市通州区张家湾镇副镇长一行到金珠西路街道考察指导工作。

17 日 中国共产党拉萨市城关区第九届纪律监察委员会第三次全体会议在城关区召开，拉萨市委副书记、市长、城关区委书记果果出席主会场会议并作重要讲话。城关区委常委、纪委书记、监委主任隋兴国主持会议。

18 日 北京市支援合作办巡视员王银成和北京市支援合作办副主任姚忠阳带队的北京市支援合作办调研组一行到城关区调研对接助力脱贫攻坚工作。

19 日 召开第一批区外疗养临行会，启动2018 年退休干部区外疗养工作，2018 年共分 4 个批次 100 名退休干部到云南健康疗养。

20 日 城关区文化新闻出版广电局（文物局）组织娘热民间艺术团 30 名演职人员，到北京开展“感恩北京 大美西藏”主题文艺演出。

同日 拉萨市委组织部副部长杨栋章，城关区委副书记、政协主席索朗次仁，城关区委常委、组织部部长李德明一行参观两岛街道仙足岛社区组织场所标准化建设试点工作。

同日 山南市曲松县人大常委会到城关区就代表履职、人大制度建设、“人大代表之家”、人大代表在精准扶贫、产业发展等方面发挥作用情况进行考察交流。

23 日 西藏自治区副主席多吉次珠，自治区文物局局长刘世忠，拉萨市副市长朱建红，拉萨市文化局局长拉巴次仁一行到城关区辖区自治区文保单位关帝庙、城关区级文保单位藏热墓地调研指导工作。

25 日 拉萨市精准扶贫以业推进组副组长、市农牧局副局长潘多一行到蔡公堂街道恩惠苑社区调研。

26 日 西藏自治区民政厅副厅长尼玛次仁一行到城关区调研优抚安置工作，拉萨市民政局副局长卫智军、城关区政府副区长尼玛仓决、民政局局长索朗央吉及民政工作人员陪同参加。

27 日 城关区委常委、副区长沈朗一行到蒙牛乳业（北京）有限责任公司就旗下富源国际实业有限公司在城关区投资合资公司进行对接洽谈。

28 日 拉萨市委副书记、市长、城关区委书记果果带队到北京中广万通投资发展有限公司调研，与公司高层对接洽谈，研究推进“诺布庄园农工旅一体化项目”等事宜。

同日 西藏自治区教育厅副厅长、自治区脱贫攻坚指挥部教育脱贫组副组长朱赟带队的自治区脱贫攻坚第一督查组一行到城关区综合督察我区脱贫攻坚工作。

29 日 城发公司旗下的西藏吉雄河浚有限公司河道清淤仪式在城关区蔡公堂乡正式启动。拉萨市政协党组成员、城关区委副书记、区长刘亮，城关区副区长多吉优加出席启动仪式。

30 日 北京观摩考察团一行到吉日街道河坝林社区就“民族团结”“网格化管理”工作方面进行考察。西藏自治区办公厅领导，拉萨市政协党组成员、城关区委副书记、区长刘亮，吉日街道党工委书记亚哈亚等陪同参观。

5月

3 日 西藏自治区教育厅副厅长、区脱贫攻坚指挥部教育脱贫组副组长朱赟带领自治区脱贫攻坚第一督查组一行到城关区督察城关区脱贫攻坚工作，并召开座谈会。

4 日 北京观摩考察团到吉日街道河坝林社区

就“民族团结”“网格化管理”工作方面进行考察。

5日 城关区召开2018年基层党建工作部署大会。会上，城关区委与基层党组织书记代表现场签订《2018年基层党建工作目标责任书》。拉萨市委副书记、市长、城关区委书记果果出席会议并讲话。

6日 城关区第三届“最美乡村 行走智昭”徒步活动暨桃花林卡节在蔡公堂乡白定村支沟隆重举办。拉萨市委副书记、市长、城关区委书记果果出席。

8日 拉萨城顺综合服务有限公司旗下成立新公司城创电子科技信息有限公司。

9日 西藏自治区政协党组成员、副主席王亚蔺等一行到恩惠苑社区关于“强化基层文化阵地建设、推动乡村文化振兴”情况进行专题调研。

同日 北京市通州区委副书记、代区长赵磊带领党政代表团一行到城关区易地扶贫搬迁点恩惠苑社区检查指导城关区精准扶贫精准脱贫易地搬迁工作开展情况。

同日 西藏自治区政协科教文卫体委员会到夺底乡贡德泥塑农民专业合作社进行调研。

同日 北京市通州区马驹桥镇镇长孙伟一行到夺底乡参观考察。

同日 嘎玛贡桑街道考察团一行到北京市通州区台湖镇考察学习，积极推进东西部扶贫协作，深化对口支援工作。

同日 西藏自治区政协党组成员、副主席王亚蔺，拉萨市政协党组副书记、副主席兼秘书长张勤等到城关区调研“强化基层文化阵地建设，推动乡村文化振兴”工作开展情况。

9—11日 由北京市通州区委副书记、代区长赵磊带队的通州区党政代表团一行17人到城关区对接扶贫协作相关事宜，通过召开对接座谈会、深入实地考察等方式，进一步了解城关区脱贫攻坚工作开展情况、产业发展情况、援助需求等，更加明确帮扶重点和方向。

11日 城关区委副书记、常务副区长唐兵兵主持召开北京市通州区与拉萨市城关区东西部扶贫协作携手奔小康工作座谈会，各街道汇报对接工作开展情况及下一步工作思路。

同日 拉萨市首届运动会暨民族传统体育运动会开幕式在市群众文化体育中心隆重举行。自治区副主席甲热·洛桑旦增，市委副书记、市长、城关区委书记、拉萨市首届运动会暨民族传统体育运动会组委会主任果果出席开幕式。拉萨市委常委、副市长、拉萨市首届运动会暨民族传统体育运动会组委会常务副主任占堆主持开幕式。

同日 西藏自治区党委老干部局第一调研组一行到城关区调研老干部工作。

12日 拉萨市实验幼儿园举办“城关区首届公办幼儿园保育员技能大赛”。

15日 四川省广安市人大常委会副主任、广安市创建全国文明城市指挥部常务副指挥长易铭珅一行到拉萨城关区两岛街道仙足岛社区考察文明城市创建工作。拉萨市人大常委会副主任、秘书长张慧，拉萨市宣传部副部长、文明办主任张碧芳，城关区副区长李多多，城关区委宣传部、两岛街道主要负责人陪同考察。

17日 乌克兰代表团一行到城关区社会福利院参观访问，拉萨市外宣部部长张碧芳，拉萨市民政局局长白玛玉珍，城关区委副书记、政协主席索朗次仁，区委常委、宣传部部长刘代红陪同外宾参观福利院基础设施。

18日 正式成立和启用城关区学前教研中心。

同日 拉萨市妇联主席向巴彩喜、副主席和继香、城关区妇联主席普布卓玛一行到嘎玛贡桑街道就妇联改革工作进行专题调研。

同日 西藏自治区党委常务副书记、政协党组书记丁业现到城关区检查指导工作。

19日 西藏自治区卫计委与城关区卫计委联合举办2018年“5·19”世界家庭医生日宣传活动。自治区副主席罗梅，自治区政府副秘书长刘萱，自治区卫生计生委常务副主任王寿碧，拉萨市副市长陆从福等领导出席活动。

21日 城关区妇女联合会在八廓街道丹杰林社区居委会举行“城关区级妇女信访代理员示范点”维权培训暨授牌仪式，为80名妇女信访代理员颁发聘书，并发放2万元维权启动资金。

22 日 拉萨市副市长郑卫国带队市安监、工商、环保，城关区消防大队等多部门组成的督察组到拉萨市大型综合商场检查指导消防工作。

23 日 堆龙德庆区人大常委会副主任、交叉督查组组长马勇带队的拉萨市脱贫攻坚指挥部扶贫领域腐败和作风问题专项治理督查工作领导小组，一行 12 人到城关区开展扶贫领域腐败和作风问题专项督查。

25 日 纳金街道举办纳如社区与碧桂园集团及城发实业集团合作签约仪式。

27 日 两岛街道组织辖区群众代表及党员干部职工参观市廉政教育警示基地。

同日 中国人民大学教师代表团一行到城关区纳金街道，就中国人民大学毕业生就业情况召开座谈会。

28 日 西藏自治区党委统战部党外干部处处长任显东率自治区党委统战部调研组在拉萨市委统战部相关部门领导的陪同下就城关区政协、佛协中担任领导职务的党外人士待遇情况和城关区政协委员中不享受工资待遇的补贴补助问题报告进行专项调研。

同日 城关区召开第二次全国污染源普查工作动员部署暨培训会议。拉萨市政协党组成员、城关区委副书记、区长、区普查工作领导小组组长刘亮出席会议并讲话。城关区委常委、宣传部部长刘代红出席动员会，城关区委常委、副区长汪峰主持会议。

28 日至 6 月 2 日 城关区参加在北京国际会议中心和西藏大厦举办的“京交会”相关活动，签约项目 5 个，投资金额 18 亿元。

28 日至 6 月 2 日 拉萨市政府组团参加第五届中国（北京）国际服务贸易交易会。城关区委副书记、政府常务副区长唐兵兵带队参加此次活动，并按拉萨市政府方案行程安排，完成各项工作任务。

29 日 成立城关区老干部文艺队，共 32 名退休人员，承接自治区、市级和本级相关演出任务。

31 日 西藏自治区党委书记吴英杰，自治区党委常委、宣传部部长边巴扎西，自治区党委常委、拉萨市委书记白玛旺堆，自治区副主席石谋军等一行在拉萨市人大常委会副主任、拉萨市教育局党委书记康娜美朵，拉萨市政协党组成员、城关区委副书记、区长刘亮陪同下到城关区第十双语幼儿园和纳金小学与孩子们欢度“六一”，同时了解办学情况，并对一线教师进行慰问。

同月 城关区卫生和计划生育委员会辖区所医疗机构实行药品“两票制”网上集中采购制度。

同月 城关区商务局完成辖区 104.346 吨农牧民碘盐配送工作，保证城关区农牧民群众食用碘盐的需要。

6月

6 月 2 日 西藏自治区司法厅社区矫正管理局副局长杨学格带领自治区社区矫正工作培训班学员 80 名，到城关区司法局和金珠西路街道司法所开展现场观摩学习。

4 日 西藏自治区司法厅社区矫正管理局副局长杨学格一行到金珠西路街道检查社区矫正工作。

6 日 中央纪委案件审理室审理六处处长牟立涛一行到城关区纪委监委、检察院、法院调研。

7 日 昌都市芒康县扶贫办主任仁增公布带队的 6 名工作人员到城关区脱贫攻坚指挥部考察学习城关区脱贫攻坚工作成效。

14 日 两岛街道仙足岛社区第一届室内体育竞技活动隆重开幕。

15 日 西藏自治区人大常委会一行到城关区开展“两院”全面深化司法改革情况专题调研工作。

18 日 城关区召开推进县域义务教育均衡发展工作专题会。拉萨市政协党组成员、城关区委副书记、区长刘亮主持会议。

20 日 城关区农牧局组织区国土局、规划局等负责人一行在城关区蔡公堂街道办事处开展农村土地承包经营权证试点颁证仪式。

20—21 日 西藏自治区人大常委会一行到城关区开展《中华人民共和国大气污染防治法》执法检查。

21日 城关区2017年6月引进荷斯坦奶牛在嘎巴生态牧场顺利完成奶牛转场工作。

同日 城关区嘎巴生态牧场正式运营。

25日 城关区总工会第六次代表大会隆重召开。城关区委副书记、政协主席索朗次仁出席会议并讲话。城关区委常委、组织部部长李德明致辞，城关区副区长旦增江才主持会议。

28日 西藏自治区纪委第一调研组张平一行到城关区调研纪检监察工作开展情况。

同日 西藏自治区纪委第一调研组到城关区调研纪检监察工作开展情况和全国深化监察体制改革试点工作推进情况。

29日 城关区召开庆祝中国共产党建党97周年表彰大会。

同日 西藏自治区首个“智慧化”党建平台上线运营。

同日 西藏自治区司法厅社区矫正管理局一行到金珠西路街道开展慰问工作。

同日 城关区智慧化党建平台启动仪式举行。自治区党委组织部巡视员、区“两新”工委书记李小宁应邀出席仪式并讲话，拉萨市委副书记、市长、城关区委书记果果出席启动仪式并致辞，市委副书记、秘书长、组织部部长庄红翔出席仪式，市政协党组成员、城关区委副书记、区长刘亮主持仪式。

7月

1日 西藏社会主义学院授清政府驻藏大臣衙门旧址陈列馆“西藏社会主义学院现场教学基地”。

3日 北京市东城区宣传部常务副部长王岳峰一行到金珠西路街道文化站指导工作。

同日 北京市东城区基层宣传思想文化体育交流代表团到城关区开展基层宣传思想文化工作交流座谈会，检查指导城关区基层宣传思想文化体育工作。

4日 北京市东城区短期援藏交流培训班在城关区正式开班，为期两天。东城区委宣传部常务副部长、网信办主任王跃峰，城关区委副书记、常务副区长唐兵兵出席开班仪式，城关区委常委、组织部部长李德明主持开班仪式。

同日 拉萨政协党组成员、城关区委副书记、政府区长刘亮到当巴社区部署征地工作。

5日 北京市东城区基层宣传思想文化体育馆路街道办事处民政科科长李红在518会议室组织开展社会救助现状培训会议。

同日 西藏自治区人大常委副主任王峻一行到嘎玛贡桑街道就人大工委、城乡建设、法制宣传等工作开展情况调研。

同日 西藏自治区公安厅党委委员、副厅长柯磊一行到城关区公安局检查指导“四项建设”工作。拉萨市公安局党委委员、调研员李斌陪同。

同日 西藏自治区人大常委会副主任王峻率调研组到城关区开展学习宣传贯彻实施宪法和城乡建设管理工作情况专题调研。拉萨市人大常委会党组副书记、副主任达瓦，拉萨市政协党组成员、城关区委副书记、区长刘亮，城关区委常委、人大常委会主任尼玛云丹，副区长拉珍等相关领导陪同调研。

6日 国家奶牛体系越野牛人西藏公益行团队一行在城关区开展“我为中国优质奶代言——越野牛人西藏公益行活动”。拉萨市政协党组成员、城关区委副书记、区长刘亮出席活动并讲话。

同日 城关区召开藏语文工作总结表彰大会。自治区藏语委办（编译局）党组副书记、主任（局长）洛布出席会议并讲话。

9日 城关区电子商务示范建设工作推介会暨农村电商调研工作启动仪式在蔡公堂乡智昭产业园区举行。拉萨市政府副秘书长、“两创办”主任韩勇出席仪式并致辞。拉萨市商务局副局长濮方正出席仪式并为志愿者授旗、颁发志愿者证书。

10日 吉崩岗街道考察团一行到北京市通州区潞城镇考察学习。

11日 西藏自治区党委宣传部副部长丁勇，城关区委副书记、政协主席索朗次仁，城关区委常委、宣传部部长刘代红一行到两岛街道指导工作。

同日 北京市海淀区委常委、区委办主任高念东带领代表团到拉萨市城关区智昭产业园区开展调研，并召开对口支援交流座谈会。拉萨市政协党组成员、城关区委副书记、区长刘亮出席座谈会。

同日 西藏自治区党委宣传部副部长、第二督导组组长丁勇为组长的自治区督导组一行到城关区对区委理论学习中心组、"四讲四爱"群众教育实践活动和村综合文化服务中心示范工程建设等工作进行督导考核。

12日 按照环卫整体划转的工作要求，城关区洁达环卫保洁有限公司划转至拉萨市城投公司。

13日 西藏自治区城乡居民基本医疗保险制度整合工作调研组到吉崩岗街道调研。

17日 西藏自治区藏医院藏药材种植建设研究基地对接仪式在城关区蔡公堂乡举行。拉萨市政协党组成员、城关区委副书记、区长刘亮出席并讲话。

同日 援藏总领队、西藏自治区党委组织部副部长郭强带领西藏自治区援藏县区委常务副书记培训班学员调研城关净健康土产业发展情况。

18日 太平洋系第九集团到拉萨市城关区进行考察交流，双方召开招商洽谈会。

同日 北京市政协副主席、市医管局局长于鲁明带领北京市卫生健康精准扶贫成员，走访慰问城关区"因病致贫"建档立卡贫困户。

20日 纳金街道联合北京林业大学绿色长征雪域高原实践团就环境污染与垃圾回收利用、风景园林学等内容开展绿色环保宣讲活动。

20—23日 吉日街道新建办事处顺利完工，街道所有办公设备和材料全部搬入新建办事处，并开始办公。

21日 晚8:25左右，城关区蔡公堂街道协沟境内突发暴雨，已建铅丝笼和钢筋笼护岸多处被冲毁，拉萨市委副书记、市长、城关区委书记果果，拉萨市政协党组成员、城关区委副书记、政府区长刘亮，拉萨市水利局局长韩云栓，拉萨市水利局副局长腾宝亭，政府副区长拉珍等领导一行到现场进行指挥抢险，截至7月22日，完成应急维修加固，消除了隐患。

22日 国家农技中心一行到城关区调研农业有害生物风险防范工作。

23日 民政部部长黄树贤一行到城关区尼卓林社区指导社区建设防范工作。

同日 西藏自治区消防总队防火监督部王涛部长带队到老城区、寺庙文物建筑及医院实地调研指导消防安全工作。

25日 城关区教育（体育）局举行2017—2018学年"建档立卡大学生"免费教育补助政策配套资金集中发放仪式。

26日 国务院总理李克强到大昭寺广场参观。

同日 北京市通州区宋庄镇为吉日街道办事处捐赠项目扶持资金30万元。

同日 深圳福田区政协主席李生伟为团长的政协深圳福田区委员会考察团一行9人到城关区政协考察学习。

26—27日 昌都市八宿县人大考察团一行到城关区就"人大代表之家"创建情况进行考察交流。

27日 城关区妇女联合会在八廓街道白林社区居委会举行"城关区级妇女信访代理员示范点"维权培训暨授牌仪式，为109名妇女信访代理员颁发聘书，并发放2万元维权启动资金。

30日 北京中华女子学校副教授到木如社区调研妇女手工编织及信访代理工作。

同日 解决了"卓康"房屋问题长达30年的信访案件。

同日 文化部创建国家公共文化服务体系示范区终验评估组一行到城关区检查指导创建工作。

31日 拉萨市委副书记、市长、城关区委书记果果一行到城关区智昭产业园，实地调研城关区净土健康产业实体建设运营情况。

8月

3日 吉崩岗街道街道党工委举办第一届"党群杯足球比赛"。

7日 城关区"两新"工委召开成立后的第一次全体会议。

9日 北京市通州区纪委监委与城关区纪委监委召开深化东西部扶贫领域监督执纪协作暨对口帮扶座谈会。

同日 国务院副秘书长江泽林一行参观清政府驻藏大臣衙门旧址陈列馆。

同日 拉萨市委组织部调研员李艳红一行到嘎玛贡桑街道就机构改革情况进行调研。

10日 城关区城市管理综合执法局统一装备标识,更换全国统一城管制式服装。

12日 城关区在拉萨洲际酒店参加雪顿节招商引资项目推介会暨集中签约仪式,签订正式项目合同2个,签约资金10.5803亿元,意向签约项目2个,协议资金3.5亿元。

15日 拉萨市委政法委副书记马俊一行到城关区信访局检查指导工作。

19—20日 西藏自治区财政厅党组成员、厅长助理周峰带领自治区脱贫攻坚第二督查组一行到城关区高标准奶牛养殖基地、乳制品加工厂、亨通物流中心、城关区商砼站、嘎巴生态牧场进行实地调研,并于20日上午召开座谈会。

21日 西藏自治区人大常委会法制委员会一行到城关区开展首批基层立法联系点调研。

同日 西藏自治区人大常委会法制委员会一行到城关区开展首批基层立法联系点调研。

23日 城关区妇联与北京市通州区妇联召开"北京拉萨妇女手拉手 同心共筑中国梦"对口帮扶交流座谈会,城关区委副书记、常务副区长唐兵兵,城关区妇联主席普布卓玛以及北京市妇联发展部、北京市通州区妇联、北京市东城区妇联、北京市门头沟区妇联和北京妇女儿童基金会相关负责人参加会议,会议签订《北京市通州区妇女联合会对口支援西藏自治区拉萨市城关区妇女联合会合作协议》。

24日 吉崩岗社区卫生服务中心、加荣社区卫生服务站启动运行使用,藏热社区卫生服务中心新址运行使用。

同日 吉崩岗街道举行街道卫生服务中心启动仪式。

同日 西藏自治区司法厅一行到金珠西路街道检查社区矫正工作。

同日 "北京拉萨妇女手拉手 同心共筑中国梦"法律援藏专题讲座在城关区成功举办,北京市妇联公益律师、炜衡律师事务所执业律师、中央电视台《律师来了》录制嘉宾张中理现场授课,城关区51名村居妇女工作者,妇女代表参会。

同日 西藏自治区人大常委会一行到城关区开展《西藏自治区实施〈中华人民共和国人民调解法〉条例》立法调研。

25日 西藏首家医疗行业党支部在拉萨市城关区正式揭牌成立。拉萨市委组织部常务副部长达瓦,自治区党委组织部组织四处副处长李鑫,城关区委副书记、政协主席索朗次仁,城关区委常委、组织部部长李德明,成都市流动党员西藏党委书记张利全,医疗行业党支部全体党员,医疗行业从业人员代表,城关区委组织部、公德林街道相关人员等共计60余人参加揭牌仪式。公德林街道党工委副书记、办事处主任吴金川主持医疗行业党支部揭牌仪式。

28日 拉萨市纪委副书记拉巴次仁到吉崩岗街道检查指导工作。

30日 城关区召开2018年高校毕业生就业创业工作推进会。拉萨市政协党组成员,城关区委副书记、区长刘亮出席会议作讲话。城关区委副书记、常务副区长唐兵兵主持会议。

31日 城关区第四届油桃采摘节在城关区智昭产业园区所在地——蔡公堂乡白定村举办。

同日 由城关区委、区政府主办、城关区净土农业发展有限公司协办的"第四届油桃采摘节"在城关区蔡公堂街道白定村支沟桃园隆重开幕。

9月

5日 山南市扎囊县人大考察团一行到城关区就基层人大工作,"人大代表之家"创建和管理,党建工作,特色产业发展等方面工作开展情况进行考察交流。

7日 西藏自治区规模最大、技术最先进并拥有自主品牌的现代化乳品加工厂——西藏净土乳业有限公司在拉萨市城关区智昭产业园区正式投产运营。区党委常委、拉萨市委书记白玛旺堆,自治区副主席江白，西藏军区保障部部长张文龙出席投产运营仪式。

同日 西藏自治区规模最大、技术最先进拥有自主品牌的现代化乳制品加工厂投产运营，西藏自治区党委常委、拉萨市委书记白玛旺堆，西藏自治区副主席江白，西藏军区保障部部长张文龙，蒙牛集团CEO卢敏放，中粮集团党群工作副部长孟凡杰，拉萨市委副书记、市长、城关区委书记果果，拉萨市副市长扎西白珍，国家奶牛产业技术体系首席科学家、中国农业大学动物科技学院教授李胜利，中国农业大学动物科技院王书祥博士等领导、专家以及新闻媒体、各界代表150余人共同参加投产运营。仪式由拉萨市政协党组成员、城关区委副书记、区长刘亮主持。城关区副区长拉珍汇报西藏净土乳业公司基本情况。

7—11日 举行第四届中国西藏旅游文化国际博览会，城关区的（策门林堆秀唐卡、饶杰民族手工业有限公司、擦擦文化展览馆、拉萨木雕有限公司、古艺建筑公司、彩泉民族手工业公司）6家文化企业参与此次博览会，其中拉萨木雕和藏纸销售极高，受到广大老百姓的喜爱。

8日 中央统战部副部长、全国工商联党组书记、常务副主席徐乐江一行到城关区调研“五好”县级工商联建设情况。

同日 城关区参加第四届藏博会招商引资合同项目集中签约仪式，签约项目3个，投资金额11.5亿元。

同日 国务院国资委党委书记郝鹏到西藏净土乳业有限公司开展调研，西藏自治区党委常委、拉萨市委书记白玛旺堆出席，中粮集团有限公司董事长、党组书记吕军、蒙牛集团总裁卢敏放、城关区净土公司董事长武杰等陪同。

11日 北京市通州区台湖镇郭枫一行到嘎玛贡桑街道考察学习，并召开对口帮扶工作座谈会，签订援助协议。

12日 城关区国企工委召开成立后的第一次全体会议。

同日 北京市东城区体育馆路街道党工委副书记、办事处主任王景芝带领考察团一行到城关区两岛街道开展结对帮扶工作。

13日 北京市通州区潞城镇考察团到吉崩岗街道考察工作。

14日 山南市琼结县人大考察团一行到城关区就“人大代表之家”工作开展情况进行考察交流。

16日 娘热乡加尔西村举行西藏嘎吉林建筑有限公司援建加尔西村幼儿园改扩建项目竣工及交接钥匙仪式，西藏自治区工商联副巡视员格桑次旦，城关区委副书记、政协主席索朗次仁等出席。

17日 贵州省黎平县人大常委会一行到城关区开展民族医药保护传承及大健康产业发展专题考察。

同日 拉萨市政协各族各界委员参观指导吉日街道河坝林社区民族团结工作。

18日 城关区环境卫生保护局在步行街投放第一座资源节约型微生物环保公厕，试用期间得到市委、城关区委领导的肯定和市民的满意。

同日 北京市通州区卫计委援助代表团到城关区开展援助帮扶活动。

19日 北京市通州区领导慰问八廓街道白林社区低保户代表。

20日 城关区教育（体育）局举行年度非建档立卡孤儿在校大学生资助和2018年度普通高校家庭经济困难新生入学路费资助项目发放仪式。

同日 召开北京市通州区漷县与城关区八廓街道结对帮扶座谈会。

同日 北京市通州区漷县镇与城关区纳金乡在塔玛村举行援助协议签字仪式暨结对帮扶工作座谈会。

同日 北京市通州区卫计委副主任陈长春带通州区卫计委援助代表团，到夺底乡开展走访、义诊、帮扶贫困人员系列活动。

23日 城关区首届“中国农民丰收节”庆祝活动在城关区娘热街道加尔西村举办。

同日 娘热街道举办城关区首届“中国农民丰收节”。

27日 西部十七个省人大代表考察团一行到吉日街道河坝林社区就“民族团结”工作成果进行考察交流。

28日 山南市加查县人大考察团一行到城关区就“人大代表之家”、基层人大工作开展情况进行考察交流。

同日 在吉崩岗街道吉崩岗社区举行城关区生活垃圾分类工作宣传启动仪式。

同日 山南市加察县人大考察组一行到纳金街道考察基层人大工作及基层人大代表履职作用发挥情况。

29日 召开中共拉萨市城关区嘎玛贡桑街道维多利亚整形美容医院有限公司党支部成立大会及揭牌仪式。

29日至10月5日 在北京市通州区举办的2018年中国艺术品产业博览会上，城关区古艺建筑公司和擦擦文化展览馆2家企业将城关区的特色文化艺术产品搬到现场，让艺术与观众零距离接触，受到广大公众的喜爱，收到良好的经济效益和社会效益。2家企业获得了“优秀机构奖”。

30日 纳金街道联合中共西藏圣城建设集团有限公司举行中共西藏圣城建设集团纳金街道东城一号地块项目成都市流动党员临时支部委员会揭牌仪式。

同日 西藏自治区高级法院相关同志一行到金珠西路街道组织召开社区服刑人员思想教育帮扶座谈会。

10月

8日 西藏自治区人民政府督查组一行到城关区督查招商引资项目落地工作。

9日 国家第三批山水林田湖草生态保护修复工程实地考察组一行到城关区考察夺底沟国土绿化工程。

10日 拉萨墨竹工卡县政协副主席索朗扎布一行到城关区考察学习产业发展及“双创”工作。

11日 墨竹工卡县人大考察团一行到城关区考察交流基层党建工作、人大工作、特色产业发展、“代表之家”的运行等工作。

12日 拉萨市委常委、宣传部部长吴亚松到城关区开展“四讲四爱”群众教育实践活动和“五有五好”文明村镇创建活动专题调研。

同日 根据拉萨市第四次全国经济普查领导小组办公室的工作安排，城关区统计局（城关区第四次全国经济普查领导小组）全体干部赴金珠西路街道办事处开展实地清查登记工作，标志着城关区第四次全国经济普查工作全面启动。

同日 拉萨市委常委、宣传部部长吴亚松一行到吉日街道河坝林社区调研。

13日 纳金街道举行撤乡设街道揭牌仪式，正式设立拉萨市城关区委纳金街道委员会、拉萨市城关区人民政府纳金街道办事处、中共拉萨市城关区纪委纳金街道工作委员会。

14日 城关区召开2018首届喜马拉雅自行车极限赛城关段安排部署会。拉萨市政协党组成员、城关区委副书记、政府区长刘亮主持会议。

15日 西藏自治区信访局副局长郭顺成一行到城关区信访局检查指导工作。

16日 陕西海升果业发展有限公司副总经理王亚森一行到城关区投资考察。

17日 昌都市人大考察团一行到城关区考察交流基层人大和“代表之家”工作的运行等情况。

同日 夺底街道举行撤乡设街道揭牌仪式，城关区委常委、区委办主任达娃出席此次揭牌仪式。

19日 娘热街道举行撤乡设办事处揭牌仪式。

20日 阿里地区改则县人大考察团一行到城关区考察交流基层人大和“代表之家”工作的运行以及“精准扶贫特色产业发展”工作等情况。

同日 城关区环境卫生保护局为2202名环卫工人购买住房公积金，至此城关区环卫工人均已具备五险一金，进一步保障了环卫工人的福利。

24日 城关区妇女第九次代表大会隆重召开。拉萨市委副书记、市长、城关区委书记果果出席会议并讲话。拉萨市妇联党组书记、副主席赵金花受邀出席并致辞。

25日 城关区公安局与北京海淀分局签订派出所对口支援协议。海淀分局局长谭权，政委刘少波，城关区公安局政委尼玛次仁，局党委委员及双方22个派出所的负责人出席签约仪式。

26日 吉崩岗街道“小个专”示范街区党支部正式成立。

同日 巴尔库路商圈“小个专”群团组织正式成立。

29日 拉萨市国土资源局城关分局组织成立“中共拉萨市国土资源局城关分局支部委员会”,并召开分局党支部委员选举大会,成立以党支部书记为首的支部委员会班子成员。

30日 全面完成加荣洛堆棚户区所辖居民安置拆迁工作。

同日 西藏自治区高院民事法官到纳金街道藏热社区开展“送法律进社区”活动。

同日 北京市纪委副书记、市监委副主任刘振刚,北京市扶贫援合办主任马新明一行到城关区智昭产业园区调研西藏净土乳业。

31日 拉萨市净土产业协会成立暨第一届会员大会在城关区净土智昭产业园召开。

同日 武汉市社区矫正工作管理局副局长刘辉一行到金珠西路街道检查指导社区矫正工作。

同日 城关区妇女联合会举行吉崩岗社区和木如社区“巾帼志愿服务小分队”启动仪式。

同日 公德林街道乐汇楼宇党支部正式成立。

11月

2日 拉萨市委巡察一组、五组巡察城关区小昭寺、下密院、曲桑日追和格日寺管委会党组织情况反馈会召开。

6日 西藏自治区环保厅生态创建专家核查组到城关区调研,城关区召开核查工作会议,城关区委常委、副区长汪峰出席会议。

7日 城关区完成乡镇干部周转房集中点第三期(41套)出售。

8日 城关区纪委监委12个派出街道监察室举行监察室揭牌仪式。

9日 启动城关区第一书记助理、书记助理、主任助理招聘工作。

10日 城关区顺利推进2018年城镇棚户区(2808户)(城中村)改造。

13日 西藏自治区党委书记吴英杰一行到城关区工商联会员企业西藏叁柒实业有限公司调研指导工作。

14日 城关区消防大队圆满完成11名新增消防文员的招录工作。

同日 纳金街道联合西藏川正建筑工程劳务有限公司举行中共成都市流动党员西藏川正建筑工程劳务有限公司支部委员会揭牌仪式。

15日 完成2018年(142套)公租房项目开标。

同日 拉萨市委政法委副书记马骏一行到城关区考核验收2018年度综治(平安建设)和“双联户”工作,并召开座谈会。

16日 城关区法律援助中心驻城关区人民检察院工作站举行揭牌仪式。

20日 嘎玛贡桑街道将北京市通州区台湖镇李宁服装公司捐助价值20万元羽绒服发放给辖区低收入人群及基层一线工作者。

21日 西藏自治区党委副秘书长侯军一行对城关区2018年保密工作进行专项检查,并召开反馈会。拉萨市委副秘书长许永生参加反馈会并讲话。

同日 拉萨市召开“扫黑除恶打非治乱、打击非法组织和重点人、扫黄打非”三个专项斗争工作推进视频会议,拉萨市委常委、宣传部部长吴亚松,市委常委、政法委书记、公安局党委书记马军分别对三个专项工作作了部署。

28日 西藏自治区党委常委、拉萨市委书记白玛旺堆到八廓街道白林社区调研老城区危房、居民生活情况。

同日 拉萨市委副书记、市长、城关区委书记果果到城关区团结新村基础设施改造施工现场和加荣社区棚户区工程施工现场,实地调研项目建设推进情况及目前存在的问题。

同日 拉萨市妇联党组副书记、主席向巴彩喜深入基层走访看望城关区“两癌”患者,为辖区4名“两癌”患者发放“两癌”救助金4万元。

同月 城关区财政局工资户、财政财务、政府采购、基本建设资金均顺利实现国库集中支付电子化支付改革。

12月

2日　拉萨市政协党组成员、城关区委副书记、区长刘亮带队到街道各社区督导近期各项工作落实情况。

4日　西藏自治区党委组织部副部长郭强一行到嘎玛贡桑街道调研。

5日　拉萨市政府副秘书长、妇儿工委副主任次旦卓嘎和拉萨市妇联党组副书记、妇联主席、妇儿工委副主任向巴彩喜带领妇女儿童“两规”中期督导组，以听取汇报、查阅档案以及实地走访的方式，对城关区妇女儿童发展规划（2016—2020年）的实施情况进行全面督导检查。

9日　拉萨市人大常委会党组副书记、市总工会主席、市文明委副主任平措朗杰到吉崩岗街道检查指导创建文明城市工作。

11日　西藏自治区党委书记吴英杰到八廓街道八廓社区入户调研，了解城镇低收入人群生活情况。

12日　城关区人大常委会召开2018年度“人大代表之家”工作验收总结会。

13日　拉萨市2018年目标绩效争先进位考核组到城关区听取考核工作汇报。拉萨市委副秘书长刘小斌出席并作讲话。拉萨市政协党组成员、城关区委副书记、区长刘亮参加会议并作汇报。

同日　城关区“厕所革命”项目完成招投标工作。

14日　台湾基层代表人士观摩团到吉日街道河坝林社区参观考察民族团结工作。

15日　城关区顺利推进2019年7129户棚户区基础设施项目前置工作。

17日　西藏自治区“大棚房”问题清理整治行动督导组一行到城关区检查指导工作。

同日　拉萨市政协党组成员，城关区委副书记、区长刘亮及城关区住建局有关领导组成的调研组，到老城区对81座文物大院进行实地调研。

18日　城关区妇女联合会挂牌成立吉崩岗街道城市百货妇委会，公德林街道巴尔库路商圈妇委会和医疗行业妇委会等三家“小个专”妇委会，标志着西藏首个“小个专”妇委会的正式诞生，意味着城关区妇女工作的触角延伸到新领域，妇联基层组织建设的组建率和覆盖面开创了新起点。

19日　城关区卫生和计划生育委员会对开展放射诊疗工作的9家社区卫生服务中心（站）发放放射诊疗许可证。

20日　加荣社区卫生服务站设为全区首家公共卫生服务诊疗中心。

同日　城关区召开文化旅游产业领导小组会。拉萨市政协党组成员，城关区委副书记、区长刘亮主持会议并讲话。区委副书记、政协主席索朗次仁，区委副书记、常务副区长唐兵兵出席会议。

22日　城关区委宣传部联合拉萨市文联、拉萨市书法家协会等单位以及神力时代广场、大麦超市、西藏国兴拍卖有限公司、雪巴拉姆民间艺术团等爱心企业，共同发起“翰墨丹青润文明城关 精准扶贫促乡村振兴”——城关区庆祝改革开放40周年书法展暨精准扶贫慈善拍卖活动。活动拍卖的作品均由拉萨市书法家协会主席团书法家捐赠，现场共拍卖书法作品31幅，筹得善款75400元。

23日　拉萨市政协党组成员、城关区委副书记、区长刘亮带领城关区党政代表团与中粮集团、蒙牛集团在北京市通州区会议中心举行座谈会，双方就西藏净土产业运营管理事宜进行洽谈对接，旨在进一步达成共识、交换合作意向，提升城关区产业高效、健康发展。蒙牛集团副总裁温永平出席座谈会。中粮饲料公司总经理助理唐宏出席座谈会。中粮可口可乐有限公司水品类部市场总监何炳庆出席座谈会。

24日　拉萨市政协党组成员、城关区委副书记、区长刘亮为团长的城关区党政代表团到北京市通州区西大街70号共同见证城关区净土产品专卖店的盛大揭牌开业。

同日　拉萨市政协党组成员、城关区委副书记、区长刘亮为团长的城关区党政代表团与北京市通州区领导座谈，参观考察扶贫项目。

同日　拉萨市政协党组成员、城关区委副书记、区长刘亮为团长的城关区党政代表团到北京市通州区西大街70号共同见证城关区净土产品专卖店盛大揭牌开业。

27—28日　西藏自治区妇联党组副书记、主席江措拉姆一行到城关区开展“下基层、访妇情”调研活动。

28日　城关区召开第七批驻村工作队表彰总结暨第八批驻村工作队动员部署大会。

政 治

中共城关区委员会

【概况】 2018年，实现地区生产总值（GDP）273.15亿元，同比增长9.5%。完成地方财政一般公共预算收入9.29亿元，同比增长11.52%。固定资产投资同比增长10.6%。实现社会消费品零售总额238.5亿元，同比增长14.2%。实现规模以上工业可比价增速为4.7%。实现农牧民人均可支配收入19080元，同比增长10.54%。实现城镇居民人均可支配收入38187.5元，同比增长14%。扭转了2017年同期部分指标下滑趋势，实现恢复性增长，经济发展稳中有进。

【思想建设】 年内，充分发挥区委理论学习中心组的“龙头”作用，坚持每周至少集中学习两个小时以上，截至年底，已开展集中学习44次。扎实推动“两学一做”学习教育常态化制度化，组织集中学习习近平新时代中国特色社会主义思想1340余次，专题研讨27次，开展集中培训班27期，培训3670人次，开展书记讲党课活动120余次，围绕《十九大报告辅导读本》收集心得体会1400余篇。研究制定城关区党员政治教育3年计划和2018年党员政治教育工作方案，截至年底，共开办区级党员政治培训班次16期，培训3750人次，基层党组织开展党员政治教育培训300余场次，实现了党员政治教育全覆盖。

2018年2月15日，西藏自治区党委常委、拉萨市委书记白玛旺堆（右四）到城关区蔡公堂恩惠苑社区易地扶贫搬迁安置点调研

【基层基础不断夯实】 年内，调整驻村工作队和下沉干部选派模式，为村（居）“两委”成员平均增资1400元/月。大胆创新村（居）工作模式，出台招聘村（社区）第一书记、书记、主任助理的方案。研究制定村级组织活动场所建设方案、提高使用效率实施意见等文件，建设100余个综合办公室，初步实现村（居）工作力量集中办公，办理各类服务事项11000余件。

【队伍建设】 年内，梳理2015年以来11批次干部选任工作档案，规范填写411名提拔任职和进一步使用干部的《干部选拔任用工作全程纪实表》。全年共调整干部2批，提拔交流科级干部85名。认真落实党员发展“十六字”方针，严格按照标准发展党员276名。对全区51个村（居）党组织书记、干部队伍、驻村工作队情况进行分析研判，调整6个村居党组织第一书记。城关区“智慧化”党建平台正式启动上线，已吸纳195个基层党组织，5300余名党员、党务工作者注册使用，日访问量1万余人次，累计处理基层党务事项1.2万余条。对全区391个党组织进行考核，评定18个软弱涣散党组织，要求制定整改方案，明确工作措施，确保年底摘帽晋级。

【党风廉政建设】 年内，持续深化国家监察体制改革试点工作，在年初成立城关区监察委员会基础上，11月城关区监委向全区12个街道派出监察室。全年共受理问题线索51件，其中上级转办件22个，立案11件21人，给予党政纪处分13人，组织处理6人。脱贫攻坚工作开展以来，共开展扶贫领域腐败和作风问题专项治理7次，处理问题线索5件，其中了结2件、立案1件4人，组织处理2件。全面启动巡察工作，2018年已开展巡察2轮，共巡察党组织15个，发现问题线索130余个。

【特色产业】 年内，净土健康产业快速发展，嘎巴生态牧场投入运营，两个养殖中心累计引进3000余头荷斯坦奶牛，年产奶量提升至1.7万吨。在城关区、达孜区、曲水县建设牛奶收购样板站，现已完成项目基建。西藏首个乳制品加工厂于9月7日试生产包装奶。“两支水”产销能力实现新提升，大昭圣泉1—9月产量达5200吨，销量5157吨，销售收入790万元。汇泉实业1—9月产量达3320吨，销量2898吨，销售收入274万元。为藏玉冰泉等其他三个水产品代加工175吨。净土现代化科技示范中心成功转型为净土生态体验馆，提供新就业岗位36个。城投商砼混凝土产业实现产值5.06亿元，利润6000万元。

2018年4月23日，西藏自治区副主席多吉次珠（中）一行到城关区关帝庙、藏热墓地调研指导工作

【旅游事业】 年内，结合自治区“冬游西藏”计划实施，有效利用区位优势和良好的旅游资源，融合本地的民族文化，深化精品创建、注重品牌打造，通过不断完善旅游公共基础设施，加强旅游质量建设、强化培训力度、创新宣传推介、研发旅游文创，增强旅游综合接待能力，通过成功举办“行走智昭”徒步大会、桃花林卡节和油桃采摘节等活动，旅游品牌已初步形成。年内，共接待游客1436.4万人次，实现旅游收入134.13亿元。

【精准脱贫】 年内，持续贯彻落实各项措施，有效巩固脱贫成果。扶贫产业项目分红454.64万元，乳制品加工厂吸收跨县（区）搬迁户产业扶贫资金3070.35万元，2490名跨县（区）搬迁户将分红受益。开展“春风行动”“民营企业招聘月”，423名建档立卡群众实现就业。840名易地搬迁群众实现转移就业，379名学生就近转学入学。投入79.42万元资助66名建档立卡在校大学生。安排生态补偿岗位957个，兑现补偿金168.475万元。落实“两线合一”

2018年4月10日，城关区委召开2018年上半年党建工作领导小组专题会议

标准，在落实上级低保标准基础上，由本级财政补贴2400元/人/年，农村低保标准提高到6981元/人/年，54名低保兜底户、37名“五保户”兜底保障资金全额兑现，贫困群众参保率达到100%。通过“先诊疗、后结算”绿色通道住院报销40人次43.18万元，大病医疗救助农村低保户32人次10.85万元；临时救助2户1.5万元。截至9月，全区387户1186名建档立卡群众年人均可支配收入7470.83元，同比增长25.43%，贫困发生率为0.3%，返贫率为0%。

【生态环保】 年内，持续推进中央第六环境保护督察组反馈问题整改，召开5次专题会议，分析问题制定方案，38项长期整改任务已完成15项，23项正在有序推进。受理并办结环境举报59件，处罚环境违法问题60起，处罚67.1万元。制定违法石材加工厂现场执法工作方案，对31家石材加工厂进行处理，已完成搬迁10家，5家自愿关停。拉鲁湿地三期保护第一阶段工程进展顺利，完成总工程量的64%。加强项目环评登记备案审批，清查整顿违法违规建设项目，监管体系进一步完善。层层推行“河长制”，河道治理成效明显。深化企业排污整治，建立完善高标准奶牛养殖中心等重点企业一源一档资料。制定《城关区环境保护工作目标考核及管理办法》，坚持“四个不批”“三同时”，守好企业准入关，完成项目环评登记表备案379个，出具建设项目环境影响评价报告表（书）预审意见14个。抽调130人开展全国第二次污染源普查，现已完成清查建库工作。

【教育事业】 年内，投入教育资金2.2亿元，占2017年本级财政收入26.4%。成立学前教研中心，组建5个盟园共同体，提升学前教育质量内涵。援藏投资的22幼儿园投入使用，另有2所在建、3所近期动工，力争到2019年，公办幼儿园增加至30所。推进义务教育均衡发展，拟实施基建项目44个，估算总投资5.59亿元，已开工40个。计划投资1.05亿元完善8类功能教室、优化校园文化。完成城关区籍23852名0～15周岁适龄儿童、少年基本信息数据汇总。加强教师队伍建设。主动解决师资短缺和结构性缺编，秋季学期新增教师218人，开展多种方式的教师培训教育活动，先后组织4853人次参加培训。

【健康事业】 年内，加快“十五分钟健康服务圈”构建，积极筹建城关区人民医院。在5家医院开通农牧民住院及分娩绿色通道。启动家庭医生签约志愿服务，65个家庭医生团队提供签约服务，实际签约5.5万人。扎实开展结核病和风湿病筛查工作，截至年底，筛查结核病8.96万人次，风湿病筛查5.57万人次。住院报销810人次，报销金额776.55万元。健全基层医疗机构网络体系，新启动运行2个卫生服务站、2个卫生服务中心，完成6个卫生服务中心（卫生院）改造工作。住院分娩率继续保持100%，连续9年无孕产妇死亡。加强群众健康教育，制作发放各类宣传册、宣传包5万余个，举办健康教育讲座36次，咨询活动39次，播放各类音像资料433次，覆盖群众15.98万人次。

【文化事业】 年内，公共文化服务体系不断完善，投资991万元新建城关区县级综合文化活动中心，为每个街道文化站拨付4万元的免费开放经费、村（居）文化室拨付1万元的免费开放经费，为27支艺术团队发放扶持资金78.5万元。举办各类文艺演出活动72场，放映电影407场，受益群众45400余人次，组织社区文艺队在公园开展学跳锅庄活动，参与群众10.5万人次。大力推广学跳幸福拉萨规范舞活动，举办培训比赛1275场次。为12个街道文化站（室）补充更新图书5876册。争取援藏资金135万元组织娘热民间艺术团赴北京演出6场次。推动文化产业发展，计划拨付64.15万元产业项目扶持资金。

【保障水平有新提升】 年内，研究制定《关于稳步提升城市低收入群体生活水平的三年（2018—2020）行动计划》，成立以区委主要领导为组长的专项工作领导小组。对现有2868户4844人城市低保进行3次入户核查，核准城市低保户2383户3918人，低保边缘户161户514人。截至年底，已召开专项推进会5次，初步研究制定了一户一策帮扶措施。城镇居民养老保险参保人数27741人，发放基础养老金1158.69万元。城镇职工养老保险参保2937人。城镇居民医疗保险总参保54250人，参保257家，参保率98%，总征缴基金197.6万元。工伤保险登记参保2.3万人，参保654家，征缴基金1900万元。失业保险参保1532人，失业保险征缴基金82万元。着力构建以人社局、人保财险公司和民政局为一体的“医联体”，推进“5535”报销机制落实，907人享受大病住院报销。实现城镇新增就业3310人，农牧区劳动转移就业5000余人，实现收入6000万元。

【城市管理】 年内，持续加强城市管理执法，清理整治占道经营、尾随兜售、强买强卖、乱停车等行为8万余起，有效开展冬季牦牛肉市场、年货市场、露天烧烤、户外广告、散养牛、香草等专项治理工作，行政处罚147.12万元。实施生活垃圾密闭式清运，市区道路洒水降尘覆盖率达60%，城市环境持续保持整洁。全面启动“厕所革命”，计划新建厕所40座，改（扩）建厕所60座。全力推进绿色围城，消除无树村、无树户，投资2446.1万元实施夺底沟国土绿化工程，投资557.37万元在4个街道种植杨、柳、榆树29320棵。实施树上山工程，投资742.91万元在夺底街道米琼日西侧山坡人工造林223.5亩42082株。

【民族团结持续巩固】 年内，全面贯彻落实党的民族政策，召开座谈会、巡回展12余场次，民族团结进步创建“七进”活动1800余场次，“我们的节日”等各类主题实践活动360多场次，清政府驻藏大臣衙门旧址陈列馆等爱国主义和民族团结教育基地参观人数达111万人次，被评为第三批全国民族团结进步创建活动示范单位。统一战线进一步发展壮大，落实党委联系党外代表人士制度，党外知识分子、“两新”（新经济组织和新社会组织）组织、非公经济人士和归国藏胞统战工作扎实推进。

【宗教领域和谐稳定】 年内，深入开展“遵行四条标准、争做先进僧尼”活动，组织9批次450名僧众前往北京等地参观学习。严控原

2018年1月7日，城关区召开强基惠民第六批驻村工作总结表彰暨第七批驻村工作动员大会

2018年5月5日，城关区召开2018年基层党建工作部署大会

有宗教活动规模，严禁举办新增宗教活动，分两批对11处违法设立的宗教临时活动点进行规范整治关停工作，已全部关停。落实各项惠寺利僧政策，先后投入1.47亿元实施寺庙大殿维修等34个项目，持续改善寺庙僧尼修行条件。僧尼免费体检全覆盖。充分发挥基层党组织政治引领作用，强化群众的思想教育工作，注重在"导"字上下功夫，引导群众清醒认识宗教消极影响，教育群众科学理性煨桑，年内萨嘎达瓦、公堂梅朵曲巴宗教活动参与人数较去年分别下降18%、12%。

【社会治理】 年内，搭建"三级平台、四级服务管理"组织体系，成立"网格化社会服务管理综治指挥中心"，12个办事处设立分中心，51个村(居)实现社会治理综合工作站全覆盖。投入1700余万元，升级改造网格化系统，通过GIS定位多媒体整合子系统，实现2000路视频监控探头接入。合理划分治理单元和责任片区，落实县级领导联系督导措施，压实174个网格10254个联户单位责任，充分发挥基层群众力量，建立全覆盖的群防群治维稳体系。集中开展6次矛盾纠纷隐患排查，排查出纠纷隐患33件108人次，化解32件，化解率达98%。强力推进违法建设专项整治，依法强制拆除违建133处501间，拆除面积10.7万平方米，收回土地12.18万平方米。严格落实信访案件县级领导包案责任制，受理并积极化解各类信访案件71件，群众纠纷得到妥善处理。

【平安创建】 年内，常态开展消防安全、安全生产和食品药品检查，切实加强老城区、文物古建场所消防安全工作，组织消防检查10余次，检查单位3134家/次，发现消防隐患1856处，督促整改1852处，下发处罚决定14份，责令"三停"单位4家，火情出警534起，动用警力5287人次，抢救被困人员21人，抢救财务1000余万元；组织安全生产专项检查5次，出动人员3万余人，发现安全隐患2000余处，下发整改指令184份；食品药品安全共受理投诉举报152起，下达责令整改通知书106份，立案20起，结案12起，罚没收入32万余元。广泛开展法制宣传教育，开展普法活动50余场次，参与群众15万余人，发放宣传资料6.5万余份。公、检、法积极履行职责，依法开展治安案件查处、刑事案件审查、民商事案件审理工作，共受理各类案件5018件，审结3288件；受理审查批捕案件125件150人，批捕89件103人；受理审查起诉案件153件156人，提起公诉182件186人。全区平安街道、村(社区)、寺庙、景区创建率达100%，平安家庭创建率达95.93%。大力支持人大依法开展工作，紧紧围绕城关区改革发展稳定等各领域工作开展调研、执法检查和视察，组织调研4次，通过各街道"人大代表之家"开展活动130次859人次。坚持和完善中国共产党领导的多党合作和政治协商制度。政协围绕区委、区政府和各族群众关心的城市低保边缘户、国企运行、老城区危房改造、城市生态环境等热点难点问题开展调研，向区委、区政府提出意见建议60条。

（李桂芳）

【领导名录】

拉萨市委副书记、市长、城关区委书记

果　　果(藏族)
拉萨市政协党组成员、城关区委副书记、区长
刘　　亮
区委副书记、政协主席
索朗次仁(藏族)
区委副书记、常务副区长
唐 兵 兵
区委常委、人大常委会主任
尼玛云丹(藏族)
区委常委、武装部政委
李 良 国
区委常委、统战部部长
拉巴次仁(藏族)
拉萨市公安局党委委员、区委常委、政法委书记、公安局局长
梁 光 文
区委常委、组织部部长
李 德 明
区委常委、区委办主任
达　　娃(藏族)
区委常委、宣传部部长
刘 代 红(女)
区委常委、副区长
沈　　朗
汪　　锋
区委常委、纪委书记、监委主任
隋 兴 国

中共城关区委办公室

【概况】 2018年,城关区委办公室按照“高标准、严要求、争一流”的要求,时刻铭记习近平总书记“五个坚持”政治要求,牢固树立“四个意识”、坚定“四个自信”,着眼发挥“坚强前哨、巩固后院、核心智库”作用,努力提高办公室工作科学化和规范化水平,高标准、高水平、高质量地做好“三服务”工作,有力地保证区委决策部署有效落实和推动全区各项工作顺利开展。办公室设机要局、档案馆、区委保密委员办公室、政研室、效能办、农村工作领导小组办公室、区委改革领导小组办公室、区委主体责任办公室。

【党建工作】 年内,以学习中共十九大精神和习近平新时代中国特色社会主义新思想作为重点,断加强理论知识与业务能力,认真学习党的十九大精神和习近平总书记新时代中国特色社会主义新思想,对照“八个本领”要求,不断提高干部职工思想和业务水平。严格落党支部“三会一课”、民主生活会、民主评议党员制度,不断强化党员的教育、监督和管理,全年共召开区委办业务学习会议26次,召开支部委员会12次,支部党员大会1次,支部组织生活会1次,发展党员1名。

【党风廉政建设】 年内,全面贯彻落实党风廉政建设责任制,将党风廉政建设工作纳入工作日程中,先后2次召开区委办专题会,做到与其他各项工作同部署同落实、同考核。适时开展谈心谈话,指出不足、提出意见,重申纪律要求,先后开展谈心谈话2批、40余人次。坚持个人有关事项报告制度,办公室副科级以上干部带头如实上报个人有关事项,带头执行廉洁自律相关规定,加强对自身及配偶子女的教育和管理。严格落实民主集中制,对办公室耗材购置等重大事项,坚决做到集体研究、民主决策。

【办文办会】 年内,健全办文、办会责任制,严格按照“服务、精简、高效”的原则,对会议通知、文件起草、修改、校对、印发、会场布置每一个环节进行把关,确保万无一失,逐步规范文风会风。年内,先后承办宗教领域督查自查、市

2018年9月27日,城关区委办党支部举行第27次集中学习会

重点工作检查考评等大型会议7场次，承办常委会议14次，专题会议9次，组织调研4次，承办其他会议54场次，起草印发区委文件97件、区委办文件65件、党办通报6期、会议纪要22件、函21件，起草区委领导各类讲话稿、工作报告、落实情况等重要文稿500份，起草接待方案17个。

2018年11月28日，城关区委办公室召开组织生活会

【保密工作】 年内，进一步调整充实区委保密委员会领导小组，区委书记、副书记签订《党政主要领导保密工作责任书》，与各级各部门签订《保密工作责任书》，与各保密工作人员签订《保密承诺书》。

年内，共召开保密工作安排部署会1次，开展保密宣传活动1次，发放保密宣传资料300余册，开展保密检查10余次，下发整改通知单5份，已全部整改完毕。完成对全区72台涉密计算机的"三合一"安全管理系统安装，对全区所有涉密计算机进行梳理；迎接自治区、拉萨市国家保密局检查2次，制定整改方案1份，上报整改情况报告1份、违规检讨书5份，开展保密相关工作自查自评1次。

【机要工作】 年内，机要局共收电442份3134页（密电318份2133页，明电124份1001页，特提130份899页），发电46件169页，未发生遗漏和丢失密码电报的情况。参加自治区、拉萨市机要部门视频培训4次，开展应急密码设备演练15次，开展520保密视频会议联调33次。将12个街道增设为涉密单位，每个单位配备2名机要秘书；先后与31家涉密单位、62名机要秘书签订《密码安全承诺书》《密码安全责任书》等保密协议，全年未发生压误、失泄密事件。严格遵守24小时值班制度，全年未发生脱岗、离岗现象。

【档案工作】 年内，档案馆共规范档案资料981卷（册）、4539件（次），接收档案案卷101卷、案卷目录97本，提供查阅40卷（次）。进一步对《档案立卷归档制度》《档案员工作制度》《档案收集制度》《档案借阅制度》《档案保管制度》等20余部制度进行修改完善。全年开展库房检查104次，监控设备检查28次，门禁系统检查31次，消防设备检查40次，消防演练3次，安全大检查23次。4月，邀请市档案馆对全区各级各部门档案工作人员开展集中授课培训1次，实现了档案培训全覆盖。

【农工办工作】 年内，认真督促农村各项工作的落实，制定任务分解表，确保责任落实到单位和个人，协调保障上级及区委领导赴智昭产业园区、异地扶贫搬迁安置点等地调研，详细了解城关农村实际情况，掌握第一手资料。截至年底，接待上级赴城关就农村方面工作调研7次，撰写调研报告3篇，撰写领导汇报材料2篇，撰写并上报农村工作月报8篇。

【改革办工作】 年内，先后3次就行政审批事项承接相关事宜向各政府工作部门征求意见，增设和调整政府机构11个，对8个政府部门根据新的职能定位重新制定"三定"规定。编制形成2900项城关区人民政府权力和责任清单，行政审批工作和行为得到规范提升。建立行政审批项目"一个窗口"受理体系，已有5家单位设立10个窗口涉及11项审批事项共11名工作人员进驻集中办公。完成7148宗3925亩宅基地确权工作所有外业测量及入户调查工作，数据建库准备工作已全部完成；完成集体土地确权工作178宗17.48平方公里。在纳金乡塔玛村实施试点农村集体产权制度改革工作，2018年完成40%的村，2019年全面完成所有行政村的集体产权改革工作任务。年内，共上报改革月报11篇，改革周报89篇。

【信息工作】 年内，共上报动态信息886条，专报112篇，被区市采纳77条。

【督查工作】 年内，严格贯彻落实《城关区大督查工作机制》，重点完成维稳工作督导、重点工作推进、纪律作风督导检查，认真落实市委督查室和城关区主要领导批交办事项。全年检查单位7873家次，发现并纠正问题2185个，下发整改通知175份，处理4起7人，形成督查专报38。检查出操、迟到、早退等作风问题102次，对15名干部予以警告，对5名不遵守会场纪律的个人及4个单位进行全区通报，经复查，所有问题均已整改到位，整改巩固率100%。完成市委主要领导交办事项7件，市委、市政府督办事项24件，形成贯彻落实情况报告31件，答复网民留言9件次，实现督查事项件件有落实、事事有回应。

（李桂芳）

【领导名录】

区委常委、区委办主任

达　　娃（藏族）

常务副主任

单增曲珍（女，藏族）

副主任、效能办主任

晋美旺堆（藏族）

城关区人民代表大会常务委员会

【概况】 城关区十二届人大常委会坚持高举习近平新时代中国特色社会主义思想伟大旗帜，深刻学习领会和贯彻落实习近平总书记关于坚持和完善人民代表大会制度的重要思想，坚持党的领导、人民当家做主、依法治国有机统一，牢固树立“四个意识”，坚定“四个自信”，自觉做到“两个维护”，紧紧围绕全区工作大局、立足工作重点，依法行使职权。

2018年，共召开人大常委会会议6次，主任会议6次，听取和审议“一府一委两院”专项报告14次，做出审议意见、决定4个，依法任免“一府一委两院”国家工作人员10名，城关区第十二届人民代表大会第三次会议共有代表156名，一人因个人原因自愿辞去代表职务，一人因严重违纪被依法罢免，由金珠西路街道金珠西路选区、夺底街道维巴选区、八廓街道绕赛选区补选3名代表，现有代表157名。

【区人民代表大会】 1月4—8日，城关区第十二届人民代表大会第三次会议在城关区1号楼518会议室召开。城关区十二届人大代表出席大会，不是城关区十二届人大代表的县级领导、区（直）部门和街道负责人及出席政协城关区九届三次会议的政协委员等列席大会。大会听取和审议城关区人民政府工作报告；听取和审议城关区2017年国民经济和社会发展计划执行情况与2018年国民经济和社会发展计划草案的报

2018年4月19日，城关区委常委、人大常委会主任尼玛云丹组织代表视察城关区“两院”第一季度工作

告；听取和审议城关区2017年财政预算执行情况和2018年财政预算草案的报告。听取和审议城关区人民代表大会常务委员会工作报告；听取和审议城关区人民法院工作报告；听取和审议城关区人民检察院工作报告，大会对城关区人民政府工作报告等6项决议表决通过。

2018年8月7日，城关区十二届人大常委会召开第十一次会议

【人大常委会会议】 年内，共召开主任会议6次，常委会会议6次，听取和审议“一府一委两院”工作报告共14项，做出决定和决议4项，任免国家机关工作人员10人次。其中，任命8人，免去职务2人。听取城关区人民政府2018年上半年工作报告、听取城关区2018年上半年国民经济和社会发展计划执行情况报告、听取城关区2018年上半年财政预算执行情况报告、听取城关区监察委员会2018年上半年工作报告，听取城关区法院2018年上半年工作报告，听取城关区人民检察院2018年上半年工作报告，听取城关区政府2018年环境保护工作开展情况的专项报告，听取城关区监察委员会深化国家监察体制改革试点工作情况的专项报告，听取城关区法院关于执行工作情况的专项报告，听取城关区人民检察院关于职务犯罪检察部工作专项报告，听取和审议城关区人民政府2018年上半年财政预算变更情况的专项报告，听取和审议城关区农牧区医疗管理工作运行情况的专项报告，听取和审议城关区2018年财政收支预算调整情况的专项报告，听取和审议城关区关于预算稳定调节基金调剂、盘活存量资金和2018年公共财政预算调剂的专项报告。

通过《城关区人大常委会关于加强和规范人大代表履职活动的办法》（试行）和《城关区人大常委会关于加强和改进基层人大代表履职活动保障工作的办法》（试行）。对十二届人民代表大会第三次会议上代表提出的议案，建议、批评和意见办理情况开展专题问询会，组织代表、区（直）部门对城关区2018年公共财政预算缩减情况开展询问会。

【人大代表工作】 年内，城关区人大常委会组织人大代表围绕精准脱贫巩固工作，深入各扶贫联系点开展调研工作；组织代表对法检两院第一季度工作开展情况进行视察，组织代表视察城关区“三包”学生早餐奶和配餐中心运行情况进行视察，组织代表对城关区净土公司资金投入及运行情况进行视察。组织150多名区乡两级人大代表开展“十九大”宣讲会，组织200多名区、乡两级人大代表召开增强代表履职能力培训会，邀请律师对200多名区、乡两级人大代表就宪法修正案进行培训，组织20名区级人大代表观看《厉害了，我的国》爱国主题教育片，有力地提高了代表的综合素质和履职能力。

【协助区、市人大做好立法工作】 年内，城关区积极配合全国人大代表开展的城关区智昭产业高标准奶牛养殖项目基地的视察工作，西藏自治区人大常委会开展的“两院”全面深化司法改革情况调研，自治区人大常委会开展的学习宣传贯彻实施宪法和城乡建设管理工作情况专题调研，自治区人大常委会开展的《西藏自治区实施〈中华人民共和国人民调解法〉条例》立法调研，自治区人大法制委员会开展的首批基层立法联系点调研，自治区人大常委会开展的《中华人民共和国大气污染防治法》执法检查。

【党建工作】 年内，城关区人大常委会党组坚持重要事项党组讨论、主任会议事、常委会决议的原则。坚持重点围绕监督法、组织法、《中华人民共和国宪法》《西藏自治区地方性法规》等法律法规开展集中学习，指导党员干部全面掌握和准确领会法律条文、正确适用法律法规。不断督促人大机关党支部严格党的组织生活，增强党内生活的原则性，坚持“三会一课”制度，坚持发挥支委会作用，坚持完善各项党建工作。党组成员以普通党员身份参加每周四支部的集中学习，全年按季度学习《党的十九大报告辅导读本》《习近平谈治国理政》一二卷、《全面从严治党面对面》《全面从严治党顶层设计》等文献。

【党风廉政建设】 1月19日，城关区人大党组班子召开2017年度专题民主生活会，会中城关区人大常委会党组班子和成员分别剖析自身存在的问题、产生问题的原因、今后整改方向和措施。进一步点醒自身、增强拒腐防变的意识。扎实开展党员政治纪律教育，使党员干部提高了政治站位和政治觉悟。深入学习《习近平新时代中国特色社会主义思想三十讲》《中国共产党地方委员会工作条例》《中国共产党党组工作条例（试行）》《中国共产党纪律处分条例》《关于进一步严格执行干部职工请销假制度的通知》和若干违纪典型案件的通报。通过学习进一步强化了贯彻落实中央“八项规定”及其实施细则的坚定性、不断加强反“四风”的尖锐性。

【搭建平台创优代表活动条件】 年内，为充分发挥代表主体作用，更加丰富代表活动内容。城关区人大常委会分组开展上半年“人大代表之家”运行情况的考评，年底召开2018年度“人大代表之家”工作验收总结会，促使各乡（办）依托“人大代表之家”积极组织代表活动，认真开展视察、调研、检查等各项工作，让“人大代表之家”不断成为代表学习培训之家、服务群众之家、履职交流之家、帮扶解困之家。

【重视代表议案，建议、批评和意见办理】 年内，城关区人大常委会重视人大代表议案，建议、批评和意见的办理工作。人民代表大会例会结束后，城关区人大常委会专门对代表议案，建议、批评和意见进行整理，并及时交政府办理。1月31日，召开城关区十二届三次人大代表议案，建议和九届三次政协委员提案交付办理相关事宜会议，明确承办单位和办结时限。4月3日，区十二届人大常委会第九次会议上，对十二届人大第三次会议上代表提出的2件议案和81件建议、意见进行常委会委员包案分工，并要求及时督办、及时反馈。7月17日，组织部分代表对十二届人大第三次会议上的议案、建议进行实地检查，并对答复不满意的议案，建议、批评和意见组织人大代表和区直承办单位召开办理情况专题询问会。截至区十二届人民代表大会第四次会议召开前，办结率达100%，人大代表满意率98.6%。

【对外交流探索新思路】 年内，通

2018年4月22日至5月1日，城关区人大常委会副主任杜飞带队到北京东城区、通州区交流学习

过与拉萨市、山南市、昌都市、那曲地区、阿里地区的部分县区人大以及贵州黎平县考察交流，组织部分人大代表到北京东城区、通州区考察学习人大工作的先进经验，进一步拓宽工作思路与视野，达到相互学习共同提高的目的；并依托拉萨市人大期刊、城关掌上通、城关微党建、城关周报等各类媒介及时发布人大信息，扩大人大工作的社会知晓面和影响力。

（虞俊锐）

【领导名录】

区委常委、人大常委会党组书记、主任

尼玛云丹（藏族）

副主任

次仁德吉（女，藏族）

杜　飞

德吉央珍（女，藏族）

副主任、吉日街道党工委书记

亚 哈 亚（回族）

城关区人民代表大会常务委员会办公室

【概况】 2018年，城关区人大常委会办公室坚持高举习近平新时代中国特色社会主义思想伟大旗帜，深入学习自治区党委九届四次、五次全会精神和市委、城关区委九届四次全会精神，坚持党的领导，始终按照党委总揽全局、协调各方的要求，扎实开展“两学一做”“党员政治教育”和“四讲四爱”活动，认真履行宪法和法律赋予的职责，不断加强和改进人大工作，发挥了地方国家权力机关的职能作用，为推动城关经济发展、民生改善、社会和谐做出积极的贡献。

【文秘工作】 年内，城关区人大常委会办公室起草办公室文件38篇、常委会文件25篇、人大党组文件7篇、信息71篇、会议纪要12期。

【档案管理与保密工作】 年内，城关区人大常委会办公室将此项工作始终摆在重要位置。注意各种文件的保管，收发文时及时做好收文登记目录和发文本登记工作，及时归档；重视文件保密工作，严格要求U盘的使用，不得在涉密计算计与非涉密计算机之间交叉使用，OA系统设立专用机、专人使用、专人管理，并根据保密局要求，专设一台涉密计算机由涉密人员使用。截至年底，办公室从未出现过文件丢失、泄密等现象。

【会务工作】 年内，城关区人大常委会办公室按照常委会工作组织召开主任会议6次、常委会会议6次，民主生活会1次。组织全体党员召开组织生活会1次、组织学习52次。组织调研讨论会5次，并积极筹备人民代表大会，保障了大会的顺利召开。

【机关管理】 年内，城关区人大常委会办公室重视加强人大机关的制度建设和组织建设。为提高机关干部职工工作水平和办事效率，健全和完善机关工作制度，如：《城关区人大办公室岗位责任制》《城关区人大办公室学习制度》《城关人大办公室考核制度》等，并将制度上墙，使机关工作进一步制度化、规范化，更好地为常委会组成人员行使职权提供服务；加强机关组织学习，办公室坚持每周四集体学习制度的同时，还督促干部职工自学，提高了干部职工的政治理论水平和工作能力。

2018年7月17日，城关区人大常委会组织人大代表对十二届三次会议上提出部分议案、建议办理情况进行实地检查

【协助常委会开展各项工作】 年内，协助城关区人大常委会积极开展各项调研、视察工作。会组织人大代表围绕精准脱贫巩固工作，深入各扶贫联系点开展了调研工作；组织代表对法检两院第一季度工作开展情况进行视察，组织代表对城关区“三包”学生早餐奶和配餐中心运行情况进行视察，组织代表对城关区净土公司资金投入及运行情况进行视察。积极配合城关区人大常委及自治区常委会开展的《中华人民共和国大气污染防治法》执法检查，自治区人大常委会开展的《西藏自治区实施〈中华人民共和国人民调解法〉条例》立法调研。区、市人大常务会开展的“两院”全面深化司法改革情况等专题调研3次。

年内，为使人大代表熟悉人大工作，真正履行法律赋予的职责，办公室协助常委会举办区、乡人大代表培训班，组织代表学习十九大精神、宪法修正案以及代表履职相关知识；为开好人民代表大会。做到超前部署，精心准备。会前认真准备高质量的会议文件和各种材料，会议严格按照会议程序，做好各项服务工作，会后做到及时整理大会文件资料，及时归档。

2018年5月9日，城关区人大常委会邀请拉萨市党校讲师为人大代表进行十九大宣讲

【督办各类议案、建议和意见】 城关区十二届人民代表大会第三次会议共收到议案2件、批评、意见、建议81件。并于1月31日，召开议案，批评、建议、意见交办会，4月3日，召开区十二届人大常委会第九次会议进行常委会委员包案，对办理过程中进行强调，城关区人大常委会办公室还经常向政府有关部门催办、督办各项议案、批评、建议和意见办理情况。

【党建工作】 年内，按照区人大党组的工作安排，区人大机关党支部组织学习监督法、组织法、《中华人民共和国宪法》《西藏自治区地方性法规》等法律法规，不断加强人大机关党的建设，认真落实民主集中制度，充分发挥机关党员的先锋模范作用，始终坚持每月定期召开支部委员会议，按季度召开党支部会，开展人大常委会党组书记讲党课和机关党支部书记讲党课等活动。党支部积极开展党员组织关系集中排查和党员违纪违法情况排查，支部在职党员和退休党员每月5日按期缴纳党费。全年按季度学习《党的十九大报告辅导读本》《习近平谈治国理政》一二卷、《全面从严治党面对面》《全面从严治党顶层设计》等文献，进一步夯实了机关党建工作基础。

【党风廉政建设】 年内，城关区人大机关党支部党风廉政建设工作认真落实中央“八项规定”及其实施细则和自治区、拉萨市、城关区关于党风廉政建设的相关规定，强化与监察委员会的横向联系，坚持教育为先，预防为主，不断增强廉洁自律意识，弘扬廉政文化，提高拒腐防变的能力。采取以主题教育式、宣传激励式、警示提醒式等教育形式，紧密联系了人大工作和干部培养的实际，实现职能工作和队伍建设两手抓，达到纸上有廉政宣传、嘴里有廉政提醒、心里有廉政信念的廉政文化氛围。并着力通过建立健全制度，全面落实党风廉政责任制，完善惩防体系，充分发挥了制度在党风廉政建设和反腐败工作中的保障作用。

【信访工作】 城关区虽有专门的信访部门,但有很多群众对涉及法院判决、执行等案件仍有要求人大部门帮助解决,对此城关区人大常委会办公室规范接访程序,加强信访管理,做到以下几点:热情接待,对每一位上访者做到一让座、二敬茶、三询问;做好登记,对每一位上访者上访时间,上访要求翔实记录;及时转交相关部门处理,并要求相关部门将处理结果报办公室备案。

（虞俊锐）

【领导名录】

主　任

次仁德吉(女,藏族)

副主任

曹　蓉(女)

2018年3月6日,拉萨市政协党组成员、城关区委副书记、区长刘亮一行到内地考察碧桂园项目

城关区人民政府

【概况】 2018年,实现地区生产总值(GDP)273.15亿元,同比增长9.5%;实现一般公共财政预算收入9.29亿元,同比增长11.52%;社会消费品零售总额达到238.5亿元,同比增长14.2%;完成全社会固定资产投资同比增速10.6%;完成规模以上工业可比价增速为4.7%;农牧民人均可支配收入达到19080元,同比增长10.54%;城镇居民人均可支配收入达到38187.5元,同比增长14%;城镇登记失业率控制在2.2%以内,调查失业率控制在5.5%以内。

【党的建设】 年内,严格落实主体责任,对中央、区市纪委通报第一时间安排在政府党组会、常务会学习,警示威慑作用有效发挥,“不敢腐、不想腐、不能腐”的思想意识进一步树牢,廉洁政府建设全面加强。配合做好九届区委四轮巡察、专项领域治理和整治“四风”工作,发现问题线索130余个,约谈提醒15人,书面函询15人,诫勉谈话3人,问责追责17人。配合做好自治区审计厅对城关区委、区政府主要领导的经济责任审计,并推动问题整改落实。主动开展区内专项审计,查出问题378个,整改372个,整改率98.4%。强化制度规范,修改完善《政府议事规则》等10余项规章制度,依法行政有效加强,防控廉政风险能力有效提升,政治生态环境持续保持良好,经济发展持续向好。

【政府建设】 年内,深化“放管服”改革,调整权责清单3次后,城关区共有责任清单2671项,行政审批事项127项。抓实全科化便民服务,加快“5750”商事改革落地,设立医疗保险办理等16个便民服务窗口,建立行政审批项目“一个窗口”受理体系,办理行政审批和服务事项29094件,推行网上办理事项110项,可办率达85.27%,让服务更贴近群众。开展“双公示”工作,公示行政处罚48项、行政许可514项,确保群众知情权和监督权。深化执法体制下沉改革,在公德林和嘎玛贡桑街道试点推行城市治理新模式,城市管理更加精细化。

【产业发展】 年内,净土健康产业实现销售额2.45亿元,让利群众2600余万元,利润374.07万元,发展势头良好。亨通物流实现收入1000万元,服务水平全面提升。智能温室成功转型为净土农业生态体验馆,提供就业岗位36个。大昭圣泉、藏净泉两支水成功打入北京、成都、广州、上海等内地市场，年产量1.4万吨，销量1.3万吨，盈利210万元，为藏玉冰泉等三个水产品代加工175吨，销售额1500万元，水产业产销持续增长。重点产业项目嘎巴生态牧场和年生产5万吨液态奶的乳制品加工厂正式投产运营，填补了西藏高原没有现代化乳制品加工生产线的历史空白，延伸了种养、产销一体化净土奶产业链条，推动净土健康产业旅游文化产业、现代服务业协同发展。城投建材实现年产值1408万元，利润165万元。城投商砼实现年产值6.4亿元，利润6000万元。城发莲华之宝完成外贸订单额207万美金，区内销售额180万元，节能环保产业产值不断攀升。

年内，完成城关区级第四批非物质文化遗产项目传承人认定工作，洛欧村擦擦文化展览馆成功申报为自治区第五批文化产业示范基地和拉萨市首批文化产业示范基地。制定《城关区文化产业发展专项资金管理办法(试行)》，规范产业扶持评审程序，投资60.56万元扶持中国西藏人物数据共享平台和“藏文化+创意设计”项目，培育文化产业项目持续发展。积极开展“冬游西藏·共享地球第三级”活动，开发旅游纪念品自动销售模式，“一景区一特色礼物”初具成型。升级改造“好客藏家”民俗示范点9家，成功举办第二届“最美乡村行走智昭”徒步大会、桃花林卡节和油桃采摘节等活动，圆满完成跨喜玛拉雅自行车赛拉萨赛事活动和拉萨马拉松赛事任务，乡村旅游内涵不断丰富，全域旅游示范区创建持续向好。

年内，接待旅游总人数1757万人次，同比增长15%，旅游总收入142.8亿元，同比增长18%。加强投资软环境建设，积极参加招商引资项目推进会，全年实施投资项目227个，投资258.22亿元。落实招商引资项目36个，投资110.23亿元，实际到位27.05亿元，同比增长2.67%，项目带动作用持续发挥。成立城关区第四次全国经济普查和“十四五”规划编制领导小组，全面启动经济普查和“十三五”规划中期评估工作。

2018年9月28日，城关区委副书记、常务副区长唐兵兵到白定村检查指导智昭产业园区公路建设

【“三大”攻坚战】 年内，全面排查政府隐形债务，筑牢防范债务风险意识，认真规范政府性债务行为，严格控制债务规模。截至年底，政府债务7.58亿元，已偿还债务1.02亿元，在安全可控范围内。着力打好污染防治攻坚战。持续推进中央第六环境保护督察组反馈问题整改，41项长期整改任务已完成销号20项，21项正在稳步推进。环境违法案件行政处罚74.3万元。完成项目环评登记表备案379个，发放排污许可证238个。深入推进“净土、静音、净空、净水”工程，严格落实“河长制”，河道水质保持优良，空气优良率保持在98.1%以上。拉鲁湿地三期保护项目进展顺利，完成13.8公里巡护步道建设，基建部分基本完成。深入开展全国第二次污染源普查清查建库工作，清查污染源工业企业936家。全力开展家具厂和仓库搬迁，已完成20%搬迁任务。完成31家纳金石材加工厂整治搬迁工作，平整土地面积290余亩。出动5个工作组，完成约865.54亩土地征收工作，落实兑现征地补偿资金约18823万元。投资3624.78万元，全力推进绿色围城和国土绿化工程建设，城市园林绿化养护

2018年9月15日，城关区常委、副区长沈朗陪同中华全国供销合作总社书记王侠（中）一行到智昭产业园参观调研

面积达220万平方米。常态化开展城市乱象治理工作，行政处罚179.13万元。实施生活垃圾密闭式清运，市区道路洒水降尘覆盖率达60%，全面启动"厕所革命"，确保市容市貌整洁有序。

年内，城关区387户1186名建档立卡户年人均可支配收入达到9286.85元，同比增长19.01%，实现贫困户累计人均可支配收入由2015年的2153.23元增长到现在的22044.52元，增长9.24倍，贫困发生率、返贫率均为0，贫困户收入水平由脱贫转向稳定致富。加强与北京市通州区的扶贫协作，两地党政正职成功互访交流，深化与东城区、海淀区的交流交往，争取通州区各类援助资金物资1800余万元，组织251人次赴京藏两地交流培训。编制完成乡村振兴战略（2018—2022），启动招录村（社区）党支部第一书记助理、书记助理和村（居）委会主任助理工作，实施村级集体经济扶持项目12个，实现6个村（居）集体经济收入在1000万元以上。

【民生保障】 年内，财政投入教育资金2.22亿元，占本级财政收入的26.4%。投资2.95亿元，实施教育改扩建和维修改造项目19个。统筹做好3288个教师编制的分编工作，引进教师140名，消除中小学"大班额"55个。落实在校大学生、建档立卡贫困户子女教育补助及生活补贴1133.7万元。义务教育均衡发展专项投资9519.78万元，开展满意度测评自评工作，群众满意度达91.5%，自评得分为97分，八项指标综合差异系数分别为0.23、0.25，符合自治区规定要求，顺利通过拉萨市督导验收。

年内，加快推进全民健身基础设施建设，对17所市区学校体育场地、场馆进行改造升级，免费向社会开放。强化城市"十五分钟健康服务圈"网络建设，全面启动家庭医生签约志愿服务，签约16.15万人，签约率、服务率分别达到98.4%、100%。扎实开展"两病"筛查工作，完成102例"包虫病"患者医疗救治任务，共筛查20.41万人次，综合防治取得重要成果。完成2个社区卫生服务中心纳入医保刷卡支付范围。

制定2018—2020年老城区危房改造计划，逐年对老城区110座居民大院进行改造，改造建筑面积达到11.73万平方米。投入17.78亿元全力实施加措、加荣、洛堆棚户区改造工程，加措棚户区一期建设基本完成。雪新村以西、团结新村、蔡村一二组2488套棚户区基础设施改造工程有序推进。启动八廓古城保护、生态优化、环境治理工作。启动实施1001套公租房建设项目。清退不符合低保条件的低保户620户1201人，研究制定《关于稳步提升城市低收入群体生活水平的三年（2018—2020）行动计划》，建立低收入群体动态管理数据平台，确定一户一策帮扶措施。开发就业岗位8871个，实现城镇新增就业3310人，高校毕业生就业1785人，就业率达到93.11%，人民群众获得感、幸福感持续提升。

【社会治理】 年内，开展公共安全、生产安全、食品药品安全、消防安全等专项检查共154次，争取北京市海淀区援藏资金100万元，在老城区安装独立式感烟器和可燃气体报警器，提升了居民群众生命财产安全技防能力。全面推动信访事项"七化"工作机制，严格落实县级包案制，受理并积极化解群众来信来访71件。检法两院分别受理案件826件、6297件，办结826件、5385件，在法定期限内结案率均达到100%。依法依规推进蔡公堂办事处等违法建设专项整治，强制拆除违建133处501间10.7万平方米，收回土地160多亩，无一例群体性事件发生，有效震慑了土地非法买卖、违法建设等不法行为。

年内，城关区平安街道、村（社区）、寺庙、景区创建率达100%，平安家庭创建率达95.93%。深入开展"四讲四爱"群众教育实践活动和"遵行四条标准、争做先进僧尼"教育实践活动1100余场次。投资259.6万元，组织5批次236名僧众前往北京等地参观学习，实现教育引导潜移默化，切实增强了广大僧尼的"五个认同"。依法规范整治非法宗教活动场所11处，未出现反弹，宗教和睦和谐和顺。深入开展"五有五好"文明村镇创建，群众自觉参与学跳幸福拉萨规范舞活动，基层文艺演出50余场次，群众性文体活动多姿多彩，基层文化阵地发挥作用。

（谢　静）

【领导名录】

拉萨市政协党组成员、城关区委副书记、区长

刘　亮

区委副书记、常务副区长

唐兵兵（北京援藏）

区委常委、副区长

沈　朗（调藏干部）

汪　锋（调藏干部）

副区长

李多多（北京援藏）

李锦民（北京援藏）

尼玛仓决（女，藏族）

格桑旺久（藏族）

多吉优加（藏族，6月免）

旦增江才（藏族，4月任）

拉　珍（女，藏族）

刘晓莉（女）

张　志（11月免）

巴　珠（藏族）

彭措次仁（藏族，政府党组成员）

城关区人民政府办公室

【概况】 2018年，城关区政府办公室坚持以习近平新时代中国特色社会主义思想为指导，深入贯彻习近平总书记关于治边稳藏的重要论述和李克强总理在藏调研期间的重要讲话精神，牢固树立"四个意识"，认真践行"两个坚决维护"，认真贯彻落实中央、区市党委、政府及城关区委、区政府的一系列重大决策部署精神，紧紧围绕区政府中心工作，不断深化政府服务意识，改进服务方式方法，进一步发挥参谋助手、督促检查、综合协调、后勤保障作用，牢固树立服务意识、效率意识，全面履行各项职责。

【文秘工作】 年内，坚持"能以办公室名义行文的坚决不以政府名义行文，需要以政府名义行文的始终严格按照程序办理"的原则，提高办文服务质量。截至年底，以政府名义行文464件（其中下发114件、上报350件），以政府办名义行文48件（其中下发19件、上报29件），及时做好上传下达、工作部署及工作督办。

【会务工作】 年内，承办区政府区长办公会、政府常务会、政府专题会、基建会82次（不含部门会议）。同时，按照市政府办公厅的

2018年5月9日，城关区政府办公室集中学习

安排，积极协调区政府领导和部门参加区市两级政府组织召开的会议，并做好会议相关材料审定报送工作；认真组织参加国务院、自治区、拉萨市的各类视频会议，做好会场布置、会议通知、人员签到、会纪会风督办等工作；积极协助配合区委、区人大、区政协筹备大型会议，确保全区各类会议的顺利召开，全年保障大中小型会议 200 余场。

2018年10月12日，城关区召开二轮《城关区志（2001—2016）》复审会议

【文件管理和保密工作】 年内，专门安排工作人员和专用车辆用于文件的收发和管理，定期对办公室文件登记、传阅、存档和销毁情况进行自查，组织涉密人员对旧文件进行集中存放，以便统一销毁。严格按照区政府主要领导的指示精神，充分利用 OA 办公系统传送和保存非涉密（非重要）文件，加强公文管理的规范化、科学化，切实提高办公效率减少行政支出。

【协调服务】 年内，积极主动与上级业务部门联系，提前安排领导行程与会务，尽量避免会议与工作、工作与工作、会议与会议间的冲突，为领导创造更多的时间、提高办事效率。

【地方志工作】 年内，续修《拉萨市城关区志（2001—2016）》，争取北京援藏项目支持，与北京东城区方志办携手就《城关区志（2001—2016）》复审稿进行修改完善，于 2018 年 10 月 12 日召开复审会议并通过复审。

【编译工作】 年内，按照《西藏自治区学习、使用和发展藏语文的若干规定（试行）》和《拉萨市藏语文社会用字管理办法》认真开展社会用字管理和监督工作。年内，共翻译各大小型材料 40 余份，页数 300 余页，字数 329100。

【法治政府建设】 年内，按照市政府法制办的要求，结合城关区行政执法工作需求，组织区政府各行政执法部门符合条件的人员参加行政执法资格考试考前培训和考试工作，2018 年城市管理局等 9 家行政执法部门的 51 名工作人员参加考试，其中 46 人顺利通过考试并取得行政执法资格证。政府办（法制办）一名工作人员通过考试并取得执法监督资格证。建立健全重大行政决策法律顾问制度，全年协调珠穆朗玛律师事务所为区政府及区直部门、街道、区属国有公司审查合同和协议，咨询问题等近 100 次。修改完善《城关区人民政府工作规则》，制定科学民主决策程序，完善群众参与、专家咨询和政府决策相结合的决策机制；利用“萨嘎达瓦”宗教活动期间，在下沉点吉日社区设立宣传点，开展防范非法集资宣传活动，发放宣传资料 2500 余份，参与人数达 2000 人，进一步提高社会公众金融知识水平、风险识别能力和依法维权意识。

【后勤服务】 年内，严格落实公务接待行为“十不准”，严格遵循公务接待审报批准制度，加强公务接待经费的预算报备管理，合理限定接待费预算总额。本年度主要接待北京东城区、海淀区、通州区党政代表团、拉萨市委书记白玛旺堆等上级部门的考察、参观、调研、学习等活动。认真做好城关区政府大院环境常规卫生保洁，坚持每周对机关大院进行一次大扫除，每天坚持对机关办公区域卫生进行不定时清洁，协调区环卫局打扫机关大院卫生20余次，清理办公及生活垃圾20余吨，冲洗道路及绿化修建30余次，有效保障了机关大院干净整洁，也为一些重要的检查考核创建了良好的卫生环境。

年内，严格执行门卫值班制度，落实出入登记制度，保卫人员24小时不定时对机关大院进行安全排查巡逻，特别在夜间对办公区域经常性巡逻查看。保卫科全年排查出入区机关外来人员20万余人次。严格做到“有障即报、有报即修”。协调区采购办做好全年度办公用品采购、分发等工作，按照乡(办)、村(居)采购制度，进一步严格采购标准及采购办法。进一步改善食堂餐饮保障，通过调查市场、了解物价、商家协商等程序，有力保障城关区相关公务接待和工作餐；定期对餐厅厨房进行大清扫，坚持食堂卫生量化监督管理。本年度在食堂餐具突击抽样检查中，未发现清洗不干净，消毒不彻底等现象；严把菜品采购关，坚持每天对各类蔬菜、肉类进行验货，定时要求对就餐大厅、包间进行清洁；增强餐饮服务质量，督促承包方提高烹调水平，促进餐饮服务上台阶，每天提供早午餐，日就餐人数达570人次；积极听取干部职工的宝贵意见，努力保持菜品的新鲜可口和多样化。

【党建工作】 年内，政府办党支部共有党员36名。年初召开党员大会，对党建工作进行安排部署，制订全年党建工作计划，明确全年党建工作的目标和任务，真正把党建工作纳入重要议事日程，科学制定目标体系，构建起上下同心、齐抓党建的良好运行机制。按照年初制定的学习计划，突出党员政治教育工作这一重点，每月组织开展至少4次集中学习会，深入开展学习习近平总书记系列重要讲话精神、党的十九大、区市党委和城关区委九届三次全会精神活动，积极组织协调政府领导班子参加每周三区委中心理论组学习会活动，开展充分利用网络、多媒体等现代化手段，不断完善学习制度，创新学习方式，有针对性的加强专业知识的学习，切实增强机关干部特别是党员干部理论知识，提升理论转化实践能力。全年共开展集中学习43次，参与人数达1290人次。

同时实行党建工作每季度汇报制度、每季度讲党课制度和“三会一课”制度，坚持每月召开1次支委会，全年召开党员大会6次，有效提升了党员干部组织生活参与率。11月28日，召开政府办党支部党员政治教育专题组织生活会，开展党员批评与自我批评工作。按照“支部书记与班子成员之间必谈、支部书记与普通党员之间必谈、班子成员之间必谈、普通党员与3～4名普通党员之间必谈”的要求，开展谈心谈话活动。党员自身查摆出问题200余条，党员相互提出批评意见共170条。经机关党工委批准，12月17日组织召开支部换届选举大会，选举产生新一届支部班子成员，进一步优化了支部班子队伍。积极组织党员干部开展进村结对认亲交朋友活动、党员志愿服务活动和在职党员进社区报到服务活动。组织党员干部准备紧扣主题的文艺节目并参加吉日社区“七一”党建文艺会演活动，安排党员代表参加由吉日社区组织的拉萨市廉政示范教育基地参观活动，进一步密切了政府办与吉日社区居委会之间的关系。

2018年11月28日，城关区政府办党支部召开2018年党员政治教育专题组织生活会

【党风廉政建设】 年内，持续推动“两学一做”学习教育常态化，努力提高办公室党员干部的思想认识和宗旨意识，不断增强贯彻群众路线的自觉性，着力解决党员干部脱离群众、作风浮夸等方面存在的突出问题。传达中央最新的廉政教育精神，积极参加纪委组织的教育活动，建立、公示权力清单，办公室主任带头讲廉政、讲党课，严格执行民主集中制、“三重一大”制度和末位发言制，并在春节、藏历年、国庆节等重要节点强化组织纪律教育，严禁公车私用、公款宴请、公款送节礼等行为，坚决杜绝各类铺张浪费、违法乱纪现象发生，把廉政建设作为一项重要内容，开展自查自纠工作，对非涉密党务、财务工作进行及时公开，由党支部书记结合本职工作进行述职述廉，以“第一责任人”制度强力推进党风廉政建设，切实增强党员干部的廉洁履职意识。

【督查督办】 年内，在征求各部门意见的基础上，联合区委办起草制定城关区2018年度经济社会发展主要目标及具体任务分解表和城关区2018年计划实施项目任务分解表，结合《政府工作报告》中确定的工作，明确责任单位和责任人，进行重点督办和推进，有效促进了全区整体工作推进速度。认真抓好领导批示件督办，对自治区、拉萨市和城关区领导批示件，明确专人督办，确保按时办结，及时反馈办理结果。办理城关区十二届人大三次会议代表议案、建议83件，办复率100%，九届政协三次会议委员提案、建议案63件，办复率100%；办理拉萨市人大代表建议8件，办复率100%，拉萨市政协委员提案12件，办复率92%。西藏自治区政协委员提案2件，办复率100%。荣获政协第九届城关区委员会“2017年度提案办理先进单位”称号。截至年底，“12345”热线共收到群众举报件2266件，已办结2244件，剩余22件正在积极协调相关部门办理，满意率达到99%；转办主席信箱信件1件、市长信箱信件56件，办复率100%。

年内，统筹制定“互联网+政务服务”工作方案明确责任分工和完成时限，积极协调解决在推动“互联网+政务服务”工作和城关区级政务服务中心建设中遇到的实际问题，督促、指导各街道不断完善便民服务大厅建设。做好网上政务服务事项的平台录入、审核、整改等工作。323项政务服务事项已全部录入政务服务平台，梳理公共服务事项共136项。积极推进行政审批形式改革，落实“最多跑一次”改革，按照区编办要求，开展简政便民规范清理工作，严格按照“八个一律”的要求，精简申报材料，为办事群众提供更加便捷的服务。按照市民服务中心部署，重新调整一次性告知单，按照“互联网+政务服务”工作要求，录入城关区政务服务平台服务事项“最多跑一次”比率为100%。通过门户网站、LED显示屏、宣传海报、易拉宝等积极开展“互联网+政务服务”宣传工作，提高群众对“互联网+政务服务”的知晓度。集中宣传2次，张贴宣传海报780幅、易拉宝展架260个。组织区直各部门、各街道便民服务大厅工作人员集中举办业务培训会，聘请专家现场讲解便民服务、审批事项梳理规范办理操作及流程等，进一步提高服务本领和业务能力。7月正式建成并启用城关区人民政府门户网站，安排专人管理，严格按照市政府电子政务中心要求规范和完善网站内容，严格信息发布流程，严把信息编辑、审核、发布关，及时在区政府门户网站公示公布政务服务事项清单，同时指导区直各部门通过网站，集中全面公开与政务服务事项相关的法律法规、政策文件、通知公告等，确保线上线下信息内容一致。全年主动公开政府信息179条，《政府信息公开条例》施行以来，累计主动公开各类信息共2500余条。

（贺增芹）

【领导名录】

主　任

丹增次仁（藏族）

副主任

何　涛

扎西卓嘎（女，藏族）

禹新宝

齐　鑫（6月任）

中国人民政治协商会议城关区委员会

【概况】 2018年，城关区政协九届委员总数为146人，其中常委

25人；藏族118人，汉族22人，回族5人，土家族1人。共设7个界别，分别为中共界、军警政法界、城建环卫群团界、教体文卫界、民族宗教及归国藏胞界。现任领导班子于2016年9月换届选举产生。城关区政协现有领导干部职工14人。其中主席1名（兼任城关区委副书记）；副主席4名，依次分别兼任下密院寺管会常务副主任、娘热街道党工委书记、纳金街道党工委书记、林周县达隆寺活佛。

2018年5月8日，城关区政协委员与北京市通州区政协召开座谈会

【政协第九届城关区委员会第三次会议】 1月6日，政协第九届城关区委员会第三次会议在庄严的国歌声中隆重开幕。拉萨市委副书记、市长、城关区委书记果果，拉萨市政协党组成员、城关区委副书记、政府区长刘亮莅临指导会议。会议由城关区政协副主席安纪周主持。共118名政协委员出席会议。索朗次仁主席代表城关区政协第九届委员会常务委员会作《政协第九届城关区委员会常务委员会工作报告》；索朗顿珠副主席作《政协第九届城关区委员会二次会议以来提案办理情况报告》；听取《城关区人民政府工作报告》《城关区人民法院工作报告》《城关区人民检察院工作报告》；书面审议《拉萨市城关区2017年财政预算执行情况暨2018年财政预算（草案）报告》《拉萨市城关区2017年国民经济和社会发展计划执行情况与2018年国民经济和社会发展计划（草案）报告》；听取审议《政协第九届城关区委员会第三次会议提案审查情况报告》；审议通过《政协第九届城关区委员会第三次会议政治决议（草案）》、《常委会工作报告》《提案工作报告决议》。

【政协常委会召开第六次会议】 2017年12月25日，城关区政协召开第九届委员会第6次常委会，政协副主席安纪周宣读《政协第九届拉萨市城关区委员会常务委员会工作报告》、政协办主任德吉央宗宣读《政协第九届拉萨市城关区委员会第二次会议以来提案工作情况的报告》，各常委针对报告提出了修改意见，索朗次仁要求政协办公室按照常委意见建议，及时完善报告内容。并对政协九届三次会议的日程和其他相关工作进行了讨论研究。

【政协常委会召开第七次会议】 4月12日，城关区政协召开政协第九届城关区委员会第7次常委会议，传达学习全国“两会”精神、新修改的《中国人民政治协商会议章程》内容、讨论《政协城关区委委员会2018年度工作计划》。索朗次仁指出，2018年政协常委会要在做好日常业务工作的同时，围绕城关区委、区政府中心工作和群众广泛关注的热点、难点问题，组织委员重点做好视察及调研活动。同时要求各常委及委员积极履行职责，认真行使权力，积极配合办公室做好调研视察工作，发挥好政治协商、民主监督、参政议政的职能。

【政协常委会召开第八次会议】 6月11日，城关区政协召开政协第九届城关区委员会第8次常委会议，及《关于加强和改进人民政协民主监督工作的意见》，讨论委员任免事宜。办公室主任德吉央宗传达汪洋主席在统一战线专题研讨班上的讲话精神、通报委员到北京考察学习情况；办公室副主任杨燕传达《关于加强和改进人民政协民主监督工作的意见》；讨论部分委员履职及出席会议情况。

【政协常委会召开第九次会议】 8月20日，政协城关区委员会召开第9次常委会。会议听取和审议了发改委主任袁云生所作的《城关区上半年经济运行情况的报告》、政协办公室《上半年重点工作完成情况以及听取下半年视察调研计划》，学习《政协简明教程》内容。

【政协常委会召开第十次会议】 12月18日，城关区政协召开九届委员会第十次常委会。首先由安纪周传达中共中央办公厅印发的《关于加强新时代人民政协党的建设工作的若干意见》；随后政协副主席索朗巴珠传达《城关区政协党组关于召开政协第九届城关区委员会第四次会议的方案》，办公室副主任杨燕传达《政协第九届拉萨市城关区委员会常务委员会工作报告》（初审稿）；最后会议围绕初审稿和会议方案进行了讨论。

【开展节前慰问活动】 1月17日，春节、藏历新年来临之际，索朗次仁代表区委、区政府及区政协向党外民主人士、起义军遗属遗孀敬献哈达，并为20名党外民主人士、起义军遗属遗孀送上每人1000元的慰问金。索朗次仁向与会人员通报城关区2017年度经济、政治、文化、社会等各项工作开展情况、城关区政协委员会2017年度主要工作开展情况。让大家了解城关发展现状和取得的可喜成绩，并希望广大民主人士、起义军遗属，发挥自身优势，积极建言献策，一如既往的支持和关心城关发展。

【慰问基层维稳工作人员】 3月11日，区委副书记、政协主席索朗次仁同纳金乡夏龙建设工程有限公司对纳金乡人民政府奋战在维护稳定一线的工作人员进行慰问。共送去价值46580元的床架、床垫、水果等维稳值班中的必需品，之后还送去56箱罐头。充分体现了民营企业致富思源，能够为城关区维护稳定尽绵薄之力的社会责任，基层维稳工作人员也更加坚定打好维稳攻坚战的决心和信心。

【自治区政协社会法制外事委员会主任孙永平调研】 3月29日，西藏自治区政协社会法制外事委员会主任孙永平带队，区政协社会法制外事委员会、区司法厅、相关律师事务所人员组成的调研组到城关区实地了解人民调解工作开展情况。政府副区长李锦民、政协副主席安纪周陪同调研组进行座谈和实地调研。

【调研“两创”工作】 5月4日，城关区政协组织工商经济界委员围绕“进一步完善招商引资政策，提升服务质量，优化营商环境，推动“两创”催生新成果，加大小微企业的扶持力度”的课题到城关区小微企业创业创新集中示范基地、雪堆白·西藏手工艺术众创空间开展调研视察。

【自治区党委统战部党外干部处处长任显东调研】 5月28日，自治区党委统战部党外干部处处长任显东率自治区党委统战部调研组在拉萨市委统战部相关部门领导的陪同下就城关区政协、佛协中担任领导职务的党外人士待遇

2018年5月6日，组织城关区政协委员到“两创”示范基地调研

情况和城关区政协委员中不享受工资待遇的补贴补助问题报告进行专项调研。

【调研“食品安全及监管”工作】 6月8日，城关区政协副主席、娘热乡党委书记安纪周带领部分政协委员、城关区食药局负责同志，到公德林街道和辖区内小作坊开展“食品安全及监管”视察调研。

【深圳福田区政协到城关考察】 7月26日，深圳福田区政协主席李生伟为团长的政协深圳福田区委员会考察团一行9人到城关区政协考察学习。会议由城关区政协副主席、娘热乡党委书记安纪周主体，政协副主席、纳金乡党委书记索朗巴珠参加座谈会。两地政协就政协年度协商计划、提案工作、民主监督、制度化建设、委员联络联谊等方面交换了各自的做法和经验。

【墨竹工卡县政协到城关学习考察】 10月10日，拉萨墨竹工卡县政协副主席索朗扎布副主席一行到城关区考察学习产业发展及双创工作。城关区政协副主席安纪周陪同，考察组一行先后参观大昭圣泉有限公司、拉萨市城关区乳业有限公司、高效智能温室、莲华之宝有限公司、雪堆白艺术中心。相关负责人介绍了城关区净土产业发展现状、规模及企业好的经验和做法。

【慈善活动和社会公益事业】 年内，积极引导委员投身社会公益

2018年10月11日，墨竹工卡县政协一行到城关区政协考察

事业，承担社会责任。城关区蔡公堂街道吉冈建筑有限公司党支部举行“践行十九大精神对建档立卡贫困户进行节前送温暖、献爱心”慰问活动，对恩惠苑社区331户异地搬迁户发放价值8.6万元的慰问品；哈达集团有限公司对绕赛社区25户低保及低保边缘户发放慰问金10万元，对绕赛社区11户困难家庭发放慰问金5.5万元；为改善娘热街道加尔西村村办幼儿园的教学条件，嘎吉林建筑（集团）有限公司对幼儿园进行改扩建并配备相关教学和生活设备，共计投入资金140.8万元，并为幼儿园援助5万元伙食补贴；城祥物业管理有限公司积极响应区委区政府“搬得出、稳得住、能致富”的为民理念，有针对性的提供岗前培训、就业岗位，成功解决了藏热社区16名失地农民、71名异地搬迁群众及200多名城市低收入家庭人员的就业问题；城关区净土农业发展有限公司整合就业岗位，解决20多名贫困家庭的就业，慰问部分贫困户，发放价值1万余元的慰问品。

【参政议政】 年内，城关区政协共召开5次常委会议、6次主席会议和15次专题协商议政会，围绕贯彻落实区委重大决策部署、全区经济社会发展的重大问题和重点工作积极议政建言，以政协高质量履职助力城关高质量发展。政协第九届委员会第三次会议期间，广大政协委员积极参加讨论，站在建设雪域高原首善城区的高度，与区委、区政府领导面对面协商议政，提出完善城市建设体系、做好城乡规划、建设美丽乡村等重要建议50多条。

【民主监督】 年内，共委派委员80余人次，围绕政策落实、扶贫措施、资金管理等区委、区政府重点实施项目开展督导活动，积极参与城关区政府外围商铺、拉萨市

第一小学商铺拆迁的监督和政策宣传工作，充分发挥民主监督作用。年内，紧扣人民群众日益增长的美好生活需要，紧扣经济社会发展实际，充分发挥政协人才智力优势，先后围绕“两创示范”、食品药品监督管理、政协委员履职情况等课题视察了城关区小微企业创业创新集中示范基地、雪堆白·西藏手工艺术众创空间、夺底乡擦擦文化展览馆、公德林街道沿街小作坊，小商铺等，参与委员60人次。向区委、区政府报送《关于推动“两创示范”工作调研报告》《关于城关区食品药品监督管理工作调研报告》《城关区政协赴北京考察报告》等书面材料，得到市委副书记、市长、城关区委书记果果及市政协党组成员、城关区委副书记、区长刘亮的充分肯定。

（次 珠）

【领导名录】

区委副书记、政协党组书记、主席
索朗次仁（藏族）

副主席、下密院寺管会副主任
久 美（藏族）

副主席、娘热街道党工委书记
安纪周（女）

副主席、纳金街道党工委书记
索朗巴珠（藏族）

副主席、林周达隆寺夏仲活佛
索朗顿珠（藏族）

中国人民政治协商会议城关区委员会办公室

【概况】 城关区政协办公室编制为8人。其中办公室主任1名、副主任1名、工作人员3名、公益性岗位3名（其中2名驾驶员）、驻会委员（3名）。下设综合办公室负责日常事务（1个）、主任、副主任办公室（1个）、驻会委员办公室（1个）。

【“两学一做”学习教育】 年内，深入学习贯彻习近平新时代中国特色社会主义思想和中共十九大精神，将习近平总书记关于加强和改进人民政协工作的重要思想作为必修课，以习近平总书记在人民政协成立65周年大会上的讲话为基本教材，以新修订的《政协章程》为履职守则，举办专题学习会、委员培训班、集中学习共70余次，政协党组书记带头讲党课，通过“政协之家”微信群推送有关学习内容，通过常态化学习教育，广大委员对政协性质定位认识更加清晰，理想信念更加坚定。

【党员政治教育活动】 年内，围绕习近平新时代中国特色社会主义思想和党的十九大精神，深入学习领会习近平总书记关于党的政治建设的重要论述，牢固树立马克思主义“五观”“两论”，坚定政治信念，增强“四个意识”，坚定“四个自信”。召开党支部会议，对开好专题组织生活会进行总体安排部署，研究制定具体实施方案。组织全体党员敞开心扉、面对面谈心谈话。坚持党组织书记与班子成员必谈，班子成员相互之间必谈，班子成员与所属党员必谈的要求，每名党员至少与3名党员开展谈心谈话。全体党员要围绕组织生活会主题深刻进行党性分析，全面查找自身存在的问题和不足，深入剖析思想根源、理清努力方向、提出整改措施。

【党风廉政建设】 年内，深入学习贯彻党的十九大精神和习近平新时代中国特色社会主义思想，深刻认识加强全面从严治党、落实“两个责任”的极端重要性，认真

2018年8月28日，城关区委副书记、政协党组书记、主席索朗次仁讲党课

落实中央、自治区、拉萨市、城关区有关文件精神，结合政协工作实际，进一步加强和改进政协组织党的建设，狠抓党风廉政建设责任的落实和党风、作风建设改进工作，为全面做好政协各项工作提供了坚强的政治保证。

【反分裂斗争】 年内，坚定不移站在维护民族团结的第一线、反分裂斗争的第一线，专门召开专题议政性常委会集体发声亮剑，组织动员政协机关全体干部职工坚决维护祖国统一、维护民族团结、维护社会稳定。

【提案办理】 年内，城关区九届政协三次会议期间，共征集提案、意见、建议63件。涉及基础设施、国土规划、科教文卫、组织人事等各方面。其中涉及城乡建设及基础设施类9件，国土规划类6件，组织人事类3件，科教文卫类11件，宗教领域类9件，社会保障和社会管理类17件，经济发展类1件，其他类7件。这些提案、意见、建议有依据、有分析、有对策，得到区委、区政府和各承办单位的高度重视。拉萨市委副书记、市长、城关区委书记果果，拉市政协党组成员、城关区委副书记、区长刘亮高度重视办理工作，亲自安排部署，督促落实。区政府主动协调对接区政协，2018年10月，刘亮区长主持召开办理工作交办会。26个承办单位采取有效措施，加大提案办理工作力度，不断推动提案办理落实。截至年底，所有提案、意见、建议均按要求答复完毕，办复率为100%，答复满意率98.4%。

2018年4月22日，政协第九届城关区委员会举办第二次委员培训班

【自身建设】 年内，建立党员委员联系党外委员制度。以4个街道政协委员联络办公室为平台，将委员中的党员联系党外委员作为加强党对人民政协领导的重要抓手，建立党员委员联系党外委员制度，1名党员委员联系2名党外委员，中共界委员发挥“关键少数”作用，影响和带动党外委员把思想和认识统一到党中央的路线方针政策上来，统一到区市党委和城关区委的重大决策部署上来，把党的主张及时转化为全体政协委员的思想共识和自觉行动，以共同目标寻求最大公约数，以团结合作画出最大同心圆。

（次　珠）

【领导名录】

主　任

德吉央宗（女，藏族）

副主任

杨　燕（女）

拉萨市八廓古城管理委员会

【概况】 2012年7月3日，西藏自治区党委常委会议研究决定，成立拉萨市八廓古城管理委员会，为拉萨市人民政府派出机构，正县级，城关区党委、区政府对其管理。2018年，拉萨市八廓古城管理委员会内设5个正科级机构，即办公室、社会管理综合治理办公室、流动人口服务和管理科、宗教事务管理科、文化旅游管理科；下设2个副县级机构，即八廓古城公安局、八廓古城管委会市政市容和规划管理局。八廓古城管委会含八廓古城管委会市政市容和规划管理局在内现有63名干部职工（包括7名公益性岗位工作人员），八廓古城公安局现有222名公安干警。

拉萨市八廓古城管理委员会主要职责：贯彻落实自治区、拉萨市、城关区党委、区政府关于推进经济发展、社会稳定、社会管理和保护建设的决策部署，根据授权，统一协调所辖区内行政、公安、寺庙管理等机构，重点加强社会管理和矛盾排查、化解工作，统筹协调区域内经济发展、维护稳定、社会管理等各项工作。

【党建工作】 年内，拉萨市八廓古城管理委员会始终坚持党建工作“主体责任”和“一岗双责”制，党工委书记为党建工作“第一责任人”，全面负责管委会党建工作，做到亲自参与、亲自组织、亲自研究、亲自部署、亲自指挥、亲自协调、亲自督促、亲自检查、亲自落实。班子成员按照分管工作，认真落实“一岗双责”，履职履责抓好自身党建工作，积极督促分管部门加强党的建设。2018年管委会党组织加强同驻属地白林社区居委会基层党组织联系，从管委会有限的办公条件下腾出两间房屋交予社区发展经济，力所能及地帮助解决社区实际困难。年内，管委会党工委将沿街房屋交予饶赛社区开了一个甜茶馆，帮扶低保户13人，收入179089元，按照岗位每人每月开资3000～4500元不等。管委会全体党员干部为白林社区帮扶点捐款，每人200元，共56人，合计11200元。管委会的帮扶得到社区党支部和社区群众的好评。

【党风廉政建设】 年内，拉萨市八廓古城管委会坚持强化领导班子集体责任制的落实，党工委书记认真履行“一把手”的“主体责任”，时常听取班子成员自身开展党风廉政建设情况的汇报，时常组织班子成员分析研究管委会党风廉政建设和反腐败工作所取得的成效经验、存在问题的原因，对可能出现的问题及时提出整改防范措施。认真贯彻执行上级党委和纪委部门加强党风廉政建设工作的部署，按照《西藏自治区贯彻落实〈建立健全惩治和预防腐败体系2013—2018年工作计划〉实施办法》，管委会党工委结合党风廉政建设和反腐败工作，做出年初安排、年底总结，全年先后进一步健全完善《拉萨市八廓古城管委会党工委“两个责任”党风廉政建设责任制实施方案》《拉萨市八廓古城管委会党工委2018年廉洁建设责任书》《拉萨市八廓古城管委会党工委“三重一大”制度》《拉萨市八廓古城管委会党工委谈话制度》等，同时着重强化在各项制度的执行力度上下功夫，用制度规范工作，用制度推进工作，用制度约束行为，以行为对标制度，以行为执行制度，坚决防止制度的软化、失效。管委会党工委主要领导充分履行“第一责任人”责任，长期坚持做到对重要工作亲自部署、对重大问题亲自过问、对重点环节亲自协调、对重要案件亲自督办、对重要信访亲自批办。定期不定期开展讲党课，定期不定期听取班子成员对分管科室党风廉政建设情况的汇报，党工委班子共同研究制定党风廉政建设和反腐败工作计划。

2018年12月25日，八廓古城管委会党工委副书记、主任阿贵主持召开2018年表彰大会

党工委书记作为党风廉政建设“第一责任人”，率先与班子成员签订《党风廉政建设责任书》，班子成员与分管部门负责人签订《党风廉政建设责任书》，做到任务明确，责任到人，形成主要领导亲自抓，班子成员分头抓，部门负责人具体抓，上下合力共同抓，一级抓一级，层层抓落实的工作格局，增强了各办科局抓好党风廉政建设的责任性，进一步健全和完善

党风廉政建设工作责任机制。坚持落实领导班子集体责任制、党风廉政建设具体任务分工制，党工委主要领导抓统筹，班子成员具体抓落实工作机制。坚持长期抓、经常抓党员干部的廉政教育，党工委定期组织党员干部认真学习贯彻落实中央纪委、自治区党委、自治区纪委、市委、市纪委印发的全面从严治党有关重要文件精神，按照要求适时组织班子成员召开专题会议对党风廉政建设工作进行全面安排部署。

2018年7月13日，八廓古城管委会党工委组织召开《拉萨市老城区保护条例》《拉萨市老城区市政市容维护管理实施意见》学习培训会议

【市政养护】 年内，拉萨市八廓古城管理委员会先后完成大小300余处基础设施的维修维护工作，保证老城区基础设施的正常运行和逐步完善。年内，为确保老城区城市环境秩序井然，进一步彰显古城风貌和历史文化特色，全力推进创城工作，更好地发挥老城区基础设施功能，更好地为老城区各族人民群众提供一个干净整洁的城市环境。管委会充分发挥自身职能作用，及时消除道路安全隐患，全年共维修石板路面：3934.3平方米（新更换石板2627.3平方米），新更换桥架1087.5米、新更换桥架盖1584.9米、维修加固桥架2269.7米。疏通下水道17089米、清理污水井1522口、清理雨水井867口、清理化粪池414口、井盖更换193套、新建污水井1座。全年路灯维修工程：更换钠灯552个、更换整流器634个、线路检修21931米、更换线路1201米、更换景观灯变压器15套、更换酥油灯231盏、更换LED线条灯298条、更换空开51个、更换时控27个，更换自动控制开关20个、更换电缆1190米、维修路灯灯杆5盏、新安装壁灯26盏。

【规划审批】 年内，八廓古城管委会严格按照《拉萨市老城区保护条例》《拉萨市城乡规划条例》《拉萨市城市总体规划（2006—2020）》《拉萨市中心片区控制性详细规划》《拉萨八廓街历史街区保护规划》等相关要求，对老城区申报的公（私）房改建项目严格把关，深入实地严格勘验，对不达标的报送工程项目一律退件并说明理由，做好解释工作。在工程规划验收过程中，严格按照相关要求，将实地测量结果与相关数据进行比对，对符合规定的建筑核发建设工程规划许可证。年内，共计核发49本，不符合规定的向违建业主下达《违法建设拆除通知书》，责令其在接到通知之日起在规定期限内自行拆除，未在限期内整改的上报至上级人民政府，促进规划审批工作的顺利开展。

【城市综合治理】 年内，八廓古城管理委员会紧紧围绕维护老城区社会稳定，完善老城区基础设施建设，全力推进创城工作和“拉萨古城申遗”的同时，坚持长期不间断地看着老城区社会治安综合治理和城市管理工作：针对老城区内户外广告不规范、乱贴小广告现象及时开展清理工作；对八廓东街、拉萨市电影院、藏医院、鲁固路段经常出现影响城市环境好转的流动商贩、地摊、编扎辫子、尾随兜售等屡禁不止的不文明行为，管委会成立市容规范专班组积极会同八廓街道办事处及社区工作人员，一方面在大昭寺广场、拉萨市电影院、藏医院、鲁固路段、琅赛商场等处增设卡点，长期实行巡逻蹲点、清理劝阻，常年落实早上8点至晚上10点工作制，旅游旺季进一步延长工作时间，落实晚10点至次日凌晨1点工作制开展市容整治工作，对不听劝阻、屡教不改的流动商贩、地摊等违法人员依法做出罚款处罚。工作中始终做到发现一个、清理一个、劝阻一个、教育一个、引导一个。

年内，管委会共出动工作人员1.2万余人次，共清理流动商贩3560余人，强买强卖600人、店外店1745家、占到经营1160处、非机动车乱停乱放1720次、尾随兜售850人，整治工作中针对个别商贩屡清屡犯不良行为进行处罚300例，罚款金额17600元、没收水果称18杆、旅游工艺品84件，通过长期的清理整治，已收到明显效果。严格限制机动车、非机动车进入老城区核心区，落实出入的机动车、非机动车逐级登记制，凡是备案登记符合要求的发放相应“出入证”。同时管委会协调八廓办事处各社区积极加强与老城区10公安安检口的协调联动，力争堵住进入老城区核心区的机动车、非机动车，防止携带危险物品进入老城区核心区，限制一切货车在早上8点至晚上10点之间进入老城区核心区。通过一系列的综合整治，老城区的治安日趋好转，城市环境日益美化，人与自然更加和谐。

2018年7月13日，八廓古城管委会党工委举行《拉萨市老城区保护条例》《拉萨市老城区市政市容维护管理实施意见》知识竞赛

【决策执行】 年内，拉萨市八廓古城管委会坚决贯彻落实上级决策部署，根据5月4日自治区党委常委、市委书记白玛旺堆在大昭寺亮化工程设计方案汇报专题会上的重要指示精神和市委常委、常务副市长王念东主持召开的关于大昭寺亮化工程实施工作推进会议精神，按照会议决定实施过程中的需协调问题由管委会统筹协调要求，管委会作为工程法人，在做大量卓有成效的前期工作的基础上，在拉萨市住建局的业务指导下，立即组织人员召开三次会议，统筹协调项目实施过程中需要处理的各种问题，确保项目总体推进有力，有序实施，于9月按时按要求保质完成了大昭寺亮化提升工程。

年内，根据拉萨市宗教工作领导小组关于《明确大昭寺广场和八廓沿街经杆管理主体责任意见的专题会议》精神，明确管委会作为日常管理责任单位，管委会领导高度重视，立即组织相关科室分管领导及科室人员，制定大昭寺广场和八廓沿街经杆日常管理制度，为了避免大昭寺周围经杆上大量的哈达及经幡致使缩短经杆使用年限和树根潮湿跨倒等安全隐患，管委会组织干部职工连夜加班加点参与经幡清理工作，申请并参与监督修建大理石围栏及大昭寺周围五处经杆套上防火罩，更换经杆后，管委会以藏汉两种文字立牌杜绝任何宗教团体和个人向经杆献祭经幡，使大昭寺四周环境美化的同时降低了安全隐患，得到良好的效果，成为古城经道上的一抹亮点，并根据上级领导指示精神，管委会就大昭寺前磕长头区域进行清理整治，设立栏杆划分清晰的磕长头区域，并摆放60个盆栽植物，有效隔离了转经道和磕长头区域，并长期以值班式的进行早上7点至晚上9点的监督劝说工作，禁止人员在划分的区域外坐卧、停留、围观，并组织人员每周一和周五定期对60个盆栽植物进行修剪和浇水，保持了该区域的卫生整洁和高雅美观。

（边巴次杰）

【领导名录】

党工委书记

多　　吉（藏族，11 月免）

党工委副书记、主任

阿　　贵（藏族）

党工委委员、副主任

曹 鹏 程

拉巴次仁（藏族）

黄 方 勇

党工委委员、市政市容和规划管理局局长

胡 兴 国

党工委委员、古城公安局局长

洛桑次成（藏族）

副调研员

益西班旦（藏族）

巴　　桑（藏族）

中共城关区纪律检查委员会（城关区监察委员会）

【概况】 2018 年，城关区纪委监委坚持以习近平中国特色社会主义思想为指导，认真贯彻落实中央、区、市纪委全会精神，牢固树立“四个意识”，坚定“四个自信”，提高政治站位，履行政治责任，聚焦主责主业，强化监督执纪问责，深入推进作风建设和反腐败工作，为城关区经济社会持续健康发展提供坚强有力的纪律保障。2018 年，共查处问题线索 73 件，其中上级转办 32 件，已办结 38 件，其中实时了结 19 件，立案 13 件，给予党纪处分 13 人、给予政纪处分 6 人。

2018 年，城关区纪委监委在编干部职工人 30 人（1 月 8 日城关区监察委员会正式成立，检察院干部转隶 10 人），其中行政编制 26 人，事业编制 3 人，工人编制 1 人，县级领导职数 1 人、科级正职领导 2 人。城关区纪委监委下设科室有综合办公室、党风政风监督室、案件审理室、第一纪检监察室、第二纪检监察室，指定各室负责人和专职工作人员，明确各办公室工作职责。12 个街道办事处，共配备纪委书记、监察室主任 12 个，副书记、副主任 12 个，纪检专干 12 个，51 个村（社区）全部配齐纪检监督员。

【党建工作】 年内，共召开各类学习会 50 余次，党员干部撰写心得体会 130 余篇。同时，对全区学习贯彻落实十九大精神和对中央、区市党委、城关区委重大决策部署执行情况进行 50 余次监督检查。

年内，制定印发《关于严禁共产党员和国家公职人员参加“色拉崩坚”宗教活动的通知》和《关于严禁共产党员和国家公职人员参加“萨嘎达瓦”宗教活动的通知》，集中力量对党员信仰宗教、参与宗教活动开展明察暗访。全面落实维稳安保责任，坚决杜绝政治立场不坚定的行为，全年共开展督导检查 20 余次。

年内，根据自治区纪委关于加强政治纪律教育的通知精神，结合城关区实际，印发城关区《关于加强政治纪律教育的通知》，进一步加强全区党的政治建设，坚定党员理想信念，保持党员队伍先进性和纯洁性。专题教育活动中，全区 355 个党组织 6987 名党员政治纪律教育达到全覆盖，思想发动动员大会 355 场次、4981 人次，组织学习 689 次、开展专题讨论 260 次，各党支部共开展谈心谈话 18000 余人次，提出问题 17000 余条，共召开政治纪律教育专题组织生活会 300 余场，党员干部贯彻落实上级决策部署、信仰宗教等方面自我剖析的问题 30000 余条。城关区纪委监委 28 次深入 31 个党组织

2018年4月10日，城关区委常委、纪委书记、监委主任隋兴国组织干部职工开展周例会学习工作

教育活动责任和措施落实情况进行监督检查，先后派出40余人次参加各级党组织的专题组织生活会，督促全区各级党组织牢固树立“四个意识”，切实做到“两个坚决维护”。

【推动党委主体责任落实情况】 年内，推动管党治党政治责任全面覆盖，区委坚持把党风廉政建设和反腐败工作摆在突出位置，同全区经济社会发展同部署、同落实、同检查、同考核。年初召开的区纪委九届三次全会，拉萨市委副书记、市长、城关区委书记果果从七个方面对城关区2018年党风廉政建设和反腐败工作作出安排部署。以果果书记为班长的九届区委自觉担负起管党治党政治责任，积极发挥总揽全局、协调各方作用，强化把方向、抓全盘、带队伍，2018年召开常委会专题研究党建工作3次，党风廉政和反腐败工作2次、意识形态工作2次，听取区委巡察专题汇报4次。召开书记专题会、常委会研究纪委监委和区委巡察领导小组上报议题21个，比2017年增加110%。

层层签订责任书，坚持问题导向，抓住“关键少数”，紧盯薄弱环节，把检查主体责任落实情况作为监督执纪重点，按照明责差异化的要求，督促各级党组织分级签订《党风廉政建设责任书》，形成“一把手”负总责、一级抓一级、层层抓落实的良好工作格局。深化“双述”工作。召开城关区述责述廉及接受评议质询大会，选取3家单位现场述责述廉并接受评议质询，其余单位书面提交述责述廉报告，切实加强对“一把手”的监督。严格执行《中国共产党问责条例》及自治区实施意见，建立健全责任追究典型问题通报制度，以严厉问责倒逼责任落实。全年对落实“两个责任”不力的2家单位、落实领导责任不力的2名党员领导干部进行严肃问责。其中给予约谈1人，通报1人，1人进行书面检查。

2018年9月6日，城关区纪委监委组织九届纪委委员召开政治纪律教育工作推进会议

【反腐败斗争】 年内，城关区纪委加大基层“微腐败”整治力度，督促街道党（工）委把惩治基层“微腐败”问题牢牢抓在手上，充分发挥基层党组织和纪检机关的关键作用。年内，各街道纪（工）委在党（工）委的支持下，共处置问题线索2件，给予党政纪处分5人。深入扫黑除恶专项斗争，把惩治“蝇贪”同扫黑除恶结合起来，做深做细做实扫黑除恶专项斗争中的监督执纪问责工作，坚决惩治黑恶势力“保护伞”。及时制定印发《城关区纪委与政法机关在扫黑除恶专项斗争中协同办案工作实施方案》，明确坚持纪委与政法机关“各司其职、密切配合”，逐步形成资源共享、优势互补、沟通顺畅、力量互借的工作模式。纪委与政法机关成立办案协调小组，负责日常协调联络工作。根据工作需要适时召开专题协调会议，通报案件查办情况，研究查办案件协助配合问题，提出争议案件处理意见，协同推进扫黑除恶专项斗争深入开展。

加大对扶贫领域监督执纪问责力度。紧盯扶贫领域问题易发多发的风险点和关键环节，通过明察暗访、交叉督查等方式，重点查处脱贫攻坚领域贪污挪用、虚报冒领、截留私分、优亲厚友、挥霍浪费等问题，坚决斩断伸向扶贫领域的“黑手”，为打赢脱贫攻坚战提供纪律保障。全年共开展扶贫领域专项检查7次，发现问题线索3个，立案审查1件4人，约谈提醒1件6人，对娘热乡政府挪用、截留加尔西村扶贫项目资金的问题进行全区通报。

【纪律建设】 年内，城关区纪委坚持践行监督执纪“四种形态”。抓早抓小、关口前移，从问题线索处置抓起，开设廉政微信平台，畅通举报通道，通过信访举报、巡察反馈、专项治理、网络舆情发现问题线索，对发生苗头性、倾向性问题，但够不上党纪处分的党员干部，实施谈话、函询，对发生轻微违纪问题的，第一时间给予党纪轻处分或组织处理。2018年，第一种形态处理19人，第二种形态处理8人，第三种形态处理1人。

深入开展党风廉政教育，多措并举，扎实推进廉政文化建设。年初，纪委监委发放印有廉政文化内容的印泥、尺子、鼠标垫等日常工作用品，通过潜移默化传递廉政文化气息，增强廉政文化宣传效果，共发放180件廉政宣传物品。要求各街道纪工委开展廉政文化宣传月活动。各街道纪工委以观看廉政影片、参观廉政教育警示基地、知识竞赛等丰富多彩的活动，切实深化党员干部的廉政思想，提升廉政道德修养。廉政文化宣传月活动中，共开展各类活动30余场(次)，覆盖所有街道党员干部，进一步营造了全区廉政文化氛围。

【作风建设】 年内，在元旦、藏历新年、春节、“五一”“雪顿节”等节假日下发关于廉洁过节的通知，成立督察组，对公务接待、福利发放、公车私用等违反中央“八项规定”精神问题进行督查，并以开展暑期专项督查为契机，对暑期“发生在群众身边的四风和腐败问题”进行专项督查，印发《城关区纪委关于规范伙食费收缴有关事项的通知》，进一步落实中央“八项规定”及其实施细则精神。年内，共开展监督检查40次，深入95家机关单位、49家林卡、茶园及餐饮娱乐场所开展检查。共查处违反中央“八项规定”精神案件4件8人，给予党纪政纪处分7人，通报曝光1人次。深化赌博专项治理行动，把党员干部和国家公职人员参与赌博或带有赌博娱乐性质活动专项整治工作作为一项长期工作任务来抓，建立健全严禁赌博专项整治活动监督检查长效机制，加强“八小时以外”监督检查，持之以恒纠正党员干部参与赌博或赌博性质娱乐活动行为。年内，共开展检查60次，同时联合城关公安分局开展专项检查，共查获11名公职人员涉赌，并根据干部管理权限已移至市纪委。

2018年11月15日，城关区纪委监委联合区委政法委开展“扫黑除恶”专项整治宣传工作

年内，深入开展集中整治不作为慢作为文山会海等形式主义官僚主义工作。在开展委机关集中整治工作的同时，对全区的整治工作开展监督检查，促进整治工作出成效、见实效。全年共开展监督检查5次，对50余家单位在不作为慢作为、文山会海等方面的整改情况进行检查，并对发现的问题要求各单位及时整改。其间，与城关区人社局联合开展了为期两周的公益性岗位人员及基层服务平台工作人员在岗情况的督导检查工作。对城关区46个公益性用人单位和1181人开展督查，防止城关区公益性岗位人员存在脱岗、替岗、吃空饷等现象。

【监察体制改革】 1月8日，城关

2018年9月21日，城关区纪委监委巡察党支部开展“红色教育”主体党日活动，组织全区纪检监察系统党员干部参观军史馆

区监委挂牌成立,标志着监察体制改革迈出坚实的一步。年初各科室共派出6名业务骨干赴北京市东城区、山西省运城市盐湖区学习监察体制改革试点工作,为城关区改革后机构高效运转、精准履行职责奠定了坚实的基础。加大投入力度促进谈话室标准化建设,完成全区县区级首个规范化谈话场所,共改造9间办案场所,其中4间谈话室、1间监控室、1间医疗室,1间软包会访室、2间交心谈心室。谈话前严格按照谈话要求进行审批,并主动适应监察体制改革要求,制定《谈话室管理制度》《谈话室保密制度》《谈话室医疗制度》等,确保全年“零”谈话安全事故。配合市纪委监委开展检查对象范围调研,在前期调查摸底的基础上,进一步对监督对象进行再核实、再分类、再细化,确定城关区监察对象为9062人,扎实履行监督、调查、处置职责,实现对行使公权力的公职人员监督全覆盖。通过共同学习和工作,基本实现转隶干部与纪委干部在工作岗位、人员搭配及内控管理上交互融合,实现了1+1 > 2的改革效应。11月8日,城关区监委派出各街道监察室挂牌成立,各街道监察室分别配备1名主任、1名副主任、1名监察员,实现监督触角延伸至“最后一公里”。

【自身建设】 年内,城关区纪委监委建立周例会学习制度,每周五设为支部学习日,共开展学习50余次,召开民主生活会1次,专题组织生活会1次。积极选派干部参加上级组织的各类培训,2018年共选派纪检监察干部参加各类培训89人次,其中选派4批次,7人参加区市纪委跟班培训,16人赴内地培训。同时,针对街道纪检监察干部执纪审查能力不足、业务不精的问题,采取跟岗学习、以会代训、以案代训等方式对全区各级纪检监察干部进行轮训,进一步提升基层纪检监察干部贯彻落实党章党规党纪和宪法法律法规的能力和水平,更好地履行依纪依法履行监督执纪问责和监督调查处置职责。

年内,城关区纪委监委坚持以强化纪律约束,严防“灯下黑”的原则,严格落实请示报告制度,每月向上级纪委报送城关区委主体责任落实情况和纪委监督责任情况以及录入党风政风系统、案件管理系统,每半年向城关区委和拉萨市纪委报送工作总结。执行《城关区纪委落实监督责任定期报告》制度,每季度组织召开街道纪委工作例会,听取各街道工作汇报。

年内,共听取街道纪委书记专题汇报4次,切实做到基层情况实时掌握。严格监督管理,进一步增强“执纪者必先守纪,监督者必受监督”的意识。6月召开纪检监察系统述责述廉及接受质询评议大会,5名纪检干部现场述责述廉;8月要求纪委监委全体干部撰写并提交上半年述责述廉报告,进一步增强纪检监察干部履职意识、工作作风、纪检监察干部队伍活力。

（郝泽安）

【领导名录】

区委常委、纪委书记、监委主任

隋 兴 国

纪委副书记、监委副主任

拉巴扎西(藏族)

李 元 银(女)

纪委常委、监委委员

王 全 胜

纪委常委

索朗多杰（藏族）

监委委员

沈 婷 婷（女）

区委巡察办主任

达　　珍（女，藏族）

中共城关区委组织部（编办）

【概况】 2018 年，城关区委组织部坚持以习近平新时代中国特色社会主义思想为指导，全面贯彻落实中央、区市党委关于组织工作的相关要求，细心钻研、大胆实践，工作呈现出“从严治党更加有力、组织基础更加夯实、干部人才更加选优、党建引领更加扎实、社会大局更加稳定”的良好局面。2018 年，城关区共建立基层党组织 391 个。其中，村（社区）党组织 51 个，网格党支部 91 个，教育系统党组织 53 个，寺管会党组织 17 个，国有企业党组织 6 个，离退休干部职工党组织 10 个，机关事业单位党组织 137 个，非公经济组织党组织 15 个，社会组织党组织 11 个，党的组织和工作覆盖各领域，共有党员 7223 名。

【城市基层党建】 年内，建成以分管常委任书记的国有企业党工委，理清国企党建的“归属权”“管理权”，调整充实国有企业抓党建的专职人员力量，各国有企业均配备有专职党建工作人员，党建工作经费均已纳入企业整体预算。区直机关党建突破瓶颈。调整充实区直机关工委，将以往由组织部一家独管，调整为区委副书记牵头、组织部协助、各机关单位协同合作的区直机关党建工作格局，“灯下黑”问题得到有效解决。离退休干部党建余热焕发。按照“有利于教育管理、有利于发挥作用、有利于参加活动”的原则，成立 10 个离退休党支部，覆盖至 654 名党员。通过组建宣讲辅导团、社区调解队、帮扶关心小队、老干部文艺队等组织，为离退休干部发挥余热提供平台。“两新”组织党建逐步覆盖。成立以组织部长为书记的“两新”工委，明确纵向上“两新”工委统筹，乡（街道）、村（社区）属地兜底；横向上成员单位行业监管、行业督导的“两新”党建工作思路；组织召开城关区“两新”工委一次全体会议，与 31 个成员单位签订《“两新”组织党建工作目标责任书》，推动形成“区委牵头抓总，区‘两新’工委统筹协调，成员单位各司其职，街道（社区）兜底实施，‘两新’组织积极参与”的组织工作架构。先后建成西藏自治区首家商圈党支部、医疗行业系统党支部、创业园区党支部、项目基地党支部等。正在筹备建设“小个专”党建示范街区，党的工作已经覆盖到商圈市场、创业园区、商务楼宇、行业系统和建筑工地等各行各业。

年内，坚持以标准化引领规范化，组织设置精细，按照“应建必建、应调必调”的要求，成立 9 个街道卫生服务中心、社区卫生站党支部；成立国土分局、审计局 2 个党支部。干部队伍精干，配齐发改委等 10 余家机关支部班子成员；调整八一社区等 6 个村（社区）党组织第一书记；对全区 51 个村（居）党组织书记、干部队伍力量、驻村工作队等作用表现进行分析研判；开展进行软弱涣散评定工作，18 个党组织被评定为软弱涣散基层党组织，并督导他们制定整改方案、明确工作任务，

2018年11月13日，城关区委常委、组织部部长李德明参加党员政治教育第14次学习会

2018年9月26日，城关区委组织部常务副部长拉姆卓玛做专题讲座

年底要全部摘帽晋级。党员队伍精良，认真落实“十六字”党员发展方针，研究制定党员发展计划，全年发展244名党员；常态化组织开展“微心愿”认领，贫困群众走访慰问等党员志愿服务活动，全年累计开展党员志愿服务活动620余场次；组织开展第一书记助理、书记助理、主任助理招聘工作。以基层党建“七项重点任务”为准则，抓实基层党组织基础性建设，“三会一课”等党内生活落实成效不断提高，63名基层党组织书记累计讲授党课80余场次，组织开展集中观影、支部研讨、集中参观等集中学习活动1600余场次；制作并发放《党费收缴一卡通》《党务知识百问百答》等资料，一些党建工作中的共性问题得到有效解决。基础保障精准，落实农牧民党员200元/年的党员教育经费，每个村居党建工作经费达到15万元/年；为村居“两委”成员平均增资1400元/月，确保村居干部队伍稳定的基础上，执行好区市关于开展村居干部考核奖励的工作要求。研究制定村级组织活动建设方案、提高使用效率实施意见等文件，村级组织活动场所实现“办公面积最小化、服务功能最大化”建设要求，综合建设100余个“综合办公室”，初步实现“两委”班子、人学生“村官”、下沉干部等工作力量集中办公，“两新”组织活动场所实现“九有”目标，机关组织活动场所实现互利共享、联合共用；整合230余间办公室，建成健身室、农家（社区）书屋、电子阅览室、家政服务中心、舞蹈排练室、周末课堂等功能室；组织开展“我最喜爱的村级组织活动场所”票选活动，5.5万余名群众参与，组织开展210余场次入户宣传活动，组织开展360余场次群体性、家庭性的参观、体验服务活动；以城关区便民服务中心为主体，整合政务服务、便民服务等资源，建立行政审批项目“一个窗口”受理体系，8家单位设立15个窗口涉及12类审批事项，12个乡（街道）政务服务中心、51个村（社区）综合服务中心设立运行，办理各类服务事项11489件。

年内，城关区“智慧化”党建平台正式启动上线。截至年底，平台已吸引195个基层党组织，6200余名党员、党务工作者注册使用，累计处理基层党组织党务事项1.2万余条，日访问量达到1万余人次。借助“智慧化”党建平台，城关区党建工作初步实现了上下联动有枢纽、党员学习有阵地、党员报到有捷径、党员活动有选择、村居阵地有人气、微小心愿有认领、党建工作有交流、基层经验有挖掘、党建工作有考核的“九有”目标。

年内，积极调动辖区单位主动参与街道社区社会事务管理。区域工作机制更完善。健全区、乡（街道）、村（社区）三级联动体系，不断完善区域议事制度、通报反馈制度、定期公开制度等区域工作机制，研究制定《城关区关于推行“大工委”轮值主席制度的实施意见》。截至年底，城关区累计建立500余项区域议事协调制度，常态化组织开展座谈协调、双向服务，推动形成“整体、联动”的区域组织体系。区域参与热情更高涨。推行“大工委”“大支委”制，在保持“大工委”“大支委”班子主体框架不受影响的基础上，对21名作用发挥不明显的兼职委员进行调整；坚持每季度组织召开联席会议，共同研究讨论区域内党的建设、社会管理等方面的重大事项，动员辖区各单位共同参与社区社会事务。区域党建载体更多样。按照“每月至少开展一次、每次至少吸引两家成员单位”的要求，组织驻区1200余家（次）单位、5900余名（次）党员，开展党建载体活动500余场次；动员和组织区域内志愿者和各类专业人员，开展意识形态引导、文明引导、医疗义诊等志愿服务100余场次。

【党员干部教育】 年内，研究制定《2018年城关区加强党员干部教育培训方案》，把习近平新时代中国特色社会主义思想作为全区党员教育培训的必学科目。2018年，城关区委党校组织开展党的十九大精神、村居新任干部、基层党训等27期培训班，共计培训3670人次。研究制定城关区党员政治教育3年计划和2018年党员政治教育工作方案，开办区级党员政治教育培训等班次15期，培训3750人次，基层党组织开展党员政治教育培训300余场次，实现城关区党员全覆盖。

【人才工作】 年内，及时调整充实城关区人才工作领导小组，确保人才工作有人抓有人管；落实《关于进一步加强东西部扶贫协作工作的指导意见》，与北京市通州区委组织部签订东西部协作暨携手奔小康合作协议；落实市委组织和北京援藏指挥部要求，积极同援藏领导进行协商，上报2018年人才智力援助项目和短期援助项目，已达成4个援藏项目、1个短期援助项目。

【老干部管理】 年内，按照每人200元标准落实退休支部活动经费；按照“月月有主题、周周有活动”的工作思路，组织离退休老干部过好组织生活。广泛为退休干部征订《西藏日报》《拉萨晚报》等报刊杂志；制定并实施每月集中学习制度，定期组织开展座谈讨论、支部书记讲课、邀请党校教师讲课等活动；组建城关区老干部文艺队，邀请专业舞蹈老师对文艺队节目进行编排、训练，让离退休干部业余生活有保障；聘请17名经验、威望较高的退休干部作为义务课外辅导员，进校园，讲变化，加强未成年人爱国和民族团结教育，让老干部余热发挥有去处。在“三大节日”“重阳节”等节日期间，通过在区内外座谈会、入户等形式，对1416名退休干部进行走访慰问；把探望、慰问住院老干部作为重点工作，纳入老干部日常工作范畴，及时对住院老干部进行慰问，把区委、区政府对老干部的关心送进病房、送到家中；将老干部赴区外住院治疗的陪护人员路费纳入报销范畴。

【干部队伍建设】 年内，对区委2017年度选人用人工作和2017年新提拔的19名干部进行民主测评，满意率均在84%以上。落实干部选拔任用全程纪实，规范和完善干部选拔任用工作程序，对2015年以来开展的13批次干部选任工作建立起条目清晰、逻辑合理、相互印证、材料齐全的干部选拔任用文书档案，制定并规范填写三年来提拔任职和进一步使用的530名干部的《干部选拔任用工作全程纪实表》，逐步构建起了“精、全、细”的干部选拔任用全程纪实体系。针对性开展干部选拔任用，分两批次调整使用干部85名，其中公务员77名，事业干部7名，提任上一级职务42名，

2018年10月7日，城关区委组织部副部长旦增央宗慰问老干部

2018年10月26日，西藏自治区首个行业系统党支部—公德林医疗行业系统党支部成立

进一步使用20名，平行交流17名，免现职务3名，兼职干部1名，挂职干部1名。

开展任职试用期考核和事业干部任职满三年续聘工作，联合区纪委（监委）成立5个专项考核组，分两批次对全区37家单位任职试用期满的129名干部和任职满三年的21名事业干部进行考核。积极推进县（区）党政机构改革工作，成立城关区深化党政机构改革工作领导小组，制定《城关区机构改革方案（征求意见稿）》，召开领导小组第一次会议，会议传达学习中央、自治区、拉萨市关于党政机构改革的重要文件精神，听取城关区党政机构改革方案情况汇报，研究讨论并部署城关区党政机构改革工作，为有序推进城关区党政机构改革奠定了扎实基础。

调整优化部分机构和职能，组建城关区监察委员会，与城关区纪律检查委员会合署办公；设立城关区加荣社区卫生服务站；将城关区环境卫生局调整为城关区城市管理局（城市管理综合执法局）所属事业单位；撤销城关区文化市场综合执法大队。调整优化寺管会编制配备，在保持全区寺管会编制总量不变的前提下，为工作任务较重的寺管会累计调剂4名行政编制。持续深化行政审批制度改革，进行1次权责清单动态调整，调整后，城关区人民政府25个部门权力和责任清单共有2671项。动态调整《城关区人民政府行政审批事项目录》，全年累计取消行政许可事项3项，承接行政许可事项4项，梳理出不得行使的行政许可事项6项，调整后，全区行政审批事项达到127项。

【干部驻村工作】 年内，按照进一步深化细化干部驻村工作要求，为有效整合驻村工作人力、物力、财力资源，充分发挥第一书记（书记）及下沉干部精准掌握社情民意的优势，结合实际，一部分村（居）驻村工作队队长、副队长由村（居）第一书记（书记）兼任，另一部分由强基办统筹选派；驻村（居）工作队队员由村（居）所属乡（街道）统筹安排本村（居）下沉干部担任，确保驻村干部的精准选派、科学补位及统筹延续。

年内，第七批驻村工作队始终把学习宣传好贯彻党的十九大精神、习近平新时代中国特色社会主义思想作为驻村工作的首要政治任务，紧紧围绕新时代干部驻村工作七项重点任务开展驻村工作，教育引导各族群众更加自觉地维护习近平总书记党中央核心、全党的核心地位，更加自觉地维护以习近平同志为核心的党中央权威和集中统一领导，坚定不移跟党走、跟核心走。

年内，各驻村工作队充分发挥各自人才和行业优势，通过建立微信平台、铺设活动载体等方式帮助所在村（居）组织学习、开展活动。各工作队始终把维护社会稳定作为硬任务和第一责任，积极协助所在村（居）做好维稳防控工作，确保维稳工作“三无”和“三不出”。各驻村工作队立足“产业扶贫”的思路，结合各自实际，积极为所在村（居）集体经济发展找方向、想办法、拓门路，建强村（居）集体经济实力。各驻村工作队聚焦居民群众最关心、最直接、最现实的需要，协调各方力量，切实为民办实事、办好事，解民忧。各村（居）工作队积极协助所在村（居）抓好惠民政策的落实，确保政策落到实处。各村(居)工作队驻村居、勤走访、探民情、贴民心,在所在村(居)内广泛开展扶贫调研,用驻村干部更多的"辛苦指数"换取广大群众更高的"幸福指数"。

(周 阳)

【领导名录】

区委常委、组织部部长

李 德 明

常务副部长

拉姆卓玛(女,藏族)

副部长

王 小 龙(藏族)

副部长、老干部局局长

旦增央宗(女,藏族)

中共城关区委宣传部

【概况】 城关区委宣传部是城关区委主管全区意识形态方面工作的综合职能部门。主要职责是贯彻执行党和国家宣传工作的方针、政策,拟定全区性宣传思想工作制度方针和有关政策并组织实施;负责全区对外宣传、理论学习工作;负责全区社会舆论导向工作,组织指导精神文明建设、外事工作;拟定全区精神文明建设发展规划,组织、指导、协调精神文明创建活动;负责全区精神文明建设工作有关问题的调查研究,为城关区委加强和改进对精神文明建设工作的领导提供决策参考;组织开展群众性精神文明创建活动;协调组好党员教育工作,负责编审党员教育教材和宣传材料;承办全区重大外事工作和涉外活动,负责处理或协助上级业务部门处理全区重大的涉外事务;指导全区民间对外交往工作;承办城关区委交办的其他事项。城关区委宣传部现有3个挂牌机构:城关区精神文明建设办公室、城关区外事外宣办公室、城关区互联网信息办公室,下属1个事业单位:城关区互联网评论中心,内设城关区委宣传部办公室、记者站、城关区"四讲四爱"群众教育实践活动领导小组办公室。

【党建工作】 年内,城关区委宣传部共组织党支部会议、集中学习会议27次,专题讨论2次,观看影视片4次,参观警示教育基地1次;开展交心谈心19次,组织撰写学习心得体会50余篇;召开党员大会4次,支部委员会23次,组织生活会1次,开展党员活动22次,切实提升全体干部职工的能力水平。党务工作更加规范,党务公开透明,严格按程序发展积极分子1名,按时收缴党员党费。精准脱贫精准扶贫持续推进,党员自愿捐款10800元用于扶贫对象扎桑同学读书期间生活费,并协助其办理工会"金秋助学"补助相关材料。

7月28日,党支部开展爱心义卖活动筹集善款4244元;10月宣传部党支部发动全体党员、社会爱心人士为困难群众募捐衣物;全体党员自发前往帮扶结对户进行慰问,共走村入户20余次。积极推进网站党组织建设,组建126人的党建指导员库,年内,非公网站党建信息备案429家,并指派党建指导员429人次,慰问困难党员2人。完成区属各单位、部门开通"两微一端"及网站备案80家,加强对官方新媒体的管理,制定《城关区属网络新媒体管理办法(试行)》,互联网党建工作实现动态全覆盖,党在互联网领域的执政基础有效巩固。

2018年3月1日,城关区委常委、宣传部部长刘代红主持召开学习会

2018年6月29日，城关区委宣传部组织党员干部重温入党誓言

【党风廉政建设】 年内，明确党支部书记为党风廉政建设和反腐败工作第一责任人，负总责，其他班子成员实行“一岗双责”，形成各负其责，分工明确、责任到人、逐级负责落实的工作格局，确保党风廉政建设有人抓、有人管、有人落实。把党风廉政建设和反腐败工作列入重要议事日程，放到工作突出位置，纳入全局工作统筹安排、一同部署、一同落实、一同检查、一同考核，结合工作实际对党风廉政建设和反腐败工作进行安排部署，进一步明确责任分工，按照工作职责划分责任范围，把责任细化落实到个人，层层分解全年党风廉政建设各项具体工作。同时，进一步完善《车辆和驾驶员管理制度》《考勤制度》《请销假制度》等作风效能建设制度内容，人员考勤、车辆使用严格按照制度实行，并按规定及时做好各类记录工作，确保人员、车辆随时可见、可查、可管，实现了制度化管理。

年内，将政治教育放在首位，在坚持“书记讲廉政党课”的同时，坚持以集中学习形式认真学习《中国共产党章程》《中国共产党领导干部廉洁从政若干准则》《中国共产党纪律处分条例》和各级党委关于党风廉政建设重要文件、会议精神，筑牢党员干部的思想基础。继续巩固党的群众路线教育实践活动成果，推进“两学一做”学习教育常态化制度化，深入开展“一树两抓三比四提高”活动，始终保持反“四风”高压态势。利用理论中心组学习会、党支部学习例会、干部职工大会等各种载体，组织全体党员干部对中央“八项规定”、区党委“约法十章”、市委“八项要求”和城关区委“十项规定”贯彻执行等作出部署，加强作风效能建设与政风、行风的联动，强化自律教育，从严执行各项制度。

年内，按照党的政治纪律、组织纪律、廉洁纪律、群众纪律、工作纪律和生活纪律，宣传部全体干部职工自觉践行“说办就办、马上就办、办就办好”，真正做到始终以一种拼命劲头、以一种实干精神，认真落实区委、区政府安排部署的各项工作。认真执行党内监督条例，严格执行民主集中制、“三重一大”制度、末位发言制，认真执行领导干部报告个人有关事项制度等制度，形成了用制度管人、用制度管事的长效机制，执行制度决不姑息。同时，支部全体党员干部对照职能职责，进行党性分析，严肃认真开展批评和自我批评，准确查摆问题，及时抓好好整改。同时，党支部书记先学一步、学深一步，积极发挥教育监管作用，抓好干部宣传教育，切实管好班子、带好队伍。厉行勤俭节约、反对铺张浪费，严格“三公”经费支出管理，以“隆重、热烈、节俭、务实”为原则举办各类宣传文化活动，以汇报形式在工作例会上进行党务公开、财务公开，并设立财务公开栏，实现公开化、透明化。始终坚持“改”要针对问题改的基本思路，突出问题导向，强化立查立改。

【理论学习】 年内，充分发挥区委理论学习中心组的示范带动作用，年初制定《城关区委理论学习中心组安排意见》，以习近平新时代中国特色社会主义思想和党的十九大精神为学习主线，结合区委、区政府中心工作，精心设立17个学习专题，严格落实每周三下班后集中学习研讨制度，采取专题讲座与交流研讨相结合、集中观看直播与视频会议相结合、撰写心得体会与即席发言相结合、理论学习与调查研究相结合等方式方法，共组织区委理论学习中心组集中学习 52 次，其中举办专题讲座 11 次，交流发言 4 次，创新开展“稳步提升城市低收入群体生活水平”“生态文明建设”和“宗教工作”等专题学习，进一步提高了集中学习实效，为各级党组织做好了集中学习示范。

年内，以党支部为基本单位，以党的组织生活为基本形式，将各级党委（党组）理论学习中心组学习、“两学一做”学习教育作为强化广大党员干部理论武装的重要载体，把深刻领会和全面掌握习近平新时代中国特色社会主义思想和党的十九大精神作为“四讲四有”合格党员第一位的要求，有计划、有针对性地开展经常性集体学习、专题研讨、专家讲座等，开展区、乡两级书记讲党课 21 次，各街道、区属企业、寺管会中心组学习 1100 余次，持续深化党的最新理论成果和政策精神在广大党员干部中的能力转化。

把《习近平谈治国理政》第一、二卷作为理论学习的重中之重，实现中心组成员人手一册、各级党组织统一征订，推动《习近平谈治国理政》第一、二卷进企业、进村居、进机关、进校园、进寺庙。同时，在全区范围内发放《习近平讲故事》《党委中心组学习》《岁月记忆》等各类藏汉文版学习宣讲资料 14634 册。全区广大党员干部通过个人自学、撰写心得体会和理论文章等进一步学出忠诚、学出担当、学出自信、学出动力，切实用党的创新理论武装头脑、指导实践、推动工作。撰写的《干在实处创新业走在前列谋新篇—十八大以来城关区经济社会发展综述》被市委宣传部采用、进行了表彰。

【宣传活动】 年内，充分利用区内外重大新闻媒体资源和区属媒体资源，围绕区委、区政府中心工作，按照深入浅出、通俗易懂、原汁原味的原则，开设专版专栏、策划专题报道，广泛宣传城关区学习贯彻习近平新时代中国特色社会主义思想和党的十九大精神的有力举措、先进经验、典型故事，深入宣传城关区委、区政府的重大决策和工作部署，城关各项事业取得的新发展、新成就、新变化和农牧（居）民群众幸福美满的新生活，持续做好改革开放 40 周年、“四讲四爱”群众教育实践活动、巩固脱贫攻坚、加强生态环保等重大主题宣传。同时，积极邀请各级媒体记者参观、体验、报道城关区高标准奶牛繁育养殖中心、好客藏家、油桃采摘节、树莓采摘节、酸奶节、“四讲四爱”等重大项目和活动，深入挖掘城关区发展成就和工作亮点，提升城关区在各级媒体的曝光率，共播出城关区新闻稿件 2060 条，鼓舞了城关发展稳定的士气和干劲。

进一步创新理念、丰富载体，加强《城关周报》、城关政府新闻网、城关掌上通等区属自有媒体的建设，各平台影响力不断提升，2018 年发行《城关周报》发行 30 期，创刊至今共发行 67 期 1650 篇新闻稿件，得到了各单位部门的一致好评。同时，按照区委、政府工作部署，对城关区庆“3·28”百万农奴解放纪念日升国旗奏国歌系列活动、环保问题曝光平台、果果书记讲党课、区政府大门旁房屋拆迁、蔡公堂乡违建拆除、城关区防

2018年7月28日，城关区委宣传部组织开展爱心义卖活动

洪工作等进行全程录像，组织拍摄制作西藏净土乳业汇报片、城关区均衡教育汇报片，积极为各单位部门提供照片及视频素材。

“八看、一算账、一揭批、四增强”、西藏新旧对比图片展、参观爱国主义教育基地、文艺会演、交流座谈会等感党恩、民族团结、爱国主义教育系列主题活动在全区范围内有序推进。更加注重在重要节日的活动开展，“3·28”期间成功举办城关区“西藏百万农奴解放纪念日”各族各界座谈会、“勿忘历史感党恩砥砺奋进新时代”图片巡回展12场次，全区范围内“升国旗唱国歌”仪式、知识竞赛、歌唱比赛、文艺会演等各类活动广泛开展。群众性文化活动丰富有序，自5月中旬起在辖区12个乡（街道）22个群众活动区域举行幸福拉萨规范舞学跳活动，并定期督查活动情况。社会氛围营造良好，在“三大节日”“3·28”期间，切实做好全区范围内的横幅、标语、宣传画发放张贴、宣传片播放和国旗悬挂工作，并积极进行督导检查，区委宣传部统一发放国旗8319面。同时，按照10人1小组的群众组织保障体制，严格群众组织工作纪律、工作要求和工作责任，第四届藏博会、首届跨喜马拉雅自行车极限赛等各项群众组织活动取得圆满成功，共组织农牧民、居民群众1万余人次，已兑现误工补贴30万元，待付误工补贴约23万元。

2018年11月13日，城关区委宣传部对米琼日寺文物消防进行检查

先行走访、提前筹备，顺利完成来自美国、法国、比利时、乌克兰、尼泊尔等多个国家的媒体记者团、调研考察团、摄制组18批次230余人次的外事访问和家访的接访工作。进一步夯实外宣工作基础，加强外宣点建设和管理工作，调整完善城关区涉外家访点30户。建立乡办村（居）外宣点培养长效机制，通过召开座谈会、组织交流、开展培训等形式，提升涉外人员能力水平。打造外宣“精品”工程，制作具有城关改革发展成就特色的外宣礼品300余份。

【“四讲四爱”群众教育实践活动】

年内，及时调整充实城关区“四讲四爱”群众教育实践活动领导小组，市委副书记、市长、城关区委书记果果任组长，下设办公室、宣讲团，抽选104名宣讲骨干纳入城关区级宣讲团，组织保障坚强有力。制定印发《城关区“四讲四爱”群众教育实践活动实施方案》，对全年及各节点工作进行系统安排部署，启动仪式5月10日顺利召开，各节点转段会按上级规定时间及时召开推进。

年内，加强与各级各类媒体的沟通衔接，抓紧新闻宣传、社会面宣传、网络宣传这三个关键环节，深入挖掘典型经验和亮点工作，整理上报工作简报255期。进一步加强社会面宣传和氛围营造工作，持续更新广告牌、宣传栏、宣传橱窗、宣传展板、横幅标语、LED显示屏等载体，印制发放宣传册、宣传页、纸杯、环保袋等宣传品，切实提升群众对“四讲四爱”的认识程度，在全社会营造团结奋进的浓厚氛围。编印发放《习近平新时代中国特色社会主义思想摘要100句》3万册，习近平总书记的核心地位深入人心，各族群众“五个认同”意识更加牢固。同时，以自查和督导相结合的方式，持续深入辖区各领域各单位以查看台账、实地听宣讲、调研走访、回头看等形式开展督查100余次，有效推进工作落实。各级各单位分别成立督导组对下辖村（社区）、学校、寺庙、企业开展督导，切实将督导结果转化为各级各单位抓好群众教育实践活动的动力，推进各项工作取得实效。

年内，着力加强“四讲四爱”群众教育实践活动宣讲团建设，进一步整合城关区、街道、村（居）三级力量，以点带面加强基层宣讲队伍建设，建成城关区三级宣讲队伍体系，成立各级各类宣讲团108个，基层宣讲员7000余人。各级宣讲员严格以自治区编印的《宣讲提纲》为基本遵循，根据不同受众特点，采取“集中宣讲齐开头、入户宣讲入人心”的方式开展对象化、分众化、互动化主题宣讲，推动“四讲四爱”群众教育实践活动进农村、进社区、进学校、进课堂、进家庭、进企业、进寺庙、进僧舍，实现全覆盖、无缝隙，共开展集中宣讲和入户宣讲1800余场次，受众达38万余人次。

年内，结合城关实际制定四个阶段重点开展的二十五项实践活动的整体方案并进行下发，由各牵头单位统筹负责，充分发挥业务优势和联动优势，制定切实可行的实施方案，推进各项实践活动自上而下及时、深入、有序、热烈开展，以各项实践活动强化宣讲教育效果，使广大干部群众强化“四个意识”、向核心看齐。通过各级各单位开展的升国旗唱国歌、文艺会演、参观爱国主义教育基地、召开谈心座谈会、植树造林、参与环卫工作、清理河道、举办运动会等一系列形式丰富、主题鲜明、广受好评的实践活动，使“四讲四爱”走进基层、贴近群众，让“四讲四爱”的内容深入人心，做到思想上认识、感情上认同、生活中实践，各级各部门共开展实践活动840余场次，受众达40余万人次。

【文明创建】 年内，常态化长效化开展巩固全国文明城市创建成果工作，每季度对各乡（街道）、村（居）深化全国文明城市创建工作进行全面督导检查。以道德讲堂、家长学校、市民学校等活动载体为平台，在村（社区）开展“移风易俗、破迷信、改陋习”大查摆、“美丽乡村文明养成”实践活动、“家在社区、五美家园”实践活动及“身边好人大家学”系列宣传活动共计480余次。11月2日，城关区委、区政府、区文明委组织召开城关区2017年度深化全国文明城市创建工作总结表彰暨2018年度迎检测评动员部署大会，市政协党组成员，城关区委副书记、区长、文明委主任刘亮同志出席会议，并受市委副书记、市长，城关区委书记、文明委第一主任果果委托作讲话安排部署创城迎检工作。

年内，在第一时间成立以拉萨市委副书记、市长、城关区委书记果果为组长的“五有五好”文明村镇创建活动领导小组，及时制定印发《城关区开展“五有五好”文明村镇创建活动工作的方案》，组织召开精神文明建设和意识形态领域工作专班例会，多次对工作任务进行细化部署安排。各乡办、村居、中小学校、寺庙均设立文明引导员，完成有精神文明宣传栏、公益广告牌、志愿服务站、文化大舞台“五有”建设，开展“五好”主题活动3448场次，受益群众59.3万余人次。开展中国梦宣传教育160余次，“我们的节日”主题活动260余次，2月8日城关区“中华民族一家亲同心共筑中国梦——我们的节日·春节藏历

2018年11月16日，城关区委宣传部组织干部职工入户慰问困难群众

新年”主题联欢活动在纳金乡藏热社区圆满举行。9月21日，城关区“话童心·扬传统·共团圆——我们的节日·中秋”主题活动在拉萨市实验小学成功举办。

年内，把公民道德建设作为精神文明建设的重点工作，扎实开展自治区“时代楷模”和“拉萨好人”评选推荐工作和“城关好人”评选工作，共推荐“拉萨好人”“拉萨道德模范”7名。在所有村（社区）设立“善行义举”榜，做到践行社会主义核心价值观，重引导、接地气、见实效。在校园内开展童心向党、中华经典诵读、洒扫应对、网上寄语签名等17个类别的主题活动。积极建好社区家长学校，加强家长科学教子的宣传教育，构建了学校、家庭、社会“三位一体”的教育网络，不断推进未成年人思想道德建设。

年内，制定城关区“红袖标”志愿服务队实施方案，为城关区志愿服务工作开展提供指导。围绕文明交通引导、关爱空巢老人、便民利民等13项学雷锋志愿服务内容，坚持开展学雷锋志愿服务活动，每月组织志愿者开展一次集中活动。截至年底，城关区共开展各类志愿服务500余次，参与志愿者达34000余人次。

【网信工作】 年内，结合城关实际和新时期网信工作发展趋势，进一步规范了网络舆情处置流程、网站备案流程。调整加强网信办和网评中心工作力量，组建成126人的党建指导员人才库和70人的网评员队伍，聘用2名专业人员从事网络编辑工作，定期开展业务技能培训，统筹协调机制、推进工作制度和人才队伍建设日趋完善。

落实网络意识形态工作责任制，7×24小时加强网络舆情监测和应急管控，精心组织开展网上舆论斗争，妥善处置“大昭寺局部火灾”“拉鲁湿地小鱼死亡”“布达拉宫广场灯光秀污染”“蔡公堂乡建筑垃圾”等重大舆情，2018年共发现并妥善处置负面网络舆情28条，2018年上报协调协市网信办删除各类负面言论信息900余条，确保城关区互联网空间可控可管。

年内，建立区直机关、乡办网评员体系，及时组织网评员开展网络舆论引导，2018年完成1775条网言网语转发跟帖引导，积极保持网络空间清朗，积极发挥城关区政府新闻网、城关掌上通、“网信城关”等“两微一端”的作用，紧紧围绕区委、区政府的中心工作，精心设置主题，大力开展社会主义核心价值观、“四讲四爱”等宣传教育，探索建立起了从“管得住”到“正能量”的治网体系，城关区政府新闻网站2018年的用户量为928062，浏览量1914465，位居全区第一，城关掌上通日均访问量达到1000余次。

举办网络安全宣传周活动，现场发放各类宣传资料2000余册，惠及群众1000余人次；开展“网络安全进社区——争做中国好网民”宣传活动，现场宣讲8场次，惠及群众700余人次；制宣传资料8000册，制作小礼品2000份；配合拉萨市圆满完成“全国网络媒体拉萨行”大型采访活动，在全国各重点网站推出100余篇专题稿件，阅读量和点击量均过亿次，唱响了主旋律，传播了正能量。

【城关掌上通】 城关掌上通是城关区同新华社西藏分社合作，于2014年5月上线运行的自治区首家县区级政务APP。稿件的来源：宣传部记者站采访的城关区重大新闻事件，区直各单位、各街道及各村居、各驻村（居）工作队、各寺管会等各级各部门的工作简报，内容涵盖时政、经济、社会、文化、旅游等各个方面。新闻稿件经网信办采编人员筛选、编辑后附稿件审核表，经过三审三核后将其提供给新华社西藏分社工作人员进行上传内容。全方位报道各级政府部门的各方面工作，同时更新上传了拉萨市公交信息表、惠民蔬菜直销车分布点、政务公开公示情况等，促进了人民群众对政府工作的深入了解，在群众和政府之间搭起了沟通的桥梁。

城关区网信办坚定政治立场、以服务大局的高度严守三审制，撰写单位负责人审、网信办负责人审、城关掌上通后台单位负责人审，涉及机密、维稳、疫病疫情等内容的稿件一律不采纳，以此确保稿件内容安全，努力为受众提供积极、阳光和具有正能量的网络新闻作品。同时根据拉萨市保密局的要求，严格执行相关规定，做好《信息公开保密审查表》的登记、留底。

城关区网信办号召全区各级

政府部门和党员干部通过两个平台向人民群众展示政府工作，让人民群众了解党和政府的各项优惠政策，并让人民群众了解和监督政府部门工作情况。此外，城关区网信办还在茶馆、餐馆、网吧等人流量集中的场所发放网站宣传海报，让人民群众了解和关注城关区政府新闻网，真正让网站“落地”，为人民群众服务。2018年城关掌上通日均访问量达到1000余次，装机量为1.3万次。

城关掌上通平均每天收到各单位、各部门简报50篇左右，质量也有了大幅度提高，2018年稿件上传数量共计1900余条。

（呼振杰）

【领导名录】

区委常委、宣传部部长

刘代红（女）

常务副部长

亚　拉（回）

副部长

张　轩

副部长（网信办副主任）

王福强（6月任）

网评中心主任

马静文（女）

中共城关区委统战部

【概况】 2018年，城关区委统战部以服务区委中心工作为首位任务，以“民族工作抓团结、宗教工作抓和谐”为重点抓手，为奋斗目标，团结一致，维护稳定，开创了统战工作新局面。始终高举中国特色社会主义伟大旗帜，深入贯彻落实科学发展观、党的十九大会议精神，深入开展“两学一做”学习教育，牢牢把握服务科学发展和长治久安这个主题，突出抓好统一战线和民族宗教工作，大力发展非公有制经济，有效开展境外藏胞工作，着力培养人大、政协、党外人士代表、党外知识分子和新的社会阶层人士，发展壮大新时期爱国统一战线，为推进城关区跨越式发展和长治久安做出应有贡献。

【党建工作】 年内，严格按照城关区委工作要求，有序开展党建工作，以“两学一做”学习教育为契机，制定学习计划、方案，以区委每周三开展的中心理论组集中学习为标杆，积极组织统战部党员认真学习理论知识，落实“三会一课”制度，规范党建工作，坚持做到“两手抓、两促进”。2018年，统战工商联联合党支部开展“两学一做”学习教育集中学习会共计29次，“回头看”学习会议4次，“两学一做”学习教育专题讨论会3次，“党员政治教育”学习会议16次，党员政治教育组织生活会1次。

【党风廉政建设】 年内，按照区委党风廉政建设的有关要求，紧紧围绕党风廉政建设和反腐败工作总体要求，努力实践“三个代表”重要思想，推动区委统战部党风廉政建设和反腐败斗争深入开展。组织全体干部认真学习廉政勤政建设的政策法规，提高服务意识，把干部的思想引导到全心全意为人民服务的观念上来，解放思想，转变观念，加强党风廉政建设，规范从政行为，落实责任制，以求真务实、艰苦奋斗的作风，努力营造公平、公正、高效、优质的服务环境。严格执行领导干部述廉述职制度，认真落实“五必谈一约谈”“三谈两述”及问询制度。从工作、思想、纪律、廉政、作

2018年11月30日，统战工商联联合党支部召开党员政治教育专题组织生活会，城关区委常委、统战部部长拉巴次仁参加会议

2018年4月26日，城关区委统战部召开归国定居藏胞及党外人士“讲党恩爱核心、讲团结爱祖国、讲贡献爱家园、讲文明爱生活”学习会

风等方面进行查摆，重点检查公仆意识、服务态度、工作质量等，通过对照检查，实事求是、客观公正、毫无隐瞒地查摆出单位和个人存在的问题，深层次地挖掘问题的根源，及时进行整改。认真组织开展党的“两学一做”教育实践，讨论“四风”“两问题”“一薄弱”“三不够”等问题。坚持一手抓学习教育，一手抓日常工作，统筹兼顾，同步推进，做到“两不误、两促进、双丰收”。

【集中学习、统一思想】 年内，集中学习新修订《宗教事务条例》。自治区党委高瞻远瞩，在全区开展“遵行四条标准争做先进僧尼”教育实践活动和学习宣传《宗教事务条例》，城关区委、区政府高度重视，深刻学习领会，全面准确把握，充分发挥自身优势，聚合组织优势、力量优势、资源优势，全面推进学习宣传，全面推进活动开展，确保取得实效。

城关区宗教领域召开深入开展“遵行四条标准、争做先进僧尼”教育实践活动和学习宣传《宗教事务条例》动员部署大会。会上要求各寺管会及时召开动员部署会并制定相关学习计划表，按时完成学习，紧密结合“遵行四条标准争做先进僧尼”主体内容和具体要求，开展宣讲活动，要求活动覆盖面广、主题深入、方式新颖、丰富载体、深化成果，全力促进“五讲”活动高质高效。并由统战部、民宗局、宗教办联合定时不定时进行督导。城关区涉宗领域也依照制订的计划表按时开展集中学习，学习内容有《宗教事务条例》、吴英杰在自治区领导与西藏宗教界代表人士座谈会上的讲话摘要、“遵行四条标准、争做先进僧尼”教育实践活动。并记好集体笔记、干部自身个人笔记。

【政策宣传】 年内，城关区统战部政策宣传主要采取分类分别组织宣讲，方法上采取归国藏胞季度座谈会制，内容安排为党的方针政策、法律法规、爱国主义教育以及学习宣传党的十九大精神等四大主题内容；充分利用报刊及电视媒体，宣传城关区的统一战线工作及统战政策，通过与外宣办联系，利用广播向境外藏胞宣传城关区统战人士的先进事迹和藏胞们生活条件不断改善的情况，号召国外藏胞心向祖国、热爱祖国。每月向政协、各街道办事处、寺管会等部门发放《中国统一战线》《中国西藏》《西藏统一战线》等杂志，深入广泛地宣传统战政策和统战工作。同时，还加强与上级业务部门和相关部门的沟通联系，及时上报工作信息。

【藏胞基本情况】 城关区作为自治区首府拉萨市的唯一市辖区，下辖有12个办事处。辖区内现有定居藏胞29户36人，其生活来源基本为经商、务工两大类。由于城关区为首府城区原因，是归国藏胞探亲的首选点和重要的中转集散地，年均接待探亲藏胞350余人次，均按期劝返回定（旅）居国。

【送党关怀、喜迎节日】 年内，“三大节日”来临之日，筹措资金3.8万元对城关区辖区内归国定居藏胞29户38人，特别是对年老体弱、家庭偏远的定居藏胞，挨家挨户进行走访慰问，体现党和政府的温暖。年初制定《城关区委统战部2018年度归国定居藏胞组织学习及慰问方案》，使学习和慰问常态化、制度化、形成长效机制，更好地开展藏胞管理与服务工作。

【召开“3·28”纪念日座谈会】

年内，城关区委统战部协同城关区委宣传部召开各族各界纪念“3·28”座谈会，经济界人士、民族上层人士、归国定居藏胞、宗教界人士、各群团代表共计50余人参加座谈，畅谈西藏发展变化和纪念百万农奴解放日的重要意义。同时组织5名归国定居藏胞参加自治区党委统战部及拉萨市委统战部召开的“3·28”纪念日座谈会。

【解决佛协理事生活补助】 年内，根据《中共西藏自治区委员会统战部西藏自治区人力资源社会保障厅西藏自治区财政厅关于增加部分党外人士生活费的通知》，经城关区委统战部认真细致核实，为2名自治区佛协理事和4名拉萨市佛协理事解决生活补助，共计151750元。

【心系藏胞、鼎力相助】 年内，根据城关区辖区内归国定居藏胞央宗卓玛生活情况，向自治区党委统战部申请，酌情对藏胞央宗卓玛及其患有癫痫的女儿旦增次珍提供27000元的生活补助，并在拉萨市委统战部的组织下，在成都神康癫痫医院对旦增次珍进行医疗问诊；藏胞晋美次旦因商铺合同到期问题，八廓办事处收回其位于八廓街的商铺，因其生活状况较为困难，城关区委统战部协调八廓街道办事处酌情考虑并请求为其续期。

【参观教学、寓教于乐】 年内，为持续关心归国藏胞生活状况，使藏胞进一步感受党和政府的关心，城关区委统战部组织辖区内定居藏胞参观南山公园。参观途中区委统战部工作人员为藏胞讲述党的相关优惠政策，鼓励藏胞积极参与城关各项建设，提高他们的政策认知和大局意识，增强他们对祖国的认同力和向心力。参观结束后，区委统战部向归国定居藏胞发放季度性慰问金，同时号召广大藏胞，要时刻知党恩、感党恩、报党恩，坚定不移跟党走。

【党外政协委员】 6月22日，城关区委统战部协同城关区政协开展“四讲四爱”群众教育实践活动宣讲会，由市委党校格桑次仁老师主讲，政协副主席索朗顿珠主持，宣讲对象为60余名政协委员。会后参会委员表示，通过宣讲，牢固树立了核心意识，进一步明辨是非，澄清思想认识。会继续当好党和群众的桥梁纽带，做到履职为民，讲党恩，感党恩。

【党外干部及知识分子】 年内，城关区各单位公务员身份和参照公务员管理的在职人员共有1105名，其中共有党外干部221名，占公务员总数的20%，主要分布于城关区各街道、区（直）各部门和寺庙管理委员会等领域工作战线。

城关区非公务员身份的党外知识分子统计人数为1454名，各单位推荐党外知识分子代表35名，党外知识分子学历情况为，博士1名，硕士研究生23名，本科874名，大专538名。男党外知识分子378名，女党外知识分子1076名。藏族1084名，汉族353名，回族11名，其他少数民族6名。

教育系统党外知识分子1407名，推荐代表25名，农牧系统党外知识分子共16名，代表拉巴穷达

2018年11月13日，城关区委统战部组织辖区内归国定居藏胞及党外人士学习党的十九大精神

2018年8月3日，城关区召开民族团结进步模范表彰大会

为城关区第九届政协委员。卫生系统党外知识分子共6名，其中吉本才让，为拉萨市第十一届政协委员和城关区第九届政协委员；昌曲，为城关区第九届政协委员，工信局党外知识分子共6名，文广局1名，民宗局党外知识识18名（在僧尼知识分子中有全国佛协理事、全国妇联执委、自治区佛协副会长、常务理事、理事、自治区政协委员、自治区妇联副主席、拉萨市人大代表、政协委员、拉萨市佛协常务理事、理事、城关区青年代表、城关区政协委员、人大代表）。其中下密院民管会主任久美（僧人）、林周县达隆寺活佛索朗顿珠均为城关区政协副主席（居住在城关区辖区，在自治区佛学院学习）。

【新的社会阶层人士概况】 年内，城关区新的社会阶层人士推荐代表人数为9名，其中男8名，女1名，藏族7名，汉族2名，其中画师1名、金属雕刻师2名、木匠师1名、造价员1名、工民建造师1名、民间艺术团演职人员3名，学历情况为大专2名、中专1名、其余均为初中及以下，年龄最大的52周岁，年龄最小的30周岁，他们为继承和发扬民族文化起到了一定的传承作用。

（次　白）

【领导名录】

区委常委、统战部部长

拉巴次仁（藏族）

常务副部长

多 布 杰（藏族）

宗教领导小组办公室主任

巴桑尼玛（女，藏族）

副部长

刘　　祥

宗教领导小组办公室副主任

普布次仁（藏族）

城关区总工会

【概况】 2018年，城关区总工会始终高举中国特色社会主义伟大旗帜，深入贯彻落实党的十九大精神和中央第六次西藏工作座谈会精神、以马克思列宁主义、毛泽东思想、邓小平理论、“三个代表”重要思想、科学发展观、习近平新时代中国特色社会主义思想为指导，认真学习习近平总书记系列重要讲话精神和治国理政新理念新思想新战略，特别是落实习近平总书记治国必治边，治边先稳藏的重要战略思想和加强民族团结、建设美丽西藏的重要指示，进一步强化“四个意识”“四个自信”，自觉在思想上政治上行动上同以习近平同志为核心的党中央保持高度一致。加强工会职能建设，围绕工会建设的任务目标，紧扣“四讲四爱”主题教育实践活动，充分发挥工会的桥梁纽带作用。2018年，城关区总工会编制4人，实有工作人员5名。城关区总工会下属基层工会组织128个，工会会员7242人。

【工会第六届代表大会】 6月25日，城关区总工会召开城关区总工会第六次代表大会。参会121人，大会审议通过《城关区总工会第五届委员会工作报告》《选举办法》，依法通过无记名投票的方式选举产生新一届工会主席、副主席以及2名兼职副主席，第六届委员会委员27名，常务委员7名，经费审查委员会委员5名，女职工委员会委员5名。新一届工会班子将以党的十九大精神为指引，强化政治意识、责任意识，深入推进主体责任，积极发挥工会四项职能，努力为干部职工排忧解难，使工会工作再次焕发生机活力，呈现新的亮点，开创工会工作新局面。

【党建工作】 7月，根据工作需要，城关区总工会进行党支部换届，选举出党支部书记、组织委员和宣传委员，定期学习政治理论和业务知识，增强工作能力，规范了党组织工作制度。坚持落实“一岗双责”制，健全党员目标管理、“三会一课”、民主生活会、民主评议党员工作、党费收缴等多项制度。按要求实施“党务公开”制度，党费收缴、党员发展等项工作按时公开，自觉接受内部全体党员的监督。按照建设“学习型”机关的要求，健全和规范了支部学习、支部集中学习等学习制度，同时采取自学，增强全体党员学习的针对性。明确任务，责任到人，一级抓一级，层层抓落实的领导机制。工会支部把党建工作纳入全局工作，与其他业务工作一并安排，一并部署，要求做到“两不误”“两促进”，把支部成员抓党建的成效作为评优的重要依据。2018年城关区总工会开展16期党员政治教育培训学习，总学时达到每人32学时。通过开展党员政治教育培训，加强工会党支部党员干部职工理论水平，创新了工作思路，丰富了工作内容，增强了党支部的凝聚力和战斗力，为工会工作提供了思想和组织保障。

【党风廉政建设】 年内，围绕党风廉政建设、推进惩防体系建设工作，认真组织开展党内监督，严肃党内政治生活，召开民主生活会1次，专题组织生活会1次，班子成员相互之间进行认真、坦诚、实事求是的分析评议，开展批评与自我批评，提出中肯的意见和建议，有力地加强班子的凝聚力、战斗力和廉政建设。一切党务政务活动，采取例会公开制度，每月将重要事项通过相关渠道公示，特别是三公支出在每周例会上进行公开，并征求班子成员意见和建议。严格执行“领导干部有关事项报告制度”、述职述廉报告制度、干部廉政风险防控工作的部署，城关区总工会紧密结合部门职能，广泛开展个人自查、交叉互查等，在工会人事管理、财务管理、困难职工帮扶、专项资金使用、资产管理等方面提出相应的防控措施，着力构筑廉政风险的“防火墙”。在抓党风廉政建设工作中，重点建设好宣传思想廉政文化，做到以先进的宣传思想文化引领宣传干部，以优秀宣传思想文化激励干部，营造浓厚的“公正、廉洁、高效”的廉政氛围。抓好查找廉政风险点和重点防控工作。在作风建设方面，主要查找工作纪律、办事效率等方面的廉政风险点，推进查改落实。在制度建设方面，针对涉及人财物管理、三公开支等方面的廉政风险点，进一步完善制度措施，并严格执行。对易发和多发的廉政风险点，做好重点防控和监测预警，把问题消灭在萌芽状态。认真贯彻中央下达《廉政准则》和城关区2018年党风廉政建设主体责任制等有关文件，牢记区委、区政府和区纪委关于加强党风廉政建设工作部署和要求，结合总工会实际情况，制定《城关区总工会党风廉政建设责任制度》《城关区总工会党支部党内监督制度》等规章制度，落实领导干部党风廉政建设工作的相关规定事项，切实营造廉洁自律的工作氛围。

2018年10月25日，城关区总工会开展“五送”活动，由城关区委常委、组织部部长李德明发放慰问金

【按规定收取会费】 年内，城关区总工会根据文件精神和相关规定，完善工会会员会费收缴制度，按照城关区实际，在9月正式下发收缴会费的通知，干部职工按照每月基本工资的0.5%缴纳会费，公益性按照一年每人一次性缴纳60元的标准进行。并由专人负责管理。截至年底，城关区已有50家单位已缴纳会费，共计22748元。城关区12个街道工会会费的60%留在街道，作为当年工会活动经费，城关区总工会收取街道会费的40%。

2018年12月28日，城关区总工会主席达瓦色珍一行到毛纺二厂对在档25户困难职工入户调研

【帮扶解困服务】 年内，城关区总工会在“三大节日”来临之际，对200名企业困难职工、环卫保洁人员、农民工，城关区基层一线64个基层单位开展送温暖献爱心，慰问资金共计达到28.8万元。“三八”妇女节期间，为城关区在2018年已生育或未生育的59名女职工开展慰问活动，慰问金额为每人800元，共计4.72万元。城关区总工会高度重视、积极发力，对10名“大病救助”人员发放慰问金每人1万元，共计10万元整。9月，开展“洁达环卫”职工技能大赛，工会为支持和鼓励职工技能大赛的成功举办，支持14950元的活动经费。

12月27日，城关区总工会赴毛纺二厂对在档困难职工入户调研并按照每户4000元的标准发放慰问金，此次发放生活救助金的家庭范围包括：毛纺二厂19户、工艺美术厂1户、洁达保洁公司4户、环卫局1户，共25户困难职工家庭，共计发放生活救助金10万元整。为促进就业，更好的体现为职工群众服务的精神，工会组织城关区困难会员职工及农牧民工群众进行技能培训，其中机动车13人、挖掘机5人、厨师5人进行培训，进一步提升城关区困难职工的行业技能水平，拓宽了就业渠道。努力推动和帮助广大职工群众特别是困难职工解决最关心、最直接、最现实的利益问题。切实把党和政府的关心送到他们的心坎上。积极开展2018年“金秋助学”活动，此次活动对2018年考入区内(外)高等院校的38名困难职工子女进行区内每人2000元和区外每人4000元的资助，共兑现140000元。圆了贫困学生大学梦的同时也为贫困家庭减轻经济负担，让家长不再为孩子的学费发愁。

【丰富职工生活】 10月，根据市总要求开展“送温暖、送文化、送法律、送政策、送医送药”为主要内容的“贯彻落实十九大·工会服务在基层”系列服务职工活动。共计活动经费66563元(其中，对20名环卫工人、基层一线困难职工敬献哈达并送上每人1000元的慰问金20000元；送去15000元的藏药和西药；由娘热民间艺术团为职工奉献精彩的演出，共计15000元，宣传和舞台广告设计共计16020元)。通过开展“五送”活动，使职工更深地了解法律法规知识，能够依法维护自己的合法权益同时也解决了他们的实际困难，此次活动是真情关心关爱职工的一项重要举措。城关区总工会始终把建设职工书屋作为一项惠及职工群众、成为广大职工重要知识之源和温馨之家的工程来抓，2018年新增职工书屋2家，配备散文杂记、生活百科、经营管理、工业科技等类型图书。

2018年12月7日，城关区总工会副主席次央为困难职工子女家庭兑现"金秋助学"金14万元整

识、政策法规及维权知识宣讲，增强安全生产意识。9月29日，城关区总工会在节日前对辖区工贸行业开展安全生产联合执法大检查，避免发生任何安全生产事故，对城关区安全生产形势持续稳定做出积极贡献。12月，城关区总工会与城关区安监局、团区委、教育局联合组织"安康杯"知识竞赛，此次活动进一步提高安管人员的监管水平和企业职工的自我保护能力，促进安全生产工作进一步规范化和标准化，保障安全生产形式持续稳定。

【自治区、拉萨市两级工会调研】 年内，自治区、拉萨市两级工会分别到城关区总工会进行调研。他们高度评价城关区委、区政府对工会工作的大力支持，肯定了城关区总工会在开展工作方面所做的努力，并提出下一步工作要求。

【提升队伍素质】 年内，为进一步提高基层工会干部的业综合素质，分层次组织开展各类培训活动。2018年城关区工会参加自治区总工会、拉萨市总工会、湖北宜昌、广州、西安的综合业务培训达到11人次，为开展好工会的各项工作打下了坚实的基础。以"劳动技能大赛"活动为载体，积极发动广大职工在提升职工素质、节能降耗、安全生产等方面献计献策，不断增强职工的学习能力、创新能力、竞争能力和创业能力。

【开展关爱健康活动】 年内，为城关区12个街道、村(居)、区(直)部门共解决12805元健康活动经费，为干部职工的健康成长注入新的工作动力。城关区委、区政府关心爱护广大干部职工的身心健康，激发广大干部的工作积极性，维护干部职工的疗(休)养权益，每年把一定比例的工会经费用在干部职工疗(休)养上，2018年已安排两批干部职工进行疗(休)养，共计52人，共计经费71.76万元。每次活动严格按照中央"八项规定"和上级相关文件精神进行，得到广大干部职工一致好评。并在今后的工作中起到了推动作用。10月，为城关区国有企业的94名女职工组织开展"两癌"筛查健康检查活动，这项工作保障了女职工的健康。

【安全生产】 6月，城关区总工会积极参加由城关区安委会主办的"安全生产月"宣传活动，面对广大干部职工群众开展安全生产知

【精神文明建设】 年内，城关区总工会围绕"内部管理好、工作落实好、执行纪律好、服务发展好、社会评价好"的"五好"目标，立足文明细胞建设，采取有效措施，积极推进文明创建工作。大力提倡从我做起，从身边做起，从点滴做起，从现在做起的"主人翁"精神，号召党员干部视机关为家，倡导文明新风，创建洁美家园、优美机关活动。通过创建文明单位，带动各项工作新发展、新变化，并取得新成绩。6月22日，城关区总工会组织开展道德讲堂活动，学习诚实有信道德模范拉巴次仁，几十年来说老实话，办老实事，做老实人。通过广泛宣传，使学习教育活动达到预期的效果。2018年城关区总工会被评为精神文明建设文明单位和优秀驻村派出单位。

（索　白）

【领导名录】

主　席

达瓦色珍(女，藏族，6月任)

副主席

次仁央金(女,藏族)

共青团城关区委员会

【概况】 2018年,城关区团委现有干部职工6人。全区14～35周岁青年共有16001名,14～28周岁团员共有2804人,共有团委15个,团总支3个,团支部143个,团工委2个,青年工作委员会19个,2018年新建团委1个,新建团支部1个,青年工作委员会2个。

【自身建设】 年内,城关区各级团组织深入学习贯彻习近平新时代中国特色社会主义思想和党的十九大精神,学习宣传贯彻团的十八大、十八届二中全会精神,以宣讲、交流、分享为主要形式,用青少年喜闻乐见的方式教育引导广大青少年感党恩、爱核心、听党话、跟党走,深化中国特色社会主义主题教育。

【发挥青少年阵地作用】 年内,城关区团委开展"阳光社区"活动,正在有序推进,此项目特色在于以学习能力提升为主,兼顾培养青少年积极健康生活观和生活习惯、培养青少年的情绪管理能力、独立思维能力、表达沟通能力、领导能力等。真实解决社区青少年面临的难点和痛点,协助青少年健康成长。是自治区首个青少年服务模式探索。项目辐射俄杰塘社区、加荣社区、白林社区、夏萨苏社区、鲁固社区、绕赛社区、八廓社区、丹杰林社区、冲赛康社区、扶贫搬迁点恩惠苑共计10个社区,近600名社区青少年受益。

为深入贯彻落实习近平新时代中国特色社会主义思想和党的十九大精神,贯彻落实自治区"两新"工委"小个专"协调会的系列安排部署,提升城关区"小个专"经济组织党建工作科学化、精细化水平,城关区团委在公德林街道巴尔库路商圈及吉崩岗街道赛康片区内成立"小个专"经济组织青年工作委员会。下一步将形成合力、紧密联系,结合实际将"小个专"青年工作落到实处,大力开展符合"小个专"经济组织的各类活动吸引凝聚更多的青年参与其中。

创新共青团管理模式,利用"智慧团建"系统,对团组织、团员实现系统化的管理,城关区第五级团组织已全部完成组织数的建立,下级组织数正在完成中。

【构建思想引领新格局】 年内,为进一步落实团中央《中长期青年发展规划(2016—2025年)》相关要求,城关区团委高度重视未婚青年群体的婚恋服务工作,搭建广大未婚青年婚恋交友平台,为单身青年拓宽交友渠道和创造平等、友好、真诚交往条件,群团部门积极响应号召,联合堆龙团委及奥特莱斯分别在"5·20"及"双11"举办两场单身青年联谊活动,公众号点击量共达到9000余人。

【服务大局】 年内,深入实施"凝聚青年的力量迈步脱贫的征程"为主题的慰问活动,形成精准脱贫工作合力。深化"情暖格桑花—大手牵小手、扶贫瞧我的"等活动,积极组织团员青年参与打赢脱贫攻坚战。深化青年创新创业,通过举办城关区第三届创新创业大赛,开展电商与新媒体营销、青创知识宣讲等使用技能培训,以返乡创业青年为重点联合创业青年致富带头人开展创业政策宣讲

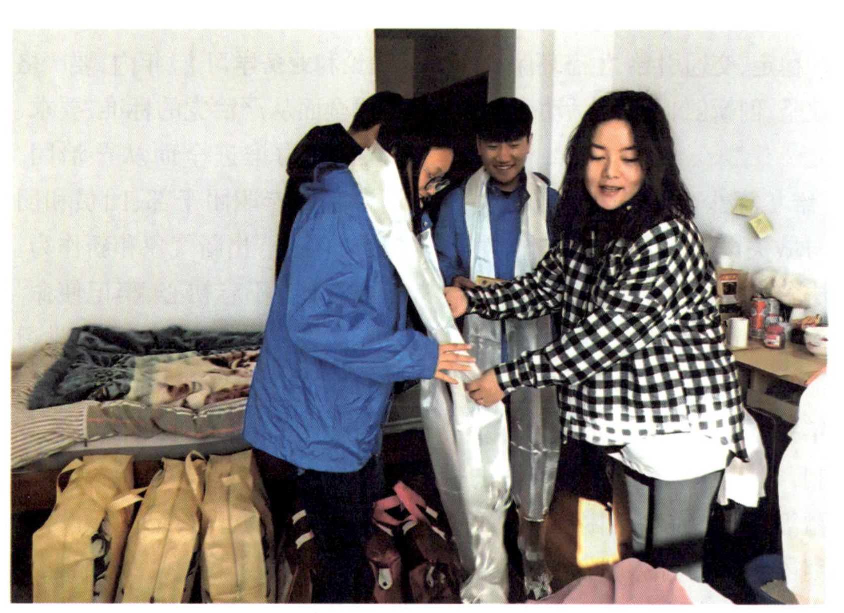

2018年1月11日,城关区团委书记张娜玲为留藏过年西部计划志愿者送上"三大节日"慰问品及祝福

活动，组织首批入驻企业参观城关区小微企业创业创新集中示范基地，助力乡村振兴战略实施，发掘符合城关产业发展导向、具有时代创新性的项目30余个，涉及净土健康、文化旅游、现代服务业，“互联网＋西藏元素”等。

2018年2月1日，由西藏自治区团委主办，城关区团委、堆龙德庆区团委协办开展“情暖格桑花——大手牵小手、扶贫瞧我”主题活动

【保护母亲河行动】 年内，充分利用保护母亲河、植树节等各类主题日，广泛动员300余名青年志愿者积极开展植树造林、涵养水源、清除白色污染、绿色节能等生态环保实践活动。帮助青少年树立绿色文明意识，养成良好的生态道德观念。通过组织形式多样的徒步、骑行等活动，推行绿色出行方式，引导各族青少年争做保护生态环境、建设生态城关的表率。动员各级团组织要注重发挥社会动员优势，积极成立环保青年志愿者及“小小志愿者”。

组织开展各类志愿活动213场次，参与志愿者32500余人次，服务时长8万余小时，积极投身维护稳定、交通引导、生态环保、脱贫攻坚、创新创业、大型活动等实践。

【维护青少年合法权益】 年内，与城关区公安局团委合作，对违法多次不构成犯罪的青少年进行入户走访，心理咨询，情绪疏导，最终决定成立城关区首个“青少年关爱之家”，并形成联动有效机制，定期为被感化的对象送去书籍等文化用品。让困境青少年见到团干部的身影、听到团组织的声音、感受到党和政府的温暖。同时以综治月、学雷锋日等各个节点为契机，开展青少年法制宣传、心理健康和毒品预防教育工作，并发放《如何处理霸凌》《预防青少年犯罪手册》《反对霸凌宣传海报》等预防青少年犯罪手册12000余册。通过拍摄《预防青少年违法犯罪宣传片》引导青少年树立正确的人生观、价值观，培养体格健壮，心理阳光的青少年。

【理论和业务学习】 年内，要严格对照全面从严治党的标准、要求、做法，大力推进全面从严治团，切实管好专职团干部、团员和团组织，真正严出新气象和新作为。认真开展“不忘初心、牢记使命”主题教育，推进“两学一做”学习教育常态化制度化，以党的政治建设为统领，全面推进团区委党支部党的政治建设、思想建设、组织建设、作风建设、纪律建设，把制度建设贯穿其中，深入推进反腐败斗争。保持城关共青团风清气正的良好形象；加强团干部教育、管理、监督，造就一支忠诚党的事业，热爱团的岗位，结成服务青年的团干部队伍，深化团干部直接联系青年制度，引导团干部和团员真正成为“青年之友”。从严管理团员队伍，加强团员先进性教育。要提升团员发展质量，规范入团仪式、超龄离团、组织关系接转、团内统计等基础团务，增强“三会两制一课”实效。认真落实“推荐优秀团员作为党的发展对象”制度安排。抓好入团以后的教育实践，强化政治引领，平常时候看得出来、关键时刻冲得上去，做青年表率，不辜负共青团员的光荣称号。

从严管理团组织，严明团的纪律。抓好《团章》学习教育，以《团章》为依据探索建立完善从严治团的规章制度，对违章违纪的组织和成员做出严肃处理，把团的纪律严起来、实起来。切实用好谈话提醒、通报批评、督导检查等手段，推动从严治团经常化、规范化。严格落实团内请示报告述职制度。探索建立团建工作责任制，科学量化考核制度，在自觉接受党的考核、严格团内考核的基础上，注重听取团员青年评价，积极探索第三方评价机制。

【落实志愿者相关政策性福利】 年内，根据团中央、团自治区委以及各级相关部门有关西部计划志愿者的文件精神，城关区团委作为西部计划志愿者城关区项目办，一直以来关心志愿者在城关区服务期间的各项生活保障。各大节日期间，城关区项目代表区委、区政府为西部计划志愿者发放慰问金、赠送慰问品，传达区委、区政府对他们的深切关怀。

【党建工作】 年内，在党支部书记张娜玲的领导下，支部现有党员6人，现发展党员2人。支部根据上级党组织要求，以学习强党性，以制度强纪律，以组织强效率。

【党风廉政建设】 年内，城关区团委整体成员均严格贯彻执行中央“八项规定”，自觉践行“三严三实”要求，始终坚持“标本兼治、综合治理、预防并举”，工作和党风廉政建设水平得到了有效提升。

进一步完善制度，扎实构建拒腐防变的保障机制。推行党务、政务公开工作，杜绝弄虚作假和吃、拿、可、要现象，遏制官僚主义、形式主义和办事拖拉行为。狠抓落实，确保相关工作取得实效。整顿履行岗位职责情况，严格控制行政经费支出。严格落实公务接待有关规定，严禁以各类名义用公款互相宴请。严禁公款旅游，严禁借开会、调研、考察、检查、培训等名义变相旅游。禁止违反规定构建、装修办公用房和配置高档办公用品。积极推进“三公”经费公开，认真落实《中国共产党党员领导干部廉洁从政若干准则》。

（平措卓玛）

2018年4月14日，城关区委、区政府、区团委、区教育局主办“阳光社区”教育项目开幕式

【领导名录】

书　记

张娜玲（女，藏族）

副书记

王玉珍（女，藏族）

城关区妇女联合会

【概况】 2018年，城关区共有妇联组织64个，妇委会32个（“两新”组织妇委会11个、机关妇委会15个，尼姑寺妇委会6个），“妇女之家”66个，家长学校44家，儿童家园2个，巾帼志愿服务小分队7支，巾帼志愿者104人。城关区妇联有干部职工4人，同时承担妇女儿童工作委员会的工作。

【党建工作】 年内，根据“党建带妇建，妇建服务党建”的工作要求，城关区妇女联合会高举习近平新时代中国特色社会主义思想伟大旗帜，以党的十九大以及全国妇女十二大、自治区妇女十大、拉萨市妇女十大和城关区妇女九大精神为指引，以建设学习型机关为目标，认真执行“三会一课”、组织生活会等制度，积极组织妇联干部学习党的各项路线方针政策50余次，认真收看《平“语”近人——习近平总书记用典》《榜样3》等专题节目2次，开展党支部书记讲党课活动4次，撰写学习心得体会10篇，分别召开妇联党支部专题组织生活会和党员政治教育专题组织生活会各1次，党员政治教育工作不断加强，党员政治素质进一步提升。与此同时，不断创新活动载体，做好意识形态工作，组织妇联干部和妇女群众开展了观看新旧西藏对比图片展、“为祖国点赞同宪法合影”以及重温入党誓词等活动，进一步凝聚了坚定不移听党话、感党恩、跟党走的巾帼力量，促使妇联党建工作迈上新台阶。

2018年10月24日，召开城关区妇女第九次代表大会

【党风廉政建设】 年内，城关区妇女联合会组织党员领导干部认真学习反腐倡廉各项文件精神6次，开展廉政约谈4次4人，签订内部《廉洁承诺书》6份，使大家时刻警钟长鸣，真正做到自重、自省、自警、自励，一年来，无违法违纪、无不团结现象、无责任事故。为筑牢拒腐防变的家庭防线，打造廉洁和谐幸福的港湾，区妇联充分发挥廉政文化进家庭牵头单位工作职能和家庭在反腐倡廉中的重要作用，以“廉洁有你，家会更美”为主题，开展廉政文化进家庭倡议活动，使家庭成员的廉洁意识、法律意识和监督意识不断提高。根据城关区委巡察工作的安排部署，九届城关区委第二轮巡察四组于5月4日至6月12日进驻区妇联开展巡察工作，有力推动了妇联党建、党风廉政和反腐败等各项工作协调有效开展，为建设妇联党支部良好风清气正的政治生态奠定了坚实基础。

【召开城关区妇女第九次代表大会】 10月24日，召开城关区妇女第九次代表大会，来自城关区各行各业的130名妇女代表和190余名妇女群众肩负神圣使命出席大会，城关区妇联主席普布卓玛代表区妇联八届执行委员会做题为《肩负新使命起航新征程团结带领广大妇女为建设团结美丽健康幸福新城关贡献巾帼力量》的工作报告，报告全面总结回顾五年来城关区妇女工作的成就和经验，为城关区妇女事业未来五年发展描绘了美好蓝图；拉萨市妇联党组书记、副主席赵金花向大会致贺词；拉萨市委副书记、市长、城关区委书记果果的重要讲话，充分肯定五年来城关区广大妇女积极投身城关发展稳定所做出的重大贡献，以及全区广大妇女积极组织在服务经济建设、促进社会和谐、维护妇女权益、保障改善民生等方面取得的成绩。

【妇女思想引领】 年内，城关区妇女联合会联牢固树立“四个意识”，始终坚持把政治性放在第一位，第一时间传递党的声音，反映妇女呼声，年内，积极带领并指导各街道、村（居）妇联组织成立“巾帼夜校”，带领城关区广大妇女群众深入学习党的十九大精神、习近平新时代中国特色社会主义思想以及全国妇女第十二次代表大会、自治区妇女第十次代表大会和城关区妇女第九次代表大会精神，让广大妇女群众从妇联开展的各项工作中，从妇联组织提供的服务与帮助中，感受到党的关怀与温暖，为党的事业更好地凝聚妇女人心。

【妇女儿童维权】 年内，进一步强化已建“反家暴服务接待室”“妇女维权合议庭”“少年法庭”“妇女儿童维权服务岗”“妇女儿童关爱温馨调解室”“妇女儿童维权庇护所”的职能作用，为广大妇女儿童提供法律、法规、政策咨询等服务。年内，城关区妇联共接待妇女来访案件23件，其中婚姻纠纷10件，家暴来访案件13件，调解率为100%，调解成功率为98%，切实提升妇女群众的安全感和家庭幸福感。

4月，在城关区推广建立“妇女信访代理制度”，不断发展壮大妇女信访代理员队伍，先后在古城区内的八廓街道夏萨苏社区居委会、吉崩岗街道木如社区居委会和吉日街道铁崩岗社区居委会等5个维稳重点区域和信访案件高发区域挂牌建立“城关区级妇女信访员代理示范点”，选聘499名女双联户长组成妇女信访代理员队伍，旨在将大家团结起来帮助居委会共同参与和治理社区事务、积极投身治安巡逻、矛盾纠纷调解活动，实现用群众身边的人，代理群众自己的事的良好局面。年内，成功代理信访案件68件，为维护辖区社会稳定贡献了巾帼力量。

【妇女儿童法律知识宣传】 年内，城关区妇女联合会注重节点宣传，积极利用“3·8”维权宣传周、“11·25”国际消除家庭暴力日和“12·4”宪法宣传日等节点，以妇女权益保障法、反家庭暴力法为主要内容，通过法律讲座、法律咨询、发放宣传资料等形式，开展形式多样、内容丰富的宣传活动36场次；向妇女群众发放妇女儿童权益保障相关法律法规宣传手册4000余册，营造社会关爱尊重妇女的良好氛围；深入各街道开展“反家暴宣传走基层、进社区”巡讲活动，根据辖区部分流动人口较多、人员结构复杂区域内家暴现象依然层出不穷的实际情况，妇联主席普布卓玛深入各街道开展“反家暴宣传走基层、进社区”巡讲活动13场次，受教群众达2600余人，有效增强了广大居民群众的法制观念和维权意识，营造了尊重妇女和保护妇女的良好氛围。

开展“下基层、访妇情”调研活动和“送法到家和谐万家”反家暴知识宣讲活动，年内，妇联主席普布卓玛走访八廓街道95户居民家中深入了解城关区妇女群众思想状况以及对美好生活的新需要、新愿景，并向这些家庭广泛宣传全国妇女十二大、自治区妇女十大、拉萨市妇女十大和城关区妇女九大精神以及反家暴知识，通过这种面对面、心贴心、零距离的宣讲方式，不仅让广大妇女在自家门口就能享受到妇联组织的宣传服务，更让其所关心的妇女儿童工作更加公开透明，提升了妇女群众对妇联工作的满意度，为今后妇联工作的顺利开展奠定了基础。

【巾帼关心关爱】 年内，城关区妇女联合会积极践行“两学一做”和“四讲四爱”主题教育精神，利用春节、藏历新年、“三八”妇女节、“六一”儿童节等重要节日，以走访慰问等形式，深入开展“送温暖”活动，看望慰问离退休妇女干部、单亲特困母亲、困难尼姑、孤残儿童、环卫工人等69人发放慰问金4.8万元，让辖区妇女儿童真正感受到党和政府的关心与温暖；城关区妇联积极实施“恒爱行动”，为恩惠苑社区建档立卡妇女发放100公斤毛线，并为辖区困难儿童发放爱心毛衣31件，为困难母亲发放“母亲邮包”73份，价值3万元，帮助10名贫困女大学实现大学梦，发放助学金5万元，营造了关心困难妇女儿童的和谐氛围；救助吉崩岗街道患有心脏病、白内障、三高等多种疾病且家境十分困难的66岁白内障老人，向她送去来自区委、区政府和妇联组织的救助金2000元以及妇

2018年10月31日，城关区妇联举行吉崩岗社区和木如社区“巾帼志愿服务小分队”启动仪式

2018年9月29日，城关区妇联联合区公安局成立未成年人犯罪教育感化室，在吉日派出所正式挂牌为“梦想起航园”

联主席个人名义的慰问金900元，使老人实施白内障手术的资金得到保障，最终重见光明。城关区妇联大力开展困难妇女“两癌”政策宣传和资金救助，为城关区新增14名“两癌”贫困妇女发放“两癌救助”资金共计14万元，激励困难妇女，重燃生活希望；城关区妇联以每月为扶贫对象承担部分生活费和给予精神鼓励的方式，帮扶蔡公堂乡低保户孤儿兄弟顺利完成学业并热心帮助他找到了满意的工作，使其家庭顺利脱贫，6月，兄弟二人亲自送上一面题为“为民服务、排忧解难”的锦旗。

【妇女与健康】 年内，全面开展“两癌”政策宣传与筛查救治工作，在区委、区政府的高度重视下，首次由政府办牵头，向区直各部门、各街道、各寺管会和国有企业下发《关于印发〈城关区关于开展64周岁以下已婚育龄妇女“两癌”筛查摸底统计工作〉的通知》，就城关区64周岁以下妇女干部、在编尼姑和妇女群众“两癌”筛查情况进行统计；组织妇女群众开展艾滋病自查活动，通过自查使辖区妇女对健康教育有了新的认识，同时帮助妇女了解和掌握艾滋病防治基本知识；利用“全民健康营养周”，邀请专家为来自区直各部门久坐办公室缺乏运动的近50名职业女性开展健康知识讲座，大力倡导妇女平衡膳食、适量运动，实施健康体重；以“关爱女性健康同享和谐生活”为主题为700余名妇女进行免费妇科检查，有力提升了妇女群众的保健意识和健康水平。

【家庭教育】 年内，城关区妇女联合会在社区举办“未成年人”思想道德建设座谈会，针对未成年人犯罪情况，与区公安局联合成立未成年人犯罪教育感化室，在吉日派出所正式挂牌为“梦想起航园”，同时深入辖区内对22名频繁作案的15周岁违法犯罪未成年人家庭进行走访调研，对违法犯罪未成年人家长进行家庭教育指导，为4名涉嫌卖淫行为的未成年人进行免费体检，并安置2名特殊少年在西藏天骄职业技术学院进行为期3个月的免费厨师培训，鼓励涉嫌违法犯罪未成年人

2018年6月21日，城关区妇联召开“最美校星”表彰大会，对26名“最美校星”进行表彰

2018年6月29日，城关区妇联在雪社区居委会举办“巾帼心向党 永远跟党走”庆祝中国共产党成立97周年文艺汇演活动

改过自新。积极开展“争做合格家长、培养合格人才”家庭教育知识讲座，培训家长达100人次，引导家长以身作则、言传身教，培养和谐亲子关系和儿童良好品质。表彰先进树典型，分别在“三八”妇女节和“六一”儿童节期间开展“三八”表彰和“最美校星”表彰活动，表彰三八红旗手30名，三八红旗集体2个，红旗手标兵2名，最美家庭1户，最美校星26名，进一步激发了妇女儿童的积极性和主动性，形成学习先进、崇尚先进、争当先进的浓厚氛围。

【妇联组织建设】 年内，城关区妇女联合会按照“哪里有妇女，哪里就要有妇女组织”的基本要求，结合城关区经济组织分布散、规模小、人员流动快、党员少等实际情况，挂牌成立吉崩岗街道城市百货妇委会，公德林街道巴尔库路商圈妇委会和医疗行业妇委会等三家“小个专”妇委会，标志着西藏首个“小个专”妇委会的正式诞生，意味着全区妇女工作的触角延伸到新领域，妇联基层组织建设的组建率和覆盖面开创了新起点。

【巾帼脱贫行动】 年内，以“巾帼脱贫行动”为载体，联合城关区人社局开展“春风行动”，为广大妇女免费提供就业信息和政策咨询，发放相关方面的宣传资料2500余份，促使211名妇女达成就业及培训意向；以“巾帼夜校”和“妇女之家”为平台和阵地，积极邀请专家、老师或者社区妇联主席为妇女群众进行藏汉“双语”、家庭家风家教、健康知识、手工编织等方面的授课培训85场次，投入资金2437.6元，受教妇女达1800余人，为妇女学习理论、掌握技能，实现脱贫增收搭建了有效平台，妇女群众精神文化生活日趋丰富，生活品质显著提升。

【精神文明建设】 年内，举办中国共产党成立97周年“巾帼心向党 永远跟党走”文艺会演活动，展现妇女巾帼不让须眉的豪情以及坚定不移跟党走的决心，凝聚了妇女群众团结奋进的力量，为民族团结进步事业增光添彩；在“雷锋日”“藏博会”等节点期间，组织7支自发组成的巾帼志愿服务队104名志愿者深入辖区开展志愿服务活动，进一步弘扬社会主义核心价值观；让宗角禄康阿佳爱心服务队的老年人发挥余热，积极参与妇女儿童法制宣传活动，并收到宗角禄康阿佳爱心服务队赠送的一面印有“发扬传统文化关爱老年健康”字样的锦旗；深入开展寻找“最美家庭”，创建“平安家庭”等活动。年内，共创建评选全国“最美家庭”1户；自治区“平安家庭”1户；城关区“平安家庭”28户；自治区“五好文明家庭1户。

【妇女儿童“两规”工作】 年内，在市妇儿工委的高度重视下，区妇儿工委办协同各成员单位，积极开展妇女儿童“两规”（2016—2020年）中期监测评估工作，加强统计监测分析，仔细查找“两规”实施以来存在的问题和不足，认真听取市妇儿工委意见建议，为进一步扎实推进城关区妇女儿童“两规”的实施明确了工作思路和重点。

（李 倩）

【领导名录】

主 席

普布卓玛（女，藏族）

副主席

次旦卓嘎（女，藏族，7月免）

索朗曲珍（女，藏族，7月任）

城关区工商业联合会

【概况】 2018年,城关区工商联深入贯彻落实全面从严治党各项要求,以党的十九大精神和习近平新时代中国特色社会主义思想为引领,坚持团结、服务、引导、教育的方针,推动非公有制经济健康发展和非公经济人士健康成长,充分发挥好工商联各项职能作用,切实把工商联建设成为非公经济发展的助推器和非公经济人士的精神家园,为城关的和谐稳定发展做出积极贡献。2018年,城关区非公企业达7523户,上交税额占城关区财税收入的70%左右,其中成立党组织企业153家。

【党建工作】 非公党建:城关区工商联紧紧围绕“两个健康”工作主线,以非公经济组织党建7项重点任务为抓手,努力把党建工作往实里抓、往细处做、往前面赶。2018年,管理指导非公企业党支部10家,以深化开展“两学一做”学习教育和党员政治教育培训为契机,组织非公党员学习科学理论知识;通过党务培训、交流会等活动,帮助非公经济党组织理清工作思路、明确目标任务。指导2家非公企业支部完成选举工作。申请非公经济组织党建经费,加快党建活动阵地“六有”标准建设,为新成立的满斋公司党支部配备办公设备,帮助嘎吉林公司党支部打造非公党建文化墙。

2018年9月8日,中央统战部副部长、全国工商联党组书记、常务副主席徐乐江(前排左二)一行到城关区调研“五好”县级工商联建设情况

机关党建:城关区工商联把学习贯彻党的十九大精神与深化“两学一做”学习教育结合起来,深入开展党员政治教育,正确处理工学矛盾,坚持做到“两手抓”“两促进”,以区委每周三开展的中心理论组集中学习为标杆,认真组织开展集中学习活动,召开专题组织生活会,严格落实“三会一课”制度,有序开展党内组织生活。

【党风廉政建设】 年内,按照区委、纪委党风廉政建设的有关要求,组织全体干部职工认真学习廉政勤政建设的政策法规,提高服务意识,把干部的思想引导到全心全意为人民服务的观念上来,解放思想,转变观念,加强党风廉政建设,规范从政行为,落实责任制,以求真务实、艰苦奋斗的作风,努力营造公平、公正、高效、优质的服务环境。从工作、思想、纪律、廉政、作风等方面进行查摆,重点检查公仆意识、服务态度、工作质量等,通过对照检查,实事求是、客观公正、毫无隐瞒地查摆出单位和个人存在的问题,深层次地挖掘问题的根源,及时进行整改。

【组织召开执常委会】 4月16日,组织召开城关区工商联四届一次执常委会议,工商联在岗兼职副主席、执常委及会员企业员工代表共100余人参加会议。会上传达学习习近平总书记在十三届全国人大一次会议上的重要讲话精神;通报工商联2017年工作开展情况安排部署2018年重点工作;向民营企业发起助推高校毕业生和老城区低收入人群就业工作的倡议;对优秀非公党支部和参与精准扶贫的优秀民营企业进行表彰。

【服务会员企业发展】 年内,加强与非公经济人士的联系,认真听取企业诉求,加大与相关职能部门的沟通联系,全力解决企业的实际困难。为支持城关区小微企业创业创新和做优做大做强，进一步提升产业发展竞争力，为9家会员企业争取到“梦创拉萨”扶持资金120万元。按照《关于组织申报2017年度江苏省支持苏拉两地企业发展专项资金的通知》要求，组织会员企业申报专项资金。为增近与会员企业的距离，构建新型政商关系，关心企业困难职工。2月，为6名非公企业困难员工和4名优秀非公企业家进行节前慰问，慰问金共计1万元。4月12日，联合城关区总工会开展慰问非公企业困难农民工活动，向6家非公企业的30名困难农民工发放慰问金1.8万元。积极到企业中调研，了解企业的所需所求，掌握企业的实际现状，全年共深入企业调研27次。先后将嘎吉林公司和哈达集团请求办理土地置换手续、出让手续的问题，上报至拉萨市工商联，申请通过市级层面解决。按照《关于落实全市民营企业座谈会意见建议任务分解的督办通知》要求，努力解决朗赛经贸公司创办扶贫惠民酥油加工产业链项目方面的相关诉求。

【引导企业投身公益事业】 年内，在做好会员企业服务的同时积极引导会员企业投身社会公益事业。2018年3家企业先后向建档立卡贫困户、低保及低保边缘户捐赠资金及物资合计价值27.9万元。城关区工商联主动联系嘎吉林公司积极改善娘热街道加尔西村幼儿园的教学条件，嘎吉林公司投入资金140.8万元对幼儿园进行改扩建并配备相应教学和生活设备，并为幼儿园捐赠5万元伙食补贴。

【交流共建】 2017年北京市东城区工商联与城关区工商联签订交流共建协议书。为进一步推进共建工作，学习取经兄弟工商联的先进理念和优秀做法。9月，城关区委常委、统战部部长拉巴次仁为团长的考察学习团到北京东城区、通州区工商联开展交流学习活动，并与通州区工商联达成交流共建协议。

（索朗次仁）

【领导名录】

主　席

尼玛仓决（女，藏族）

副主席

索朗次仁（藏族）

城关区信访局

【概况】 2018年，城关区各类信访问题和建设领域矛盾纠纷及时得到有效化解，重点难点信访案件得到妥善解决，信访工作秩序进一步得到规范，积极实现大幅减少矛盾纠纷和信访隐患的目标，充分落实信访事项“零搁置”的要求，切实维护全区广大群众合法利益，为城关区跨越式发展和信访局势稳定做出了应有贡献。

【组织领导重视】 年内，城关区委、区政府高度重视信访工作，把疑难信访事项化解工作列入区委、政府工作会议议程，分析信访形势动态，研究解决方案，明确工作要求，全面推动信访问题化解。同时，城关区全面落实领导包案制度、联席会议制度和主要领导责任体系，对重点、难点问题，区主要领导亲自把关、亲自包案，围绕解决群众实际问题，狠抓工作

2018年4月12日，城关区工商联、总工会慰问非公企业困难农民工

2018年1月17日，拉萨市政协党组成员、城关区委副书记、区长刘亮主持召开信访联席会议

落实。年内，城关区共对14起重点、难点信访问题进行县级领导包案并有效推进了化解工作。

【队伍建设】 年内，城关区信访局将"两学一做"专题教育作为年度工作重心，认真组织"三会一课"，进一步完善深化学习型党支部创建工作，及时学习贯彻落实上级文件精神和规章政策，以创建"五个好"先进基层党组织、争当"五个模范"优秀共产党员为主要内容，深入推进创先争优活动。年内，城关区信访局共召开党建工作专题学习会48次，撰写心得体会27篇，个人笔记36本，参观爱国主义教育基地、廉政基地2次。同时，信访局高度重视基层党建工作，全年共开展4次深入辖区村（居）调研指导党建工作。

【信访业务办理】 年内，城关区各街道办事处、区（直）各部门配齐专职信访工作人员，灵活运用网格化管理、"双联户"工作开展及人民调解工作室，全方位开展辖区信访业务办理。同时，城关区信访局始终坚持依法、依规解决信访问题，依法维护信访秩序，妥善处理各类信访事宜。年内，信访局共办理群众初信初访275批次756余人次，均已全部化解。

城关区网络信访工作已全面铺展，各街道办事处、区（直）各单位及企业已正式受理网络信访转交件。年内，城关区共自办、转办网络信访件124起，并已全部化解。

【建设领域矛盾隐患排查】 年内，城关区进一步加大对建设领域矛盾纠纷隐患源头预防和治理力度，着重从严化社会稳定风险评估工作入手，进一步规范和完善工作程序，全年共受理申请59份，开展实地走访30次，对符合要求的项目出具复核报告59份。

【完善制度，压实责任】 年内，城关区进一步落实完善了领导公开接访制度、领导干部下访制度、信访工作联席会议制度和领导包案制度等各项规章制度，严格按照"属地管理、分级负责""谁主管、谁负责"和"一岗双责"的原则，城关区县级领导干部、各街道党政班子成员定期公开接访，针对群众反映的重要参政议政意见建议，信

2018年10月11日，城关区信访局组织召开学习会议

访热点难点问题，带有倾向性、苗头性的新情况、新问题，与群众生产、生活密切相关的突出问题等，城关区县级领导坚持做到每人每年到基层下访至少4次，各街道党政班子成员和区直有关部门领导每人每月到基层下访至少1次。

（益西措姆）

【领导名录】

副局长

洛松玉珍（女，藏族，主持工作）

斯郎曲西（女，藏族）

城关区藏语委办（编译局）

【概况】 城关区藏语委办（编译局）根据《中共拉萨市委员会拉萨市人民政府关于进一步加强藏语文工作的建议》文件要求，配备单独的办公场所和办公设备，安排办公经费27650元和车燃费29100元，城关区藏语言文字工作委员会办公室（编译局），正科级建制，领导职数2个，现有5人（其中1名主任、1名副主任、1名干部、1名借调事业编制，1名公益性岗位）。

【翻译工作】 年内，圆满完成“两会”各项材料翻译任务，包括大型材料共7份，讲话稿5份，小型材料十几份，简报共20多份，共翻译各大小型材料40多份，页数300多页，字数达329100字。截至年底，日常翻译材料达到40份以上，其中不包含翻译过的各类横幅、宣传标语、指示牌子、文件红头、LED标语等小型翻译。

【创建微信翻译平台】 年内，城关区藏语委办（编译局）专门建立城关藏语文微信平台，做到第一时间指导、校审各乡办和区直部门的藏汉材料翻译材料。同时拍照传送《藏文新词术语手册》，确保各街道新时期涌现的各类名词术语能够统一规范使用。

【创建城关社会用字专项监控网】 年内，专项监控网已经接通到城关区编译局办公室专用电脑，相关通网程序和操作步骤正在着手策划。

【首次召开全区藏语文总结工作暨表彰大会】 年内，城关区藏语委办（编译局）组织召开近年来全区藏语言工作总结暨表彰大会，各寺管会、各街道办、学校、区直单位、以及国有企业等各部门主要领导共计100余人参加此次的会议。回顾和总结近年来城关区藏语文工作开展情况，以及存在的困难和问题，表彰近年来各阶层涌现出的藏语文先进工作者和先进单位。通过首次藏语文工作大会，让全区各部门充分认识到新时期藏语文工作必要性和重要性，充分激励了近年来在第一线默默奋斗的藏语文工作者。通过上级藏语委办领导在充分肯定成绩的同时，纵观大局，与时俱进，深入分析了当前藏语文工作需要学习业务知识的迫切性和重要性，为城关区今后的藏语文工作指明了前进方向。

【开展社会用字大检查】 年内，城关区以《中共拉萨市委员会拉萨市人民政府关于进一步加强藏语文工作的意见》的具体内容，全面开展检查规范工作。4月，城关区藏语委办（编译局）及时制定下发

2018年12月3日，拉萨市政府办公厅副调研员李中福（右一）带队，由拉萨市藏语委办（编译局）、城关区藏语委办（编译局）、拉萨市工商局联合检查社会用字

《城关区社会用字实施方案》。以分管副区长为组长，成立领导小组，同时按照属地管理原则，在充分动员各街道的基础上，各社区、村(居)组织网格格长、组长、治保等工作人员，在辖区内认真开展自查自纠，并以数据和图文并茂的简报形式，将检查整改动态及时报送到城关区藏语委办(编译局)，截至6月，共自查达到3000户以上。整改率达到80%以上。

7月，城关区藏语委办(编译局)以拉萨市藏语委办开展全市社会用字大检查为契机，积极配合协调上级部门领导，按照属地管理范围，以实施方案的具体分组和检查线路，在城关区辖区内全面开展社会用字检查规范工作。此次检查范围包括江苏路、八廓街、青年路、林廓东路、林廓北路、北京中路、小昭寺、太阳岛、仙足岛等主要路段和街道，检查商户和单位共计6080家，对情节较为严重的下发整改通知书共计86份。

【拟定各街道藏文社会用字规范专干】 年内，为进一步切实推进城关区藏文社会用字规范工作，城关区藏语委办(编译局)在统筹安排各项任务的基础上，以属地管理为原则，城关区藏语委办(编译局)拟定各街道藏文社会用字检查工作专干各1名，专门负责组织开展每季度辖区内社会用字自查自纠工作，以此形成上下联动，形成合力，切实把城关社会用字工作工作覆盖各街区、各层面，做到各司其职，各尽所能。

(旺 杰)

【领导名录】

主 任

尼玛卓嘎(女，藏族)

副主任

旺 杰(藏族)

城关区创先争优强基础惠民生活动领导小组办公室

【概况】 2018年，城关区51个驻村工作队按照“指导不领导、到位不越位、帮办不包办”原则，根据区市相关要求及《2018年全市干部驻村工作要点》明确的驻村七项重点工作和22项具体任务，在事关根本性、基础性、长远性问题上精准发力，为决胜全面建成小康社会、奋力开启全面建设社会主义现代化城关新征程而努力奋斗。

【因地制宜精准派驻】 年内，为适应新时代干部驻村工作的新要求，充分发挥集中力量办大事的制度优势，进一步整合驻村工作人力、物力、财力资源，切实加强对维稳综治相对薄弱村(居)驻村工作力量，充分发挥第一书记(书记)、下沉干部对驻点村(居)底数清、情况明、政策熟、信息灵等优势，深入宣传贯彻党的十九大精神、打赢脱贫攻坚战、推进乡村战略、维护基层稳定、强基础惠民生、加强基层精神文明建设、决胜全面建成小康社会的生力军作用，夯实基层发展稳定基础，打牢党的执政根基，为夺取全面建设社会主义现代化城关的伟大胜利、实现城关各族人民对美好生活的向往提供政治保证和组织保证。

年内，根据上级安排，城关区51个村(居)因基层组织稳固、城镇化水平高、群众综合素质好、村民自治能力强、集体经济发展迅速，已经脱贫，除扎细街道扎细新村社区由于外来人员多，维稳任务较重，由拉萨市国家安全局整体派驻驻村工作队员外，其他村(居)均由城关区整合本级力量统筹派驻。按照进一步加强对维稳综治相对薄弱村(居)驻村工作力量的原则，为实现精准派驻，结合派驻单位行业领域优势，八廓社区和丹杰林社区由城关区公安局包点派驻驻村工作队，铁崩岗社区由城关区人民检察院包点派驻驻村工作队，吉崩岗社区由城关区法院包点派驻驻村工作队，拉鲁社区由拉鲁湿地管理局包点派驻驻村工作队。其余45个村(居)按照进一步深化细化干部驻村工作要求，为有效整合驻村工作人力、物力、财力资源，充分发挥第一书记(书记)及下沉干部精准掌握社情民意的优势，结合实际，一部分村(居)驻村工作队队长、副队长由村(居)第一书记(书记)兼任，另一部分由强基办统筹选派；驻村(居)工作队队员由村(居)所属乡(街道)统筹安排本村(居)下沉干部担任，确保驻村干部的精准选派、科学补位及统筹延续。

【学习贯彻党的十九大精神】 年内，各驻村(居)工作队始终把学习好、宣传好、贯彻好习近平新时代中国特色社会主义思想和党的十九大精神作为驻村工作的首要政治任务，紧紧围绕新时代干部驻村工作七项重点任务开展驻村工作，将干部驻村工作与“四讲四爱”主题教育实践活动结合起来，紧跟重要时事节点，通过开展入户宣讲、邀请宣讲团宣讲、发放宣传政策资料，开展寓教于乐、喜闻乐见的文艺会演等活动，深入宣讲习近平新时代中国特色社会主义思想，宣讲党的十九大提出的新方位、新论断、新目标、新任务、新要求，宣传总书记对西藏工作的高度重视和对西藏各族人民的似海恩情，宣讲党的各项富民利民政策，教育引导各族群众更加自觉地维护习近平总书记党中央核心、全党的核心地位，更加自觉地维护以习近平同志为核心的党中央权威和集中统一领导，坚定不移跟党走、跟核心走。截至年底，城关区第七批驻村工作队开展用“藏汉”双语向群众宣讲习近平新时代中国特色社会主义思想和党的十九大精神800余场次，受教育群众达到338322人次；举办专题讲座262场次，发放宣传材料36725份，开辟专题宣传栏334期。

2019年1月29日，拉萨市委副书记、市长、城关区委书记果果（左二）慰问驻城关区第八批驻村工作队

【脱贫攻坚】 年内，各驻村工作队始终把打赢脱贫攻坚战作为干部驻村工作的重要任务，认真落实中央和区市党委、政府关于做好精准脱贫工作的重要决策部署，城关区驻村干部包户帮扶贫困户408户1224人；开展扶贫脱贫政策宣讲396余次，从各渠道争取扶贫项目22个，涉及资金596364元；帮助所驻村（居）兴办集体经济实体15个，专业合作经济组织8个，实现29名包户帮扶对象稳定增收，组织开展贫困群众技能培训25次，帮助贫困群众转移就业96人，真正使扶贫脱贫政策家喻户晓，脱贫资金、项目精准“滴灌”，进一步加快贫困群众致富步伐，有力确保贫困群众如期脱贫。

【瞄准重点强基础惠民生】 年内，各驻村工作队始终把建强基层党组织作为工作重点，以留下一支“永不走的工作队”为目标，深入推进“五型”基层党组织建设，在配班子、强队伍、建制度上下功夫，举办农牧民党员培训班17期，培训党员5703人次；帮助驻在村（居）健全组织生活会、民主评议党员、主题党日活动规章制度237条，党务村务财务公开制度118条，党风廉政建设等方面规章制度127条；协助村（居）党组织发展党员153人，预备党员129人，入党积极分子189人，开展“两学一做”学习教育717场次，进一步提高了村级党组织的政治功能和服务功能，夯实党在基层的执政根基，建强“末梢神经”。各驻村工作队坚持把为民办实事、做好事、解难事作为重要抓手，坚持从群众最关心的热点、难点问题抓起，从群众最迫切的需求做起，慰问五保户、贫困户和困难群众1279人次，慰问“三老”人员399人次，帮助落实困难群众最低生活保障资金135余万元，农村低保户、五保户供养补助调标资金19余万元，各项惠民补偿（补贴）资金152余万元。多方筹措资金帮助驻在村（居）农牧民群众解决民生突出问题4件，为群众办实事好事54件，让各族群众明白“惠在何处、惠从何来”，进一步密切了党群干群关系。

2018年8月1日，驻城关区冲赛康社区工作队协同社区开展“四讲四爱”“讲团结 爱祖国 军民一家亲”慰问活动

【推进乡村振兴战略】 年内，各驻村工作队始终把解决好“三农”问题作为工作重中之重，按照“产业兴旺、生态宜居、乡风文明、治理有效、生活富裕”总要求，帮助驻在村（居）理清发展思路207条，制定、完善、实施经济发展规划51项，协助驻在村（居）开展整治脏乱差、建设美丽乡村活动264次；宣传推广国家通用语言文字70场次，开展农牧民群众普通话培训班10期，宣传免费教育政策和就业创业优惠政策88场次，使农牧区人居环境得到明显改善，农牧民群众获得感幸福感不断提升，进一步增强了农牧民群众对党和国家的向心力。

【基层精神文明建设】 年内，各驻村工作队以塑造文明乡风为重点，不断深化新形势下基层精神文明建设各项工作，开展“四讲四爱”宣讲活动374场次，发放宣传资料4万余份。向农牧民群众宣讲弘扬“老西藏精神”“两路精神”116场次，发放宣传资料7223份；协助相关单位开展“厕所革命”“两降一升”和包虫病、结核病、肝炎、风湿病、大骨节病等地方病综合防治工作201场次；针对农牧民群众中存在的不良习惯和陈规陋习开展教育活动210场次，受教育群众3.3万余人次；协助村（居）“两委”深入开展“七五”普法活动255场次，宣传防范电信网络诈骗、禁毒知识教育等262场次；帮助村级组织健全村规民约98条，协助开展打击和整治打架斗殴、酗酒赌博工作255次，进一步树牢各族群众科学健康文明的生活理念，在乡村形成崇德向善的良好氛围。

【牢记使命担当高效履职尽责】

年内，各派驻单位严格落实主体责任，确定单位主要负责同志落实第一责任人责任，看望慰问驻村干部，调研指导本单位驻村工作情况，从资金、项目、信息、技术等方面支持驻村工作，为驻村干部提供支持保障。截至年底，各派驻单位深入驻在村（居）调研工作56次，撰写调研报告28份，到驻在村（居）看望慰问驻村干部84次，建立完善落实驻村工作制度51个，与工作队签订安全责任书51份。

年内，根据关于督导调研期间干部驻村工作存在问题责令限期整改的通知，针对在开展贫困户帮扶工作中，部分派驻单位、驻村工作队帮扶措施不力、不实；受客观因素影响，强基惠民工作经费使用进度滞后的共性问题，及时进行专项整改并跟进督促，确保整改落到实处。在区委、街道和强基办三级监督基础上，成立效能办，对驻村工作进行督导。年内，城关区共督导驻村工作队306次，发现问题3例并及时督促整改。积极协调配合拉萨市强基办，完成城关区强基础惠民生活动办公室主任观摩学习城关区当巴社区驻村工作队的好做法好经验，得到区、市强基办领导和各地市强基办主任的充分肯定。积极协调自治区电视台媒体对驻塔玛村、尼卓林社区工作队的采访工作，大力宣传推广全区强基惠民活动新成效、新经验、新典型。为切实发挥财政资金使用效益，城关区强基办认真制定强基惠民工作经费管理及绩效评价办法，确保资金使用精准、项目实施精准。立足新时代干部驻村工作，围绕“立足新时代推进干部驻村工作问题研究”调研课题，对城关区51

个村（居）进行调研，全面掌握驻村工作最真实的第一手资料。深入贯彻落实《关于全区驻村工作人员健康巡诊工作的通知》和《关于在全区干部驻村工作中开展“送健康、送文艺、送体育”活动的通知》，有力保障全区驻村工作队员健康驻村，促进城关区驻村工作持续、健康、深入开展；城关区强基办全力协助上级强基办，做好自治区强基惠民驻村工作队团体意外伤害保险服务各项工作，不断提高驻村工作队员工作积极性和强基惠民工作效率。在日常工作中，不断加强自身办文办会水平，扎实做好各类数据统计，积极协助相关部门做好各项工作，认真完成上级强基和领导办交的各项任务。年内，撰写综合类简报74期，上报典型素材22篇，约稿10篇，专报8篇。

（张 蓉）

【领导名录】

组 长

果 果（拉萨市委副书记、市长、城关区委书记）

常务副组长

刘 亮（拉萨市政协党组成员、城关区委副书记、区长）

副组长

索朗次仁（区委副书记、区政协主席）

李德明（区委常委、组织部部长）

刘代红（区委常委、宣传部部长）

隋兴国（区委常委、纪委书记、监委主任）

成 员

巴 珠（副区长、区教体局局长）

拉 珍（副区长）

拉巴扎西（区纪检委副书记、监察局副局长）

亚 啦（区委宣传部副部长）

袁云生（区委发改委主任）

谢 军（区委政法委副书记）

次仁德吉（区财政局局长）

边巴次仁（区住建局局长）

索朗次仁（区农开办主任）

索朗央吉（区民政局局长）

丹增次仁（区政府办主任）

单增曲珍（区委办常务副主任）

拉姆卓玛（区委组织部常务副部长）

旦增央宗（区委组织部副部长、老干部局局长、强基办负责人）

军 

城关区人民武装部

【概况】 2018年,城关区人民武装部深入学习贯彻习近平新时代中国特色社会主义思想和强军思想,坚持政治建军、改革强军、科技兴军、依法治军,积极发挥地方党委军事部、政府兵役机关和国防后备力量建设一线指挥部作用,高标准完成民兵建设、兵役征集、维稳执勤、抢险救灾、国防教育、扶贫帮困和双拥共建等任务,单位全面建设和国防后备力量建设不断取得新进步。2018年1月,被拉萨警备区表彰为“践行强军目标先进团级单位”;2018年9月,被拉萨市委、市政府表彰为“民族团结进步模范集体”。

【党建工作】 年内,城关区人民武装部开展“十二学”活动(政治教育全面学、组织生活专题学、小组讨论交流学、开饭点名抽查学,谈心聊天提醒学、检查笔记督导学、理论考核检验学、进村入寺用藏语学、新闻投稿宣传学、瞻仰先烈重温誓词学、撰写体会感悟学、聆听宣讲深化学),把学习宣传贯彻党的十九大精神渗透到了工作的方方面面、生活的点点滴滴、日常的时时刻刻。全面更新规范营院政治文化环境,通过拉横幅、制作展板、开展知识竞赛等活动,大力营造浓厚氛围。深刻学习领会陆军《关于深入贯彻推动党的十九大精神进入工作指导、进入部队建设、进入岗位实践的意见》精神和军区、警备区指示要求,紧盯强军目标、立足结合融合、扭住实践落点,不断强化号令意识、责任意识、作为意识,强势推进“三进入”活动有效落实,官兵强军兴军、担当尽责的激情动力持续激发。

2018年7月28日, 拉萨市政协党组成员、城关区委副书记、区长刘亮一行到武装部慰问官兵

年内,始终坚持把全面深入贯彻军委主席负责制作为“最高政治任务、最高政治要求、最高政治纪律”来定位,以“天条铁律”“第一规矩”的政治站位、鲜明的政治态度和坚定的行动自觉,高端摆位、大事大抓、强势推

2018年2月3日，城关区委常委、武装部政委李良国到拉萨福利特殊学校慰问师生

进。认真对表强军思想、对照上级要求、对接使命任务，踩实动员部署、学习辅导、专题教育、形势分析、整改推进等环节，大力推动全面深入贯彻军委主席负责制走深走细走实。

专题研究部署“传承红色基因、担当强军重任”主题教育，严密组织专题学习，广泛开展“做新时代雷锋传人、砺能打仗热血尖兵”主题演讲、“模范践行习近平主席强军思想、做新时代习近平主席好战士”主题实践及《厉害了，我的国》影视展播等配合活动，扎实抓好意识形态领域工作，不断强化政治意识、政权意识、阵地意识，自觉掌握主动权，占领主阵地，打好主动仗，确保“三个绝对”，积极为全面推进控边稳藏实践提供强大精神力量，官兵政治信仰更加坚定。

【国防后备力量建设】 年内，城关区人民武装部全面贯彻党的十九大精神，以习近平新时代中国特色社会主义思想和强军思想为指导，贯彻新形势下军事战略方针，在城关区党委政府的领导下，坚持党管武装、坚持依法动员、坚持任务锤炼、坚持综合保障，进一步优化力量体系、改进民兵训练、创新建用模式、强化保障措施，不断提高民兵战备打仗和服务大局的组织动员力、快速反应力、支援保障力，将民兵队伍建设成为维护城关区社会稳定的一支重要力量。

【建好民兵组织】 年内，城关区人民武装部带领各街道武装部具体实施，以民兵调整改革为核心，以落实《民兵军事训练大纲》为主要途径，按照2月部署传达任务、3月确定上报花名册、5月深入解决问题、8月打造“城关区维稳先锋”特色品牌、10月参加西藏军区民兵新大纲集训演示、11月迎接国防动员部检查考评的计划步骤，建立健全民兵组织、训实训精民兵队伍、有力保障民兵行动，取得较好成果。

【民兵训练】 年内，依照《2018年度城关区民兵军事训练计划》，根据新《民兵军事训练大纲》开展探索性实战化训练。落实“应急队伍以遂行非战争军事行动任务为主体”的要求，积极开展街道基干民兵轮训，重点对应急民兵连进行防暴盾棍术、防暴队形等科目训练，有效提高应急分队遂行维稳处突任务的能力。各街道人武部紧密结合自身辖区情况，充分利用治安联保队员、街道社区工作人员和网格长熟悉辖区情况、具有一定群众威望的优势，将其编入基干民兵队伍并安排担任骨干，有效提高军警民联合执行维稳、抢险等任务的效率。以2014年组建、2017年转制的常态化应急民兵分队为骨干，依托城关区城市管理局编组民兵应急连，结合西藏军区赋予的“城关区维稳先锋”民兵特色品牌打造任务，重点对维稳处突科目进行专业强化训练，在西藏军区民兵新大纲集训展示“军地联合处置反恐维稳军事行动”，获得军地领导高度评价。

【选送优质兵员】 4月1日，城关区夏秋季征兵工作开始，11月30日结束，按照征兵准备、征兵实施、征兵总结三个阶段进行。实施阶段，认真落实征兵宣传教育、报名登记、身体检查、政治审查、心理检测等各个环节，严格政策规定和标准要求，正确协调和处理征兵工作中遇到的问题。

【落实战备制度】 年内，依照具体任务要求，根据在位人员和任务要求，及时修订战备方案、拉动方案和非战争局势行动方案，适时组织本部官兵进行战备拉动演练，指挥民兵分队联合辖区公安力量进行联合战备演练，有效提升战备工作质量。

7月11—12日，全程、全要素参加西部战区国防动员要素演练，全面核实更新国防动员潜力数据，提高本部和城关区政府相关部门组织国防动员演练的能力素质，进一步正规战备秩序。11月，根据拉萨市委领导指示和城关区委具体部署，积极开展基干民兵轮训，准备参加“色拉协曲”“甘丹昂曲”维稳防控行动的任务。12月2日，带领民兵协助公安部门完成路口封控、交通疏导、屯兵备勤等任务。

【双拥共建】 年内，城关区人民武装部着眼民兵组织严密、分布广泛、社情民情熟悉、反应快速敏捷等特点，广泛开展“民兵号”“民兵工程”和文明创建等活动，组织民兵参加重点工程建设、精准脱贫攻坚和抢险救灾。5月12日，组织抢险救援分队民兵在宇拓路进行防灾减灾宣传，向市民宣讲防灾减灾常识，教会使用部分救援装备，提升了市兵的防灾减灾意识和处置能力。人武部始终牢记宗旨，积极参与脱贫攻坚，通过以业、以教、以迁、以保、以补、以助等扶贫方式，积极协调城关区党政相关部门，顺利完成帮带村（夺底乡洛欧村）和12户建档立卡贫困户脱贫摘帽任务。并与城关区社会福利院、彩泉特殊学校和乃古东日追结成帮扶对子，定期走访慰问、开展共建活动。2018年“三大节日”和国家扶贫日期间，部领导带队走访慰问了联系督导帮扶村贫困家庭和定点帮扶单位，送去慰问金和慰问品2万多元，人武部坚持“脱贫不脱政策、脱贫不脱帮扶”，注重跟踪问效，坚决防止贫困反弹，始终坚持把温暖和帮扶送到困难群众心坎上，努力当好党的形象代言人。与阜康民营医院达成共建单位协议意向，将其纳入民兵征集体系，拓宽了吸纳高素质民兵的路子。积极参与军警民联防联治，促进形成平安城关建设良好局面。

7月29日，组织城关区国动委成员、各乡（街道）专武干部和部分干部群众共计90余人开展军地联合训练，训练用弹3000余发，进一步提升了全民国防意识和军事素养。积极协调区委区政府为驻军部队办理随军家属工作调动和军人子女入学事宜，帮助解决好“后院”“后代”问题，协同城关区民政局大力推进退役军人和其他优抚对象信息采集工作，积极协调解决转业干部和退役士兵安置、拥军优抚等政策落实，为现役军人、复员军人和军烈属办实事、解难题，坚持常态走访慰问，持续营造双拥工作好氛围。

【后装建设】 年内，为确保部队全面停止有偿服务工作有效开展，将临街9户（13间）门面房全部按时收回并根据需要调整改建为民兵培训教室。积极参与环境治理，妥善做好政治解释和法律援助，协调城关区对拉鲁湿地1000余平方米违建仓库进行拆迁。为确保营区用电安全，积极联系城关区政府完成强电改造工

2018年3月2日，参加拉萨市民兵军事训练

程，及时消除用电隐患。

【党风廉政建设】 年内，城关区人民武装部党委积极转变观念，主动适应新时代，坚决贯彻全面从严治党要求，部领导带头《中国共产党廉洁自律准则》和《中国共产党纪律处分条例》等党内法规，及时组织官兵学习《关于新形势下党内政治生活的若干准则》《中国共产党党内监督条例》等内容，从严落实党委主体责任和纪委监督责任，坚持重要事项集体研究，纪委全程参与监督。

年内，认真贯彻习近平主席关于纠治官兵身边“微腐败”和不正之风重要指示，坚决落实上级党委首长系列指示要求，采取个人自查、官兵互查、组织督查、问卷调查、剖析反思、述职述廉等方式，大力开展专项清理整治活动，官兵满意度获得感不断提高。

（冷一帅　阿旺边巴）

【领导名录】

部　长

张　春

区委常委、政治委员

李良国

副部长

邹才福

城关区消防大队

【概况】 2018年，城关区消防大队以改革期间队伍和社会面火灾形势“双稳定”为抓手，以各重要时段、节点消防安保工作为主线，紧盯人员密集、易燃易爆、寺庙及文物古建筑“三类重点场所”，科学评估、深入排查整治各类火灾隐患，严厉打击消防违法行为，圆满完成上级交付的各项工作任务。

2018年1月12日，拉萨市公安局党委委员、城关区委常委、政法委书记、公安局局长梁光文主持召开消防工作紧急会议

【党建工作】 年内，城关区消防大队以习近平总书记系列重要讲话精神为指导，以学习贯彻落实党的十九大精神为主线，以严肃党内政治生活和强化党内监督为重点，以“牢记总书记训词建设过硬队伍”学习教育活动为抓手，不断夯实加强学习教育成果，坚持把学习贯彻党中央习近平主席系列指示精神与部署开展全年工作目标任务结合起来，不断强化党委领导统筹能力和基层党组织战斗堡垒作用。同时，进一步规范组织建设、阵地建设、组织生活制度和教育学习活动，大队党组织示范点建设水平不断提升。

年内，城关区消防大队党委及下辖中队党（团）支部均完成调整，吸收为正式党员的指战员13名，吸收预备党员转正的指战员10名。城关区大队党委被拉萨市消防支队评为“好班子”，城关区二中队党支部被拉萨市消防支队评为先进基层党组织。

【党风廉政建设】 年内，城关区消防大队强化党风廉政制度，突出重点领域、重要岗位、重要部位的监督管理，设置廉政文化长廊，把廉政建设与警营文化建设、部队正规化建设、党组织示范点建设相结合，突出重点领域、重要岗位、重要部位的监督管理，切实规范权力运行，弘扬清风正气。

年内，召开党委会27次，研究重大经费开支、人员推举、廉政建设、政治教育、岗位训练等各项议题共计86个；严格把关经费划拨、支付和收缴等重点环节，形成大队领导对出纳、出纳对财政的责权链条，保证经费执行的合法合理、统一协调，定期向大队党委和全体指战员公布经费开支情况，邀请大队全体人员对大队人财物使用、执法等情况进行监督，党委“一支笔”审批、集体决策财经事项等制度有效落实。

【火灾基础防控体系建设】 年内，在前期各街道已建立的微型消防站的基础上，城关区大队继续完善微型消防站和区域联防组织建设工作，定期安排各辖区参谋对站点人员开展初期培训，完成对以老城区为主的城关区属26座寺庙微型消防站细水雾灭火装置配发及培训工作，并使用90万元用于微型消防站装备器材采购及日常运行维护，确保微型消防站和区域联防组织切实发挥实效。

城关区政府高度重视老城区火灾防控工作，专门划拨资金在老城区低保及低保边缘户家庭推广独立式感烟探测器和可燃气体探测报警器，大队联合辖区街道，于11月28日完成八廓、吉崩岗、吉日三个街道2363户家庭的安装及验收工作，其间所安装的报警器已成功预防火灾2起，有效地保障了群众的生命财产安全。此外，大队已老城区为重点，全面摸排出租房和生产经营单位数量，督促指导辖区派出所对老城区内215家生产经营单位、824间出租房开展独立式感烟探测器推广安装工作，完成率达到55%。年内，城关区共发生火灾13起，未造成人员伤亡。与2017年相比，火灾起数下降53.57%，伤亡数与2017年持平。

【执法规范化建设】 年内，根据总队、支队下发的有关消防监督执法工作的规章制度，大队组织开展认真学习，贯彻落实执法工作例会、法制审核、重大处罚及疑难案件集体议案等各项执法工作制度，并将发现的各类重大隐患及问题抄报至政府、函告相关职能部门，不断规范执法工作秩序。为确保正确履行监督职责，防止不当的执法行为，减少执法过错行为，保护公民、法人及其他组织的合法权益，组织确定专（兼）职法制审核人员，大力开展法律、法制审核工作；每季度组织召开监督执法工作例会，分析消防执法队伍状况和消防执法工作存在的问题，剖析典型案例，研究制定解决办法和改进执法工作的对策措施；根据大队消防监督人员编制情况，对内部进行调整和分工，将整个城关区分为东、南、西、北、中五个防火片区，设立各自的监督检查组，同时新增建筑审核组、建筑验收组、复核组等，确保消防执法工作责任到人，任务明确。

年内，城关区消防大队共组织开展各类联合整治活动10余次，共检查全区社会单位3318家/次，其中走访调研寺庙及其他宗教场所45座/次，发现火灾隐患或消防安全违法行为1970处，督促整改1967处，下发《责令改正通知书》1281份，下发《行政处罚决定书》16份，累计罚款52.5万元，拘留2人，责令“三停”单位5家，执法数据均较2017年有明显的提升。

【部队改革转隶工作】 年内，为进一步落实改革过渡期间各项规章制度，有序开展各项业务工作，大队组织召开党委会议5次和各类专题学习会、讨论会11次，专题学习近期上级下发有关改制期间的文件内容，决定成立集中教育整训工作小组，由大队党委针对各项工作进行总结和分工部

2018年2月27日，城关区消防大队副大队长格桑多吉一行到辖区内人员密集场所开展消防安全检查

署，确保各项任务落到实处。大队积极开展改革宣传教育交心谈心，根据支队下发的《消防部队改革政策问答手册》，按照一人一册组织集中学习，认真做好教育引导工作，进一步确保队伍转隶过渡期间人员思想、政治、行动上与上级部署一致。同时，抓好赌博苗头防治工作，组织人员学习涉及网络赌博等有关问题材料，开展“抵制赌博，珍爱美好生活”大讨论活动和具有针对性的谈心谈话，组织全体人员如实填写《个人涉赌涉贷情况报告报表》，签订《拒绝赌博承诺书》76份，将赌博问题专项整治工作纳入了常态化督察，确保将网络赌博的思想苗头扼杀在萌芽状态。改革转隶期间，大队全体指战员思想稳定，未发生一起安全事故。

（张 桁）

【领导名录】

大队长

尼 玛 乔（藏族）

副大队长

格桑多吉（藏族）

法 治

中共城关区委政法委员会

【概况】 城关区委政法委员会设有社会治安综合治理办公室、维稳一线指挥部、流动人口办公室、创新办、创安办、预防青少年违法犯罪办、国家安全人民防线办、反恐办、涉法涉诉办、应急处突工作办、矛盾纠纷排查调处督查办、校园周边环境整治办、重点地区整治办、法学会、禁毒办、扫黑办等。

2018年，城关区委政法委员会以牢固树立“四个意识”，深入推进“五位一体”总体布局和协调推进“四个全面”战略布局，以完善和发展中国特色社会主义社会治理体系为目标，以提高预测预警预防各类风险能力为核心，坚持一手抓保安全、护稳定，一手抓打基础、谋长远，进一步增强工作原则性、系统性、预见性、创造性，将专项行动与系统治理、依法治理、源头治理相结合，大力提升社会治理系统科学化、法治化、智能化水平。始终把提升群众安全感、幸福感和满意度作为开展综治“双联户”工作的关键，把创新社会管理、完善服务体系作为建设具有拉萨特点、城关特色的社会治安综合治理体系的根本，把夯实基层基础、维持社会面稳控作为建成服务管理体系的第一要务，确保城关区社会秩序持续稳定、全面稳定。

2018年1月17日，拉萨市公安局党委委员、城关区委常委、政法委书记、公安局局长梁光文一行到四省藏区驻拉萨办事处开展节前慰问

【政法委职能】 组织、指导维护社会稳定工作，掌握和分析本辖区社会稳定情况，协调处理群体性事件；检查政法部门公正廉洁执法的情况，结合实际，研究制定促进公正廉洁执法的具体办法；大力支持和严格监督政法各部门依法行使职权，指导和协调各部门在依法相互制约的同时密切配合，督促大案要案的查出工作；组织萧条社会治安综合治理工作，落实平安建设措施，推进社会管理创新，营造安定的社会环境；组织构建大调解工作体系、排查

2018年3月2日，城关区召开2017年度综治工作表彰大会

化解矛盾纠纷隐患，指导协调，推动政法部门做好涉法涉诉信访工作；研究加强政法队伍建设和领导班子建设的措施，协调党委及其组织部门考察，管理政法部门的领导；研究分析涉及政法工作的舆论情况和影响社会稳定的舆情信息，指导，协调政法综治维稳宣传的舆论引导工作；及时向党委反应政法工作的重大情况，办理党委和上级党委政法委交办的其他事项。

【综治办职能】 结合辖区实际，制定社会治安综合治理工作规划和实施方案，并组织措施；贯彻落实社会治安综合治理领导责任制及其他各项责任制，并监督各项制度的落实；按照属地管理，落实“谁主管、谁负责”的原则，按照“人到、心到、责任到、落实到”的工作要求，加强协调指导，推动各部门、各单位齐抓共管，落实社会治安综合治理各项措施；对严打及各项整治斗争的协调和组织工作，保持对犯罪分子的高压态势，对突出的治安问题和问题较多的重点部位，及时组织力量进行治理整顿；狠抓综治基层基础工作，动员和组织全区各方面力量，开展各种形势治安防范，重点开展平安建设工作；做好流动人口服务和管理，预防和减少青少年违法犯罪、刑释解教人员的帮教安置，人民内部矛盾纠纷排查调处等社会治安综合治理专项工作的组织、协调和监督工作；负责开展群众安全感调查工作；认真筹划落实3月“综治宣传月”、6月“综治宣传周”“9·16”平安西藏宣传日暨民族团结进步节活动。

【校园周边整治】 年内，坚持标本兼治、重在治本，多管齐下，综合施策，通过组织开展“护校安园”专项行动，进一步强化“校园内部安全管理、校园安全隐患排查整改、校园法治安全宣传教育培训、涉校矛盾纠纷摸排化解、校园周边巡逻防控、涉校违法犯罪打击、警校联动机制及校园安全督导检查和责任追究”等8项工作措施，建立健全校园安全“防控风险、破解难题、补齐短板”的长效工作机制，解决突出安全问题，夯实校园安全工作基础，切实提升校园及周边治安防控能力和水平，增强广大师生的安全感，坚决防止发生影响恶劣的校园重大案事件，确保城关区校园安全稳定。

【实有人口服务管理】 年内，加强和规范实有人口服务与管理工作，增强实有人口对城关区工作的认可率，提升流动人口为城关区经济建设的服务率。城关区委、区政府高度重视实有人口服务管理工作，按照“以房管人”“以证管人”“以业管人”工作原则，加大投入力度，制定完善各项长效工作机制，细化工作措施，第一时间对辖区内流动人口信息进行登记、变更、录入、注销，并在教育、医疗、就业等方面为流动人员及其亲属、子女做好服务工作，进一步增强流动人口的归属感。严格规范房屋租赁各项软硬件标准，对符合条件的租赁房屋由公安机关审核合格后颁发租赁房屋治安检查合格证，准予其租赁。对未办理合格证的坚决取缔，确保辖区内的租赁房屋合法、规范、安全，实现实有人口底数清、情况明，服务到、管控到，为城关区实有人口服务管理工作朝着既定目标稳步推进保驾护航。

【矛盾纠纷排查】 年内，为妥善解决各类矛盾，有效化解各类纠纷，城关区始终坚持系统治理、依法治理、综合治理、源头治理，进一步建立完善《城关区矛盾纠纷排查调处机制》和《城关区矛盾纠纷排查调处总体预案》。严格按照信访案件“零搁置”的工作要求，对可能出现的上访苗头及时有效防范，对突发情况边处置边上报，对涉及多领域、多部门的问题，及时召开联席会议共同协商解决，对群体性、倾向性矛盾隐患和苗头，实行“超前介入、超前控制、就地解决”，始终将问题化解在萌芽状态初始阶段。并按照属地管理的原则，分清形势、摸清情况、变被动接访为主动下访，深入到矛盾纠纷排查的第一线，广泛听取群众反映的热点难点问题。通过综合评估论证，确定风险等级部署三级调解组织配合衔接，严格落实各级领导“包案件、包办理、包事了”等工作要求，做到每起纠纷都有专人负责、有化解措施、有应急预案。

【群防群治】 年内，按照中央、区、市政法工作会议精神，全面构筑新形势下社会治安防控新格局，发动辖区治保力量、小组长、联户代表、单位内保、场所保安、出租房业主、沿街门面商户等社会力量参与到辖区和谐稳定中来，引导他们从“要我稳定”向“我要稳定”的转变。根据区委安排在全区推开“四个面”治安防控格局，在辖区交通要道、重点部位设立固定治安守望点，按照常态期、重要节点、重要时段分别配备“红袖标”队员，落实值守工作。做到全民参与、全民防范、全民打击、全民治理，打造立体化、全方位、全天候的治安管理体系，真正发挥群众力量。通过政府主导、群众参与，实现城关“三无、三不出”工作目标。

【教育培训】 年内，城关区委政法委员会各部门制定《社会治安综合治理工作培训方案》《网格化工作培训方案》《“双联户”工作培训方案》《“全面加强政治建警、打造过硬政法队伍”专项教育整顿培训方案》，对城关区政法干警、基层工作力量培训工作进行统筹安排。联合公安、消防、检察院、法院、司法、安监、民政、人社、农牧、卫生等部门对联户代表分季度进行集中培训，从整体上提高城关区联户代表工作水平。并协调拉萨市警备司令部民兵培训基地对辖区治保、综治专干进行系统培训，通过培训，进一步强化基层治保维稳处突、防范、打击、应急抢险等工作能力，有效提升综治专干业务水平。

【专项宣传活动】 年内，开展3月“综治宣传月”、6月“综治宣传周”“9·16”平安西藏宣传日暨民族团结进步节等集中宣传活动结合日常各种法治宣传活动、法治讲座的开展，采取简明易懂的方式向群众宣传综治、“双联户”、法律常识及惠民利民各项政策，为实现全面建成小康和谐社会环境和公正高效的法治环境营造良好的社会氛围。在城关区“先进双联户代表”评选工作中挑选出工作积极、成效显著的联户代表和联户单位树立榜样，以榜样的力量现身说法，结合全国见义勇为英雄模范事迹宣传，使广大居民群众更加了解党的各项工作方针和惠民政策，充分体会平安西藏人人参与，幸福拉萨人

2018年11月15日，城关区扫黑办按照“三个专项斗争”宣传要求组织扫黑成员单位开展宣传活动

人共享的深刻意义，切实感受党和政府对西藏人民幸福生活的深切关怀。

【平安城关建设】 自2005年起，为深入贯彻落实上级部门相关要求及各项部署，城关区制定城关区平安创建工作总体方案，严格落实平安创建动态管理帮扶，调整充实城关区平安创建工作领导小组，健全相关工作措施和机制，明确各成员单位的工作职责和平安创建工作具体负责人。根据拉萨市综治办的要求，积极开展拉萨市级平安乡（街道办）、平安村（居）委会、平安单位、平安企业、平安校园、平安寺庙等申报创建活动；积极开展各项基层平安创建活动，对符合平安创建标准的给予挂牌。

【创新社会治理】 自2012年5月城关区信息化系统上线以来，通过不断加强街道网格指挥分中心、社区网格工作站建设，开展基层网格"三个统一"建设，在将"双联户"工作融入系统的同时，梳理建立包括人、地、物、组织、房屋共五大类三十三小类的基础数据库网格化服务管理系统，充分整合了社区便民服务大厅、社区警务室各项工作力量，横向打通基层工作隔阂，提升了基层服务工作一体化水平。实现"点人知房、点房知人"的人员动态化服务管理。同时针对管理服务对象的不同，落实针对性的服务管理措施，形成定向服务、分别管控的工作流程。实现城关区各村（社区）的重点人群无脱管、无漏管；残疾、低保等重点服务人群实现"零距离"服务。

【网格化服务管理】 年内，以网格为基层政府服务管理单元，以联户单位为基层群众参与社会管理单元，相互联系相互配合，加强政府与基层自治组织的紧密联系，在社会服务管理领域形成专群结合、条块结合、社群结合的工作格局。同时通过联户代表、网格员的联动，及时全面掌握辖区社会动态，了解辖区群众所需，反映了辖区社情民意。依托综治信息平台和网格微信工作群有效整合基层工作力量，通过各基层组织、网格民警、网格工作人员和联户代表通力合作，处理并上报城管辖区内各类事件。截至年底，城关区已实现网格化社会服务管理信息系统升级改造项目，加大移动PDA采集终端的功能改造，利用二维码定位扫码技术和GPS定位技术，通过监督平台，实时跟踪网格工作人员动态工作信息，有效确保基层网格采集数据和事件上报的机动性、准确性。

【"双联户"工作】 年内，城关区仔细核对各级"先进双联户"信息，按照上级要求及时准确下发2017年度自治区、地区（市）、县（区）、乡镇（街道）、村（社区）五级"先进双联户"奖励资金奖励。为进一步规范城关区"双联户"联户代表的补助发放，杜绝联户代表工资延期发放及未发放等现象，创新办安排专人负责认真审核各乡办上报的联户单位数量及联户代表个人信息，建档立档，与城关区财政局对接，实现联户代表补助"一卡通"全覆盖。同时，城关区健全基础信息，规范"双联户"建档工作、加强宣传"先进双联户"优惠政策，审核、引导各级"先进双联户"办理享受优惠政策手续。联合区委宣传部、区人社局、民政局等部门深入各乡（街道）开展"双联户"联户代表培训。

【基层党建工作】 年内，城关区委政法委按照党建工作要求，将基层党建经费纳入全年财政预算，推进经济保障制度化，将党员培训经费纳入年度财政预算，提高党员教育总体水平，确保党建各项工作能够顺利开展，推动党支部活动规范化、常态化。不断建立健全党建工作各项制度，制定党建工作方案和党员发展计划，落实党建工作责任制和"一岗双责"，坚持领导班子民主集中制，坚持党员思想政治工作汇报制，坚持与联系村（居）开展党建载体活动、主题党日活动、生活会等各项活动，坚持"三会一课"制度、党员干部教育培训，按照要求开展党员大会、党支部学习，开展"学党章守纪律"集中教育活动，坚决执行新党章，深入领会新党章，把新党章学习与加强基层党组织建设、推进党建工作创新紧密结合，切实增强党员的党性修养和党员意识，提高基层党组织的凝聚力、战斗力，不断加强党的执政能力建设和先进性建设，狠抓学习培训，营造良好氛围"。

【党风廉政建设】 年内，按照城关区委、区政府党风廉政建设责任书的要求，紧紧围绕改革、发展、稳定的大局和廉政建设的目标，坚持标本兼治、综合治理制定、惩防并举、注重预防的方针，以严明党的政治纪律、完善惩治和预防腐败体系为重点，全体党员干部签订《党员干部廉洁自律承诺书》，完善《干部考勤制度》《勤政廉政制度》《考核奖惩制度》《机关学习制度》等一整套规章制度，开展党员纪律教育培训活动、“全面加强政治建警、打造过硬政法队伍”专项教育整顿活动，用以规范言行，奖优罚劣，帮助党员干部转变思想观念、转变工作作风，提高办事效率。定期开展党风廉政建设、作风建设相关条例规定，重点加强党员干部的思想教育，设立党风廉政群众监督举报渠道，努力做到干部清正、政府清廉、政治清明。

【扫黑除恶打非治乱】 扫黑除恶打非治乱专项斗争开展以来，城关区结合本地实际制定下发《城关区扫黑除恶打非治乱专项斗争工作方案》，确定三年专项斗争的目标和任务，对各职能部门提出了详细的工作要求，建立完善《城关区扫黑除恶打非治乱重大事项报告制度》《扫黑除恶工作督查督办制度》《扫黑除恶线索快速处置机制》《城关区扫黑除恶打非治乱线索举报奖励机制》等系列工作机制，既有战略又有战术，切实为专项斗争提供了科学指导和有力保障。

年内，城关区各级各部门严格按照历次会议精神和各级领导指示要求，着力构建以民意和信息研判为导向的常态化打防模式，本着“有黑扫黑、无黑除恶，无恶治乱”的工作原则，坚持“主动进攻、打早打小、黑恶必除、除恶务尽”的工作方针，切实强化线索摸排、侦查经营、专案攻坚和重点整治等具体措施，全方位保障此项工作向纵深推进。通过半年以来持之以恒、行之有效的打击整治工作，有效遏制了黑恶势力滋生蔓延空间，达到“处理一个、震慑一片、稳定一方”的效果。

（王梦萦）

【领导名录】

拉萨市公安局党委委员、城关区委常委、政法委书记、公安局局长

梁光文

副书记

谢　军

其美玉珍（女，藏族）

旦增晋美（藏族）

城关区公安局

【概况】 2018年，城关区公安局全体民（辅）警牢固树立“四个意识”，积极践行习近平总书记“四句话、十六字”的总要求，始终坚持“立警为公、执法为民”的价值追求，牢牢把握“稳定压倒一切”的工作思路，围绕年初制定的“把六个一律作为硬性指标、深入推进六大行动、增强四项建设后劲、提升执法执勤、服务管理、队伍建设三大效能”的“6643”工程，不忘初心，勠力攻坚，圆满完成了各个重大节点、重要会议、重大活动的维稳防控工作。

【筑牢“三道防线”】 年内，城关区公安局按照“1+4+6”的工作布局，在成熟、完善的“网格化”“双联户”工作基础上，将各基层组织作为队伍主力军，积极发动联户队伍、单位内保、沿街商户、场所从

2018年6月13日，西藏自治区党委常务副书记、自治区政协党组书记丁业现（前排右一）先后到城关区公安局各派出所调研

2018年3月6日，西藏自治区党委常委、拉萨市委书记白玛旺堆（右三）到公德林派出所调研

业人员主动参与，拓展红袖标队伍规模。在此基础上，按照“以网格民警为主导、以基层组织力量为主力、以群众志愿服务为重点”的工作思路，在辖区选取重点部位设为治安守望点，按照不同戒备等级落实定点值守，全面提升重点目标、重点区域的防控能力。依托前期试点，在辖区内全面扩大智能防范系统、公共场所流动人员信息采集系统的安装范围，提高对辖区各类情况的掌控率。

【管理流动人员】 年内，城关区公安局依托派出所、社区警务室、村（居）委会以及“双联户”等各方面力量，利用各种人防、物防、技防措施，着重针对辖区内流动人口集中的出租房、宾馆旅店、建筑工地等区域开展检查，着力维护辖区治安秩序，查控可疑人员。严格落实临时来拉人员服务管理工作机制，严守工作底线，着力消除“输入型、潜入型”隐患。检查站严格按照“五逢必查”和“一车一杆”检查制度以及“理性、平和、文明、规范”的执勤执法要求开展检查盘查工作，充分发挥“防护网”“过滤器”的重要作用。

【守护重点区域】 年内，城关区公安局按照属地化管理、网格化管控的工作要求，依托各项“人防、物防、技防”措施，在辖区内全面开展巡逻防范工作，尤其是着重加强辖区内党政机关、旅游景点、市场学校、民生目标等重点部位、人员密集区域的安全防范力度，织密区域防控、网格巡逻、安防责任、视频监控、应急处突的“五张网”，提升整体防范水平。

【整治重点行业】 年内，城关区公安局以城乡结合部、“城中村”和容易成为不法分子藏身落脚点的中小旅馆、零散出租房等部位，容易滋生“黄赌毒”等丑恶现象的歌舞娱乐、洗浴按摩、朗玛厅、发廊等场所为重点，严查、严管、严打、严处，坚决遏制各类案件的发案势头，坚决铲除滋生违法犯罪的土壤。加强对中小旅馆等治安复杂场所的清查，对各类娱乐场所特别是桑拿、浴足等可留宿过夜的场所，不间断地开展滚动清查，并充分借助信息化手段，督促从业人员严格落实住宿人员登记和信息采集制度，实现对各类住宿人员的动态管控，坚决防止各类违法犯罪嫌疑人藏匿其中。

【严抓安全生产】 年内，城关区公安局坚持全面开展消防安全监督检查工作，对辖区内单位的用火、用电、用气管理，特别是烟花爆竹销售点、“九小场所”、旧房密集区、寺庙、文物古迹、油汽站点等部位的消防安全进行检查。检查过程中，坚持“什么问题突出就重点整治什么问题，什么隐患严重就解决什么隐患”的原则，依托社会网格化管理工作平台，积极发动辖区综治办、安监办、居（村）委会及基层治保力量，坚决预防和遏制重特大火灾、亡人火灾的发生。

【开展清理清查】 年内，城关区公安局一方面坚持把握辖区整体形势，不断加强与城关区基层组织、治保队伍、群防群治队伍等维稳力量的协调对接，在辖区内不间断地开展“拉网式”“地毯式”清理清查，着力确保拉萨市社会面绝对安全，挤压不法分子犯罪空间；另一方面在重大节日、重要节点前期进一步细化措施、强化举措，在辖区内有针对性地开展专项清理清查，切实维护活动和敏感节点期间辖区稳定。

【排查矛盾纠纷】 年内，城关区公安局积极排查不稳定因素，高度关注易发生纠纷的领域，超前发现问题，及时掌握纠纷苗头，注重从源头上化解矛盾，及早介入调解，保障社会治安的本质安定。积极联系协调信访、工商等部门，对涉及人员开展稳控工作，认真落实矛盾纠纷化解调处措施，最大限度地予以化解和调处，力争将矛盾纠纷化解在萌芽状态。针对涉及群众切身利益的重大决策、重要改革举措、重点项目建设以及重大活动等事项，在事前即预判、预知可能在维护社会稳定方面所带来的隐患，专门开展风险评估工作，共计形成21篇评估报告，为上级决策提供有力依据。

【收集情报信息】 年内，城关区公安局坚持以网格民警、治安民警为生力军，紧紧围绕公安工作任务和维稳工作需要，全面搜集、准确掌握关于违法犯罪、社情民意以及影响社会政治稳定的各种动态信息，及时提炼、分析，通报上级业务部门和政府有关职能部门，提高警觉、妥善处置，遏止事态端倪，阻止事件的恶性蔓延，实现职能部门间信息资源高度共享和利用。

【推进专项斗争】 年内，城关区公安局严格按照历次会议精神和各级领导指示要求，结合本地实际，着力构建以民意和信息研判为导向的常态化打防模式，本着“有黑扫黑，无黑除恶，无恶治乱”的工作原则，坚持“主动进攻、打早打小、黑恶必除、除恶务尽”的工作方针，通过周密部署、滚动排查、广泛宣传等实施步骤，切实强化线索摸排、侦查经营、专案攻坚和重点整治等具体措施，全方位保障“扫黑除恶打非治乱”专项斗争向纵深推进。先后共印制主题信封3000余个，主体信笺2000余份，设立双语举报箱30个，发放宣传资料1.2万余份，张贴标语2000余张，悬挂横幅360余条。

【查处治安案件】 年内，城关区公安局结合辖区治安实际和特点，突出社会治安管理预防，加大对辖区治安案件的查处力度，切实做到对群众深恶痛绝的事“零容忍”、对群众急需急盼的事“零懈怠”，营造良好的社会治安环境。同时，按照上级党委、政府、公安机关部署，针对严重影响社会治安环境的“黄、赌、毒”类案件和严重影响人民群众生活质量的黑作坊、假冒烟酒窝点等进行重点查处和打击。

【安全保卫】 年内，城关区公安局始终本着“安保工作无小事”的思想，不断强化大局意识、责任意识、安全意识和整体作战意识，高度重视每次安保任务。历次大型安保活动，均成立领导小组，形成工作方案，就担负的任务进行细化、分解，进一步明确要求，扎实开展工作。对于小型安保活动，严格按照分管局领导负责，相关辖区派出所领导带队的工作模式开展工作，坚决防止因疏忽大意造成安保措施出现漏洞。

【理论武装】 年内，城关区公安局以“两学一做”制度化常态化为抓手，以“学习宣传贯彻党的十九

2018年1月19日，城关区公安局召开2017年公安工作总结表彰暨2018年工作安排部署大会

大”“忠诚教育月”等活动为载体，持续强化民警理论知识学习。党委班子率先垂范，带动全局各级党组织和广大民警系统学习党的十九大精神和习近平总书记系列重要讲话和中央、区市党委相关会议精神，不断打牢对党忠诚的思想根基，不断增强“四个意识”，坚定“四个自信”，做到“四个服从”，确保队伍绝对忠诚可靠纯洁的政治本色。局党委理论中心组开展专题学习会40次，各级党组织集中学习共400余次，在岗民警理论学习覆盖面达到100%；编印下发学习汇编资料800余册，公安网刊载学习内容和文件共160余份。

【思想政治教育】 年内，城关区公安局按照从严治党、从严治警总要求，建立实施基层党支部党建工作月考核通报机制，牢固树立“从优待警是关爱，政治建警是大爱，从严律警是真爱”的意识，切实加强队伍思想政治学习、理想信念教育和廉政文化建设，特别是把查办案件作为政治爱警的重要举措，教育和警示民警严守政治规则和政治纪律。

【基层党建工作】 年内，城关区公安局突出党建工作核心引领，切实加强基层组织建设。始终把党的建设作为“灵魂”工程，牢固树立“党建是根本、队建是核心”理念，把党建工作与各单位领导班子述职考核、奖励惩戒相挂钩，与各项公安中心工作同谋划、同部署、同考核。通过成立团委、妇委会等组织，不断完善基础组织建设。

（王 扬）

【领导名录】

拉萨市公安局党委委员、城关区委常委、政法委书记、公安局党委书记、局长

梁光文

党委副书记、政委

尼玛次仁（藏族）

党委委员、嘎玛贡桑派出所所长

强 久（藏族）

党委委员、副局长

王卫东（藏族）

党委委员、蔡公堂派出所所长

万章德

党委委员、纪委书记、扎细派出所教导员

洛桑扎西（藏族）

党委委员、公德林派出所所长

达娃次仁（藏族）

党委委员、广场派出所所长

张云峰

党委委员、政工监察室主任

兰 平

拉萨市八廓古城公安局

【概况】 2018年，八廓古城公安局全体民（辅）警以党的十九大精神为指导，全面贯彻党的十九大和十九届二中、三中全会精神，深入贯彻习近平总书记在中央政法工作会议上的重要讲话精神，深入学习习近平新时代中国特色社会主义思想和“5·19”重要讲话精神，认真践行“对党忠诚、服务人民、执法公正、纪律严明”四句话十六字总要求，增强“四个意识”、坚定“四个自信”、做到“两个维护”，政治思想得到全面加强，政治站位得到有效提升，政治责任感、使命感和紧迫感不断增强。

2018年，全局各部门和全体民（辅）警坚持以维稳防控和反分裂斗争为主线，进一步坚定信念、振奋精神、不忘初心、砥砺前行，打赢一场又一场的硬仗，创造一项又一项的荣誉，不断开创公安

2018年1月15日，拉萨市公安局党委委员、城关区委常委、政法委书记、公安局党委书记、局长梁光文到吉崩岗派出所检查指导工作

工作新局面，有力维护了政治安定和社会稳定，有效服务了经济社会发展大局。

【标定奋进目标路线】 年内，八廓古城公安局按照中央政法工作会议和全国公安厅局长会议精神，结合全市县（区）公安局长会议部署，以扫黑除恶打非治乱专项斗争为主线，以全市公安机关纪律作风教育整顿为契机，以“忠诚教育月”为平台，以“全面加强政治建警，锻造过硬公安队伍”专题教育整顿活动为抓手，以“发案降低、秩序良好、社会稳定、群众满意”为标准，全体民（辅）警始终忠诚于党和国家事业，坚持围绕中心、服务大局、牢记使命、忠实履职，立足公安改革总体目标，全力做好维护社会稳定、重大活动安保、警务机制调整、短板弱项排查等各项重点工作，确保辖区局势和谐安全稳定，治安良好有序，有效策应了全市维稳防控工作和拱卫了全市的安全稳定。

【全面清查堵塞漏洞】 年内，八廓古城公安局各部门扎实认真开展各项业务工作，按照“大清理大排查大整治”“清一批、打一批、抓一批”的工作要求，坚持以常态化的清理清查为抓手，联合110便民警务站、驻寺消防部门与基层治保力量对辖区治安复杂区域与重点区域等场所部位的清理清查，消除重点场所、重点区域的安全隐患，同时加强辖区内治安和消防安全隐患排查工作就存在治安消防隐患，做到发现问题“限期整改即整即改”，明确整改时限和责任人，并对整改情况进行回访。通过集中清查行动，切实整治一批治安突出问题、消除一批消防安全隐患。

2018年10月22日，吉崩岗派出所组织召开“全面加强政治建警、锻造过硬公安队伍”专项教育整顿活动动员部署会议

【收集情报信息】 年内，八廓古城公安局严格按照“不计成本、不惜代价、不择手段”的原则，坚持“急事急报、特事特报、有异常就上报”要求，采取公秘结合，始终把“贴近群众、点多面广”的优势发挥好，把网格民警、“双联户”、群众信息员等基层力量利用好，从拓展信息渠道、完善情报网络、夯实情报基础等方面入手，拓宽情报信息来源，强化搜集力度，做到“一深化、二加强”，确保辖区各类情况全掌握和掌握全。2018年，在市公安局情报单位中，上报数量和质量名列前茅。

【开展扫黑除恶专项行动】 年内，为扎实有效开展好扫黑除恶打非治乱专项斗争，切实维护古城公安局辖区社会局势稳定，根据方案要求，扎实开展各项具体工作措施。要求各部门要深化涉黑恶线索摸排工作，边打边摸，以清理清查工作为出发点和落脚点，紧紧依托网格化管理工作模式，对辖区内各行各业集中清理排摸，依托基层组织，进一步增强扫黑除恶打非治乱工作能力，全面掌握情况，通过口头宣讲与张贴宣传海报、悬挂横幅、利用LED电子屏宣传等方式开展形式多样的法制宣传教育活动，还通过入户宣传等方式教育引导辖区商铺业主和居民主动检举揭发黑恶势力、非法组织的违法犯罪线索，进一步提高了广大人民群众扫黑除恶打非治乱的意识。

【矛盾纠纷调处】 年内，八廓古城公安局严格按照“集中排查，有效化解，促进和谐”的工作思路，全力抓好矛盾纠纷化解工作，最大

2018年9月28日，吉崩岗派出所联合中国人保西藏分公司慰问孤寡老人

限度将矛盾化解在基层，把问题消除在萌芽状态，坚持全面排查与专项调查相结合、排查与化解同部署、同进行，充分利用与群众最为贴近的优势，联合基层组织，通过发放宣传资料、开展法制教育讲座等多种形式开展全方位、多层次、立足实效的普法教育，义务进行法律咨询和治安防范宣传，切实将“爱民、为民、便民、利民”的职责落实到实际行动中。

【检查整治】 年内，在大排查、大清理、大整治专项行动中，八廓古城公安局始终坚持以案件高发、群众反映强烈的重点地段、复杂区域为重点，以成片居民大院、出租房、娱乐场所等场所为核心，坚持“突出重点、主动治理、打防并举、强基固本”的工作思路，把群众反映强烈的“盗抢骗”多发性侵财案件等违法犯罪活动作为打击重点，紧盯涉黑、涉恶、涉黄、涉赌、涉毒等违法犯罪活动，主动防范、主动打击，努力为辖区的和谐稳定营造安定祥和的社会治安环境。

【“一标三实”工作】 年内，八廓古城公安局按照“拓宽信息领域、深化信息内容、提高信息层次、精准信息目标”的要求，在辖区内继续开展户籍拆分、“一标三实”信息采集工作，按照具体工作要求，不断充实、完善各类工作信息，并持续做好信息更新工作。

【实兵实战处置演练】 年内，八廓古城公安局充分考虑八廓古城复杂情况，制定方(预)案、细化工作措施、不断强化有效应对各类突发事件的理论基础。为充分做好应对各类突发情况的处突准备，辖区派出所民警联合其他警种与辖区群众，多次进行应急处突演练，向辖区群众详细介绍遇到紧急突发事件后应该有的快速处置方法和对犯罪分子的有效处置方法，细化方案，牢记工作措施，确保能够“拉得出、打得赢”。

【红袖标队伍规范化】 年内，辖区派出所组织基层治保、机关企事业单位内保、“红袖标”队伍和“双联户”等群防群治力量，联合其他警种采取车巡、步巡的方式，分批分次分组在人员密集区域、治安复杂场所和重点要害部位不间断地开展巡逻防范和盘查登记工作，切实提高了街面见警率和管事率。

【坚持政治建警】 年内，八廓古城公安局始终把理论学习作为一项重大政治任务，以党委理论学习中心组为龙头，切实加强组织领导，采取因人而异、分类施教的方法，逐一分解落实，通过活化学习载体，突出实践特色，为各项警务工作提供正确的理论指南，达到“领导干部受触动、党员民警受教育、人民群众得实惠”的目的。

【坚持从严治警】 年内，为树立公安队伍的良好形象，古城公安局立足队伍现状，坚持“从严治警”方针，把纪律作风建设贯彻到队伍建设的全过程，狠抓警风警纪建设，以铁的纪律打造铁的队伍。着力强化民警的纪律作风整顿教育，坚决扭转纪律松懈、作风漂浮、工作散漫等不良风气，增强民警遵守各项纪律的自觉性和主动性，以严格的纪律约束民警的行为，做到未雨绸缪，防微杜渐。

【坚持从优待警】 年内，古城公安局始终致力于建设多层面、多角度、规范化从优待警长效机制，把从优待警的触角延伸到民警的工作、家庭及身心，做到在政治上关心、生活上关爱、工作上帮助、家庭上帮扶，积极主动为民警创造各种条件，提供各种学习机会，坚持对每个民警开展谈心家访，坚持做到民警生病住院必访、民警子女婚嫁必访、民警家属生病必访、民警培训必访，让民警时刻感受到组织的温暖，增强队伍向心力和凝聚力，同时每年组织一次民警体检，建立民警健康档案。

（杨洁柯）

【领导名录】

古城公安局党委副书记、局长、古城管委会党工委委员

洛桑次成（藏族）

拉萨市公安局调研员

齐新河

党委委员、副局长

杜涛

田文升

丹增七林（藏族）

党委委员、八廓派出所所长

索朗（藏族）

党委委员、吉崩岗派出所所长

洛桑云登（藏族）

城关区人民检察院

【概况】 2018年，城关区人民检察院共办理各类案件826件。其中，刑事案件779件840人，同比下降1.8%；民事行政案件9件，同比上升50%；控告申诉案件10件12人，同比上升25%；刑事执行检察案件6件6人，同比上升100%；公益诉讼案件22件。坚持该严则严，以“三个专项斗争”为契机，坚持“稳、准、狠、快”的办案原则，共批准逮捕270件338人，提起公诉399件495人，有效震慑了犯罪。坚持当宽则宽，对于初犯、偶犯、轻微刑事犯罪以及未成年犯，坚持“教育、感化、挽救”方针，不批准逮捕110件157人，不起诉47件55人。慎重办理未成年人犯罪案件44件55人，其中不批捕6件11人，不起诉10件13人。

严厉打击各类破坏市场经济秩序犯罪，办理合同诈骗、信用卡诈骗、买卖外汇、非法经营、组织领导传销等犯罪案件49件58人。坚决拔除影响营商环境的腐败毒瘤，夺取反腐败斗争压倒性胜利，办理职务犯罪相关案件22件25人，向监委移送线索4件4人。因工作业绩突出，城关区人民检察院被最高人民检察院授予集体一等功。

【全力护航国家安全社会稳定】

年内，开展下访巡访37次，接待来访群众73人，化解群众内部大小矛盾纠纷20余起。办理司法救助案件5件，向因案致贫的受害人发放救助金16.3万元。结合“三同步”要求，认真开展办案风险评估，做到早发现、早汇报、早预防，制定相关预案83份，确保从源头上消除因办案引发的不稳定因素。首次举办食品安全公益诉讼案件通报会，向工商、食药、动检等相关行政部门主要领导当面送达检察建议书，有效提升了检察建议的刚性。

年内，对食品安全领域立案14件，向相关部门发出检察建议6份，精准服务和保障美丽西藏、健康西藏建设。配合综治、司法等部门，以开展普法知识讲座、免费法律咨询等形式集中开展法治宣传7次，提供法律咨询1200余人次，发放宣传材料3500余份，受教育群众达5000余人，有效提

2018年4月18日，城关区委常委、人大常委会主任尼玛云丹率领人大代表到检察院检查指导工作

2018年10月25日，城关区人民检察院党组书记、检察长金美出庭公诉

高了群众的法律意识。当好校外法治辅导员，城关区人民检察院对拉萨六中等22所中小学校3000余名师生开展"宪法进校园"主题巡讲，发放宪法读本400余份，受到广大师生一致好评。协调江苏东南证据科学研究院，向辖区内25名贫困学生兑现助学金10万元。抽派4名干警参与驻村，全力配合村(居)"两委"班子做好十九大精神、"四讲四爱"、包虫病防治、扫黑除恶等宣讲工作，开展宣讲110余次，争取项目资金40余万元，包户帮扶4户8人。启动建设"12309"检察服务中心，着力为群众控告申诉、法律咨询等提供更加便捷高效的"一站式"服务。指定专人负责"两微一端"、城关检察官网等平台，确保人民群众第一时间了解检察工作新动态，公开发布各类动态信息2300余条。

【法律监督】 年内，城关区人民检察院受理各类民事申诉案件9件，其中生效判决监督案件2件，审判人员违法监督案件1件，民事执行监督案件6件，向上级院提请抗诉1件。派员参加城关区法院现场执行监督案件11次，确保民事执行公平公正。全年共获取公益诉讼案件线索49条，立案22件，向环保、食药、工商、国土、动检、卫生等行政机关发出检察建议19件，均已全部整改回复。制发《刑事案件审查指导意见》2期，提出侦查指导意见20条，促进侦查机关办案质量的有效提高。向侦查机关发出《逮捕案件继续侦查取证意见书》422份，提前介入侦查案件9件，积极引导侦查机关调查取证。对侦查过程中违法行为提出书面纠正意见3件，对轻微违法情形提出口头纠正50余次，均得到回复并依法更正。纠正漏捕2人，均已逮捕；追诉漏犯6人，已获判3人，另外3人起诉。做好刑事审判监督，成功抗诉1起交通肇事案。监督抽查司法所社区矫正工作开展情况17次，对矫正人员档案不齐、无思想汇报、无学习情况、请销假记录不齐等问题提出口头纠正意见70余次。认真开展羁押必要性审查，依职权审查羁押必要性案件74件，依申请审查6件，立案3件，向办案机关发出检察建议3份，均被采纳。

【推进司法体制改革】 年内，城关区人民检察院不断推进司法体制改革向纵深发展，检察官办案责任制、员额制、分类管理等改革举措得到进一步巩固，被自治区政法委推举为"政法战线改革之星"上报中央政法委。院领导带头深入一线办案，以实际行动落实司法责任制要求，全年人均办案量达13件。为实现人员转隶后与监委无缝对接，建立提前介入或提前了解案情工作机制、退回补充调查和自行补充侦查机制等多项常态化工作机制，在全区率先成立职务犯罪检察部，专门负责监委移送案件的办理。城关区人民检察院职务犯罪检察工作经验得到自治区检察院充分肯定，并作为改革创新典型向全区作经验交流。积极贯彻执行新修改的刑事诉讼法，建立值班律师工作站，办理全区首例适用刑事速裁程序和认罪认罚从宽制度案件。

【队伍建设】 3月，城关区人民检察院党组书记实现顺利交接。新班子围绕实干型、民主型、廉洁型这个中心，率先垂范、身体力行，带头严格执行民主集中制、党内政治生活准则等，在守纪律、讲规矩上不打折扣，带出了良好的院风。积极配合国家监察体制改革，针对转隶后面临的现实问题，及时对8人岗位和15人任职做出调整，确保改革期间思想不乱、工作不断、队伍不散。做好员额检察官入额选拔和等级晋升工作，新确定入额检察官2名，晋升一级检察官2名，报上级院审批晋升三高、四高人员8名，激励了全院干警干事创业热情。新招录聘用制书记员10名，有效缓解了司法辅助人员短缺问题。主动与上级院、对口援藏和城关区兄弟单位对接，量身定制人才培养和业务培训方案，在全院掀起队伍素质建设大热潮。通过走出去、请进来等形式，多渠道、全方位开展参观考察、交流学习等活动20余场次，开阔了干警视野、打开了工作思路。

积极运用网络平台开展培训，通过中国检察教育培训网络学院、"两微一端"等平台，对全体干警进行网上教学，共培训420余人次，有效提升了干警素质。充分发挥"公诉实训基地"的"传帮带"作用，培训实训生10名，实现实训干警和本院干警取长补短、共同进步的目的。

【党建工作】 年内，城关区人民检察院集中学习30余次，撰写心得体会180余篇。党组书记作为全院党建工作"第一责任人"，全年在党组会上专题研究部署党建工作4次，亲自督促检查各支部党建工作落实情况2次。压实支部书记党建工作责任，严格落实"一岗双责"，确保党建工作与业务工作同部署、同落实、同考核，全年各支部专题研究党建工作达到平均6次以上。严肃开展党内政治生活，认真开展批评与自我批评，认真落实"三会一课"制度、党组议事制度、中心组学习制度等，全年共组织理论中心组集中学习17次，召开党员大全28次，支部委员会28次，全年共发展积极分子3名，发展预备党员1名。全年党组书记听取班子成员党风廉政汇报16次，对全院科级以上和重要岗位干部廉洁谈话32次，督促相关部门开展建章立制和督导检查工作20余次，同时还经常性监督检查班子成员和各部门负责人的思想、工作、作风、生活状况，发现问题及时教育提醒。

【党风廉政建设】 年内，严格落实中央"八项规定"和区党委"约法十章"，驰而不息抓好党风廉政建设，严防"四风"问题反弹，争做廉政建设的表率。院领导与分管口负责人现场签订《2018年党风廉政建设目标责任书》。城关区人民检察院上下正视自身在作风、纪律、制度等方面存在的问题，始终做到不回避矛盾、不避重就轻，坚持以问题为导向，时刻保持居安思危的警醒，以坚如磐石的决心和坚不可摧的意志努力解决。要以政治建设为引领，切实提高全面从严治党、从严治检的政治站位，做到旗帜鲜明讲政治，一以贯之严纪律，标本兼治反腐败。要以落实"两个责任"为突破，着力推动从严治党、从严治检向纵深发展，城关区人民检察院干警特别是班子成员和部门负责人坚持筑牢责任意识、强化责任落实，主动的把主体责任扛起来、把监督责任强起来、把带头作用立起来、把优良作风树起来，坚持领导带头、以上率下，形成从严治党、从严治检合力。

（赵金虎）

2018年9月13日，扬州市人民检察院与城关区人民检察院签订友好共建院

【领导名录】

党组书记、检察长

杨立峰（3月免）

金 美（藏族，3月任）

副检察长

强巴卓玛（女，藏族）

旦增平措（藏族）

卢 刚

次仁白姆（女，藏族）

党组成员

毕锋云（藏族）

陈 潜

检委会专职委员

张兆南（藏族）

尼 娜（女，藏族）

2018年4月20日，城关区人民法院党组书记、院长才旺讲廉政党课

城关区人民法院

【概况】 2018年，城关区人民法院深入贯彻落实党的十九大，十九届二中、三中全会精神，区党委九届三次、四次全委会精神，以习近平新时代中国特色社会主义思想为指导，紧紧围绕"努力让人民群众在每一个司法案件中感受到公平正义"的目标，忠实履行宪法法律赋予的职责，各项工作取得新进展，实现新突破。2018年共受理各类案件6297件，同比增长61%；审执结各类案件5385件，结案率85%，同比增长6%；结案标的额2.6亿元；收案占全区的21%，占全市的47%，收结案数和结案标的均创本院历史之最。

【维护国家安全和社会稳定】 年内，以把城关建设为"近者悦、远者来"的西藏首善之区为目标，深入开展"扫黑除恶打非治乱"活动，切实提升公众安全感，维护了区域安全稳定。共受理刑事案件394件，审结389件。依法审结了拉萨市监察委移送的首例职务犯罪案件，全区首例代考案件。

【能动参与社会治理】 年内，参与维稳下沉共出动干警329人次，其中安排93人参与社区下沉及维稳防控工作，安排216人在一线指挥部蹲点值守，安排16人参与棚户区改造、违建拆除、环保督查等工作组，选派4名干警进驻村（居）开展驻村工作，有力地促进了城关区持续、长期、全面稳定。围绕扶贫工作大局，全院党员干部85人结对帮扶贫困户52户，累计开展入户帮扶活动200余人次，捐款捐物9.8万元。成立涉军停偿专案工作领导小组，依法妥善协调处理77件涉军停偿案件，无一件一人上访、闹访、缠访。

【保护民事权益】 年内，准确把握城关区发展总基调，共受理各类民商事案件3978件，审结3444件，促进了经济良性循环、健康发展。成功审结了拉萨一小39户、实验小学33户房屋租赁合同纠纷案件等一系列群众关切度高的案件，有效地化解了社会矛盾。

【化解行政争议】 年内，严格执行修订后的行政诉讼法规定，依法保障当事人行使诉讼权利。坚持监督与支持并举，通过建立诉前协调机制、召开联席会议、发送司法建议等方式，促进行政争议实质化解，受理行政案件47件，结案37件。大力支持行政首长出庭，2018年行政首长出庭20人次，有效地缓解官民矛盾，彰显了公平公正，提升了行政机关执法水平。

【破解执行难题】 年内，推进"执行决胜年"工作，先后部署开展执行案件集中清理活动和"百日攻坚”“雪域飓风”等专项活动，全力破解“执行难”，共受理执行案件1861件，执结案件1472件，结案标的2.5亿元，实际到位金额8000余万元。对照第三方评估体系要求，补短板、强弱项，基本解决执行难四项核心指标均已达标，执行决战取得阶段性效果。引入保全保险机制，独立办理财产保全案件56件，以保促审，以保促执。加强与有关部门对接协调，强化联合惩戒，2018年依法执结了军区参谋部、拉萨一小等176件强迁案，在城关区范围内，震慑了一批拒不履行法院判决的老赖。加大惩治力度，发布悬赏执行公告33件134人，公布失信被执行人信息1383人次，限制乘坐飞机、高铁、高消费及出境3902人次，司法拘留52人次。已有932人被列为“失信被执行人”，88名失信被执行人因慑于信用惩戒而主动履行义务。创新执行举措，2018年与阿里巴巴公司达成司法协助协议，在全区首创划扣支付宝余额以督促被执行人履行给付义务。截至年底，已成功划扣1名被执行人的款项。

【诉讼服务中心建设】 年内，升级改造诉讼服务中心，秉持“宁肯法官累一点，也要让群众方便一点”的理念，不断优化预约立案、巡回审判、假日法庭、普法宣传、司法救助等各项司法为民举措。年内，利用“车载流动法庭”巡回审判案件347件，通过“假日法庭”“午休法庭”、手机电话或视频调解等方式审结案件200余件，为困难群众办理缓、减、免诉讼费11万元。树立以人民为中心的司法理念，与外包公司签订电子卷宗扫描归档协议，为开通诉讼档案网上查询奠定了基础；投资40余万元在全区基层法院率先建成了集多种功能为一体的执行指挥中心，构建了阳光执法。

【拓宽调解渠道】 年内，城关区人民法院已与区市多家单位及辖区内的各司法调解室建立诉调对接，2018年指导人民调解员调解176件，律师参与诉前调解43件，通过多元化纠纷解决方式分流案件417件。5月，挂牌成立“拉萨市城关区法律援助中心驻城关区人民法院法律援助工作站”，8月成立“城关区律师调解室”，安排律师开展值班工作。截至年底，共接待当事人咨询336件，代写法律文书243件，申请法律援助31件，成功调解案件9件。

【司法公开力度】 年内，加快推进人民法院信息化3.0版建设，持续开展裁判文书上网、庭审“三同步”、庭审直播、档案数字化等工作，2018年推送案件流程信息5500余条，直播庭审88次，上网公开裁判文书3103份，执行信息网公开执行信息629条。依托“车载流动法庭”“法律七进”“微党建”“微信公众平台”“执行微信公众号”“12368”便民诉讼服务热线等措施建立便捷的法制宣传网络。

年内，开展法制宣传43次，在人民法院报及省级报刊上刊发法制宣传文章27篇，微信推送69篇。有效地弘扬法治文化，促进了普法惠民。加强与人大代表、政协委员沟通联络，主动通报法院工作情况，共邀请代表、委员80余人次旁听庭审、监督执行。充分发挥人民陪审员来自于群众的优势，帮助法院做好释法说理工作。2018年人民陪审员共参

2018年6月19日，城关区人民法院开展“双语庭审”，全区参训法官到城关区法院观摩学习

审案件526件，参审率达50%，与2017年同期相比参审率上升12%。

【人员分类管理】 年内，拟定内设机构改革方案，完成第二批8名员额法官的遴选，建立健全22个审判团队，完成53项权责清单修订，“让审理者裁判，由裁判者负责”得到全面落实。2018年，人均受理案件115件，法官收案量最高415件，较2017年全年人均增长41件，增加率55%。院庭长办案2044件，占比34%。在全区基层法院率先开展刑事庭审实质化、民事庭审优质化、行政诉讼优化审“三大庭审”，有力地促进了审判质效。2018年上诉465件，上诉率12.79%；改判51件，改判率17.83%；发回12件，发回率4.2%。较2017年同期上诉率下降4.92%，改判率下降6.14%，发回率下降1.6%。积极推进聘用制书记员管理体制改革，实行书记员单独序列管理，评定等级。在财政厅、区高院的大力支持下，推动落实聘用制书记员经费纳入财政预算工作，提高聘用制书记员履职保障。

【筑牢思想根基】 年内，深入学习贯彻党的十九大，十九届二中、三中全会精神、习近平总书记系列重要讲话精神，扎实开展“两学一做”“四讲四爱”“政治纪律”“全面加强政治建警、打造过硬法院队伍”等主题教育活动，实行党员党建述职考核评议制度，切实提升了机关党建工作。全年召开院党组中心组学习会6次，院领导讲党课4次，以支部为单位开展党建理论专题学习400多人次，党员民主评议2次。深入开展纪律作风专项整顿，全年发出审务督察通报24期。

【党风廉政建设】 年内，严格落实“两个责任”“干预过问案件记录”等规定，组织干警观看《警醒》《围猎》等警示教育片，邀请市中院及纪委领导讲廉政党课2次。落实谈话提醒制度，全年谈心谈话278人次，进一步筑牢廉洁思想防线。

（县西峰）

【领导名录】

党组书记、院长

才　旺（藏族）

党组成员、副院长

索朗潘多（女，藏族）

边　巴（藏族）

拉巴次仁（藏族）

刘亚飞

城关区司法局

【概况】 2018年，城关区司法局认真贯彻落实党的十九大会议精神，紧紧围绕区域中心工作，充分发挥法律保障、法律服务、法律宣传的职能作用，为推进法治城关建设、平安城关创建做出积极贡献，各项工作取得明显成效。2018年，共接收社区服刑人员106人，解除矫正73人，接收刑满释放人员32人，安置3人，帮教32人。

【法治宣传】 年内，落实“七五”普法规划，大力开展法治宣传教育工作和“谁执法谁普法”普法责任制工作，以宪法为重点宣传内容，通过开展法治宣传活动、利用橱窗、微信公众号等开展法宣工作。年内，共举办大型法治宣传活动16场，累积组织开展法治宣传活动55场次，发放各类法治宣传读本（资料）12.5万本（册），受

2018年11月12日，城关区“四大班子”领导参加全区宪法在线考试

教育人数23万人次。组织开展“弘扬宪法精神增强法治意识暨2018年法律进乡村(街区)巡回法治宣传教育活动”，活动通过组织辖区居民群众，宣讲宪法基本知识和精神，同时结合各辖区违法违规突出现象开展有针对性的法治宣传；组织协调法治副校长、辅导员对区属各中、小学生各开展法治宣传教育；组织街道司法所开展“违法用地违规建设”专题法治宣传教育；组织开展驻寺干部和寺庙僧尼“法律知识考试”；开展“城关区2018‘谁执法谁普法’‘谁主管谁普法’法治宣传教育月活动”；制作播放加强劳动权益保护等系列主题法治动漫片，并参加自治区第一届法治微电影、动漫、视频评选活动，获得特等奖一个，三等奖两个；编印“大力弘扬法治精神共筑伟大中国梦之法律进寺庙”和“违法用地违规建设”法律知识读本，以及为防止发生扰乱公共、社会秩序和违法违规信访等事件的系列法治宣传单、公民常用法律知识读本等；组织开展城关区2018年“宪法宣传周”系列法治宣传活动，期间发放宪法读本1.5万册，参与活动并直接受教育干部群众达2.3万人次。

2018年12月3日，城关区开展“12·4”国家宪法日暨宪法宣传周活动启动仪式

【社会矛盾纠纷排查化解】 年内，进一步完善区、街道、村(社区)“三级联动”调解组织建设和“三调对接”“三调联动”工作机制，进一步规范人民调解工作，充分发挥人民调解在社会矛盾纠纷化解工作体系中的基础作用；加强行业性、专业性人民调解组织建设和人民调解委员会的规范化建设；建立完善矛盾纠纷信息网络和排查制度，完善信息收集、报送、分析研判制度，提高各类矛盾纠纷的调解率、成功率和协议履行率；充分发挥人民调解组织的作用，集中力量化解各类矛盾纠纷，积极发挥维护社会和谐稳定的第一道防线；深化矛盾纠纷大排查、大调处活动，全面排查调处各类矛盾纠纷，努力确保“两节”“两会”及重大节日安全稳定，为维护城关区的经济发展和社会稳定做出积极的贡献。

2018年，城关区人民调解指导中心受理矛盾纠纷3件，成功调解3件。各级基层人民调解委员会共受理纠纷173件，调处率为100%，调处成功率为93.5%，最大限度地把矛盾纠纷化解在基层、消除在萌芽状态。

【法律援助】 年内，完善法律援助工作制度，扩大法律援助覆盖面。认真组织实施“法律援助应援尽援”惠民政策，适度降低法律援助申请人经济困难审查标准，扩大法律援助事项范围，进一步加大对农民工、妇女儿童等弱势群体的法律援助。积极为困难群众和弱势群体提供法律援助工作。2018年，共受理法律援助案件286件，其中民事233件，刑事53件，最大限度地满足群众对法律援助的需求，确保法律援助的质量和效果。

城关区法律援助中心、服务窗口共计受理解答法律咨询192人次，有效解答群众各类法律咨询。实现全区51个村(社区)法律顾问全覆盖，并在区人民法院、区人民检察院设立援助律师值班室，加强依法维护犯罪嫌疑人、刑事被告人诉讼权利，加强人权司法保障，促进司法公正。

【社区矫正和安置帮教】 年内，制定社区矫正工作计划，加大社区矫正对象的监督管理。进一步建立健全矫正人员月汇报、月面谈、周报到、不定期督查、个案矫正、请销假等制度，规范社区服刑人员的社会调查评估、接收、管理、教育、考核、奖惩、解除矫正等各个环节的工作流程。促进全区社区矫正工作的有序、在矫秩序良好。

两类特殊人员内无脱管漏管和重大违法犯罪的发生，协助监狱开展在监服刑人员离监探亲3名。社区矫正信息化监管建设工作取得新进展，实现矫正人员电子定位监管全覆盖，完善了入矫、解矫宣告同步录音录像等功能。

【司法行政业务能力建设】 年内，通过学习教育、培训指导等形式实施司法行政队伍业务能力提升工作，使司法行政干警善于运用法治思维和法治方式，处理复杂问题、履行职能、执行落实、务实创新、驾驭全局等方面的工作能力有明显提高。组织开展“2018年司法行政业务培训暨新任职司法所所长岗前培训”，从社区矫正、安置帮教、人民调解、法律援助等业务理论知识和实务操作方面进行系统的培训，进一步加强司法行政干部队伍业务能力、提高了理论知识。

2018年12月3日，城关区开展宪法宣传周活动，干部、青少年、寺庙僧尼、群众代表参加晨读宪法活动

【党风廉政建设】 年内，城关区司法局坚持把提升党员政治素质、强化党风廉政责任作为抓好党的建设和廉政建设的重点。扎实开展“两学一做”学习教育和“党员政治教育”活动，结合工作实际，认真进行研究，成立领导小组，制定实施方案，细化具体措施。注重结合司法行政业务职能，突出重点，防微杜渐，压紧压实党支部主体责任和第一责任人责任，在全系统营造风清气正的良好环境。城关区司法局党支部切实履行主体责任，制定《2018年党风廉政建设工作要点》，明确具体措施，坚持用纪律管住全体党员。局班子、全体党员干部层层签订《党风廉政建设责任书》，形成责任落实的链条，筑牢党风廉政建设的根基。深入开展集中整治形式主义、官僚主义自查自纠工作，把整治的实际成果落实和体现到推动司法行政工作上。积极倡导团结、敬业、节俭、健康文明的社会新风，营造风清气正的工作生活环境。

（晋美朗杰）

【领导名录】

局 长

晋美朗杰（藏族）

副局长

参 木（女，藏族）

马 央 木（女，回族）

经济管理

城关区发展和改革委员会

【概况】 2018年,实现地区生产总值(GDP)273.15亿元,同比增长9.5%。完成地方财政一般公共预算收入9.29亿元,同比增长11.52%。完成财政支出37.72亿元。固定资产投资同比增长10.6%。实现社会消费品零售总额238.5亿元,同比增长14.2%。规模以上工业增加值同比增长4.7%。实现农牧民人均可支配收入19080元,同比增长10.54%。实现城镇居民人均可支配收入38187.53元,同比增长14%。扭转了2017年同期部分指标下滑趋势,实现恢复性增长。

2018年9月30日,城关区委副书记、常务副区长唐兵兵主持召开"双公示"工作会

【党建工作】 年内,切实加强理论学习,积极推进"两学一做"学习教育常态化,强化党员干部政治理论学习,引导广大党员干部深刻学习领会中央治国理政新理念、新思想、新战略,用党的理论创新成果武装头脑。年内,共开展集中学习44场次,开展座谈交流12场次,人均记录学习笔记31000字,撰写心得体会30余篇,有力增强城关区发改委党员干部的思想理论水平,不断提高了围绕党建促发展的能力。

年内,城关区发改委机关支部组织换届,调整班子成员,优化队伍结构,坚持德才兼备、以德为先,注重干部实绩和群众公认,多渠道、多层次培养和考察干部,扎实推进干部队伍建设。选派委内优秀干部多次赴区内、区外开展交流学习培训,进一步提高党员干部党建理论水平和业务综合能力。

年内,依托下沉社区党员活动阵地,立足实际开展清明节扫墓、走访慰问困难群众、开展座谈交流等内容丰富、形式多样的特色党建主题活动,进一步强化委机关支部战斗堡垒作用,有效提升支部及党员干部的凝聚力、向心力和战斗力。

2018年11月20日，城关区发改委主任袁云生到乳制品加工厂检查公路项目

【党风廉政建设】 年内，全面落实管党治党责任，抓牢抓实党风廉政建设。以中央巩固脱贫攻坚专项巡视以及区委九届巡察组进驻区发改委展开巡察工作为契机，深化党风廉政建设，聚焦主责主业，深入开展廉政教育、提升党员领导干部自觉遵纪、守纪、守法意识。强化以制度管人、管事，对项目审批、实施、验收、资金管理等风险点进行分析研究，针对风险隐患部位加强监督，确保项目从始至终都合理合规有序实施。严格执行中央“八项规定”，建立完善机关作风建设长效机制，健全发改委内部约谈制度，发改委主要领导与班子成员之间、班子成员相互之间开展谈心谈话 20 余次，进一步强化班子成员的责任意识。

【重点工作】 年内，认真贯彻落实城关区委、区政府重大决策部署，围绕经济社会发展目标，强化战略谋划，加强数据监测和宏观经济运行分析研判，针对经济社会发展中出现的突出矛盾和问题，及时提出有针对性的对策举措，当好、当准参谋助手，为城关区委、区政府精准施策提供科学依据。

结合党的十九大报告对经济形势的新研判和新方向，围绕推进供给侧结构性改革，对城关区正在实施的国民经济和社会发展五年规划，提出调整和推进对策建议。从十个方面涉及经济发展、推进社会发展事业、保障和改善民生、致力环境保护、巩固脱贫成果、实施乡村振兴等提出合理化建议，以保障经济社会发展方向更贴合城关实际，更具有城关特色。

着手启动城关区乡村振兴战略五年规划编制工作，会同四川大学团队一道实地调研、深入走访，从总体思路、基本目标、任务分工、工作要求等方面提出建议，顺利完成《拉萨市城关区乡村振兴战略规划（2018—2022 年）》初稿编制，并广泛征求各级各部门意见建议，积极借鉴好的经验，提升规划思路、细化任务目标、制定具体措施，为全面实施乡村振兴战略工程奠定了坚实基础。

筹备启动“十四五”规划编制的前期调研，成立“十四五”领导小组，下设办公室。对“十四五”规划基本思路研究起草等内容进行了研讨。

【项目审批及备案】 年内，城关区发改委积极承接并落实拉萨市发改委下放的政府投资项目的审批、节能评估、企业投资项目备案等工作，主要措施：积极参加市级下放行政审批权限的专题培训，学习了解下放行政审批权限所涉及的内容、审批流程及要求等；严格按照上级文件精神执行项目审批、备案工作，并组织业务人员与市级原责任部门进行衔接沟通，及时处理项目审批及备案工作中遇到的困难和问题。2018 年，完成企业备案项目 63 个，备案总投资达 87.02 亿元；稳步推进在线审批业务，2018 年城关区在监管平台审核的项目达到 130 个，位列全市第一。

【项目管理】 年内，以区市战略、城关区发展为导向，谋划推进重大项目实施。年初，结合“十三五”战略规划，谋划推进民生事业、筑牢发展基础、发展特色产业等方面 227 个项目，总投资 258.22 亿元，召开 6 次项目基建会，妥善解决项目前置手续和资金方面的问题，保障项目有序实施。

扎实推进重大项目建设。加强沟通协调，紧跟市直项目进度，落实项目集中开工、部门办会、县级领导包抓等一系列制度措施，召开5次项目调度会、2次重点工作专班会，对在建项目进度、开复工等情况进行研究，及时解决项目建设存在的问题，稳步推进区属项目建设进度。成立联合检查执法组，重点督促社会投资备案项目，确保加措棚户区改造、乳制品加工厂、嘎巴生态牧场等重大投资项目顺利实施。

年内，城关区计划实施项目227个，总投资258.22亿元，计划完成投资133.41亿元。其中，2018年确定实施的区属政府投资项目90个，总投资33.4亿元，计划完成投资26.32亿元；计划争取实施的区属政府投资项目87个，总投资21亿元，计划完成投资12.62亿元；2018年确定实施的企业投资项目25个，总投资93.63亿元，计划完成投资49.85亿元；计划争取实施的企业投资项目26个，总投资110.19亿元，计划完成投资44.62亿元。全年固定资产投资同比增长10.6%，圆满完成拉萨市下达的固定资产投资任务。

年内，创新工作举措，结合实际编制完善《城关区基本建设项目实施管理办法》《城关区项目设计委托管理办法》《城关区项目前期经费管理办法》《城关区政府预算内投资项目办理办法》，严格实行项目法人责任制、招投标制、工程监理制、合同管理制和资金审批制。在项目实施过程中，安排专人负责项目的日常管理，梳理出11个方面、102条风险点，并针对风险点制定防控措施，确保建设廉洁工程、为民工程。

规范城关区政府投资项目中介机构管理工作，确保项目建设工作质量和效率，建立健全城关区咨询、审核、勘察、设计4个名录库，稳步提高区发改委项目管理水平，推进项目决策科学化、民主化建设。

【受援工作】 年内，坚持以项目援助为重点、资金援助为保障，多渠道争取援藏资金，实施八一社区基础设施改造、扎细街道团结新村棚户区小康社区基础设施改造，嘎巴生态牧场设备购置，夺底街道维巴村党支部服务中心，拉鲁、蔡村社区文化阵地改扩建，娘热街道、夺底街道、蔡公堂街道安全饮水工程，扎细街道扶贫洗涤厂，情景歌舞《八廓街》创作等涉及推进民生事业发展、加强扶贫协作、推进文化交流等方面9个项目，总计争取援藏资金5513万元。此外，2017、2018两年间共争取到援助资金5800万元，投入到城关区与蒙牛集团合作的乳制品加工厂项目，嘎巴生态牧场项目，加快“高原奶都”建设步伐；加强与通州区交流合作，协调实现大昭圣水在通州商资果蔬市场93家门店及超市的全面销售，协调通州18家单位达成用水协议，到大昭圣水在京销量达到135吨，促成城关净土农业产品专门店在通州的设立，首家专门店将于12月24日正式运营，加快推进两地国企交流合作。

在2017年签订东西部扶贫协议的基础上，深化援助层次、拓展援助内容。签订街道之间、村（居）之间、人才援助、产业援助等帮扶协议93个，争取到资金1805.8万元投入到教育、医疗、社会保障、民政等领域，有力增强了城关各部门的发展信心，为实现

2018年9月3日，城关区发改委副主任、交通局局长晋美旺秋到智昭产业园区查看公路项目进展情况

同全国一道全面建成小康社会目标奠定基础。

结合实际，促进两地强化沟通交流，不断深化人才智力援助。北京援助各区共派出46人次涵盖教育、医疗、园林等方面专家团队到城关开展培训，多次开展创业、就业指导及相关内容教学，参学人次达到2600人次；协调派出各级各类干部205人次前往援助地区挂职、交流、培训，大幅提升了城关区干部脱贫攻坚、干事创业的能力水平；依托城关区委党校，开展7个班次的主题培训，1600余名党务工作者、100余名村（居）第一书记、党支部书记、村“两委”委员等基层党员干部受到相关培训。

2018年10月24日，城关区交通局组织农村公路养护员培训交通知识

【交通工作】 年内，实施城关区蔡公堂街道智昭产业园公路工程建设项目1个，总里程12.239公里，总投资3537.96万元，计划2019年完成，受益沿线群众将达到5000人左右；积极做好城关区属蔡公堂、纳金、夺底、娘热街道和当巴社区辖区范围内农村公路养护工作，涉及25条路面等级公路，总里程92.75公里；加强农村公路养护员培训力度，调动养护员的工作积极性和主动性，引导养护员明确职责使命，进一步推进公路养护管理，实现农村公路养护管理的规范化。

年内，联合交警大队完成对农村公路隐患的全面排查工作，覆盖137乡道、曲桑寺公路、夺底沟等18条农村公路，针对检查出的问题，按照轻重缓急程度，即刻对存在的隐患问题的路段进行整改，健全公路附属设施建设，更换配置安全导向牌，更换修缮损坏设施，实现建好、管好、护好、运维好的总体目标，为脱贫攻坚提供坚实有力的交通保障。

年内，按照深入推进精准扶贫、精准脱贫工作要求，结合实际，将95名低收入群众纳入到农村公路养护员序列，共发放工资166250元，保障扶贫对象拥有基本生活保障，全面落实交通扶贫以补政策，使贫困群众生活水平达到全区平均水平。

【物价工作】 年内，广泛开展宣传，利用“法制宣传日”等活动，认真开展物价法制宣传教育工作，宣传价格法12次，发放宣传册11万余册，对商家免费办理明码标价签10余万元，办理服务行业价格目录2000余份，使广大群众更加了解价格政策法规，提高了消费者自觉维护自身合法权益的法律意识。

年内，对辖区内140多个公办、民办幼儿园收费情况进行监督检查，推进民办学校收费公示化工作；加大对旅游市场的监督检查，督导规范旅游旺季时旅游景点内商品价格以及人力三轮车收费，及时受理投诉电话解决相关诉求，督导以来投诉下降70%，受到国内外游客的普遍好评；规范各小区物业收费标准，督促物业公司公示收费明细并及时备案，受理并调处物业纠纷，很多历史遗留问题得到妥善解决，物业方面投诉降低60%，收到群众自发赠送锦旗6面，得到居民群众的一致好评。

年内，受理“12345”市长热线及“12358”价格举报热线130余件，出动执法人员600余次，相关处罚款及时上交到城关区国库；定期监测采集上报菜场、菜店、超市物价信息，通过询价、提醒、告诫等方式引导和规范市场价格行为；有效防控“非洲猪瘟”疫情风险，加大生猪批发及猪肉市场监测规范力度，切实保障市场猪肉价格平稳。

【粮食工作】 年内，城关区发改委粮食局根据上级部门相关文件精神，认真做好粮食流通监督检查工作。全年按时发放粮食补贴和粮食审计工作。粮食局积极配合协助上级粮食及监督部门对辖区内粮食购销活动加大检查力度，切实维护城关区粮食流通秩序。

【户籍管理】 年内，根据西藏自治区公安厅户籍管理相关规定，对迁入城关区的户籍人口在具备村（居）委会、街道和所辖派出所的签字盖章后进行审核签章工作，全年共完成92名群众的转户审核签章工作。

（卢学前　旺　珍）

【领导名录】

主　任

　　袁云生（6月任）

副主任

　　晋美旺秋（藏族）

　　管可可

　　王　锐（6月任）

城关区统计局

【概况】 2018年，城关区统计局在职干部职工共有14名，正科级2名，副科级3名。其中行政编制3名，事业编制8名，高级工2名，志愿者1名。

【党风廉政建设】 年内，城关区统计局认真执行中央“八项规定”和“廉政准则”、城关区关于党风廉政建设的相关规定，始终把加强学习，增强党员党性意识放在首位，结合党的群众路线，切实加强作风建设。突出抓好党员干部的职业道德教育和提高党员干部廉洁自律意识。

年内，认真履行“一岗双责”局党支部始终把党风廉政建设和作风建设作为党建工作的重点工作。召开党组专题会议部署党风廉政建设工作，对党风廉政建设集体责任、主要负责人责任进行明确，详细分解各责任人应当负责及监管的范围和对象，分级监管、人人有责。切实抓好、抓实党风廉政建设和反腐败工作。

【党建工作】 年内，根据区委关于做好党建工作的部署要求，结合统计局实际工作，制订党建工作计划。深入学习贯彻习近平系列讲话精神，紧紧围绕统计局党建工作要点。

年内，开展“两学一做”学习教育工作，围绕“不遗漏一名党员”的目标，学习范围覆盖支部全体党员，确保学习教育顺利开局、扎实开展、取得实效。精心组织安排，认真抓好落实，取得一定的实效。挤出空余时间抓紧自学，促进全员学习质量。提高了全体党员干部的学习动力，激发了学习积极性。

【生产总值】 年内，城关区实现地区生产总值273.15亿元，同比增长9.5%。

【固定资产投资】 截至年底，城关区社会固定资产投资同比增长10.6%。

【财政收入】 年内，城关区实现财政收入9.29亿元，同比增长11.52%。

2018年10月21日，拉萨市统计局党组书记仓琼（左三）到城关区检查指导第四次全国经济普查工作进展情况

【工业经济】 年内，城关区规模以上工业可比价增速为4.7%。

【消费品领域】 年内，城关区实现社会消费品零售总额238.5亿元，同比增长14.2%。

【城乡居民收入】 年内，农牧民人均可支配收入达到19080元，同比增长10.54%。城镇居民人均可支配收入达到38187.5元，同比增长14%。

【专业知识学习】 年内，统计局分2批次选派相关专业人员参加关于全国第四次经济普查和全国统计系统专业基础知识的培训班，为统计局更好完成各项工作任务奠定了基础。

【统计法律知识学习】 新统计法的出台，使统计局站到一个新的历史起点，新统计法的贯彻实施必将推动统计工作，特别是统计法制工作迈入新的发展阶段。牢固树立依法统计的法治理念。

2018年9月17—18日，城关区第四次全国经济普查动员暨单位清查培训会议在拉萨雅鲁藏布大酒店举行

【统计法制宣传】 年内，按照通知规定的时间节点及相关要求，紧密结合本地区实际，切实抓好重点普法对象的法治宣传教育。突出抓好党政领导干部、统计机构工作人员和企业统计人员的学法用法，针对不同普法对象进行分类指导，进一步提高统计普法的针对性和时效性。积极组织参与各项活动，广泛发动、扩大宣传、掀起学法普法新高潮。普法工作要与统计业务工作紧密结合，要把统计普法参透到报表布置、业务培训、资料发布、咨询服务等各项统计业务活动之中。

年内，向辖区内企业、单位广泛宣传《统计法》《统计法实施条例》和《全国经济普查条例》，激发统计从业人员和社会公众学法懂法的热情和敬法用法的意识，以及统计法律相关知识，要充分利用统计法律、法规的颁布日、实施日和全国法制宣传日等特殊时间，通过发放张贴宣传资料的方式，深入开展《统计法》宣传、解读统计数据、普及统计知识，加深统计调查对象和社会各界对统计工作的理解、支持与配合，为学法懂法、知法用法营造良好的统计法治氛围。

【统计数据分析】 年内，城关区统计局每月召开经济运行分析会，按时发布统计专报、经济运行分析报告等，全面分析城关区经济社会发展现状，为城关区委、区政府领导决策提供依据。

【全国第四次经济普查】 10月12日，城关区第四次全国经济普查工作开始，截至年底，城关区顺利完成经济普查集中入户式清查，并开展查漏补缺工作。在城关区委、区政府的正确领导下，在拉萨市经普办的业务指导下，城关区经普办根据上级的部署和经济普查清查实施方案的要求，结合城关区实际情况，及时安排部署清查阶段的相关工作，各街道、村（社区）积极行动，精心组织，通力协作，全区近306名普查指导员和普查员起早摸黑，“撸起袖子加油干”。国庆之后，他们开启“白+黑”模式，加班加点，坚持奋战在入户清查第一线，确保入户清查工作按时保质保量完成。

【精准扶贫】 年内，城关区统计局协助城关区有关单位，细心计算家庭年收入，是否达到脱贫标准。为使娘热乡一名在读贫困大学生能够更好地完成学业，除寒暑假外，每月为其提供生活补助1000元。

（阿旺白珍）

【领导名录】

局　长

祁建荣

调查队队长

刘义锋（7月任）

副局长

次　央（女，藏族）

调查队副队长

张国胜

叶婷婷（女，7月任）

2018年12月5日，城关区财政局局长次仁德吉到娘热街道慰问结对帮扶户

城关区财政局

【概况】 2018年，年初城关区总财力为24.71亿元，比2017年减少2.98亿元，减少10.76%。其中一般公共财政预算收入8.58亿元，比2017年减少1.27亿元，减少12.89%。调入国有资本经营收入24万元，转移性收入为15.58亿元，比2017年减少2.26亿元，减少12.67%。动用本级预算稳定调节资金0.55亿元。2018年底总财力：城关区总财力达到41.5亿元，比2017年增加9.82亿元，增长31%；比年初预算增加16.79亿元，增长67.94%。其中上级补助收入为31.66亿元，占总财力的76.29%，比2017年底增加8.3亿元，增长35.53%；比年初增加16.08亿元，增长103.21%。公共财政预算收入完成9.29亿元，占总财力的22.39%，比2017年增加0.96亿元，增长11.52%；比年初预算增加0.72亿元，增长8.39%。调入预算稳定调节基金0.55亿元。调入国有资本经营收入0.0024亿元。2018年政府性基金收入实现1.7亿元（上级部门下达转移支付收入）。

2018年，支出达到40.78亿元，比2017年增加9.10亿元，增长28.72%。其中教育支出1.4亿元，文化体育与传媒支出1578万元，社会保障和就业支出3.5亿元，医疗卫生与计划生育支出1.6亿元，节能环保支出3.1亿元，城乡社区支出2.8亿元，农林水支出4亿元，住房保障支出2.1亿元，资源勘探和信息等支出3882万元，商业服务业等支出194万元，交通运输支出114万元，公共安全支出3.2亿元，国土海洋气象支出269万元，一般公共服务支出5.2亿元，预备费支出2416万元，其他支出863万元。公共财政预算滚存至预算稳定调节基金7176万元。2018年预备费动支情况：经政府批准，安排2416万元，主要用于娘热乡加尔西土地征收资金663.35万元、重要时期乡街道伙食补助380万元、毛纺厂收购资金1372.65万元。

【党风廉政建设】 年内，城关区财政局多次召开全局会议，学习反腐倡廉建设工作，把党风廉政建设和推进惩防体系建设工作纳入财政总体工作目标管理，把责任主体的重要任务和工作责任分解细化、责任到人，落实到工作的每一个领域、每一个环节。城关区财政局党支部书记对党风廉政建设亲自挂帅，坚持做到“四个亲自，一个保障”，即：对党风廉政建设工作亲自部署、对重大问题亲自过问、对重点环节亲自协调，对城关区纪检监察工作财力等方面提供可靠保障，将财政管理工作同党风廉政建设同部署、同实施、同落实；带头遵守“八项规定”和廉洁自律等各项制度。城关区财政局领导班子其他成员认真履行

"一岗双责",担负着职责范围内的党风廉政建设相关责任,按照"谁主管、谁负责"的原则,把党风廉政建设的各项任务,分级、分项、分口落实到相关科室和具体责任人。在全局组织开展对责任制落实情况的监督检查和考评,并将检查、考核的结果作为考核干部使用、评先选优的重要依据,切实维护党风廉政建设责任制的严肃性,确保党风廉政建设和作风建设各项任务有效落实。

2018年4月17日,城关区财政局组织全区财务人员开展国库集中支付业务知识培训

【党建工作】 年内,城关区财政局把党建工作作为财政工作的重要内容,亲自部署,调动和发挥党总支的战斗堡垒作用和党员先锋模范作用,促进各项工作有效落实,形成领导班子带头,全体党员人人参与党建工作的格局。定期组织班子成员间、领导班子和党员间的交心活动。班子成员厉行"四坚持""四带头",凡是要求党员做到的,班子成员首先做到,促使党总支逐步成为一个政治坚定、团结协作、开拓进取、务实高效的战斗集体。"四坚持"即坚持民主集中制,重大问题都经过党组集体讨论决定;坚持言传身教,以身作则作表率;坚持依靠群众,积极为党员干部排忧解难;坚持依法办事,廉洁自律,不接受吃请送礼。"四带头"即带头学习理论,学习业务;带头坚持原则,依法理财;带头开展批评与自我批评,自觉接受监督;带头勤政廉政,艰苦创业。党支部认真做好班子成员间的分工,做到既分工又合作,分工明确,各负其责,形成合力,力促党建工作有人管、有人理、有人做。合理设置组织,配齐调优班子,及时做好换届选举工作。根据财政工作特点,找准党建工作与财政工作的最佳结合点,不断提高党建创先水平,推进财政各项工作的落实。

【财税体制改革】 年内,坚持"先有预算、后有支出""没有预算不得支出"原则,严格预算追加,从严控制一般性支出。完善政府预算体系,加大一般公共预算统筹力度,本级国有资本经营预算调入一般公共预算比例。实现城关区国库集中支付功能及电子化支付功能,强化预算执行动态监管,对预算执行进度较慢或难以执行的资金,及时收回或调整用于亟须支持的领域。预决算公开制度不断完善,公开范围不断扩大,公开内容不断细化,预算管理制度改革取得新进展。开展财税优惠政策清理规范工作,严禁违法违规对企业(个人)实行税收返还或变相税收返还政策,有力维护公平竞争的市场环境,推动城关区经济可持续发展,税收制度改革有序推进。

【财政管理】 年内,认真落实中央"八项规定",牢固树立过"紧日子"思想,集中财力保重点,厉行节约压一般。2018年"三公经费"支出达到851.85万元,比2017年增加7.14万元,增长0.85%。其中:公务接待费13.76万元,比2017年增加7.76万元,增长129%,公务用车运行维护费838.09万元,比2017年减少0.62万元,下降0.07%(最终以总决算数据为准)。认真整改审计问题,高度重视2018年自治区审计厅提出的审计问题,及时建章立制,堵塞管理漏洞,做到立行立改,财政管理工作水平不断提升。盘活存量资金,建立健全结转资金定期清理机制,及时收回部门预算结余资金9440万元,用于保障重点民生支出，进一步提高资金使用效益。规范政府债务管理，全面排查政府隐性债务，清查出政府债务7.58亿元，已偿还债务1.02亿元，在安全可控范围内。成立城关区地方政府性债务管理领导小组，开展地方政府债务投资项目资产清查，清理规范地方政府融资举债。建立健全地方政府债务风险应急处置机制，强化债务风险处置，防范政府性债务风险。规范政府采购管理。加强制度建设和监督，进一步精简优化政府采购管理流程。开展财务会计人员培训，举办3期培训班，对国库集中支付和财经业务知识进行讲解，每次独立财务核算部门参训人员达70余人，不断提高业务水平。

【2018年重点领域资金落实情况】 年内，以做足总量、整合存量、保障重点、兼顾一般为原则，切实做到千方百计抓收入、集中财力保重点、厉行节约压一般、完善机制增效益，圆满完成了各项目标任务，财政工作取得了新的成绩。

【基本建设领域资金保障】 年内，城关区基本建设领域落实资金5000万元：用于城关区县级综合文化活动中心建设500万元；白定支沟防洪工程1074.1万元；工程水电接入费200万元；农村公路养护配套100万元；项目前期经费600万元；项目预留1025.9万元；派出所业务用房；门卫室、食堂等建设经费1500万元。

【构建高原生态屏障】 年内，落实资金1.1亿元，环保专项经费50万元；“自治区级生态区”“国家级生态村（社区）”创建经费100万元；拉鲁湿地保护管理局经费568.6万元；夺底乡吉仓日追山体修复经费1330.5万元；嘎巴生态牧场粪肥还田项目650万元；净土健康产业扶持资金8000万元等。到位生态补偿资金338.3万元，严格按照岗位数量足额兑现。落实上级资金1.2亿元，用于拉鲁湿地国家级自然保护区三期工程。

【社会救助工作资金保障】 年内，为切实改善老城区低收入群体的生活条件，落实资金6042万元，用于2018年城乡低保惠民资金3226.37万元；低保肉食补贴97.16万元；残疾人惠民补贴757.08万元；寿星老人健康补贴144.5万元；城关区五保供养中心运行经费174.73万元；城关区五保供养中心工作人员工资118.35万元；五保户供养调标资金（上级资金）21.78万元；经济困难高龄、失能等老人补贴（上级资金）35.03万元；2018年“三大节日”慰问经费946万元；五保供养机构运转经费39万元；城关区居民肉食补贴450万元等。

【完善社会保障体系】 年内，落实资金2.5亿元，用于公益性岗位人员工资9941万元；公益性养老保险2526.67万元；公益性岗位人员工伤保险25.92万元；公益性岗位人员失业保险113.38万元；基层服务平台工作人员社保；工资、伙食补助252.69万元；公益性、城镇居民医疗保险300万元；2018年军队移交政府安置离退休人员经费2100万元；城关区居民养老保险16～59周岁本级财配12.5万元；城关区居民养老保险60周岁本级补贴570.6万元；农民工工资应急保障资金200万元；城关区双创经费288万元；市级双创切块资金8500万元等。

2018年7月1日，城关区财政局组织干部职工开展建党97周年纪念活动

【教育事业】 年内,优先发展教育事业,优化学校布局,改善教育教学条件,提高教育教学质量。本级财政投入2.2亿元、占2017年财政收入的26.4%。

【医药卫生体制改革】 年内,落实2.3亿元,用于社区卫生服务中心医务人员及工勤人员经费282万元、卫生人才引进医务人员工资195万元、未纳入的公益性岗位及医保专干经费35万元、专家到社区坐诊工资30万元、农牧区合作医疗城关区惠民政策提高报销比例资金800万元、孕产妇奖励城关区惠民政策提高资金40万元、创建文明城市病媒生物消杀经费210万元、艾滋病示范区城关区配套资金50万元、60周岁以上老年人流感疫苗免费接种44万元、儿童口腔综合干预项目46万元、新型农村合作医疗补助550万元、计划生育调标111.2万元、基本公共卫生服务经费970.61万元等。

【落实各项强农惠农富农政策】 年内,落实资金1.5亿元,用于2018年自治区级脱贫致富产业发展资金1223.7万元、脱贫攻坚小型基础设施及生产扶持资金2369.7万元、拉萨市第七批强基惠民工作经费1020万元、农机推广与服务经费50万元、养殖业、科技、种植业项目配套54万元、科技特派员补助(上级资金)13.2万元、扶贫投入资金1668万元(上年财政收入的2%)、净土健康产业扶持资金8000万元、农村小型农田水利设施维修经费100万元、城关区八条沟修养经费150万元、防汛抗旱经费75万元、河长制经费150万元、水利配套经费100万元、农村人畜饮水维修养护经费50万元等。

【文化科技体育事业发展】 年内,落实1773万元,用于文化旅游提升工程项目1000万元、图书馆、群艺馆、乡镇综合文化活动中心等免费开放经费(上级资金)84万元、宣传文化专项经费78.5万元、雪顿及其他活动经费30万元、民间艺术团补助(上级资金)30万元、村级文化建设(上级资金)51万元、民间艺术团场次补贴(上级资金)20万元、文化产业发展专项资金100万元等。

【住房保障】 年内,落实资金1.1亿元,用于洛堆、加荣棚户区改造本级资金694万元、2018年城镇棚户区危旧房改造项目4087.73万元,加措棚户区改造项目192万元、拉萨市2018年第一批保障性安居工程配套基础设施项目资金5616万元等。

【确保社会局势持续稳定】 年内,加大社会治安综合治理经费保障工作力度,确保平安县(区)创建活动的有序开展。

(达娃罗布)

【领导名录】

局　长

次仁德吉(女,藏族)

副局长

索朗曲珍(女,藏族)

格桑卓嘎(女,藏族)

拉萨市国土资源局城关分局

【概况】 拉萨市国土资源局城关分局组建成立于2017年8月8日,属拉萨市国土资源局派出机构,共有10名干部职工,其中3名为城关区其他部门借调人员,全局正式党员9名,积极分子1名。

【党建工作】 年内,严格按照城关区委组织部的要求,年底城关国土分局积极组织成立“中共拉萨市国土资源局城关分局党支部”,并将分局干部的党组织关系全部转入城关国土分局党支部,并召开分局党支部委员选举会议,成立以党支部书记为首的支部委员班子成员,同时刻制“中共拉萨市国土资源局城关分局支部委员会”印章。截至年底,城关国土分局有党员9名,以区委每周三开展的中心理论的中心理论组集中学习为标杆,认真开展“两学一做”学习教育,落实“三会一课”制度,明确全年党建工作的目标任务、明确工作的责任领导和责任人,出色地完成上级党组织交办的各项党建任务。

【党风廉政建设】 年内,拉萨市国土资源局城关分局在2018年党风廉政建设工作中,完善和健全各项制度,切实加强作风建设,加强学习教育,提高党员干部廉洁自律意识,集中学习与个人自学相结合,全面提高党员的各项素质,制定《城关国土分局2018年党风廉政工作计划》《考勤制度》《公车使用管理制度》和《办公耗材管理办法》等，并强化教育监督管理，从源头上预防、杜绝不廉洁行为的发生。严格执行《廉政准则》，明确责任，抓好督促落实。从局主要负责人开始，充分履行职责，带头认真自我剖析和开展批评与自我批评，带动和引导局成员认真开展民主工作。结合城关国土分局党风廉政建设方面暴露出的薄弱环节，深入分析其原因，总结经验教训，举一反三，建立健全加强分局党风廉政建设的长效机制。

【土地征收】 年内，拉萨市国土资源局城关分局协同组织各街道、村居，实施纳金水厂原水管道项目、东环线城关区蔡公堂段项目、东环线城关区纳金乡段项目等土地征收拆迁项目。截至年底，已完成约865.54亩土地征收工作，已落实兑现征地补偿资金约18823万元，土地征收储备工作正在强力有序推进，并对北环路集体土地征收等征地工作进行了后续完善总结。

【农村集体土地发证】 年内，根据城关区委、区政府及拉萨市国土资源局要求，启动实施城关区农村集体土地确权登记工作，以招投标形式确定专业队伍。截至年底，宅基地确权工作所有外业测量及入户调查工作已全部完成，共计测量宗地7148宗、总面积为3925亩，并且数据建库准备工作已全部完成；城关区组织实施辖区集体土地所有权确权登记发证工作，共完成3乡、7个行政村、完成权籍调查测量168宗，17.48平方公里，采取政府购买服务力量的方式，邀请第三方公司完成了确权登记工作，并通过拉萨市、自治区验收考核。由于城关区的历史特殊原因，农村集体土地所有权确权登记工作难度大，此次工作得到各级领导的高度认可，并取得全市第三名的好成绩。

2018年8月3日，拉萨市国土资源局城关分局局长巴桑与相关单位对北环路加气站开挖山体开会进行研究

【编制城关区土地利用总体规划】 年内，拉萨市国土资源局城关分局实施《拉萨市城关区土地利用总体规划(2006—2020年)调整完善方案》编制工作，于2018年3月通过市国土资源局评审。截至年底，已上报至自治区国土资源厅审批。

【土地预审】 年内，严格照土地法及用地预审相关法律法规，经过实地勘察及认真审核上报的申请材料，并按照分级预审原则，对涉及城关区的第一峰旅游配套项目、应急救援机场项目和饮水安全工程建设项目等12个项目进行用地初审和预审。

【农用地转用手续】 年内，对净土健康产业8宗面积共计58.77公顷地组建拉萨市城关区2017年度第一批次城市建设用地勘测定界技术报告书，已纳入拉萨市中心城区新增建设用地计划范围内，已经过逐级审批已获得自然资源部批复《自然资源部关于拉萨市2018年度农用地转用和土地征收方案的批复》。

【耕地占补平衡事宜】 年内，随着城市的发展，土地资源的稀缺，城关区无法开展土地开发及整治工作，只能采取从其他县(区)购买耕地指标来解决，为解决耕地占补平衡工作，经城关区委、区政府会议研究同意，按照每亩2万元

2018年11月23日，拉萨市国土资源局城关分局副局长卫色卓玛慰问下沉点人员

标准，从林周县购买500亩的耕地占补平衡指标。

【宣传工作】 年内，拉萨市国土资源局城关分局高度重视国土法律法规的宣传教育工作，在法制宣传日、国土宣传日等特殊时间节点，在蔡公堂乡嘎玛隆沟、市民服务中心等重点区域设立宣传点，向居民群众发放藏汉“双语”的国土法律法规相关册子，耐心认真地讲解相关国土法律法规知识，并针对城关区辖区集体土地管理存在的问题，由局主要领导采取走乡入村形式，对村“两委”班子及村民小组组长进行集体土地管理，审批相关规定的深入宣传及教育。

【土地矿产卫片检查】 年内，拉萨市国土资源局城关分局协同国家测绘地理信息局第三大地测量队工作人员共同开展2017年度土地变更调查工作，对涉及城关区2017年度土地变更调查遥感监测500个变化图斑进行实地核查、变更，并按照变更成果对图斑进行合法、违法判定，及时对违法用地开展整改工作。为切实解决历史遗留问题，前期向自治区国土厅上报2014年以前100亩以下违规用地报件，申请解决城关区保障性住房及纳金卫生院等共9宗项目用地农用地转用等手续。经多次协调跟进，上述9个项目共209.08亩违规建设用地获得自治区国土厅批复，城关国土分局申请区政府缴纳新增建设用地390.2846万元，并及时通知督促各用地单位尽快补办用地手续。

【生态恢复】 年内，根据《拉萨市国土资源局关于中央环境保护督察反馈问题整改事项的紧急通知》《中央环境保护督察反馈问题整改任务分解表》要求。城关分局组织实施辖区内历史遗留矿山、采石采砂场及破坏山体情况的生态恢复工作。经过前期的摸底调查，城关区共涉及2处历史遗留矿山、12处历史遗留采石采砂场需恢复治理，3处重要城镇周边、重要国道沿线可视范围内的露天采场和破坏山体情况需恢复治理，已经完成上述17处的实地测量、勘测及生态恢复方案编制工作，待方案通过专家评审及政府会议后将按照生态恢复方案实施生态恢复工作。

【工商资本违法违规租地问题】

年内，拉萨市国土资源局城关分局及时组织各街道、村及测量公司，对4乡范围内的违法违建仓库、家具厂等进行实地测量、统计、建档工作，并且按照国家土地督察西南局整改要求及城关区委、区政府的统筹安排部署，拟定蔡公堂乡、夺底乡和娘热乡工商资本违法租地建厂乱占耕地问题的整改工作实施方案，成立以城关区委常委为组长的征地拆迁领导小组，并积极向上级部门申请落实整改土地征收补偿资金，确保完成土地例行督察提出的整改任务。

【人大、政协提案、议案答复】 年内，拉萨市国土资源局城关分局受理人大、政协提案、议案共26件，分局科级领导带队分组对提案、议案进行包案处理，全部提案、议案进行答复，满意率达100%，做到件件有落实、事事有回音。

【安置就业用地】 年内，为加快推进城关区失地农民安置就业用地开发工作，根据城关区委、区政

2018年11月1日，拉萨市国土资源局城关分局参加“扫黑除恶”宣传活动

府的指示精神，城关分局积极与各乡办、村居沟通对接，对失地农民安置就业用地开发情况进行全面梳理调研。截至年底，初步明确或已明确安置就业用地共有51宗地，总面积为2921.64亩，已向城关区政府上报了安置就业用地开发情况专题调研报告。

【矛盾纠纷调处】 年内，对市政府“12345”热线、国土违法线索信息系统、网格化管理系统反馈的土地矛盾纠纷进行了认真调处化解。截至年底，已调处矛盾纠纷约10余件，全部得到有效化解。并积极协助城关区相关部门办理国土、规划相关手续。

【国土工作取得成效】 年内，拉萨市国土资源局城关分局召开各类会议40余次，印发红头文件217期（报送174期，下发43期），发放宣传资料2000余次。

（罗 珍）

【领导名录】

局 长

巴 桑（藏族，8月任）

副局长

卫色卓玛（女，藏族，8月任）

洛松克珠（藏族，8月任）

城关区审计局

【概况】 2018年，城关区审计局深入贯彻落实党的十九大和中央第六次西藏座谈会精神，紧紧围绕区委、区政府工作中心，紧贴事关经济社会发展全局的重大事项，紧扣涉及人民群众切身利益的重大问题，坚持“依法审计、服务大局、围绕中心、突出重点、求真务实”的审计工作方针，坚持“积极稳妥、量力而行，提高质量、防范风险”的原则，依法履行审计监督职责，严格执行2018年初制定的审计计划，紧盯扶贫领域和民生领域资金审计，维护城关区经济秩序，提高财政资金的使用效益，促进廉政建设，保证城关区经济和社会健康发展。

【内部建设】 年内，加强审计机关内部建设，深入学习《中华人民共和国国家审计法》《中华人民共和国国家审计准则》，严格执行《西藏自治区审计机关审计业务质量控制办法》《西藏自治区审计机关审计项目计划管理办法》，确保审计工作质量稳步提高。坚持审计人员纪律情况反馈卡、审计人员廉政承诺书和被审计单位代表座谈会、行风监督员座谈会等制度，确保全局审计人员廉洁自律，为建设一支“政治强、业务精、作风优、纪律严”的审计铁军提供了坚强政治和纪律保障。

【合理安排培训】 年内，城关区审计局立足实际，统筹全局，采取走出去、请进来的方式，开展形式多样的业务培训。为提升审计人员业务素质，先后参加区内外各类专业培训5期9人次。为提高各街道及村（居）财务人员专业能力，城关区审计局组织乡、办及村（居）财务管理人员共计110余人，开展为期2天的业务培训，为增强培训效果，邀请2名注册会计师进行授课，在提高理论基础的同时，加强实务讲解，案例分析，现场解答疑难问题等，在规范行政单位会计核算和财务行为上取得了实实在在的成效。

【党组织建设】 年内，为更好地发挥党支部战斗堡垒作用，防止因工作监管不力出现不作为、慢作为等现象发生，城关区审计局在党员人数达到3人后，第一时间向上级党组织申请成立党支部，经区直机关党工委批准，2018年7月30日，中共拉萨市城关区审计局党支部正式成立，通过党员大会选举，副局长泽仁邓登当选党支部书记，全面负责党建工作，带领全体党员开拓进取，砥砺前行，各项制度逐步健全，党组织工作稳步提升。

【党建工作】 年内，开展“党员政治教育”“党风廉政教育”“党员政治纪律教育”等多项教育活动，教育引导党员领导干部讲政治、守规矩。深入开展读书活动，鼓励多读书、读好书，主要学习《习近平谈治国理政》第一卷、第二卷，深刻领会习近平总书记的思想理论的高度、观察视野的广度、战略思维的深度、说理论证的力度、话语体系的温度，充分体会了大国领袖的人民情怀、国家情怀、天下情怀。撰写心得体会6篇，学习笔记1万余字。

【党风廉政建设】 年内，持之以恒抓好中央“八项规定”，大力纠正“四风”、转作风、惩腐败。通过学习《中共共产党纪律处分条例》《中国共产党廉洁自律准则》《审计“四严禁”工作要求》《审计“八不准”工作纪律》等法规条例，加强党风廉政教育，严肃教育、严控制度、严格管理、严防腐败。主要领导认真履行第一责任人的责任，切实把党风廉政建设主体责任扛在肩上、放在心上、抓在手上，做到重要工作亲自部署、重大问题亲自过问、重点环节亲自协调，坚持原则、敢抓敢管。通过一系列举措，塑造了清正廉洁、勤勉敬业、求真务实、真抓实干的审计形象，营造了风清气正、干事创业的良好环境。

2018年6月22日，城关区审计局局长扎桑与招标入围会计师事务所签订购买服务协议

【“两学一做”学习教育】 年内，进一步深化“两学一做”学习教育，围绕学习《党章》《党规》和系列讲话教育活动，开展深化党员“亮身份、树形象”“重温入党誓词、重读入党志愿书”等系列主题教育活动，引导党员干部知行合一，服务群众，做“四讲四有”的合格党员。对于进一步坚定党员理想信念，树牢“四个意识”，坚定“四个自信”，坚决做到“两个维护”，具有十分重要的意义。

【建立项目库】 年内，由于城关区审计局组织机构人员配备不健全，以现有人员很难完成审计全覆盖的工作要求。遇有审计项目时，需第三方服务机构协助开展，均以竞争性谈判的方式确定服务公司，程序繁琐，耗时耗工，审计质量无从保证。在吸取以往的经验教训后，城关区审计局借鉴上级审计机关建立审计服务公司项目库的优秀作法，经请示区委主要领导同意，建立城关区审计局会计师事务和造价咨询公司项目库。成为拉萨市首家县级审计机关建立项目库的单位，得到拉萨市审计局主要领导的高度评价。

【配合审计组工作】 8月，审计厅审计组入驻城关区开展“关于城关区委书记果果和政府区长刘亮经济责任审计”以来，审计局全力配合审计组各项工作。为方便审计组获取审计资料，建立“审计资料提供群”，累计向审计组提供各项资料100余份；积极参加审计组审计工作，通过以审代训的方

2018年9月30日，城关区审计局党支部一行到八廓街道夏萨苏社区走访慰问

式，既学习了业务知识又做好保障工作，同时也确保审计信息及时准确的反馈。

【审计工作】 年内，实施5个专项审计项目，2个专项检查。在审计过程中，结合被审计单位实际情况，采取包括内部控制制度调查、分析性复核、审查会计资料、函证、实地观察、实物盘点、利用内外部审计成果、访谈等必要的审计方法、审计程序。围绕被审计单位的会计资料及报告中有关财务收支状况的真实性、正确性、合规性、合法性进行审计监督，累计审计资金总量775479万元，查出被审计单位各类违纪违规问题378个，为加强被审计单位财务管理工作，建立完善各项规章制度，针对被审计单位财务管理制度、内控制度、财务管理核算、实物管理等问题和薄弱环节提出了整改意见和建议258条。截至年底，出具审计报告13份，管理建议书2份。

（毛兰勇）

【领导名录】

局 长

扎　桑（女，藏族）

副局长

泽仁邓登（藏族）

城关区工业和信息化局

【概 况】 2018年，城关区规模以上工业增加值可比价增速为16%，超额完成拉萨市下达的15%的目标任务；规上销售产值完成36150万元，同比增长10.22%；税收完成418万元，同比下降-18.02%；工业中间投入完成33283万元，同比增长4.57%。招商引资落地项目36个，协议资金110.23亿元，实际到位资金29.64亿元，完成拉萨市下达目标任务27.5亿元的107.78%，完成力争目标任务28.75亿元的103.1%。引进世界500强项目1个即碧桂园集团，引进国内100强项目1个即兴业银行。

【协调服务】 年内，设立招商引资服务中心，配备人员及设备；明确服务专班，由城关区主要领导任专班组长，针对重点项目成立服务专班，竭力确保签约项目快速落地、顺利建设。召开落地对接会，第一时间召集企业代表召开落地对接会，掌握和解决招商引资签约项目落地过程中存在的困难和问题。快速响应企业求助，开展温心、暖心服务，最大限度满足企业需求。切实加强投资促进软环境建设，热情周到、高效便捷地推进招商引资项目全程代办服务工作，为招商引资企业提供“保姆式”服务，确保项目落地，营造了爱商亲商、安商富商的浓厚氛围。

【提升履约率】 “藏博会”签约的3个项目碧桂园房产、哈达商场、世邦·书山郡均已开工建设，其中哈达商场项目已于11月10日开业运营。雪顿节签约的2个正式项目碧桂园房产、世邦·书山郡已开工建设，2个意向项目河北绿之梦环保科技有限公司设备正发往拉萨，西藏阜康国际（西城区）医院处于土地平整期，预计2019年开工建设。京交会签约的5个项目（西藏拉萨市城关区一期100MWp光伏扶贫电站工程、大昭圣泉水销售、诺布庄园农工旅一体化项目、西藏乐寿食品加工项目、城关区智昭净土乳业项目），其中2个正式签约项目，3个意向签约项目，其中诺布庄园农工旅一体化项目已开业试运营；西藏乐寿食品加工项目因公司调整经营方向，从工业化食品加工项目调整为烤鸭连锁店项目；城关区智昭净土乳业项目已于9月8日开业试运营；光伏扶贫电站项目由于6月1日国家发改委、财政部、国家能源局联合印发《关于2018年光伏发电有关事项的通知》实行光伏新政，导致项目暂缓；大昭圣泉水销售项目由大昭圣泉实业有限公司提供270吨水至广东凤凰优选超市平台进行推广销售。10个签约项目中5个正式签约项目均已开工建设或开业运营，履约率达100%。

【走出去、请进来】 2月1—5日，到深圳参加"中国西藏拉萨净土文化周"，签订意向签约项目1个，投资金额0.5亿元；5月28日至6月2日参加在北京国际会议中心和西藏大厦举办的"京交会"相关活动，签约项目5个，投资金额18亿元；8月12日在拉萨洲际酒店参加雪顿节招商引资项目推介会暨集中签约仪式，签订正式项目合同2个，签约资金10.5803亿元，意向签约项目2个，协议资金3.5亿元；9月8日参加第四届藏博会招商引资合同项目集中签约仪式，签约项目3个，投资金额11.5亿元。自主组织外出招商活动，2月4日、4月20日由市长果果、区长刘亮带头分别到碧桂园集团广州总部考察对接在城关投资事宜，并达成意向；4月27日，城关区委常委、副区长沈朗赴蒙牛乳业（北京）有限责任公司就旗下富源国际实业有限公司在城关区投资合资公司进行对接洽谈；4月28日，拉萨市委副书记、市长、城关区委书记果果带队到北京中广万通投资发展有限公司调研，与公司高层对接洽谈，研究推进"诺布庄园农工旅一体化项目"等事宜；京交会期间，区委副书记、常务副区长唐兵兵带领招商工作人员一一对接了城关区重点招商引资企业，在北京拜访北京君辉新能源科技有限公司、碧生源投资有限公司、北京润品投资（集团）有限公司、北京中广万通投资有限公司等企业，赴河北沧州拜访了乐寿农牧集团股份有限公司。

2018年10月8日，西藏自治区人民政府督查组一行到城关区督查招商引资项目落地工作

【项目储备】 年内，为做好项目基础工作，为全年招商引资任务夯实基础，城关区建立招商引资推介项目库，项目共计9个，投资金额19.9亿元。项目库内的项目均由区县级领导多次召开部门对接会，结合城关实际和产业导向，征求相关单位意见后统一入库。

【信息化建设】 年内，为全面贯彻落实国家、自治区推进全民健身，建设健康中国、小康社会有关要求，充分发挥学校体育运动场地等设施资源的社会效益，满足广大群众的健身需求，使社会体育设施资源得到综合应用，同时做好学校对外开放体育运动场所及学校自身安保工作，与教育局一起经过前期调研，确定对外开放第三中学体育场所，并配套建设第三中学开放区域监控系统，主要针对第三中学体育场所及周边区域建设安防监控系统，进一步杜绝不法人员的不轨藏匿，确保学校治安安全。项目投入175.05万元，已完工验收。

城关区辖属寺庙都是历史悠久，并且是各级重点文物保护单位，又处于拉萨市核心城区，信众广泛，寺庙的治安防治、防火防盗以及文物安全保护工作压力大。按照拉萨市针对城关区寺庙防火防盗检查工作的整改要求，城关区工信局会同民宗委根据城关区相关领导现场办公会会议精神，安排施工单位于2018年3月26日进场实施小昭寺安防系统和监控值班室建设项目。主要建设内容是针对小昭寺大院、主要转经道、文物存放及佛堂等重点区域建设安防监控系统，同时新建24平方米的监控和消防值班室。项目总投资120万元，已经全部竣工验收。

按照城关区信息化建设总体规划和2018年信息化建设年初预算，工信局于2018年1月开始实施城关区电子政务平台（三期）五个街道办19个社区：嘎玛贡桑街道办（4个社区）；公德林街道办（4个社区）；扎细街道办（5个社区）；金珠西路街道办（4个社区）；两岛街道办（2个社区）推广项目。主要针对电子政务平台专网、架设防火墙设备、办公硬件设备等，确保城关区电子政务平台OA系统惠及基层单位，有效提高公文在各级单位的流转效率。项目总投资182万元，已经竣工验收。

为更好的服务辖属小微企业、做好大学生创业就业工作，城关区打造小微企业创业创新集中示范基地，为避免重复建设，与装修同步建设两创基地智能化系统（包括门禁、广播、信息发布系统）以及大楼关键核心区域的安防监控系统。项目总投资360万元，截至年底，已经全部竣工。

按照拉萨市、城关区对宗角禄康公园的治安防治要求，结合辖区派出所的需求，为广大人民群众营造一个更加安全舒适的休闲园林，对宗角禄康公园的安防系统进行全面的升级改造，项目总投资94.65万元，已竣工验收。

根据城关区委、区政府对公租房、廉租房和周转房的管理要求，结合城关区住建局实际，建设一套具备各类房种的合同、租费、到期提醒等功能，并根据住建局档案管理需求融入项目全生命周期各类手续文件的电子扫描和填报功能齐全的城关区住建局综合管理系统，有效保证了为各类租户提供高质量高效率的租房服务，项目总投资35.25万元，已竣工验收。

【党建工作】 年内，进一步树立党建“第一责任人”的责任意识，建立党支部抓党建的责任清单，细化到人、量化到岗，以责任传导压力，推动形成各级党组织书记负总责、分管领导分工负责、主要负责人履行“一岗双责”的党建工作格局。继承发扬好“三会一课”制度，纪念“七一”活动、评选“优秀党员”，创建文明机关、主题教育等一系列长期以来机关党建工作形成的行之有效的好的传统和经验，开拓创新，探索和运用新的党建载体和方法，不断提高机关党建工作的时效性和可操作性。

【党风廉政建设】 年内，城关区委常委、副区长沈朗首先充分肯定工信局党支部党风廉政建设和反腐败工作成绩。同时，也强调工信局党支部要坚持把党风廉政建设和反腐败教育工作纳入党的宣传思想和干部教育培训工作总体部署中，扎实开展理想信念和宗旨教育、党风党纪和廉洁自律、示范警示以及岗位廉政教育，加强廉政文化建设，增强教育的针对性和实效性，筑牢党员干部拒腐防变思想防

2018年5月29日，城关区代表团到北京参加招商引资活动中成功签约招商引资项目3个

2018年7月5日，拉萨市商务局一行考察树莓产业发展情况

线，营造崇廉尚廉氛围。

（郭雪婷）

【领导名录】

局　长

贡嘎卓玛（女，藏族）

副局长

王 素 伟（女）

措旦卓嘎（女，藏族）

城关区食品药品监督管理局

【概况】 2018年，城关区食品药品监督管理局认真贯彻落实拉萨市、城关区有关工作部署和安排，切实履行食品药品安全监管职能，认真抓好各项工作任务的落实，深入开展专项整治，食品药品监管各项工作稳步推进。连续三年被拉萨市食品安全委员会评选为拉萨市食品安全工作先进集体。

2018年，共办理食品经营许可证5177家，其中办理餐饮单位2962家、食品流通单位2215家。办理零售药品经营许可证17家，办理零售药品经营单位变更事项30家。

【党建工作】 年内，城关区食品药品监督管理局始终坚持以习近平总书记系列重要讲话精神和区、市党委政府和城关区委政府各项决策部署，积极开展“两学一做”、党员政治教育学习活动的同时，抓好十九大报告学习，并结合年初制定的学习计划，如期开展了各项党建工作。年内，吸收入党积极分子1名，积极分子转为预备党员1名，预备党员转为正式党员1名。

【党风廉政建设】 年内，制定《2018年城关区食药局党风廉政建设和反腐败工作方案》，对2018年党风廉政建设工作任务进行责任分解，细化职责任务，落实牵头部门，明确工作时限。同时，通过抓好职责分工、廉政承诺、督促检查、自查自纠等综合性措施，推动党风廉政建设责任层层落实。班子齐抓共管，积极推进全面从严治党向纵深发展。局党支部书记将党风廉政建设主体责任扛在肩上，层层传导压力、压实责任，督促班子成员切实把全面从严治党主体责任抓在手中、落到实处。抓好党务政务公开，认真执行党务公开相关规定，对党支部决策、基层组织建设、党费收缴等情况，行政审批、案件处理情况进行公开、公示；严格控制“三公经费”支出，按规定召开局务会研究经费支出情况，并与合作企业签订助廉承诺书，加大推进“三公经费”管理的规范化、制度化。

坚持问题导向，制定《关于2018年度预防提醒约谈工作方案》，把提醒约谈作为用好责任落实的有力抓手，分级分类开展约谈。局领导提醒约谈关键人员、关键岗位，班子成员对分管科室干部进行集体预防提醒约谈。针对苗头性、倾向性问题，抓早抓小，做到早提醒、早纠正，推进干部约谈常态化。年内，累计提醒谈话6次30余人次，面向120余名干部职工和基层食品安全工作人员组织召开支部书记宣讲廉政党课，对依法执法，公正执法、廉洁执法、文明监管等服务工作起到很好的效果。加强干部监管，做好个人有关事项自查承诺、党员义务承诺，党支部书记年初与所有党员干部签订党风廉政建设责任书。通过采取严肃的日常提醒与严格的制度约束，所有干部职工从未出现任何违纪问题。

【政务审批】 年内，城关区食品药品监督管理局坚持以为人民服务的原则和以文明服务、热情接待、正确引导的工作思路顺利开展政务审批各项工作。

【监管工作】 年内，城关区食品药品监督管理局共排查食品流通单位 8560 户次，其中农贸市场 358 户，婴幼儿配方乳粉经营户 220 户。出动执法人员 1250 余人次，出动执法车辆 620 余台次，下发监督意见书 580 余份。其次，强化餐饮环节监管。将餐饮食品安全监管工作与示范创建、文明餐桌等工作有机结合，制定下发《城关区餐饮服务单位油烟和餐厨废弃物污染防治工作方案》《城关区食品药品监督管理局文明餐桌行动实施方案》等一系列工作文件，指导街道办事处强化日常监管，统筹推进餐饮食品安全，确保"食之放心""食之安全"。认真开展元旦、春节、藏历年、"五一"、小考、中高考、"雪顿节""中秋""十一""藏博会"等节庆活动期间餐饮整治工作，及时制定下发节日期间餐饮食品安全工作方案，全面落实各项监管措施，深入排查餐饮服务环节食品安全隐患，年内，共出动执法人员 3560 人次，检查各类餐饮单位 5820 余户次，责令整改 100 余户次，确保节庆活动期间食品安全零事故。

强化学校食品安全监管，春秋两季开学前，与教育部门共同开展专项检查，共同推进校园及周边餐饮食品安全专项整治工作落实。共出动执法人员 560 余人次，检查学校、托幼机构食堂 1220 余家次，校园周边食品经营户 1200 余家次，责令整改 300 余户次，全年城关区学校食堂未发生群体性食品安全不良事件。开展剑网行动，规范网络食品经营行为。针对消费者关注度较高的网络食品安全问题，对"饿了么""美团"网络餐饮第三方服务平台负责人进行约谈。对网络餐饮服务第三方平台和入网餐饮服务提供者的责任义务均做出了明确规定。

2018年9月29日，城关区副区长刘晓莉带队开展节前食品安全专项检查

【火锅市场专项整治】 11月9日，制定城关区火锅类餐饮专项整治工作方案。根据工作方案，通过广泛宣传动员，摸底调查统计、企业深入自查、开展警示教育、进行总结验收等措施深入开展此项专项整治工作。专项整治工作共出动执法人员 103 人次，检查火锅类餐饮服务单位 353 家，其中火锅经营单位 254 家，冒菜经营单位 28 家，串串香经营单位 24 家。通过专项整治行动中发现，个别食品经营单位存在进货台账登记不规范、部分餐饮单位后厨环境卫生脏乱差、部分员工未办理有效健康证明等问题。针对发现的问题，要求食品经营单位签订承诺书，并在餐饮单位醒目位置进行公示，接受消费者监督；在摸底调查统计中发现的相关存在的问题，及时提出意见并要求尽快予以整改并落实；坚持对城关区火锅类餐饮市场采取明察暗访的形式进行监督检查，发现的问题将予以严肃处理。同时，结合专项整治工作方案，指定业务能力强，监管工作经验丰富的工作人员，通过播放警示教育片，通读讲解食品安全相关法律法规，并以案说法。

12 月 21 日，组织城关辖区火锅、冒菜、串串香店的负责人及厨师长，利用 4 天时间开展了警示教育活动，城关区火锅类餐饮服务单位350余人次参加此次警示教育工作。通过开展火锅市场专项整治工作，使广大火锅类餐饮服务经营者，进一步做到学法、懂法、守法、用法，为保障广大人民群众舌尖上的安全起到了积极有效的作用。在此次专项整治工作中，立案查处火锅店的违法行为2起，处罚129600元。

【集体聚餐专项检查】 年内，为有效预防和及时控制农村集体聚餐食品安全事件的发生，保护人民群众身体健康和生命安全，维护正常的社会秩序。根据市食药局下发的《关于进一步强化农牧区集体聚餐食品安全风险防控通知》精神，城关区食品药品监督管理局制定专项工作方案，及时组织干部职工对城关辖区集体聚餐单位进行认真摸底排查。城关辖内现有35家集体聚餐单位。

7月27日，城关区食品药品监督管理局组织辖区35家集体聚餐单位的负责人及12个街道食品安全办公室负责人，召开城关区农牧区集体聚餐食品安全风险防范工作推进会。在会上传达学习《关于进一步强化农牧区集体聚餐食品安全风险防控通知》精神，明确要求为避免农牧区集体聚餐风险隐患发生，各集体聚餐单位负责人务必按照《通知》要求，做好集体聚餐备案登记等相关规范性，监管部门加大体聚餐单位监督检查工作，并签订集体聚餐食品安全承诺书。通过会议明确食品经营单位第一责任人责任，及时消除农牧区集体聚餐的食品安全风险，有效防控食物中毒等食源性疾病的发生，保护农牧区人民群众的身体健康和生命安全。

2018年9月20日，拉萨市食药局党组书记尼玛普芝（前排右二）到城关区开展中秋节月饼市场专项检查

【严厉查处食品药品违法行为】

年内，城关区食品药品监督管理局以市场稽查、抽样检测、群众投诉举报、以及社会舆论关注点等多方面信息为线索，严格落实各项稽查办案工作机制，以查办典型违法案件、强化稽查办案能力为抓手，从重快速查处食品药品违法案件，有效遏制食品药品违法行为。

年内，坚持“有诉必理、快速反应、服务于民”的工作理念，全年受理投诉举报152起（其中食品148起、药品4起），下达责令整改通知书106份，立案25起，结案25起，罚没收入596736.5元，案件数量和质量较往年明显提高。

【宣传营造氛围】 年内，利用政府信息公开平台、微信公众号等，向社会宣传食品药品法律法规、安全常识、监管动态、专项整治、重大执法行动等70期信息。结合食品安全宣传周、消费者权益保护日、安全生产月等宣传活动，通过现场咨询、发放宣传资料、设置宣传展板，向广大群众宣传食品安全知识。年内，共发放宣传资料1万多份，张贴宣传海报700多张，制作宣传栏4期，悬挂横幅标语10条，接受群众咨询2500多人次。

针对“饿了么”“美团”第三方网络食品交易平台工作人员开展食品安全培训，参训人数40人。为全面提高城关区协管员业务水平，根据城关区出台的《城关区食品安全协管员管理办法》要求，组织街道协管员进行专题培训和现场观摩培训，培训人次达到170人。开展学校食品安全宣传教育。组织学校食堂工作人员开展学校食品安全知识宣讲，参训人员达到2250人，从而不断提高学校食

2018年11月8日，拉萨市食安委办公室主任扎西（前排右二）到第八中学食堂开展食品安全检查

堂工作人员的食品安全意识。

（格桑曲珍）

【领导名录】

局 长

巴 桑（藏族）

副局长

强巴丹增（藏族）

央 珍（女，藏族）

边巴次仁（藏族）

城关区安全生产监督管理局

【概况】 2018年，城关区安全生产监督管理局认真贯彻落实上级党委、政府关于加强安全生产工作的各项决策部署，紧紧围绕“科学发展、安全发展”的主题，不断强化组织领导，严格责任落实，细化具体措施，着力在风险防控上下功夫，在隐患排除上出实招，在事故预防上狠发力，圆满完成2018年度各项工作任务，全年全区未发生较大及以上生产安全和职业健康事故，切实巩固提升了安全生产持续稳定好转的良好态势。

【强化组织，全面压实责任】 年内，共组织召开6次安全生产工作专题会议，贯彻落实学习国家、自治区和拉萨市安全生产工作相关要求，部署全区安全生产工作开展，为进一步增强红线意识，履职意识，坚决做好“两节、两会”以及木材加工厂、石材加工厂、烟花爆竹等重要节点、重点领域的安全生产工作打下坚实基础。年初，城关区安委会进一步调整充实由拉萨市政协党组成员、城关区委副书记、政府区长刘亮担任区安委会主任，各安委会成员单位的主要负责人为成员的安全生产委员会组成人员，城关区委、区政府下发《关于印发〈城关区安全生产委员会成员单位安全生产工作职责〉的通知》及《拉萨市城关区安全生产党政同责实施办法》，进一步明确安全生产委员会成员单位的安全生产工作职责，建立健全“党政同责、一岗双责、齐抓共管、失职追责”的安全生产责任体系，构建权责明确、行为规范、监督有力、奖惩严明的安全生产监督管理体制。

【党建工作】 年内，城关区安全生产监督管理局党支部有党员12名，男9名，女3名，少数民族党员7名，专科以上文化程度9名，党员数占全局15名干部职工人数的80%。年中，区安监局党支部召开党员大会进行换届选举，按规定程序选举产生新一届党支部委员会，同时细化分解责任，具体落实到人，大力推进党建工作，形成党建工作责任明确、逐级落实的工作格局。2018年，城关区安全生产监督管理局党支部按照制定的学习计划，认真组织开展每周、每月、每季度的学习会议，及时传达上级党委、纪委重要会议和文件精神；坚持将党风廉政建设和反腐败工作纳入全局重点工作常抓不懈，深化廉政宣教，对党员干部进行及时有效的提醒、监督、教育和帮助，做到警钟长鸣，防患于未然，通过工作会议、谈心谈话等方式加强业务工作及党风廉政建设工作监督。

【隐患整改】 年内，积极发挥安全生产委员会办公室作用，扎实开展“大排查、大整治”专项行动。全年共组织开展安全生产全面检查5次，出动工作人员39703人次，检查企业、单位、商户30775

家次，发现各类安全隐患2410处，下发《责令整改指令书》184份，未现场整改隐患均已复查整改。协同各相关单位开展老城区消防隐患排查整治、烟花爆竹专项整治、危化品专项整治、工贸领域专项整治、木材加工行业专项整治等专项联合检查整治工作6次，共检查企业173家次，排查整改各类隐患612处，下发整改文书48份。

年内，始终保持“打非治违”高压态势，对非法经营行为绝不姑息，共查处取缔非法销售乙炔商户2家。城关区委、区政府、区安委会成立专项督查组，采取明察暗访和交叉督查等形式，对各街道办和重点行业、重点领域、重要单位安全生产工作进行专项督查。

3月，按照拉萨市委领导在烟花爆竹仓库督导过程反馈的仓库内大量过期报废烟花爆竹堆积存在较大安全隐患问题，经城关区委、区政府多次召开专题会议研究讨论决定，将辖区内4200余箱（29车）过期报废烟花爆竹进行集中销毁，切实有效解决了辖区过期报废烟花爆竹安全隐患问题。

11月12日，拉萨市政协党组成员、城关区委副书记、区长刘亮主持召开专题会议，就落实市委、市政府相关会议精神和市主要领导批示指示精神，做好重点企业安全隐患问题整治工作进行安排部署，为烟花爆竹仓库在现址加强管理、润通商贸有限公司液氨制冷改造项目推进打下坚实基础。

2018年1月12日，拉萨市公安局党委委员、城关区委常委、区委政法委书记、区公安局局长梁光文主持召开城关区安全生产工作部署会议

【深化源头治理】 年内，采取“查处与引导相结合、处罚与教育相结合”的工作方式，突出抓好危险化学品、烟花爆竹、人员密集场所等重点领域专项整治。扎实开展日常巡检工作，对辖区28家加油站（油库）、4家烟花爆竹长期销售店（仓库）保持每周1—2次检查，各类大型商场、菜市场、冻库等重点企业保持至少每月1次检查，发现问题要求立即整改。对一般行业领域开展执法检查，突出粉尘涉爆和有限空间作业的专项治理，共检查企业20家次，排查整改问题隐患25项。充分发挥区安委办牵头协调作用，严格履行综合监管职责，突出抓好彩钢板、校车安全、特种设备、涉氨涉爆、人员密集场所、建筑施工、成品油流通、油气管道、城镇燃气、寺庙消防等各行业领域的安全隐患排查和监管执法，确保做到“整治一个领域、安全一个领域”。

【全面提升安全素质】 年内，以做到人员、时间、内容、效果“四落实”为要求，突出抓好对企业负责人、安全管理人员和特种作业人员的培训，2018年共组织开展烟花爆竹销售专项培训、安全隐患排查治理平台使用培训等专项培训工作4次，参训单位144家次，参训人数171人次，同时积极选派工作人员、企业负责人参加上级安监部门关于危险化学品管理、应急管理、企业标准化建设各类专项培训7次。强化安全生产法、职业病防治法等法律法规宣传贯彻，充分利用“3·19”综治宣传日、“安全生产月咨询日”“六月综治宣传周”等节点，采取统一宣传、进厂宣传等不同方式积极宣传安全生产相关知识。

年内，共开展各类安全生产专项宣传9次，发放各类宣传材料39500余份，受益群众7800余人。同时，积极邀请拉萨市安监局领导就安全生产法、职业病防

2018年7月1日，城关区安监局党支部联合区旅游局党支部开展主题为“热烈庆祝中国共产党成立97周年”纪念活动

治法等法律法规走进大昭圣泉等辖区重点企业开展培训宣传。成功举办城关区第四届“安康杯”知识竞赛，全区24支代表队72名选手经过初赛的激烈角逐，6支优胜代表队参加12月11日的决赛，最终公德林街道办事处取得此次知识竞赛的第一名；二等奖分别为夺底街道办事处、嘎玛贡桑街道办事处；三等奖分别为金珠西路街道办事处、扶贫办和古城管委会。

（阳润波）

【领导名录】

局　长

赵　芳　芳（女）

副局长

格桑旺姆（女，藏族）

史　　川

城关区商务局

【概况】 2018年，城关区商务局在职干部4人，其中正科3人，科员1人，集体工1人，中级工1人，公益性岗位3人。2018年，城关区社会消费品零售总额达108.5亿元，同比增长15%，完成年计划的100%。

【“两创”工作】 年内，城关区商务局在开展“两创”工作时结合自身实际，将商业街区的升级改造重点落在商贸集聚区的认定上，并同时开展商贸综合体、农贸市场、专业市场等认定工作，为商贸集聚区争取“两创”扶持资金1193万元。经过广泛宣传，辖区街道和企业踊跃参与认定，2018年9月，在通过市商务局联合市财政、市“两创”办对申报企业现场认定后，将辖区7家企业评委第一批拉萨市商贸集聚区，兑付奖补资金640万元，同时区商务局积极对接相关企业申报2018年度商贸集聚区，其中上报商业街7个、商贸综合体9个、农贸市场2个、专业市场1个，下一步市商务局将组织相关部门实地对申报企业进行评审。

【推进“互联网+”】 年内，城关区商务局积极争取电子商务进农村示范县项目，已参加自治区评审会。引导辖区企业创建国家电子商务示范企业，向上级部门推荐西藏电子商务有限公司、金哈达、七芝堂3家企业参加评选。其中七芝堂被评为国家级电子商务示范企业。按照商务部创建电商扶贫频道工作的安排部署，贫困县（区）的主要任务是推荐特色产品参与电子商务，促进电子商务进农村。城关区商务局结合实际，联合乡（办）和辖区部分企业，开展产品推荐工作，向上级商务部门推荐大昭圣水、净土油桃；七芝堂牛肉干、青稞米、红枸杞、酥油茶；林芝松茸、冬虫夏草等特色产品。

结合“两创”工作，组织辖区企业申报市级电子商务示范企业和电子商务“两创”专项奖励资金，向上级业务部门推荐电子商务示范企业4家，电子商务“两创”专项奖励资金企业2家。推进电商扶贫，组织城关区净土公司相关人员参加自治区商务举办的农产品商贸流通培训，联合区委宣传部开展“网络安全进社区健康网络人人乐”主体讲座4场次，受益群众达300余人。

【肉菜追溯体系工作】 年内，城关区商务局结合实际向辖区农贸市场、大型超市、学校、企业等广泛宣传肉类蔬菜流通追溯体系，并配合市商务局采点调研，为城关区建立肉菜追溯体系打下基础。

【“万村千乡”市场工程建设】 年内，城关区商务局以实地调研、定期对农家店进行回访和检查、加强与承办企业进行联系沟通等形式保障“万村千乡”市场工程的顺利推进，不断优化区域消费结构，提高农牧民消费水平。截至年底，城关区建设并存活的万村千乡农家店15家，在上级业务部门的指导下，计划于2018年结合实际着手恢复部分农家店。

【治理辖区木材市场】 年内，按照拉萨市及城关区的安排部署，城关区商务局牵头联合拉萨市、城关区相关部门，抽调210余名精干力量组成工作组，开展木材市场整治搬迁工作。历时一个月余，工作组共签订搬迁协议239份，补偿协议97份，涉及补偿金额2114379.3元；辖区239户木材商户已全部搬迁至达孜工业园区。城关区商务局后期联合各乡（办），摸排辖区未搬迁商户，加强木材市场整治力度，确保辖区粗加工木材商户全部搬离市区。

【整治仓库、家具厂、旧货市场】 年内，按照拉萨市政府净化市场的总体要求，在城关区委、区政府的总体部署下区商务局牵头启动辖区仓库、家具厂、旧货市场整治搬迁工作，通过各方努力，现阶段数据调研摸底统计，宣传搬迁政策，认证商户经营面积等工作已基本结束，城关区有仓库588户，面积1997.15亩；家具厂516户，面积1911.815亩；二手家具市场195户。按照拟订方案于2018年5月31日前搬迁至拉萨城投。

【物价监测】 年内，城关区商务局以辖区大型超市、农贸市场及加油站为样本，收集消费动态及物价信息，为区政府了解城关区消费市场提供基础数据。截至年底，城关区物价平稳，消费良好，报送物价监测信息12期。

【碘盐推广】 年内，城关区商务局不定期在辖区开展食盐市场专项整治活动，未发现商户出售假冒碘盐的行为，销售状况整体良好。年内，城关区商务局于5月完成辖区农牧民碘盐配送工作，2018年共配送碘盐104.346吨，保证了城关区农牧民群众食用碘盐的需要。在配送过程中，城关区商务局工作人员以实物对比的方式普及了真假盐的区别，并向群众宣传防治碘缺乏病知识，发放宣传单2000余份。

【加油站监管】 年内，根据自治区、拉萨市商务局下发的相关文件精神和安排部署，城关区商务局在辖区7家民营加油站和20家中石油、中石化开展检查工作达60余人次。按照环保要求加油站严格落实油气回收和地下油罐防渗改造；严格实行零散成品油销售管理办法；做好零散成品油种类、销售数量、用途等登记和存档工作。

【商贸领域安全生产】 年内，城关区商务局结合工作实际，加大对辖区商场、超市、农贸市场及其他重点商品、重点行业的安全生产督查，2018年组织参与各项检查80余人次，与监管企业签订安全生产责任书，在下属企业及监管的农贸市场及大型商场不定期开

2018年3月2日，城关区商务局局长格桑次仁主持召开全国“两会”期间维稳防控会

展安全生产及消防检查。督促农贸市场、大型商场等人员密集的场所落实安全消防措施，定期进行消防演练。结合环保国检，重点在辖区6家农贸市场开展了环境卫生整治专项工作。

2018年3月8日，城关区商务局、消防大队、安监局联合开展商贸领域安全检查

【商贸领域环保工作】 年内，结合环保国检，城关区商务局建立辖区重点外商投资企业环保台账，收集察看华泰龙、拉萨啤酒等企业环保资料；形成辖区23家加油站环保台账；指导和监督辖区23家加油站完成油气回收升级改造工作；对辖区4家农贸市场环境卫生进行整治；在辖区农贸市场、超市、商场等开展“禁白”工作，每月至少检查1次；对辖区废旧物品回收企业开展备案工作，同时对不符合条件的废旧回收企业开展清理整治工作。

【打击侵犯知识产权】 年内，城关区商务局牵头成立打击侵权假冒工作的领导小组，各成员单位按职行事，通力合作，以开展综合执法为龙头，着力加大各行业领域侵权假冒治理力度，9月联合市工商局、城关区公安局、食药局、卫计委、工信局、文广局开展农村和城乡结合部市场治理，深入开展专业市场整治，加强碘盐、成品油等重点商品市场净化上下功夫，集中力量从各方面打击侵犯知识产权和制售假冒伪劣产品行为，整顿和规范市场秩序，增强全社会打假意识。

【公共服务体系建设】 年内，为认真履行商务流通执法监管职能，依据相关文件和上级部门要求，联合市商务局、自治区商务厅对辖区商场、超市、农贸市场开展相关市场监管工作。

【党建工作】 年内，城关区商务局机关党支部在城关区委的领导和具体指导下，始终坚持以习近平总书记系列重要讲话精神和党的十八大，十八届四中、五中、六中全会和十九大精神为指导，紧紧围绕城关区委和商务局各阶段工作重点，在积极开展“两学一做”学习教育的同时，抓好十九大报告学习，并结合《2018年城关区商务局机关党支部党建工作计划》开展基层党建工作。修订完善相关制度；做好党员发展工作；做好党员进社区服务工作。

【党风廉政建设】 年内，以制度为保障，从源头抓治理，针对商务领域易发的商业贿赂、职务犯罪等现象，对局机关现有制度体系进行查漏补缺，重点完善定期学习制度和民主生活制度，营造良好氛围。不断加强机关制度建设，完善机关工作制度，财务管理制度等内部管理制度；严格单位考勤制度，按程序办理请（休）假手续；及时公开机关各项规章制度、财务收支情况以及关系干部职工切身利益的事项，做到公平、公正、客观；局领导带头引导干部职工树立执政为民、立党为公、廉洁自律、团结协作的良好形象，为做好商务工作提供良好的思想基础；不断加强党风廉政建设工作，并注重增强各项活动实效。

【社会综合治理】 年内，建立局机关矛盾纠纷排查调处工作领导小组，积极开展商务系统创建“零上访”活动，完善大调解工作体系。主动跟进涉及区商务局

2018年7月10日，城关区召开电子商务示范建设工作推介会暨农村电商调研工作启动仪式

下属企业的信访积案。雪莲地毯厂信访积案在2017年的处理过程中，城关区商务局委托律师向拉萨市中级人民法院和高级人民法院提起了清算解散诉求，一一被驳回。年内，在县级包案领导的主持下，召集律师、信访局、检察院等相关部门多次召开信访联席会议，重新成立工作组，现阶段工作组正在开展相关工作。召开专门会议，解决原人民商场退休职工上访，要求解决住房的问题，城关区商务局积极配合住建局做好18名上访人员在城美苑购买住房的抽签工作，积极协助处理城关区毛纺二厂注销企业工作。

（尼玛顿珠）

【领导名录】

局　长

　　格桑次仁（藏族）

副局长

　　拉　　片（藏族）

　　冉　　昀

城关区旅游局

【概况】 城关辖区内拥有世界级文化遗产3处（布达拉宫、大昭寺、罗布林卡）；国际级非物质文化遗产5项，自治区级非物质文化遗产7项；国家级重点文物保护单位1处，自治区级文物保护单位8处；风景名胜主要有大昭寺、布达拉宫、小昭寺、哲蚌寺、色拉寺、八廓街、罗布林卡、西藏博物馆、药王山等。城关区辖区内有星级宾馆（饭店）107家、家庭旅馆34家，社会旅馆1020家，农村“拉萨人家”20户，农村旅游休闲度假点25处，旅游景点（区）52处，其中AAAAA级2处，AAAA级3处，AAA级3处，AA级5处。2018年全年接待旅游总人数达1758万人次，旅游总收入达到145.2亿元，超出年初既定目标。

【旅游管理】 年内，认真贯彻《中华人民共和国旅游法》，做好旅游市场监管，围绕旅游合同签订不规范、组织不合理低价旅游、超范围经营等方面开展专项整治活动，坚决查处旅游企业违法违规行为和不诚信、不文明等问题；在春节、藏历新年、“五一”国际劳动节、“十一”国庆节以及城关区旅游旺季期间等重要时间节点，开展旅游市场大检查活动，倡导文明旅游。

【旅游基础设施建设】 年内，总投资为3000万元娘热乡加尔西旅游文化示范点建设项目，已完成工程总量的90%；总投资320万元的夺底乡村旅游示范村建设项目，完成项目前期工作。该项目将建设西藏泥塑展览馆和西藏首家水磨文化体验中心，进一步丰富乡村旅游的文化内涵；成功申报总投资为1000万元的拉萨城关区普觉景区建设项目，正在办理相关前置手续；成功申报总投资为1000万元的城关区支沟景区建设项目，正在办理项目相关前置手续；申报1000万元的北京援藏项目，计划建设西藏首家原生态为主藏家家访深度体验自然村。

【旅游质量建设】 年内，印刷制作《国家旅游法》《旅游安全文明规则》《城关区新旅游地图》《城关区旅游美食地图》等各3000册；制作《拉萨市城关区景区质量等级评定标准申请手册》《城关区星级酒店质量等级评定标准申请手册》各200份；按照拉萨市旅发委和城关区委、区政府要求，成立

2018年5月6日，拉萨市委副书记、市长、城关区委书记果果，拉萨市政协党组成员、城关区委副书记、区长刘亮出席第三届“最美乡村 行走智昭”徒步大会暨桃花林卡节

城关区旅游市场专项整治领导小组，并制定旅游市场专项整治实施方案，将景区景点周边市场规范化作为重点内容，以成员单位归口检查与联合检查相结合，做到全时全方位的覆盖。截至年底，对景区景点、宾馆酒店、家庭旅馆、旅行社等共检查396家次，出动人员189人次；创新旅游网络投诉机制，共受理3次投诉，有效化解3次，化解率100%；投资49万元，建设古城旅游综合服务中心，完成项目验收。将有效促进古城旅游市场监管和质量建设；设计景区导游示范点。城关区小昭作为城关区级景区导游示范点，优先三名导游作为该景区导游提供藏、汉、英三种语文导服服务，并投入15000余元购置了景区导游点设施设备；开展城关区A级景区环境卫生大扫除专项行动。

【旅游培训】 年内，与自治区旅发委在城关区AAA级景区智昭产业园区及AAAA级景区娘热民俗风情园联合组织举办2018年全区乡村旅游及精神扶贫培训活动。对乡村旅游致富带头人、农牧民代表、乡村“两委”班子成员代表共计160人进行净土产业、生态、区域特产、民俗文化与旅游业如何融合发展及旅游服务标准化的培训；委派村（居）旅游联络员和局干部职工参加成都、北京、南京、西藏林芝等地的旅游培训活动。

【创新宣传推介】 年内，开展城关特色节庆活动，吸引游客及市民参加活动，提高产业知名度，提升品牌效应。成功举办“城关区第三届行走智昭徒步大会”“城关区第三届桃花林卡节”、“城关区第四届油桃采摘节”等；以走出去宣传为方式，吸引内地省市潜在的游客。参加厦门、北京、南京等地举办的旅游博览会，发放各类旅游宣传资料和小纪念品共计6000余份；借助特色宣传活动，走街串巷宣传。在世界旅游宣传日、世界博物馆宣传日、法宣日等特定宣传日，组织宣传员在八廓商业街区、步行街等人员密集场所开展活动6次，发放宣传资料及小纪念品19000余份，旅游咨询人次达4500余人次；加强新媒体宣传推介，强化无纸宣传力度。城关区旅游微信公众平台总关注人数达10635人，共推送图文消息1423条，阅读次数914822次。

【党建工作】 2月13日，召开专题组织生活会，从会议筹备、征求意见到查摆问题、互相批评，大家都是放下包袱、坦诚相见、直面问题、畅所欲言，支部会议真正做到不走形式、严肃诚恳，会议讨论真正达到了提高认识、增进团结、促进工作的目的；严格按程序和要求把好党员入口关，扎实做好退休老党员、困难党员、驻村队员、结对困难户的慰问工作，努力为他们参加学习、发挥作用创造条件、提供便利。至今未出现党员失联的情况，机关党员干部入党率2018年达到100%。认真落实中央关于改进工作作风、密切联系群众的八项规定，对局机关资金支出采取专题会议决定的方式，对支出资金账目进行公示公开。年内，召开10次专题会议；组织党员干部认真学习贯彻城关区纪委《关于严禁共产党和国家工作人员参加“色拉崩坚”宗教活动的通知》等文件和会议精神，促进自觉遵守审计纪律和廉洁自律的各项规定。

年内，深入学习宣传习近平系列讲话精神。旅游局支部把总书记的系列讲话精神作为落实区委“读书活动”的重要举措，把严格落实年初学习计划作为支部活动的重要内容，认真学习“三严三实”讲话精神和治国理政的新思想新理念新方略。逐字学习党的十九届三中、四中、五中全会精神，全面准确地把握党的重大战略思想、重大方针政策和重大工作部署，积极动员旅游行业酒店宾馆和从业企业实时观看大会盛况。截至7月，共组织局机关党员干部开展理论学习12次，旅游行业学习十九大报告150多人次。以学习教育活动为重点，深化服务型支部建设。结合旅游工作野外考察多，实地调研多的实际，先后组织机关党员干部参加城关区和白定村党总支纪念“西藏百万农奴解放纪念”58周年纪念活动，与城关区环保局联合开展集重温誓词和趣味游戏的“七一”党建活动，旅游局支部的凝聚力和向心力作用也在各类活动的开展过程中得到升华和加强。以结对帮扶为目的，强化党员为民意识。根据城关精准扶贫领导小组关于贫困户结对帮扶工作的相关要求，旅游局4名科级干部先后两次登门拜访贫困户家庭，对其家庭成员、每月收入开支、健康状况等基本信息进行详细掌握，先后自筹1500元现金（米、油、糖果、餐具）等日常用品送到帮扶患病的结对户家中，通过开展结对帮扶工作，支部党员的为民意识得到了较大的提升，通过党员自己的言行举止来传递党的关怀，拉近党组织与群众之间距离的自觉意识得到了提高。

【党风廉政建设】 年内，城关区旅游局为确保党风廉政建设取得实效，不断完善监督约束机制，按照“从严治党、着眼防范、综合治理”的方针，从强化教育夯实管理入手，认真贯彻“四大纪律、八项要求”，不断把党风廉政建设引向深入。旅游局把党风廉政建设贯穿全年工作始终。按照区委、区政府关于党风廉政建设工作的各项要求，及时成立和调整党风廉政领导小组，制订分解《2018年城关区党风廉政建设责任制考核细则》和党风廉政建设反腐败各项任务。实行局领导履行“一岗双责”并签订党风廉政建设主任书，明确责任分工，真正做到主要领导亲自抓，分管领导具体抓，精心部署，周密安排，一级抓一级，层层抓落实，切实抓出成效的长效机制。采取定期听取汇报，分析解决存在问题，对工作进行检查督促和指导，做到创新工作机制，提高工作实效。

2018年12月17—26日，城关区旅游局副局长德吉玉珍参加第十七期西藏旅游经济发展研讨班

调整充实党风廉政建设领导小组，使党风廉政建设工作领导体制及时进行转换和顺利交接，明确职能，卡死责任。严格落实党风廉政建设责任制，把党风廉政建设作为硬措施、硬任务，始终放在心上，紧紧抓在手上，形成反腐倡廉的整体合力。严格奖惩和责任追究，旅游局把党风廉政建设作为促进行风建设的一项重要战略工作长抓不懈，建立严密的预警机制和责任追究办法，特别是对通过群众打分、居民提意见、企业填问卷，存在突出问题和群众反映强烈的

情况，采取坚决措施，深挖问题根源，限期改正。

【规范管理】 年内，按照法律法规要求和公开、公正、公平的原则进行管理，切实做到有法必依，执法必严。健全制度。健全的制度是行风建设的有力保障。为此，认真抓各项制度的建设。健全执法责任制、执法过错追究制、考勤制度、学习制度、工作制度、政务公开制度等一系列规章制度，完善执法程序，保证执法的公正性和严肃性。规范行为，文明办公，努力提高服务质量。坚持工作时间一律讲文明用语、礼貌待客，实行文明办公“四个一”，即一张笑脸、一把椅子、一杯热茶、一次说清，营造了门好进、脸好看、话好听、事好办的和谐环境，坚持清正廉洁、务实高效的作风，树立起热情周到、和蔼礼貌、耐心服务的建设形象。

【内外监督】 年内，按照“上级点、自己查、群众提”的工作思路，采取主动登门拜访、召开座谈会、发放调查问卷、设立意见箱、公布投诉电话等形式征求社会各界的意见和建议，对征求到的意见和建议，逐条进行研究，梳理分类，在今后的工作中加以吸纳。认真推行网络政务公开，接受各界监督。为搞好工作定位，提高执法公正性和文明执法能力，旅游局下大力抓了政务公开。先后建立旅游微信公众平台，做好工作动态公示栏、政务公开栏等，自觉接受社会各界监督。通过努力，工作人员的服务意识和服务质量明显提高，良好的行风政风持续优化。

（索朗央吉）

2018年7月1日，城关区旅游局党支部开展重温入党誓词活动

【领导名录】

局　长

曲尼旺姆（女，藏族）

副局长

吉 旦 加（藏族）

德吉玉珍（女，藏族）

城关区净土农业发展有限公司

【概况】 城关区净土农业发展有限公司成立于2013年，注册资金1亿元，位于蔡公堂乡白定村二组，隶属于城关区政府的国有企业，下属子公司有拉萨城关区亨通物流服务有限公司、西藏净土乳业有限公司、西藏净空实业有限公司、拉萨市智昭科技花卉有限公司、拉萨市智昭生态体验馆有限公司、拉萨市沃土饲料有限公司共6家，控股企业2家，参股企业2家。涉及产业面积达7873亩、总投资额10.7亿元。截至年底，城关区净土公司有城关区下派干部21人，在职人员585人，其中亨通物流园388人，高标准奶牛养殖中心43人、嘎巴生态牧场37人，净土乳业117人。同时，积极吸纳城关区精准扶贫建档立卡贫困户至公司保鲜冷藏库、净菜加工厂、奶牛养殖中心等处实现就业，累计帮扶达到21户43人。截至年底，公司本地户口员工占比80%。

截至年底，城关区净土公司营业收入达到2.45亿元，群众让利金额达2600余万元。城关区净土公司国有资产总额为15.28亿元，相比较2017年增加额为4.79亿元，同比增长率为45.66%。

【党建工作】 年内，城关区净土农业发展有限公司党支部有党员13

名，积极分子12名，支部委员会由6名成员组成。2018年党支部建设党员活动室暨“职工之家”让企业职工学习、健身、娱乐等方式开展好企业文化，让每位职工都对其有亲近感、依赖感、归属感，从而不断增强组织的吸引力、凝聚力。“职工之家”在推动和深化企业改革、促进企业发展、保持队伍稳定中发挥更大的作用。党支部会议、党员学习及党建活动：认真执行“三会一课”制度，全年集中学习24次、党支部书记讲党课10次、全年心得体会每人16篇、集中观看教育片6次、坚持每周三的微信个人自学，全年微信学习48次，每季度邀请党校老师授讲，每天发放报纸、全年开展党建活动41次。组织党务工作者赴先进地区学习党建工作3次。城关区净土农业发展有限公司作为中共拉萨市城关区委党校教育实践基地，2018年在城关区净土公司培训人次达到3274人次，培训班次数量达到115班次。

【“两学一做”学习教育】 年内，城关区净土农业发展有限公司党支部认真开展“两学一做”学习教育，扎实推进“学习型”党支部建设，及时制定推进“两学一做”学习教育常态化制度化实施方案，成立以党支部书记为组长的领导小组。组织党员重温入党誓词，学习党的十九大及省、市、区党代会精神、党章、习近平总书记系列讲话及《中国共产党廉洁自律准则》《关于新形势下党内政治生活的若干准则》《中国共产党党内监督条例》等党纪党规。认真执行“三会一课”制度，通过集中学习、专题研讨、小组讨论、观看录像和参观交流等方式，把党的政治建设抓在日常、严在经常。

【“四讲四爱”群众教育实践活动】 年内，城关区净土农业发展有限公司“四讲四爱”办紧紧围绕“四讲四爱”群众教育实践活动、开展实践活动25次、集中学习15次、集中宣讲13次、累计受教人数655人、宣传横幅更换30次、更新LED80次、发放宣传资料500张，全年“四讲四爱”活动经费达4.88万元。

【党风廉政建设】 年内，城关区净土农业发展有限公司党支部进一步完善党风廉政建设责任目标和工作机制。明确党风廉政建设的责任分工，把党风廉政建设和反腐败各项工作任务，逐项分解落实到各子公司、各分管领导，做到每项工作责任到人。同时制定党风廉政责任追究制度，下发给党支部，明确规定一把手是党风廉政建设的第一责任人，负总责。通过责任分工，增强了领导干部的责任意识，促进分工任务的落实。加强了党风廉政责任制落实情况的检查指导和考核。严格责任追究，对违纪的党员干部严肃处理。通过树立榜样、舆论导向，激发了企业党员干部职工学习先进人物爱岗敬业、不求索取、无私奉献的职业道德，充分发挥共产党员的先锋模范作用。

【开展党员日常活动】 1月，召开党支部大会。2月，开展组织生活、指导纠正“四风”工作，推动主体责任落实、召开党风廉政建设主体责任工作会。3月，“三大节日”暨农闲时节展开“文化惠民进万家”文体活动、观看第十三届全国人民代表大会第一次会议开幕式、观看优秀爱国主义影片《厉害

2018年9月7日，西藏净土乳业有限公司在拉萨市城关区智昭产业园区正式投产运营

了，我的国》纪录片活动、集中学习党的十九大工作报告、集中学习《关于新形势下党内政治生活的若干准则》、审核分管领域党风廉政建设工作报告。4 月，集中学习《习近平谈治国理政第一卷》活动、开展党规、党章、党纪专题学习会。5 月，集中收看《纪念马克思诞生 200 周年大会》、学习习近平总书记重要讲话、十九大精神、全国两会精神等内容、启动文明创建工作。

2018年7月1日，城关区净土公司党支部全体党员及公司职工开展“七一”徒步活动

6 月，召开党建工作总结会、召开党风廉政建设专题学习、开展“结对帮扶”慰问活动。7 月，选举“优秀共产党员”表彰会、开展党员“重温入党誓词”仪式、组织观看爱国主义影片。8 月，组织职工观看新闻联播、开展党员志愿者“捡垃圾美环境”活动、集中学习贯彻《中国共产党廉洁自律准则》《中国共产党纪律处分条例》。9 月，参加蔡公堂街道“大党委”联席会议、第四届油桃采摘节白定圣地桃园油桃采摘活动、军民融合配送进展情况、开展支部全体党员大会。10 月，各院校到城关区智能温室科普教育暨参观学习活动、开展“十一暨庆祝建国六十九周年”升旗仪式活动、党支部给商户发放国旗活动、集中学习《中华人民共和国宪法》、观看《百家讲坛》特别节目《平“语”近人——习近平总书记用典》第一集《一枝一叶总关情》、第二集《治国有常民为本》、党支部书记抓党建述职评议工作会议。11 月，开展集中整治不作为慢作为文山会海等形式主义官僚主义突出问题自查自纠工作安排部署会、组织干部职工集中收看《榜样 3》、开展党员积极分子测试“十九大精神”考试内容、党群办为公司党员干部及全体干部职工发放书籍、召开传达学习西藏自治区九届四次全会精神。12 月，集中观看既学习“时代楷模”卓嘎、央宗先进事迹，观看《庆祝改革开放 40 周年大会》直播，召开“弘扬爱国奋斗精神、建功立业新时代”专题会议、组织员工开展园区义务扫雪活动。

【解决当地群众就业】 年内，城关区净土公司结合“双联户”服务管理工作，结合净土健康产业项目的实施，利用园区项目优势，实现 440 个联户家庭内 1371 名贫困群众增收，解决就业 585 人，其中农牧民数达 312 人。公司根据产业项目需求不同，给上岗人员进行职业培训，努力提升员工的职业技能，2018 年城关区净土公司农牧民工资发放达 1389.34 万元。

【精准扶贫】 年内，城关区净土公司按照城关区精准扶贫工作既定要求，发放精准扶贫项目建档立卡贫困户分红金额达 337.51 万元。

【园区土地流转征用款项事宜】

年内，城关区净土公司已征地兑现征地费用的项目分别为：联栋智能温室、乳制品加工厂、高标准养殖中心西、南两侧占地，共 150.51 亩，支付征地款 2479.6 万元。城关区净土公司以支付租金方式流转土地的项目分别为：圣地桃园项目、高效日光温室项目、饲草种植基地项目，共 2435.9 亩，2018 年支付白定村民土地租金总计为 461.16 万元。

【蔬菜惠民直销车】 年内，在拉萨市区投放各类蔬菜直销车、直销点共计 72 个。城关区净土公司在严把食品质量安全的同时，以低于市场10%～30%的价格每天供应50～60余种农副产品(包括蔬菜36种、水果20～25种,酥油、五味、鸡蛋、牛羊肉、鲜奶等),其中蔬菜来源地为拉萨市各大蔬菜生产基地和亨通物流园区,杜绝商贩多手交易从而抬高物价的局面,在提供质优价廉农产品的基础上,有效降低了农产品销售价格,让广大市民买到物美价廉、放心安全的蔬菜。2018年蔬菜惠民直销车项目让利群众达800余万元。

【稳价保供】 年内,以"保供给、稳价格"为工作目标,多措并举积极落实农产品供应工作。通过优化惠民蔬菜直销点布局,加强惠民蔬菜直销点管理,保障食品安全,有效平抑物价,认真落实副食品代储工作,加强肉类产品等应急储备,对接物资采购,保障产品供应等手段,提高城关区净土各类农产品的供应量和市场占有率,确保城关区农产品市场价格相对稳定,2018年城关区净土公司为拉萨市储备采购牛肉130吨、猪肉50吨、羊肉10吨、酥油20吨。

【农牧民专业合作社】 年内,城关区净土公司在大力发展净土健康产业的同时促进农牧民增收,在解决农牧民就业、通过租金支付、项目分红以外,主要还结合城关区净土公司蔬菜供销等业务,联合蔡公堂街道白定村农村经济合作社促进农牧民种植增收。在园区各项项目的推动下群众思想得到极大的转变,从自给自足的落后理念到积极学习先进生产技术,融入现代市场经济发展,寻找增收致富道路。蔡公堂街道白定村农村经济合作社带动50多户本村蔬菜大棚种植户。2018年合作社先后通过对给城关区净土公司送菜的本地菜农给予每斤蔬菜0.5元的奖励分红和给本地蔬菜种植大棚的农户分红50元/栋/月,总共给本地菜农分红达20万元,同比增长率达97%。

2018年3月2日，城关区净土公司党支部举办"三大节日"暨"文化惠民进万家"文体活动

【保障"两节"期间产品供应】

年内,为满足城关区节日慰问工作需求,城关区净土公司领导高度重视,严格把关,积极开展相关采购储备工作,落实责任,保障供应,稳定价格,确保顺利完成节日的慰问品供给,促进民生工作有效开展。2018年,城关区净土公司保障拉萨市、城关区共7573户贫困户慰问的产品供应,慰问物资总价达749万元,确保拉萨市、城关区的贫困户过上温暖祥和的春节和藏历新年。

【奶产业建设与发展】 年内,在现有城关区高标准奶牛养殖中心存栏1578头荷斯坦奶牛的基础上,投资2.54亿元的城关区嘎巴生态牧场于2018年6月21日正式运营,新增荷斯坦奶牛953头,娟姗牛200头,挤奶牛130头,奶牛年产量2250吨。投资3.1亿元的西藏净土乳业有限公司于9月7日正式投产运营,立足拉萨本地奶源,确定"净土"品牌,建立现代化乳制品加工企业,推动高原奶产业发展,带动本地农牧民就业增收,吸收跨县(区)搬迁户产业扶贫资金3070.35万元,年加工液态奶5万吨(一期)。

【"三包"物资发放】 年内,城关区净土公司的"三包"工作有序稳固地推进,为让学校学生吃上符合食品质量安全标准的粮油,城关区净土公司组织专业团队进行市场考察、严格进行质量把关,全面确保“三包”物资的品质和质量。城关区净土公司2018年“三包”物资销售额达5000余万元，“三包”物资发放种类与数量有：多用途小麦粉4.9万余袋、桃花香米19.4万余袋、一级菜籽油18.63万余桶，上半年共计79所学校、下半年城关区共计64所学校的学生领取了“三包”物资。

【精准扶贫】 年内，在城关区净土公司就业的建档立卡贫困户个人劳动收入均达3500元/月以上。公司组织给精准扶贫员工不定期发放米、面粉、粮油、猪肉罐头等生活物资及其他福利。2018年，共为建档立卡的贫困户进行精准扶贫分红337.51万元，进一步助力城关区精准扶贫精准脱贫工作取得成效。

（左王利）

【领导名录】

董事长

武　杰（藏族）

总经理

蔡　军

副总经理

周　震

强巴旦达（藏族）

仁增罗布（藏族）

王　勇

于志华（藏族）

巴桑曲珍（女，门巴族）

邢　斌（满族，北京援藏）

拉萨城发实业有限公司

【概况】 拉萨城发实业有限公司成立于2012年9月28日，属国有独资企业，自成立之初就按照集团公司架构组建。全公司现有人员54人，其中公派人员9人、招聘人员45人，主要经营范围包括投资企业的融资、咨询；旅游资源及宾馆酒店的开发；旅游产品研发、经营、服务；建筑安装、广告策划、建材销售、房屋租赁等。总公司下设9个子公司，分别是拉萨城发实业有限公司、城关区房地产开发公司、拉萨城发房地产开发有限公司、拉萨城发投资有限公司、拉萨城发旅游综合开发有限公司、拉萨城发建设工程有限公司、西藏城馨建设工程有限公司、西藏亚兴建筑工程有限公司、西藏民富建筑劳务有限公司，以及5家股份制公司，分别是拉萨城投节能建材股份有限公司，占股15%；拉萨城投商品混凝土股份有限公司，占股25%；西藏城发莲华之宝文化发展有限公司占股49%；西藏吉雄河浚工程有限公司，占股70%；拉萨卓康房地产开发有限公司，占股30%。此外经拉萨市和城关区两级政府确定，拉萨城发实业有限公司为城关区范围内失地农民安置用地唯一开发合作商，并在蔡公堂街道、纳金街道、娘热街道、夺底街道共有可开发安置用地1000余亩。

【党建工作】 年内，拉萨城发实业有限公司结合实际情况制订专项活动计划，定期组织相关知识的学习，共计39次集体学习，各项活动开展共计21次。用党的先进理论知识指导规范公司各项事务，设置专门的党建工作力量，定人、定岗、定责。严格执行“三会一课”等基本制度内容，定期开展好主题党日活动和落实好党内组织生活，定期组织在职党员进行学习、读书、下棋等各项丰富多彩的活动。

【“两学一做”学习教育】 年内，

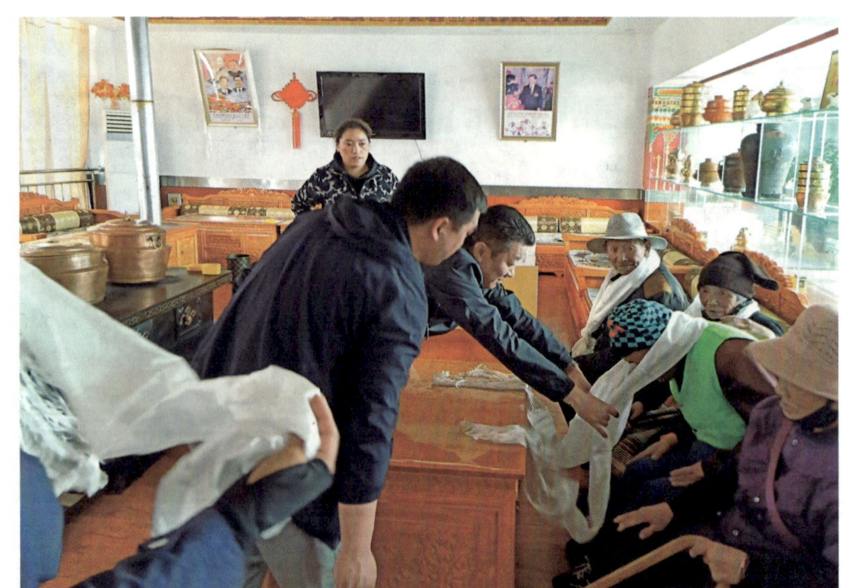

2018年12月28日，拉萨城发实业有限公司总经理洛桑土旦、副总经理刘斌一行到蔡公堂福利院看望孤寡老人

拉萨城发实业有限公司党建学习活动安排在每周五，“两学一做”暨“四讲四爱”学习安排在每周三，由党支部书和副书记组织集中学习，公司以党支部为单位，每周确定一个主题召开集中学习会，共开展37次集中学习会。重要通知精神及时学习，各种科学文化知识随时组织学习等方式开展。

【“四讲四爱”主题教育实践活动】 年内，拉萨城发实业有限公司结合实际情况制订专项活动计划，定期组织相关知识的学习，共计13次集体学习。

开展“四讲四爱”爱国歌曲大家唱、演讲活动、“四讲四爱”宣讲、“十一”升国旗、观看爱国电影、劳动技能大家赛、安全生产大排查等形式多样、内容丰富的益智类活动。同时积极主动的配合各街道办事处开展一系列活动。各项活动开展共计39次。让公司员工在思想和行动上牢固树立“四个意识”，进一步增强中华民族共同体意识。不仅公司的整体工作作风得到了前所未有的改进，面貌焕然一新，还增加了公司的凝聚力、战斗力和向心力。多次开展“四讲四爱”群众教育学习，并将“四讲四爱”群众教育实践活动与党的十九大精神学习相融开展，成效明显。

【党风廉政建设】 年内，通过参与收缴党费、到岗率及考勤制度、维稳责任制度、公车私用情况等的监督，进一步拓宽监督范围，履行监督职责。为进一步加强党员干部党风廉政建设和反腐败工作，增强党员干部廉洁自律，定期组织全体工作人员开展党风廉政教育专题学习会议。学习会议上，党支部书记雷涛对如何抓党风廉政工作的要求和工作要点作了阐释，严格执行“三重一大”制度，要求大家强化工作纪律和工作作风，优化服务意识。引导广大党员自觉加强党性修养，注重品行锻炼，弘扬良好作风，筑牢拒腐防变思想防线，形成人人参与、监督人人的氛围，从而营造一个“风清、气正、和谐”的良好公司氛围。

【拉萨城发建设工程有限公司】 主要经营房屋建筑工程及市政公用工程施工总承包等，截至年底，合同金额12428.6万元，已收到工程款4599.8万元，工程拨付3999.5万元，公司运营成本216.6万元，创造税收478万元。

【西藏城馨建设工程有限公司】 主要经营房屋建筑，市政建筑安装等，截至年底，合同金额8199.4万元，已收到工程款4390万元，工程拨付3800万元，公司运营成本108.3万元，创造税收702万元。

【西藏亚兴建筑有限责任公司】 主要经营建材销售，房屋安装等。截至年底，合同金额113.2万元，已收到工程款76.9万元，工程拨付45万元，运营成本2.6万元，创造税收2.6万元。

【城关区房地产开发公司】 公司为贰级国企，主要代城关区政府销售公房，截至年底，已代政府收缴额4641.5万元。

【拉萨城发房地产开发有限公司】 公司为贰级国企，主要经营房地产开发、销售、房屋租赁业务等。截至年底，已收到房款5808.2万元，工程拨付4165万元，公司运营成本179.7万元，创造税收345.9万元。

【拉萨城发旅游综合开发有限公司】 公司为贰级国企，于2012年9月28日成立，主要经营旅游资源开发、宾馆酒店的开发，旅游产品研发、经营及旅游服务。根据拉萨市政法委及神湖酒店专案组的具体要求，公司以3000万元价格对神湖酒店装修及不动产的残值进行回收，并自行经营，现已更名为吾思藏酒店，截至年底，收入765万元，成本442万元，创造税收19万元，折旧217万元，利润87万元。

【拉萨城发投资有限公司】 公司为贰级国企，主要负责区委、区政府的招商引资项目，当前累计收到政府扶持资金89.9万元，通过几年的努力，为城关区招商引资工作带来了很大的效益。公司严格遵守城关区的扶持政策比例，奖励金正办理兑现手续中，提高了企业纳税的积极性。通过层层审核、核对，截至年底，创造税收2.4亿元。

【党建扶贫】 年内，拉萨城发实业有限公司将9个建设项目劳务分包给本地居民，劳务费共计约3628万元，解决城关区本地居民900余人次的就业问题，各类项目开展中使用的机械、车队及运输设备全部为城关区本地居民所提供，“取之于民、用之于民”。截至年底，创造农牧民工资2366.3万元，机械工具使用价3918万元，共计6284.3万元，为全区脱贫工作做出应有的贡献。

（侯 敏）

【领导名录】

董事长

雷 涛

总经理

洛桑土旦（藏族）

副总经理

土登扎西（藏族）

强巴卓嘎（女，藏族）

顿珠扎西（藏族）

次旺朗杰（藏族）

洛桑旦增（藏族）

陈媛媛（女）

刘 斌

贾宁章

社会事业

城关区民政局

【概况】 2018年，城关区民政局（残联）在职干部职工18名，其中班子成员2名，干部7名、事业工勤人员9名，公益性岗位工作人员33名。下辖社会福利院、居民家庭经济状况核对中心两个机构。

【党建工作】 年内，城关区民政局紧紧围绕贯彻落实习近平新时代中国特色社会主义思想和党的十九大精神，扎实推进“两学一做”学习教育常态化制度化，严格落实党支部“三会一课”、民主评议党员制度、民主生活会，不断强化党员的教育、监管和管理。全年共召开支部委员会12次，支部党员大会12次，支部组织生活会2次。

【党风廉政建设】 年内，城关区民政局组织全体干部认真学习廉政勤政建设的政策法规，提高服务意识，把干部的思想引导到全心全意为人民服务的观念上来，解放思想，转变观念，加强党风廉政建设，规范从政行为，落实责任制，以求真务实、艰苦奋斗的作风，切实维护党风廉政责任制的严肃性，确保党风廉政建设和作风建设各项任务有效落实。

2018年1月31日，拉萨市政协党组成员、城关区委副书记、区长刘亮一行到拉萨市彩泉福利学校慰问师生

【城乡低保】 年内，城关区共有城乡低保对象3310户5817人，其中城市低保2269户3681人，累计发放城市低保金3214.49万元；农村低保户29户52人。累计发放低农村保资金11.87万元。市、区（中）直、企事业单位共有城市低保对象1012户2084人。截至年底，累计发放低保资金1633.44万元。“三大节日”期间，为辖区4413名城乡低保对象送去441.3万元慰问金。

【特困人员救助供养】 年内，根据西藏自治区人民政府关于印发《西藏自治区特困人员救助供养办法（试行）》，城关区共有特困对象219人，其中集中供养47人，分散供养172人，实现集中供养意愿率达到100%。截至年底，已为农村五保兑现26.83万元。

2018年2月7日，城关区副区长尼玛仓决慰问驻地官兵

【城乡大病医疗救助】 年内，进一步完善城关区医疗救助工作机制，城乡医疗救助实行逐一审核，局长一支笔审定，对符合规定并参保，参合的居民实行应救尽救，对低保户实行个人自付100%救助，对重点救助对象中特困供养人员、孤儿、最低生活保障对象、弃婴的其个人实际承担部分在封顶线内进行全额救助；对一般救助对象在封顶线内个人自负部分给予70%进行救助。2018年医疗救助167人次，发放医疗救助资金278.85万元；结算“一站式”医疗救助97人，兑现资金101.42万元，无拖欠医院一站式医疗费用。

【“一门救助、协同办理”】 年内，开展“救急难”工作试点，为进一步做好试点，城关区民政局结合实际，制定实施方案，实施对象、实施标准，并给各乡办发放《社会救助窗口受理、转（分）办救助申请事项统计汇总表》《社会救助申请受理通知书》《社会救助申请转（分）办函》《乡镇（街道）社会救助窗口受理、转（分）办登记本》。截至年底，各类救助申请数共1543件（其中已办理1125件）。先后对45户困难家庭进行23.03万元的临时生活救助。

【社会救助联席会议制度】 年内，按照城关区委、区政府要求，城关区研究制定并完善城乡最低生活保障、医疗救助、临时救助、社会力量参与等社会救助相关制度；建立健全救助申请家庭经济状况核对机制，认真做好救助申请家庭经济状况核对工作的组织实施。为落实社会救助及其他涉及居民家庭经济状况核对的社会政策服务，积极配合财政部门加强社会救助资金监督管理和科学制定社会救助绩效评价办法，完善绩效考核指标体系，并按年度组织开展绩效评价工作，负责城镇人口低收入家庭认定指导工作。为进一步建立健全社会救助“一门受理、协同办理”工作机制，建立社会救助工作联席会议制度，由政府区长刘亮担任召集人，不定期召开社会救助工作联席会，联席会议成员单位有财政局、人社局等16家单位。为明确各成员单位的工作责任，城关区在自治区、拉萨市的基础上，进一步细化社会工作职责。

【城乡低保稳步提升三年行动计划】 年内，按照“5535”（医疗统筹5个工作日报销、大病报销保险5个工作日报销、民政救助3个工作日报销、低保及低保边缘户人保5个工作日报销）报销机制，城乡低保户患者可在18个工作日内完成所有报销手续，5天内收到保险公司赔付；农村低保户医疗费用100%报销。形成《西藏拉萨市城关区重点保障救助对象门诊费用医疗扶贫保险投保方案》，门诊保险费468元/人/年，保险累计责任金额为3万元/人/年，每次门诊费用扣除起付线（每次人民币100元）后的金额按照100%比例给予赔付，待该方案常委会审核通过后，即可实现实报实销。

为全面提高城市低收入群体医疗救助工作，拟构建以人社局、人保财险公司、民政局为一体的“医联体”（医疗报销、大病赔付、民政救助）运行机制，在城关区便民服务中心设立“一站式绿色专柜”相关单位合署办公，缩短医疗保险赔付周期，真正实现“5535”利民机制。截至年底，自治区人保财产公司已入驻城关区，开展“医联体”具体工作事宜，为下一步实现低保及低保边缘户医疗保险报销“5535”利民机制奠定了基础。

【援藏工作】 困难群体除开统筹报销、大病保险赔付、民政救助后所仍产生的医疗费用，在区政府积极协调，援藏干部协作下，2017年从北京东城区争取到大病医疗救助资金300万元，用于困难群体医疗救助。截至年底，医疗救助金支出112.16万元（其中3人为肾移植手术，肾源75万余元），救助人次29人次，从源头上杜绝“因病致贫、因病返贫”现象发生。

【灾情信息报送管理】 年内，为进一步加强灾情信息管理，提高灾情报送质量，严格灾情报送程序，下发《关于加强自然灾害灾情信息报送管理工作的通知》。主要强调三方面的内容：强调充分认识灾情信息报送管理工作的重要性。强调灾情信息报送的内容和方式，依据《自然灾害情况统计制度》，明确灾情信息报送的范围、报送的内容以及报送的方式。强调灾情信息报送的程序和时限要求，做到初报要“快”，续报要“细”，核报要“实”，特别是核报的灾情数据必须经过相关部门会商，方可上报。进一步健全三个制度：工作信息报送制度；汛期应急值班工作制度，要求民政局各办公室要实行24小时应急值班制度，救灾工作人员保持通讯昼夜的畅通；灾情信息报告责任追究制度。

【救灾资金管理】 5月12日，城关区减灾委员会办公室（城关区民政局）组织城关区各减灾委各成员单位在八廓商城广场开展以“减轻社区灾害风险、提升基层减灾能力”为主题的宣传活动，此次活动共发放1260余份防灾减灾宣传册。此外，2018年投入10万为当巴社区“全国减灾示范社区”配备应急储备物资。为扩大防灾减灾宣传面与宣传力度，城关区减灾委员会办公室下发开展“5·12”防灾减灾日宣传活动文件至个乡政府、街道办事处，要求以社区为单位在各自辖区内开展防灾演练和宣传活动。通过此次“5·12”防灾减灾日宣传活动，使广大群众增强了防灾减灾意识，了解一些避灾自救和互救的知识和基本技能，营造了全社会共同关心和参与防灾减灾工作的良好局面。

【灾民临时救助管理制度】 年内，为做好灾民生活救助工作，城关区民政局认真实施灾民救助卡制度，落实灾害救助款物必须在灾民救助卡上登记，并做到公开、公正、公平发放，确保灾区群众基本生活；加大民房恢复重建的实施力度，采取多种措施，加快灾区民房恢复重建进度，确保重建工作任务按期完成。

【救灾物资管理】 年内，根据《关于加强全市救灾物资储备仓库规范化建设和管理的通知》文件要求，城关区民政局于2018年9月28日，协同城关区人武部官兵，对拉萨市物资储备库进行物资储备清点整理工作。为加强救灾储备物资的管理，民政局建立健全和严格遵守救灾物资管理使用制度，做到制度上墙入脑，严格执行救灾储备物资出、入库登记制度，做到账目清楚、账物相符；加大本级救灾物资储备力度。及时采购储备救灾物资，救灾物资品种齐全、数量充足、防蛀防霉；认真做好救灾储备仓库消防安全工作，切实加强组织领导和督促检查。年内，现有各类帐篷60顶、毛毯513条、军用棉大衣841件、各类棉被1529件、藏垫204对。

【“全国综合减灾示范社区”创建活动】 年内，以“创建综合减灾示范社区”为抓手，切实提高“全国综合减灾示范社区”居民识灾、防灾、减灾、救灾意识及技能，增强自救、互救能力。城关区委、区政府于7月25日在当巴小学举办2018年城乡社区综合防灾减灾应急疏散演练培训活动，四乡八办灾害信息员、当巴社区群众共计160人参加此次培训。

培训开班仪式上，自治区民政厅救灾处处长罗军对此次应急疏散演练培训活动作重要讲话，给予充分的肯定，并为当巴社区移交“全国综合减灾示范社区”模范点价值10万元的社区防灾减灾物资。各社区组织驻村工作队成员、社区工作者、辖区内居民群众、流动人口代表、双联户代表等参加演练活动。此次防灾减灾救灾演练活动参与人数共达240余人次。

【残疾人联合会工作】 年内，残疾人办证177人；0～16周岁84人发放康复补贴2400/人，共计20.16万元；发放重点关爱人员18人，每人每年6000元，共计10.8万元；发放残疾人两项补贴2148人，共计275.616万元；发放分级补贴1—6月2195人，共计365.322万元，发放分级补贴7—12月2226人，共计388.38万元；机动车燃油补贴：51人每人每月380元，共计19380元。

【社区建设】 年内，为切实完善基层组织行事能力，提升村（居）履职能力，根据上级业务部门要求及指导下，城关区民政局及时采集52个村（居）信息并全部录入全国村（居）委员会统一赋码管理系统，并进行录入信息的比对和补充完善的工作，截至5月底赋码工作全部完成。6月6日，在城关区扎细街道尼卓林社区举行城关区基层群众组织组织特别法人统一信用代码证书发放仪式，城关区副区长尼玛仓决、城关区民政局相关负责人参加。

【监督委员会】 年内，在村级财务监督上，要求各村（居）监委会成立村居财务督查小组，定期不定期检查本村（居）固定资产的库存情况，对本村近一阶段的收支单据、财务报表进行审核，并对群众关心的财务管理问题予以解释，其中重点监查工作有筹资筹劳的用工问题等。凡是村里每一笔支出都由村（居）监督委员会审核并加盖监委会公章，村委会主任签字后方可上报办事处财政服务中心。在监督村务党务公开的工作中，要求村（居）监督委员会认真审核党务村务公开的内容、时间、形式及程序，督促村两委及时公开群众关心的热点问题；同时认真征求村民对村务公开和民主管理的意见建议，有力促进村（居）监督委员会的工作。城关区所辖共计156名，发放工资总计184.5万元。

【双拥工作】 年内，城关区共有优抚对象494户496人。其中：重点优抚对象52户54人，全年共发放伤残金、抚恤定补117.6万元；代管无军籍退休职工486名。同时每季度定期到优抚对象家庭了解其生活、工作情况并做好各项慰问工作。已完成接收46名2017年退伍士兵工作，按照《退役士兵安置条例》的规定精神，对于自谋职业士官均按标准足额发放地方一次性经济补助，发放优待金338万元。认真落实无军籍职工的政治、生活等待遇，城关区现有无军籍职工486名，全年发放无军籍退休职工工资、烤火费、体检费、抚恤金、过节费、医保费共计5366.1万元。

【儿童福利】 年内，利用7天时间对辖区内12街道办事处开展孤残儿童大排查。建立健全孤儿基本信息台账，城关区共有孤儿70人，已在拉萨市彩泉特殊福利学校完成集中规范化管理工作。每月按时发放拉萨市孤儿补贴1100元。2018年已兑现补贴共计92.4万元。并定期深入了解孤儿的实际情况，切实保障孤儿的基本生活。

2018年5月12日，城关区民政局开展“5·12”防灾减灾日宣传活动

2018年12月18日，城关区社会福利院老人观看改革开放40周年习近平重要讲话

【老龄工作】 年内，根据拉萨市民政局县相关文件精神，据统计高龄老人，城关区70～79周岁1778人，80～89周岁834人，90～99周岁81人。紧紧围绕“六个老有”的老龄工作宗旨，突出重点、强化基础、全面推进，积极开展各项老龄工作。10月17日，“重阳节”来临之际，城关区委副书记、政协主席索朗次仁，城关区副区长尼玛仓决，城关区民政局局长索朗央吉，副局长索朗德吉先后走访慰问6名孤寡老人及残疾老人、城关区社会福利院入住老人及护理人员、5个社区老年文艺队，给老人们送去节日的问候和慰问金共计41500元。

【行政区划】 年内，积极协调各相邻县做好行政区域界线管理工作，认真开展平安界限创建活动，配合协助兄弟县（区）行政区域勘界联合检查工作，并对勘界联检中所形成的资料进行及时归档。全面完成城关区四个乡撤乡设街道工作。并于2018年7月完成文创园异地扶贫搬迁点“同心苑”基层组织设立工作。

【地名管理】 年内，为扎实推进拉萨市加强和创新社区管理工作，扩大城关区的旅游城市品牌影响，争创拉萨市全国文明城市，进一步做好城关区地名规范化管理工作，根据第二次全国地名普查工作开展情况，2018年在城区共设置标准大门牌1050个、中门牌1840个、小门牌13070个，共计支出40余万元。

【社会组织管理】 年内，城关区现有社会团体9个，已完成9个社会团体的年检工作，已全部建立党组织（挂靠建立），建立规章制度。同时积极做好社会团体的登记管理工作，加大培育对经济社会发展作用显著和公益性的各类社会组织，积极在社会组织中开展创先争优、致富带头、党员先锋模范岗等活动，切实保证社会组织在管理中、在监督中运行。

【婚姻档案登记管理】 年内，进一步加强婚姻登记“窗口”建设，建立健全婚姻登记管理制度，确保依法办理婚姻登记。2018年，共办理结结婚2493对，离婚776对，补办结婚证1108对，婚姻登记合格率达100%。婚姻登记处定期组织婚姻登记员学习婚姻法律知识、业务政策。

【殡葬管理】 年内，城关区共有10名天葬师，为及时了解天葬师的生活状况和工作情况，不定期组织天葬师召开座谈会，“三大节日”期间发放慰问金共10万元。同时争取到国家资金1000万元用于普荣岗天葬台、色拉天葬台维修保护工程，项目前期工作已基本完成，预计2019年实施。

【基层民政力量建设】 年内，城关区现有街道民政助理员12人，村居民政工作人员52名，为提升基层民政工作业务水平，年初组织业务培训班深入学习民政业务知识；下一步拟成立乡（街道）民政事务所，规范机构设置，落实民政工作职责。

（德吉卓玛）

【领导名录】

局　长

索朗央吉（女，藏族）

副局长

索朗德吉（女，藏族）

城关区人力资源和社会保障局

【概况】 2018年，城关区就业再就业培训完成785人；农牧民转移就业培训311人；职业介绍700人；职业介绍成功360人；开发就业再就业岗位781人；实现就业困难人员就业350人；2018年新增就业人数完成3310人。农牧民劳动力转移就业完成0.5623万人、完成1.3万人次；农牧民劳动力转移实现收入完成0.35亿元。

【党建工作】 年内，为切实加强政风行风和廉政建设，推动干部廉洁从政、勤政为民，城关区人力资源和社会保障局严格按照“为民、务实、清廉”来要求干部职工，把党风行风廉政建设放在心上、抓在手上、落在实处。进一步加强党员领导干部“一岗双责”意识，持续巩固“两学一做”学习教育成果。城关区人力资源和社会保障局始终坚持党领导一切的政治思想不动摇，着力推进党组织建设工作，不断健全完善工作机制，组建党建工作办公室，指定2名党务工作者，完成支部改选，开展集中学习教育活动29次、组织党员干部撰写学习笔记300余万字，撰写心得体会20余篇。坚持重大问题集体协商制度，充分发扬民主研究决定问题，积极调动党员干部参与重大决策的积极性、主动性，增强民主团结氛围，切实保障了党员的主体地位和民主权利。根据党费收缴标准，结合党员工资变化情况，重新核定了每个党员每月应缴党费数额，严格按规定、按标准收缴党费，并对党员上缴党费情况进行了公示。按照“坚持标准，保证质量，改善结构，慎重发展”的方针，本着积极慎重的发展原则，严格发展党员程序，审查党员发展对象，实行票决制、公示制。做到党组织领导班子健全、结构合理、分工明确、责任落实，党组织的核心作用得到了充分发挥。

2018年3月6日，拉萨市政协党组成员、城关区委副书记、区长刘亮到招聘会现场指导工作

【党风廉政建设】 年内，城关区人力资源和社会保障局把制度建设摆在突出的位置，用制度管权管事管人，使党员干部按规矩办事处事成事。结合党的群众路线教育实践活动，以落实党风廉政建设责任制和深入开展“两学一做”专题教育实践为抓手，以深化反腐倡廉教育和深入开展学习党纪国法教育9次、廉洁自律教育13次和警示教育10次，组织党员参观廉政教育基地2次，进一步强化党员干部勤政廉洁意识。推进权力运行公开化、规范化，推进党务公开和政务公开，完善权力公开的机制，明确权力的度和依据，在便民服务大厅设立意见箱接受社会和群众的监督，提高权力运行的透明度和公信力。加强固定资产管理，严格“三公经费”的支出，规范灾后重建管理，设置廉政建设监测点和风险点，筑牢防腐拒变的思想防线，严格执行党的政治纪律、组织纪律和财经纪律，从严落实党风廉政建设“两个责任”，推动党风廉政建设常态化。

【高校毕业生就业】 年内，实名制登记统计城关区户籍高校毕业生1955人，1869人就业，未就业86人，组织高校毕业生见习31人。建立“一人一档”工作制度，积极组织52个基层服务平台工作人

2018年3月22日，城关区人社局局长邬杨一行到老城区部署招聘会前期工作

员集中开展高校毕业生动态走访情况系统录入工作，对2018年1955名应届高校毕业生全部建立“一人一档”台账，实行一周一次就业动态跟踪，切实掌握高校毕业生就业现状，确实做到情况明、底数清。

【保障公共服务平台】 截至年底，共有199名基层平台专职劳动保障协理员。平台设施完备、制度健全、功能齐备，达到“设施设备标准化、人员队伍专业化、管理服务规范化、工作手段网格化”的要求。

【保障基层平台人才待遇】 年内，根据城关区政府会议原则同意提高城关区基层劳动就业社会保障公共服务平台工作人员待遇至3460元（按最高学历计算）。

城关区人力资源和社会保障局加强与自治区、拉萨市人社局做好沟通衔接，确保平台工作人员基础工资、社保补贴（个人部分：每人每月260元，由本级财政承担）、岗位津贴（参照公益性岗位工资：每人每年增资100元，由本级财政承担）、伙食补贴300元，由本级财政承担；城关区财政局调剂解决平台工作人员2016年社保补贴、工龄待遇、伙食补贴164.736万元；城关区人社局牵头，城关区财政局将平台工作人员社保补贴、工龄待遇、伙食补贴从2017年开始纳入每年财政预算；由城关区人社局牵头，强化平台工作人员思想政治、业务素质等方面培训力度和平台工作人员管理力度。

【公益性岗位招聘】 截至年底，城关区人力资源和社会保障局先后组织召开20次公益性岗位人员的招聘会，共招录331名公益性岗位人员，主要岗位有治保、保洁人员，执法人员、汽车驾驶员、文艺演员、社区工作者、开票员、保育员等，并组织新招聘公益性岗位人员参加岗前培训。有效解决城关区就业困难人群就业难的问题，动态消除了“零就业家庭”。截至年底，城关区公益性在岗位人员2768人。

【医疗保险】 年内，城镇居民医疗保险参保60463人，征缴基金217万元，医疗报销人数3242人，医疗报销金额3324.4万元。城镇职工医疗保险参保3924人，征缴基金完成3700万元，医疗报销人数165人，医疗报销金额335万元，参保单位52家。

【城乡居民养老保险】 年内，城乡居民养老保险参保28157人，征缴基金736.08万元，发放待遇1628.48万元。

【城镇职工养老保险】 城镇职工养老保险参保2936人，征缴基金3368.34万元；机关事业养老保险参保3786人，征缴基金1009.95万元。

【工伤保险】 年内，工伤保险参保668家、25217人，征缴基金2900万元，享受待遇307人，基金总支出1850万余万元。

【失业保险】 年内，失业保险参保1949人，征缴基金完成180万元。

【生育保险】 年内，生育保险参保3924人，征缴基金210万元，职工生育报销人数140人，医疗报销金额158.1万元。

【全民参保暨社会保障卡数据采集】 年内，城关区人力资源和社会保障局按照区委、区政府的安排部署，严格按照“不落一户、不丢一人、不漏一项”的目标要求，狠抓工作落实，共完成318761人全民参保登记及社会保障卡数据采集工作，积极协助市局完成社保卡首发仪式，从拉萨人社局接收社保卡6万张，正在发放。

【工资福利】 年内，积极构建和谐的劳动关系，及时做好干部职工工资调资工作。完成年底各项统计5813人(党口，政工，公安，教体局)；完成新分定级20人；兑现了年终一次性奖金1965人。办理调进调出人员工资手续35人；兑现去世人员一次性抚恤金和安葬费6人；1名病假干部职工执行病假工资，现已恢复；兑现2017年享受64号文件的30名干部职工工资；兑现12名正常退休人员的工资及时完成了市里交办的其他各项任务；沟通协调市委组织部公务员科市人社局工资科理顺12人员的工资；及时为咨询工资福利政策人员做好解答工作；及时兑现2017年1月至2018年1月各种工资变动，城关区机关事业共计发放6226351元，其中机关单位1003人，共计4755474元，全额事业单位627人，共计3137857元，全部发放完毕；及时兑现城关区全体干部职工2018年最新工龄折算标准，共计补发700941元；及时兑现城关区55名集体工2017年1月至2018年1月各种工资变动、工龄折算的补发共计158772元。

【档案管理】 年内，完成332名工人64号摸底统计，64号退休工作，符合条件84名，实际申报退休人员11人，划转人员6名已完成申报工作。截至年底，完成正常退休申报共计6名，已批退休6人。完成373名(包括拉萨市划转人员)机关工勤人员及企业集体工人档案规范化管理。统计并核实116名街道在职乡镇干部职工所有人员信息资料；发放2018年度“三大节日”离退休工人慰问147人、1000元/人、共计147000元；慰问品瓷碗1套/人。

【事业专技人员管理】 年内，组织事业单位报考西藏自治区职称政治考试。完成27名事业专技人员评聘和45名专业专技人员资格确认工作；完成事业单位人员信息采集工作。在教育系统、农牧系统岗位设置工作完成的基础上，稳步推进其他事业单位岗位设置工作，续聘2名初级人员。完成500余中小学教师职称过渡工作。

【办公室管理】 年内，办理下发各级文件116件，阅办、上报、城关区委、区政府各类文件183件，报送各类工作简报159期；工人(352人)和公益性(2294人)休假；未正常休假工人33人；安排维稳、值班等日常工作。

【财务室管理】 年内，严格按照各级的要求，规范财务制度管理，无任何违规使用、挪用经费等现象开具各种收据；支付各种报销及赔付(医疗、生育、工伤、养老)；每月支付公益性工资及挂账工资；各种转账及做出纳会计电子账目(14个账户)；办公运行经费的申请、支出、报销等工作；完成农民工工资保障金管理工作。截至年底，清退工资保障金8笔，共

2018年10月25日，城关区人社局党支部组织党员干部到拉萨市廉政教育基地参观

计 11461322.11 元。

（赵以寿）

【领导名录】

局　长

邬　杨

副局长

德吉卓嘎（女，藏族）

央　珍（女，藏族）

城关区民族宗教事务局

【概况】 2018 年，城关区民族宗教事务局核定编制 7 人，实际在岗 5 人，其中 3 名科级干部，2 名科员。城关区直接管理的宗教活动场所 35 处（主寺 22 座、分寺 13 座），其中寺庙 13 座、拉康 16 座、日追 6 座。按照各寺僧尼数量，对僧尼人数较多的 11 座寺庙、拉康、日追成立寺庙管理委员会（其中正县级 3 个、副县级 3 个、正科级 5 个），对僧尼较少的 7 座寺庙、日追派出寺庙专职特派员，对伊斯兰教宗教活动场所大小清真寺成立正科级寺管会（有 18 名伊斯兰教教职人员），对 2 座有寺无僧的寺庙，按照属地管理原则交所辖村（组）管理。截至年底，城关区共有驻寺干部 134 名（含 2 名下派干部）。

【党建工作】 年内，严格按照城关区委工作要求，有序开展党建工作，深入开展十九大精神学习教育，以“四讲四爱”教育活动为契机，制定学习、活动计划、方案，以区委每周三开展的中心理论组集中学习为标杆，积极组织民宗局党员认真学习理论知识，落实“三会一课”制度，规范党建工作。2018 年民宗局党支部开展十九大精神学习教育集中学习会共计 24 次。

【党风廉政建设】 年内，按照区委党风廉政建设有关要求，组织全体干部认真学习廉政勤政建设的政策法规，提高服务意识，把干部的思想引导到全心全意为人民服务的观念上来，解放思想，转变观念，加强党风廉政建设，规范从政行为，落实责任制，以求真务实、艰苦奋斗的作风，努力营造公平、公正、高效、优质的服务环境。从工作、思想、纪律、廉政、作风等方面进行查摆，重点检查公仆意识、服务态度、工作质量等，通过对照检查，实事求是、客观公正、毫无隐瞒地查摆出单位和个人存在的问题，深层次地挖掘问题的根源，及时进行整改。

2018年11月15日，城关区民宗局局长贡嘎到寺庙开展项目调研

【寺庙服务管理】 年内，按照区、市党委政府的指示精神，把学习党的民族宗教政策和政府管理宗教事务的法律法规放在首位，依法加强对辖区寺庙的宗教事务管理，积极引导藏传佛教与社会主义社会相适应，积极探索新形势下寺庙工作的新思路、新做法，按照城关区宗教工作领导小组的安排，民宗局、统战部与宗教工作领导小组办公室积极组织寺管会、专职特派员学习党的民族宗教政策、学习自治区、拉萨市出台的一系列关于寺庙管理工作的文件和区市党委、政府主要领导的讲话精神，深刻领会自治区党委关于加强和创新寺庙管理工作决定的精神实质，努力提高驻寺干部的业务能力和工作水平，不断增强广大干部职工的政治意识、责任意识，时刻要求广大驻寺干部保持清醒头脑，遵守工作纪律，按照规定从严审批寺庙佛事活动，确保宗教和睦、佛事和顺、社会和谐。

2018年6月28日，城关区民族宗教事务局联合安监、消防到下密院寺开展消防、安全生产进寺庙主题宣传活动

【完善各类管理机制】 年内，城关区民族宗教事务局补充完善《寺庙财务管理制度》《寺庙勤杂人员管理办法》《寺庙车辆管理办法》等管理机制；与拉萨市民宗局签订《拉萨市民宗局消防安全目标管理责任书》《拉萨市民宗系统社会管理综合治理目标责任书》，并在此基础上，结合实际进一步细化目标责任书，并与辖区各寺管会、专职特派员签订《2018年度目标管理责任书》；为确保城关区宗教领域“三无”“三不出”的工作目标，在春节、藏历新年、“萨嘎达瓦”等重要节点，制定不同戒备等级的维稳工作方案和应急处突预案；在深入推进“联创联帮”工作中，各寺管会根据自身实际，制作联创联帮突发事件处置流程图，完善突发事件处置工作机制，并为广大僧尼制作发放联创联帮连心卡。各寺管会以联帮、联解、联控、联通等13方面内容为切入点，进一步提升了干部与僧尼、僧尼与僧尼之间联创联帮的纽带作用，各寺管会逐步实现在寺僧尼自治管理、资源共享、互帮互助、共同发展、共建和谐的有利格局。

【深化法制与政策宣传】 年内，按照签订的目标考核内容及要求，各寺管会（专职特派员）结合各自实际，通过集中学习与自学相结合的方式，积极组织开展法治与政策宣传教育活动。2018年共开展宣传活动100场，参与僧尼2000人次。大力开展弘扬历代高僧大德“爱国爱教、遵规守法、弃恶扬善、崇尚和谐、祈求和平”的主题教育活动。采用集中学习、个人自学、座谈交流、撰写体会、现身说法、新旧对比等方式进行。2018年共开展主题教育活动128场，参与僧尼3568人。政策宣传和文化教育相结合，所属寺管会（专职特派员）充分利用文化补习班教育平台，以党委和政府各项政策宣传与文化补习相结合，大力开展政策宣传和文化教育活动。僧尼读书看报的能力得到了进一步的提高，对党的好政策及新西藏的发展变化有了更深入的了解。

【僧尼自然减员补充】 年内，按照上级部门和区委统战部和区宗教工作领导小组的有关工作要求，城关区民族宗教事务局组织开展2017年新收僧尼入寺前培训班，积极教育引导新收僧尼坚决践行政治上靠得住、宗教上有造诣、品德上能服众、关键时起作用的标准。

【寺庙僧尼及人员管理】 年内，各寺管会严格落实《拉萨市藏传佛教寺庙持证僧尼请销假暂行规定》，规范僧尼请销假制度。结合实际制定《城关区僧尼请假后续管理暂行办法》较好规范僧尼请假后续工作的开展。对寺庙勤杂人员的工作特点，在区宗教工作领导小组的有序指导下，研究制定《寺庙勤杂人员审批管理规定》，同时各寺管会结合各自寺庙实际制定管理办法，对各自寺庙内的勤杂人员建立详细的档案，并签订责任书（劳务合同）。2018年城关区未出现未经批准将外来修行和学经人员留寺情况，未出现容留编外僧尼和寺庙清退人员情况，未出现其他闲杂人员留寺情况。

【宗教活动审核上报】 年内，依法依规审核各类上报的宗教佛事活动，确保正常的宗教活动顺利开展。2018年共审核上报大、小型宗教活动 2 件，各宗教活动均顺利开展。

【僧尼“两保一低”】 年内，为更好地维护广大僧尼的切身利益，认真开展养老保险、医疗保险、低保工作，2018 年僧尼养老保险、医疗保险保率为 96%；在低保方面，凡是符合低保标准的僧尼一律纳入低保对象，在享受自治区最低保障金的同时也享受本级财政 200 元的补贴，2018 年城关区辖区寺庙僧尼低保数共 527 人；2018 年“三大节日”来临之际，区委、区政府组织开展节前慰问活动，共慰问寺庙僧尼 617 人，发放节前慰问金 617000 元。

【僧尼到各省市参观考察】 年内，为进一步加强宗教界人士与内地宗教文化交流，开拓宗教人士视野，同时接受爱国主义、社会主义和民族团结再教育，引导广大宗教界人士自觉遵守党的宗教工作方针政策和法律法规，根据区委主要领导的指示精神，城关区辖区各寺庙僧尼分批赴各省市参观考察，由民宗局牵头，三年内全部僧尼完成参观各省市变化及宗教文化交流工作。2018 年已组织五批次考察团，组织 236 名僧尼完成参观学习。在考察团反馈回来的信息中，反响良好，不仅使僧尼感受到祖国变化、党的关怀，更使他们坚定做一名爱国爱教守法僧尼的信念，同时得到上级党委、政府的高度认可，活动达到预期的效果。

【完成穆斯林群众朝觐工作】 年内，根据自治区民宗委《关于做好 2018 年度朝觐名额分配及有关事项的通知》文件精神，城关区民宗局高度重视，并按照属地管理的原则，要求大小清真寺管委会、民管会结合《中国穆斯林出国朝觐报名排队办法》（试行）规定，认真做好朝觐工作。全面完成政审、体检等。2018 年 28 名穆斯林群众顺利出国朝觐。

【爱国守法先进僧尼表彰评选】

年内，为扎实推进和谐模范寺庙暨爱国守法先进僧尼创建评选活动，城关区上半年召开和谐模范寺庙表彰大会，共表彰 259 名爱国守法先进僧尼、3 座和谐模范寺庙、3 个先进寺管会、16 名优秀驻寺干部、3 名优秀驻寺干警、1 名优秀驻寺消防员、7 名优秀宗教工作先进个人。并向拉萨市推荐 152 名爱国守法先进僧尼、2 座和谐模范寺庙、2 座先进寺管会、8 名优秀驻寺干部。

【遵行“四条标准”】 年内，为深入开展“遵行四条标准、争做先进僧尼”教育实践活动，城关区下半年召开“遵行四条标准、争做先进僧尼”表彰大会，2018 年共表彰 375 名优秀僧尼、5 座模范寺庙、5 个优秀组织单位、11 名优秀寺管干部。并向拉萨市推荐 222 名优秀僧尼、2 座模范寺庙、2 个优秀组织单位、5 名优秀寺管干部。

【寺庙基础设施】 年内，城关区委、区政府始终高度重视城关区所属寺庙热点难点问题，积极投入资金用于改善寺庙基础设施建设、僧舍重建（维修）、大殿维修、壁画修复、铺设青石板、伙房维修等项目。2018 年基建项目有：城关区 5 个特派员办公用房建设项目，总投资 273.43 万元，其中本级政府投资 183.43 万元，中央预算 90 万元，项目已完工；格日寺高低压线路改造工程项目，总投资 51.27 万元，由本级政府投资 51.27 万元，项目

2018年5月16日，城关区民族宗教事务局组织僧尼参观学习

已完成；公德林主殿修缮项目，总投资860万元，寺庙自筹860万元，项目预计2019年初完工；吉仓日追顶危险巨石处理项目，总投资167.34万元，本级政府投资167.34万元，项目已完工。

2018年3月28日，各族、各界代表参加“3·28”西藏百万农奴解放纪念日活动

【民族团结事业】 年内，为充分展示城关区民族团结进步工作在党中央、区、市党委政府的坚强领导下走过的光辉历程，结合历年来城关区民族团结进步事业所取得的成绩，进一步巩固和发展各民族和睦相处、和衷共济、和谐发展的良好局面，同时充分发挥好关帝格萨拉康、清政府驻藏大臣衙门旧址陈列馆、根敦群培纪念馆等爱国主义和民族团结教育基地的作用。积极教育引导全区各族干部群众、党员、团员、青少年和社会各界牢固树立“五湖四海”“三个离不开”思想。

【民族团结活动】 年内，充分利用“三大节日”、“3·28”西藏百万农奴解放纪念日、组织各族各界干部群众欢聚一堂，畅谈民族政策在西藏的光辉事迹，进一步加强民族间的交往交流交融。

【民族团结进步模范表彰大会】 年内，为表彰先进、树立典型、不断推进各民族和睦相处、和衷共济、和谐发展，8月隆重召开城关区2018年度民族团结进步表彰大会，大会表彰全区涌现出来的10个民族团结进步模范集体、20个模范个人和4户通婚模范家庭。

【少数民族流动人口服务管理】 年内，针对辖区少数民族流动人口的特点和需求，城关区充分发挥乡（街道）、村（社区），派出所、便民警务站等基层组织的作用，紧紧依托网格化和“双联户”等社会服务管理体系，第一时间了解和掌握各自辖区内各少数民族人员的基本情况，参照四省藏区进藏人员服务管理模式，做到主动上门提供服务，为他们在拉萨经商、探亲、办证、租房、经营等提供必要的服务和帮助。为他们与本地居民群众一样主动宣传各项便民利民政策，帮助他们享受各项便民利民政策，积极引导少数民族流动人口融入城关生活。

【社会流动从事宗教人员调查】 年内，为着力解决在党的群众路线实践活动中群众在宗教领集中反映的热点难点问题，城关区民宗局深入基层开展调研工作，针对大部分群众提出的按照西藏的风俗在婚丧嫁娶（红白事）请僧人进行佛事活动难的问题，以城关区社会流动从事民间宗教活动人员基本情况及存在问题建议为调研主要内容，走访老城区几个办事处及居委会，收集听取办事处、居委会主要负责人提出的建议及意见，形成调研报告。截至年底，城关区辖区内社会流动从事宗教活动人员共计69人，持从事民间宗教活动服务证4人（八廓办事处辖区1人、吉日街道办事处辖区1人、蔡公堂乡辖区1人、娘热乡辖区1人）。

（旦增群培）

【领导名录】

局　长

　　贡　　嘎（藏族）

副局长

　　尼 玛 珍（女，藏族）

　　次旦央吉（女，藏族，6月任）

城关区卫生和计划生育委员会

【概况】 2018年,城关区属医疗卫生机构23个。1个疾控中心,10个城市社区卫生服务中心、4个乡卫生院、3个社区卫生服务站和5个村卫生室。城关区现有在编卫生医疗专技人员228人,其中疾控中心有专技人员32人;卫生服务中心(站)166人,乡卫生院30人。

【健康服务】 年内,制作以家庭医生签约为主,结合慢性病防治、妇幼保健、食品卫生、传染病等健康知识制作健康教育宣传册、宣传包等30000余个,深入村(居)、学校,广泛健康知识发放宣传册等24905份,播放健康教育音像资料433次,1626小时,举办健康教育讲座36次,举办健康教育咨询活动39次,覆盖群众约15.98万人。在居民大院、宗角禄康公园及医疗机构等处设立健康教育宣传栏共计416个,至少两个月更换一次宣传内容,同时利用单位LED显示屏,每天滚动播放藏汉双语健康教育信息。利用计划免疫宣传日、结核病宣传日、控烟宣传日,等世界各个卫生主题宣传日,进一步提高了全区人民的自我保健和健康防护意识。

"五下乡、四进社区"免费送医、送药、送健康活动23场次,发放价值25000余元的药品(藏药、西药),受益民众达7000余人。通过疾控中心微信公众号传播健康知识,共计推送各类健康素材220余份。同时,积极协调西藏商报、拉萨晚报、拉萨市电视台、城关政务网、城关掌上通、党建手机报及出租车广告位等媒体报道传播健康常识。

【项目建设】 年内,启动吉崩岗社区卫生服务中心,加茶社区卫生服务站(确定为自治区公共卫生诊疗服务中心),重点推动城关区人民医院、当巴社区卫生服务站、措美林社区卫生服务站等项目建设,不断健全城市"十五分钟健康服务圈"。

2018年12月15日,拉萨市卫计委一行到城关区开展2018年卫生与健康(卫生计生重点)工作考核验收方案

【地方病防治】 年内,开展1次鼠防培训工作;开展密度调查工作,旱獭密度为0.004只/公顷;死亡动物快检,共计5例不明原因死亡动物,其中旱獭3例(2例活旱獭),獾猪1例,藏狐1例,结果均为阴性;小型夜行鼠调查,共计布600个鼠夹,未捕到小型夜行鼠;洞干蚤调查,共计探洞109个,未捕获鼠蚤等鼠疫传播媒介;捕捉旱獭,共计布置70个捕捉旱獭套,捕获5只旱獭,血清送市疾控检测;血清学监测:共计抽取26份狗血清,送市疾控地病所检测均为阴性;开展鼠疫"三报、三不"等鼠疫防治知识宣传教育活动13次,参与1650余人次,发放宣传册子1650余份,张贴宣传海报120余张。鉴于抖音短视频频频推送捕抓旱獭视频,城关区疾控中心编写"抖抖—别抖出黑死病"接触旱獭危险的科普文章,阅读量11000余人次,另外还推送的不剥食野生动物的科普文章。碘缺乏病防治工作,完成居民271人投服碘油丸、84名孕妇投服碘油丸、300户居民的食用盐碘盐检测、150名8～10周岁学生甲肿触诊工作。完成320名成人和320名学生饮茶型氟中毒流行现状调查工作。

【艾滋病、性病防控】 年内，完成375名高危人群进行采集标本工作，并完成其血标本的HCV抗体检测、HIV抗体检测，TP抗体检测。两岛社区卫生服务中心性病门诊工作，两岛性病门诊完成1767个咨询与检测，共治疗5188例性病患者。实施4个艾滋病防治小型项目（涵盖男男性行为干预、暗娼人群干预、中学生同伴教育、社区健康教育等）；开展多部门合作，在辖区的15个点共发放2200宣传册及6000支安全套；开展高危干预，对酒吧、洗浴、娱乐场所从业人员等高危行为干预11次，高危干预人数852人，发放安全套6000余只。继续实施大学生健康教育志愿者培训工作，年内，举办4期艾滋病健康教育志愿者培训，新招募105名高校学生志愿者；实施对艾滋病患者的兑现第一次身体检查评估的体检费用。

【免疫规划】 年内，儿童预防接种应建证4430人次、实建证4430人次、建证率达到100%。九苗应种数107779人次，实种数104203人次，接种率达96.68%。继续开展并落实每月、每季度免疫规划疫苗查漏补种工作。按照国家有关要求完成辖区内有29家预防接种单位及177名预防接种人员培训和资格认定工作。3家社区卫生服务中心承担狂犬疫苗接种工作。截至年底，共订购7400支，乙肝疫苗共订购3710支，老年人流感疫苗免费接种工作正在实施中。

2018年6月1日，城关区卫生和计划生育委员会副主任次旦卓嘎（左二）到吉崩岗小学慰问留守儿童

【结核病防治】 截至10月，共管理结核病患者55例，其中新收治患者22例，发放抗痨药物50例；辖区医疗机构共推荐痰标本例数274例，其中痰检结果阳性8例。

【传染病防控】 截至10月，辖区内各医疗机构网络形式上报传染病，无甲类传染病，共报乙、丙类传染病17种3575例。乙类传染病发病率为339.66/10万。死亡病例1例（艾滋病）。其中乙类传染病：梅毒360例、肺结核344例、痢疾162例、肝炎134例、猩红热55例、艾滋病21例（死亡1例）、淋病6例、麻疹4例、炭疽1例、百日咳1例。丙类传染病2420例、手足口病2289例、流行性腮腺炎104例、其他感染性腹泻9例、流行性感冒7例、包虫病5例、风疹5例、急性出血性结膜炎1例。其他传染病618例、水痘570例、结核性胸膜炎43例、生殖道沙眼衣原体感染1例、非淋菌性尿道炎1例、尖锐湿疣2例、AFP1例。同时，重点加强医疗卫生专业技术人员及城关区教育系统安卫负责人的培训。

年内，共举办6次培训，参训人302人，对学校和医疗机构传染病防治专题督导120次。结合实际不断推广藏医药公共卫生健康管理服技术规范，在流行病多发的春秋季节里配制藏药“催汤”，用于预防各种流行疾病在校内爆发。年内，共为24所学校3万余名学生分期投放藏药“催汤”。

【慢性非传染性疾病防控】 年内，与林芝市巴宜区和日喀则桑珠孜区慢病示范区建设小组交流“创慢”经验；推动实施城关区区属各医疗机构均死因监测网络直报工作；同公安部门核对辖区疑似精神障碍患者信息，并对13名贫困患者兑现门诊治疗补助经费共计6500元。应管高血压患者8153人，实际管理7370

2018年8月2—5日，城关区卫计委开展“弘扬藏医药文化，促进城关藏医药发展”城关区第四届藏医医护人员夏季认药采药活动

人，规范管理3454人，规范管理率为46.87%；应管2型糖尿病患者734人，实际管理703人，规范管理487人，规范管理率为69.27%；65周岁以上老年人健康管理，常住老年人14132人，接受健康管理的3357人，健康管理率23.75%，老年人健康体检3357人。积极推进上消化道癌早诊早治项目、雾霾监测等项目工作。

【卫生监督】 年内，共出动执法人员239人次、出动车辆90次、检查158次路段，通知体检421人。辖区内公共场所“五小行业”摸底检查246户，办理餐饮从业人员健康证1773人，发放公卫从业人员健康证678人，许可材料74户、公卫许可材料接收76户。卫生监督信息报告监督单位新增录入43户、经常性监督检查录入620户次。公共场所经营单位卫生审核整改到位要求复查受理电话48户次。全面实施公共场所经营单位卫生监督分级管理制度；辖区内共有406户公共场所经营单位，应参加量化分级管理的406户，实际参加公共场所卫生监督量化分级管理387户。其中评定A级7户、B级47户、评定C级332户。年内，共发放健康证11430本，收取体检表9327张。另外，对城关区2家新启动的医疗机构进行室内甲醛检测。

【风湿病筛查】 截至10月，城关区社区卫生服务机构及乡卫生院共完成辖区16周岁以上人群风湿病筛查人数55740人，其中疑似风湿病患者2551人，确诊308人，各区属医疗机构逐步开始对55周岁以上风湿病确诊患者进行救治。截至年底，已救治134人。

【结核病筛查】 截至10月，总共筛查81994人，其中学生33786人，僧尼102人，羁押人员566人，建卡贫困户488人，其他47052人。学生筛查PPD人数624例，其中强阳性2例，并转介至西藏自治区第三人民医院进一步确诊并已排除。

【家庭医生签约】 城关区家庭医生签约服务工作是在“联户健康、联户平安”家庭医生健康服务工作的基础上开展的，通过组建全科团队，以全科医生为核心，以居民健康管理为主要内容，通过签约，为居民提供主动、连续、综合的健康责任制管理。签约工作重点服务老弱病残、慢性病、孕产妇、低保及低保边缘户群体，提供了基础卫生服务包和增值卫生服务包。2018年重点开展低收入群体家庭医生签约服务工作，城乡低收入群体签约服务覆盖率98%，农村建档立卡贫困人口签约服务覆盖率100%，并发放健康服务绿卡，低收入群体持绿卡就近到区属医疗机构就诊，可享受医技减免等优惠照顾。

截至9月，城关区组建65个家庭医生团队，家庭医生签约服务户籍应签约6.8万人，实签约5.5万人，签约率80.88%。常住人口应签约16.4万人，实际签约3.4万人，签约率20.73%，服务次数15.8万人次，其中重点人群签约2.4万人，重点人群签约率100%。

【妇幼保健】 截至10月，管理孕产妇总数501人，其中产妇396人，活产396人，住院分娩率100%，产检率100%。高危产妇筛查69人，管理率和住院分娩率100%。流动孕产妇管理127人，其中产妇71人。围产儿情况：早产儿数41例，巨大儿数8例，低出生体重儿数99例，死胎、死产数3例。流动孕产妇管理71例，住院分娩率100%。全区7周岁以下儿童5034人。新生儿访视396人，访视率100%。连续九年无孕产妇死亡。5周岁以下儿童体检出贫血216例，低体重人数252人，肥胖84人。新生儿死亡2例，死亡率5.05‰。加强出生医学证明管理。2018年共申领入库9500张，发放空白出生医学证明8500张。

【计划生育】 年内，落实国家免费孕前优生健康检查项目工作，共完成560对（1120人）备孕夫妇检查，其中现疑似梅毒阳性90例，乙肝103例。全力开展出生缺陷一级干预健康检查项目工作，共体检404对夫妇（808人）。开展流动人口免费健康检查工作，2018年共为965名流动育龄妇女提供生殖健康检查服务、200名流动人口开展健康检查、32名备孕夫妇提供孕前检查服务，同时建立流动人口健康档案。做好生育状况抽样调查工作，按国家卫生计生委要求开展全国生育状况抽样调查，城关区共完成50个样本点，监测流动人口总数为1000人、村（居）问卷36份。

【农牧区医疗管理】 年内，农牧民筹资人数13963人，筹资金额41.89万元，筹资率99.71%，国家下拨免费医疗基金550万元，城关区本级财政投入专项资金800万元用于报销比例。截至10月住院报销810人次，报销776.55万元（包括异地搬迁住院26人次、报销金额30.01万元）。特殊病门诊报销，特殊门诊报销515人次，报销金额39.11万元；乡卫生院农牧民医疗管理家庭账户门诊核销9514人，核销金额39.42万元。

【卫生应急】 年内，修改和完善《城关区突发公共卫生应急预案》《城关区医疗应急预案》等，调整充实城关区突发公共卫生事件处置领导小组及应急专业队伍等。2018年，执行应急保健任务。拉萨市卫计委、区委、区政府、区直各部门及敏感节点应急保健任务32次，派出医护人员503人次、医疗救护车103车次、天数为149天。

【分级诊疗】 城关区地处拉萨城区，各大医院多，群众选择面广，群众流动性大，导致分级诊疗的宣传力度不够大，广大群众对分级诊疗的目的意义了解不深，对具体操作流程、医保政策等内容知晓率不高。一些群众的就医行为很大程度受长期以来形成的“就医惯性”影响，就医看病无原则地追求大医院。同时，上级行政、业务部门需结合医疗报销等出台硬性政策，稳步推进分级诊疗工作。基层医疗机构卫生服务水平、人员队伍建设等需要进一步提升。

【爱国卫生】 年内，通过集中整治环境卫生、强化卫生监督、病媒微生物防制和学校及托幼机构传染病防控专项检查等多措并举，协助开展环保督查工作，切实有效开展爱国卫生运动和创建国家卫生城市各项工作。年内，共完成三轮病媒生物防制消杀工作。

【党建工作】 年内，在制定党建年度计划时，确定创建学习型党

2018年7月22日，城关区召开“健康城关”建设暨包虫病“三病”综合防治工作推进会

总支的目标,而且细化学习计划,含括党章党规及习近平总书记系列重要讲话,下半年重点按照城关区委的安排部署,强化政治教育学习活动,整年度全体党员及入党积极分子集中学习14次,自学每名党员达到48学时,卫生系统74名党员撰写各类心得体会226篇,有力提升了党员干部的党性修养,全年共组织开展了2次批评与自我批评组织生活会和1次政治教育专题组织生活会。

(边　珍)

【领导名录】

主　任

唐小君(女)

副主任

桑　旦(藏族)

次旦卓嘎(女,藏族)

城关区文化新闻出版广电局(文物局)

【概况】 2018年,为丰富基层农牧民群众的精神文化生活,城关区各级各类文艺团体深入基层,以重大节庆日为载体,举办"五下乡、四进社区""我们的节日""红色轻骑兵进基层"、庆祝"3·28"等文艺演出活动,开展"悠贝亲子"巡讲活动。乡(街道)、村(居)依托文化站开展各类体育比赛,进一步盘活了基层文化设施,提升了文化站(室)的使用率,文化站(室)成为广大群众闲暇时候的好去处。经常性开展送电影进村(居)、进寺庙、进学校、进军营活动,播放《奴农》《战狼2》《厉害了,我的国》等影片,弘扬了爱国主义精神,传播了正能量。

2018年6月28日，城关区开展文化站(室)负责人培训会

2018年,共开展各类文艺演出活动70场,放映电影427场,受益群众45400余人次。同时为城关区和12个乡(街道)、51个村(居)文化站(室)补充更新图书3858册,进一步淡化宗教消极影响,引导居民群众过上今生幸福生活。2018年城关区委宣传部、城关区文广新局组织辖区24支社区文艺队,在辖区34个广场、公园和居民小区内开展学跳锅庄活动,活动参与群众达5100余人次。

【党建工作】 年内,城关区文广新局将机关党建工作列入年度总体目标,做到年初有计划、年终有总结,并多次召开局党支部会议研究党建工作。建立健全党员教育、党员管理、党费管理、党员联系服务群众,党员民主生活会,民主评议党员等操作性较强的制度,并严格按照制度抓好落实,进一步完善各项规章制度,并认真贯彻落实党的民主集中制原则和三会一课制度,定期研究部署党建工作,坚持大事经民主讨论决定,充分体现民主与集中的有机结合。

【党风廉政建设】 年内,认真贯彻落实领导干部廉洁自律各项规定,狠抓班子党风廉政建设。班子成员公开接受全局干部职工的监督,在集体学习会议上经常性安排学习"八项规定""约法十章""九条要求""十条禁令"等廉政规定,加强全局党员干部职工政治理论学习。把每周四上午定为集体学习时间,认真学习习近平总书记一系列重要讲话精神,认真学习上级规定的篇目,认真开展领导干部上党课活动,并严格按照要求组织干部职工参加全区性的学习和观看教育片等,局班子成员严格按照要求记录学习笔记和撰写观后感等。

【通过创建国家公共文化服务体系示范区终验】 自创建工作正式启动以来，区委、区政府高度重视创建工作，全面贯彻中央、自治区、拉萨市关于构建现代公共文化服务体系的重要决策部署，以打造公共文化服务体系示范区为抓手，以政府为主导，公共财政为支撑，奋力创建国家第三批公共文化服务体系示范区，全面提升了首府城区公共文化服务的能力和水平，取得了阶段性成果。

2017年，区委、区政府投资2990万元用于建设城关区综合文化中心、非遗展厅、拉萨囊玛传习利用保护所等项目，比2016年增长65%。针对城关区面积较大、人口众多的特点，打破以行政体制设置公共文化设施的格局，形成“区级—乡（街道）级—村（社区）级”三级服务网络，打造“一刻钟公共文化服务圈”。实施乡（街道）文化站和村（社区）文化室达标工程，城关区共有12个（街道）文化站和51个村（社区）文化室，19个寺庙书屋，覆盖率为100%，农村广播电视设备“户户通”也达到100%覆盖，切实保障了群众的基本文化权益。

【文化产业发展】 年内，根据《城关区文化产业发展专项资金管理暂行办法（试行）》，通过竞争性谈判确定审计公司，对通过初审甄选出的11个项目进行现场踏勘，确定“中国西藏人物数据资源共享平台建设项目”等3个符合支持条件的文化产业项目，经文化旅游产业领导小组会议研究，最终确定支持西藏人物数据平台和以“藏文化+创意设计”方式，建设西藏第一品牌。将及时拨付文化产业项目扶持资金641586.48元。积极推动夺底乡洛欧村擦擦文化展览馆成功申报为自治区第五批文化产业示范基地和拉萨市首批文化产业示范基地。在区委、区政府的高度重视下，拉萨囊玛保护利用传习所在娘热乡吉苏村四组开工建设。积极动员组织辖区文化企业参加区内外大型活动，助推文化产业发展。组织策门林堆秀唐卡等7家文化企业参加第四届中国西藏旅游文化国际博览会，组织擦擦文化展览馆、古艺建筑有限公司2家文化企业赴北京参加2018年中国艺术品产业博览会，多措并举，不断推动城关区特色文化产业发展壮大。

【民间艺术团队】 年内，为辖区27支艺术团队发放扶持资金785000元，为次角林民间艺术团等3个民间艺术团队解决购买服装费5万元。

【弘扬传承历史文化遗产】 年内，国家级非物质文化遗产拉萨囊玛保护利用传习所项目开工建设；组织各级非遗传承人、非遗项目，开展非物质文化遗产进校园活动；为城关区古艺建筑有限公司解决非物质文化遗产恢复和抢救技术工培训资金52万元；完成城关区级第四批非物质文化遗产项目、传承人认定工作。

【文物保护】 年内，配合拉萨市安全生产专项检查、拉萨市文物局、自治区文物局，对城关区辖区内的13处国家级文保单位、19处自治区级文保单位、75处市县级文保单位进行消防安全大检查，对检查发现的问题进行整改。印发《文保单位每日用火

2018年1月4日，城关区文化新闻出版广电局（文物局）在恩惠苑举办民族传统娱乐“骰子”比赛

2018年1月13日，拉萨市红色文艺轻骑兵送欢乐下基层活动

用电登记表》,“十一”期间,配合自治区、拉萨市文物局开展文物安全检查,联合区消防大队、区民宗局召开博物馆古建筑寺庙文保单位消防安全动员部署会,约谈文保单位负责人,对消防安全工作进行再动员再部署,确保万无一失;吉崩岗拉康保护修缮工程顺利竣工;自治区文物局投资30余万元,在小昭寺实施智能用电工程。

【广播影视】 年内,与各乡街道签订《广播电视工作目标责任书》,明确安全播出责任,特别是各重要节点和重大节日期间严格执行24小时值班、带班制度,确保安全播出万无一失。在重要节点,对辖区内的户户通、舍舍通、收转站和电影院定期开展巡查工作。全年维修机顶盒52台,更新更换机顶盒34台,卫星接收天线37付,高频头92个,高频头卡子64个,遥控76个。完成118户农牧民新增户“村村通”和13座寺庙71名僧尼新增“舍舍通”设备安装、调试和网上录入工作。

【优化文化市场发展环境】“扫黄打非”是维护意识形态安全的前哨阵地,是牢牢掌握反分裂斗争主动权的治本之策,是维护社会稳定的基础工程,也是推动社会全面进步的重要抓手。城关区委、区政府把“扫黄打非”纳入“三个专项斗争”,进一步提升“扫黄打非”的政治站位,聚焦“扫黄打非”工作的重点,形成“扫黄打非”强大合力。城关区“扫黄打非”工作领导小组办公室联合各成员单位将深入开展净化文化市场、净化网络空间、净化新闻出版领域、净化娱乐场所、净化舆论环境五大专项行动与“清源2018”“固边2018”“净网2018”“秋风2018”“护苗2018”同步开展,有效遏制了各类非法出版物及有害信息的传播。

年内,城关区“扫黄打非”工作领导小组办公室联合拉萨市“扫黄打非”工作领导小组办公室、文化综合执法支队,12个街道和派出所共出动执法人员1340人次,检查歌舞娱乐场所260家,发现并删除违禁歌曲104首,停业整顿1家,下发整改通知单11份;检查打字复印店96家,发现并整改20家超范围经营及违规经营商户,停业整顿1家,处罚1家;检查16家印刷厂,发现并整改5家不按照印刷管理制度经营单位;检查书店78家,发现并整改6家无证经营商户;检查21家公立学校内书屋,未发现私人及境外捐赠的书籍;检查音像制品店34家,发现并没收540余张盗版光碟;检查校园周边商店21家,发现并整改4家无证出售出版物商户,并没收300余册盗版书籍。全年保持全时的运行状态,随时发现问题随时处置,确保“扫黄打非”工作常做常新、常态运行。

（拉巴卓玛）

【领导名录】

局　长

拉姆次仁(女,藏族)

副局长

聂富春

王　娟(女)

城关区农牧（科技、林业）局

【概况】 2018年,城关区辖12个街道办事处、52个村(居)委员会,共有农村户数4208户13448人,农村经济总收入97743.73万元，城关区农牧民人均可支配收入为19080元、同比增长10.54%；农作物总播种面积为9679亩，年末牲畜总存栏数达1.72万头（只、匹）。

【项目投入】 年内，城关区把争取上级项目和资金支持作为工作的首要任务，加强谋划，积极跑办。截至年底，农牧、林业、涉及项目共有11个，涉及资金60339.9856万元，即农牧（产业）项目7个，涉及资金56475万元。林业项目4个，涉及资金3864.9856万元。

2018年4月1日，西藏自治区党委副书记、主席齐扎拉（中）到城关区米琼日山体绿化造林点考察指导工作

【种植业】 年内，围绕特色粮经作物，进一步优化种植结构。城关区农作物总播种面积为9679亩，其中粮食播种面积为967.9亩；经济作物面积7646.41亩，饲草播种面积1064.69亩，粮、经、饲比例调整为10 ∶ 79 ∶ 11进一步优化粮经饲比例。粮食单产709.3斤、总产量为34.325万公斤；蔬菜产量达到4万吨。

【培育合作社】 年内，以创新现代农业经营方式为主线，培育和扶持新型农业经营主体，着力增强农业经营的示范带动作用，持续培育农牧民专业合作社组织23家，市级百家示范专业合作社2家（白定村经济合作社、贡德泥塑文化农民专业合作社）、市级合作社1家（贡德泥塑文化农民专业合作社）。

【农产品保护】 年内，城关区已成功注册（拉萨牛奶、拉萨酸奶、拉萨辣椒、拉萨油桃、拉萨西红柿）5个地理标志证明商标和1个绿色食品商标的基础上，继续申报6个农产品认证标志。

【“土十条”工作】 城关区“土十条”办公室设在农牧局，自成立以来，主要起草城关区“土十条”工作实施方案、及时与各成员单位之间沟通，督促各成员单位按照实施方案，认真开展相关工作，确保相关工作有序开展。

【农村土地确权颁证】 年内，结合城市规划和建设，争取乡、村、组意见后，未冲突城市发展和群众意愿下。5月，近两年未规划的3个乡4个牧业组85户，431.08亩进行颁证。

【实施涉农保险】 年内，积极宣传农牧业保险政策，引导群众规避风险，养殖业保险741462元，牛11764头、羊55只；种植业保费5652.3元，青稞256.5亩、小麦85.4亩、油菜83.86亩、玉米147.85亩、马铃薯163.82亩；温室大棚9栋，保险费1620元；农牧民住房827户，保险费115780元。

【畜牧业生产】 截至年底，本年牲畜存栏数1.72万头（只），新生仔畜0.48万头（只），成活率99.2%；成畜死亡率控制在0.3%，出栏牲畜1.07万头（只），出栏率44%；肉产量0.122万吨（含个体养殖户）；奶产量1.65万吨（含两个高标准奶牛养殖中心）；禽蛋产量27.6吨（含个体户）；禽肉产量492.6吨（含个体户），牲畜良种覆盖率达48.92%。

【“春秋两季”防疫】 年内，城关区牲畜共免疫注射3.26万头（只），其中：黄牛1.03万头、牦牛（犏牛）2.1万头、绵山羊0.13万只，免疫密度达100%；外来户牲畜共免疫注射1.66万头（只），其中：牛 0.63 万头（含黄牛、犏牛、牦牛）、绵山羊 0.52 万只、猪 0.51 万头；禽流感共免疫注射 1.3 万只，免疫密度达 100%。

【非洲猪瘟】 年内，有序开展城关区非洲猪瘟防控工作，成立以政府区长为应急指挥部组长，区政府副区长为副组长，区各乡（办）、区直相关单位主要负责人为成员的应急指挥部，领导小组下设整顿组、信访应急、控制扑灭组、巡查组、宣传组等五个小组；现辖区内个体生猪养殖户 5 家，存栏生猪 661 头，发放非洲猪瘟科普宣传册、明白纸 500 余份，致广大生猪养殖场（户）公开信 100 余份，指导养猪场（户）做好生物安全管理工作，出动执法车辆 10 余台（次），出动执法人员 40 余人（次），累计排查养猪场 180（户）、2 万余头猪，发放消毒药 150 瓶左右，做到非洲猪瘟防治知识宣传普及力度，未发现异常情况。

2018年11月15日，城关区举办非洲猪瘟防控技术培训班

【奶牛引进】 年内，按照引进高产奶牛的相关要求，为嘎巴生态牧场陆续引进奶牛共 472 头，其中荷斯坦牛 274 头（含国外引进的 20 头）、娟姗牛 200 头（均属国外引进）。

【动物包虫病防治】 年内，按照“犬犬投药、月月驱虫”要求，由村级动物防疫员负责领取和投喂驱虫药。截至年底，犬驱虫数为 1.77 万只 / 次，羊棘球蚴（包虫）病免疫注射 236 只（次）。无害化处理粪便 51.7 吨。发放包虫病宣传材料 8500 份；采集牛血清样品 250 份、羊血清样品 300 份、犬粪样品 250 份进行包虫病采样监测；同时剖检 5 头牛、10 只羊作为活检对象。

【草补奖工作】 年内，按照上级要验收；对辖区 4 街道开展草原监测工作，共开展 1 求，继续调整充实了草原生态保护补助奖励机制领导小组，完成全年牲畜入户清点工作及牧户信息录入工作，并于 8 月通过市级和自治区 10 个样地、30 个样方实地监测。

【基本草原划定】 年内，为切实加强基本草原保护，根据自治区、拉萨市上级业务部门的相关要求，从辖区草原总面积 50.76 万亩中划分 40.69 万亩为基本草原范围，绘制区、乡、村三级基本草原分布图 12 份，对基本草原分布、四至界限、面积等进行划定，建立基本草原划定数据库，已通过区市两级验收。

【动物卫生监督执法】 年内，深入推进动物、食品安全检查。每周开展 2 ~ 3 次专业检查，每月开展一次食品安全联合突击大检查；不定期开展动物卫生监督检查，确保畜禽食品安全。全年开具动物检疫合格证明 1278 张，其中产品 B（肉类食品）1252 张，动物 B（动物活体）26 张。2018 年立案查处 1 起，该养殖场离城区较近、不符合养殖标准，无任何养殖相关手续，鉴于此情，针对该养殖户给予行政处罚 2000 元，并进行取缔，结案率 100%。

【植物检疫】 年内，严格按照办理检疫申请书的要求，办理植物检疫申请书，检疫植物 11190 株，未发现携带病虫的苗木（肉眼观察）。城关区农牧局严格按照发放林木种子生产经营许可证的规程，对前来办证的个体查看工商营业执照、土地租赁合同、所辖区的乡（村）证明；在齐全相关材料的基础上要求填写林木种子生产经营许可证申请表。截至年底，新办许可证4本。

【义务植树】 年内，义务植树总投资557.374万元。涉及4个乡，共种植29320棵株。主要树种柳树、杨树、榆树、雪松、沙棘、细叶红柳，现处于管护阶段。实施夺底沟国土绿化：总投资2446.1万元（一期工程），工程总面积达459亩，已完成种植70212株，主要种植的品种有桃树、杨树、柳树、榆树、云杉、国槐、江孜沙棘等，现处于管护阶段。实施庭院经济总投资达118.6万元，参与总户数778户，其中2018年投资31.41万元，参与户535户，种植2305株，种植的品种有桃树、核桃、葡萄。现处于管护阶段。

【米琼日生态修复】 年内，结合拉萨市绿色围城项目在夺底乡米琼日寺西侧山坡实施人工造林223.5亩，主要种植油松、樟子松、云杉、白榆，共42082株；总投资项目总投资742.9116万元。

【野生动物保护工作】 年内，城关区农牧局根据举报情况，及时组织工作人员赶赴现场，按照上级单位的意见，及时处理。截至年底，共处理4件案子。

【科技型中小企业申报】 年内，城关区共申报成功5家拉萨市级科技型中小企业（城关区净土农业发展有限公司、拉萨昌红民族手工艺品有限公司、西藏诺迪康药业股份有限公司、拉萨藏奇珍特色产品开发有限公司、西藏金哈达羊绒制品有限公司），获取奖补资金共计50万元。高新技术企业申报成功1家（西藏华盛信息系统有限公司），获取奖补资金50万元。第二批工程技术企业申报成功1家（西藏金哈达羊绒制品有限公司），获取奖补资金10万元。

2018年3月12日，城关区夺底街道夺底沟开展义务植树活动

【创新创业载体建设】 年内，积极申报拉萨市科技孵化载体建设，拉萨市城关区净土智昭产业园、城发实业有限公司经济孵化中心初步审核通过；申报“星创天地”——智昭花卉小镇，已上报材料待国家审核。

【知识产权保护】 截至年底，辖区内有发明专利授权3件，实用新型专利授权85件，外观设计专利33件，共计121件，暂未收到相关补助申请。

【开展“三区”人才工作】 年内，城关区农牧局根据自治区、拉萨市科技局文件要求城关区农牧局选派8名初级已上的专业技术人员对4乡（村居委）、园区进行种养殖技术指导，培训。

【科技人才培养和储备】 年内，经过本级初选，报送拉萨市级科技明星创新创业类2名，基层科普类2名，科学研究类1名。根据《关于做好拉萨市自治区级科技特派员》文件要求，每个行政村配备2名科技特派员、社区不在配置科技特派员要求，2018年城关区农牧局在原有47名科技特派员的基础上，共清退13名科技特派员。为进一步加大对科技特派员培训力度，城关区农牧局2018年派遣3名科技特派员到区内外进行专业技能培训。

【打造“高原奶都”】 年内，在城关区2个规模养殖中心基础上，城关区在4个养殖小区试点建设牛奶收购样板站，已完成基建项目，相关设备陆续购置到位。“万户百场十中心”工作中，已完成319户“万户”（其中：2016年创建示范户40户、2017年创建110户：2018年创建169户）、4个“百场”“中心”2个。

【涉农项目】 共计7个，涉及资金约56475万元，分别为：乳制品加工厂项目。城关区强力建设位于城关区蔡公堂乡智昭产业园区乳制品加工厂项目，项目一期占地62.81亩，总投资3.1亿元。嘎巴生态牧场项目。占地面积约280亩，总投资2.5亿元（包括农牧高特资金2000万元）。项目已完成建设，正待项目验收。粪肥还田项目。在娘热乡、夺底乡实施投资264.17万元粪肥还田项目，项目已完成建设，正待项目验收。人工种草与天然草场改良项目。在娘热乡加尔西村投资55万元，实施建设人工种草与天然草场改良200亩，项目已全部完成。2017年拉萨市周边防护林体系建设工程：2017年实施地点夺底乡维巴村进行人工造林340亩。该项目总投资17万元，全部为中央预算内投资。于2018年3月开工，现已完成栽植工作。处于管护阶段。2007年防沙治沙工程：2017年实施地点夺底乡封育2000亩，总投资40万元万元，全部为中央预算内投资。2017年完成项目节能、风评。2018年3月开工，已完成各项种植任务，处于管护阶段。

2018年5月30日，城关区召开农村集体资产清产核资工作动员部署大会

【“菜篮子”工程】 年内，根据拉萨市“菜篮子”县（区）长负责制考核办法要求，城关区实际，制定“菜篮子”考核办法和实施方案，建立城关区“菜篮子”相关台账、食品管理联席会议制度，各项责任细化到成员单位，并纳入年度目标考核。

【成功申报第二批自治区农产品质量安全县区】 年内，城关区积极申报创建自治区级农产品质量安全县，通过市级农牧部门遴选推荐和农牧厅审核，城关区被评为第二批自治区农产品质量安全县区创建试点单位。

【城关区农机加油一卡通推行】 年内，切实做好城关区农机加油一卡通推行工作，简化农机加油程序，解决城关区农机加油难的问题，实现信息化管理，降低农业生产成本，提高农机化作业水平，城关区按照拉萨市工作要求，城关区持续开展农机加油一卡通的录入和制作工作，已完成发放农机加油卡71张，年底完成农机加油一卡通相关工作。

【农村集体资产清产核资】 6月9日，农村集体资产清产工作正式驻地开展，于7月25日完成城关区纳金乡塔玛村农村集体资产清产核资试点工作，并在市级验收过程中斩获排名首位佳绩。截至年底，已完成整乡推进工作。

【科学划分，制定禁养区】 年内，根据本级制定的《拉萨市城关区畜禽养殖禁养区划定实施方案》，明确任务及步骤，划定禁养区、限养区、适养区，共划定7块禁养区，划定面积为12896.64公顷。

【产业园区申报】 年内，为打造国家级现代农业产业园区，按照拉萨市级现代农业产业园区申报要求，城关区委托农村农业部规划设计院对城关区智昭产业园区进行编制规划和方案。同时，"城关区智昭产业园"获市级现代农业产业园""自治区级现代农业产业园区"荣誉称号。

【建立教授工作站】 10月，城关区农牧局开始筹建教授工作站及高原奶牛研究院，研究团队由5名顶级专家组成。教授工作站及高原奶牛研究院将致力于高原病防控及奶牛产奶量提升关键技术研究领域，从高原适应性研究领域为高原特色奶业产业的发展提供"智力支持"，为高原奶牛健康养殖提供技术指导和科技支撑。

【乡村建设】 年内，城关区积极申报美丽乡村建设。10月，城关区蔡公堂街道白定村被农业农村部评为"中国美丽休闲乡村"荣誉称号。

【以业脱贫】 年内，充分发挥区位优势，推动产业发展和精准脱贫相结合，将净土健康产业作为带动贫困群众增收，巩固脱贫成果，以增强"造血功能"和内生动力为主要目标，全力推动产业项目发展。2018年净土健康重点产业带动就业597人，其中农牧民数达312人，全年发放工资达1389.34万元；2016年至今，扶贫产业项目实现为精准扶贫建档立卡户分红821.5万元，户均增收2.14万元，人均增收7057.6万元。

【以补脱贫】 年内，根据城关区委、区政府安排部署，城关区农牧局安排以补岗位人员626（含异地搬迁18人），其中林业277人，水利167人，草监182人，下半年根据生态岗位相关管理办法清退117人，共兑现生态补助资金198.625万元。

【党建工作】 年内，城关区农牧局党支部组织全体党员干部集中学习34次；形成党支部红头文件13期。组织全体党员深入开展"十九大知识竞赛答题"一次；组织全体党员撰写"2018年阅读《党的十九大报告辅导读本》"等心得体会60篇；组织全体党员深入学习"党的十九大"专题研讨会一次。组织开展迎"七一"活动即参观"自治区牦牛博物馆"一次；组织全体干部职工"学习宣传宪法"答题考试30余人。召开"三重一大"专题会议9次；组织"三会一课"26次。同时，为深入开展党员教育培训活动，城关区农牧局利用每周四、五进行专题学习。截至年底，城关区农牧局共上报信息146条。

【党风廉政建设】 年内，城关区农牧局党风廉政建设和反腐败工作全面贯彻落实中央纪委全会精神，努力建成一支信念坚定、为民服务、勤政务实、敢于担当、清正廉洁的党员干部队伍，不断推进农牧系统党风廉政建设和反腐倡廉工作再上新台阶，以坚持方针、构建体系、拓展领域的总体工作思路，做到党政齐抓共管，科室各负其责，党员干部积极参与，把党风廉政建设纳入局党支部的目标管理，与城关区农牧局日常工作一起安排部署、一起监督检查，使党风廉政建设工作落到实处，同时加强监督检查，完善和创新制度，促进党风廉政建设工作跃上新台阶。

【宣传培训】 年内，开展科普进园区、校园等宣传活动8场次，发放各类科普读物、技术指导资料、政策法规共计5930余册，种植类实用操作技术光盘470余张，环保袋、围裙2350个张；举办科技流动设备体验2场次；采取"请进来、走出去"的方式，派干部职工到内地交流学习12人次，利用国家奶牛体系专家平台培养养殖业150人次，邀请自治区蔬菜研究所专家对当地蔬菜种植户120人次进行蔬菜种植技术指导。

【信息工作】 年内，根据城关区委、区政府的要求，加大对信息工作的反馈力度，及时向上级部门提供农牧业生产的运行情况和学习有关会议的精神等信息内容，截至年底，农牧、林业、科技上报信息共213期。

（罗桑顿珠）

【领导名录】

局　长

巴　　桑（女，藏族）

副局长

杨　　春（女，土家族）

索朗旦增（藏族）

城关区水利局

【概况】 城关区水利局在2017年

前为城关区农牧局二级单位，自2017年7月26日正式单例为政府序列部门，城关区现有十条骨干支流即：支沟7.9公里、协沟7.8公里、香嘎沟2.3公里、维巴沟5.8公里、夺底沟3.9公里、桑伊沟3.6公里、当巴东西沟2.4公里、娘热沟5.45公里、嘎巴沟1.7公里、蔡公堂乡白定支沟防洪工程7公里，米琼日沟2.01公里。共有小型水库3座，分别为娘热水库、夺底水库、白定水库，总库容为26万立方米；塘坝13座，总库容11.4万立方米。

【娘热乡加尔西村五组农田灌溉工程】 该项目主要建设内容为新建一处引水渠150米，蓄水池9座，检查井9处，铺设螺纹管1715米、PE管180米。截至年底，项目已完工。

【2017年小农维修养护项目】 2017年小农维修养护项目主要分为3处点建设，分别为拉萨市城关区蔡公堂乡白定村三组哲松水渠维修工程、拉萨市城关区夺底乡维巴村维巴组水渠维修工程、拉萨市城关区娘热乡加尔西村其窝朗水渠维修工程。项目总投资为134.11万元，其中中央投资95万元，本级配套资金39.11万元。该项目于2018年3月19日开工建设，截至年底，项目已完工。

【水毁项目】 夺底乡桑伊沟上游防洪堤维修工程总投资为155.25万元；蔡公堂乡香嘎加气站防洪堤工程总投资为153万元；夺底乡普布觉寺桥梁和防洪维修项目总投资为23万元，其中22万元为市级投资，1万元为本级投资。截至年底，项目均已完工。

【拉萨市2017年第一批脱贫攻坚整合资金项目】 根据《2017第一批脱贫统筹整合资金的通知》文件精神，拉萨市2017年第一批脱贫攻坚整合资金项目城关区项目涉及夺底乡和娘热乡，共2处点。夺底乡：新建与整合渠道905米，拆除重建1处公路涵洞，同时增设8处一体式闸门等附属设施。娘热乡：整治渠道785米，4处渠系交叉建筑物，包括一处箱涵，3处闸门。该项目总投资224.09万元，其中国家投资200万元，本级配套24.09万元，截至年底，项目已完工。

2018年7月22日，拉萨市委副书记、市长、城关区委书记果果（中）一行到防汛一线现场指挥调度，安排部署

【蔡公堂乡白定支沟防洪工程】 蔡公堂乡白定支沟是每年重点防范的防汛重点区域之一，2014—2016年，在该段多次发生了险情，为从根源上消除隐患，该段建设内容为综合治理河道总长1660米，新建堤防左右岸总长2519米，新建拦砂坝1座，拆除重建交通桥1座，新建防冲过河撑68座，项目总投资为1975.32万元，建设时间为2017年10月15日，截至年底，项目已完工。

【精准扶贫】 年内，为贯彻落实《拉萨市城关区精准扶贫领导小组》文件精神，结合城关区水利局的实际设置岗位，城关区水利局2018年上半年生态补偿岗位人数为167人，共计兑现工资29.225万元，2018年下半年经上级有关政策要求对原有人数进行清退整理，现人数为138人，已兑现2018年下半年工资，共计24.15万元。

【“河长制”工作】 年内，全面推行河长制、湖长制，推广“河湖长+警长”模式，建立健全管理机构、明确工作目标、成立以区委书记

2018年8月10日，城关区水利局组织在夺底沟开展山洪灾害实战演练

和区长挂帅、区水利，环保，等相关部门为成员单位的“河长制”领导小组，并成立由分管领导和湿地管理局主要领导为主任，环保、水利局长为副主任的城关区河长制领导小组工作办公室，具体负责辖区内八条主支流和拉萨河城区段以及“三渠一河”的“河长制”办公室的日常工作。城关区有区级总河湖长1名，由市政协党组成员、区委副书记、政府区长刘亮兼任，由包片的常委和人大、政府、政协县级领导担任区级河湖长共11名，由街乡党委书记和乡长主任担任乡级河湖长共11名，由村（居）书记主任担任村级河湖长共30名，河道监察员48名，形成区、乡、村三级河湖长体系和“河湖长＋警长”的体制，确保每一条河流有人专管、专人看护。

【党风廉政建设】 年内，城关区水利局全面贯彻落实中央纪委全会精神，努力建成一支信念坚定、为民服务、勤政务实、敢于担当、清正廉洁的党员干部队伍，不断推进农牧系统党风廉政建设和反腐倡廉工作再上新台阶，以坚持方针、构建体系、拓展领域的总体工作思路，做到党政齐抓共管，党员干部积极参与，把党风廉政建设纳入局党支部的目标管理，与城关区水利局日常工作一起安排部署、一起监督检查，使党风廉政建设工作落到实处，同时加强监督检查，完善和创新制度，促进党风廉政建设工作跃上新台阶。

【信息工作】 年内，根据城关区委、区政府的要求，加大对信息工作的反馈力度，及时向上级部门提供水利工程运行情况和学习有关会议的精神等信息内容。截至年底，上报信息共80期。

（扎西桑姆）

【领导名录】

局　长

达娃扎西（藏族）

副局长

卓嘎拉姆（女，藏族）

强巴晋美（藏族）

城关区扶贫（农发）办公室

【概况】 2018年，按照城关区委、区政府经济发展指标任务，结合“十三五”产业扶贫规划，全年争取上级扶贫产业资金1494.53万元，本级配套专项资金1668万元。整合550万元投入到嘎巴生态牧场游步道建设项目中；盘活历年沉淀扶贫资金275万元投入到娘热乡仁钦蔡村八组扶贫出租房项目中；推进总投资2269.58万元的夺底乡洛欧村奶牛养殖基地和维巴村建档立卡贫困户脱贫增收产业项目前置手续办理工作。严格按照产业项目分红协议内容，落实2017年度产业项目分红。经过审核、公示等程序，净土健康扶贫产业项目为387户1168名建档立卡户分红322.4万元，人均增收2760元，户均增收8329.9元。商砼生产运输运营项目为330名建档立卡户分红132万元，人均增收4000元。

【党建工作】 年内，持续强化党支部书记抓党建的主业意识，认真贯彻落实中央从严治党部署要求，坚持对党建工作直接抓、常研究。截至年底，牵头召开16次脱贫攻坚办公室及工作例会；协调中心理论组学习脱贫攻坚相关文件6次；召开扶贫办支部会议21

次,“三重一大”会议17次,切实将思想和行动统一到中央和区市党委、政府、城关区委、区政府的重大决策部署上来,及时研究解决精准扶贫精准脱贫中的困难和问题。

年内,以《习近平扶贫开发战略思想》《习近平治国理政》《宪法修正案》《习近平新时代中国特色社会主义思想三十讲》等为主要内容,编印党支部学习读本,组织集中学习38次、开展政治教育学习13次、开展政治教育测试1次,撰写心得体会27篇,党员教育学习累计时间达到72小时以上。充分利用网络、短信、宣传栏开展党性宣传教育,组织党员参加十九大报告知多少、宪法教育宣传知识测试等,增强党性修养。

【党风廉政建设】 年内,调整充实“党风廉政建设领导小组”,明确责任分工,将反腐败工作摆在首要位置,纳入到重要工作议程。严格践行“一把手”负总责和“一岗双责”制度,由主要领导对重要工作亲自部署、重大问题亲自过问。开展廉政警示教育,组织干部职工观看廉政教育片,参观驻藏衙门陈列馆等廉政教育基地2次;开展党风廉政学习教育9次,提高拒腐防变能力。组织全体干部职工签订《扶贫办严禁领导干部收受“项目验收费和评审费”单位承诺书》和《扶贫办严禁领导干部收受“项目验收费和评审费”个人承诺书》,杜绝在项目评审验收中出现发放和收受资金问题。利用下乡时间,对施工队进行相关政策法规的宣传,与项目实施单位签订《廉政守法承诺书》,要求实施单位规范行为、廉洁从业。突出建档立卡贫困户分红受益阳光化,填写扶持资金“明白卡”、公示公告扶贫专项资金、扶贫项目实施情况,自觉接受群众和社会的监督,进一步确保扶持资金在阳光下运行。

【宣传教育】 年内,紧紧围绕深化推进“两学一做”学习教育和“四讲四爱”主题教育实践活动,创新方式,提高干部党性修养,增强“四个意识”。节前,城关区委、区政府慰问团代表城关区“四大班子”前往蔡公堂乡“恩惠苑社区”易地扶贫搬迁点慰问102户搬迁户(其中城关区100户)。支部书记牵头,为6户结对帮扶困难群众送去价值3342元的大米、清油、酥油等生活用品。对6名退休干部进行慰问,为每人送上慰问金1000元。“七一”期间,为纪念中国共产党建党97周年,组织支部成员对热木其社区(派驻单位)驻村工作队、退休困难党员、维稳联系点等进行慰问;入户走访热木其社区困难低保贫困户,送上慰问金500元,进一步密切党群干群关系。同时,积极组织7名党员到尼卓林社区联系点报到,帮助社区开展日常党建工作。

2018年2月15日,西藏自治区党委常委、拉萨市委书记白玛旺堆(左二)到城关区易地扶贫搬迁安置点恩惠苑社区慰问搬迁群众

【机关作风效能建设】 年内,城关区扶贫(农发)办公室立足“严格教育、严格管理、严格监督”的原则,加强纪律管理,提高办事效率,在落实指纹打卡的同时,要求全体干部每天到主任办公室打考勤,对需外出开会、下乡的情况进行及时登记,按时记录请假外出人员。要求上班时间(除因公务需要外)办公室不得无故关门,不准串岗、闲谈,严禁在电脑上玩游戏、网购等进行与工作无关的事务。加强干部职工依法依规办事,精简办事环节,能办的事马上办,不准吃、拿、卡、要、故意刁难,拖

2018年11月29日，城关区召开迎接拉萨市脱贫攻坚指挥部2018年脱贫成效考核工作会议

延不办；对分解的工作任务一抓到底，不准推诿拖延、敷衍了事，切实改进工作作风，提高工作效率，优化政务环境。

【脱贫攻坚】 年内，持续贯彻落实习近平新时代中国特色社会主义思想特别是总书记关于扶贫工作的重要论述，以全面建成小康社会为目标，按照“六个精准”“五个一批”的工作要求，统一思想、攻坚克难，着重增强群众获得感，通过压实攻坚责任，实施“六脱”措施。

年内，召开脱贫攻坚办公室及工作例会15次、区委理论中心组学习会5次，举办脱贫攻坚专题研讨培训班2期。抓实县级领导“包帮抓促”、城关区（直）部门定点帮扶、党员干部“结对认亲”帮扶责任体系，32名县级领导包村到户，330名干部与390户贫困户结成帮扶对子，形成“千斤重担众人挑”的生动局面。通过入户核查，确定帮扶措施，已兑现贫困边缘户产业分红资金16560元，持续推进医疗救助等帮扶措施。恩惠苑社区设立“爱心餐桌”，免费为老人提供午饭；购买社会力量，开设“阳光社区”教育活动，落实安排岗位806个，人均落实岗位资金3500元；开展岗前培训3次，切实提高岗位职责。为1429名定向补助对象人均落实补助资金260元。开展精准扶贫政策集中宣讲1次；分批次组织勤劳致富脱贫户和致富带头人，通过现身说法进行专题宣讲12次；创办农牧民夜校，开展80余次宣讲活动。组织基层扶贫专干开展业务培训2期，覆盖30人次。挖掘困难群众、驻村工作队、基层干部、致富带头人中的先进典型，推出4个致富带头人、11个勤劳致富对象、22个扶贫领域干部。截至年底，建档立卡户年度人均可支配收入达到9286.85元，同比增长19.01%；实现贫困户累计人均可支配由2017年的12757.67元增长到现在的22044.52元，增长0.73倍；贫困发生率为零，实现贫困户收入水平由基本脱贫转向稳定致富。

（格尼旺姆）

【领导名录】

主　任

索朗次仁（藏族）

副主任

次仁卓嘎（女，藏族）

城关区教育（体育）局

【概况】 2018年，城关区坚持党建统教，持续推进教育优质均衡发展，全面提高教育教学质量。以各类比赛、活动为载体，促进科学文化知识与德卫艺体教育的融合，全面提升学生综合素养。统筹做好组团式教育人才援藏和教育人才引进的精准对接，全面加强校际轮岗和县域交流，完善各类教师培训机制，为区域教育发展提供人才支撑。学前教育毛入园率107.8%，小学五年巩固率99.36%，中学三年巩固率99.01%。是年，在加大布点力度启用1所新建园的基础上，有区属各类学校82所，在校生总数58175人。其中，幼儿园56所（民办33所、公办23所），在园幼儿18810人；小学18所，在校生28981人；初中8所，在校生10384人；另设教师培训中心和职业技术培训中心各1所。共有在职教职工3247人（不含民办），其中中学960人、小学1681人、学前515人、行政

2018年4月12日，西藏自治区教育厅网信办工作人员到城关区属学校就“百校数字校园”项目前期调研

及教研职培人员共 91 人。

【加快发展学前教育】 年内，持续加大公办幼儿园布点力度，投入使用 1 所，在建 2 所，近期动工 3 所，正在办理土地手续 2 所，预计 2019 年春季学期全区公办园数量增至 30 所。在加快布点的同时，合理配置软硬资源，促进先天均衡，从源头、从过程防止发展差距。成立学前教研中心，强化对幼儿园提高质量增进内涵的指导。

【均衡发展义务教育】 年内，按照城关区推进义务教育均衡发展的时间表、路线图，推进中小学校均衡发展。共消除“大班额”班级 55 个。按计划改善功能教室，完成改造 183 间，正在改建 15 间；新建完成 41 间，在建设 31 间。通过集中采购，新增汉语版图书 13.762 万册、藏文版图书 8855 册、教师用机 1937 台。持续加大教育均衡验收和惠民政策宣传力度，完成藏汉“双语”版《致市民朋友的一封信》12 万份、《均衡发展基本知识手册》66323 册的发放工作。完成城关户籍 23852 名 0 ~ 15 周岁适龄儿童、少年基本信息数据的汇总工作。

【打造风清气正教育生态】 年内，全面深化廉政建设，教体局党委书记开展廉政专题谈话 37 次，所属各单位共开展廉政党课 95 次，党风廉政专题学习 673 次。在教师中，加强师德师风建设，坚持把教师廉洁从教作为岗位聘任、职务晋升、年度考核、评优选模的重要标准，实行师德问题“一票否决制”，持续整饬行风，处理违纪人员 12 名，办结信访案件 56 件。在学生中，以“青少年学生敬廉崇洁”为主题，通过排布廉政橱窗、广播廉政故事等形式开展廉政文化进校园活动。

【营造和谐稳定教育环境】 年内，持续不懈做好学校安全工作，以安全卫生制度为保障，组织定期不定期检查，全力确保学生在校安全。审慎管控教育改革风险，稳妥做好教育热点敏感工作，圆满实现“三无”“三不出”目标。

【党建工作】 年内，推进“两学一做”学习教育常态化制度化，深化“不忘初心、牢记使命”主题教育，大力开展“基层党建质量年”活动。58 个支部全部通过党组织标准化验收，标准化水平得到全面提升。召开教育系统党建表彰大会，投入 4.21 万元表彰先进基层党组织 4 个、优秀党务工作者 6 人、优秀党员 51 人。发展党员 12 人、培养入党积极分子 18 人。以提升组织力为重点，突出政治功能，积极整顿纳金小学等 4 个软弱涣散党组织。年度约谈校级领导 11 名，坚决扭转党的领导弱化、党的建设缺失现象。

【精准推进脱贫攻坚】 年内，扎实推进“以教脱贫”工作。本级财政投入 995.7 万元落实 2101 名在校大学生 2017—2018 学年度资助或奖励政策；投入 76.49 万元落实 53 名建档立卡贫困家庭在校大学生教育补助政策；投入 61.54 万元落实 71 名建档立卡家庭在校大学生前三季度生活补贴。按照“提标扩面”的要求，落实学前教育阶段 11343 名学生“三包”经费，资金量 3414.9 万元；落实义务教育阶段 27117 名学生“三包”经费，资金量 12982.05 万元，

19597名学生营养改善计划专项经费，资金量1567.76万元。接洽易地搬迁子女。圆满完成523名易地扶贫搬迁户适龄儿童的就学安置工作，其中公办园232人、小学278人、初中13人。

【推进基建项目实施】 年内，在区委、区政府教育优先发展战略的支持下，城关儿童学习环境进一步改善。总投资7亿元，推进实施57个基建项目（含续建项目）。义务教育阶段，第八小学正在建设中，第七小学已完成前置手续进入招标阶段，实施中小学改扩建项目16个，项目建成后总学位小学增加6165个，初中增加600个。学前教育阶段，续建第22幼儿园已竣工并交付使用，第十七、二十一、二十五、二十七幼儿园进入建设阶段，4所幼儿园建成后总学位增加990个。为顺利迎接义务教育均衡评估验收，对城关区52所中小学、幼儿园学校办学条件标准化建设进行规划设计。

【教师专业化水平持续提高】 年内，按照城关区委、区政府"科教兴区"战略部署，坚持教师是教育的第一资源，2018年度城关区多措并举、统筹推进师资队伍建设工作。4月，开展中学语文、数学、英语、物理、化学与小学语文、数学、英语、综合9个学科教师培训，参训教师1710人。5月，组织"城关区中小学教师岗位大练兵暨第七届课堂教学大赛"，涵盖中小学24个学科，通过学校初赛、盟校复赛后，共147名教师进入决赛阶段。利用暑假时间，与中国教师教育网合作，组织开展中小学语文、道德与法治、中学历史"三科教材"培训，参训人数为582人；在江苏省教师培训中心的大力支持下，组织开展城关区中小学管理队伍培训，共有各学校校级领导及中层干部104人参训。本年度"名师链接日"，名优骨干教师上观摩课40节，举办专题讲座34场，进行教学研讨6次，受益教师逾3000人。

2018年5月17日，城关区中小学教师岗位大练兵暨第七届课堂教学大赛（小学组）

【教育信息化建设】 年内，积极争取自治区教育厅网信办信息化项目落地，为4所学校提供校园安全、监控、广播等设施，项目投资为502.61万元。投入1302.122万元实施第二小学、当巴小学和纳金小学信息化建设项目和城关区教育系统教师办公计算机采购项目。拉萨市实验幼儿园成为中央电化教育馆"'家园共育'百所数字示范幼儿园"项目第二批试验园，成为西藏自治区范围内的首家试验园。2017—2018年度"一师一优课、一课一名师"活动中，109节推荐为县级优课，66节课推荐为市级优课，8节课推荐省级优课，县优数占31.99%，市优数占34.39%，省优数占20%。组织中小学校学生参加"第十九届全国中小学生电脑制作"活动，城关区有2件作品获全国奖项，占西藏赛区获奖作品的25%；13件作品分获西藏赛区奖项，占西藏赛区获奖作品的26%，占拉萨市中小学获奖作品的72.2%。

【体育事业】 年内，妥善开展市区学校体育场馆场所免费向社会开放任务，配合上级体育部门，出色参与完成全市首届运动会暨首届民族传统运动会以及自治区运动会有关重大筹备工作和组队参赛任务。加强学校"阳光体育"工作，组织实施学生体质监测，并面向全体学生，开展以广播操、跳绳、足球、篮球、民族健身操、长跑等项目为主要内容的阳光体育运动，充分调动学生参加体育锻炼的积极性。

（雍自强）

【领导名录】

副区长、教育（体育）局党委书记、局长

巴　　珠（藏族）

党委副书记

旦巴加措（藏族）

党委委员

拉巴次仁（藏族）

刘兆睿（女）

党委委员、副局长

尼玛卓嘎（女，藏族）

拉萨市拉鲁湿地国家级自然保护区管理局

【概况】 1995年西藏自治区政府全面启动保护工程。1999年5月25日，西藏自治区人民政府止式批准建立拉萨市拉鲁湿地西藏自治区级自然保护区并成立湿地管理站。2005年7月23日，国务院批准拉鲁湿地自然保护区为国家级自然保护区。2008年拉萨市机构编制委员会下发《拉萨市拉鲁湿地国家级自然保护区管理局职能配置内设机构和人员编制方案》，根据此方案，撤销原拉鲁湿地自然保护区管理站，设立拉萨市拉鲁湿地国家级自然保护区管理局（副县级事业单位），经费来源为财政全额拨款。核定事业编制20名，其中：副县级领导职数1名，正科级领导职数2名，副科级领导职数3名。拉鲁湿地管理局现有人员16名，其中公务员5名（包括拉鲁湿地管理局局长），工勤人员11人。

2018年4月25日，拉萨市委副书记、秘书长、组织部部长庄红翔（右三）到拉鲁湿地考察工作

2018年拉鲁湿地管理局注重加强生态文明建设，打击各类违法污染环境行为，努力提升全市环境质量，各项工作取得新进展。2018年共上报总结、汇报、请示共300余份，撰写各类信息、简报100余期，优秀地完成自治区、市、城关区政下达的各类任务。

【党建工作】 年内，拉萨市拉鲁湿地国家级自然保护管理局党支部以邓小平理论和“三个代表”重要思想为指导，深入学习贯彻党的十九大全会精神，树立和落实科学发展观，坚持党要管党，从严治党的方针，围绕加强党的执政能力建设这个重点，抓住保持共产党员先进性教育活动这个契机，全面推进党的思想、组织、作风和制度建设，为完成以旅游服务工作为中心的各项工作任务和构建和谐社会的目标提供坚强的思想、政治和组织保证。

【党风廉政建设】 年内，拉鲁湿地国家级自然保护区管理局班子度重视党风廉政建设责任制工作，始终把党风廉政建设责任制摆上重要议事日程，以落实党风廉政建设责任制为抓手，成立以局长为组长、副局长为副组长，各科室主要负责人为成员的拉鲁湿地国家级自然保护区管理局党风廉政建设领导小组，明确责任分工、建立健全各类规章制度，积极推进依法行政，加大督查督办和考核奖惩力度，确保政令畅通、行为规范。领导带头落实党风廉政建设责任制要求，模范遵守党的政治纪律、经济纪律、组织纪律和群众纪律，牢固树立立党为公、执政为民的良好形象。开展深入推进党风廉政建设和反腐败工作，为加快建设“美丽城关”提供了坚强有力的纪律保障。

【生态文明建设】 年内，按照自治区、市委、市政府要求，拉鲁湿地国家级自然保护区管理局生态文明建设责任分工属拉萨市拉鲁湿地国家级自然保护区工程三期（第一部分）工程，保护工程建设内容主要包括：湿地保护区扩展及核心区搬迁、湿地生态系统恢复工程、保护区防护林绿化工程、巡护步道工程、补水系统改造工程和湿地调查监测系统工程等。

截至年底，已完成总工程量的64%。其中征地拆迁：拉鲁湿地核心区古玛当热29户居民群众房屋及实验区8座鱼庄、西藏日报社“贡巴萨农场”土地及自治区政协拟修建退休房用地、35号点拆迁征地、湿地大石头处11户和1处集体土地、当巴社区51户、废品回收站拆迁及垃圾清理、哲蚌寺仓库拆迁、城关区娘热乡仁青蔡组拉鲁湿地生态修复，涉及拆迁资金29206.09万元。

【宣传教育】 年内，拉鲁湿地国家级自然保护区管理局为使全局干部职工在日常工作过程中，将相关规定更好的执行，一方面加大对《拉萨市拉鲁湿地自然保护区管理条例》的学习并向监管对象积极宣传。另一方面，积极开展“2·2”世界湿地日、“6·5”世界环境日等环保活动，采取悬挂横幅、发放资料、环保购物袋和摆放展板的形式。向各族人民群众发放了新《拉萨市拉鲁湿地自然保护区管理条例》等资料共约50000余份，悬挂横幅50余条，摆放展板100多个，发放环保袋达15000条。同时，积极与市直各单位、城关区直各单位、学校、社区群众以及环保志愿者等开展保护湿地清理垃圾的活动。

【综合治理】 年内，按照属地管理原则，城关区委、城关区政府要求城关区纳金乡、拉鲁居委会、巴尔库居委会、当巴居委会等各居委会根据“三渠一河”途经路线，落实属地管理责任制，门前“三包”，及时有效清理渠道周边产生生活垃圾，管理河道环境卫生，确保渠道水质安全。为加大干渠垃圾清理力度和管理，拉鲁湿地国家级自然保护区管理局工作人员定岗、定位、定责29人加强对拉鲁湿地周边及干渠的清淤，定期、不定期地开展清理、巡护、督查工作，设置7处拦污栅每天清理垃圾2吨左右，并在渠体边宣传警示牌60多处，渠道水质明显改善。截至年底，清淤300余车（载重量5吨）1500余吨。

年内，按照拉萨市城市水系治理的相关会议精神及要求，拉鲁湿地国家级自然保护区管理局配合市规划局及市住建局完成城市水系调研，由市城投公司开展投资13154.65万元，对全长1.67公里的中干渠及周边综合治理工程。同时，利用工程开展期间停水排查，发现中干渠三处新增排污口，联系市保护局监察支队对排污口进行封堵并对中干渠加荣社区段、天路公司至泰成饭店段、拉鲁湿地段进行全面清淤工作180余吨。拉鲁湿地国家级自然保护区管理局为减少雨季泥沙对湿地的侵害，加强应对雨季时的防洪能力，对“三渠一河”的主要控水设施（13座闸门）及相关附属设施进行全面维护，制定完成防汛应急预案，加强夜间巡逻，专人负责干渠闸门，保证及时开关调控水量。同时，加大巡查力度，采用24小时

2018年11月2日，拉鲁湿地国家级自然保护区管理局副局长梁剑豫主持召开干部职工大会

2018年5月24日，拉鲁湿地管理局开展中干渠综合整治

巡查，对随意向“三渠一河”倾倒垃圾的行为，依法严管重罚，保护好保护区及周边环境。

【环保督办】 在2017年迎接中央环保督察工作中，城关区转发《拉萨市转接中央环保督查组举办案件交办通知单》涉及拉鲁湿地管理局主办案件5件，在整改过程中积极与市直城关区直单位相互协作，通过下达限期整改通知，要求被举报企事业单位限期整改、书写保证书、整改后处罚等相关方法达到整改目的；委托具有资历的单位开展水质监测；制定长效管理方案，达到有效管控的目的。5起案件均已办结，办结率达到100%，在2017年与2018年在中央环保督察“回头看”过程中，通过现场核查，台账审核等方式进行审查，整改案件无反弹。

【水质监测】 年内，为实时掌握拉鲁湿地国家级自然保护区内外地表水水质情况，拉鲁湿地国家级自然保护区管理局与具有资质的西藏地勘局中心实验室签订水质样品野外采样委托协议书并请该单位完成监测方案，确定对中干渠拉萨入水口（纳金路东头）、中干渠拉鲁湿地进水口、北干渠娘热路闸门处、拉鲁湿地北干渠入水口、拉鲁湿地观景台、拉鲁湿地鲁定北路出水口、拉鲁湿地西区出水口、中干渠日月湖处8个点位进行每月一次地表水监测。根据监测结果显示，拉鲁湿地水源均符合《地表水环境质量标准》（GB3838—2002）中Ⅲ类标准限值，拉鲁湿地内部分监测点达到Ⅱ类水标准。

【取得成效】 通过近几年来保护工程的陆续实施，拉鲁湿地北面536亩的沙化、干化土地得以补水，拉鲁湿地国家级自然保护区内水域面积扩大三分之一，由343.82公顷扩大到457.3公顷，平均水位由30厘米上升到33厘米。

保护之前，拉鲁湿地国家级自然保护区已退化成草甸草，优势种为西藏蒿草，经过十几年的保护，优势种有芦苇、菖蒲、水葱、杉叶藻等，湿地植物30科52属85种。拉鲁湿地还是水禽的栖息地、候鸟的乐园，每年冬季候鸟到来时，工作人员在湿地投放青稞、麦子等保障候鸟安全越冬。据不完全统计，拉鲁湿地国家级自然保护区内脊椎动物有21目，35科，64属78种。每年在湿地越冬的候鸟有4种上万只，常年栖息在湿地鸟类有21种约5000只。

（张循森）

【领导名录】

党支部书记、局长

彭措次仁（藏族）

副局长

梁 剑 豫

尼玛多吉（藏族）

城关区洁达园林绿化投资工程有限公司

【概况】 城关区洁达园林绿化工程有限公司现共有职工337人，其中正式工84人（事业编制干部3人，固定工15人，合同制工人11人，集体工55人），公益性岗位工人104人，临时工工人149人。公司现有各类可用园林作业保障车辆共计32台，另有黄标车12台。截至年底，管养范围包括市区37处公园、游园；38处街旁绿地；82条道路绿化；2处道路景观花池，管养面积共计约210余

2018年3月19日，组织工作人员绿化带修剪

万平方米。

【党风廉政建设】 年内，城关区洁达园林绿化工程有限公司为进一步加强党支部建设，以党组织建设为核心，全面加强洁达园林公司党员干部的思想建设、组织建设、制度建设、作风建设和廉政建设。打造思想型、能力型、创新型、和谐型、清廉型的“五型”党支部。并按照各级党委组织及城关区委、区政府的安排和部署，深入开展“三严三实”“两学一做”及“四讲四爱”主题教育实践活动的开展，强化实习，进一步深化全体党员特别是党员干部对党的理解和认识，进一步解放思想，着力转变不适应，着力解决影响和制约园林事业发展的突出问题及党员干部党性党风党纪方面群众反映强烈的突出问题，把“三严三实”“两学一做”及“四讲四爱”主题教育实践活动发展贯彻落实到日常工作的各个方面中去，有效提高了洁达园林公司干部职工拒腐防变的能力。

【创建绿色拉萨】 年内，城关区洁达园林绿化工程有限公司为确保城区园林景观成效，积极开展城关绿化管养工作。累计抽取地表水109350余吨用于各公园、道路绿化的浇灌；在罗布林卡路、夺底路、二环路、藏大路、夺底路等路段以及明珠园、赛马场公园、罗布林卡公园等处补栽、移栽万年青、万年青球、侧柏、红叶石楠、丁香、月季、樱花等20余种苗木共计580358余棵；对城区内各绿化带、行道树、草坪进行修剪，清理干枝死树640余株、各类垃圾570余吨，出动车辆1500余趟次。此项工作贯穿整个雨季直到2018年11月，为广大市民呈现一个整齐划一、棱角分明、生长丰满的城市绿化景观效果；并使用各类防治药物7吨，累计防治面积达到220万余平方米，有效加强绿地日常养护，提高苗木成活率和绿化效果。

【绿化工程建设】 年内，城关区洁达园林绿化工程有限公司已实施项目共有17个，较好地完成城关区义务植树项目、城关区庭院经济项目、嘎巴采石厂生态恢复工程、米琼日寺山体绿化工程、国土绿化一期项目、娘热乡苗圃基地建设、城关区精准脱贫乳制品加工厂绿化建设工程、城关区嘎巴生态牧场绿化工程项目、拉鲁湿地三期保护工程、城关区廉租房门前绿化改造项目、滨河路、夺底路、扎基路苗木移栽项目、八一北路空地绿化建设项目、布达拉宫广场和宗角禄康公园日常养护工作、教育城周边绿化补栽及管养工作、藏博会场馆摆花工作、烈士陵园大门外绿化工程整改项目、海关公园绿化整改项目，栽种各类苗木共计493930余棵。

【严抓安全生产】 年内，城关区洁达园林绿化工程有限公司成立以董事长组织领导的安全生产工作小组，认真抓好落实，牢牢抓住安全生产工作的每一个环节，为全年的安全生产工作奠定坚实的基础。做好日常监管，及时发现问题，排除事故隐患，解决实际问题。充分发挥安委会成员单位职能作用，齐抓共管，狠抓基础工作的落实；深化管理，严防出现油料外泄及发生火灾等情况。采取定时与不定时抽查的管理办法，时刻掌握油料的使用情况，以及灭火器的使用情况，并对公司办公场所排查火灾安全隐患，洁达园林公司全年未发生一起安全事故。

（彭大麒）

【领导名录】

董事长

刘　华

拉萨城顺综合服务有限公司

【概况】 拉萨城顺综合服务有限公司正式成立于2014年12月，主要经营范围为停车场管理和会务服务，设有综合办公室、财务办公室、人力资源办公室、市场对接办公室及党建办公室五个部门，下设5个分公司，分别是拉萨城祥物业管理有限公司、拉萨城福保安有限公司、城乐广告传媒有限公司、城燊服装贸易有限公司、城创电子科技信息有限公司。其中，城祥物业管理有限公司正式成立于2013年12月，经营范围主要是物业管理服务、保洁服务等；城福保安有限公司正式成立于2013年9月，主要经营范围为保安培训、安保服务、安防装备器材销售等；城乐广告传媒有限公司正式成立于2015年9月，主要经营范围为活动策划及广告传媒类等业务；城燊服装贸易有限公司正式成立于2018年4月，主要经营范围为服装、服饰、鞋帽开发设计，制作及销售等；城创电子科技信息有限公司正式成立于2018年5月，主要经营范围为软件设计开发、游戏开发；系统集成、网络工程；企业信息化等。城顺公司下派干部9名，各类员工共有1300余人。

【党建工作】 年内，拉萨城顺综合服务有限公司党支部紧紧围绕党章党规、十九大精神、习近平总书记系列重要讲话、习近平总书记有关治边稳藏重要论述、习近平谈治国理政等重点内容，严格按照区委、组织部、纪检委有关2018年度学习工作的安排部署要求，制订公司2018年学习计划，固定每周四为集中学习日，将学习范围从全体党员扩大到公司管理层全体人员，坚持每月至少一个固定学习日开展集中学习讨论活动，进一步检验广大党员自学情况，巩固学习成果，确保习近平中国特色社会主义思想等“精神要以”在广大党员心中落地生根、内化于心。在资金使用方面，公司一直严格按照有关法律法规及区委区政府的有关规定，坚持“三重一大”制度，经董事会、党支部研究审批通过后方可使用。

【党风廉政建设】 年内，拉萨城顺综合服务有限公司始终坚持把严明政治纪律放在首位，自觉在思想上、政治上、行动上与党中央、自治区、拉萨市及城关区委保持高度一致，保证上级关于国有企业发展管理的各项重大决策部署切实得到贯彻落实；深入学习《中国共产党章程》《中国共产党党内法规制定条例》和《中国共产党廉洁自律准则》《中国共产党纪律处分条例》等各项廉政规定，定期不定期向分管领导汇报党风廉政建设情况和主要负责人廉政执行情况，充分听取领导意见，并在重大节假日邀请分管县级领导组织公司管理层召开节前廉政部署会议，持之以恒贯彻落实中央“八项规定”和区、市党委及城关区委有关规定精神，坚持不懈纠正“四

2018年1月9日，拉萨城顺综合服务有限公司成立城祥物业公司——格绿室内甲醛治理部，并举行揭牌仪式

风”，确保中央“八项规定”和市委“八项要求”得到很好的贯彻执行；与各子公司负责人签订《2018年度党风廉政建设目标责任书》，层层定任务，层层抓落实，形成了齐抓共管的良好局面。

2018年6月29日，城顺公司子公司城祥物业公司在城祥苑小区召开了首届“趣味运动会”

【“四讲四爱”群众教育活动】 年内，拉萨城顺综合服务有限公司严格按照城关区委有关“四讲四爱”活动的部署要求，紧密结合公司实际，主动作为、认真扎实地开展“重温入党誓词”“集体合唱国歌”“七一趣味运动会”“比贡献、争先进”“‘厉害了，我的国’”演讲、“普法主题讲座”等活动，进一步唤醒了广大干部职工的红色记忆，坚定为共产主义奋斗终生的决心信念；提高了广大党员干部和一线员工的爱国主义热情和投身城关区发展建设的工作激情，增强了干部职工的凝聚力和向心力；弘扬了公司先进员工“爱岗敬业、认真工作，尊老爱幼、乐于助人”的精神风采，营造“鼓励先进，鞭策后进”的良好氛围。

【解决群众就业】 截至年底，拉萨城顺综合服务有限公司已解决约1300名群众的就业问题，人均工资约2500元/月。其中，解决农牧民群众就业人员将近300人，其他约1000人为城镇低收入或失业人员。年内，针对城关区属失地农民、异地搬迁群众，公司积极响应城关区委、区政府“搬得出、稳得住、能致富”的为民理念，有针对性地提供岗前培训、就业岗位，成功吸纳解决藏热社区16名失地农民、53名异地搬迁群众的就业问题。经过公司几年来的持续不懈努力，公司每年新增解决就业人员均在不断递增，较好履行国企责任的同时，也使得一部分农牧民群众、无业失业群众成功实现了转移就业，有了一个稳定的经济来源，达到群众“工作稳定、生活安定”的效果，赢得广大群众的一致好评。

年内，城顺公共停车场农牧民员工44人2018全年收入约1038000元；城祥物业公司农牧民员工210人全年收入约5387160元；城福保安公司农牧民员工109人全年收入约为3428400元；农牧民员工共363人，2018全年工资收入合计约9853560元。

【招商引税】 年内，拉萨城顺综合服务有限公司根据城关区委、区政府以及区工信局有关招商引资的政策精神和工作部署要求，积极与各大企业联系沟通，宣传城关区相关惠企利市的招商政策，积极落实城关区政府下发的招商引税任务，扎实有效地推进了该项工作，2018年新增完成招商引税1529万元。

【卫生工作】 年内，为全方位打造“健康城关”，保持健康企业的发展方向，公司学习健康卫生知识，制定健康教育工作制度，并将健康教育工作宣传纳入公司的日程充分利用悬挂横幅，发放宣传册，LED屏投放宣传片并公司墙上贴卫生标语等多种形式大力宣传了健康卫生相关知识。

【经济运营】 截至年底，拉萨城顺综合服务有限公司总营业额为3356万元，与2017年同期相比增加50.56%；总资产为3769万元，与2017年同期相比增加9.21%；净资产为2822万元，与2017年同期相比增加101.28%；库存商品215万元，与2017年同期相比减少25.35%；上缴税金245万元，与2017年同期相比增加222.37%；总支出为2774万元，与2017年同期相比增加23.95%；总盈利599万元，与2017年同期相比增加234.64%；国有资产保值率为净资产增长率，即为101.28%。

【停车场管理】 年内，拉萨城顺综合服务有限公司现已接管停车场28个，收费人员60名，停车场工作有条不紊，秩序井然。年内，根据拉萨城市管理委员会及相关部门的要求，开发宇拓路智能收费停车场。进一步学习内地智能停车建设，准备就绪开展宇拓路步行街停车场努力实现智能收费，促进成为拉萨市第一实现智能收费停车场。

【物业服务】 年内，城祥物业公司共有员工380人，现已接手商业住宅小区、政府行政单位、医院、商场等20个点的物业管理工作，作业总面积达100余万平方米。同时，物业公司于2018年解除扎基小区和税务点物业管理服务合同，新增132个就业岗位。年内，增加甲醛治理部增加21个业务治理点。

【保安服务】 年内，城福保安公司现有持证上岗的保安人员752名。163名保安派遣至各个学校进行安防维护；53派遣至市直机关单位负责门禁保卫工作；518名保安派遣至各宾馆、娱乐场所等工作，18名优秀保安在督查大队及办公室工作。

【广告公司】 城乐广告传媒公司位于城美苑，现主营范围为平面设计、印刷、喷绘、雕刻、LED电子显示屏、企业画册彩页印刷、书籍封面设计等。公司自运营以来，在区直各部门的大力支持下，一方面承担各部门大量的广告宣传制作工作，取得一定的经济效益，赢得各部门的一致好评。另一方面自行解决了机器设备在广告业务上的成本，使得部分宣传资金实现内部流转。

【城燊服装贸易公司】 年内，积极参与城关区组织的“赴内地调研大型服装生产企业专项考察活动”，共考察13家企业，考察结束后，安排专人积极与13家企业进行对接，详细了解各类情况，并择优洽谈合作事宜；安排专人认真细致地开展拉萨本地学生校服和各行业职服的市场调研和行业摸底工作，掌握西藏本地服装生产相关情况以及拉萨本地市场供需情况；先后多次与内地企业商议具体合作经营模式、利润分红分配方案等事项，积极争取最大话语权、决策权以及经济效益分成，并形成具体合作计划；先后承接清政府驻藏大臣衙门旧址陈列馆工装、城关区人力资源与社会保障局劳动监察制服、城福保安公司工装生产制作业务，顺利完成生产配送事宜，赢得广大业务单位一致好评；在试运营阶段积极创造利润49266.04元，上缴税金13872.18元。

【城创电子科技信息公司】 年内，按照城关区委、区政府、拉萨城顺综合服务有限公司的要求，经过半年的努力，公司现已开展业务耗材、电脑的采购；已并蔡村村委会项目、城祥物业监控设备安装、城投木材交易中心监控设备维修、浪卡子县光伏电热板安装、蔡公堂县政府会议室布置。

（边巴卓玛）

【领导名录】

董事长

平措格列（藏族）

总经理

王　淑　霞（女）

清政府驻藏大臣衙门旧址陈列馆

【概况】 清政府驻藏大臣衙门旧址陈列馆，系拉萨市老城区改造重点工程，在自治区委、政府的关心支持下，拉萨市委、市政府投入资金实施清政府驻藏大臣衙门旧址修缮工程，清政府驻藏大臣衙门旧址陈列馆又被称作冲赛康扎康，位于八廓街北侧，是一座典型的藏式传统院落，是清代在拉萨最早设置的驻藏大臣衙门，也是目前唯一保存下来的驻藏大臣衙门旧址，距今已有三百多年的历史。按照修旧如旧的原则进行修缮，仿古重建面积约为3377.65平方米，沿街古建筑修复面积为2069.85平方米，总建筑面积为5447.5平方米，总占地面积为2710.28平方米，陈列馆下设根敦群培纪念馆，两馆共有43名工作

2018年7月12日，清政府驻藏大臣衙门旧址陈列馆馆长索朗卓嘎到冲赛康社区慰问贫困户

人员。其中干部7人（馆长1人、副馆长2人、财务1人、办公室2人、党建1人），公益性、合同制岗位36人（保安15人、保洁16人、讲解员3人、厨师1人、电工1人）。

【文物藏品】 清政府驻藏大臣衙门旧址陈列馆藏品的收集及布展都由自治区博物馆负责实施，展品展出共759件文档，其中697件为复制件，包括历史资料、石碑、仿清家具等；62件为原件，包括牌匾、钱币、枪支等，陈列馆将做好两件珍贵文物（朵森格石狮和慧日慈云牌匾）的保护和宣传工作，充分反映了清朝中央政府治理西藏、驻藏大臣履行职能的史实，说明西藏自古以来就是中国不可分割的一部分，具有非常重要的科学、历史和艺术价值；对于加强民族团结，维护社会稳定，促进全区文物事业发展具有十分重要的现实意义和深远的历史意义。

【接待工作】 清政府驻藏大臣衙门旧址陈列馆作为拉萨市“文化兴市”的重要标志，是西藏重要的爱国主义教育基地、民族团结教育基地，夏季日均接待游客6000人左右。冬季日均接待游客2000多人左右。除接待日常游客外，2018年两馆根据自治区、拉萨市、城关区政府安排接待团体参观团127团次3340余人，其中全国政协、中共中央统战部、国家发改委、中共中央纪检部、全国妇联、各省委领导39团次630人；外宾团5团次80余人，包括西藏博览会各国大使、美国议会助理外事团、波罗地海三国议会代表团、尼布尔青年使团等；自治区、拉萨市各地参观团20团次360余人次，城关区参观团62团次3860余人次。旅游参观人数从5月至10月平均每天接待人流量3000人到5000人左右，共大概接待72万余人，从11月到4月平均每天接待1000人到3000人，共接待36万余人，2018年接待参观人数为111万人次。

【党建工作】 年内，清政府驻藏大臣衙门旧址陈列馆党支部为进一步加强党组织建设，坚持不懈地加强“两学一做”学习教育，坚持用习近平总书记系列重要讲话精神和党的科学理论、党中央治国理政新理念新思想新战略改造思想、武装头脑，坚定理想信念，加强党内政治文化建设，自觉践行党性锻炼和党性修养，不断强化党员和党性意识，积极履行党员义务，在日常工作学习生活中充分发挥先锋模范作用。严格按照党员标准，坚持不懈地加强党性教育，建立和坚持制度化、规范化、常态化的学习制度，支部坚持每周五学习制度，集中组织党员学习上级文件、领导讲话等，围绕新形式、新发展，新理念结合单位实际开展学习、研讨活动，切实增强党员素质。按照“三严三实”要求，牢固树立全心全意为人民服务的宗旨意识，进一步做好联系和服务群众工作，经常和党员群众交心谈心，了解掌握他们的真实想法，有针对性地开展工作。坚持深入实际深入基层开展帮扶工作。主动与驻村点恩惠苑社区和冲赛康社区联系，开展结对帮扶工作，给社区9户困难群众送去价值3500元的物品。

【开展爱国主义教育】 年内，清政府驻藏大臣衙门旧址陈列馆着重拓展爱国教育基地功能，将爱国主义教育与“四讲四爱”群众教育活动相结合。充分发挥爱国主义教育基地的作用，以爱国主义教育基地为依托，开展与各机关、事业单位、学校、企业等团体的交流工作，发挥优势开展宣讲活动，大大丰富了爱国主义教育基地组织活动的内容。同时将爱国主义教育、“四讲四爱”主题教育活动与青少年思想道德建设相结合，并充分发挥爱国主义教育基地的作用。2018年陈列馆组织人员走进社区、学校、寺庙等地深入宣传“四讲四爱”，宣传爱国主义教育思想及民族团结宣传场次22次。除此之外，为进一步增强爱国主义和民族团结教育基地在社会教育中的教育引导作用和辐射作用，增强基地作用的生动性和新鲜感，两馆积极与城区拉萨市第一小学、拉鲁小学、城关一幼等建立联动关系，大力开展学生专堂（学生专门讲堂）培训、使得孩子们从小既有效培养了青少年强烈的爱国主义情怀和民族气节，加强与其他教育基地之间的相互学习交流，促进展品、资源的共享共用，形成良性的联动效应，也为基地作用发挥增添了活力与朝气。

7月1日，中国共产党建党97周年，西藏社会主义学院对陈列馆授牌为西藏社会主义教育学院现场教学基地，对陈列馆发挥爱国主义教育基地阵地发挥情况表示认可。

【文物安全】 作为全国重点文保单位，陈列馆始终把文物消防工作放在首要地位，不仅完善制度，而且在年初与城关区安管会签订安全责任书。制定《维稳工作应急预案》和《文物消防工作方案》，从制度上确保维稳及安全工作。严格审查值班制度运行情况，节假做好一切记录，遇事慎重稳妥处理，重要事情及时报告，突发事件按照预案及时处理。为保证馆内展品的安全，对安保人定岗定区进行巡逻检查有记可查。加强消防和安全工作，全面完成全馆消防改造工程，消防设施、监控设施、安全报警系统设置科学有效。2018年开展两次消防安全演练活动，未发生一起安全责任事故。

2018年11月26日，清政府驻藏大臣衙门旧址陈列馆宣讲员到江苏小学宣讲“四讲四爱”

【党风廉政建设】 年内，深入学习邓小平理论，“三个代表”为重点，围绕习近平总书记一系列讲话，提高干部党员的政治素质，特别是十八大召开后，陈列馆党支部迅速行动起来，党员们深入学习，对照思想和实际工作，查摆问题，认真整改，不走过场。2018年陈列馆党员们签订“廉洁自律承诺书”从生活作风和生活细节做起，加强党纪教育，强化遵纪守法，廉洁从政意识，警钟长鸣，并高度重视城关区纪检下发文件，利用名贵特产类特殊资源谋取私利问题进行认真自查，廉洁的各项工作有序推进，在廉洁自律工作上党员干部严格要求自己，确保2018年未出现违规违纪案件发生。

（达瓦次仁）

【领导名录】

馆　长

　　索朗卓嘎（女，藏族）

副馆长

　　扎西顿珠（藏族）

　　谢　　静（女，藏族）

拉萨市实验小学

【概况】 拉萨市实验小学始建于1962年，始称“西藏自治区工筹委实验小学”，由西藏自治区办公厅直管，后改称实验小学。“文化大革命”期间，学校改名为“工农兵小学”。改革开始后，随着西藏基础教育事业的蓬勃发展，学校更名为“拉萨市实验小学”。2014年8月，拉萨市实验小学从林廓东路53号搬迁至林廓北路3号。2016年3月教育城分校建成并投入使用，2016年8月东城分校建成并投入使用。

拉萨市实验小学集团校现有本部校区、教育城分校、东城分校三所校区，占地面积分别为43926.8平方米、34436.57平方米、17968平方米。有教职工199人，专任教师196人。三个校区共计74个教学班，其中本部校区42个教学班、教育城分校17个教学班、东城分校15个教学班。在校生4066名，其中本部2319名，教育城分校936名，东城分校811名。

学校是全区“双语”教学试点班、西藏第一所“家长学校”、全区尝试教学法的实验基地、全国中小学移动—影子校长培训基地、“中国好老师”公益行动西藏首个地市级基地校。多年来，在上级教育行政部门的正确领导与关心支持下，学校先后荣获全国“红花集体”、全国“红领巾示范校”、全国“尝试教育基地”、全国“学赖宁先进大队部”、全国教育管理科研成果“优秀奖”、中华“巾帼文明岗”、西藏自治区优秀大队部、西藏自治区“文明学校”、西藏自治区“关心下一代先进集体”、西藏自治区优秀少年军校、拉萨市“示范学校”、拉萨市“师资队伍建设先进集体”、拉萨市“教育管理工作先进学校”、拉萨市“优秀大队部”、拉萨市“优秀学校”、拉萨市“李氏教育团队一等奖”等荣誉。

2018年9月26日，十三届全国人大常委会副委员长曹建明（前排右二）一行到拉萨市实验小学调研

【办学理念】 年内，拉萨市实验小学坚持“阳光教育”的办学理念，以“全程德育”为育人方向，以“让每一个孩子健康快乐每一天”为办学目标，以“把常规做到极致”为管理目标。首创“德育月主题”，以此贯穿全年活动。深入推进考试制度改革，开设“1+X”综合实践课程及综合实践活动课程，打造微信选课平台，推动学校向教育现代化、办学精品化、育人特色化迈进。

【综合实践，伴我成长】 年内，三个校区分别以“快乐周五”“阳光周四”“七彩周四”为主题的“1+X”综合实践课程，覆盖三个校区全体师生，课程设有艺术类、生活类、益智类、球类、武术类、美工类、书法类、棋类、其他类9大类。孩子们全员参与综合实践，自主选择喜爱课程，开启“自主选课，全员走班”的实践课程模式。老师们注重方法引导，鼓励独立思考，培养自觉乐学的好习惯，让学生学有所思、学有所得、学有所获。

【社会实践，探索发现】 年内，拉萨市实验小学充分挖掘社会教育资源，服务学生全面发展。3月，开设综合实践活动课程，鼓励学生走出校园，延伸德育网络建设，拓展德育教育平台。

【课题引领，以研促教】 年内，拉萨市实验小学坚持走科研兴校之路，组织教师全员参与小课题研究、“十二五”规划课题研究——先学后教当堂训练”、“十三五”规划课题研究——西藏小学学科教学质量监测评价”、“藏文化特色校本课程开发与实践”等，立足课堂解决教育教学中的实际问题，提高教育教学质量，助推学校实

2018年6月27日，西藏自治区首届儿童阅读论坛（授课人：拉珍）

现内涵发展，各省西藏班上线人数屡创新高。课题“西藏小学学科教学质量监测评价”荣获西藏自治区首届基础教育教学成果奖一等奖，课题“藏文化特色校本课程开发与实践”荣获教育部教学成果奖一等奖、西藏自治区首届基础教育教学成果奖特等奖。

【多元评价，全面发展】 年内，拉萨市实验小学致力于考试制度改革，改变一张试卷的评价模式。不仅将生活实际、人际交往、文体活动等纳入到考试评价体系中，把学生获得答案的推理过程、思考方式等纳入到考试评价范围内，还增设操作能力的考察项，形成口试、字体、笔试三结合的多元评价方式，增强了考试内容的趣味性、综合性、实践性，为学生的全面发展起到了积极的促进作用。

【党建工作】 年内，拉萨市实验小学党总支坚持“三会一课”与学习贯彻党的十九大精神、“不忘初心、牢记使命”主题教育活动、建设“学习型、创新型、服务型、引领型、战斗型”党组织相结合，按照“支部引领、部门负责、党员带动、培育特色、服务发展”的党建思路，构建“文化引领、标准管理、提升素质、追求卓越、内涵发展”的发展模式，真正形成“依托党建强根基、培育特色促发展”的良好局面。

（郝亚男）

【领导名录】

校　长

冯兴娟（女）

党总支书记

边巴次仁（藏族）

副校长

安玉秀（女）

巴桑旺堆（藏族）

索朗顿珠（藏族）

拉萨市第七中学

【概况】 拉萨市第七中学始建于1981年，位于拉萨市西郊，东有布达拉宫，南邻罗布林卡，北接城市要道北京中路，属交通便捷的繁华地段。

1987年，为了配合城市规划，拉萨七中从原址（现人大职工宿舍）搬迁至现址。2018年，学校占

2018年9月14日，拉萨七中开展学校领导与学生零距离座谈会

2018年4月28日，拉萨七中举办第二十届春季田径运动会

地面积 72 亩，建筑面积 11917 平方米。校园北侧现有新建办公楼一栋，教学楼两栋（设有礼仪舞蹈室、美术室、棋牌室和音乐室），图书实验楼一栋（设有会议室、微机室、6 间理化生实验室、3 间理化生实验准备室、8 间多媒体教室及“爱心书屋”）。南面排列着四幢教工宿舍楼和一幢学生食堂、一幢教工食堂、两幢学生宿舍楼，西侧是运动场。

学校现有学生 802 人，住校生 540 人，走读生 262 人，教职工 86 人，其中专任教师 84 人，党员教师 44 人，高级教师 14 人，一级教师 44 人，自治区兼职教研员 1 人，市级教学能手 2 人，城关区兼职教研员 3 人，城关区骨干教师 8 人。

【办学特色】 年内，拉萨第七中学牢固树立“以人为核心，以质量为中心”的科学管理思想，确立“办和谐教育，为学生一生发展奠基”的办学理念。拉萨七中建立“优秀学生奖学金制度”，奖励成绩突出的学生，鼓励学生努力学习，拼搏自强。此外，拉萨第七中学开展第二课堂和社团活动，组建篮球、足球、形体、礼仪等学生社团，开设传统体育项目训练，丰富校园文化，注重学生个性培养，开发学生多元智力，培养学生综合能力，全面提高学生核心素养。毕业班的中考成绩呈上升趋势，尤其是近三年，拉萨七中藏文班中考成绩连续三年名列全市前三名，2018 年学校总成绩名列城关八所初级中学第三名。

【科研兴校】 年内，在深入推进西藏自治区“西藏中小学五个100%”和拉萨市“五环节教学”课题研究的基础上，学校积极引领中青年教师培育科研能力，积极参加“一师一优课、一课一名师”活动，一批中青年教师迅速成长，学校科研能力大幅提升。2018 年，12 人参加“拉萨市理科教育质量提升研究”重点课题，3 人在城关区教师论文大赛获奖。

【发展愿景】 近期目标（2016.9—2021.9）以扎实推进常规教学为抓手，以提高师资水平为主线，以制度创新为统领，力争建成拉萨市西部片区示范学校；远期目标（2021.9—2025.9）狠抓教师队伍建设、突出校园文化建设，在教师科研水平上寻求突破，在办学质量上寻求突破，力争在 2025 年前后办成全拉萨市一流学校。

（米玛次旦　杨东川）

【领导名录】

校　长

姜　　庆（藏族）

党支部书记

刘 占 石

副校长

米玛次旦（藏族）

张　　婧（女）

拉萨市实验幼儿园

【概况】 拉萨市实验幼儿园前身是创办于 1982 年 4 月的拉萨市保育园，是拉萨市建园最早的一所公办学前教育单位。1997 年更名为拉萨市实验幼儿园。2001 年在拉萨市委、市政府及自治区教育厅、拉萨市教体局的支持下，特别是在江苏省政府的无私援助下，进行全面的改扩建，于 2002 年 9 月竣工交付使用。

2017 年 7 月，形成“一园三址”的集团办园模式，涵盖集团本部、西城分园、东城分园（城关区第二十幼儿园)。集团本部占地面积19214平方米,建筑面积14895平方米,绿化面积3106平方米,配套活动室21套,建有综合楼一栋(幼儿功能室);西城分园占地面积8260.45平方米,建筑面积4000平方米,绿化面积3385.2平方米,配套活动室7套,幼儿功能室6个;东城分园占地面积5306.72平方米,建筑面积6483.77平方米,绿化面积672.97平方米,配套活动室8套,3个多功能室。

2018年,有教职工203名,其中正式教职工118人,临时工48人,公益性37人。专任教师105名,其中高级教师5人,一级教师25人,二级教师32人,未聘43人;研究生学历2人,本科学历64人,大专学历38人,中专及高中1人;城关区骨干教师6人,园级骨干教师12人。集团现有班级36个,幼儿1511名。

【办园特色】 年内,拉萨市实验幼儿园不断深化幼儿园课程改革,在教学改革的逐步探索中,已形成"园本"特色,注重双语教学,创设具有特色的民族文化区域活动、开设民族文化教育教学主题活动。

根据"中国好老师"公益行动计划2018年安排,拉萨市实验幼儿园集团作为"中国好老师"地市级基地校中全区首个幼儿园单位,开展"家园共育"百所数字幼儿园示范项目,并举办"家园共育"现场交流会。通过家长开放日、家长学校、幼教365平台、亲子活动等形式向家长传递科学育儿观,形成与家长的有效互动,强化民族特色、突出办园特点。

【教学特色】 年内,以《幼儿园教育指导纲要》《3～6岁儿童学习与发展指南》《幼儿园工作规程》为指针,深化课程改革,在传承独特的藏民族文化的同时,让幼儿感受中华各个民族文化,感受世界文化。结合地区民族特色,并将中华民族传统文化融入其中开展五大领域教育教学活动。主要表现形式为:藏汉"双语"教育教学活动;各民族文化特色区域环境布置;中华文化、民族特色结合的节日主题活动等。让孩子们在与环境及材料的互动中,自主选择,相互合作,满足了幼儿感受美与欣赏美的能力、表现美与创造美的能力两方面的能力需要,充分体验自主学习的快乐。

拉萨市实验幼儿园领导班子(左一副园长吴建、左二园长巴桑卓玛、右一副园长普珍、右二党总支书记罗益平)

【科研兴教】 6月,成立园教研坊,由园领导、中层及优秀教师共计17人组成园教研团队,以园本教研的形式,经过多次讨论、专家指点,凝练办园思想,形成"三风一训"。加大教学研究力度,在原有的课题基础上,成功申报西藏自治区"十三五"课题"藏民族艺术在幼儿教育中的应用研究",继续深入推进课题研究,在课题研究过程中,借鉴国内外先进课程体系理念,结合西藏特点,开始设置具有本园特色的活动课程及主题活动,如藏民族艺术教育、爱家乡教育等,由教师自编教材、自行设计,并将这些活动渗透贯彻到幼儿的一日生活、学习、游戏之中,使幼儿在潜移默化中得到发展,并运用课题成果完善园本教材。2018年4月,2位教师参加拉萨市教育局举办的学前教师教学技能大赛岗位大练兵活动均获得一等奖;同年5月在西藏自治区教育厅举办的首届幼儿教师教学技能大赛决赛中再次荣获一等奖。

【指导交流】 年内，在城关区教育局的安排部署下，城关所属幼儿园拉开盟园共同体建设的序幕，市实验幼儿园、城关三幼、城关十六幼、夏扎幼儿园、雪莲花幼儿园结为第一盟园共同体，于2018年4月28日正式挂牌，以盟园为单位开展形式多样、内容丰富的活动，举办首届保育员技能技巧比赛、教师书画比赛、学前教育宣传月之教师演讲比赛、教师技能技巧比赛、教研联合会成立挂牌仪式及教研员笔试面试活动、优质课观摩活动、班主任交流等活动，搭建探讨与学习平台，以提高课堂教学质量和教师专业素质为目标，努力打造高效课堂，提高保教质量，促进教师专业化成长，最终形成“业务互帮、优势互补、管理互促”的工作局面。

【送教引领】 年内，拉萨市实验幼儿园中19人组成拉萨市“名师送教团”幼儿组专家团队，对师资相对薄弱的拉萨市所属8个县（区）中心幼儿园送教。按照各园需求，专家团队每月分两组前往各县通过蹲点指导、现场观摩、听评课、说课、研讨等形式分享工作经验，共送教62次。

（段　丹）

【领导名录】

园　长

巴桑卓玛（女，藏族）

党总支书记

罗益平（纳西族）

副园长

普　珍（女，藏族）

吴　建（女）

2018年4月28日，城关区第一盟园共同体揭牌仪式

城市建设·环保

城关区住房和城乡建设局

【概况】 2018年，城关区住房和城乡建设局共15名干部职工。其中2名事业专业技术人员，3名工勤人员。城关区住建局党支部共有11名，全部为正式党员。

2018年，承担1530套老城区房子回迁分配任务，此项工作涉及面广、舆论关注度高，如果相关细节工作做不好，容易出现上访等影响维护社会局势稳定的事件。为扎实有序做好此项工作，切实将好事办好，实施办实，通过深入调研，制定合理政策，加大宣传解释等方式，确保房屋分配配租工作顺利有序进行。

【党建工作】 年内，城关区住房和城乡建设局党支部把党建工作作为重要内容，亲自部署，调动和发挥党支部的战斗堡垒作用和先锋模范作用，促进各项工作有效落实，形成领导班子带头、全体党员共同参与党建工作的格局。定期开展班子成员间、领导班子和党员干部间的谈心活动。做到“四个明确”，即明确中央确定的指导思想、原则和目标要求，明确全区党建活动的总体安排、方法步骤，明确本级党委每个阶段的工作重点、教育目的，明确各项工作的责任领导和责任人。

2018年12月20日，拉萨市政协党组成员、城关区委副书记、区长刘亮一行到夏萨苏夯东大院考察危房

【“两学一做”学习教育】 年内，建立完善党员干部自学和集中学习制度。学习习近平新时代中国特色社会主义思想、十九大精神、中央“八项规定”等主要内容的相关书籍，撰写党员学习笔记50余篇；学习党员干部政治教育32扁；将每月的第一个周四定为城关区住建局集中学习日。2018年，累计开展党员学习60余次。

【党风廉政建设】 年内，为进一步贯彻中共中央、国务院《关于实行党风廉政建设责任制的规定》精神和关于党风廉政建设责任制工作的部署，坚持把党风廉政建设与深入学习十九大精神有机结合起来，在时间安排和工作部署上统一考虑，在思想内容和方式方法上统一要求，在成果运用和巩固完善上统一进行，切实做到全面之中有重点、共性之中有特色、开展活动有载体、推动工作有抓手，着重加大查找问题和整改落实的工作力度，拓展查找问题的渠道，深入剖析问题根源，强化整改落实措施，切实形成推动住建局党风廉政建设和反腐败工作的正确导向和工作合力。形成2018年党风廉政责任落实自查，开展党风廉政建设专题会议6次，开展廉政谈话16次。

2018年4月5日，城关区住建局局长边巴次仁到老城区棚户区大院调研

【“四讲四爱”主题教育实践活动】 年内，城关区住房和城乡建设局下沉干部到白林社区积极宣传“讲党恩爱核心”“讲团结爱祖国”5次，结合古城区维稳形势，向广大居民群众宣讲团结一致反对分裂，勇于与十四世达赖分裂集团做斗争，珍惜来之不易的幸福生活；在党员到社区报到服务时，住房和城乡建设局党员干部认真向居民群众宣讲“讲文明爱生活”“讲贡献爱家园”3次，呼吁居民群众爱护环境，创造舒适、宜居的生活环境。

【对口帮扶】 年内，充分结合共产党员民族团结先锋活动中的结对帮扶活动，党组各成员与吉苏村辖区内生活较为贫困的家庭结成对子，定期、不定期开展政策宣传、资金慰问等各类结对帮扶活动。2018年累计开展集中慰问及谈心活动4次，送去慰问金8000元。

【工程建设领域安全生产监督管理】 年内，城关区住房和城乡建设局在坚持月检、季检和日常巡检制度基础上，严格按照《建设工程质量管理条例》《建设工程安全管理条例》《建设工程勘察设计管理条例》等相关法律法规，同施工及监理单位签订《安全生产责任书》，2018年共计受理施工许可证申请40份，办理施工许可证28份，受理安全监督备案45份，办理安全监督备案36份，起重机械使用登记备案14台，检查施工工地193家，排除安全隐患450处，责令当场整改120处，限期整改100处，停产整改42家。明确各自责任；通过集中宣传教育和实地督促检查等形式强化和规范建筑领域安全生产工作；积极配合相关监管部门，开展相关安全生产专项检查工作，及时督促整改。

【物业管理】 年内，针对物业管理行业发展较快，涉及面较广的实际，城关区住房和城乡建设局围绕“业主自治，市场运作，社区配合”的工作原则，积极开展各项工作，物业管理工作逐步实现规范化。物业服务企业共72家，在2018年1—4月工作中检查物业服务公司，受理物业投诉80多单，办理投诉处理80多单。于2018年4月后由拉萨市物业协会进行处理物业相关投诉案。

【办理人大、政协提案】 年内，共办理42件，均已得到妥善解决，并获得年度人大、政协提案办理先进单位荣誉称号。

【房产管理】 城关区2017年3月6日停办所有房产业务的办理，积极协助国土部门做好城关区内产权土地确权工作。年内，房产科主要做好群众解释工作，安抚群众情绪。整理好相关信息，做好房产科室人员的业务培训，为下一步开展不动产做好前期工作。年内，完成183项注销业务，完成转办件业务共计255件，将有土地证的产权全部转交给市住建局，划清各自业务范围。

【房屋租赁补贴发放】 年内，城关区共给城关区籍无房人员（1016人）发放房屋租赁补贴共计310.896万元。

【加措棚户区】 小康安居试点工程一期项目，项目总投8740.53万元，已完成工程总量94%，加措二期工程正在细化方案中。

【加荣棚户区】 加荣棚户区属城关区纳金乡，位于藏热北路西侧，估算总投资6.19亿元，已完成居民群众安置拆迁工作。

【洛堆棚户区】 洛堆棚户区属金珠西路办事处，位于金珠西路以南（城关区环卫局西侧），社区一、二组属于居民自建小区，估算总投资3.17亿元，已完成居民群众安置拆迁工作。

【2017年团结新村基础设施改造项目（733套）】 项目总投资9046.49万元。已完成工程总量65%。

【2017年江苏路以北老城区棚户区（612套）】 项目总投资3961.87万元，该项目于2017年9月8日开工，已完成工程总量98%。

【2017年城关区娘热阿坝林社区棚户区（323套）】 项目总投资1544.4万元。于2018年3月开工于2018年11月竣工并投入使用。

【历史文化名城保护项目】 项目总投资1080万元，于2018年8月15日开工，已完成工程总量60%。

2018年11月19日，城关区住建局工作人员到当巴社区开展2019年棚户区前期调研工作

【新建项目棚户区】 年内，上级下达给城关区棚户区项目指标总计2808套，分别为城关区2018年老城区林廓东路以西棚户区改造项目（1053套），雪新村路以西棚户区改造项目（1325），蔡村一、二组棚户区改造项目（430）。上述三个项目已完成工程总量58%。

【其他新建项目】 年内，城关区住房和城乡建设局实施其他项目6个，分别为城关区2018年一期公租房（142套），项目总投资4116.25万元。城关区2018年二期公租房（499套），项目总投资19934.11万元。城关区2018年三期公租房（360套），项目总投资11921.69万元。城关区娘热街道办事处外围道路建设项目，项目总投资388.27万元。城关区2018年“厕所革命”建设项目，项目总投资5312.91万元。城关区夺底街道办事处吉仓小区基础设施改造项目，项目总投资187万元。已完成招投标工作，计划2019年3月开工建设。

【抢抓老城区改造工程】 年内，对老城区内17座大院进行推到重建其中包括：八廓社区11座大院、绕赛社区1座大院、丹杰林社区2座大院、吉日社区2座大院、措门林社区1座大院。利用2016年国家保障性住房改造指标（538套），于2017年10月全部完成安置工作。针对老城区居民大院房屋进行全面抗震检测2018年3

月经由拉萨市住建局委托的两家检测公司对老城区974栋建筑（建筑面积为112.8048万平方米）进行检测。

【解决历史遗留问题】“卓康”房屋问题为长达30年的信访案件，本着公平、公正的原则，以事实为依据，积极展开多次思想教育引导工作，经向双方充分征求意见，最终妥善地解决长达30年的信访案件。解决扎伦康萨大院居民诉求，经过一段时间的扎实工作，居民同意从扎伦搬迁，参加新建公房大院房屋抽签，按照户口人数抽签，确定房屋位置，完成30年之久的居民诉求。

（白玛卓玛　德　吉）

【领导名录】

党支部书记、局长
　　边巴次仁（藏族）
党支部副书记、副局长
　　格桑卓玛（女，藏族）
党支部纪检委员、副局长
　　旦增曲珍（女，藏族）

城关区环境保护局

【概况】2018年，城关区环境保护局认真贯彻落实中央、区、市有关环境保护工作的各项决策部署，高度重视环境保护工作，将生态保护作为经济社会发展的先行指标，把环保工作列入重要议事日程，组织召开环境保护工作会议，与各街道办事处、区（直）相关部门签订《城关区环境保护工作目标责任书》《城关区2018年巩固“禁白”工作目标责任书》，制定《城关区2018年大气污染防治工作实施方案》及任务分解表，做到任务层层分解，工作责任到人。进一步提高思想认识，增强工作的紧迫感和责任感，加快生态建设，加强执法监管，确保城关区环境质量继续保持良好水平，为城关经济社会较快发展提供强有力的环境保障。

2018年3月28日，中央环境保护督察组一行到城关区宏盛小区一期西门废品回收站、蓝天检测中心、拉鲁湿地、娘热街道家具集中区、娘热乡蓉蓉豆制品厂等地进行中央环境保护督察整改专项督导工作

共有工作人员14人，行政编制6人、领导职数2人，事业编制2人、其中干部8人、工人2人、公益性岗位2人（驾驶员）；党员9人；大学及以上学历9人、大专3人、初中学历2人。环保局内设有办公室、环境监察大队、环评生态科、污防科。设立专班有：环保整改办、污普办、生态办、“禁白”工作领导小组办公室。

【党建工作】年内，深入贯彻落实中央、自治区、拉萨市关于强化扶贫帮困工作的总体部署，根据相关精准扶贫文件精神，在前期入户了解情况及需求的基础上，城关区环境保护局班子成员走访慰问纳金乡纳金村大次仁，入户走访2次；结合3月、5月维稳下沉工作，对联系点幸福社区进行慰问并捐款3000余元。

【党风廉政建设】年内，始终以“为发展出力、为环保尽责、为社会服务”的工作方针，坚持党风廉政建设与环保工作两手抓、两手都要硬。城关区环境保护局组织党支部学习37次、党员政治教育培训11次、撰写心得体会20余篇、研究“三重一大”问题4次，2名工作人员因早操迟到要求在大会上进行检讨。一名工作人员因多次未参加早操进行约谈。切实提高党风廉政建设工作思想重视程度，把党风廉政建设工作与业务工作有机结合，利用业务工作会议，要求全体党员干部恪守“三个底线”。截至年底，城关区环境保护局工作人员未被举报和投诉。

【环保宣传】 年内，以城关区“综治宣传月”“湿地宣传日”“6·5环境日”等活动，积极开展环境保护宣传工作，设立宣传点，共计发放宣传资料2.5万余份，环保袋1.6万余个。在拉贡公路机场路段、温州商贸城等醒目位置设立环保广告牌，大力宣传环保政策法规。在活动中倡导、动员干部职工积极主动投入到环境保护工作中，进一步巩固“禁白”工作成果，提高公众的生态文明理念和生态环境保护意识。

【建设项目环境管理】 年内，严格把好环境保护前置审批关，严格执行“四个不批”原则和“三同时”的规定，完成环评登记表备案501个，出具建设项目环境影响评价报告表（书）预审意见18个；参加拉萨市环保局组织的项目环境影响评审会30余次；参加城关区政府基建会，审议项目60余次。

【生态创建】 年内，城关区12个街道、51个村（社区），成功创建为“自治区级生态乡（街道）、村（社区）”，并积极开展“自治区级生态区”申报创建工作；10月底自治区组织专家考核组对城关区生态创建工作进行现场核查验收工作，城关区已命名为“自治区级生态区”。先后五次征求各街道、区（直）各相关部门意见，委托第三方公司对城关区生态红线划定部分进行测绘和核实工作，完成27个图斑核减上报工作。

【环境投诉、举报受理】 截至年底，共受理环境举报59件、办结59件，办结率100%，环境违法问题处罚69起，处罚74.1万元。

2018年11月16日，在拉萨市环境保护局安排部署下，两级环保部门联合对城关区辖区内的拉萨市天鹏混凝土有限公司、西藏高新商品混凝土有限公司、拉萨城投商品混凝土股份有限公司进行检查

【重点排污企业监管】 年内，城关区环境保护局监管的国控企业为拉萨啤酒厂，高标准奶牛养殖中心等单位，监察大队每月对拉萨啤酒厂、高标准奶牛养殖中心等企业排污情况进行检查，对存在的问题提出整改意见，并建立企业一源一档资料，现拉萨啤酒厂已经完成煤改气工作。

【规范排污许可发放】 年内，贯彻落实《中华人民共和国环境影响评价法》《排污许可证管理条例》，加强对项目的全过程监管，实施排污单位持证排污、按证排污、达标排污。截至年底，发放排污许可证261个；针对未按规定时间审核排污许可证的14家企业，按照《排污许可证管理条例》进行处罚，共罚款17.5万元。

【全国第二次污染源普查】 年内，成立由区委、区政府主要领导担任组长、常务副组长，各相关责任单位负责人为成员的工作领导小组，委托第三方公司提供技术支持，同时成立工作专班，城关区有130多人投入到全面普查工作中。共清查出工业企业污染源634家；生活源锅炉71台（其中1家重复，4家不纳入，实际66家）；畜禽养殖污染源7家；入河排污口共104处，现已完成清查建库、入户普查、数据质量核查及上报工作。

【巩固“禁白”工作成果】 年内，在拉萨市“禁白”领导小组和城关区委、区政府的高度重视下，制定

2018年5月24日，城关区环保局联合区安监局、蔡公堂街道对蔡公堂辖区内家具厂和仓库进行联合巡

印发《城关区2018年“禁白”工作实施方案》，与城关区12街道、区(直)相关部门、区属企业签订《拉萨市城关区2018年“禁白”工作目标责任书》，细化工作任务，明确工作职责。同时，联合城市管理局、环卫局等相关职能部门开展系列宣传和执法活动，免费发放环保袋1.6万余个，《拉萨市巩固“禁白”成果告全体市民书》藏汉版2.5万余份，居民群众从理解“禁白”到主动参与“禁白”，取得显著成效。自2015年起，城关区环保局一名工作人员长期抽调至拉萨市“禁白办”协助开展工作。

【解决环境突出问题】 年内，城关区环境保护局监管的国控企业为拉萨啤酒厂，与自治区环保厅、拉萨市环保局共同开展重点排污企业监管工作，为确保周边环境安全，城关区环保局监察大队每季度对拉萨啤酒厂、城关区高标准奶牛养殖中心等企业排污情况进行检查，并对存在的问题提出整改意见。

加大对重点污染企业的监管力度，增加节假日和夜间的检查频次，对拉萨啤酒厂、藏药集团股份有限公司重点国控区控企业要求每年开展环境监测不得少于4次，区控企业年度环境监测不得少于2次；建立完善城关区重点监管企业3家(拉萨啤酒有限公司、藏药集团股份有限公司、高标准奶牛养殖中心)一源一档资料，为下一步加强企业监管、规范企业环境保护工作打下坚实基础。2018年共检查重点监管企业48次，下达现场执法记录表48次。

【大气、水、土壤污染防治】 年内，先后开展高中考期间噪声监测、城区燃煤锅炉淘汰(改造)、露天烧烤整治、散煤零售和加工点整治等专项执法检查，完成辖区内7家企业单位固废(医废)登记，共出动执法人员60余人次，完成各类现场环境监察27次。深入整治扬尘污染，严厉惩治建筑施工沙尘等行为，立案5件，处罚9.4万元。对辖区内13家散煤零售、加工点进行关停整治，12家搬迁或关闭。配合市环保局开展城关区辖区内土壤监测(2个点)现场点位核查工作，为土壤监测数据精准度提供了坚实的保障。制定《城关区环境质量监测方案》，委托第三方监测公司对城关区辖区内大气、地表水水质进行监测。监测数据显示，辖区内空气质量达到环境空气质量均达到标准值，拉萨市环境空气质量列全国前三，优良率达98.1%。

【开展环保专项整治行动】 年内，根据《拉萨市环境保护局关于转发〈关于加强“未批先建”建设项目环境影响评价管理工作的通知〉的通知》《关于做好中央第六环境保护督察组反馈意见整改方案中涉及“未批先建”建设项目的函》等文件精神，区环保局印发《关于对城关区辖区“未批先建”建设项目进行拉网式排查工作的通知》文件，制定《关于上报〈城关区建设项目“未批先建”工作排查整改方案〉》组织12街道、区(直)各部门对各自行业部门、辖区内项目进行“未批先建”拉网式排查工作，经排查统计，辖区内“未批先建”报告表(书)326家，其中历史遗留问题类家具厂298家、25家石材加工厂、其他类3家(索日巴砖厂、雪花印刷厂、中铁十局搅拌站)，已完成25家日常加工厂整治搬迁、淘汰关闭26家家具厂、其他类已完成设备拆除或转产工作。按照2018年12月30日、1月2日自治区、拉萨市环保部门相关会议精神，要求城关区政府按照属地管理原则，进一步细化措施，认定备案一批、整改规范一批、淘汰关闭一批，确保辖区内“未批先建”建设项目在2019年3月31日前完成现状评估。城关区委托第三方环评单位针对违法违规建设项目进行“现状环境影响评估报告”，经环评专家组技术审查，剩余272家家具厂可以纳入城关区认定备案。现已完成272家家具厂评估工作。

【完成中央、自治区环保督察整改落实】 年内，纳金乡嘎巴村辖区范围内共有31家石材加工厂，原材料无本地开采，均从山南、林芝等地运送至纳金石材加工厂进行加工。该区域占地面积290余亩，石材加工厂工人132人、石材原料3982立方米、切割机151个、行车39架、破碎机3台、大锯齿98台。经前期摸底统计，28家无环评等其他手续，3家取得环评手续。自中央环保督察提出整改意见后，高度重视，积极开展整治工作，处罚共6.7万元。根据《拉萨市人民政府关于转发〈中华人民共和国环境保护部关于建设项目“未批先建”未发现为法律适用问题的意见〉的通知》要求，对28家石材加工厂未履行环评“三同时”制度进行现场勘查、制作询问笔录、现场图绘制，对其违法行为进行证据固定。根据全国饮用水专项行动问题整改要求，制定《关于违法石材加工厂现场执法工作方案》，成立现场执法工作领导小组，城关区环保局联合拉萨市环保局、城关区公安局、纳金街道办事处各组成6组，对现场31家石材加工厂查封、扣押形式搬迁拆除。截至11月底，已完成所有石材加工厂搬迁拆迁工作。

（赖亚林）

【领导名录】

局　长

伊　苏（回族）

副局长

索朗德吉（女，藏族）

城关区环境卫生保护局

【概况】 城关区环境卫生保护局主要职责是：维护城市环境卫生提供管理保障、城市环境卫生设施建设运营及维护、城市环境卫生监督、城市环境卫生作业运行，下属洁达园林绿化投资工程有限公司。现共有国家正式干部15人，党支部现有支部委员6人，党员10人。

【健全党建工作机制】 年内，为切实强化对环卫局党建工作的领导和指导，确保工作实效，成立以环卫局党支部书记为组长，环卫局党支部副书记为副组长，其他委员和党建办工作人员为成员的领导小组，并专门设立党建工作领导小组办公室，专门负责日常工作的协调和进行。2018年度共召开党建专题研讨会议4次，开展书记讲党课4次，对党建工作进行综合分析，周密部署，确保全局党建工作稳步推进。

【思想建设】 年内，结合城关区环卫局实际，制定《城关区环境卫生保护局关于开展党的十九大精神学习宣传工作方案》《城关区环境卫生保护局理论学习实施方案》，安排学习日程，积极创新学习形

2018年2月17日，西藏自治区党委书记吴英杰（中）到自治区体育馆慰问一线环卫工人

式,将集中学习、专题党课、专家讲座等形式相结合,开展学习心得体会交流活动,提高学习质量。同时重点对党员干部加强理想信念教育和廉洁从政及中共十九大精神教育,定期组织党员干部学习《廉政准则》《中国共产党纪律处分条例》《中国共产党党内监督条例》《习近平系列重要讲话读本》《习近平谈治国理政》等,深入学习和领会党的十九大报告精神。2018 年,共组织党员干部学习党的十九大精神、各类重要讲话、宣传资料、条例法规等 20 次,观看党性教育纪录片 10 次,切实提高了广大党员干部的理论修养、组织纪律意识、大局意识。

2018年3月28日,城关区环境卫生保局开展“送温暖、献爱心”活动

【党员干部队伍建设】 6 月 25 日,城关区环卫局党支部组织召开“城关区环境卫生保护局党员星级评定支部党员大会”,从理论学习、爱岗敬业、遵纪守法、服务群众、廉洁自律 5 个方面对全体党员干部进行评星定级,全面提高了全体党员队伍看齐意识,增强基层党组织的凝聚力和战斗力起到良好的推动作用。

【环卫工作】 年内,共出动一线作业人员 38 万余人次,出动各类环卫作业车辆 8.02 万趟次,清理、清运各类垃圾 20 万余吨(重大节日、活动突击整治清理各类生活垃圾 1620.5 余吨,清理香灰 126 余吨)协助相关部门填埋建筑渣土 440 余吨;出动洒水车 1.96 万趟次,对市区各主次干道进行洒水降尘作业,洒水量达 15.66 万吨;出动公厕抢修人员 2432 人次,抢修次数 2196 次,其中大型动工 11 次,大、小型疏通 190 次;城市市政设施管护出动 6.8 万人次,清理野广告 29 万余张,清洗果皮箱 20.65 万余次,清洗公交站 2.29 万座次,清洗人行天桥 3182 座次,使市区环境卫生保持、持久优质、洁净。

【环卫督查】 年内,为确保各项工作落到实处,不流于形式,保障监督管理工作不留盲点。城关区环卫局坚持做到“日日有督查,周周有汇报、月月有考评”,对全区环卫、园林常态化作业范围及城乡结合部进行监督检查,并对每次发现的问题,详细记录、及时反馈,限期整改,有效促进各项工作的高效开展。截至年底,共出动督查人员 756 人次,出动车辆 252 余次,对各类发现的问题下发整改通知单 26 份,口头教育批评 100 余次。

【城乡一体化】 年内,为不断改善乡村居民生活环境,城关区环卫局从环境卫生大局出发,在全年重大节日、重大会议及活动期间对四乡环境卫生进行协调整治作业,全年协调四乡 117 次,组织一线人员 1072 人对东郊蔡公堂乡嘎村水渠、东郊区域教育城蔡公堂乡蔡村城关区福利院小巷、东郊塔玛西区西三路、东郊 318 国道慈觉林至香嘎村南环路等区域进行突击整治,截至年底,清理生活垃圾及各类垃圾 488 吨左右;为巩固城乡环境卫生,督查人员采取不定期、不定点巡检,对部分区域相关责任人实行口头教育。截至年底,共出动督查人员 380 余次,协调案件 32 件,整改 28 件、使城乡环境卫生水平大幅提高。

【垃圾分类】 年内,根据两级党委有关垃圾分类专题会议指示精神,按照市、区两级政府工作安排,为保障垃圾分类工作的顺利开展，各项工作的有序进行。5月21日，城关区环卫局联合相关部门工作人员对垃圾分类试点区域吉崩岗街道进行实地走访、调研。9月28日，城关区城市生活垃圾分类试点宣传工作在吉崩岗街道办事处吉崩岗社区正式启动，城关区环卫局派遣15名督导员为社区居民、商户、游客等发放垃圾分类宣传册400余份，小礼品300余份。使其广大群众自觉参与的积极性逐步增强，对垃圾分类的知晓率、参与率迅速提升，全面构建垃圾分类"上下联动、齐抓共管"的强大合力。

【"厕所革命"】 年内，为贯彻落实好习近平总书记就"厕所革命"所作出的重要批示和指示精神、以及区市党委、政府关于"厕所革命"工作的安排部署，城关区环卫局结合城区内新建市政道路以及人流量、使用量和实地走访情况，由城关区招商引资企业引进的首座资源型微生物环保公厕于9月18日在步行街中段进行安装使用，在一个月的使用期间，该厕日均入厕180人，其间未出现因异味和设计不合理等类似投诉，得到广大市民、游客均表示称赞。

【拉萨河道清理】 年内，为切实打造山青、水绿的宜居环境，持续推进河渠常态化保洁作业，按照城关区委、区政府关于在拉萨河主城段"三渠一河"及骨干支流全面落实河长制相关工作要求，城关区环卫局根据实际情况针对拉萨河城关段（44.27公里）设立18名一线河道作业人员及"三渠"（总长80.92公里，其中骨干支流长42.86公里）设立25名河道作业人员，以定人、定段的原则，加强河渠日常保洁作业。日常作业人员严格按照河渠环境卫生标准加大河渠排污口、桥梁周边、垃圾拦截栅处、河堤等区域存在的漂浮物、水草、白色垃圾、生活垃圾等，利用钩叉捡拾，在其他人员的配合、传递下，将垃圾送至渠边进行妥善装运。年内，日常河渠保洁作业共投入1200余人，小型突击300余次，清理、清运各类垃圾300余吨。

2018年9月18日，城关区第一座微生物环保公厕在步行街投入使用

【建筑垃圾监管和整治】 年内，结合拉萨市处于发展中城市的现状，各项施工较多，由于监管不到位，导致车辆泥沙存在沿路抛洒现象，城关区环卫局本着环境卫生大局出发及消除道路安全隐患，派遣工作人员第一时间赶到现场分别对二环路民族北路口子至拉鲁十字路口、当热路民族丁字路沿线、柳梧大桥上、纳金大桥、318国道自定周边，教育城沿线、北环路米琼日隧道等区域进行整治清理作业，共清理砂石138次，出动人员489人次，清理沿路抛洒砂石约20.5余吨。

（次旦扎西）

【领导名录】

负责人

尼玛顿珠（藏族）

副局长

米玛次仁（藏族）

城关区城市管理综合执法局

【概况】 城关区市政市容管理委员会、城市管理综合执法局成立于2011年5月，现有在编一线执法人员305人，其中公务员25人、工勤人员79人、事业干部4人、协管员202人。市政市容管理委员会机关党支部现有支部委员7人,党员71人、预备党员1人、退休党员3人,其中,男性60人,女性11人。现装备仅有9台执法车辆、电动车98台、手台100部、执法记录仪100台。

2018年,城关区市政市容管理委员会、城市管理综合执法局下设13个职能部门:城中大队、布宫大队、城东大队、城南大队(新组建)、城西大队、城北大队、督察大队、公德林街道城市管理执法中队(试点)、嘎玛贡桑街道城市管理执法中队(试点)、财务办公室、法规办公室、党建办公室、综合办公室。

2018年4月28日,城关区委常委、副区长汪锋带队指导整治林廓东路中段工作

【统一装备标识】 年内,根据住建部、自治区住建厅统一要求,经城关区政府会议通过,城市管理局更换全国统一城管执法制式服装。规范执法人员服装、肩章、胸号,通过全国统一的形象标识营造城管新形象,增强城管队伍的凝聚力。制式服装6月已量身完毕,8月举行换装仪式,现已完成换装。

【党建工作】 年内,城关区市政市容管理委员会、城市管理综合执法局为抓好党的思想建设和党员、干部学习教育,城市管理局党支部年初制订政治理论学习计划,并由主要领导亲自抓此项工作的落实,对加强党的思想建设,抓好党员干部思想教育,深入贯彻落实党的十九大精神和习近平总书记一系列重要讲话,通过学习教育,不断使党员干部思想稳定,保持着良好的精神状态,为开展各项工作提供了坚强的思想保证。为进一步抓好领导干部的学习教育工作,年初城市管理局党建办制定学习安排计划,在全局范围内有计划、有步骤地开展了一系列学习活动。

年内,城市管理局党支部严格按照上级党委的要求,及时传达中央和上级党组织的指示、决定、文件和会议精神,引导和发动党员积极主动地去实现,以党员的模范行为来体现党的先进性,不断增强党性理念,党支部认真听取党的思想汇报,检查党员的工作、思想、学习情况和组织交办的工作任务情况,认真开展批评与自我批评,关系群众生活,努力为群众办实事、办好事。时刻树立一名共产党员的良好形象。党的建设是一项长期工作,城市管理局以制度建设为突破口,以健全的制度促进党建建设,经过认真研究和广泛讨论,积极探索建立长效的学习机制、党员教育机制和党员管理机制,先后完善《干部职工集体学习制度》《三会一课制度》《党员干部述职述廉制度》《党务公开制度》等,使党组织的建设和党员的行动有据可依。

【党支部改选补充】 10月23日,城关区城市管理局党支部组织召开支部委员会改选补充委员会,产生新一届区城市管理局党支部委员会领导班子,现城关区城市管理局党支部共配备支部班子7名,即党支部书记、党支部副书记、组织委员、保密委员、纪检委员、宣传委员、统战委员。改选补充产生新的一届党支部班子,不断增强基层党组织的创造力、凝聚力和战斗力为积极推进区城管机关工作,提供坚强的组织保证。

【"两学一做"学习教育】 年内,推进"两学一做"常态化制度化,把思想教育作为首要任务,坚持用党章党规规范党支部和党员行为，用习近平总书记系列讲话精神武装头脑，指导实践，推动工作，不断增强党员“四个意识”，确保党支部充分履行职能、发挥核心作用，确保党员干部忠诚、干净、担当、发挥表率作用。城市管理局党支部印发《推进“两学一做”常态化制度化实施方案》，把“两学一做”纳入“三会一课”，作为学习的基本内容，坚持下去。党员大会固定每周的星期一，组织集中学习。针对党员思想工作实际，确定“三会一课”的主题。党支部委员和副科以上干部职工要坚持读原著、学原文、悟原理；一般党员干部职工重在掌握基本理论、基本精神、基本要求。在组织党员干部读原著、学原文的同时，开展讨论，启发党员自我教育、相互教育。年内，共完成集中学习和活动60多次，每个干部职工都做了20000字以上的学习笔记，结合学习内容撰写心得体会3篇。

【党风廉政建设】 年内，组织党员干部学习、传达、贯彻区党委、纪委有关党风廉政建设决策的部署、重要会议文件精神。组织学习习近平总书记在十九届一中、二中、三中全会的讲话精神、《习近平谈治国理政》、党员政治教育规定内容、观看习语近人栏目、及时学习自治区、拉萨市、城关区重要文件精神。领导重视，把落实党风廉政主体责任放在首要位置，第一时间安排部署党风廉政工作，城市管理局党支部先后召开多次专题会议研究部署党风廉政工作，多次在全局中层以上干部会上强调党风廉政建设的重要性，坚持日常教育见缝插针、逢会必讲。制订城市管理局《2018年党风廉政建设和反腐败工作责任分工》《党支部党风廉政建设主体责任清单》，带头履行党风廉政建设责任制。与每名党员签订《2018年党建目标责任书》《2018年党风廉政责任书》，层层落实责任。认真贯彻中央、自治区纪委和区纪检组有关节假日期间严格执行“八项规定”和“九项要求”的具体要求，在清明、中秋、国庆、元旦、春节、雪顿节、藏历新年等节假日开展公款购物、送礼、购寄贺卡、乱发钱物等专项治理活动，严格执行节假日公车入库制度。开展违规公款购买消费高档白酒问题集中排查整治活动，有效防止了公款乱消费现象。根据城关区《构建惩防体系实施意见》，认真落实党风廉政建设责任制。按照“一岗双责”责任制度，明确了党风廉政建设目标任务和责任分工，将党风廉政建设和反腐败工作的目标任务具体落实到领导、科室、工作人员，形成层层分解、逐级落实的党风廉政建设工作格局。

2018年2月26日，城关区城市管理局局长德吉央宗安排部署党建工作会议

为加强群众监督，提高办事透明度，严格实行政务公开制度，设立政务、财务公开栏，定期公开政务、财务方面的重大事项，自觉接受群众监督。严格实行党风廉政建设责任追究制度，进一步完善财经纪律推进了党风廉政建设和反腐败工作的顺利开展。督查科定期不定期地对局党支部班子成员及科室、执法大队党风廉政建设和反腐败工作的开展情况进行检查、抽查，形成有效的督察机制。

【文件保密】 年内，安排专职人员和专用文件柜用于文件的收发和管理，并对保密文件进行单独管理，严禁泄密；定期对办公室文件登记、传阅、存档和销毁情况进行自查；严禁使用U盘；组织涉密人员对旧文件进行集中存放、归档，并对无涉密级别文件统一销毁。

【印章管理】 年内，建立健全印章管理制度，没相关领导同意签字不得加盖印章；严格保管印章，专人负责，专人管理；移交印章有交接人员签字，签证人签字，要盖章的人要登记签字等。

【档案管理】 年内，借阅档案（材料）做好登记，记录好借阅时间和归还时间，有领导和借阅人签字，管理人员在场查询材料是否完整；接收档案有交接手续，有交接人签字，切实做好收录分类登记，确保在短时间内查阅，做好备份。

【法治宣传教育】 年内，共宣讲次数6余次，共受益人次1300多人，同时发放资料16000本，并对问题群众耐心细致地为来往群众讲解法律法规，解答群众在日常生活中所遇到的各种疑难问题，及涉及城市管理等方面的常识，有力提升了群众的相关法律意识，进一步营造良好的全民学法用法氛围，增强群众对城市管理工作的理解支持，提高群众安全生产的法规意识，为城关区城市管理综合执法局综合治理工作和平安建设工作创造了良好的环境。

【督查工作】 年内，城市管理局督查大队每日对各执法大队执法情况、人员在岗情况、履职尽责情况进行督查，共下发督查通报19起、表扬5起，涉及人数52人，考勤扣款32720元。城市管理局坚持督查结果与绩效考核挂钩的原则，有效规范了执法人员行为，提高了执法效率。

【执法整治】 年内，城关区城市管理综合执法局出动执法7万余人/次，执法电动车6万余台/次，执法车辆3000余台/次，日平均上岗率达到98%，平均每日上路执法时长达到14小时，上报简报467期。年内，共查处市容环境卫生等各类违章行为8万余起，其中教育劝说引导5.4万起，进入简易案件31800起，进入一般程序案件331起，罚没款上缴国库总额达1825250元。

【“门前三包”责任制】 年内，城关区城市管理综合执法局下发给街道《门前三包责任书》26366份，各街道与辖区商户进行签订（一式三份），对商户门前绿化、环境卫生、秩序起到一定的规范和约束作用，对“美丽拉萨、幸福城关”的建设提供了坚强保障。

【冬季牛羊肉市场整顿】 年内、在全市牛肉买卖高峰期间，针对嘎玛贡桑路等重点路段不在划定路段销售牛肉，严重影响市容市貌的突出现象开展专项整治、清理。整治中区城市管理局共暂扣各类物品150余公斤。城关区城市管理局经城关区政府同意，设立慈松塘西路和色拉北路冬季牛羊肉临时销售点，规范农副产品销售，畅通农副产品销售渠道，保障农牧民合法权益。

【年货市场专项整治】 年内，为进一步规范年货市场秩序，营造良好的消费环境，城关区城市管理局根据实际情况制定《年货市场专项整治行动方案》，并由分管领导与八廓古城管理方协调解决400个免费年货摊点，引导商户入店经营。此次专项整治共引导240户商户入店经营，对500余户不听劝导的流动商贩进行依法进行处罚。

【露天烧烤专项整治】 年内，城关区城市管理局以市容秩序管理为重点，就露天烧烤占道经营情况开展多次整治行动，特别是对学校周围的市容秩序连续进行多次集中整治，采取专人值守，错时上下班等方式巩固整治成果，取得较好的效果。先后共出动执法人员1000余人次，执法车辆200余台/次，督促和整改露天烧烤摊点300余起/处，罚款金额2万余元。

【户外广告治理】 年内，共清理辖区内各类违规户外广告1800余起，其中暂扣户外落地灯箱200余个，通知更换破损陈旧店招320余家，清除各类私拉横幅640余处，清除沿街面其他违规广告640余起。

【“禁白”工作】 年内，城关区城市管理局根据市政府35号令，将禁白工作贯穿到日常执法工作的始终，共发放“禁白”宣传单2万余份，查处农贸市场、沿街商户、蔬菜店、馒头店使用一次性塑料袋的行为1.2万余起，收缴一次性塑料袋50编织袋。通过开展“禁白”工作，提高了市民群众的环境保护意识，进一步巩固“禁白”工作成果。

2018年4月20日，城关区城市管理综合执法局邀请公安厅法制总队老师色珍（中）授课

【散养牛专项整治】 年内，由区委常委、副区长汪锋组织召开成立牦牛专项整治小组动员大会，确立牦牛队人员、经费等各项内容。专项整治工作组，对城关辖区范围加大巡查力度，共驱赶牛数量为6000余头，5月15日，为期一周向全区各街道发放散养牛告知2000余份。

【香草专项整治】 年内，城关区城市管理局迅速召开动员部署会，并开展专项的统计、整治、清理工作。共清理和整治香草商贩220起，暂扣小叶杜鹃30编织袋，约300公斤，减少了环境污染。

【尾随兜售专项整治】 年内，城关区城市管理局共清理尾随兜售人员1400余人，暂扣假冒伪劣工艺品120余公斤，教育引导以劳代罚450人。

【渣土车辆、建筑垃圾乱倒专项整治】 年内，城关区城市管理局共查处无覆盖、覆盖包扎不严、沿途泄漏、无运输资质的“黑车”运输渣土等违章行为26299起，处罚2266起，教育24033起，行政处罚金额334350元。

【临时性执法保障任务完成圆满】 年内，城关区城市管理局出动执法人员1200余人次，共开展各类线路保障10余次，整治和规范各类违章行为3.5万余起，保障城关区“两节”“两会”“色拉崩坚”“乃琼拉苏”“藏博会”“中国·西藏、尼泊尔贸易洽谈会”“2018首届跨喜马拉雅自行车极限赛”“2018拉萨半程马拉松”等大型活动期间的社会局势稳定和拉萨市市容环境秩序整洁有序。

【公共设施管理】 3月，城关区城市管理局对市区损坏井盖、公交站牌等公共设施进行巡查统计，城关区城市管理局共巡查上报损坏井盖20个，公交站牌50余个，全部已上报515联动平台，要求相关部门及时修复。

【开展私设石墩、铁桩摸底工作】 年内，根据市委副书记、市长果果指示精神，城关区城市管理局召开会议，专题部署私设铁柱、石柱清理工作。并迅速开展摸底统计工作，经过城市管理局一线人员认真摸底调查，拉萨市区共发现设置石墩、铁桩等情况207处，其中学校设置14处，单位设置54处（其中交警设置10处电动车非机动车停靠点），商家（集团、公司、宾馆）设置54处，小型门面私设63处，医院设置2处，寺庙设置2处。207处中，有手续的40处均为停车场审批手续，无手续的149处，无法取得联系有无手续不明18处。此项工作的开展得到了市长果果的批示和肯定。

【主次干道简易房摸底调研】 年内，根据拉萨市领导指示精神和城关区委常委、副区长沈朗的安排部署，城关区城市管理局对城关区范围内主次干道无审批手续简易房、销售商品车辆进行了摸底调查，拉萨市城关区主次干道无审批手续简易房、销售商品车辆共有172个（辆），区城市管理局已于10月提交上级部门，11月7日拉萨市召开专题会议研究解决此问题。

【国庆期间重点整治】 年内，根据《关于做好318等国道沿线及重点景区环境整治工作的通知》，城关区城市管理局结合自身工作职责，国庆期间重点加强对318国道沿线及重点景区周边市容市貌环境管理和整治工作力度，检查渣土车辆1000多辆，查处各类违章行为1200余起；在布宫、色拉寺、大昭寺、小昭寺、哲蚌寺、罗布林卡等重点景区周边查处尾随兜售、乱摆摊设点等各类违章行为300余起。

【办理人大、政协提案】 年内，对涉及城市管理的重点、难点、热点问题的投诉、举报和突发事件，按要求及时前往调查取证，并根据有关规定及时提出处理意见。答复人大政协委员提案5份。其中，城关区政协提案2件，拉萨市政协提案3件。受理“12345政府服务热线”专办件187件。对所有投诉、信访、举报都进行详细的记录并及时进行处理，做到100%受理，100%完成。

【项目风险评估】 年内，城关区城市管理局通过现场勘查、检查的方式对“拉萨市青木呈祥苑林芝苑、中国电信拉萨分公司2018年新建综合楼建设项目”等20个建设项目进行社会稳定风险评估复合分析，规避风险，把风险化解到最小范围。对项目建设中存在的不设施工围挡、尘土飞扬、污水流溢、建筑垃圾乱堆乱放、噪音扰民、渣土运输等现象进行整治和规范。

【信息报送、宣传报道】 年内，城关区城市管理局共编写上报简报416期，“城关掌上通”共发布区城市管理局信息38期，《西藏商报》8期、拉萨晚报(日报)4期、“今晚九点”6期、市电视台2期、《城关周报》5期，区城市管理局微信公众号“城关城管驿站”推送信息75期，进行城市管理法律法规宣传5次。

【城南大队成立】 年内，随着拉萨市城关区城市化进程日益加速，城镇化率日益提高，建成区面积越来越大，区城市管理局现有5个执法大队存在辖区划分与城市发展相脱节，执法半径过大，执法行程长、效率低的问题。为合理划分大队辖区，缩减执法半径，提高执法效率，3月6日，城关区城市管理局领导班子、各执法大队负责人研究决定，成立城南执法大队、调整确定各大队责任区域等相关事宜。

【完成辖区成立中队试点】 4月，城关区城市管理局根据城关区委、区政府安排部署，抽调6人成立公德林街道城市管理执法中队、抽调6人成立嘎玛贡桑街道城市管理执法中队，实现执法力量下沉到乡办，试点实行半年，年底总结经验教训，2019年初完善后进行全区推广。

【划转人员，增加编制】 年内，根据《关于拉萨市市政养护、环境卫生体制改革涉及机构编制调整和人员划转的通知》以及《拉萨市机构编制委员会会议纪要》精神，确定市政养护、环境卫生体制改革机构编制调整和人员划转事宜。10月16日，城关区政府组织召开划转人员移交大会，区城市管理局接收拉萨市市政养护处、环境

2018年8月10日，城关区城市管理局统一装备标识，更换全国统一城管制式服装

卫生管理局 65 名划转人员，城市管理队伍不断壮大。

【拟定上报“街巷长”制方案】 年内，根据《中共拉萨市城关区委办公室拉萨市城关区人民政府办公室关于印发九届区委三次全会和 2018 年经济社会发展目标任务分工的通知》，城关区城市管理局草拟上报《拉萨市城关区“街巷长”制实施办法》，为深入推进拉萨市城关区城市精细化管理工作提供了初步方案。

【“我以城管为荣”首届文艺演出】 年内，按照《住房城乡建设部关于印发全国城市管理执法队伍“强基础、转作风、树形象”专项行动方案的通知》，城关区城市管理综合执法局不断加强城市管理执法队伍建设，构建城管执法队伍先进文化，不断增强队伍凝聚力、向心力，充分展示队伍形象，扩大城管执法的宣传面、影响面，不断将城关区城市管理综合执法局执法工作推向新水平，更好地改善城市环境，更好地服务市民群众，打造“整治坚定、作风优良、纪律严明、廉洁务实”的城市管理执法队伍。年内，举办“我以城管为荣”首届文艺演出及表彰大会。

（罗布占堆）

【领导名录】

局　长

德吉央宗（女，藏族）

副局长

南 木 加（藏族）

洛桑普布（藏族）

尼　　玛（藏族）

巴桑多吉（藏族）

街道概况

蔡公堂街道办事处

【概况】 蔡公堂街道办事处区面积205.6平方公里，常住人口数3896户，8561人，下辖白定村、蔡公堂村、恩惠苑社区。现有干部职工59人，下派16人，借调6人。党员共有541人，其中党工委机关党员36名，白定村党员207名，蔡村党员168名、恩惠苑党员18人，党支部有20个，机关党支部1个、白定村党支部6个、蔡村党支部11个、恩惠苑党支部1个；辖区学校16所、医院3所；辖区内文化站4个。

【党风廉政建设】 年内，蔡公堂街道办事处组织党员干部学习《准则》《条例》等党纪法规，观看廉政教育片20场次，组织40余党员干部、群众多次参观拉萨市委廉政警示教育基地、爱国主义教育基地驻藏大臣衙门。把党风廉政教育纳入副科级以上领导干部到基层讲党课的主要内容，共讲授党课30多期。明确党工委主体责任并进行分工及细化，按照一岗双责原则，每个班子成员负责自己责任范围内的党风廉政建设，向党工委书记汇报落实情况。坚决落实中央“八项规定”精神，严格执行自治区“十个严禁”纪律要求，以身作则、率先垂范，每逢节假日、特殊节点，纪工委加大明察暗访力度和频率。年初及时完善《城关区蔡公堂街道问题线索大排查专项工作实施方案》，把矛盾纠纷及查办各类腐败案件落实宣传活动作为走进千家万户的主要手段，让问题线索统一集中管理、及时排查。本级纪工委2018年发现1件问题线索，该线索已立案并惩处相关违纪人员。

2018年2月15日，西藏自治区党委常委、拉萨市委书记白玛旺堆（右一）到蔡公堂街道检查指导工作

【党员队伍建设】 年内，蔡公堂街道共有党员429名，其中女党员173名，占全街道党员总数的40.3%；35周岁以下的党员160名，占党员总数的37%；60周岁以上党员37名，占党员总数的

2018年8月24日，拉萨市委常委、常务副市长暴剑（左一）到蔡公堂街道白定村查看产业发现情况

8.6%，少数民族党员414名，占党员总数的96.5%；大专以上党员70名，占党员总数的16.3%。街道党工委始终严格规范发展党员程序，确保党员质量。年内，共培养入党积极分子16人，确定发展对象16人。

【人大工作】 年内，赴内地参观学习1人次，十九大学习1次，人大工作培训3次，扶贫工作调研1次。街道人大还先后接待林周县、山南扎囊县、阿里改则县人大代表团赴蔡公堂街道办事处对人大工作进行参观交流。通过各种学习培训，街道人大代表的自身素质和履职能力都得到很大提升。

人大组织召开2017年街道人大工作总结会，街道人大代表向选民述职以及开展民主测评大会。2月，参加“不忘初心·牢记使命”主题活动，并举行升旗仪式。3月，妇女人大代表与街道妇女干部共同欢度“三八妇女节”。人大代表和居民群众还以文艺汇演、上党课、体育竞技、新旧西藏图片展等多种形式对百万农奴解放日进行纪念。9月，以民族团结月为契机，街道人大代表同民族团结家庭和代表共同座谈，谱写民族团结的和谐乐章。10月，组织街道人大代表对蔡村委会一二组上下水建设施工现场进行视察督办，为群众严把质量关，督促进度。截至年底，街道人大代表积极参加每场党的十九大精神和“四讲四爱”宣讲活动，共计60余场。

【经济发展】 年内，蔡公堂街道辖区以白定村支沟、协沟为依托，大力发展街道旅游业，着力打造辖区休闲娱乐度假村项目：强化对林卡度假村的管理，合理布局，避免生态破坏，对未批先建、私搭乱建的一律取缔；加强对林卡度假村从业人员服务理念、经营管理等方面的培训，强化服务意识；加强对支沟、协沟生态环境的保护，积极发动村、组、联户代表及林卡经营者对支沟、协沟环境进行整治；支沟、协沟组集体林卡度假村有2家、个人家庭林卡约300家，带动就业人员约1000余人。

加快办理安置就业用地手续，积极招商引资，在招商引资工作中，现有意向落户辖区的有碧桂园项目，温泉酒店项目及成立白定水务集团；不断优化“亲商、安商、富商”的投资环境，为客商提供最优质的投资服务。现蔡公堂街道正处于开发建设阶段，新建成的各楼盘门面房较多，对新落户的各类商铺店主，工作人员主动联系、上门服务。在上半年街道辖区零售业销售额合计达到4.9亿元，下一步与城关区城发公司谋划好就业用地开发做好坚实的前期铺垫工作。

【精准扶贫】 年内，蔡公堂街道办事处成立以党工委书记多古为组长，主任张永海、分管扶贫副主任尼玛拉珍为副组长的脱贫攻坚工作领导小组。建立街道办脱贫攻坚指挥部，成立8个专项推进组。街道办、村两级层层签订脱贫军令状，明确各村第一书记为扶贫、脱贫第一责任人，强化了领导干部的责任和担当，把思想和行动统一到脱贫攻坚工作上，把干部精力集中到帮助群众脱贫上。

蔡公堂街道办拒绝走传统街道发展的老路，深入研究供给侧结构性改革，认真分析本地发展优势，因地制宜找准选好发展路径，特别在产业发展方面，围绕采砂运输、城郊旅游和文化产业三个主导产业，分类推进，聚力推进，做到让有产业发展能力的人发展产业、没有产业发展能力的人在产业发展中稳定就业。比如，以城关区净土产业园区为抓手、城投商砼站等企业为龙头，不断增强区域综合实力；在辖区内带动有劳动力人群就业，建成蔡公堂净土产业园区，辐射带动群众就业创业；蔡公堂街道办把新型城镇化作为增强群众获得感、提升发展信心的有效抓手，不断提升城街道办基础设施和公共服务水平。比如教育城的建设，通过“管理、改造、建设、教育”四条途径，不断加大基础；蔡公堂街道办把“群众生活只能过得更好”作为一种底线思维，牢固树立群众观念，积极推进民生建设，着力构建公共服务体系。比如，围绕群众反映的办事难问题，建立街道办村两级便民服务体系，让群众在家门口就可以办事；按照城关区委、区政府东西部协作精神，蔡公堂街道党工委统一部署，6月19—22日，蔡公堂街道办事处代表团到北京市通州区永乐店镇开展东西部扶贫结对走访交流工作。通过此次交流和实地考察，蔡公堂街道办事处与北京市通州区永乐店镇确定了协作机制、深化人才交流、加强拓展产业协作等方面的工作开展方向。今后，两地将积极构建之间的合作，实现优势互补、协作共进。

【民生工作】 年内，城关区为全街道8户低保户11人共发放农村最低生活保障金1743.23元、生活补贴1100元。拉萨市为低保户发放生活补贴8户11人11000元。“三大节日”城关区慰问低保户8户11人11000元(1000元/人)。做好2017年“两项制度”奖励帮扶资金发放工作。协助卫生局兑现一孩或双女奖励扶助对象134人128640元、特殊家庭扶助对象25人102000元，并继续开展2018年度两项扶助人口新增统计工作，共计完成2018年符合两项扶助条件24人的材料收集、审核、上报工作，并清退去世人员7名。与全民体检工作同时进行风湿病和结核病人群的筛查工作，此项工作正在开展中。

【发放养老补贴】 年内，蔡公堂街道养老保险新参保人员42人，累计参保人员3813人。其中16～59周岁参保缴费人员3250人，享受养老金待遇人员563人。参保人员信息全部录入台账，实行动态管理。

【教育工作】 年内，蔡公堂街道2018—2019年度共完成辖区130名在校大学生的资助统计，共计资助金额656043元(65万6043元)，真正做到不漏一人。此外，严格按照教育部门要求统计辖区0～15周岁儿童情况，共统计0～15周岁儿童1776名；统计辖区内在西藏自治区外就读学生学前至高中学生共计86名，核实蔡公堂街道建档立卡学生无学籍人员共计16名，建档立卡学生信息与学籍系统不符人员共计10名，核查蔡公堂街道疑似失学儿童32名。

【转移就业】 年内，组织群众及大学生参加就业招聘会3次，参加招聘人数达到2000人次，逐步提升创业人员的素质，促进创业就业工作的开展。关于高校毕业生返乡(村)创业专题调研活动街道基层平台人员走村入户创业调研(访谈)情况统计52户，西藏高校毕业生返乡(村)创业愿意调查问卷50余份；全街道高校毕业待业人员实名制登记统计42人。以创建充分就业村(社区)为契机，以精准以业脱贫为突破口，以帮助困难群体实现就业为关键，全面消除零就业家庭，辖区已全面消除零就业家庭，就业率达到99%以上。年内，完成辖区城乡劳动力基本状况登记6968人次、除无劳力家庭外，无“零就业”“零转移”家庭，系统掌握本街道就业扶持的重点对象，调查本街道的用工单位基本状况和岗位变动情况，在就业需求与用工需求上架接起信息平台，为更好落实就业政策提供了信息支撑。

【农牧工作】 年内，完成辖区280户家庭庭院经济苗木种植活动，其中种植桃树480颗、核桃树197颗、葡萄树479颗，合计1156颗庭院经济苗木的栽种；切实解决辖区内农机加油困难问题，进一步简化农机加油程序，实现信息化管理，提高农机化作业水平，为辖区62人办理“农机加油一卡通”，极大推进辖区农业农村现代化的进程；街道高度重视高致病性禽流感、口蹄疫、非洲猪瘟等重大动物疫病防治工作，年初时，在城关区农牧局、兽医站的安排部署下，与辖区各村签订重大动物疫情强制免疫责任书，确保街道辖区内群众畜牧免疫率达98%。加强农牧民培训，在城关区农牧局的安排部署下，于年末在街道会议室召开“新型职业农民培育培训工作”，共计57名农牧民群众参加培训，其中白定村37名，蔡村20名，极大地开拓了农民视野，提升了经营能力，业务能力，充实了乡村振兴战略的基础力量。

【食品药品安全】 4月30日，对大中型餐饮单位开展油烟净化设施安装情况进行专项检查，对5家无油烟净化设施餐饮单位责令限期安装，对8家油烟净化设施不达标单位责令限期整改。成立领导小组，制定工作方案、预案，及时召开辖区单位、学校、部队联席会议，与各责任单位签订《蔡公堂街道食品药品安全目标责任书》，召开食品安全会议6次，发放宣传资料约1000份。蔡公堂街道共组织食药员对餐饮单位审店和日常监督检查100余次，食品流通行业审店和日常检查70户次，协同区食药局依法关停卫生不达标作坊2家，依法责令整顿商铺、饭店80余家，依法销毁过期食品1500余袋（瓶）。

【生态、精神文明建设】 年内，蔡公堂街道近期对全街道范围内的生态环境进行全面整治，由于汛期的到来，拉萨河流域综合整治工作进入常态化，街道所辖各村的河道清淤工作已基本完成，排除汛期的安全隐患。年内，街道辖区对“无树户”进行整改，已消除。

【环境保护】 1月10日，制定《2018年蔡公堂环境保护工作方案》确定各项工作的组织领导、基本原则、范围、任务、程序和步骤。蔡公堂街道与白定村、蔡村、恩惠苑社区签订《蔡公堂大气污染防治目标责任书》《蔡公堂“禁白”工作目标责任书》《蔡公堂环境保护工作目标责任书》。经常性地在辖区范围内以发放宣传单、刷写标语、悬挂横幅和召开会议等多种形式，向广大居民群众宣传关于环境保护工作法律法规。引导辖区各族群众主动参与问题整改和环境保护，让人人成为环境保护的参与者、建设者、监督者，让各族群众在碧水青山、蓝天白云中享有更多的利益和实惠。积极整改中央、区市、城关区各级环保部门督办的环境保护整改工作，对于辖区村内无排污管道、下水道堵塞、污水汇集等问题，采取清理路面积水污水、用砂石平整路面、定期疏通和改造下水道、增设排水沟或明渠的方法；对于生活及建筑垃圾乱扔乱堆问题，采取动用人力和环卫作业车辆清理垃圾、设立适量垃圾桶的方式进行临时性清理。对广大居民、农牧民进行环境保护宣传教育。

针对外来车辆倾倒垃圾的问题，以通宵值班及巡逻排查的方式日夜坚守，很大程度上杜绝的此类事情发生；对于家具厂噪音扰民，油漆刺鼻问题。成立蔡公堂街道仓库、家具厂、旧货市场整治领导小组，制定《蔡公堂街道关于开展扫黑除恶、打非治乱环保专项整治工作细化方案》，目标实现逐步消除辖区违法占地，违章建筑，未批先建经营的仓库、家具厂、旧货市场的问题。截至年底，已完成家具厂数据统计工作，做到底数清、情况明。

【宣传工作】 年内，蔡公堂街道以街道党工委书记为第一责任人，各村（居）以村（居）第一书记为责任人。年初召开意识形态部署安排大会，和村（居）一级签订目标责任书。每半年街道党工委进行意识形态领域调研，研判蔡公堂街道意识形态形势。年末，意识形态工作总结大会，各村（居）第一书记要向街道党工委汇报各村（居）意识形态情况。蔡公堂街道党工委秉承着意识形态无小事的理念，高度重视意识形态领域建设。

年内，蔡公堂街道党工委高度重视党的十九大宣讲工作。街道党工委班子成员分别在蔡村村委会、白定村村委会、恩惠苑社区集中宣讲党的十九大。蔡公堂街道宣讲团还深入田间地头、商铺茶馆、农牧民家中进行宣讲。截至年底，蔡公堂街道辖区营造了浓厚的学习宣传贯彻党的十九大精神浓厚氛围。全面开展“四讲四爱”主题教育活动。蔡公堂街道宣传委员、干事认真参加市、区各级“四讲四爱”宣讲培训，积极创新各种方法宣传“四讲四爱”，例如制定“四讲四爱”环保袋、一次性口杯、抽纸等。蔡公堂街道成立“四讲四爱”宣讲团，深入村（居）、学校、寺庙、医院、卫生室、商铺、茶馆、产业园区等进行宣讲，宣讲场次不少于100次。

【司法工作】 年内，根据所犯罪行及实际情况，分别为他们制定不同的矫正方案，在册社区服刑人员总共8人，均为男性。监管主要采取对于不同的人，根据不同表现分等级进行监管（严管、普管、宽管）；安置帮教对象总共21人，其中刑满释放人员10人（蔡村8人，白定村2人）、社区矫正期满11人（次角林村1人，蔡村10人）。对于安置帮教对象，按照“四必谈”“五必访”的原则，以帮扶、教育的方式对其进行管理。始终将普法工作作为重点工作来推进，主要做法是宣传到点，普法到人。为提升司法所服务水平，充分发挥人民调解的作用，积极落实基层矛盾调解化解制度，蔡公堂街道共建调委会4个（其中街道调解委员会1个、村居调委会3个），调委会成员36名，确保街道、村（社区）两级调解工作有人管事，有人议事。全街道排查调处了邻里、婚姻、家庭、土地等纠纷70件，调解成功65件，调解率100%，调解成功率90%以上，基本做到“小事不出村、大事不出街道”。

【信息上报】 年内，及时上报各类信息，全年共编印党委文件53期，政府文件72期，各类简报、会议纪要520余期，积极参加各级各类会议，及时组织学习传达。

【征地拆迁】 年内，蔡公堂街道辖区范围内所涉及的征地项目有教育城二期，二手车交易市场第二、三期，城关区教育局配餐中心、东郊环卫中转站、新藏大校区等，蔡公堂街道严格按照区委、区政府相关要求，积极落实党员干部责任制，督促党员干部走在前、带好头、作表率。按照工作实际安排，蔡公堂街道副科级以上党员干部均有包片项目，各司其职，定期向街道党工委、城关区委负责同志报告项目征地进展情况，以便城关区委可以动态掌握工作进度。加班加点，不断为群众做思想教育工作，保质保量完成各项征地拆迁任务，做到辖区群众零上访。

【防违控违】 年内，成立违法建设治理领导小组，配备相应办公场所和设备以及专职工作人员，按照“主要领导亲自抓，分管干部具体抓，班子成员包片抓”的要求，确保违法建设治理工作有效推进。通过召开全街道违法建设治理推进会，使用宣传车、悬挂条幅、发放明白纸等方式，进行多层面、全方位违法建设治理政策宣传，并在各村（居）设立违法建设举报电话，村级组织联户巡查队监督检查违控违禁违工作，使违法建设治理工作规范顺利开展。现已摸清违法建设的位置以及人员情况等，2018年共处理违法建设25起，责令整改25起，并组织200人次对违法建筑进行强拆，并对地基进行回填。蔡公堂街道将违法建设治理工作纳入街道对村（居）年度考核，强化巡查责任和问责于人的制度。在违法建设整治过程中坚持上门说服，耐心引导，争取自拆，积极帮拆，拒不整改的进行上报，确保违建整治到位。建立微信沟通联系平台，把查处的违法建设状况及拆除处理后的状况及时公布，公开接受监督，避免人情关系干扰和处理不公。同时建立“回头看”工作机制，定期组织人员在违法建设拆除后回访巡查，力争达到“乱象不反潮，违建不反弹”工作目标。安排专人认真做好各项违法建设登记统计工作，完成一户一档信息系统录入工作，按时上报有关统计报表，积极撰写工作信息等相关材料。同时，将以违法建设治理工作为契机，坚持标本兼治、预防为先、制止为主的方法，全面深入构建上下联动、齐抓共管、日常巡查、及时报告、有效处置的综合机制，合力推进全街道违法建设查处工作。

【恩惠苑社区居委会】 年内，恩惠苑社区在文广局、驻村工作队的大力帮助下，每周六早上11点开展2个小时童年之声活动，为社区孩子增添了童年的色彩，为孩子人格的培养，思想道德的树立有良好的指引作用；恩惠苑社区在共青团城关区委员会的大力支持下，7月15日开始每周日早上09:30至12:00开展阳光教育活动，采用幼儿、小学各年级划分，每班安排2名老师向社区孩子带来学习上的辅导，活动共参加学生为160余名和18名志愿老师；恩惠苑社区在寒暑期间每天对社区260余名中小学生提供学习上的辅导，通过开设辅导班提升社区孩子素养的同时，更加注重提升孩子的幸福指数，为让每一名孩子都以积极阳光的心态面对学习，社区对活动室进行了改造还配备整齐的椅垫、以整洁优美的学习环境，提供了便利的学习条件；7月26日，在电子阅览室开展脱贫攻坚“居民夜校”培训活动。根据居民就业需求，本着基本生活用语、加强汉语表达能力为原则，组织联户代表和各组组长共33人，有针对性地开展藏汉“双语”基础培训活动。社区以丰富居民文化生活为主要内容，以居民夜校为重要形式，全面宣传党的大政方针，弘扬社会主义核心价值观，不断丰富居民的文化生活，提高居民的综合素质，为社区建设注入精神正能量。

2018年8月22日，拉萨市脱贫攻坚交叉督察组一行到蔡公堂街道督导检查工作

恩惠苑社区居委会邀请恩惠苑社区卫生服务站的专家医生对社区困难群众开展免费医疗服务、免费健康咨询，免费分析讲解检体报告单，量血压，测血糖等活动。共接诊病人30多人，量血压20人次，测血糖18人，发放藏药40余份，派发各科常见病健康宣传教育单、特殊病病目录60余份。

【蔡村委会】 年内，蔡村委会深入学习整治理论及宣传学习活动。全年结合“两学一做”“党员政治教育”“四讲四爱”“五有五好”“主题党日”等主题，深入开展“歌颂党恩传承初心”为载体的书法比赛、知识竞赛、文艺汇演等活动；全年开展2次安排部署会，以村169名党员数量上增加驻地单位的党员共计289名党员对辖区508户群众采用“一对一，或一对多”的形式，进行结成对子进行开展党员联系服务群众活动；重点建好“农家书屋”、党建长廊、廉政长廊、“亲子乐园”、党员活动室、文体娱乐场所等活动场所，随时免费向党员群众开放，通过多种渠道、采取多种方式全年开展100多次各类活动；组织党员、联户代表、群众每月20日进行开展一次大扫除活动，除此之外整个7月份作为重点月对辖区各个区域带动党员、联户代表、群众及机械进行大面积开展卫生整治活动50余次；蔡村运输车队盈利高达2196万元，入股村民共得分红400万元，就业15名贫困户岗位，人均工资4000元左右；扶贫利民砂石厂分红320万元，人均分红4200元，为精准扶贫户10户二次分红共3万元。蔡村一二组朗塞十一区门面房租金分红379万元；先后为蔡村精准扶贫户10户29人、“三老人员”12名，驻寺干部6名，僧尼14名，基层保洁人员2名，致富能人3名，车队负责人8名，联户代表64名，琅赛集团有限公司对村5户精准扶贫户每户送去9000元的慰问金。

【白定村委会】 年内，白定村委会圆满完成扶贫公路、318国道加宽及藏医药大学征地事宜，白定扶贫公路、318国道加宽及藏医药大学征地工作陆续开展开展，在蔡公堂街道的带领下，白定村委会同网格员、联户代表，充分发扬不怕苦、不怕累的精神，加班加点，主动作为，为征地测量工做贡献力量，网格员、联户代表更是主动全程参与到征地拆迁工作。

截至年底，扶贫公路征地约120亩，318国道加宽征地约70

亩左右,藏医院大学征地约110亩;2018年共计完成征收土地约300亩,未出现一起民转型案件以及越级上访事件,圆满完成扶贫公路、318国道加宽及藏医药大学征地拆迁工作。蔡公堂街道主要领导心系人民群众,会同白定村委会,积极协调解决失地农牧民安置就业用地问题;2018年解决白定村二组划分安置就业用地116亩、白定村五组划分安置就业用地220亩。

（德吉卓嘎）

【领导名录】

党工委书记

多　　吉(藏族)

党工委副书记、主任

张永海

党建专职副书记

梁　　怡(女)

人大主任

黄　　琳(女)

纪工委书记

德吉措姆(女,藏族)

组织委员

米玛桑吉(女,藏族,7月免)

王　　静(女,7月任)

政法委员、武装部部长

边巴次仁(藏族)

宣传委员、副主任

旦增欧珠(藏族,7月免)

尼玛拉珍(女,藏族,7月任)

统战委员

米　　玛(藏族)

副主任

尼玛拉珍(女,藏族,7月免)

佳央桑珠(藏族,7月任)

土登洛桑(藏族)

纳金街道办事处

【概况】 城关区纳金街道地处拉萨市东郊,现有3个行政村、3个社区,15个自然组,常住人口15792户,39480人,其中,本地村(居)民1733户,5209人,户籍人口5128户,11484人。无劳动能力和丧失劳动能力11人,享受生态保护岗位政策补助26人。寿星老人232人。残疾人共250人。享受“残疾人两项补贴”共有250人。五保户2户2人,城镇孤寡老人1人。退役士兵共100人,其中有困难11人。现有基层党委2个、基层党总支3个、基层党支部16个,中共党员548名。

【亮点工作】 年内,纳金街道严格按照拉萨市、城关区两级政府东沿规划的战略要求,充分发挥敢打硬仗、攻坚克难的钉钉子精神,不折不扣地完成土地征拆任务。在东环线北段道路修建过程中,纳金街道协助相关部门圆满完成89家普通温棚、34家养猪场征拆工作。在东城建德商品混凝土有限公司、嘎巴村农牧民经济合作社、尚铖砼业有限公司、宗全预制场4家企业拆迁中,采取行之有效的谈判方法,顺利签订拆迁协议,4家企业分别接受了拆迁补偿。

年内,纳金街道为进一步改善居民居住环境,推进城乡发展一体化建设,推进公共服务体系,积极开展加荣社区棚户区改造工作。围绕群众不愿测量、不敢测量的问题多次开展群众动员大会,组织工作人员针对群众不明白的问题进行详细解释,获得了群众满意和支持,促使加荣社区棚户区改造工程顺利推进,涉及第一期棚户改造的258户已全部搬离,安置政策补偿款已全部兑现。

纳金街道完成撤乡设街道工作,正式设立拉萨市城关区委纳金街道委员会、拉萨市城关区人

2018年10月13日,城关区委副书记、政协主席索朗次仁出席纳金街道撤乡设街道揭牌仪式

民政府纳金街道办事处、中共拉萨市城关区纪委纳金街道工作委员会。

纳金街道完成集体资产清查工作，其中，塔玛村以102.3分的成绩，圆满完成拉萨市级集体资产清查验收，其余5个村（居）集体资产清查工作均已完成，除纳金村外，均通过城关区级验收。

纳金街道办事处集中组织街道、村（居）骨干力量，全力攻坚，完成2316项数据核查工作，核查率达到100%，顺利完成经济普查底册审核工作。

纳金街道始终以群众利益为首任，根据群众的要求，积极寻找解决措施，切实解决第八安居苑、东郊老安居住户“只有一证”的历史遗留问题。年内，顺利完成以上两个安居苑住户的不动产登记工作，共登记报送房产证658本，完成办理并返还448本。

2018年2月8日，城关区委宣传部、文广局、文明办、纳金街道在藏热社区联合举办“我们的节日·春节藏历新年”主题联欢活动

【精准扶贫】 年内，纳金街道办事处建档立卡贫困户动态调整为163户527人，贫困户年人均可支配收入增长至23102.41元。按照措施不变、力度不减原则，全年共解决153名贫困群众就业问题，解决29名贫困在校大学生生活和交通费用问题，安排生态补偿岗位218个，临时救助5人，救助金23933元。同时，坚决贯彻落实习近平总书记深化东西部协作和对口支援指示精神，加强与北京市通州区漷县镇的协作关系，纳金街道办事处6个村（居）分别与北京市通州区漷县镇村（居）签订结对帮扶合作协议。其中，纳金村与漷县镇黄厂铺村签订扶贫项目建设合作协议，获赠30万元帮扶资金及300件T恤衫。

【农牧业】 年内，纳金街道耕地面积720亩，粮食播种面积5亩，蔬菜种植面积651亩，蔬菜产量0.2501万吨，饲草和玉米播种面积64亩。辖区内所有饲养的牛均实现参保。同时，为做好牲畜防疫工作，纳金街道对辖区内所有牲畜进行了疫苗注射，其中，牛1350头、羊118只，普及率达到100%，有效防止牲畜之间疾病的传播，纳金街道农牧产业结构呈现多头并进的良好态势。

【环境保护】 年内，纳金街道办事处狠抓生态环保整改工作，成立环保问题整改专班工作组，重点开展“回头看”，严防问题反弹。常抓不懈环境整治工作，下重拳整改环保督查问题，对涉及生活垃圾和建筑垃圾乱堆乱放、噪声污染、油烟污染、扬尘污染等情况及时进行整改。在接到各环保问题交办单之日起，积极主动与各主办、协办单位一道开展整改工作，在整改时限内完成整改工作，并及时上报整改进度及案件办结报告，案件办结率达到100%。纳金街道联合城关区安监局、城关区环保局、纳金派出所等多家单位组成工作组，对辖区31家石材厂进行实地监督、思想规劝，顺利完成31家石材厂搬迁工作。制定《纳金街道办事处生态保护方案》，拆除纳金水厂水源保护区和管道沿线的2个商砼站、1家沙场和蔬菜大棚、生猪养殖场，有效保护了纳金水厂水源地水质安全及其周边生态环境。

【便民服务】 年内，纳金街道建立便民服务大厅，并设立综合服务岗、民政服务岗、人社服务岗、综治服务岗等窗口，以方便群众办事为目的，简化办事程序，减少办事环节，实行“一个窗口受理，一次性告知，一条龙服务”，为辖区群众提供优质便捷的服务。严格依照法律法规办理审批服务事项，规范工作程序和办事行为。坚持公开透明原则。通过服务指南、办事流程，公开服务事项，办理程序，申报材料，办结时限等事项，增强工作透明度，方便群众监督。

【惠民政策】 年内，纳金街道办事处全力开展16周岁以上60周岁以下人员的参保工作，大力宣传新型农村社会养老保险的相关政策及精神。共完成参保统计34人次，统计新增60周岁老人参保32人次，并及时帮助老人申请待遇。及时传达上级下发的相关文件精神，统计并上报参加相关技能培训人员及高校毕业生返街道（村）创业调研，为广大毕业生及有就业需求的人员提供工作渠道资源。及时落实各类参保政策，参加农村合作医疗2045人，参保率达100%。及时开展社保卡发放工作，共完成社保卡发放300人次。

【社会事业统筹发展】 年内，为确保解决辖区未就业群众就业工作，切实帮助未就业群众找到就业机会，纳金街道办事处积极组织基层服务平台工作人员，通过入户的形式，对各村（居）进行劳动力核实统计，同时开展大学生就业宣传服务、群众技能培训、各类招聘会等形式多样的活动，让广大群众能够第一时间掌握就业信息，提升自身能力，增加就业机会。共开展各类就业宣传11次，发放宣传册600份，组织群众参加各类招聘会7次，各类培训10次。122名高校毕业生中已就业113人，未就业9人，纳金街道办事处将持续对尚未就业的毕业生进行动态监测，及时推荐适合的就业机会。

纳金街道办事处以提高群众保健意识和健康水平为出发点，配合街道卫生院扎实开展“包虫病”“结核病”“两病”筛查工作。筛查包虫病共计8046人，血清阳性患者469人，结核病筛查共计4220人，风湿病筛查共计3780人，均已建档并做好随访工作。

纳金街道办事处严格按照上级教育部门的工作指示，严格做好各项数据统计、资金发放、人员信息收集等工作，完成建档立卡大学生登记、“以教脱贫”建档立卡贫困大学生信息筛查、登记及补助发放工作，同时，在有效时间内完成辖区0～15周岁孩子的信息登记等任务。

【党建工作】 年内，借助“两学一做”学习平台，将习近平总书记系列讲话精神贯穿于全体党员教育工作中，切实提高全体干部职工理论素养。年内，开展集中学习48次，政治纪律应知应会考试1次，个人撰写心得体会80余篇。

年内，下辖3个社区、3个村，其中党员人数超过100人的塔玛村，经上级党组织的批准，设立党的基层委员会，党员人数超过50人的嘎巴村、纳金村及藏热社区已设立党总支，针对不同类型党员的实际，灵活设置党的基层组织。

为进一步推进党的组织和党的工作全覆盖，在区委组织部、区“两新”工委、成都市流动党委的精心谋划下，纳金街道党工委组织举行中共西藏圣城建设集团有限公司拉萨市城关区纳金街道东城一号地块项目成都市流动党员临时支部委员会揭牌仪式，将抓项目的经验引入党建工作，达到

2018年6月29日，纳金街道举办庆祝建党97周年表彰大会暨“四讲四爱”群众教育实践活动

“党旗飘在工地上，支部见到项目中的”效果。

深入开展“四讲四爱”群众教育实践活动，依托宣传阵地，组织开展形式多样的宣讲活动102场，充分借助宣讲团及各村(居)宣讲员的力量，深入群众家中、商铺、茶馆，面对面、点对点开展宣讲，精心打造覆盖式宣传阵容。通过组织群众参观西藏自然科学博物馆、爱国主义教育基地，集体观看爱国教育片等活动，营造爱党爱国舆论氛围。

【党风廉政建设】 年内，纳金街道党工委始终做好党风廉政建设和反腐倡廉工作，不断加强自身建设，坚持民主集中制，严格执行“三重一大”“四议两公开”“街道议事规则和决策程序”等规章制度。党工委书记与班子成员、班子成员与分管干部层层签订《纳金街道党工委落实党风廉政建设责任书》，切实做到党风廉政工作与审判业务“一岗双责”。严格落实廉政谈话制度，通过形式多样的教育方式，积极开展党风廉政教育和反腐败建设相关工作。严格落实好中央“八项规定”和实施细则精神，改进教育方式，突出示范教育，全面开展一把手讲廉政党课活动，加大干部身边勤政廉政典型的宣传力度。街道纪工委书记及纪检专干认真抓好纪律检查，严格考勤制度，规范工作秩序，不定时开展考勤督查，并将出勤情况与年终评优挂钩，积极树立机关良好形象。

(耿乙鹏)

【领导名录】

城关区政协副主席、街道党工委书记

索朗巴珠(藏族)

党工委副书记、主任

和 吉 热(女，回族)

党工委副书记、人大工委主任

拉巴卓玛(女，藏族)

党建专职副书记

彭 涛(女，6月免)

旦 增(藏族，6月任)

纪工委书记、派出监察室主任

旦 增(藏族，6月免)

阿旺卓玛(女，藏族，6月任)

组织委员、藏热社区党总支第一书记

杨 晓 华(女)

政法委员、统战部部长

旦增曲扎(藏族)

副主任、宣传委员

安 琛(女)

副主任、纳金村党总支第一书记

马 兰 兰(女)

副主任

西绕江村(藏族)

夺底街道办事处

【概况】 夺底街道办事处位于拉萨市北郊，属城乡结合部，辖区面积101平方公里，下辖2村委会1居委会，5个村民小组。全街道常住人口4784户10194人，农牧民866户2895人；流动人口14439人。各级党组织共193名党员，其中农牧民党员111名。2个党总支，7个党支部。

10月17日，夺底乡举行撤乡设街道揭牌仪式。城关区委常委、区委办主任达娃出席揭牌仪式。此次揭牌仪式标志着夺底乡进入新的阶段，为夺底经济社会的发展，推进城乡一体化进程奠定了坚实的基础，全体工作人员将以热情饱满的工作态度迎接新阶段的工作。

【履行基层党建责任】 年内，成立党建工作领导小组，明确各班子

2018年10月17日，城关区委常委、区委办主任达娃参加夺底街道举行撤乡设街道揭牌仪式

成员党建工作责任。组织召开基层党建工作安排部署会，传达会议精神，安排部署党建工作要点，明确全年党建工作目标和任务，与各村居签订《基层党建工作目标责任书》。全年召开党建工作专题部署会4次。

2018年5月11日，城关区副区长、街道党工委书记刘晓莉主持召开“大党委”兼职委员聘任大会

【“两学一做”学习教育】 年内，夺底街道以党的十九大和习近平新时代中国特色社会主义思想为指导，坚决贯彻落实中央、自治区、拉萨市以及城关区各项决策部署和具体要求，及时召开干部会议，主要领导亲自安排部署重要工作，亲自传达重要文件精神，切实将各级重大决策部署贯彻于全街道各项事业中。同时，为确保领导班子在思想上与党中央、自治区、拉萨市、城关区始终步调一致，推进“两学一做”学习教育常态化制度化，积极开展党员政治教育，坚持组织党员干部职工集中学习，2018年机关党支部学习50次，其中廉政教育学习13次、实地参观学习3次、观影学习8次；各村(居)学习90余次。理论学习中心组学习21次，其中专题研讨学习5次；开展上党课活动20余次，其中书记讲党课3次，包含1次廉政专题党课。机关干部职工形成学习笔记500余篇，心得体会60余篇，领导干部形成调研报告12篇。

【激发基层党组织活力】 年内，持续落实“强党、固基、扶村”工作，壮大基层工作力量，选优配强创先争优强基惠民驻村工作队伍，街道选派9名成员担任第八批驻村工作队成员，由村(居)第一书记兼任工作队队长，并顺利完成第七、八批驻村工作队轮换交接；在充分了解下沉干部工作表现、实际情况及个人意愿的基础上，严格按照三分之二标准、不影响现有工作、担任“两委”班子职务(含第一书记)的不进行轮换等相关规定，调回4名3年期满的下沉干部，并重新指派12名干部下沉。经过轮换，街道下沉干部共有25名。其中，公务员16人、事业干部3人、工人6人；领导班子成员3人；研究生学历3人、本科学历12人、大专学历5人、高中学历5人。

【党管意识形态】 年内，党工委全面贯彻党管意识形态原则，把意识形态工作作为党的建设和政权建设的重要内容。坚持“一把手”负总责，班子成员各负其责，不定期召开意识形态工作专题会议，传达学习各级党委、政府关于意识形态工作的决策部署和主要精神，研究意识形态领域突出问题，并提出切实可行的解决办法。

【村级活动场所标准化建设】 7月25日，桑伊社区已完成场所标准化建设通过区委组织部验收。截至年底，场所设置第一书记、书记、主任、社区服务中心主任等工作人员的综合办公室，实现办公人员集中、工作效率提升的目标。开放便民服务大厅、矛盾调解室、练歌房、乐器室、棋牌室、驾驶室、计算机学习室、阅览室、妇女之家、心理咨询室、书法室、益·学堂、党员活动室、健身房、居民舞蹈排练室等17个功能服务室，基本实现“办公场所最小化，服务功能最大化”建设要求。桑伊社区“益·学堂”在8月3日开班，辖区居民及联户代表20余人成为第一学期学员，之后陆续开展“益·学堂”培训课4次，各功能室共接待群众达200

余人次。场所建设完成以来，接待了北京通州区马驹桥镇调研组、云南迪庆州调研团的参观。通过各类活动的开展，切实拉近了干群之间距离。

【“支部主题党日”（党建载体）活动】 “支部主题党日”活动是严肃党内政治生活、规范党员日常教育管理的有效载体，是提升党建工作水平的重要抓手。按照每月开展一次主题活动要求，全街道各级党组织开展“支部主题党日”（党建载体）活动30余次，其中机关党支部组织开展“支部主题党日”活动11次。活动内容包括综治宣传、清明祭扫、生态保护、打扫河道、民族团结、警示教育、参观学习、知识测试和趣味游戏等。同时，在“三大节日”“三八”“七一”等重要节点开展有针对性的慰问活动，让辖区“三老”人员、贫困户、困难妇女、困难党员等群体充分感受党的温暖。组织开展“七一”建党96周年和建国69周年系列庆祝活动。通过各种活动开展，进一步丰富了党建活动载体，发挥了基层党组织的战斗力。

【宣传教育】 年内，将宣传党的十九大精神、习近平新时代中国特色社会主义思想与宣讲“四讲四爱”内容有机结合，成立街道级、村级宣讲队伍，组织宣讲、实践教育活动70余次。全面开展“扫黄打非”工作，联合警务室清查辖区网吧、酒店、影像店等20余家，开展清查工作5次。加强思想道德建设，开展学雷锋志愿者服务活动9次，“我们的节日”主题活动3次，开展社会主义核心价值观和中国梦宣传教育活动4次，开展未成年人教育活动5次。广泛开展乡村精神文明建设，设置精神文明宣传栏6块，树立“遵德守礼”牌200余块，道德讲堂4个、“善行义举”榜4个，开展“五好”活动20余次。

【党风廉政建设】 年内，组织开展党风廉政建设工作安排部署会，与各村（居）签订《党风廉政建设责任书》；开展述廉述责评议会1次；组织召开党风廉政专题会议9次；开展党员政治纪律教育6次；开展各类督查22次；开展明察暗访7次；开展资金发放监督20次；开展廉政谈话8人次；开展“三公”经费自查3次；开展扶贫领域执纪监督5次；向上级纪委汇报问题线索1件；与干部职工签订《个人廉洁自律承诺书》《干部职工不参与赌博承诺书》。集中开展整治不作为、慢作为和文山会海等形式主义、官僚主义问题。查找出6个方面问题，分析产生问题原因，并列出具体整改措施。加强机关作风建设，严格执行考勤制度，严格落实每日出早操制度，规范干部外出和请销假登记程序。11月8日，夺底街道举行城关区监察委员会派出夺底街道监察室揭牌仪式，监察室的成立，充分汇集基层监督合力，全面提升监察工作成效，为夺底街道高质量跨越发展提供坚强的纪律保障。

【经济发展】 年内，夺底街道农村经济总收入29874.25万元；多种经营和乡镇企业收入26492.71万元。劳动力1531人，农牧民人均纯收入20500元，其中现金收入17740元。街道耕地总面积2829亩，其中种植树莓出租1066亩、粮食161.59亩、蔬菜1022亩、油

2018年6月12日，夺底街道党工委副书记、主任旦增罗布带队参观西藏擦擦文化展览馆

菜138.41亩、饲料441亩；草场面积128958.5亩，林地面积693亩，牲畜总数3707头。

【掌握“两违”情况】 年内，夺底街道深入开展“两违”整治工作，召开违法建设专项整治工作会议，利用宣传车、LED显示屏、悬挂横幅、入户摸底排查等方式宣传打击违法建设相关知识政策。对全辖区进行“地毯式”摸查，全面实行违法建筑汇总日报告制度，形成登记造册，截至年底，共清查房屋275户、仓库及库房68间。对违法违规建设严厉打击，大力整治。解决土地纠纷8起，打击非法土地买卖2起。对沿街乱占地、乱搭建进行全面整治，先后拆除违法搭建35处。拆除私自占有乱搭乱建简易板房77间和1处违法建筑（纸杯厂）。

【生态文明建设】 年内，以生态保护为先，实施山体绿化工程，以生态文明建设推动产业链发展。面对山体植被稀疏、水土流失、土地沙化等生态问题，2017年与树莓公司合作，推行“夺底街道2017年北山山体绿化造林试点工程”。积极配合城关区委完成国土绿化工程项目，植树造林面积达600多亩，共种植树木达6万多棵，有效改善了拉萨市周边的生态环境和人居环境质量。为巩固农村环境综合整治成果，实现农村环境综合整治工作经常化、制度化、规范化，年内，夺底街道积极开展环保“回头看”工作，确保所有案件不反弹；全面推行“河长制”，进一步促进水资源保护、水域岸线管理、水污染防治、水环境治理等工作，组织干部职工及群众500余人次捡拾垃圾及河道清淤60余吨；以城关区“五下乡、四进社区”“综治宣传月”等活动为契机，设立宣传点，大力宣传环保法律法规，向群众发放宣传资料2000余份，不断增强全社会的生态文明意识。

【以教脱贫】 年内，建档立卡27名在校大学生享受学费全免政策的同时，享受每月1000生活费的资助。截至年底，共兑现资助金额489000元。

【以助脱贫】 年内，全民免费体检覆盖率达100%，农牧民参保率达100%。所有农户大病住院的医疗报销80%，建档立卡户享受剩余20%的民政临时救助，同时特殊病门诊报销达100%。截至年底，医疗报销达22.4万元，民政救助5.6万元。

【以保脱贫】 年内，按照民政局应保尽保、应退尽退的动态管理机制，对低保户进行及时清查。享受农村最低生活保障政策的贫困户13户20人，补助标准达到脱贫标准线以上；五保户9户9人，保障标准达到11050元/人/年。

【以迁脱贫】 年内，异地搬迁18户73（其中1户2人去世），实际入住3户10人。

【以补脱贫】 年内，按照上级下达的生态补偿岗位指标，已为216人提供生态补偿岗位，实行一人一岗制，每人每年工资已涨到3500元，已兑现2018年上半年工资378000元。

【以业脱贫】 扶贫项目维巴村农业休闲观光园，村组集体经济洛欧村巴斯度假村、巴斯欢送场、巴斯修理厂、巴斯扶贫菜市场，年底扶贫分红涉及55户170人，共分红资金52.1万元，人均增收3064元/年。同时，夺底街道积极与相关部门衔接，通过各部门资源和渠道优势，已为“两后生”6人（公益性4名，自主择业2名），建档立卡13人（公益性岗位5人，各企事业单位合同工8人）解决就业难题。通过土地流转培育产业，带动群众增收。土地流转1200亩，每亩每年2000元，其中建档立卡户流转土地157.25亩。每年增加土地流转租金240万元，贫困户每年增加租金收入31.45万元，户均增收3456.04元/年，人均增收1115元。另外，夺底街道与西藏树莓公司签订协议联合在吉仓山山体进行绿化试点工程，公司也优先考虑当地群众在树莓和山体绿化上务工，务工费每人每天100元，年人均增收3625元。

【教育工作】 年内，夺底街道辖区内有小学1所，在校生405名，均为农牧民子女，适龄儿童入学率达100%，按照要求实行“三包”政策。共112名在校大学生已足额兑现各类资助资金，现建档立卡在校大学生18人，已足额兑现生活补贴216000元。

【民政工作】 年内，有农村低保户13户18人；残疾人182人，五保户9户9人，困难退伍军人10名。2018年资金发放方面：共发放350911元。其中：低保资金52231.3元、五保资金2880元，残疾补贴295800元。

【城乡环境卫生】 年内，共开展以公路、河道沿线的卫生大清理大整治10余次，清除乱贴乱画11处，村容村貌及群众的生产生活环境得到了极大改善。

【全民健康】 年内，辖区农牧民家庭全部参加合作医疗，共有2985人参保，参保率达到100%。认真核实两项扶持资金的账号，参加出生缺陷一级检查8人，孕前检查28人，参加国家队列研究项目的有1336人，开展群众大会宣传健康卫生知识1次，发放各类健康宣传资料113份。

【就业和社会保障】 年内，养老保险参保人员1463人；高校毕业生96人，已就业94人，完成工作目标；组织105人（5名建档立卡贫困人口）参加公益性或者服务平台岗位招聘，进入净土公司、园林局、777公司，解决了就业问题。

【农牧、水利工作】 年内，春耕春播期间为两村222户农户发放农作物种子5144.25公斤。其中为95农户发放玉米种子785.25公斤，地膜111.75卷；为54农户发放箭舌豌豆种子342公斤，为73户农户发放藏青2000种子4020公斤。蔬菜总播种面积413亩，总产量517.8吨。2018年辖区涉及水利工程项目4个，分别为拉萨市城关区夺底乡流沙河维巴沟防洪工程，总投资2367.9万元，建设内容包括砂石滞留区和流速缓冲区580米，排洪渠长2870米；夺底街道米琼日沟排洪渠改扩建项目，总投资2033万元，建设内容包括修建2561米排洪渠；2017年底脱贫攻坚整合资金夺底水渠项目，总投资116万元；夺底街道维巴村维巴组农田水渠建设项目，总投资45.53万元。

（达娃玉珍）

【领导名录】

副区长、夺底街道党工委书记
　　刘晓莉（女）
党工委副书记、主任
　　旦增罗布（藏族）
党工委副书记、人大工委主任
　　次仁玉珍（女，藏族，2月免）
　　强巴次旦（藏族，2月任）
党工委党建专职副书记
　　肖世襄（女）
党工委委员、纪检书记
　　次仁央吉（女，藏族）
统战委员、人大工委副主任、洛欧村第一书记
　　丁增罗卓（藏族）
政法委员、武装部部长、桑伊社区第一书记
　　宁军红
党工委组织委员、维巴村第一书记
　　达瓦旦增（藏族）
副主任
　　荣　铧
　　索朗卓嘎（女，藏族）

娘热街道办事处

【概况】 2018年10月19日，娘热街道举行撤乡设办事处揭牌仪式。娘热街道位于拉萨市北郊娘热沟内，距市中心5公里，平均海拔3710米，辖区总面积97.4平方公里。街道下设3个行政村：吉

2018年10月19日，娘热街道举行撤乡设办事处揭牌仪式

苏村、仁钦蔡村、加尔西村，2个社区：阿坝林卡社区、慈松堂社区，总人口45050人，其中常住人口15739人，流动人口29311人。娘热街道党工委下设8个基层党组织，分别为街道机关党支部、2个社区党支部、3个村党总支及娘热小学党支部、娘热民间艺术团党支部共有党员279名，其中农牧民党员194名。主要居住人口为藏族、汉族、回族三个民族；辖区机关企事业单位、退休基地、驻军部队等65个，拉萨市市属寺庙2座（色拉寺、帕崩岗）、城关区属寺庙1座（格日寺）、城关区区属日追2座（曲桑、帕日）、修行点3处（帕日山、斯布、达旦），学校10所、卫生院1所；共划分15个网格、706名联户代表。

【各项经济指标完成情况】 年内，全街道农村经济总收入19700万元，其中多种经营收入6762万元，乡镇企业收入3531万元；第一产业收入4171万元，其中种植业收入1352万元，牧业收入2819万元；第二产业收入2629万元，其中建筑业收入2296万元，工业收入333万元；第三产业收入12900万元，其中商业餐饮业收入692万元；服务业收入1985万元，农牧民人均纯收入19057元。

全街道机耕面积102.26公顷，机播55.6公顷，肉食产量22020斤，奶类产量161.36吨，牲畜存栏数2735头，其中黄牛439头，良种及改良乳牛40头，牦牛2144头，绵羊112头。牲畜出栏150头，其中牦牛120头，黄牛25头，良种及改良乳牛5头。现有草场总面积6622.1公顷，已利用草场面积6504.7公顷。

全街道乡村劳动力共1752人，农业从业人员924人，工业从业人员35人，建筑业从业人员128人，交通从业人员188人，信息传输、计算机服务5人，批发及零售业67人，住宿和餐饮业66人，其他行业从业人员339人。

全街道现有农用大中型拖拉机203台，联合收割机1台，机动脱粒机28台，农用运输车15辆。娘热街道第四次经济普查前期已全面完成清查数据采集，划分13个普查区，共动用26位普查员及2位普查指导员，底册共1337家企业及单位已按时核实完成。

【"两学一做"学习教育常态化制度化】 年内，娘热街道党建工作围绕巩固"两学一做"专题学习教育和"党员政治教育"活动展开，按照教育实践活动的总要求，坚持围绕中心、服务大局，全面贯彻落实党的十九大和自治区、拉萨市、城关区提出的各项任务要求，把作风建设摆在突出位置。开展"两学一做"学习教育，取得了明显成效。年初，按照中央、自治区、拉萨市及城关区总体部署，结合实际，及时成立工作领导小组，制定《娘热街道"两学一做"学习教育实施方案》及《娘热街道"两学一做"学习教育学习计划》，利用条幅、宣传栏、LED显示屏等载体广泛进行宣传，为将学习教育活动引向深入奠定了坚实基础；采取集中学习和个人自学相结合的方式，充分利用中心组学习及周四、周五学习例会，定期和不定期学习，以会代学等机会，对党的十九大和各项会议精神，以及《党章》《廉政准则》《中国共产党纪律处分条例》等有关知识的学习，切实用理论武装头脑，增强实际工作的能力。

年内，以"坚定政治立场、严

2018年12月1日，娘热街道召开"党员政治教育专题组织生活会

守党的政治纪律”为主题，开展一系列学习活动。其中：理论学习17次，观影3次，演讲比赛1次，专题讲座2次，参观1次，研讨会1次，考试3次，知识竞赛1次，组织生活会1次，撰写心得体会40篇，理论文章2篇。街道全年共组织开展“两学一做”学习会议49次，开展研讨会2次。

2018年12月29日，娘热街道举办农牧民趣味运动会

【党风廉政建设】 年内，娘热街道党工委根据分工，落实每个班子成员在党风廉政建设中的责任，形成主要领导负总责，分管领导具体抓，一级抓一级，一级对一级负责的工作机制。2018年街道党工委共组织召开党风廉政建设工作会议15次，专题研究部署党风廉政建设工作会议4次，党工委书记讲廉政党课4次，开展反腐倡廉宣传教育活动2次，开展党风廉政专题调研及专项检查各1次。

街道纪工委坚持把纪律挺在前面，结合上级部门专项行动，加强常态化监督，强化对村级“三资”的正确使用开展专项监督检查，特别是针对扶贫领域内的损害群众利益不正之风，工作不作为、乱作为问题严肃开展问责。2018年共开展督查5次，告诫整改约谈干部1名。

【民生工作】 截至年底，参加新农保人数为1433人，其中2018年新参加新农保人数为66人。享受新农保养老保险的老人共有257人。参加医保人数为305人，其中2018年新参加医保人数为24人。在2018年已报销医药费14人。又收到1份报销单子。8月，开展人社“送岗位、送技能、送政策”的扶持下，娘热街道2018年应届高校毕业生共计140人，其中在娘热街道及城关区人社局的帮助下，已就业127人，已就业的127人中包括4名建档立卡贫困户，未就业13人，就业率达到人社局规定的91%。8月，娘热街道开展劳动力统计工作，在娘热街道工作人员的走访调查中，娘热街道劳动力共1462人，其中农业户口1391人、非农业71人、16～35周岁686人、36～45周岁423人、46岁及以上353人，工资2000元以下80人、2000～3000元105人、3000～4000元366人、4000～5000元145人、5000元以上39人。9月，娘热街道开展社保卡发放工作，城关区给娘热街道分6300张社保卡，娘热街道共计发放社保卡1870张，在发放社保卡的同时，娘热街道工作人员会解释清楚社保卡的用处及功能。

【违建工作】 年内，娘热街道始终树立“一盘棋”思想，压实责任、合力攻坚，以最坚决的态度全面狠抓违建工作。成立由区委常委、副区长、娘热街道片区长汪锋担任组长的工作领导小组，并设立街道违建办，第一时间制定各项规章制度及职责分工。将违建相关法规同城关区“给市民的一封信”一起印制并发放；将街道的皮卡车改装成流动宣传车，每天在辖区范围内结合巡查进行流动宣传；利用综治宣传周等各类活动，向过往行人发放宣传册，讲解违法建筑相关法律法规。截至年底，共开展摸底调查4次，共发现处置违法建设行为36起，下达停工通知书36份，限期拆除通知书4份，强制取消土地私自买卖2起；在违建多发地安装监控摄像头4个，安装铁丝网1000多米，修建围墙3000多米，设立告示牌

6个。年内，共拆除违法建筑4处，共拆除违法建筑物87个，拆除面积40650平方米，有效打击了违建行为，较好地遏制了违法建设蔓延的趋势。

2018年7月30日，娘热乡召开2018年度“不忘初心、争当先进”表彰大会

【医疗卫生】 年内，为帮助娘热辖区内符合条件的“一孩、双女”特殊子女困难家庭55户，进行相关政策宣传并对61人发放扶助资金960元，为6户失独家庭发放资金每人4080元特别扶助和2户伤残家庭发放资金每人为3240元，共计扶助金额为89520元。截至3月，娘热街道农牧民2673人筹资工作全部完成，共筹资80190元，筹资率达到100%，村民都参加了合作医疗，个人筹资达到100%。

两病筛查工作，截至年底，结核病共筛查7031人、其中学生共筛查1312人、胸部拍片有1221人、风湿病共筛查4404人、其中血样采集有1357人、风湿病疑似233人（风湿病较严重的在街道卫生院每天下午进行免费的藏药涂擦及平衡针灸干预服务工作）。妇幼保健科新建母子保健卡6人，共9位产妇住院分娩，HPV检测350人、无创检测4人、产后访视11人、性三病筛查6人。

【社保工作】 年内，为扎实做好城乡居民群众社会养老保险工作，进一步健全和完善社会保障体系，推进城乡统筹发展，保障城乡居民年老后的基本生活，实现老有所养的目标，娘热街道根据区委、区政府相关政策及文件精神，积极全面地展开城乡居民社会养老保险工作。通过张贴通知、发放宣传资料、讲解政策等方式，尽量让城乡居民了解这项惠民政策。截至年底，参加新农保人数为1433人，其中2018年新参加新农保人数为66人。享受新农保养老保险的老人共有258人。参加医保人数为384人，其中2018年新参加医保人数为24人。

【环保工作】 年内，娘热街道始终坚持“不忘初心、牢记使命”的伟大目标，在开展生态环境保护工作中，继续向前，深入落实重大部署。在生态建设方面始终坚持不懈、克服困难，保质保量地完成以下工作：严格落实乡村两级“河长制”，在流沙河上游设置拦截网，定期清理河岸两旁垃圾，减少垃圾污染；严格落实环境保护责任，积极办理中央第六环境督察组转办的48件案件，关于娘热街道的整改案件认真落实到位后，现已全部销案；对辖区116户违法占用耕地的家具厂、库房，按照拉萨市相关规定，积极开展“未批先建”家具厂仓库拆迁教育宣传工作。已拆除家具厂、仓库7家，拆除面积达8504.86平方米；清运垃圾4吨；累计清理土地5.5亩，占总面积5.5亩的100%。落实“禁白”工作常态化，发放环保购物袋738余个，宣传手册446册，张贴宣传横幅、标语91张；在全国第二次污染源普查工作中，为确保辖区无漏查企业，娘热街道积极开展，高效率地完成普查登记工作。

【扶贫工作】 年内，娘热街道根据城关区党委、区政府精准扶贫工作要求，按照“一年脱贫、四年巩固”的工作方针，坚持“投入力度不减，帮扶措施不变”的原则，制定科学合理的巩固方案，积极开展脱贫巩固工作，及时召开会议听取扶贫工作汇报、协调扶贫工作部署、解决扶贫工作难题，顺利完成娘热街道2018年脱贫巩固工作。2018年确定娘热街道边缘户1户3人，并为其制定相应的帮扶措施。

年内，娘热街道继续强化动态管理，每月定时更新精准扶贫数据及贫困户信息，实现信息化实时跟踪服务管理；通过摸底调查、入户走访，对建档立卡户家庭脱贫巩固时期以及新增边缘户家庭进行动态监测。经过2018年人口自然增减，娘热街道现有建档立卡户53户181人，2018年人均可支配收入达到16537.88元。

（石　薇）

【领导名录】

城关区政协副主席、街道党工委书记

安纪周（女）

党工委副书记、办事处主任

边巴次仁（藏族）

党工委副书记、人大工委主任

张　铸

党工委党建专职副书记

次仁德吉（女，藏族）

政法委员、武装部部长、慈松塘社区第一书记

毛　辉

组织委员、加尔西村第一书记

索朗德吉（女，藏族）

宣传委员、办事处副主任、仁钦蔡村第一书记

格桑白珍（女，藏族）

统战委员、人大工委副主任

洛白旺措（女，藏族）

纪工委书记

次旦扎西（藏族）

副主任

郭叶子（女）

次　央（女，藏族）

八廓街道办事处

【概况】 八廓街道辖区面积2.79平方公里，下辖7个社区居委会，街道党工委下设3个党总支，15个党支部，36个党小组，共有正式党员361人，预备党员15人，积极分子16人，团员18人；街道办事处共有干部职工64人（含街道机关29人、下沉23人、借调12人）；7个社区共有“两委”班子成员77人，所辖区域划分网格27个，联户代表1055个；共有户籍户数6059户、15967人（含常住居民户2816户、7088人），流动人口4050户、10467人。居民大院290座，文物大院89座；机关、企事业单位54个，学校3所（含1所学前班）；寺庙拉康16座。共有刑满释放人员27名，社区矫正人员4名。

【基层党组织建设】 年内，八廓街道下辖7个社区居委会，3个党总支（绕赛、冲赛康、鲁固），15个党支部，36个党小组，共有正式党员361人，预备党员15人，积极分子16人。其中：党员干部56人，占干部职工总数的91.8%；社区“两委”班子党员77人，占“两委”班子总数的100%；离退休党员6人，占退休总数的75%。党工委所属党员均登记在册，无失联党员，无退党人员。街道还设有“大工委”兼职委员14人。

【非公企业党建工作】 年内，为辖区10个非公企业街道指派7名党建指导员，加强学习和交流。组织所辖各党组织先后开展党建专干培训12次，相互学习、共同进步。

【制度完善】 年内，紧密围绕城市基层党建规范化建设工作，立足街道实际建立健全规章制度，制

2018年11月28日，西藏自治区党委常委、拉萨市委书记白玛旺堆（中）到八廓街道白林社区调研

定街道党建工作制度汇编。并出台街道党工委党费收缴制度，将每月5日定为党费收缴日。

【村级组织标准化建设】 年内，八廓街道深入开展村级组织活动场所标准化建设工作，召开安排部署会。街道对7个社区实地摸底调研，限时完成党群服务中心挂牌、完善居民活动室设施、整合办公室，截至年底，已基本实现“办公场所最小化、服务功能最大化”的建设要求。

2018年2月6日，拉萨市委副书记、市长、城关区委书记果果（前排左三）到八廓街道了解年货供销情况

【基层党建】 年内，以七项重点任务为抓手，填写基层支部换届工作台账、三会一课记录本、党费缴纳情况记录本、组织关系转接情况记录本、失联党员排查及联系情况记录本、失联党员登记本、党员违纪违规情况登记本、口袋党员登记本、党政联席会记录本、支部会议签到册九本一册，坚持党建工作例会常态化。制定月例会制度，落实每月一会。

八廓街道党工委持续深入开展“两学一做”和“党员政治教育”紧密结合“四讲四爱”专题教育活动，加强领导，强化部署，制定系列方案。截至年底，理论中心组学习暨“两学一做”集中学习52次，开展4次警示教育，撰写心得体会108篇；按计划落实党员政治教育培训工作，街道党工委培训1次，党员政治教育测试1次，集中学习17次，达到每个党员32个学时的要求，基本做到党员教育培训全覆盖，现每名党员“两学一做”笔记1本、党员政治教育培训笔记1本；坚持落实“三会一课”组织生活制度，深入贯彻学习习近平总书记系列重要讲话精神、自治区、拉萨市及城关区相关系列重要文件和会议精神，组织全体党员干部进行集中学习46次，理论结合实践，切实做到学以致用、以用促学；积极开展“三会一课”，街道党工委书记带头定期召开支委会11次、参会人员423名；党员大会4次，参会人员179名；党小组会15次、参会人员340名，带头讲党课3次、参课人员361名。

【党风廉政建设】 年内，八廓街道党风廉政建设工作紧紧围绕党委中心工作，完善监督管理体制，狠抓党风廉政建设，成立党风廉政建设工作领导小组，年初召开党风廉政建设工作2018年度安排部署会，对全年工作进行统筹安排；年中召开八廓街道下半年党风廉政建设安排部署会议，研判街道党风廉政建设工作推进成效及存在问题。与7个社区签订党风廉政建设年度目标责任书，研究通过《2018年党风廉政建设和反腐败工作责任分解》，召开专题会议研究党风廉政建设工作4次。对7个社区工作开展情况按季度开展例会4次，共召开节前部署会10次．在街道范围内开展干部职工坐班和工作纪律检查20余次，提醒谈话2人次。同时，街道纪委同7个社区监督员参与社区惠民政策兑现及低保户取消工作现场监督11次，重要节点在辖区内公车私用、值班带班、四风等问题监督检查30余次。年内，党委书记带头落实谈心谈话工作9次，其中与班子成员及分管领导谈心谈话6次，与社区主要领导谈心谈话10人次，讲廉政党课1次。共开展各类学习会30余次。

【网格化工作】 年内，八廓街道办事处先后组织街道所辖7个社区

27个网格联户代表，结合“四讲四爱”专题教育活动和消防安全、法治宣传、综治宣传、流动人口管理等综治工作，有针对性地开展集中培训6次；以网格手机为依托，不断扩大信息来源，2018年通过手机PDA和综治平台上报事件和平安，共搜集上报各类信息5000余条。

【“双联户”工作】 年内，联户代表先后开展各种隐患排查工作400余次；以联户代表为依托，不断扩大信息来源，加强流动人口申报制度，2018年仅通过联户代表申报流动人口158人次；按照“星级先进双联户”评选标准，2018年对街道1057名联户代表开展“先进双联户”创建评选工作，其中创建村级“先进双联户”联户单位187个、联户家庭1334个，街道级“先进双联户”联户单位35个、联户家庭253个，两个先进集体，实现“先进双联户”创建评选全覆盖。

【流动人员管理】 年内，充分发挥治保人员、联户代表、基层干部的作用，重要节点街道社区98%的工作人员下沉社会面。年内，街道共出动19854人次开展日常巡逻、治安维护、情报收集等工作（其中出动治保人员6751人次、联户代表8100人次、基层干部2320人次），督促流动人口办理暂住证158余人次，辖区流动人口办证率达到100%。

【出租房屋管理】 年内，八廓街道狠抓落实日常检查、登记等措施，摸清掌握出租房屋底数和基本情况；落实对常住户、租住户的走访、巡查工作制，及时发现和处置片区人口和房屋出租的异常情况、治安隐患。

【法制宣传教育】 年内，八廓街道社区集中开展综治宣传8次，法制宣传、宣讲12次，走院入户宣讲156次，设点宣传8次，发放各种宣传资料5500余份、张贴海报180张、悬挂横幅35条、发放宣传册430余本，让广大居民了解综治工作、支持综治工作、参与到综治工作中来。

【矛盾纠纷】 年内，八廓街道坚持属地管理，把矛盾解决在基层，主动出击和有效化解的思路，实行随时了解、随时走访与定期排查、定期接访相结合，实行日常普法与社区矫正相结合。截至年底，街道共化解矛盾纠纷4起，排查化解率达到100%。

【司法工作】 年内，八廓街道针对性地开展普法活动，大力开展司法调解，把不和谐因素消灭在源头，不断拓宽基层司法行政工作途径，以“双联户”工作为依托，实现不间断的管控、服务。截至年底，接待相关咨询14次78人，共发放司法工作宣传材料200余份。

【信访工作】 年内，八廓街道全力加强信访工作，立足实际不断完善信访制度，制定信访工作守则，实现领导包案和接访制度，共接待上访人员80余人次。2018年，经过区政府、信访局、住建局、八廓街道、丹杰林社区和毛纺二厂社员代表的共同努力和有力监督下，已圆满完成毛纺二厂收购的全部工作。

【安全生产】 年内，八廓街道成立安全生产工作领导小组，召开动员部署会，签订安全生产责任书，切实做到“责任到人、不留死角”。街道共开展安全生产和消防安全宣传共13次，张贴横幅21条，联合公安派出所、城关区消防大队、组织社区居委会、居民组长、联户代表先后出动3000余人次，开展312余次消防安全大检查活动，检查场所2871处，其中学校3所、医院2所、商店1698家、餐馆（含茶馆）345家、寺庙16座、古建大院和文物大院46座等，及时发现和更换已损坏或过期的消防器材658具。

【城市管理】 年内，八廓街道严格执行《老城区核心区域管理与服务考核办法》，街道下辖7个社区共计9个执勤卡点，每日7:30至22:00在各自辖区范围内开展流动商贩、流浪乞讨人员、强买强卖等人员的清理整治工作，2018年街道共出动16425余人次，共清理整治流动商贩5423余人次，流浪乞讨人员1562余人次，整治店外店856余次。

【“扫黑除恶”专项斗争】 年内，八廓街道联合辖区派出所深入开展“扫黑除恶”专项斗争工作，坚持“有黑扫黑、无黑除恶、无恶治乱”，将专项治理与系统治理、综合治理、依法治理、源头治理结合起来，履行好维护国家政治安全、确保社会大局稳定、促进社会公平正义、保障人民安居乐业。全年紧密联合古城管理委员会、城关区城市管理局等执法部门，有序开展“打非治乱”工作，依法整治流动商贩、强买强卖、尾随兜售、高价兑换人民币、流浪乞讨等乱象，共计依法处罚400余人次，罚款40000余元，并且开展宣传活动12次、发放宣传材料500余份，进大院、入民户宣传125余人次。

2018年9月20日，召开北京市通州区漷县与城关区八廓街道结对帮扶座谈会

【全国第四次经济普查】 10月19日，八廓街道开展全国第四次经济普查地毯式清查工作，采取“110”式指导，及时解决普查员遇到的问题。清查期间共41位工作人员对辖区内583家单位、4235家个体经营户进行信息登记、审核，圆满完成全国第四次经济普查清查工作。

【环保工作】 年内，八廓街道党工委始终把环保工作放在更加突出的位置，经过党工委班子成员及工作人员讨论分析后，认真制定4份方案，建立1份奖惩机制，开展2次总结。与社区签订环保，大气污染防治工作目标责任书，并以中央第六环境保护督察组转办案件8件为排查典型，成立八廓街道环保工作领导小组，建立长效机制，街道组织各社区对辖区内餐馆、大院使用木炭、蜂窝煤情况方面进行排查整治，共计开展排查、整治40余次，出动200余人次，杜绝木炭、蜂窝煤的使用，坚定不移地推动节能减排。

在辖区内大力开展环保问题排查、卫生死角清理的整治工作，共计整治20余次，每次出动人数15余人。利用“6·5”环保宣传日和其他宣传节点，开展宣传活动8次，出动50余人次，发放环保宣传册800余份，全面加强环保整治，着力解决居民群众反映强烈的突出环境问题，推动建设美丽老城区。

【“禁白”工作】 年内，八廓街道制订“禁白”工作责任书200余份，发放和粘贴各类宣传册以及宣传海报200余份，面向辖区内过往行人以及商户发放上级下发各种“禁白”替代品300多个；定期或不定期要求辖区内大型商场利用广播滚动播放有关“禁白”的宣传标语，悬挂“禁白”的标语口号横幅29条，积极营造良好的氛围。

【“污普”工作】 2018年全国第二次污染源普查工作，建立台账，组织人员培训，拉网式进行入户普查，完善资料库。截至年底，街道已完成对国家级污染源企业的普查登记工作。

【教育工作】 年内，八廓街道组织7个社区开展在校大学生教育资助审批工作，新生119人，总资金517157元，续助生348人，1683197元，并在街道公示；开展阳光社区教育活动。为创建全国社区教育示范街道，积极响应“精准扶贫扶智”教育政策，街道诚邀海雕视角教育咨询有限公司在街道文化站开展阳光社区教育课堂。截至年底，报名人数179名，已经分别成功开展小班和大班教学课程14次，深受辖区居民群众的好评。

【解决就业问题】 年内，八廓街道积极组织高校毕业生参加自治区、拉萨市、城关区举办的各类招聘会，对毕业生进行实名制登记，并入户讲解高校毕业生各项就业优惠政策，开展座谈会12次。八廓街道2018年应届高校毕业生295人，其中已就业282人。就业率达到96%。

【社会保障】 年内，坚持做好居民养老和居民医疗工作，着力做好就业服务平台建设工作。截至年底，八廓街道服务平台上岗人数已达到25人，工作人员各司其职确保人社工作的顺利推进。八廓街道辖区内城乡居民养老保险参保人数为3499人，其中2018年新参保人员295人，缴费金额11万元。2018年享受民生一号资金共计1625人，发放金额为156万元。参加城镇居民医疗保险5442户、13027人，缴费469750元。截至年底，办理新生儿落地参保报销人数23人，报销金额14.5万元、居民医保报销554人、报销金额498万元。

【食品安全】 年内，重点食品安全监督检查，督促卫生，办证，排查餐饮与流通食品安全隐患，培训并签订食品安全责任书，年检查次数3650户，总检查户数900余家，培训12家。年内，辖区未发生食品安全重大隐患及事故。

【卫生健康】 截至年底，共清除63座居民大院。以预防结核病、艾滋病等高危易传染病作为主要宣传内容，组织辖区卫生服务中心，以进社区、进网格、进大院开展免费义诊、召开健康知识讲座等方式为辖区居民群众提供医疗健康服务。共集中宣传4次、发放宣传资料1000余份，免费义诊241人次，发放药品价值达6000余元。大力开展好爱国卫生大扫除工作，组织7个社区工作人员、党员志愿者等，对辖区大街小巷、居民大、小院、开展爱国卫生大扫除工作，出动200人次。有序推进“三病”筛查工作，按照城关区卫计委的要求，与社区签订责任书，落实目标任务，已筛查结核病10740人，风湿病7291人。协同相关部门开展家庭医生进门入户及签约工作。2018年应完成签约15086人，已完成签约12186人，完成总任务的80.8%，上门服务率达65.3%。

【提升城市低收入群体生活水平】

年内，八廓街道组织专项工作小组对原有低保户1045户，2010人的致贫原因进行全面筛查精准识别。5月健全机制，细化分工，明确职责，扎实部署，成立领导小组并与社区签订目标责任书。每月28日定期召开工作推进会议及时了解各社区对于此项工作开展情况以及存在的问题。

2018年，共取消低保268户549人（其中因收入超标退保199户553人；就业退保4户12人；自愿退保44户、89人；特困供养18户、18人；去世3户7人）。北京通州区漷县镇向八廓街道捐赠30万元和300件T恤，捐赠的30万元全部投给夏萨苏社区，作为壮大社区集体经济的资金。

【民政工作】 年内，八廓街道认真做好低保家庭、残疾人、城市解困家庭、医疗救助等优惠政策落实工作。2018年按时足额发放低保保障金13181279元和低保民生项目补贴4073400元。特困供养人员18人，发放金额105300

2018年3月23日，八廓街道“大工委”开展第一季度慰问活动

元。为辖区居民实施大病医疗救助,共办理医疗救助、临时救助28起。街道有残疾504人补贴金额975600元;发放残疾人两项补贴,共计发放603900元;0～16周岁残疾人员补贴2018年儿童残疾13人每人2400元金额31200元;残疾人机动车燃油补贴2660元;老人两项补贴(高龄老人、失能老人)156600元;寿星老人拉萨市补贴59940元,城关区补贴35400元;以上各类补贴共计24138339元。

【"河长制"工作】 年内,八廓街道每月清理排查整治河道周边不少于3次,共计开展清理巡逻活动31次,出动207人次,清理垃圾4.2吨;出动60余人次进行"河长制"工作宣传5次。年初制定工作计划、方案,召开"河长制"工作部署会,有序开展"河长制"各项工作,年底召开总结大会,并形成台账。

【意识形态】 年内,八廓街道办按照城关区委关于开展"四讲四爱"喜迎党的十九大主题教育实践活动的指示精神和相关要求与指示,并按照拉萨市、城关区"两学一做"专题教育活动安排部署,街道党工委及时制定完善《八廓街道党工委2018年年度学习计划》,将每周四定为学习日,将"两学一做"常态化,切实增强参加专题教育的自觉性和积极性。截至年底,已开展集中学习39次,每名党员撰写心得2篇。街道结合自身实际积极组织开展参观根敦群培纪念馆、宣讲员入户入大院活动、十九大趣味运动会、加强未成年人思想道德建设、周末文化补习班、制作宣讲读物、看望孤寡老人、发放自制宣讲册等各类活动,共计50场次,宣讲45余场次,受众群众1万余人次。

【精神文明建设】 年内,八廓街道加强组织领导,强化责任监督,先后召开文明创建推进会,以争创新一轮更高层次的文明单位为目标,开展学雷锋志愿服务8次,"我们的节日主题活动"4次,每季度开展文明家庭推选活动;常态化开展市民学校、家长学校,未成年人教育工作以及中国特色社会主义核心价值观和中国梦学习宣传教育活动,通过LED显示屏进行每月5天的不间断滚动宣传先后召开文明创建动员会、推进会,以争创新一轮更高层次的文明单位为目标,广泛宣传发动,不断营造氛围,提高干部职工对创建工作重要意义的认识,进一步统一思想,激发创建热情。

【开展"扫黄打非"行动】 年内,按照城关区"扫黄打非"活动的通知,加强街道领导组织,建立扫黄打非队伍,对辖区文化市场进行摸底登记。发现问题及时报告,积极配合辖区派出所开展文化市场大检查,为提升良好的城市形象营造一个和谐而舒适的文化环境。

【组织群众性文化文艺活动】 年内,八廓街道积极组织开展爱国歌曲大家唱、党的恩情怎么报演讲比赛、文化下社区、"七一"知识竞赛、喜迎十九大主题晚会、手抄报等形式多样的文化文艺活动,积极立足现有的条件,充分发挥文体宣传阵地作用,并得到辖区居民的一致好评。在2018年"四讲四爱"教育实践活动中,在重要日子、节点举办有重点、有回顾的一系列宣讲和文艺活动,组织开展各类活动70余场次,宣讲256场次,受教群众万余人次。

【团建工作】 年内,八廓街道各基层团组织积极发挥群团工作优势,共计开展辖区卫生整治、公交站文明引导、重要节日集中巡逻等志愿者活动60余次;按照中央共青团关于青年大学习的要求,组织辖区青年集中开展青年大学习活动30余次;完善活动阵地,建立青少年活动中心。成立社区图书室、电化教育室、电子冲浪室等。活动设施的完善和制度的规范,使社区团支部工作向积极、健康、有序的方向发展。同时,八廓街道高度重视党建带团建工作,共计开展党建带团建活动10余次,活动影响力较好,深受辖区广大居民群众的信任和青少年的喜爱,得到他们的肯定和支持。

【文明煨桑工作】 3月,八廓街道联合7个社区居委会,严格落实"人对点"的管理机制,各重要节点在辖区11个烧香点和3个香草售卖点进行实地察看及正面引导群众文明煨桑,自2018年7月开始在各重要节点和每周三在辖区10个安检口，各安排街道一名干部职工和社区一名治保人员进行源头治理，不让群众将"小叶杜鹃"和"柏树枝"带进核心区域；5个核心区域煨桑点，安排街道1名主要领导及社区主要领导现场劝导煨桑人员及管控烟量。截至年底，街道共出动450余人次，引导教育群众4500余人次，清理整治流动售卖香草1560余人次。

（贡桑扎西）

【领导名录】

党工委书记
多　吉（藏族）

党工委副书记、街道办主任
米　玛（女，藏族）

党工委副书记、八廓派出所副所长
拉巴次仁（藏族）

党工委副书记、人大工委主任
次仁央宗（女，藏族）

党工委副书记党建专职
边巴晋美（藏族）

纪工委书记、监察室主任
拉　吉（女，藏族）

纪工委副书记、监察室副主任
高永军（藏族）

党工委政法委员、武装部部长
旦增云丹（藏族）

党工委宣传委员
旦增卓嘎（女，藏族）

人大工委副主任、统战委员
格桑顿珠（藏族）

党工委组织委员
邢鑫宇

副主任
董秀华（女）
米玛卓玛（女，藏族）

吉崩岗街道办事处

【概况】 吉崩岗街道位于老城区，辖区总面积为1.9平方公里，下辖4个社区居委会，83个居民小组，共计11353户19018人，其中常住人口5168户9051人，流动人口6185户9967人；现有4个党总支，18个党支部，党员总数248名（10名预备党员）；所辖学校共5所，其中，幼儿园3所，小学1所，中学1所；所辖寺庙12座。

【基层党建】 年内，吉崩岗街道严格按照城关区要求，明确工作任务和工作责任，强化工作领导。积极推进"大工委"活动，加强与辖区共驻共建单位联系，丰富活动内容，创新活动形式，在召开联席会议的基础上，积极开展主题党日、参观、观影、足球赛等活动，共计开展各类活动6次，辖区12家驻地单位党员代表共计100余人参与活动。街道大工委紧紧围绕"扩大覆盖、提升服务、推动发展、促进和谐"的工作目标，积极协助城关区委组织部，在完成前期摸底调查的基础上，全面开展创建工作。现已成立"小个专"示范街区党支部，赛康片区青工委及城市百货妇委会。

吉崩岗街道各社区在村级组织活动场所建设方面，整合资源，一室多用、强化功能、资源共享，形成各具特色亮点村级组织活动场所。其中热木其社区以新旧西藏展厅为特色，吉崩岗社区以学生就餐点为特色，木如社区以妇女手工编织点为特色亮点，策门林社区以朗玛堆谐舞蹈室为特色亮点。吉崩岗社区更是因为场所受限制的情况下，利用集体经济建设活动场所，受到全区通报表扬。街道为丰富党员服务群众内容，努力解决群众工作、生活中的实际困难，统筹辖区各级各类党员力量，安排党员与非党员

2018年12月2日，拉萨市政协党组成员、城关区委副书记、区长刘亮到吉崩岗街道策门林辖区督导检查工作

常住户结成对子,定期开展入户走访,了解群众思想动态、掌握群众各种诉求、宣传党的惠民政策等情况。截至年底,共有在职党员1600人到社区报到,投入资金25.322万元,为群众解决微心愿98件。

街道严格按照城关区委要求,科学研究制定培训方案,扎实开展党员教育培训工作,召开街道党员政治教育培训工作动员部署会,对街道党员政治教育培训工作进行全面部署,将每周四、五定为党员集中培训日,精心组织,做到有针对性的分类教育,不断丰富教育载体,确保政治教育落地见效,2018年共开展政治教育培训10次,400余名党员参与教育培训。其中,街道党工委书记(副书记)讲党课2次。

【党员队伍】 年内,吉崩岗街道现有党工委1个,机关党支部1个,社区党总支4个,网格党支部16个。共252名党员(其中10名预备党员,10名退休党员),女党员112名,占党员总数的44.9%。35周岁以下党员75名,占党员总数的29.76%;60周岁以上的党员33名,占党员总数的13.10%,少数民族党员241名,占党员总数95.63%,大专以上党员50名,占党员总数19.84%。

2018年14名中共预备党员转正为正式党员,10名同志发展为预备党员。街道对现有30余名入党积极分子,认真开展发展党员情况的监督检查,严格审核把关,提升党员发展工作的质量,有效避免发展人情党员,杜绝带病入党,积极为党内输送合格的新鲜血液。

【思想宣传】 年内,吉崩岗街道按照城关区委要求,结合实际,及时制定意识形态、思想文化、精神文明工作计划,调整充实相应领导小组,及时召开工作安排部署会,明确工作重点,加强理论学习,将学习党的十九大精神和习近平新时代中国特色社会主义思想作为学习重点,共组织开展街道理论学习中心组20次,各社区党支部发放《习近平新时代中国特色社会主义思想摘要100句》500余本。同时,积极开展"四讲四爱""文明惠民进万家活动""五有五好"文明村镇创建等活动。截至年底,街道及各社区共开展集中、入户宣讲166次,宣讲覆盖8180余人次;开展42项实践活动,共计5600余人次参与;开展"我们的节日"主题活动、"道德讲堂"活动、市民学校等各类活动90次,参与人数达5900余人次。

【党风廉政建设】 年内,为切实抓好党风廉政建设责任制的落实,街道成立以党工委书记为组长的党风廉政建设领导小组,认真履行"一岗双责"情况。为切实抓好党员政治纪律教育,街道认真部署全年政治纪律教育学习计划,定期开展专题学习,并结合学习内容,组织开展演讲比赛等形式多样的教育活动,切实增强党员责任意识、大局意识、服务意识、风险意识。街道制定完善《吉崩岗街道各科室联合督导检查机制》的制度,针对社区效能建设、资金使用、各项工作落实情况进行详细督导检查,定期开展督导整改。同时街道党委书记经常对街道班子、干部职工、下沉干部、社区"两委"班子进行谈话,认真检视漏洞不足,深入查找具体问题,及时了解干部职工思想动态。

【信访工作】 年内,吉崩岗街道充分发挥人民调解委员会作用,妥善调解处理各项矛盾纠纷及信访问题,做好群众来信来访接待及转交工作,规范信访办事程序,实行"一般信息定期报、重要信息及时报、重大信息立即报、非常时期信息零报告"的制度。积极与城关区政府沟通,成功处理策门林团结幼儿园的关于工龄补贴、固定资产分配的信访案件。2018年共调处各类矛盾纠纷21起,调解成功21起,纠纷受理率达到100%。年内,吉崩岗街道共调解矛盾纠纷30起,均为婚姻、邻里纠纷,化解率达100%。

【开展普法宣传】 年内,不断创新普法宣传形式,扩展法治教育内容,全面提升辖区群众法制意识。共计开展各类普法活动共13次,发放各类宣传资料和手册共2600余份,解答群众咨询共达350多人次。

【综合治理】 年内,开展"平安创建"活动,通过开展"平安创建"活动,加强对辖区居民群众的管理。截至年底,吉崩岗街道共有平安街道 1 个，平安社区 4 个，平安大小院 70 个，平安家庭覆盖率达 100%。做好社会面安全防控、整治工作，充分发挥网格、“双联户”“红袖标”基层维稳力量的作用，设立 7 个治安守望点，全力做好辖区的社会面防控工作。其中，充分利用 4 个便民服务点，向过往行人及转经群众提供便民服务 14000 余次。年内，开展清查、巡逻活动共 500 余次，清查流动人口 6056 户、9718 人，清理流动摊贩 400 余次，流浪乞讨人员 10 人次，清理乱停乱放车辆 300 余次。

【开展“扫黑除恶”】 年内，吉崩岗街道联合辖区警务室派出所共走访单位 72 家次，居民院 3632 处次，出租房 14589 间次，宾馆、招待所 320 家次，沿街商铺 11212 间次，酒吧 142 家次，网吧 9 家，甜茶馆 570 家次，台球室 29 家次，建筑工地 23 处，洗浴中心 8 家次，流动暂住人员 23589 人次。询问行业场所工作人员涉黑涉恶信息，摸排上报社会治安乱点信息 5 条，收缴管制刀具 13 把，仿真枪 13 把，全面提升了扫黑除恶工作能力。

【安全生产】 年内，通过党工委扩大会议对安全生产问题进行专项研究，加大消防安全生产检查工作力度，在开展消防安全生产大检查工作中，街道联合、消防大队、派出所、社区居委会、网格工作人员对辖区各居民大院、流动人口聚集区、各重点部位进行了消防安全大检查，辖区内未发生一起安全事故。同时，为提高辖区居民火灾防范意识，普及火灾常识，掌握火灾逃生自救技能，街道组织开展安全生产宣传活动 7 次，发放安全生产宣传册 700 余册，开展 4 次消防安全培训，并于 6 月 27 日举行“生命至上、安全第一”为主题的消防知识竞赛。年内，共开展消防安全检查 55 余次，出动 1200 余人次，更换灭火器 60 个，疏通消防通道 21 处。

努力做好汛期安全防范工作，严格按照要求，制定具体工作实施方案及应急预案，由街道及社区主要领导牵头，协同工作人员、社区警务室成员，以各社区及网格为单位，开展专项检查，及时上报存在安全隐患的古建大院、居民房屋相关情况，共计开展 45 次防汛专项检查，出动 200 多余人次。

加强烧香点及“桑烟”摊贩整治工作，严格遵照上级要求，按照属地管理原则，对“次巴拉康”烧香煨桑点指定专人进行管理及清理工作，对 16 个固定香草料销售摊点进行核查，严禁销售松柏树枝、小叶杜鹃作为煨桑燃料，逐一落实责任，加强宣传教育，消除安全隐患，清理流动“桑烟”摊贩 30 余次，销毁违禁煨桑燃料 9 袋。

【环境保护】 年内，突出整治农贸市场，禁止使用超薄塑料袋，实行塑料袋有偿使用制度，大力提倡使用环保布袋，逐步建立完善塑料废弃物品回收网点，加强对塑料废弃物的回收利用，共计开展相关检查 12 次。各社区确定 2 名普查员，对辖区工业企业及锅炉使用单位进行全面普查，共清查到 117 家，不纳入国家底册 109 家，纳入 2 家；生活锅炉 7 家。截至年底，已完成辖区工业企业普查，并已装订成册。加强环保宣传教育，利用张贴标语、挂横幅及进社区入户发放宣传材料等形式，大力宣传保护生态环境的重要意义，让广大群众

2018年11月16日，城关区副区长李多多考评重点工作开展情况

了解到保护生态的目的、意义和好处。共开展“六五”环保宣传主题活动1次，其他各类环保宣传20余次，发放环保宣传册1450余份，发放环保购物袋430个。积极开展城乡环境专项整治工作，并制定切实可行的整治工作方案，成立8个专项整治组及1个督查组，大力开展政治环境、治安环境、市政市容、生态环境等整治工作。街道深入开展千佛山周边专项整治工作。针对千佛山周边流动摊贩、占道经营，墙面脱落、乱涂乱画等问题进行专项整治，对流动摊贩、占道经营等行为进行文明劝导及强制清理，与城关区住建局沟通协调，申请相应资金支持，对墙面进行整体修复、绘制图案。在此基础上，为进一步改善周边环境方便过往行人，在千佛山周边设置绿化带及17个行人休息凳，专项整治期间，本级投资21.5211万元，用于墙面修复、行人休息凳等。

【社会保障】 年内，全面落实脱贫措施，街道及社区民政工作人员于6月全面完成城市低收入人群暨低保边缘户入户调查工作，在准确掌握辖区低收入群体基本情况的基础上，聚焦致贫原因，深化精准帮扶力度，针对辖区低收入群体的不同情况，做到分类施策。全面实现辖区所有低收入群体“应保尽保、应退尽退”。现有低保户356户、592人，1—11月清退96户、204人。积极做好寿星老人、残疾人管理工作，街道现有寿星老人306人（其中70～79周岁205人；80～89周岁87人；90周岁以上14人），发放拉萨市老人健康补贴26.1万元，发放城关区老人补贴15.3万元。现有残疾人员303人（其中一级102人；二级63人；三级61人；四级77人）。发放2018年度残疾人全年补贴104.28万元。做好低保户、特困户等困难群众的医疗救助，努力推广即报即结，着力解决困难群众看病难、看病贵的问题，2018年实行医疗救助11户，报销金额12.23万元。三病筛查工作，截至年底，结核病共筛查7031人、风湿病共筛查4404人、HPV检测654人，三病筛查人数达到19867人。

按照与北京通州区潞城镇对口帮扶协议内容，及时与潞城镇进行沟通，确定帮扶重点项目，接受由北京通州区潞城镇人民政府、北京国美电器有限公司、北京潞城投资有限公司捐赠的50万元扶贫帮扶资金，用于扶贫项目。

【发展社区集体经济】 年内，围绕改革和发展大局，以利民为重点，各社区充分利用社区资产资源，激活集体经济活力。在上一年度发展基础上，继续发展壮大集体经济。截至年底，辖区各社区集体经济项目为低收入群体提供就业岗位25个，脱贫19人。

【就业工作】 年内，认真贯彻落实上级部门下达的各项劳动就业及社会保障任务。高度重视高校毕业生就业情况，通过采取实地了解、入户登记，全面宣传优惠政策，了解高校毕业生求职意愿的情况。为有就业意愿和服务需求的高校毕业生提供相应的公共就业和人才服务。同时，按照上级要求，切实开展社会养老保险工作。2018年共开展就业政策宣传15次，发放宣传资料2900余册；组织168名大学生参加招聘会14场，应聘成功18人；实现大学生就业150人；参保工作开展以来，

2018年5月15日，吉崩岗街道开展“四讲四爱”群众教育实践活动启动仪式

完成城乡居民社会养老保险参保3023人。

【人大工作】 年内，街道本着对党的事业负责，对人民利益负责的基本原则，充分发挥人大代表自身职能和依法履职作用。完善制度及阵地建设，加强学习培训及视察工作，提高代表履职能力。年内，共组织代表学习参观17次。开展精准扶贫、村级组织活动场所标准化建设视察2次，在城关区第十二届人民代表大会第三次会议期间共提出意见建议9条。

【民族团结】 年内，吉崩岗街道以开展民族团结进步创建活动为载体，全面开展各类民族团结宣传、参观、先进民族家庭评选等活动。积极搭建民族团结工作协作、交流平台，使各民族同胞间增进了解，使“三个离不开”理念深入人心。年内，共开展民族政策宣传教育活动5次，发放宣传册2500余份，开展各类参观、座谈会、慰问等活动9次。

【食品安全】 年内，为保障广大人民群众的食品安全，按照“统一领导、部门分工、社会参与、齐抓共管”的食品安全工作机制，深入到辖区内的食品生产加工经营点进行食品安全大检查，从生产、销售、消费等渠道堵塞食品安全漏洞。2018年吉崩岗街道共开展食品安全专项检查10次，召开食品安全部署会议8次。2018年检查辖区内的餐饮服务经营单位606家，食品流通经营单位169家，食品批发经营单位12家，发现无证经营单位381家。联合城关区食药局开展22次集中整治活动，开展4次大规模食品药品安全宣传大会。针对辖区内的5所学校、幼儿园附近的商店、甜茶馆进行17次专项督导检查。

（冯晓莉）

【领导名录】

区人大常委会副主任、街道党工委书记

德吉央珍（女，藏族，4月免）

党工委书记

索朗仁青（藏族，4月任）

党工委副书记、办事处主任

王 爱 军

党工委副书记、人大工委主任

尼玛德吉（女，藏族）

党建专职副书记

尼玛顿珠（藏族）

党工委委员、纪检委书记

拥　　忠（女，藏族）

政法委员、武装部部长

朗杰多吉（藏族）

纪检委副书记、综治办主任

吾金次培（藏族，6月免）

尼玛扎西（藏族，6月任）

统战委员、人大工委副主任

普布顿珠（藏族）

组织委员

何 小 兰（女）

宣传委员、副主任

夏 春 晓（女，藏族）

副主任

拉巴次仁（藏族）

旦增卓嘎（女，藏族）

吉日街道办事处

【概况】 吉日街道办事处于1990年成立，位于城关区老城区，辖区总面积为3.6平方公里。下辖铁崩岗、八朗学、河坝林和吉日4个社区居委会。街道共划分网格14个，有102名工作人员，92个居民小组，636名联户代表。街道共7468户21215人。其中，常住人

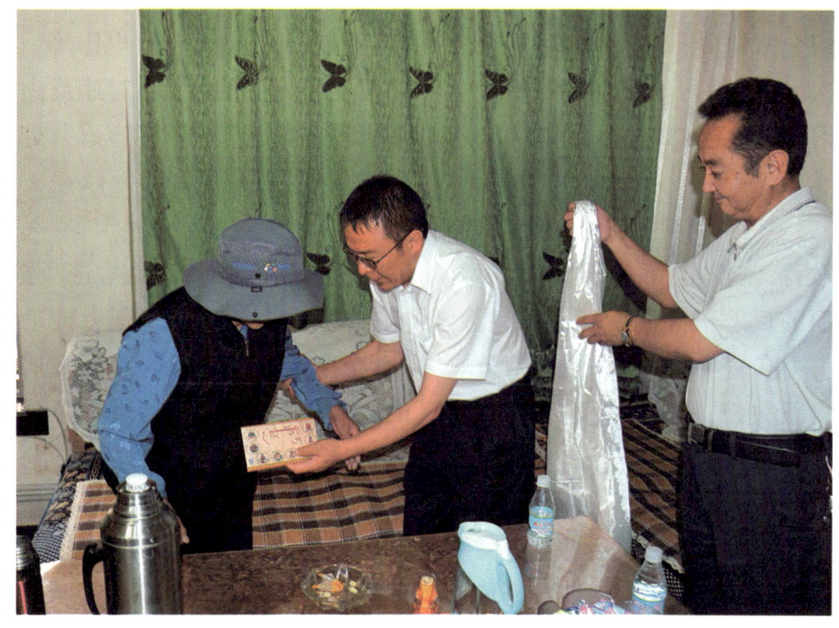

2018年6月28日，城关区委副书记、常务副区长唐兵兵慰问辖区老党员

口 12764 人，流动人口 8451 人，街道所辖学校共 9 所。其中，幼儿园 6 所，拉萨市实验幼儿园、第一幼儿园、第六幼儿园、吉日社区幼儿园、八朗学社区幼儿园、铁崩岗社区幼儿园；小学 1 所，城关区海城小学；中学 1 所，拉萨市第一中学；大学 1 所，西藏大学（老校区）。所辖寺庙 3 所，嘎玛夏寺、杰康寺和拉萨清真大寺。

街道办事处现有在编干部职工 57 名，公益性岗位工作人员 21 名，街道办事处下社 4 个社区居委会共有 40 名“两委”班子成员，街道党工委下辖党总支 4 个，党支部 18 个。

2018年12月5日，城关区人大常委会副主任、吉日街道党工委书记亚哈亚调解雪莲地毯厂历史遗留上访案件

【理论学习】 年内，继续深入开展“两学一做”学习教育和开展“四讲四爱”主题教育实践活动。街道党工委成立领导小组，制定“两学一做”和“四讲四爱”工作方案，召开全体党员动员大会，布置学习内容，做好学习笔记，写好心得体会，落实好活动项目。年内，组织全体党员干部集中学习共计 52 次，撰写学习笔记 91 本，撰写学习心得体会 236 份。

【完善落实制度】 年内，切实加强教育、监督、改革、纠风、惩治等方面的反腐倡廉制度健全和完善，努力在重要领域和关键环节上取得新突破，最大限度地减少腐败现象滋生的土壤和条件。注重发挥纪检职能，深入开展廉政监察、效能监察。严格执行并完善民主集中制、民主生活会；领导班子议事规则等各项党内监督制度。积极推进党的基层组织党务公开工作，全面推进权力公开透明运行。

严明纪律，开展明察暗访，确保各项规定贯彻落实。对各项内部管理制度进行清理、修改、完善，制定违反作风建设相关规定的处理办法；严格执纪，每月至少开展 1 次明察暗访，重点督查干部职工上班迟到、早退、旷工，工作时间串岗、闲谈、打牌、下棋、玩电脑游戏、网上聊天、看电影等一切与工作无关的行为；对违反内部管理的行为实行“零容忍”，处理坚持上限处理原则。

【强基惠民】 年内，有效推进“强党、固基、扶村”工作，有力推动“三个全覆盖”。在区委、区政府的大力支持下，吉日街道办事处各社区集体经济项目达到 4 个，集体经济发展实现全覆盖；严格深入贯彻落实“三会一课”制度、党员民主评议制度、以及“三重一大”等各项基本制度。2018 年，街道机关党支部共召开党员大会 13 次，支部委员会 17 次和党小组会 27 次，上党课 20 余次，共同研究决定党员发展、帮扶慰问等 11 个重大事项；深入推进党员结对帮扶和在职党员进社区联系服务群众活动，组织党员干部积极为特困户送去米面油及救济金，为社区捐赠图书 1000 余册，包括史书、儿童读物、百科知识等，丰富群众的精神文化生活。

【政治文明建设】 年内，吉日街道办事处严格按照城关区下发的各季度维稳防控工作方案，措施严密，力度不减，高度戒备；严格落实 24 小时带班值班制度的要求，严肃纪律。为加大流动人口管理工作力度，调整充实领导小组，完善体制机制，按照底数清，情况明，管得住，服务好的工作要求，落实流动人口登记办证和服务管理工作。年内，共计清查 350 次，清查 21000 余户，95113 人次，已办证人数达9300余人次。在做好流动人口管理工作的同时开展免费办理暂住证、召开流动人口法制、消防安全宣传大会、计划生育,预防艾滋病宣传活动、法治讲座等一系列流动人口服务工作。

【机关效能建设】 年内,根据街道机关效能建设实际,为进一步加强机关日常管理,进一步完善机关作风日常管理机制,提高机关工作人员整体素质,切实改善机关作风,确保机关工作有序运转,街道党工委通过成立领导机构、制定工作原则、明确考评内容、严格督查方式等“四步曲”,进一步坚持客观公正的原则,准确评价各社区居委会及街道办事处各部门的工作绩效,充分发挥考评奖惩的激励导向作用,使机关效能建设取得实效。

【精神文明建设】 年内,吉日街道办事处积极有序开展“3·28”系列庆祝活动、走进道德讲堂,组织开展“我们的节日”爱国教育、关怀慰问等相关活动,积极申请时代楷模、宣传楷模事迹,张贴善行义举榜,弘扬道德风尚、学习雷锋精神、弘扬雷锋精神、创建文明城市等活动,使辖区的精神文明建设得到稳步推进。

【城市管理】 年内,吉日街道办事处进一步完善创卫工作机制,充实创卫工作领导小组,不定期检查辖区环境卫生,对居民大院,公共卫生间等进行打分,激发工作热情。时常狠抓辖区道路和占道经营行为的管理,签订“门前三包”责任书,提高了辖区通畅度和规范度;同时加大辖区设施维护工作力度,对辖区内受损的下水道、人行道、绿化带等附属设施及时进行修复和更换及时消除道路、居民大院内存在的各类安全隐患,为辖区居民的生命财产安全提供了有力保障,有效改善了辖区市容市貌。

【创新社会管理】 年内,全面提高网格化管理在党政机关、企事业单位和居民群众中的知晓率,并全面梳理社区日常工作,明确网格工作任务,科学构建社会服务管理组织体系,积极践行网格化创新服务管理工作平台。辖区共有14个网格,102名网格工作人员。已录入常住人口12764人、流动人口8451人,网格内的巡逻视察、民情日志登记上报等日常工作有条不紊地开展,并取得一定成效。积极迎合上级相关部门的统筹要求,“联户平安联户增收”的各项工作内容在辖区稳步深入地开展,并逐渐走向成熟,且呈现相关工作的特色亮点。截至年底,调处化解各类矛盾纠纷30起;排查解决安全隐患90余起;帮扶弱势群体500余人次;整治环境卫生200余次;收集民生信息72个;治安案件发案0起;信访上访案件4起,成功调解3起。辖区“双联户”工作呈现班子包院建机制,晚间清查齐参与,联户增收齐发展等亮点。

【团委工作】 年内,吉日街道办事处多次组织广大团员青年多次开展孤寡老人送温暖、城市清扫及保护绿化、文明督导、小小志愿者、积极组织参与创建全国文明城市等内容丰富、形式多样、意义非凡的各类志愿服务活动,并定期举行新团员入团宣誓仪式,并向街道党工委推荐年度优秀团员,得到城关区团委的高度评价。

【司法工作】 年内,吉日街道办事处现有1个调解委员会,下设4个调解组织,日常充分发挥人民调解员的作用,积极预防化解矛盾纠纷,尽量减少和避免人民矛盾纠纷,为创建平安社区奠定了良好的基础,并将调解信息归类建档,做到一案一档。街道办事处历来重视社区矫正和安置帮教工作,不定期对矫正人员和刑满释放人员进行上门看望,了解他们的思想、生活及工作状况,帮助他们解决各类困难,使其尽快走上自立,自强的道路。同时,为社区矫正人员和刑释解教人员做到一人一档。针对特殊人员管理,街道办事处通过健全法治教育工作体系,强化教育对象的监督管理,密切跟踪回访等有力措施,真正做到特殊人员管理到位。

【社区建设】 年内,吉日街道党工委制定并与各社区居委会签订社区建设工作目标责任书,明确工作目标;并通过各种调查方式,加深居民对街道办事处、社区居委会的认识,增强工作人员的社区化服务意识,对居民群众的所盼、所需、所想有了全面的了解和掌握，为开展社区工作奠定了坚实的基础。同时积极探索完善社区"雷锋岗"为民服务，发挥作用的途径，街道办事处和社区居委会五大办公室按照居民服务的种类，为社区居民提供优质，便捷的服务；让居民群众更好地了解街道办事处好社区居委会的职能，一方面不但提高了为群众服务的知名度，另一方面也增强了社区群众对街道办事处和社区居委会的认同感和归属感。

2018年6月30日，吉日街道铁崩岗社区举办庆祝建党97周年暨"四讲四爱"群众教育实践活动文艺演出

【计生、卫生、食品安全】 年内，通过创新宣传手段为辖区居民群众和流动人口进行计划生育、优生优育、生殖健康等相关计生法律知识的宣传，同时充分发挥计划生育协会作用，积极开展育龄妇女生殖健康普查普治等服务；并对出生和死亡相关数据进行及时的更新明确。街道办事处始终把食品安全工作作为整顿和规范市场经济秩序的重中之重来抓。配合相关执法部门对辖区食品安全进行专项检查与日常监管，对发现的问题采取针对性的措施，及时进行汇报处理；同时开展多次食品安全有关知识宣传活动。

【民族团结】 年内，吉日街道党委始终能够认清民族团结的重要性和开展相关工作的必要性，开展民族团结工作自始至终贯穿着街道办事处年度工作任务之中。街道结合辖区实际，本着"服务优先"的工作宗旨，以灵活多样的工作方法和服务模式，开展民族团结相关工作，让各族群众深刻体会到党的民族宗教政策和相关法律法规的优越性，增强了民族团结意识感。同时，辖区各族群众深刻体会到"团结稳定是福，分裂动乱是祸"的道理，从而大大提高了各族群众相互理解、相互尊重、相互支持的自觉性，收取辖区和谐稳定的伟大成果。

街道通过文艺演出、入户宣讲政策、创建民族团结大院、解决各族群众民生问题等工作坚强辖区各民族之间的团结。每逢各族群众的特色传统佳节，比如藏族的"雪顿节"、汉族的"中秋节"、回族的"古尔邦节"等，街道办事处组织辖区各族群众在一起吃饭、聊天、跳舞，以此增进各民族间的距离，除此之外，在"拉萨市民族团结日"等特殊节点，组织辖区各族群众举办"唱团结歌，吃团结饭，跳团结舞"等内容丰富，形式多样，主题鲜明的活动。增强各族群众对创建和谐社区的意识，提高各族群众相互协作的自觉性，在各族群众之间牢固树立"三个离不开"的思想，各族群众之间形成相互尊重、相互理解、相互帮助的良好局面。年内，辖区内各类民族间矛盾纠纷的调解成功率达到100%，保障辖区内各民族间零集体矛盾或规模较大的纠纷，为辖区的和谐稳定奠定了坚实的群众基础，夯实了维稳根基。

【基层党建工作】 截至年底，吉日街道办事处为4个社区共计选派下沉干部23名。同时，加大下沉干部监督管理力度，制定下沉干部工作考核机制；注重加强街道党员队伍建设，街道共有党员243名，街道严格按照《中国共产党发展工作细则》，年内，新发展党员4名，发展预备党员17名，发展积极分子21名；认真开展发展党员情况的监督检查，严格审核把关，提升党员发展工作的质量，杜绝带病入党，为党内输送各个的新鲜血液。抓好基层党建"七项重点任务”。在区委的正确指导和有力督促下，吉日街道对七项重点工作进行全面排查和务实整改。截至年底，街道党员组织关系清晰，无党代会代表和党员违法违纪现象，并按期完成了党总部换届选举。

【党风廉政建设】 年内，召开领导班子会议，对党风廉政建设和反腐倡廉工作进行专门研究，调整充实了办事处党风廉政建设责任制工作领导小组，与各个社区签订2018年党风廉政建设责任书。街道书记切实履行第一责任人责任，并定期与班子成员、社区负责人进行廉政谈话，专门听取纪委书记汇报党政班子及其成员廉洁从政情况，开展廉政谈话，听取纪委书记汇报党政班子及其成员廉洁从政情况。班子成员在每次安排部署工作的会议上都一同强调和布置党风廉政建设工作，并做到同检查、同落实。切实履行职责，抓实社区党风廉政建设工作。

领导班子成员履行好分管社区党风廉政建设工作的主要领导责任，与分管的社区部门分别签订责任书。街道纪委书记定期或不定期与分管社区领导班子成员进行廉政谈话，研究党风廉政建设工作。截至年底，没有发生因监管不力造成违纪违法的案件。按照党政齐抓共管，纪委监督落实，部门各负其责的原则，由办事处纪委牵头定期召开由班子成员、社区“两委”班子、居民监督委员会等参加的反腐倡廉宣传教育工作会议，集中力量落实好反腐倡廉宣传教育任务，并组织办事处机关党员干部进行集中学习。

召开干部职工大会，提出总体要求和工作目标。组织干部职工和社区“两委”班子成员采取集中学习和个人自学的方式全面学习区、市关于改进作风的相关文件，同时要求班子成员及干部职工每人撰写1篇800字以上的学习心得体会。通过学习，办事处干部职工进一步提高了对转变作风的重要性和紧迫性的认识。

（旦增晋美）

【领导名录】

区人大常委会副主任、街道党工委书记

亚 哈 亚（回族）

人大工委主任

李　云

党建专职副书记

索朗云单（藏族）

纪委书记

张　玮

宣传委员

格桑卓玛（女，藏族）

组织委员

阿 伊 拉（女，藏族）

政法委员

阿 都 纳（回族）

统战民宗委员

边　巴（女，藏族）

副主任

索南措姆（女，藏族）

索朗德吉（女，藏族，3月任）

公德林街道办事处

【概况】 公德林街道辖区总面积18.4平方公里，下辖雪社区、拉鲁社区、加措社区、幸福社区4个社区居委会，共有户籍人口26311人（居民4360人）、流动人口39871人，低保户45户82人，残疾人136人，“三老”人员7名。设有1个党工委、2个党总支、13个党支部（包括商圈党支部、医疗行业党支部）、28个党小组、共有

2018年3月6日，公德林街道党工委书记、办事处主任吴金川动员居民群众开展红袖标巡逻活动

2018年3月8日，公德林街道办事处党工委副书记次仁玉珍慰问辖区困难妇女

党员231名(2018年新发展党员12名),其中干部党员60名,居民党员171名。强基惠民工作队4支,其中本单位干部驻村9人,辖区内有一座寺庙为功德林寺。辖区内共有加油站6家,街道派驻安全监管员12名。

【"两学一做"学习教育】 年内,开展党的十九大精神专题培训4次。通过召开座谈会、邀请专家讲座等方式开展"四讲四爱"各类等各类宣传26场次,参与群众13903人。深入推进"两学一做"学习教育常态化制度化,主动开展"不忘初心、牢记使命"教育学习62次,党员干部职工参与学习1400余人次。10月13日,召开街道党员政治教育培训动员及安排部署会,每周四、五下午对党员干部进行政治教育培训,确保党员政治教育学时充足,通过学习宣传,辖区党员干部的理论水平得到进一步提升。

【意识形态领域建设】 年内,以幸福拉萨规范舞活动为契机,着力提升干部群众幸福感、获得感。在罗布林卡广场、格桑花公园等四处设立规范舞活动场所,参与群众达3690人,通过规范舞活动的开展,向外来人员展示拉萨的良好形象。利用6月5日(世界环保日),组织辖区大工委成员单位及干部群众300余人,开展拉萨河及中干渠专项清理活动,得到社会各界的高度评价。有针对性地抓好社会热点问题的引导;利用微信群、QQ群、公众号、微博等新媒体传播好声音、传递正能量,打造意识形态工作的"根据地"和"桥头堡"。被新华社、网易网、西藏电视台、西藏电台、西藏商报、拉萨电视台、拉萨晚报等国内及本地各类新闻媒体和网络媒体共52次,其中新华社报道3次、网易报道2次,城关掌上采纳简讯30余次。

【非公党建工作】 作为西藏首家商圈党支部,巴尔库路商圈党支部一直充当排头兵和领头羊的角色。商圈党支部联合拉萨市现代妇产医院开展"健康义诊情暖万家"义诊活动,免费向困难群众发放价值500元/张的体检卡1000张,帮助辖区低收入群体对重大疾病做到早诊断、早发现、早治疗。组织"3·28"红色观影活动,激发商圈广大党员群众的爱国之情。举办专场公益招聘会,帮助162名群众和用人单位搭成就业意向;端午节前夕,组织商圈范围内困难党员群众开展共庆端午佳节、共话幸福之路慰问活动,让商圈领域的困难群众充分感受到党和政府的温暖。组织商圈领域637家餐饮店,创办巴尔库路首次美食文化节活动,为商家带来约361万元的利润,通过打折方式为辖区群众节约资金约102万元。圆满完成全国百家网络媒体拉萨行采访组走进商圈党支部专题报道任务。全面开展"我们的节日"中秋节活动,为辖区200余户商家个体户口实现与父母一起过中秋的愿望。通过系列活动的开展,进一步强化商圈党支部在商圈领域的政治引领作用,商圈的号召力、凝聚力显著增强。

同时,在前期调研的基础上,8月组织辖区63家医疗企业,探索成立自治区首家医疗行业党支部。10月,组织医疗行业为辖区群众开展免费义诊和送医送药活动。为300名群众进行义诊,送出药品价值约3万元。街道乐汇楼宇党支部正在筹建当中，届时街道基层党建格局初步形成。

【党风廉政建设】 年内，按照“一把手”负总责，分管领导各负其责的要求，成立工作领导小组，与各社区签订《党风廉政建设和反腐败工作目标责任书》，将党风廉政责任触角延伸到一线，建立纵向到底、横向到边、科学严密的责任体系。将党风廉政工作纳入街道党工委、办事处总体安排部署，做到同其他工作同研究、同部署、同落实。深入贯彻落实“一岗双责”责任，对新担任干部进行廉政谈话4次14人、对街道班子成员定期谈话、对社区“两委”班子成员全部谈话，开展工作纪律执行情况方面督查整治20次，重点开展不作为、慢作为专项整治工作，街道上下初步形成不敢腐、不能腐、不想腐的体系。组织街道干部职工参观拉萨市廉政教育基地，开展“公德林街道党工委党风廉政知识竞赛”，使广大党员干部从反面教材、实际案例中汲取深刻教训，提高了广大党员干部自身免疫力、党性意识和公仆意识。深入学习反腐倡廉文件，深入剖析各种腐败案例，进一步筑牢了党员干部的理想信念。

【经济与民生】 年内，发放民生资金245.7万元，其中低保金64.4万元，特困供养金0.778万元，残疾人补贴资金25.68万元，城关医疗保险兑现31.08万元，兑现养老保险41.66万元，肉食补贴40.57万元，电采暖及灶具补贴18.29万元，住房补贴23.25万元。

持续深入推进加措棚户区小康安居试点工程。继续加大一期工程力度。协调多方加快一期建设进度，一期项目已封顶，室内装修已基本完成，已进入配套设施建设阶段，年底完成97户群众的回迁安置工作。组织街道、社区干部对二期项目的占地面积、记数进行统计，并组织设计单位对二期项目进行优化设计，协调城投公司将利民公司23000平方米的土地纳入总体规划。二期工程城投公司已进入细化设计方案阶段，待设计完成后，开展群众的拆迁工作。

协调多方，对拉鲁三组及雪社区整体进行基础设施改造工程。拉鲁社区三组及雪社区属于较早形成的居民居住区，由于缺乏整体规划，道路及上下水排污管道使用时间过长，给居民群众的生活带来极大不便。街道积极协调城关区住建局、发改委等相关部门，在城关区委、区政府的高度重视及关心关注下，将项目纳入城关区项目范畴内，并于6月投入7000多万元资金动工建设，项目涉及辖区群众2300多户，在辖区范围内得到居民群众的高度评价和赞扬。

【低收入群体】 年内，为实现公德林街道“稳步提升城市低收入群体的生活水平”工作顺利稳妥有效地推进，确保“稳步提升城市低收入群体的生活水平”目标任务圆满完成，成立以街道党工委副书记、办事处主任吴金川任组长、班子成员为副组长，各社区第一书记为成员的稳步提升城市低收入群体的生活水平领导小组，领导小组下设办公室，办公室设在经济发展与社会事务办公室，主要负责领导小组的各项日常工作。

组织街道干部工作与社区民政助理及其工作人员一起开展入

2018年11月2日，中共拉萨市城关区公德林街道乐汇楼宇支部委员会成立揭牌仪式

户实地调查,认真填写家庭情况调查表,准确了解低保家庭基本情况、致困原因。通过调查,街道辖区低保户从原来的65户113人精准确到45户82人,城市特困人员3户4人,确保对象精准。街道党工委会同各社区主要领导,利用3天的时间专题研究辖区低收入群体致困情况,对9户19人需解决就业,5户10人需生活帮扶,10户19人需要教育帮扶,2户2人需要医疗救助,21户32人需要政策兜底的情况制定有针对性、可行性的帮扶措施,确保了帮扶政策精准。订立档案,做到一户一档,动态掌握现状。街道对辖区每户低收入群体进行建立信息档案,安排工作人员定期不定期了解其现状,动态更新、实时掌握辖区低收入群体的生产生活状况,切实解决低收入群体最关心最直接最现实的利益问题,截至年底,街道49户低保户全部建立动态档案。街道充分挖掘、宣传、报道辖区勤劳致富的先进典型,不断提升辖区低收入群体的勤劳致富的意识,实现其由“要我脱困”到“我要脱困”的转变,全年开展宣传教育活动4次,取得了良好效果。

2018年8月11日,公德林街道召开三帮一稳步提升低收入群体生活水平工作动员部署会议

结合街道辖区行政单位多、非公企业多、党员干部多的特点,创新提出一提三帮的帮扶思路。具体做法为:通过前期宣传教育,辖区低收入群体主动思考家庭致困主要原因,并向街道、社区及帮扶对象提出提高自己收入的思路想法。扶困先扶志,对精准识别的城市低收入群体,由辖区党员对其进行思想教育帮扶,实现其思想观念上的转变。同时,利用党员自身的专业特长,并结合其工作特点,开展有针对性的结对帮扶,做到对症下药。结合街道“大工委”、社区“大支委”工作和在职党员进社区报到服务群众工作,开展好“双向服务”工作,街道党工委、办事处搭建驻区单位与低收入群体精准帮扶平台。充分利用辖区企业、商户多的特点,从辖区163家企业中甄选优质企业,以街道党工委、办事处的名义向其发送邀请函,引导鼓励有社会责任担当民营企业家和乐施善举的社会精英人士对街道低保户开展“一对一”结对帮扶。截至年底,辖区内45家单位与企业与45户低保户全部签订帮扶协议。将干部职工食堂对外出租的资金,设立“扶困创业专项基金”,对有创业致富想法的低收入群体,提供每户两年内3万元无息的扶困基金。截至年底,已有3户群众拿到9万元两年免息的“扶困专项基金”,实现自主脱困。与西藏久美文化传媒有限公司签定三年帮扶协议,将观景台上四台旅游纪念销售机的毛收入20%用于雪社区低收入群体分红。

通过街道系列措施,辖区企业及单位已为5名低收入群体解决就业,通过就业实现由“输血式”帮扶到“造血式”帮扶。通过入户走访,17家企业,为16户低收入群体送去慰问金及慰问物资共计2.5万元。与3户家庭建立在2020年前,每月1000元的扶持资金。为3名大学生解决每月1800、1500、1200元的生活费,保证顺利完成学业。按照协议,至2020年,除21户32人(孤寡、孤儿、残疾、长期病号)需要政府兜底外,其他全部实现脱保。

【中央环保督导组督导整改案件】

年内,成立督导组,对已整改案件开展“回头看”工作,全年督查

21次，确保已整改案件不再反弹。成立专班对长期整改案件跟踪整改。对于加措社区幸福五组小区，39户居民下水道长期堵塞的案件，街道协调城关区住建局等多个部门开工建设中，年底整改到位。结合“四讲四爱”教育实践活动，教育引导群众自觉参与到生态和环境保护工作中来。

【“三渠一河”专项治理】 年内，按照属地管理原则，开展街道辖区内有4.6公里的中干渠及5公里的拉萨河段专项整治工作。组织辖区干部群众1300余人，先后4次清理清理中干渠及拉萨河，全年清理垃圾6.2吨，清理拉萨河沿线垃圾74袋。组织各社区河长开展巡逻工作，全年巡逻342次，填写巡逻日记342篇。

【辖区环境卫生综合整治】 年内，以中央环保督导组督导整改案件为契机，在辖区范围人力开展环境卫生综合整治活动。全年发现并治理辖区垃圾乱倒问题16起，治理私搭乱建问题8起，整改小区环境卫生问题29起。

【不断完善慈善超市运营】 截至年底，街道慈善超市总店运营情况总体持平，向辖区困难群体让利近5万余元。为进一步探索慈善超市的运营模式，在学习通州区经验基础上，召开街道班子会议研究，拟定走政府向社会力量购买社会服务的模式，将慈善超市将由第三方来管理。幸福社区分店已进行设备采购阶段，年底投入运营。将收益的40%用于提升辖区低收入群体生活水平，收益的40%用于慰问辖区困难群众，收益的20%用于慈善超市运营资金。

【推动旅游智慧化建设】 年内，为促进公德林街道雪居委会经济转型，搞好旅游产业脱贫扶贫工作，公德林街道雪居委会引进西藏酒瓦文化传播有限公司纪念章自动售卖系统，双方依照平等、自愿的原则，经友好协商签订合同，在药王山观景台安放不少于4台西藏酒瓦文化传播有限公司的自动售卖机，进行商品销售，西藏酒瓦文化传播有限公司按扣除实际缴纳的增值税后销售额的20%支付给雪居委会，用于居委会扶贫工作。

（达　珍）

【领导名录】

党工委副书记、办事处主任

吴金川

主任科员

次仁玉珍（女，藏族）

党工委副书记、人大工委主任

普布卓玛（女，藏族）

武装部部长、政法委员

琼　达（藏族）

党工委委员、党建专职副书记

刘雪梅（女）

党工委委员、纪委书记

洛　旦（藏族）

党工委委员、组织委员

永宗拉姆（女，藏族）

党工委委员、宣传委员

格桑央吉（女，藏族）

统战委员、人大工委副主任

仓决卓玛（女，藏族）

副主任

杨　洁（女）

罗布曲珍（女，藏族）

扎细街道办事处

【概况】 扎细街道辖区总面积7.17平方公里，南至林廓北路，西至娘热路，北至慈松堂路，东至规划路，坐落着西藏唯一一座财神庙——扎基寺。街道下辖扎细、扎细新村、雄嘎、团结新村、尼卓林5个社区，现辖区总人口52020人，其中常住人口23814人、流动人口28000余人；企事业单位、退休基地及驻军部队183个；共有23个网格，835个联户单位；街道党工委下设1个社区党总支，18个党支部，共有党员223人。

【党建工作】 年内，以学习贯彻十九大精神和习近平新时代中国特色社会主义新思想为契机，严格落实“三会一课”，结合“两学一做”“政治纪律教育”等，持续推进党员教育管理标准化“五学方法”，严格按照每周召开集中学习、每月组织参观学习，每季度邀请党校老师、专家授课的要求，强化党员思想教育，截至年底，共集中学习49次、专题讨论4次、围绕观看、学习《厉害了，我的国》《习近平谈治国理政》（第二卷）等，撰写心得体会60余篇，制定《扎细街道党员政治教育方案》，截至年底，开展政治教育集中学习11次，进一步坚定全体党员政治

2018年8月1日，扎细街道办事处党工委书记徐华、主任强炫到辖区共建单位慰问

信仰；建立和完善老党员、困难党员档案，“七一”建党节慰问10名老党员、困难党员，发放慰问品；褒扬先进，激励鞭策，表彰22名优秀党员、先进党务工作者，进一步激发了活力，增强了动力；坚持标准，严把程序，共发展预备党员10名，积极分子12名，均取得良好成效；坚持每月开展“主题党日”活动，全年组织机关党员、在职党员及群众党员等，开展绿色环保徒步行、党纪党规知识竞赛、“七一”党建表彰、新旧西藏对比参观等活动10余次，充分发挥了街道党工委对区域党建工作的统筹协调功能；同时，利用微信新媒体平台，深入开展“党员联系服务群众”工作，积极开展在职党员结对帮扶工作，共结对1353户，认领微心愿230件，激励党员干部为群众办好事办实事，进一步密切了党群干群关系；加强对24名下沉干部的管理使用，健全后备干部培养机制，充实后备干部队伍，后备干部增至120余人。

年内，按照区委统一部署，以“办公面积最小化、服务功能最大化”为目标，分别争取上级资金700万元、680万元新建成扎细社区、尼卓林社区组织活动场所，改造升级雄嘎社区组织活动场所；团结新村社区新建、扎细新村社区改造工程正在稳步推进中。其中，尼卓林社区于2018年初建成，并成功完成自治区村级组织活动场所标准化建设试点工作，先后接待自治区、拉萨市和各兄弟县区的30余次参观交流。积极发挥阵地作用，实现多样使用、凝聚民心。如：雄噶社区建立“微笑故事小屋”，为无人照看或留守儿童免费讲故事，既吸引儿童，又方便了父母；尼卓林社区建立“妇女之家”，为辖区妇女提供了交流、学习的机会和手工艺品代售的服务，得到群众的认可；扎细社区建立的“舞蹈房”，为辖区喜爱跳舞的群众，特别是老年群众提供了练舞的场所，得到他们的好评；尼卓林社区设立党建文化和意识形态领域文化长廊，增强了广大群众对中华文化的认同、对中国共产党的认同、对中国特色社会主义道路的认同。扭住发展第一要务，全力壮大区域经济，进一步夯实了发展的物质基础。其中，扎细社区集体经济发展态势良好，社区乡镇企业2018年收入达到520万元，社区居民通过多种经营手段，丰富收入来源，多种经营创收1627万元；雄嘎社区通过开展对满斋小区物业管理和吸污车对外租赁两项服务，实现集体经济收入16万元左右，其中代管物业小区收入为13万元，吸污车租金为3万元。年内，雄噶社区计划租赁居民房屋开设经营家庭旅馆，解决就业，增加贫困户和社区集体经济收入（该项目正在申报中）；扎细新村社区以15间门面房出租为基础（年收入达15.03万元），大力开展精准扶贫工作，建设牛奶蔬菜直销点、惠民裁缝店、妇女手工艺编织物销售点，让辖区无业居民实现创收；尼卓林社区不断壮大集体经济，共开办3个停车场，实现年收入4.5万元，接管粮食仓库物业管理，收取年管理费为3.5万元；团结新村社区以门面房租金为基础，扶持居民开办家庭旅馆，以此壮大社区集体经济收入，2018年房租共收入4.67万元。

5月，街道办事处主任强炫带队前往于家务回族乡开展互访工作，受到于家务回族乡领导高度重视，召开工作座谈会并参观国际种业科技园区、花仙子万花园等产业园区及部分村委会。9月，于家务回族乡党委副书记、乡长古剑一行5人到拉萨洽谈协作事宜。考察街道扎细新村社区、尼卓林社区扶贫项目建设基地，围绕扶贫协作任务中的组织协调、资金项目、人才交流、产业合作等方面开展实地调研，并召开“东西部扶贫协作、携手奔小康行动”对口帮扶工作座谈会，签订村级合作协议，向街道捐赠帮扶金50万元。此捐赠资金经党工委会议研究暂定，用于帮助扎细街道的社区建设集体经济项目（扶贫洗衣厂），该干洗厂建成后将为辖区酒店、宾馆及辖区群众提供干洗服务，同时培训并聘用辖区低保户人员为洗衣厂技术人员，以此解决辖区困难居民就业问题，实实在在地为群众办实事、办好事。该项目已完成项目申报，正在联系厂家开始厂房设计、采购设备等工作。

【党风廉政建设】 年内，制定2018年党风廉政建设工作计划，与各社区层层签订《党风廉政建设责任书》，坚持每季度召开一次党风廉政建设专题工作会议。年中，听取各社区党组织落实党风廉政建设主体责任工作报告，社区党组织第一书记落实主体责任“第一责任人”情况报告和街道党工委班子成员落实“一岗双责”责任制情况报告，进一步明确主体责任的具体职责，强化追责问责力度，切实把主体责任落到实处。召开专题会议对各项规章制度的可行性、操作性进行研究讨论，逐一完善各项制度，制作《扎细街道制度汇编》，内容包括思想教育、组织建设、党风廉政、行政管理、民主决策、财务管理、居民自治七个方面34项制度，加强制度化建设，努力实现“将权力关进制度的笼子”。按照城关区纪委、监委要求，坚持重要节点重申中央“八项规定”精神以及自治区党委、拉萨市委实施意见等相关规定，及时传达上级纪委通报文件，强调纪律、狠抓作风；采取明查与暗访相结合的方式，深入社区监督检查，及时发现问题，督促整改落实，3月开始分别对下辖各社区的财务开展审查工作，对各社区在财务管理和财务账目规范性方面存在的问题及时进行反馈，并对各社区的整改情况进行督查，确保整改落实到位；4月组织纪检、财务、综治、民政等相关工作人员，对各社区双联户奖金、工资以及各项民生资金的落实情况进行督导检查，坚决杜绝挪为他用或截留、占用等违规违纪情况的出现。

9月，开展政治纪律教育工作，制作下发《加强党风廉政建设，强化政治纪律教育口袋书》，通过组织集中学习、专题组织生活会、谈心谈话，加强干部严守政治纪律的自觉性；推进街道廉政文化建设，积极开展“廉政书画展”、党纪党规知识竞赛等活动，突出廉政主题，确保党风廉政建设在潜移默化中深入人心；积极推进监察体制改革，11月成立扎细街道派出监察室，并安排监察室办公独立场所及谈话场所。

【意识形态工作】 年内，持续培育和践行社会主义核心价值观，抓好党员干部的思想政治工作，强化党员引领示范，进一步深化党员干部理想信念教育，教育广大党员不忘初心做奉献、坚定不移跟党走。围绕加强民族团结、强化感恩教育等教育主题，以“四讲

2018年9月13日，召开于家务回族乡与扎细街道“东西部扶贫协作、携手奔小康行动”对口帮扶工作座谈会

四爱”群众教育实践活动为契机，积极策划，创新思维，深入开展宣讲工作进寺庙、进机关、进学校、进企业。着力营造舆论氛围，已开展宣传教育71场次，受益群众4010人，张贴宣传标语260余份，营造了浓厚的社会氛围。大力推进群众性精神文明创建活动，上半年累计开展各类节日活动36余次，组织道德讲堂学习12次，参观爱国主义教育基地5次，约有800余人参加学习，“五有五好”文明村镇创建活动共开展108次，受益2867人。

【民生工作】 年内，全面规范办学行为，深入开展新生统计工作，深入排查违规办学行为，杜绝无证办学现象，同时全年审核“三包”困难家庭材料26份；全街道低保户共有14户40人，发放最低生活保障金19.67万元，发放城关区民生资金14.88万元，截至年底，发放上级各类民生救助资金39.83万元。开展大型户外宣传5次，发放健康宣传资料2000余份，8名孕妇参加出生缺陷干预检查；统筹医疗报销14人19.9万元；领取民生一号补助人员达153人。同时，按照卫计委要求，辖区需筛查两病人数为19025人，截至年底，结核病共筛查10324人，风湿病共筛查4454人。两病一共筛查14778人，完成率为77.68%。

年内，以维护群众“舌尖上的安全”为目标，持续强化食品药品安全日常监管工作，开展食品药品安全宣传活动2次，发放宣传资料600多本。年内，共协助办理土地出让和增拨土地145宗，办理房屋改建120宗，解答前来咨询土地和住建相关政策的89人次，做到让群众满意度达96%以上；拆违控违工作取得可喜的成果，全年共出动人数587人次，拆除违法建筑70处2180平方米，其中新建违章180平方米，历年违章建筑2000平方米；积极开展“春风行动”等就业服务，促进了2名高校毕业生就业。

2018年5月18日，扎细街道开展廉政文化月宣传活动

【环保工作】 年内，坚决守护生态环保红线，全面落实环境保护责任，采取强有力措施，全面加强环保监管，严格落实工作责任。街道办事处与社区、企事业单位、个体工商户等签订环境保护目标责任书，逐层压实责任；认真落实“河长制”，成立以街道党工委书记牵头的工作领导小组，详细摸排辖区河流、水渠分布情况，全面强化水体保护，加大执法力度，积极开展辖区水渠环境清理整治工作，及时发现整改问题，扎实做好迎检工作，维护街道蓝天碧水、绿色宜居的生态环境。

中央环保督查组进驻期间，街道认真做好各项迎检工作，工作中共接到中央环保督察转办案件42件，其中主责11件，协责案件6件，属地案件25件。通过广大干部职工的共同努力41件转办案件现已全部结案。为保证结案成果，街道开展举报案件常态化巡查工作(现巡查25次)，对发现有问题的进行认真严肃地整改。环保案件“拉萨市城关区扎基路扎基住宅小区住户将房子扩建到绿化带”案件还未结案，街道主要领导多次与城关区整改办和扎基小区业主委员会协调沟通寻求最终合理的解决方案。8月，确定强拆和以罚代规两种方案。截至年底，扎基小区业主委员会撰写以罚代规申请书并报送至城关区住建局，住建局给拉萨市规划局城关分局发了同意以罚代规的函，相关进展街道正在持续关注。

（宗 吉）

【领导名录】

党工委书记

徐 华（女）

党工委副书记、办事处主任

强 炫（藏族）

党工委副书记、人大工委主任

索朗尼玛（藏族）

党建专职副书记

陈 熠（7月免）

党工委组织委员

央 宗（女，藏族）

党工委宣传委员、办事处副主任

尼玛卓嘎（女，藏族）

党工委纪检书记

次仁拉姆（女，藏族）

政法委员、武装部部长

强久郎杰（藏族）

统战委员、人大工委副主任

郑 萍（女）

副主任

嘎松曲珍（女，藏族）

韩 婧（女）

嘎玛贡桑街道办事处

【概况】 嘎玛贡桑街道办事处位于拉萨市城关区东部，与纳金街道、夺底街道为邻，属老城区缓冲区域，辖区总面积3.2平方公里。街道办事处成立于2001年，辖区内居住着藏族、汉族、回族等各族人民群众。有3个老年文艺队，1个青年文艺队，6个志愿队。2018年，辖区户籍人口5776人，流动人口30513人。下辖统建、嘎玛贡桑、俄杰塘、纳金路北4个社区居委会。

2018年11月16日，城关区副区长李多多一行到嘎玛贡桑街道开展2018年重点工作考核

【组织机构】 年内，街道现有干部职工50人，下沉下派驻村16人，借调5人。街道党工委下设2个党总支，8个党支部，其中"两新"组织党支部1个，关系在街道的党员共有176人。嘎玛贡桑街道办事处下设部门有党群综合办公室、纪检办公室、政务综合办公室、维护稳定和综合治理办公室、后勤服务中心、卫生服务中心、文化服务中心、社区服务中心、司法所、财政所。指定各办公室负责人和专职工作人员，明确各办公室工作职责。

【经济发展】 年内，辖区有自治区属单位6个、拉萨市属单位10个、城关区属单位9个、企事业单位39家、开发商小区10个、单位退休基地11个、市属中学1所、幼儿园7所、大中型娱乐场所13处。截至年底，社会消费品零售总额为8.82亿元，同比增长15%；城镇居民人均可支配收入31069.452元，同比增长4%；社会固定资产投资为6.12亿元，同比增长18.7%。

【基层组织建设】 9月，嘎玛贡桑街道办事处成立维多利亚美容整形医院党支部。不断完善"大工委"工作机制，充分激活共驻共建单位党建活力。以"组织联动、活动联办"为主抓手，联合驻区单位筹备"七一"幸福拉萨规范舞大赛、"种下一棵树、收获万点绿""绿树成荫、树木树人""党员爱心菜地"等系列活动，开展各类服务社区活动29次，服务群众人数达1456余人次，在职党员报到人数700余人。发挥党组织统筹引领作用。积极推动妇联组织区域化建设改革试点工作，成立街道妇女联合会大执委，配备专职主席、专职副主席、配齐配强配优妇联工作人员，建强基层妇联阵地，向城关区委、区政府申请落实辖区内17120名妇女,每名妇女每年10元的工作经费,全力发挥基层妇联组织的独特作用。

【党员队伍建设】 年内,强化领导班子教育培训管理,提升本领、凝聚合力、发挥作用。树立正确的用人导向,注重识别和培养德才兼备、忠诚干净担当的年轻干部;开展党员个人民主评议和工作述职,统筹党员队伍建设。按照现行形势下发展党员工作"十六字"方针,街道党工委下辖各级党支部、党总支共发展党员24名,其中预备党员7人,入党积极分子17人。

【群团工作】 年内,在街道党工委的积极沟通协调下社会爱心企业子成学校与统建社区联合开办免费"课后辅导班",针对辖区低收入家庭和困难家庭的学生进行免费作业辅导。在城关区团委的帮助和指导下,俄杰塘社区以打造"阳光社区"为亮点,结合社区现有的资源与自治区团委学校部推荐的海雕视角教育咨询有限公司合作"移动教室"项目,以学期和假期为单位,设计安排多元教育课程,教导青少年们学习方法和技巧。

【"两学一做"教育常态化、制度化】 截至年底,街道党员干部入户走访慰问20余次,送去慰问金及物资6500元。"两节"期间组织"三老"人员、离退休老干部、社区离职离岗人员、低保边缘户等集中开展帮扶慰问活动;"六一"儿童节期间向辖区3所幼儿园送去总计5000元的慰问金;组织党员志愿者以"关爱社区、关爱他人、关爱自然"为主题开展了各类志愿服务活动12次。

【社区活动场所标准化建设】 年内,嘎玛贡桑街道办事处进一步完善社区活动阵地建设和管理使用制度,并建设篮球场、多功能电子阅览室、综合文化活动室等,其中篮球场占地约420平方米、室内活动场所共占地面积约为382平方米。按照对象不同侧重点不同的建设思路,集中优势资源,积极打造嘎玛贡桑3.2平方公里范围内的公共服务体系。即嘎玛贡桑社区流动妇女儿童之家、纳金路北社区老年人照料中心、俄杰塘社区残疾人康复中心及统建社区悠贝亲子活动中心,使项目建设规划做到了科学合理、主题鲜明、符合实际,并统一规范活动场所标识标牌的材质、大小、字体字号及悬挂位置等,严禁五花八门,合理布置社区活动场所配套设施。其中嘎玛贡桑社区在改造完成后被城关区定为村级组织场所标准化建设的示范点,城关区的各级领导多次到社区参观并指导开展工作。

同时,经过多方筹措街道还争取到城关区支持资金17万元,用于嘎玛贡桑社区新旧历史对比展览馆建设。嘎玛贡桑社区为了使社区活动场所真正成为政治引领、服务群众、凝聚人心、民族团结、推动发展、维护稳定、法治宣传、文化活动的阵地,联合社区卫生院在全区创新开展了专为60周岁以上老年人慢性病干预保健操,充分发挥村级活动场所基层堡垒作用。

【党风廉政建设】 年内,充分发挥党委主体责任和纪委监督责任,明确一把手是第一责任人,坚持一把手负总责,分管领导具体抓,并列入街道党的建设和班子建设的重要议事日程,纳入党政领导干部目标管理。严格贯彻落实中纪委十九届二次全会、自治区纪委九届三次全会和九届市纪委三次全会精神,在年初对2018年党风廉政建设和反腐倡廉工作进行部署,街道纪工委召开党风廉政建设工作会议8次,组织学习传达会议精神15次,组织开展爱国教育片、廉政教育片巡回展映活动,共播放影片10场,参加观看群众达400余人次,围绕党章、党规、党纪开展专题教育学习及其他各种廉政学习活动8次。有效激发了社会公众反腐倡廉的社会责任意识、民主监督意识、依法监督意识、制度约束意识;引导居民群众坚定理想信念、宗旨观念;进一步增强了干部群众对反腐败斗争的信心。通过参与监督收缴党费、到岗率及考勤制度、维稳责任制度、公车私用情况等,拓宽监督范围,履行监督职责。建立对街道机关各项工作完成情况通报一览表,有针对性地进行通报和廉政谈话,对发现问题的党员干部,做好帮助教育工作。

截至年底,对街道各科室党员干部进行作风效能督查32起、督查中发现问题10起、上报街道党工委3起、辖区内通报10起(2社区、9人)。明确“一述三评两公示”制度,定期召开党组织生活会,进行批评与自我批评,自我反省,接受监督,以此激发广大党员创先争优的内在动力,形成比学赶超的良好局面。督促街道机关党支部开展政治纪律教育学习14次,在参与学习的同时发挥监督作用。纪委负责同志参加街道党工委会议和其他有关重要会议(三重一大会议)15次,在了解情况和参与决策的同时发挥监督作用;坚持民主决策,年初街道党工委书记亲自主持召开会议,严格督促落实“四议两公开”制度,并安排街道纪检专干定期检查贯彻落实情况,有效杜绝“一言堂”和“暗箱操作”;制作发放藏汉“双语”《廉政效能监督便民联系卡》200余份,积极创新群众监督、社会监督等方式方法,进一步发挥下派纪检监督员作用,充分调动广大群众的监督积极性。成立街道党工委扶贫领域监督执纪问责工作领导小组,紧盯扶贫政策落实、扶贫资金发放使用、扶贫项目建设等。围绕各个环节,从源头上对腐败行为严加防范。2018年街道纪委还向城关区纪委提供了一条扶贫领域的线索,帮助区纪检破获一起诈骗案。

【意识形态】 年内,主要以倡导遵纪守法、友善互助、关爱感恩、孝老爱亲、诚实守信、移风易俗等为主要内容,精心设计“道德讲堂”的教育内容和形式,吸引居民参与。按照“每两月一讲”的实施计划,已先后组织开展5次,受众300余人。打造“五有”阵地,体现“五好”精神。年内,街道充分利用村级组织活动场所改造工程的契机,大力完善社区公共文化服务场所的功能,除正在改造升级的俄杰塘社区,其他3个社区全部做到“有精神文明宣传栏、有公益广告、有文化大舞台、有文明引导员、有志愿服务站”,同时按照文件要求为进一步增强文明引导员的责任感和使命感,街道制作聘用证书,并下发正式的聘用红头文件。结合“创城”“四讲四爱”活动广泛开展“自治区交流宣讲会”“恩从何来,恩向谁报演讲比赛”“四讲四爱”和“五有五好”藏汉“双语”学习活动、“好家风、好家训、好家教”“庆建党97周年规范舞大赛”“植树造林美化家园”等大小活动102余次,覆盖19000余人;上报简报102期,被城关区“四讲四爱”活动办采纳18篇;电视台报道4次;自治区级报纸报道2次,市级报纸报道5次;城关区级媒体报道7次。

【人大工委工作】 年内,街道人大工委按照城关区人大常委会的工作要求,紧扣街道发展实际,认真履行职责,开展各项活动26次,其中开展视察活动5次,志愿服务活动5次,慰问困难群众2次,组织学习培训10次,交流研讨4次;走访代表9名,接受意见建议9次,接待选民9次、30余人,走访联系群众4次,解决群众关注热点、难点问题17件,较好地促进了代表作用的发挥,为嘎玛贡桑街道实现跨越式发展提供了坚强的组织保证。为保障居民群众出行安全,规范城市管理与建设,针对城关区人大代表穷达关于统建12组“破旧老水渠”问题,街道人大工委履职尽责,主动作为,展开专题调研。

2018年7月11日,嘎玛贡桑街道党工委书记王晋、主任次旺等一行实地调研社区组织活动场所标准化建设

2018年9月21日，嘎玛贡桑街道开展“四讲四爱”群众教育实践活动民族团结一家亲暨“我们的节日·中秋佳节”活动

【环境卫生整治】 年内，街道针对中央第六环境保护督察组反馈意见，制定《嘎玛贡桑街道生活垃圾整治实施方案》，成立专项督导组，制定相关督查机制，定期不定期对各社区内的环境卫生开展督查工作；7月，为迎接“藏博会”“雪顿节”，开展为期10天的环境卫生综合整治工作；8月，开展中央第六环保督察组转办案件“回头看”工作，5起转办案件全部整改完毕。加大河道治理工作力度，形成整体规划、合理治理的工作新局面，年内，街道、社区巡河共计234人次，清理河道垃圾0.5吨。掌握辖区各类污染源数量和区域分布。建立130家工业企业一户一档数据库，其中有5家新增企业纳入国家底册，4家新增企业不纳入国家底册，121家企业不纳入国家底册；7月，开展辖区危废统计工作，统计辖区5家生活源锅炉、10家汽车修理店、12家重点行业，建立医疗废物台账；合理制定污染治理方案，建立重点污染源长效治理工作机制，确保第二次污染源普查工作取得实效。

年内，通过开展“种下一棵树、收获万点绿”“绿树成荫、树木树人”系列造绿活动，积极动员辖区党员干部和居民群众共计300余人次参与各类环保植树活动，共种植130棵万年青、25棵柳树、300棵刺柏树，为营造文明和谐的宜居环境和人际关系，推动社会和谐发展奠定坚实基础。常态化开展环境卫生综合整治工作，抓好城乡人居环境。街道及社区在四月“爱国卫生月”，7月迎接藏博会及雪顿节、10月国庆节等重大节日点，共组织开展了50余次大型环境卫生整治工作，共出动400余人次，清理垃圾1.5吨。建立基础设施管护工作长效机制，为彻底改变统建小区内车辆乱停乱放及外来车辆停放造成的矛盾纠纷和安全隐患等问题，街道提出小区智能化管理理念，在详细核实小区每户住户实有车辆的基础上，联系交警部门清理外来车辆，通过安装门禁系统及减速带，实行住户车辆免费停放、外来车辆停放收费制度。项目受益群众达500多户、2250余人，并解决辖区3名低收入群体的就业问题。

2018年“厕所革命”工作中，经街道与多部门协调沟通，多次实地考察建厕地址，最终在辖区合适地段修建4座公共厕所（其中包含2座移动公厕）；加强生态文明街道宣传，在特殊时间节点开展各类宣传活动。5月31日，开展主题为“烟草与心脏病”的世界无烟日宣传活动，6月5日，开展“美丽拉萨我是行动者”暨地球环境日宣传活动。持续开展“禁白”专项整治活动，主动与城关区环保局对接，在辖区两个农贸市场树立“禁白”公示牌，进一步完善实施《嘎玛贡桑街道2018年“禁白”宣传工作方案》，不定期开展“禁白”工作专项整治工作。

【集体经济发展壮大】 年内，街道共有集体经济14处，其中嘎玛贡桑社区11处，年均收入约181.3万余元，社区246名居民，人均收入分红近5000元，并以每人年增收200元的趋势稳步递增；俄杰塘社区2处，年均收入10万余元；统建社区1处集体经济于2017年完工，已整体出租，年收入为13万元，并被设立为联户增收点；纳金路北社区集体经济现已破土动工，于2019年初完工。街道集体经济全覆盖基本已实现，为切实保障街道低收入群体的就业，提高增收，实现致富奔小康的宏伟目标打下坚实基础。

【第四次全国经济普查】 经济普查工作从正式启动以来，严格按市、区经济普查办公室有关要求，有计划、有重点，分阶段、分步骤的严密实施和有序推进。通过前期“地毯式”“拉网式”的单位清查，街道4个社区共划分为11个普查小区，对辖区内各单位及个体经营户进行地毯式清查。清查工作共分为两个阶段，第一阶段由街道指导员及社区普查员对辖区内个体户，企事业单位进行登记上报工作，第二阶段由社区普查员联合社区警务室工作人员、社区网格格长、户长按照下发底册核查表对辖区内个体工商户、企事业单位进行查漏补缺工作。街道正常填表单位共计258家，其中产业活动单位19家，搬迁、停业、注销单位共计58家，个体工商户1393家，单位底册核查330家，核查率达到100%。

【就业创业】 年内，完成辖区13人职业技能培训意愿统计、53名2018年高校毕业生实名制登记工作，入户率100%，帮助42名应届高校毕业生就业、就业率77%，开展就业宣传13次，悬挂标语11次，发放宣传资料1000余份，解答咨询32次；完成辖区1093人劳动力摸底调查，调查覆盖率100%。

【社会保障】 年内，嘎玛贡桑街道继续按照“应保尽保”工作要求完成新增23人的城乡居民养老保险参保手续；向42人兑现医保报销金，共计1038067元；兑现辖区居民2017年电采暖补贴2165200元；共完成3436人的全民参保登记和社会保障一卡通发放工作，并将社保卡信息采集工作常态化；年内，共有1703人参加城乡居民医保。

【健康城关】 年内，组织户籍人口1902人参与全民体检，开展健康知识培训1次、全民体检宣传5次，发放健康教育读本245册；组织群众开展两病筛查，共筛查4172人，筛查完成率达到74%；开展控烟宣传5次，发放宣传海报120张，粘贴禁烟标志150余份；在嘎玛贡桑社区和纳金路北社区设立艾滋病小型创新项目试点，开展防艾宣传5次，发放宣传册500余张，完成卫计口子各宣传日宣传任务；组织辖区70余对夫妇进行优生优育详细全面免费检查；对街道及社区32名已婚妇女同志进行免费两癌筛查；对街道29名藏族干部职工免费进行“三高”检查；完成2018年流动人口动态监测系统录入工作，并正在开展流入育龄妇女PADIS子系统录入工作。

【提升城市低收入人群生活水平】 年内，根据拉萨市召开的市委民生工作会议、城关区稳步提升城市低收入群体生活水平专题部署会议精神，街道紧紧围绕“看真贫、扶真贫、真扶贫”的总要求，建立例会制度，先后4次全面入户调查核实低保户信息、4次提升低收入人群生活水平例会，分析“一户一策”帮扶措施，针对不同的致贫原因，制定不同的脱贫计划，建立一户一策档案，共帮助辖区4户、7人实现脱贫；发放国家低保补贴金284316元，城关区政府低保补贴金89200元，年人均保障金达10560元；给予辖区一户居民1363.52元的医疗救助，一户已于7月纳入特困供养人员里，每月补助975元；寿星老人补贴拉萨市级的兑现61人46800元，城关区级的兑现61人30500元。

【教育均衡】 年内，街道按照公平公正公开原则，组织开展2018年秋季新生入学抽签活动，圆满完成2018年招生相关工作，实现教育零上访目标。2018年适龄入学儿童78人、初中入学新生84人，入学率均达100%，新办年度应届新生资助银行储蓄卡23张。成立14人的奖励、资助政策宣讲团，宣讲18次，发放宣传单7000余份，参与人数累计达15000人次；摸底统计城关区籍0～15周岁适龄儿童、少年共计1004人的基本信息数据，并建立一户一档。

【东西部扶贫协作】 年内，加强北京市通州区台湖镇和街道全方位、多领域、深层次对口帮扶合作。建立由联络对接、组织交流和产业合作构成的领导小组；结合实际需求，深入四社区多次进行产业摸底调研；积极组织四社区前后6次召开专题研讨会议和党委扩大会议，深入研究合作重点和合作方式，并就合作计划进行多次修改完善。

5月8日，由街道党工委王晋书记带队的考察团一行到北京市通州区台湖镇进行考察学习，向台湖镇递交了需援助和合作的项目清单，表明援助需求。9月11日，北京市通州区台湖镇光机电一体化产业基地管理委员会主任郭枫一行到街道就对口帮扶工作进行全面考察，促成北京市通州区台湖镇玉甫上营村、尖垡村、窑上村、徐庄村与4个社区签订合作协议；并向街道共捐赠了60万元工作经费和价值20万元的物资。争取到江苏省援藏对口支援资金20万元，用于街道和社区活动场所改造升级，以及扶贫帮困工作。2018年街道积极就扶贫协作工作与江苏省、北京市第八批援藏团沟通协调，在援藏团的大力支持和帮助下，江苏省第八批援藏团向街道捐助20万专项经费用于日常资助、慰问辖区低收入群众；北京市第八批援藏团向街道低收入家庭捐赠30辆自行车，以方便他们的日常出行。

【城市管理】 年内，嘎玛贡桑街道作为城管执法职能和队伍下放示范单位，针对辖区城市管理实际，以“排查到位、整改到位”为目标，充分整合各方资源，及时发现、遏制违法违章行为，共出动1800余人次，取缔流动摊点、占道经营、私设路桩等违规行为为2386处。街道7名食药协管员联合城关区食药局每日对辖区饮食摊点、沿街商铺等进行安全检查。共审店1018家，审查过程中当场下架，当众销毁过期食品；积极联系工商和食药等部门联合查处2家加工黑作坊（“十分粥道”和“咯咯哒黄焖鸡”美团外卖店）、1家在住处堆放大量无正规购买凭证的食用油、调味品的住户。成立违章建筑工作领导小组，组成违建巡查队。对街道现存的违章建筑进行全面排查梳理，建立违章建筑一户一档。同时做到联合执法与宣传两手抓，一抓违建拆除，联合相关单位牵头拆除违章建筑约400平方米，教育劝导居民自行拆除约600平方米，遏制停工违建项目30处；二抓宣传，组织人手开展违章巡查40余次，入户宣传10余次，覆盖598人次，覆盖面达到96.25%。街道多措并举，整合各方力量，形成整体合力，确保辖区公共服务逐步完善，民生保障持续加强，居民福祉不断增进，社区氛围更加和谐。

【“三个专项”斗争】 年内，全面开展扫黑除恶、打非治乱专项斗争。街道全面摸排，深挖线索。联合嘎玛贡桑派出所，深入一线、深入群众，大力开展地毯式摸底排查，深挖涉黑涉恶涉分裂问题、非法组织和治安乱点，广泛收集线索。年内，共取缔麻将馆9家，取缔卖淫窝点8处，收缴香蕉水120升，收缴管制刀具38把。同时制定扫黑除恶打非治乱专项斗争领导小组联席会议制度，每月听取各社区、警区工作汇报，及时通报、分析辖区扫黑除恶打非治乱专项斗争工作形势，协调解决工作中遇到的突出问题，统一认识、研究对策。进一步加大宣传，扎实做好“扫黑除恶、打非治乱”教育引导工作。共发放“扫黑除恶”宣传资料共3000余份，在辖区所有主要道路和显著位置悬挂横幅，共计悬挂100余条，设置LED宣传屏20个，对扫黑除恶专项行动工作的意义、打击重点进行宣传。设置举报箱，公开举报电话，畅通信息渠道。围绕“清源”“净网”“护苗”“秋风”等专项行动。出动执法人员280余人次，着力开展集中整治制售传播非法宗教出版物和邪教反动宣传品、整治校园周边文化环境及网络有害信息、排查清理中小学生非法出版物、印刷品等专项行动。在巩固成绩的基础上，继续发挥5个“扫黄打非”工作站作用。通过下站点督查和电话督导的形式，大力完善基层“扫黄打非”站点建设。加大宣传力度投入，在辖区内掀起“扫黄打非”宣传进社区的新高潮。组织辖区儿童播放“护苗·网络安全课”视频课件，引导辖区内少年儿童“爱读书、读好书、善读书”，自觉抵制非法出版物。

【社会面管控】 年内，召开多次清查工作联席会议，联合派出所对辖区开展全面的地毯式清查整治8次。共清查出租房屋2061处、9978间、16957人，督促出租房整改48家；清查旅馆106家，整改11家；清查娱乐场所3家。加强对辖区流动人口的管理，确保流动人口办证率达到100%。大力开展安全生产和消防安全宣传教育，经常性开展安全生产和消防隐患大检查、大排查，共出动1154人次，排查348家企业、312家加工店，其中下发整改通知书16次，要求限期整改，同时不定期复查。

【矛盾纠纷排查】 年内，建立矛盾纠纷排查化解和信访联席会议机制，建立包案领导制，对非正常上访人员采取一对一教育稳控措施，建立周动态上报机制。共调解各类矛盾纠纷案件18起，调解率达95%。

【民族团结创建】 年内，组织干部职工集中学习《拉萨市民族团结进步条例》《白玛旺堆书记在民族团结表彰大会上的讲话》，进一步将民族团结精神深入各族干部心中。同时深入居民大院开展入户宣讲，将学习延伸至居民群众，营造人人学习的浓厚氛围。在民族团结月和重要节点开展形式多样、主题鲜明的载体活动促进各民族交往、交流、交融。街道以"四讲四爱"主题教育实践活动、"五有五好"文明村镇创建活动为抓手，大力开展民族团结宣传活动，宣传在反对分裂、维护民族团结工作中的感人故事和民族团结榜样，弘扬先进、树立典型、学习模范；组织群众参加"我们的节日"端午、中秋活动，在活动中增强各民族间的联系，将祖国大家庭和民族大团结的意识进一步升华。

（翟华都）

【领导名录】

党工委书记
　　王　　晋
党工委副书记、办事处主任
　　次　　旺（藏族）
党工委副书记、人大工委主任
　　次　　珍（女，藏族）
党建专职副书记
　　登增达杰（藏族）
纪委书记
　　索朗德吉（女，藏族）
宣传委员、副主任
　　郑晓强
统战委员、人大工委副主任
　　李雪梅（女）
政法委员、武装部部长
　　多吉次旦（藏族）
组织委员
　　拉巴卓玛（女，藏族）
副主任
　　拉　　珍（女，藏族）
　　达瓦顿珠（藏族）

2018年6月23日，嘎玛贡桑街道办事处开展庆建党97周年暨"四讲四爱"群众教育实践活动幸福拉萨规范舞大赛

两岛街道办事处

【概况】 两岛街道办事处位于拉萨市江苏路南侧，辖区总面积1.14平方公里。两岛街道办事处成立于2009年，下辖甲玛林卡社区居委会和仙足岛社区居委会，辖区内居住着藏、汉、回、门巴等多民族居民，流动人口占总人口的70%～80%，门面商户600余家，家庭旅馆74家，酒店宾馆及娱乐洗浴场所34家，出租大院26个，退休基地及住宅小区18个，企事业单位18家，部队2个，学校2所。

【党建工作】 年内，深入开展党员干部政治教育，组织党员干部集中学习党的创新理论成果，持续推进"两学一做"教育常态化制度化。全年书记带头讲党课2次，组织开展街道中心理论组学习44次，开展座谈交流20余场次，邀请党校老师开展专题讲座2次，撰写心得体会110余篇，有力增强党员干部思想理论水平，不断提高围绕党建促发展的能力。压紧

2018年3月9日，拉萨市政协党组成员、城关区委副书记、区长刘亮到两岛街道督查指导工作

压实党建主体责任，健全党建工作机构，配齐配强党建工作班子，坚持把党建工作纳入街道重点工作来抓，带头研究部署党建工作，每半年听取社区党建述职一次，层层传递责任，确保党建工作有效落实。认真落实党建工作制度，规范自身建设，按时按质组织召开“三会一课”，研究部署街道各项工作；严格执行“三重一大”决策制度，坚决落实民主集中制，重大问题都由党工委班子集体讨论做出决定，不搞一言堂也不当甩手掌柜，紧盯实际抓建设，着眼长远谋发展。深入推进“主题党日”活动，将辖区企事业单位、非公企业党组织纳入到活动主体当中，开展21次内容丰富、形式多样的特色党建主题活动，持续增强街道党工委的凝聚力、向心力和战斗力。

年内，牵头抓好社区办公场所整合、活动场所扩建整体工作，优化、拓展活动场所政治和服务功能，推进街道、社区党建活动场所标准化、规范化、规模化建设，不断增强党在基层的执政基础和执政根基。年内，所辖仙足岛社区以“五彩功能”为题打造的社区活动阵地，甲玛林卡社区以“服务企业、凝心聚力”打造的“企业之家”活动场所得到自治区、拉萨市各级领导的一致肯定，受到周边县区基层党组织的高度评价，全年共接待区内外参观交流团18次，接待400余人次。认真落实党政领导班子“一岗双责”制，狠抓党风廉政建设，专题部署并召开4次党风廉政建设及反腐败工作会议；组织党员干部开展廉政专题学习20次，参观廉政教育基地3次，开展大范围廉政谈话2次，党员干部全方位接受党风廉政教育，营造风清气正政治生态环境；加强作风效能建设，每季度召开机关效能建设研究会，下沉社区开展各类督查8次；全面推进“三务”公开，严格“三资”管理，从严落实党风廉政建设责任，始终保持高压态势，全年没有发生党员干部违法违纪问题。

【党风廉政建设】 年内，两岛街道党风廉洁工作更加注重惩治和预防基层“微腐败”，坚持对干部的在岗在位情况，学习情况、工作纪律、考勤去向、财务管理、请销假、办公用品使用等进行不定期督查，对没有遵守规章制度的予以通报批评。建立规范权力运行机制，有效保证街道各项工作健康发展。持续强化纪委监督责任，对违法乱纪党员干部“零容忍”，发现一个查处一个，决不姑息。

【京藏合作交流】 年内，组织2批次干部职工特别是民族干部到北京市通州区、东城区对接合作交流、学习先进经验，全年接待通州区永顺镇、东城区体育馆路街道来访共计3次，受援资金累计达74万元，京藏合作交流持续深入，合作共建领域不断拓宽。

【集体经济】 年内，研究部署全年经济发展工作，谋划破解长期以来集体经济发展“基础弱，底子薄”的难题，集思广益、群策群力，研究制定出新的集体经济发展项目，筹备了仙足岛门面出租房、仙足岛停车场、太阳岛西桥停车场等三项集体经济项目，项目数量较2017年增长达50%；2018年，集体经济收入累计达337245.5元，其中，仙足岛停车场项目吸收辖区低保边缘户及就业困难群众参与到集体经济运营管理中，并从中支取56100元作为工作人员工资待遇，改善就业困难群体的生活质量。

【全国第四次经济普查】 年内，主要领导高度重视，精心谋划，组织普查指导员和普查员使用PAD对辖区范围内全部法人单位、产业活动单位和从事第二、三产业的个体经营户进行“地毯式”逐一清查，按照国家统一制定的单位清查办法，采用统一的统计标准，分门别类填写清查表。截至年底，已顺利完成普查区划分及绘图、普查指导员和普查员选配与培训、收集整理部门数据、“地毯式”清查等阶段，现已进入数据编码与审核、查遗补漏阶段，已完成清查1419家，为顺利做好后续各项经济普查工作打下坚实的基础。

【就业创业】 年内，组织开展针对辖区就业困难群体及高校毕业生的择业观念引导座谈会2次，积极引导辖区低收入群体树立积极健康的致富理念，引导高校毕业生树立“先就业再择业”的择业观念，引导就业困难群体积极参与转移就业，覆盖率达100%，转移就业率达33%。组织辖区低收入群体及高校毕业生参加人社局组织的就业招聘会15次，参加就业创业引导培训座谈会2次，参加职业技能培训会1次，积极为辖区低收入群体及高校毕业生提供更广阔的择业视野、更精准的就业服务。同时，借助党建“共建共筑”平台形成了“居委会推荐+企业录用”的合作模式，已统计梳理出辖区23家企事业单位岗位需求10余类，共计200余个，全年开展2期岗位对接会，成功为辖区2名就业困难群众解决就业问题。

【文化惠民】 年内，仙足岛社区成功举办首届室内体育竞技运动会；积极协调、配合区文广(新)局组织开展“五下乡四进社区”送电影进社区活动，组织辖区60余名干部群众观看爱国主义教育影片，组织300余人次参观自然科技博物馆、军史博物馆、驻藏大臣衙门等爱国主义教育基地，组织辖区各民族群众共度春节、藏历新年，开展“我们的节日”等各类主题文化活动10余次。

此外，积极响应拉萨市、城关区国家公共文化服务体系示范区创建工作需要，持续完善街道综合文化站各功能室特别是娱乐活动室、图书阅览室、多功能室、群众活动广场的硬件配套建设，不断优化服务资源，强化服务功能，扩大服务领域，实现资源共享。年内，对街道综合文化站及各社区文化活动室的信息化建设进行提档升级，对文化站娱乐活动室健身设备进行更新换代，对图书阅览室图书报刊进行集中补充，累计投入文化站建设经费达52857.85元，较2017年增加14.77%，确保拉萨市顺利通过国家验收组的创建验收。

2018年4月9日，两岛街道党工委书记聂川宁，党工委副书记、人大工委主任索朗多吉为“七色党建”揭牌

【三病筛查】 年内，全面贯彻落实拉萨市委、市政府及区委、区政府主要领导指示精神和《关于推进“健康城关”建设的实施意见》等相关文件精神，切实提高辖区居民群众健康水平，体现党和政府以人为本的执政理念，坚持预防为主、防治结合、依法科学、综合施策的方针。通过开展健康教育和健康促进相关活动，利用群众喜闻乐见的形式，不断向公众传播风湿病、结核病和肝炎等防治

知识，顺利完成筛查人群数1113人，人群筛查率达到100%。

【健康活动】 年内，开展健康知识宣传10余次，发放各类药具1000余盒，受益人群达到2000余份。以“四讲四爱”活动为契机，组织辖区居民群众、干部职工开展“南山公园徒步”活动。年内，仙足岛社区成功举办第一届“室内体育竞技活动”。

【生态环境保护】 年内，完成环保督导检查6次，开展环境卫生大清扫10余次、燃煤污染治理4次、环境保护大检查7次、突发环境事件演习1次。组织街道干部职工、各社区“双联户”、志愿者近800余人次开展环境卫生大清扫行动，并对沿街商铺进行环保宣传。同时，街道组织工作人员在辖区开展环境卫生综合检查4次，下达整改通知书3份，涉及26条整改线索。成立综合整治工作领导专班，下设社会政治整治组、社会治安整治组、市政市容整治组、生态环保整治组、建筑领域整治组、违建治理整治组、矛盾纠纷整治组、宗教领域整治组、安全生产整治组等，从维护好意识形态领域安全及保护好国家生态安全屏障的高度，把辖区环境综合整治工作作为维护社会和谐稳定的一项重要工作，采取坚决有力措施，切实解决人民群众反映强烈的突出问题，着力消除社会环境治理工作中的薄弱环节，为辖区经济社会又好又快发展创造良好的综合环境。

【法治宣传】 年内，按照城关区司法局相关要求，积极做好街道6名社区矫正人员管理工作，定期走访社区矫正人员，了解思想动态，宣传国家法律政策，帮助其就业，真正让社区矫正人员自力更生、融入社会，成为社会建设的一份子。街道高度重视法律宣传工作，采取灵活有效方式，深入辖区主干道、广场、小区开展法律宣传共10余次，正确引导群众做爱法、知法、学法、懂法的公民，切实提高了辖区群众的法律意识和观念。加强街道法治工作队伍建设。街道和社区司法专干积极参加城关区组织的培训，不断学习法律知识，依法办事、依法服务，不断提高街道法治化水平。

2018年4月26日，两岛街道开展“四讲四爱”南山公园徒步活动

【综合治理】 年内，加大火灾隐患排查整治，开展安全生产专项治理，加强食品药品安全监管工作，加强社会治安综合整治暨严打工作，严厉打击严重影响群众安全感的杀人、伤害、强奸的等严重暴力犯罪和“两抢一盗”等多发性侵财案件。严格落实《拉萨市寄递业安全管理办法》，确保寄递物流业“三个100%”落实。加强街道辖区劳资纠纷、合同纠纷等矛盾纠纷排查工作，积极引导群众通过合法途径解决纠纷问题，将全年辖区30起矛盾纠纷都有效化解在街道和社区。

【扫黑除恶、打非治乱】 年内，深入开展扫黑除恶打非治乱专项斗争。按照中央、自治区、拉萨市和城关区关于扫黑除恶打非治乱专项斗争要求，街道协助辖区派出所，对辖区进行摸排，走访辖区群众。彻底摸清辖区黑恶势力、非法组织和治安乱点的情况。全年已发放扫黑除恶打非治乱宣传资料3000余册，在街道主要道路，及显著位置悬挂横幅30余条，在辖区娱乐场所影视显示屏、商店、出租房、酒店、宾馆的LED上都积极设立滚动宣传标语，对扫黑除恶打非治乱专项斗争的意义、打击重点、打击对象等进行宣传，在辖区初步形成全民支持、全民配合、全民参与扫黑除恶打非治乱专项斗争的良好工作局面。

（李原竹）

【领导名录】

党工委书记

聂川宁（女）

党工委副书记、办事处主任

索朗加措（藏族）

党工委副书记、人大工委主任

索朗多吉（藏族）

党工委副书记（党建专职）

德　　吉（女，藏族）

组织委员

巴桑顿珠（藏族）

政法委员、武装部部长

边巴扎西（藏族）

宣传委员、副主任

白玛央金（女，藏族）

党工委委员、纪委书记

益西曲珍（女，藏族）

副主任

刘　　佳（女）

次　　旦（女，藏族）

金珠西路街道办事处

【概况】 金珠西路街道位于城关区西南部，辖区范围东到柳梧大桥，西至林琼岗，北邻乌孜坚培山，南达拉萨河边，与柳梧新区隔河相望。辖区面积27.16平方公里，户籍人口13488人，流动人口30736人，下辖当巴、八一、洛堆、金珠西路4个社区，辖区内有赞康1座，企事业单位157家。学校14所（含幼儿园），社区文化室2家，社区便民服务大厅4个，社区文艺队4个（44人）。街道现有干部56人，其中行政编制32人，事业编制20人，工人编制4人。

【社会保障】 年内，金珠西路街道办事处，接收医保参保居民住院审批表52份，养老保险参保人员中3人因死亡注销参保，8人申请销售养老保险待遇。全年共入户调查高校毕业生就业情况261户，统计劳动力806人，高校毕业生就业215人，发放社保卡4470张。

【民政救助】 年内，金珠西路街道办事处共计退保22户29人（将其中5户5人纳入城市特困供养中），金珠西路街道低保户共计14户15人。同时金珠西路街道办事处进一步加强养老服务体系建设与高龄老人津贴发放，2018年向辖区70周岁以上老人发放补贴金共计56400元。

【卫生计生】 年内，成立食品卫生安全领导小组并制定方案开展工作，成立预防麻疹、流感、水痘等传染病的领导小组并制定方案，发放“预防艾滋病”“儿童预防接种疫苗”等宣传册2580份，发放计生药品200盒；为辖区13名孕妇办理准生证；组织“预防出生缺陷”体检6对。

【文明创建】 年内，召开动员部署大会20场，开展联户代表培训3场、宣讲及实践活动共计140场次、受众人数达到15219余人次，在人流量大、醒目地点悬挂横幅18条、LED电子显示屏6处，设立宣传栏6处，小型广告牌23个。社区对出租房，公寓楼等制作翻新“四讲四爱”群众教育实践活

2018年9月27日，金珠西路街道党工委书记郭华强主持召开“先进双联户”评选会议

动宣传展板，将“四讲四爱”群众教育实践活动固定到小区，宣传到每家每户，做到了人人参与，人人宣传的良好氛围。当巴社区开辟了爱国主义教育基地，深化群众思想教育工作；八一社区搭建社区红色广播站，进一步让居民群众在潜移默化中受到教育和熏陶，金珠社区在格桑林卡广场和温馨书屋不定期开展宣传活动，让更多的群众参与到活动中来，洛堆社区在棚户区改造入户宣传中，向群众发放了“四讲四爱”群众教育实践活动宣传册120余份。

2018年3月22日，金珠西路街道人大工委副主任巴桑卓玛一行到辖区洛堆社区调研

【妇联工作】 年内，以联系妇女、服务妇女、教育妇女、帮助妇女儿童合法权益为根本任务，向辖区居民大力宣传有关妇女儿童的法律法规。协调处理家庭暴力事件2起。

【食品药品】 年内，对辖区内1114家食品经营单位进行检查，共发现无证食品经营单位343家，无健康证食品经营单位85家。

【环境保护】 年内，牢固树立“绿水青山冰山雪山都是金山银山”的发展理念，紧紧围绕西藏发展最大的价值在生态这一主线，牢守环保底线思维，在广泛营造氛围的基础上，加强开展环境综合整治，打造宜居环境。配合环保局在辖区开展第二次全国污染源普查工作，经过严格审查，金珠西路街道共有32家企业纳入普查范围。

【社区矫正】 年内，严格按照《西藏自治区社区矫正工作指导手册》和上级各部门的工作安排部署开展社区矫正工作，通过对社区矫正对象开展日常报到、等级管理、集中教育、月度考核等各项工作使社区矫正工作进一步制度化、规范化。2018年在对社区矫正对象的教育管理过程中，均收到较好的成效，全年共计接收矫正对象15人次，按期办理解矫手续10人次，办理居住地变更手续2人次，办理请销假手续40人次，开展走访谈话230人次，口头警告5人次，书面警告2人次、收监执行1人次。

【安置帮教】 年内，金珠西路街道在册安置帮教对象人员17人，在城关区司法局和上级各部门的正确领导下，街道和4社区全力做好安置帮教对象的稳控和教育帮扶工作，及时衔接对新增的回归人员并完善档案信息在重大节日和重要节点开展走访工作，确保安置帮教对象不脱管、不失控，进一步构建和谐、稳定的社会环境。

【人民调解】 年内，金珠西路街道和4社区共计排查调处矛盾纠纷16起，调处成功16起，调解成功率达100%，经过持续深入地开展人民调解工作，进一步提高了居民群众的法律意识，维护了当事人的合法权益。

【党建工作】 年内，牢固树立抓好党建是最大政绩的工作理念，层层成立由第一责任人担任组长的党建工作领导小组，印发《街道党工委党建工作要点》，与社区签订党建目标责任书，推动建立健全1+1+X责任链条，形成党建工作合力，确保党建工作边际递增。大力弘扬马克思主义学风，推动学习型党组织建设。将党工委理论中心组学习、支部“三会一课”与“两学一做”学习教育紧密结合起来，不断深化学党章党规、学习近平总书记系列讲话、学党的十九大精神成果，大力实施“手抄共产党宣言100天活动”，用马克思主义最新理论成果武装头脑、指导实践、推动工作，街道及社区组织开展集中学习75场次，人均撰写心得体会2篇，开展集中研讨活动5场次。始终坚持“办公面积最小化，服务功能最大化”原则，调整结构，优化布局，拓展内涵，深挖载体。截至年底，4社区活动场所标准化建设已顺利通过组织部验收。严格落实“三会一课”、党员干部带头过双重组织生活等制度。截至年底，组织开展书记讲党课活动20次，支委会、党员大会、党小组会议30场次，民生生活会1次，专题组织生活会4次，“三重一大”会议10次。坚持支部一月一主题，全面深化“支部党员活动日+”活动，让党员在学习教育、志愿服务、参政议政过程中，实现学做结合，知行合一，提升党性修养，净化道德品质。

截至年底，组织开展支部党员日活动40场次。严格按照党员发展“十六字”方针，注重从居民、企事业专业技术岗位中选取德才兼备的人员充实到党的队伍当中，全年发展党员13名，吸收入党积极分子24名，为党员队伍注入新鲜与活力。坚持“区域统筹、融合联动、共驻共建、协调发展”的思路，不断深化区域化党建工作，构筑起区域“大党委”“大支委”的“大党建”格局。继续深化和拓展党员服务群众工作内涵，以在职党员到社区报到、党员服务群众、微心愿兑现等工作开展为契机，党员干部与居民群众结成帮扶对子，倾听群众意见，宣讲政策方针，进行承诺践诺，与群众搭起连心桥。累计开展帮扶活动23次，惠及224人次，涉及资金182992元。

【党风廉政建设】 年内，金珠西路街道党工委牢固树立起抓好党风廉政建设是本职，抓不好党风廉政建设是渎职的理念，牢牢牵住党委主体责任牛鼻子，不断深化和拓展党委主体责任，推动实现党风廉政建设纵深推进，截至年底，组织召开党风廉政安排部署会议3次，书记讲廉政党课1次，节前教育5次，廉政谈话24人次，实地调研1次。坚持正反结合，以先进人物事迹为榜样，以典型案例为戒尺，将党风廉政建设与“两学一做”学习教育常态化制度化紧密结合起来，学典型案例、学党章党规、学先进人物事迹，不断深化廉政文化建设，厚植廉政文化，全面推动“清清白白做人、干干净净做事”的理念深入人心。

截至年底，累计开展党风廉政教育活动5场次。精准聚焦党内党规和维稳工作纪律，不断加大对纪律执行情况的督导检查力度，强化纪律执行刚性。年内，开展维稳专项检查10次，查处违反维稳工作纪律人员4人，对违反党规党纪2人给予党内警告处分。注重在常、长上下功夫，持续深入开展不作为、慢作为专项整治活动，及时自查自纠，紧盯违反中央“八项规定”、自治区“约法十章”“九项要求”、市委“八项要求”精神的典型事例，不断加大教育警示力度，推动作风建设永远在路上。年内，组织开展公车专项检查3次，节前发文5次，修订完善机关制度1次。

（吴红梅）

【领导名录】

党工委书记

强巴次旦（藏族，3月免）

2018年5月3日，金珠西路街道工作人员到格桑林卡开展环保宣传活动

郭 华 强(3月任)

党工委副书记、办事处主任

郭 华 强(3月免)

次仁吉宗(女,藏族,3月任)

党工委副书记、人大工委主任

次仁吉宗(女,藏族,3月免)

仓 木 拉(女,藏族,3月任)

党工委党建专职副书记

张 卫 仙(女)

党工委统战委员

巴桑卓玛(女,藏族,3月免)

党工委政法委员

郑 浩 宇(7月任)

党工委组织委员

次旦央吉(女,藏族,7月免)

高 雅(女,藏族,7月任)

党工委宣传委员、副主任

次仁措姆(女,藏族)

党工委委员、纪委书记

梁 思 玙(女,6月免)

吴金次培(藏族,7月任)

副主任

洛桑扎西(藏族)

陈 晓 霞(女,藏族)

附 录

受区（县）级以上表彰的先进集体名录

表 1

获奖单位	获奖名称	表彰时间	授予单位
娘热街道办事处司法所	全国模范司法所	2018 年	司法部
城关区白定村	中国美丽休闲乡村	2018 年	国家农业农村部
城关区卫生和计划生育委员会	全国流动人口动态监测抽样调查优秀单位	2018 年	国家卫生和计划生育委员会
城关区卫生和计划生育委员会	全国生育状况抽样调查优秀单位	2018 年	国家卫生和计划生育委员会
城关区人民检察院	全国检察机关第九次“双先”表彰集体一等功	2018 年	最高人民检察院
城关区人民法院	全国家事审判先进集体	2018 年	最高人民法院
公德林街道办事处	第四届中国青年志愿服务项目大赛银奖	2018 年	共青团中央、中央文明办、中国志愿服务联合会
金珠西路街道办事处	2018 年全国“扫黄打非”进基层示范点	2018 年	全国“扫黄打非”工作小组办公室
城关区夺底小学	夺底小学三（2）阳光中队积极开展动感中队活动表现突出	2018 年	全国少工委办公室
城关区吉崩岗小学	全国棋牌教育推广工程校	2018 年	国家体育局棋牌运动管理中心棋牌教育推广工程办公室
城关区旅游局	全国美丽乡村创建先进区	2018 年	新华社半月谈杂志社、人民日报社、中国国情调查研究中心
西藏树莓农业有限公司	绿色食品 A 级产品	2018 年	中国绿色食品中心
拉萨城福保安有限公司	中华人民共和国安保服务行业资质证书城福保安公司国家一级	2018 年	中国质量认证监督管理中心、中国企业信用评估中心
拉萨城福保安有限公司	AAA 级信用企业	2018 年	中一信国际信用评价有限公司

续表1

获奖单位	获奖名称	表彰时间	授予单位
城关区人民法院	优秀短片奖	2018 年	中华重庆第三届少数民族电影文化周
两岛街道甲玛林卡社区	自治区第七批先进驻村工作队	2018 年	西藏自治区党委、自治区政府
两岛街道办事处	自治区“先进双联户”创建活动先进乡镇(街道)	2018 年	西藏自治党委、自治区政府
城关区人民检察院	自治区创先争优强基础惠民生活动优秀组织单位	2018 年	西藏自治区党委、自治区政府
城关区人大常委会办公室	西藏自治区创先争优强基础惠民生活动优秀组织单位	2018 年	西藏自治区党委、自治区政府
城关区公安局	自治区创先争优强基础惠民生活动优秀组织单位	2018 年	西藏自治区党委、自治区政府
城关区创先争优强基础惠民生活动领导小组办公室	自治区创先争优强基础惠民生活动先进单位奖	2018 年	西藏自治区党委、自治区政府
八廓街道八廓社区驻居工作队	优秀组织单位	2018 年	西藏自治区党委、自治区政府
城关区司法局	自治区第一届“法治西藏”微电影、微视频动漫征集赛微视频动漫类“特等奖”	2018 年	西藏自治区党委宣传部、自治区司法厅、自治区普法办
城关区司法局	自治区第一届“法治西藏”微电影、微视频动漫征集赛微视频动漫类“三等奖”	2018 年	西藏自治区党委宣传部、自治区司法厅、自治区普法办
城关区公安局夺底派出所维巴警务室	集体嘉奖	2018 年	西藏自治区公安厅
拉萨市实验幼儿园	全区首届幼儿园教师技能大赛“优秀组织奖”	2018 年	西藏自治区教育厅
拉萨市第一小学	西藏自治区平安校园称号	2018 年	西藏自治区教育厅
城关区	第二批自治区农产品质量安全县	2018 年	西藏自治区农牧厅
城关区教育(体育)局	2014—2017 年度全区群众体育先进单位	2018 年	西藏自治区人力资源和社会保障厅、西藏自治区体育局
拉萨市第二中学	西藏自治区毒品预防教育示范学校	2018 年	西藏自治区禁毒委员会办公室
拉萨城祥物业有限公司	物业行业先进单位	2018 年	西藏自治区房地产业协会
吉日街道办事处	全区乡镇“街道”工会规范化建设“八有”达标单位	2018 年	西藏自治区总工会
嘎玛贡桑街道办事处统建社区	2018 年“公益福彩、情暖夕阳”扶老公益活动文艺汇演	2018 年	西藏自治区福利彩票中心
嘎玛贡桑街道办事处俄杰塘社区	2018 年“公益福彩”情暖夕阳扶老公益活动文艺汇演一等奖	2018 年	西藏自治区福利彩票发行中心
城关区消防大队	先进基层(机关)党组织	2018 年	西藏消防总队
城关区净土农业发展有限公司	“军民鱼水情谊深双拥共建一家亲”锦旗	2018 年	西藏军区保障部
城关区疾控中心	西藏自治区第一个国家级慢病示范防控区	2018 年	西藏自治区疾病预防控制中心
城关区疾控中心	2017 年度艾滋病示范区工作先进单位	2018 年	西藏自治区疾病预防控制中心

续表1

获奖单位	获奖名称	表彰时间	授予单位
城关区夺底小学	西藏自治区首届中小学生艺术展演优秀组织奖	2018 年	西藏自治区首届中小学生艺术展演活动组委会
城关区第二小学	布达拉宫爱国主义教育知识竞赛第三名	2018 年	西藏布达拉宫管理处
扎细街道办事处雄嘎社区	西藏自治区最美志愿服务社区	2018 年	西藏自治区精神文明建设指导委员会
两岛街道仙足岛社区	自治区最美志愿服务社区	2018 年	西藏自治区精神文明建设指导委员会
金珠西路街道金珠西路社区	2018 年“公益福彩情暖夕阳”扶老公益活动文艺会演三等奖	2018 年	西藏自治区福利彩票发行中心
金珠西路街道八一社区	2018 年“公益福彩情暖夕阳”扶老公益活动文艺会演组织奖	2018 年	西藏自治区福利彩票发行中心
清政府驻藏大臣衙门旧址陈列馆	民族团结进步教育基地	2018 年	拉萨市委、市政府
清政府驻藏大臣衙门旧址陈列馆	民族团结进步模范集体	2018 年	拉萨市委、市政府
金珠西路街道办事处	拉萨市创先争优强基础惠民生活动优秀组织单位	2018 年	拉萨市委、市政府
吉日街道办事处	拉萨市 2018 年度民族团结进步模范集体	2018 年	拉萨市委、市政府
嘎玛贡桑街道办事处统建社区	拉萨市创先争优基础惠民生活动“先进驻村”工作队	2018 年	拉萨市委、市政府
两岛街道办事处	2018 年度“先进双联户”创建活动先进街道	2018 年	拉萨市委、市政府
两岛街道办事处	拉萨市 2017 年深化全国文明城市创建工作先进单位	2018 年	拉萨市委、市政府
嘎玛贡桑街道办事处嘎玛贡桑社区	模范集体	2018 年	拉萨市委、市政府
城关区委办公室	2018 年度拉萨市目标绩效争先进位考核县区争先二等奖	2018 年	拉萨市委、市政府
城关区委	2017 年度全市信息工作先进集体	2018 年	拉萨市委、市政府
城关区委	2018 年度西藏自治区民族团结进步模范集体	2018 年	拉萨市委、市政府
城关区民族宗教事务局	2018 年拉萨市民族团结进步模范集体	2018 年	拉萨市委、市政府
城关区公安局	涉诉信访工作先进集体	2018 年	拉萨市委、市政府
城关区夺底街道办事处	拉萨市创先争优强基础慧民生活动优秀组织单位	2018 年	拉萨市委、市政府
八廓街道鲁固社区	拉萨市民族团结进步创建活动示范单位	2018 年	拉萨市委、市政府
八廓街道办事处	拉萨市 2018 年巩固全国文明城市先进集体	2018 年	拉萨市委、市政府
智昭产业园区	拉萨市市级现代农牧业产业园	2018 年	拉萨市政府
拉萨市第四中学	拉萨市优秀教师团队奖	2018 年	拉萨市政府

续表1

获奖单位	获奖名称	表彰时间	授予单位
嘎玛贡桑街道办事处俄杰塘社区	拉萨市民族团结进步创建活动	2018年	拉萨市政府
城关区安全生产监督管理局	2017年度安全生产先进单位	2018年	拉萨市政府
八廓派出所	拉萨市消防安全工作先进集体	2018年	拉萨市政府
八廓古城公安局	拉萨市2018年民族团结进步“模范单位”	2018年	拉萨市政府
城关区委组织部	2017年度全市组织编制老干部工作调研组织奖	2018年	拉萨市委组织部
城关区委组织部	2017年度组织编制老干部调研成果一等奖	2018年	拉萨市委组织部
拉萨市实验幼儿园	在2018年拉萨市“百名专家下基层服务活动”中表现突出,被评为优秀团队	2018年	拉萨市委组织部、拉萨市教委
城关区海城小学	拉萨市文明单位	2018年	拉萨市委宣传部
城关区委宣传部	2017年度拉萨市深化全国文明城市创建工作先进单位	2018年	拉萨市委宣传部
八廓古城管委会	先进文明单位	2018年	拉萨市委宣传部、文明办
城关区委政法委	2018年度拉萨市级“先进双联户”创建活动先进区	2018年	拉萨市委政法委
城关区妇女联合会	2017年度全市妇女儿童工作目标管理考核“二等奖”	2018年	拉萨市妇女联合会、拉萨市妇儿工委办
城关区公安局	优秀侦办案(执法)部门	2018年	拉萨市公安局
城关区人民法院	全市模范法院	2018年	拉萨市中级人民法院
城关区司法局	法律援助先进集体	2018年	拉萨市司法局
清政府驻藏大臣衙门旧址陈列馆	先进集体	2018年	拉萨市文物局
纳金街道纳金村	文明村镇	2018年	拉萨市精神文明建设指导委员会
纳金街道加荣社区	拉萨市文明单位	2018年	拉萨市精神文明建设指导委员会
纳金街道嘎巴村	文明村镇	2018年	拉萨市精神文明建设指导委员会
纳金街道办事处	文明村镇	2018年	拉萨市精神文明建设指导委员会
扎细街道办事处扎细社区	文明单位	2018年	拉萨市精神文明建设指导委员会
拉萨市实验幼儿园西城分园	课题名称《民间游戏引入幼儿园教育的实践研究》优秀课题奖	2018年	拉萨市教育局
拉萨市实验幼儿园	拉萨市“文明单位”	2018年	拉萨市精神文明建设指导委员会
拉萨市国土资源局城关分局	先进集体	2018年	拉萨市国土资源局

续表1

获奖单位	获奖名称	表彰时间	授予单位
拉萨市第一小学	2018年城投杯拉萨校园足球联赛二等奖	2018年	拉萨市教育局
拉萨市第一小学	2018年城投杯拉萨校园足球联赛优秀组织管理奖	2018年	拉萨市教育局
拉萨市第三中学	“拉萨市文明单位”荣誉称号	2018年	拉萨市精神文明建设指导委员会
拉萨市第七中学	拉萨市“汉字听写大赛”二等奖	2018年	拉萨市语委办
拉萨市第二中学	小小讲解员组织奖	2018年	布达拉宫管理处
拉萨江苏中学	2018"城投杯“拉萨校园足球联赛一等奖	2018年	拉萨市教育局
拉萨城顺综合服务有限公司	公用停车服务行业先进管理单位	2019年	拉萨市公安局交警支队
拉萨北京小学	“城投杯”拉萨市校园足球联赛(小学组)三等奖	2018年	拉萨市体育局、拉萨市城市投资有限公司公司
拉萨北京小学	“城投杯”拉萨市校园足球联赛(小学组)优秀组织管理奖	2018年	拉萨市体育局、拉萨市城市投资有限公司公司
嘎玛贡桑街道办事处纳金路北社区	“拉萨市文明单位”	2018年	拉萨市精神文明建设指导
嘎玛贡桑街道办事处俄杰塘社区	文明单位	2018年	拉萨市精神文明建设指导委员会
嘎玛贡桑街道办事处	拉萨市创城先进集体	2018年	拉萨市文明办
城关区消防大队	2018年度执法质量达标	2019年	应急管理部消防救援局
城关区统计局	先进集体	2018年	拉萨市统计局
城关区人民法院	全市精神文明单位	2018年	拉萨市文明办
城关区人力资源和社会保障局	2017年度县(区)信息考核中荣获第二名	2018年	拉萨市人力资源和社会保障局
城关区人力资源和社会保障局	城关区人力资源和社会保障局撰写《2017年城关区全民参保登记登记及社会保障卡数据采集工作调研报告》被评为2017年度县(区)“优秀调研课题”	2018年	拉萨市人力资源和社会保障局
城关区娘热小学	拉萨市城投杯校园足球联赛“二等奖”	2018年	拉萨市教育局
城关区娘热小学	拉萨市城投杯校园足球联赛“优秀组织管理奖”	2018年	拉萨市教育局
城关区民族宗教事务局	2018年度拉萨市文明单位	2018年	拉萨市精神文明建设指导委员会
城关区民政局	拉萨市第三届老年人运动会“优秀组织奖”	2018年	拉萨市老龄工作委员会
城关区民政局	巾帼文明岗	2018年	拉萨市民服务中心

续表1

获奖单位	获奖名称	表彰时间	授予单位
城关区旅游局	拉萨市文明单位	2018 年	拉萨市精神文明建设指导委员会
城关区旅游局	2017 年度全市工会结对帮扶村(居)工会工作先进集体	2018 年	拉萨市总工会
城关区林业局	拉萨市 2018 年全市林业工作先进集体	2018 年	拉萨市林业局
城关区净土农业发展有限公司	拉萨市商贸企业示范集聚区	2018 年	拉萨市“两创示范”建设工作领导小组、拉萨市商务局
城关区净土农业发展有限公司	拉萨市创业创新示范基地	2018 年	拉萨市“两创示范”建设工作领导小组、拉萨市工业和信息化局
城关区净土农业发展有限公司	拉萨市科技型中小企业	2018 年	拉萨市科学技术局
城关区教育(体育)局	文明单位	2018 年	拉萨市精神文明建设指导委员会
城关区教育(体育)局	拉萨市首届运动会暨民族传统体育运动会拔河比赛第二名(奖杯)	2018 年	拉萨市首届运动会暨民族传统体育运动会组委会
城关区教育(体育)局	拉萨市首届运动会暨民族传统体育运动会男子男球比赛体育道德风尚奖	2018 年	拉萨市首届运动会暨民族传统体育运动会组委会
城关区教育(体育)局	拉萨市首届运动会暨民族传统体育运动会古朵比赛体育道德风尚奖	2018 年	拉萨市首届运动会暨民族传统体育运动会组委会
城关区教育(体育)局	拉萨市首届运动会暨民族传统体育运动会民族健身操比赛第三名	2018 年	拉萨市首届运动会暨民族传统体育运动会组委会
城关区教育(体育)局	拉萨市首届运动会暨民族传统体育运动会团体总分第二名	2018 年	拉萨市首届运动会暨民族传统体育运动会组委会
城关区教育(体育)局	拉萨市首届运动会暨民族传统体育运动会田径比赛第二名	2018 年	拉萨市首届运动会暨民族传统体育运动会组委会
城关区吉崩岗小学	拉萨市文明单位	2018 年	拉萨市精神文明建设指导委员会
城关区吉崩岗小学	拉萨市首届“城投杯”校园足球联赛冠军	2018 年	拉萨市教育局
城关区环境卫生保护局	城市管理先进集体	2018 年	拉萨市城市管理委员会
城关区环境卫生保护局	全市环境保护工作先进集体	2018 年	拉萨市环境保护局
城关区公安局吉日派出所	拉萨市文明单位	2018 年	拉萨市精神文明建设指导委员会
城关区公安局	拉萨市文明单位	2018 年	拉萨市精神文明建设指导委员会
城关区工业和信息化局	2017 年度全市工业和信息化工作先进县(区)二等奖	2018 年	拉萨市工业和信息化局
城关区工业和信息化局	拉萨市质量技术监督工作二等奖	2018 年	拉萨市质量技术监督局
城关区夺底小学	文明单位	2018 年	拉萨市精神文明建设指导委员会

续表1

获奖单位	获奖名称	表彰时间	授予单位
城关区夺底小学	2018年“城投杯”拉萨校园足球联赛优秀组织管理奖	2018年	拉萨市教育局
城关区夺底小学	2018年“城投杯”拉萨校园足球联赛三等奖	2018年	拉萨市教育局
城关区夺底街道办事处	城关区夺底乡便民服务中心2017年政务服务工作先进集体	2018年	拉萨市民服务中心
城关区第二小学	文明单位	2018年	拉萨市精神文明建设指导委员会
城关区城市管理局	城市管理先进集体	2018年	拉萨市城市管理委员会
蔡公堂街道办事处	文明村镇	2018年	拉萨市精神文明建设指导委员会
八廓街道夏萨苏社区	文明单位	2018年	拉萨市精神文明建设指导委员会
蔡公堂街道办事处	先进集体	2018年	四川大学西南区域自然人群队列项目办公室
城关区政府	2018年首届喜马拉雅自行车极限赛组织奖	2018年	跨喜马拉雅自行车极限赛组委会
扎细街道办事处扎细新村社区	2017年度社会治安综合治理工作先进集体	2018年	城关区委、区政府
扎细街道办事处扎细新村社区	2017年度深化全国文明城市创建工作先进单位	2018年	城关区委、区政府
扎细街道办事处扎细新村社区	城关区2018年网格化社会服务管理工作优秀网格	2018年	城关区委、区政府
扎细街道办事处扎细新村社区	城关区2018年度先进双联户创建评选工作先进村(社区)	2018年	城关区委、区政府
扎细街道办事处扎细社区	城关区2018年网格化社会服务管理工作优秀网格	2018年	城关区委、区政府
扎细街道办事处雄嘎社区	城关区2018年网格化社会服务管理工作优秀网格	2018年	城关区委、区政府
扎细街道办事处团结新村社区	先进网格	2018年	城关区委、区政府
扎细街道办事处	城关区级精神文明创建先进集体	2018年	城关区委、区政府
清政府驻藏大臣衙门旧址陈列馆	民族团结进步模范集体	2018年	城关区委、区政府
纳金街道纳金村	城关区2018年网格化社会服务管理工作优秀网格	2018年	城关区委、区政府
纳金街道加荣社区	城关区2018年度“先进双联户”创建评选工作先进村(社区)	2018年	城关区委、区政府
纳金街道加荣社区	城关区2018年网格化社会服务管理工作优秀网格	2018年	城关区委、区政府
纳金街道办事处	2017年度社会治安综合治理工作三等奖	2018年	城关区委、区政府
纳金街道办事处	城关区2017年度外事宣传工作先进集体	2018年	城关区委、区政府
纳金街道办事处	城关区2017年度深化全国文明城市创建工作先进单位	2018年	城关区委、区政府

续表1

获奖单位	获奖名称	表彰时间	授予单位
两岛街道仙足岛社区居委会	城关区创城先进集体	2018年	城关区委、区政府
两岛街道仙足岛社区	城关区党建先进集体	2018年	城关区委、区政府
两岛街道甲玛林卡社区	城关区2018年"四讲四爱"先进集体	2018年	城关区委、区政府
两岛街道办事处	2018年度"先进双联户"创建评选工作先进街道	2018年	城关区委、区政府
拉萨市第六中学	民族团结进步模范集体	2018年	城关区委、区政府
拉萨城发实业有限公司	城关区2018年度国有企业目标绩效考核三等奖	2018年	城关区委、区政府
金珠西路街道洛堆社区	城关区2018年网格化社会服务管理工作示范网格	2018年	城关区委、区政府
金珠西路街道当巴社区	城关区2018年网格化社会服务管理工作优秀网格	2018年	城关区委、区政府
金珠西路街道办事处	城关区第四届"安康杯"知识竞赛三等奖	2018年	城关区委、区政府
金珠西路街道八一社区	城关区2018年网格化社会服务管理工作先进网格	2018年	城关区委、区政府
吉日街道办事处	城关区2017年深化全国文明城市创建工作先进单位	2018年	城关区委、区政府
公德林街道办事处	2017年度社会治安综合治理工作二等奖	2018年	城关区委、区政府
公德林街道办事处	2017年度群众组织工作先进集体	2018年	城关区委、区政府
公德林街道办事处	城关区第四届"安康杯"知识竞赛一等奖	2018年	城关区委、区政府
公德林街道办事处	创先争优强基础惠民生活动优秀组织单位	2018年	城关区委、区政府
嘎玛贡桑街道办事处统建社区	2017年度社会治安综合治理工作"先进集体"称号	2018年	城关区委、区政府
嘎玛贡桑街道办事处纳金路北社区	2017年度社会治安综合治理工作"先进集体"	2018年	城关区委、区政府
嘎玛贡桑街道办事处纳金路北社区	城关区2017年度生化全国文明城市创建工作"先进单位"	2018年	城关区委、区政府
嘎玛贡桑街道办事处纳金路北社区	城关区2018年网格化社会服务管理工作"优秀网"	2018年	城关区委、区政府
嘎玛贡桑街道办事处俄杰塘社区	城关区2018年网格化社会服务管理工作(先进网格)	2018年	城关区委、区政府
嘎玛贡桑街道办事处	城关区第四届"安康杯"知识竞赛二等奖	2018年	城关区委、区政府
城关区住房和城乡建设局	城关区2017年区(直)部门目标绩效考核三等奖	2018年	城关区委、区政府
城关区委宣传部	2017年度社会治安综合治理工作先进集体	2018年	城关区委、区政府
城关区委宣传部	城关区2017年度区直部门目标绩效考核三等奖	2018年	城关区委、区政府

续表1

获奖单位	获奖名称	表彰时间	授予单位
城关区委宣传部	民族团结进步模范集体	2018 年	城关区委、区政府
城关区民族宗教事务局	2017 年度综合治理工作先进单集体	2018 年	城关区委、区政府
城关区旅游局	民族团结进步模范集体	2018 年	城关区委、区政府
城关区教育(体育)局	城关区 2017 年度区直部门目标绩效考核三等奖	2018 年	城关区委、区政府
城关区教育(体育)局	城关区 2017 年度新闻宣传工作先进集体	2018 年	城关区委、区政府
城关区公安局纳金派出所加荣警务室	网格化社会服务管理工作先进派出所	2018 年	城关区委、区政府
城关区公安局两岛派出所	网格化社会服务管理工作先进派出所	2018 年	城关区委、区政府
城关区妇女联合会	2017 年度社会治安综合治理工作“先进集体”	2018 年	城关区委、区政府
城关区扶贫(农发)办公室	2017 年度城关区目标绩效考核二等奖	2018 年	城关区委、区政府
城关区扶贫(农发)办公室	第四届“安康杯”安全生产知识竞赛三等奖	2018 年	城关区委、区政府
城关区夺底街道维巴村委会	2018 年度网格化社会服务管理工作优秀网格	2018 年	城关区委、区政府
城关区夺底街道桑伊居委会	2018 年度网格化社会服务管理工作优秀网格	2018 年	城关区委、区政府
城关区夺底街道洛欧村委会	2018 年度城关区“四讲四爱”群众教育实践活动先进集体	2019 年	城关区委、区政府
城关区夺底街道洛欧村委会	2018 年度网格化社会服务管理工作优秀网格	2018 年	城关区委、区政府
城关区夺底街道办事处	城关区 2017 年度深化全国文明城市创建工作先进单位	2018 年	城关区委、区政府
城关区第二小学	2017 年度社会治安综合治理工作二等奖	2018 年	城关区委、区政府
城关区第二小学	城关区 2017 年度深化全国文明城市创建工作:先进单位	2018 年	城关区委、区政府
城关区城市管理局	城关区 2017 年度信息报送工作先进集体	2018 年	城关区委、区政府
城关区城市管理局	2017 年度社会治安综合治理工作先进集体	2018 年	城关区委、区政府
城关区藏语委办(编译局)	2017 年度新闻宣传工作先进集体	2018 年	城关区委、区政府
蔡公堂街道恩惠苑社区居委会	城关区创先争优强基础惠民生活动先进驻村(居)工作队	2018 年	城关区委、区政府
蔡公堂街道蔡村委会	城关区创先争优强基础惠民生活动优秀组织单位	2018 年	城关区委、区政府
蔡公堂街道蔡村委会	城关区 2017 年度深化文明城市创建工作先进单位	2018 年	城关区委、区政府
蔡公堂街道办事处	2017 年度社会治安综合治理工作二等奖	2018 年	城关区委、区政府

续表1

获奖单位	获奖名称	表彰时间	授予单位
蔡公堂街道办事处	民族团结进步模范集体	2018年	城关区委、区政府
八廓派出所	中共拉萨市城关区委员会—中国共产党成立97周年先进基层党组织	2018年	城关区委、区政府
八廓街道夏萨苏社区第三网格	2018年度网格化社会服务管理工作优秀网格	2018年	城关区委、区政府
八廓街道夏萨苏社区	2017年度社会治安综合治理工作先进集体	2018年	城关区委、区政府
八廓街道鲁固社区	城关区2018年网格化社会服务管理工作“优秀网格”	2018年	城关区委、区政府
八廓街道鲁固社区	2017年度社会治安综合治理“先进集体”	2018年	城关区委、区政府
八廓街道丹杰林社区居民委员会第三网格	优秀网格	2018年	城关区委、区政府
八廓街道办事处	城关区创先争优强基础惠民生活动	2018年	城关区委、区政府
八廓街道办事处	2017年度综治工作先进集体一等奖	2018年	城关区委、区政府
八廓街道办事处	拉萨市城关区2018年巩固全国文明城市先进集体	2018年	城关区委、区政府
八廓街道八廓社区居民委员会第三网格	优秀网格	2018年	城关区委、区政府
八廓古城管委会	城关区第四届“安康杯”知识竞赛三等奖	2018年	城关区委、区政府
扎细街道办事处雄嘎社区	2018年先进基层党组织	2018年	城关区委
扎细街道办事处雄嘎社区	社会治理创新奖	2018年	城关区委
娘热街道阿坝林卡社区党支部	先进基层党组织	2018年	城关区委
纳金街道办事处	庆祝中国共产党成立97周年先进基层党组织	2018年	城关区委
公德林街道办事处	庆祝中国共产党成立97周年先进基层党组织	2018年	城关区委
嘎玛贡桑街道办事处统建社区	先进基层党组织	2018年	城关区委
城关区政府办公室	2018年度提案办理先进单位	2018年	城关区委
城关区政府办公室	2018年度议案建议办理先进单位	2019年	城关区委
城关区公安局娘热街道派出所党支部	庆祝中国共产党成立97周年先进基层党组织	2018年	城关区委
城关区夺底街道办事处	庆祝中国共产党成立97周年先进基层党组织	2018年	城关区委
蔡公堂街道恩惠苑社区居委会	庆祝中国共产党成立97周年先进基层党组织	2018年	城关区委
白定村委会	城关区2018年度“四讲四爱”群众教育实践活动先进集体	2018年	城关区委

续表1

获奖单位	获奖名称	表彰时间	授予单位
八廓街道办事处	先进基层党组织	2018 年	城关区委
八廓街道办事处	城关区 2018 年度“四讲四爱”群众教育实践活动先进集体	2018 年	城关区委
八廓街道办事处	城关区 2017 年度“先进双联户”创建评选工作先进街道	2018 年	城关区委
拉萨市第七中学	“四讲四爱”先进集体	2018 年	城关区政府
拉萨城顺综合服务有限公司	拉萨市城关区 2017 年度目标绩效考核“三等奖”	2018 年	城关区政府
吉日街道办事处	2017 年度全区藏语文工作先进单位	2018 年	城关区政府
吉崩岗派出所木如社区警务室	“一标三实”数据采集先进警务室	2018 年	城关区政府
吉崩岗派出所木如社区警务室	城关区综治考核优秀网格	2018 年	城关区政府
吉崩岗派出所策门林社区警务室	“一标三实”数据采集先进警务室	2018 年	城关区政府
吉崩岗派出所八朗学社区警务室	城关区综治考核优秀网格	2018 年	城关区政府
吉崩岗派出所	综治二等奖	2018 年	城关区政府
吉崩岗派出所	城关区消防安全先进集体	2018 年	城关区政府
公德林街道办事处	2017 年度深化全国文明城市创建工作先进集体	2018 年	城关区政府
城关区人民法院第三支部	城关区优秀基层党组织	2018 年	城关区政府
城关区人民法院	城关区社会治安综合治理先进集体	2018 年	城关区政府
城关区旅游局	2017 年度全区藏语文工作先进单位	2018 年	城关区政府
城关区环境保护局	目标绩效考核三等奖	2018 年	城关区政府
城关区公安局加荣社区警务室	先进警务室	2018 年	城关区政府
八廓派出所夏萨苏社区警务室三号网格	城关区 2018 年网格化社会服务管理工作优秀网格	2018 年	城关区政府
八廓派出所绕赛社区警务室一号网格	2018 年度城关区优秀网格荣誉	2018 年	城关区政府
八廓派出所鲁固社区警务室四号网格	2018 年度城关区优秀网格荣誉	2018 年	城关区政府
八廓派出所丹杰林社区警务室三号网格	2018 年度城关区优秀网格荣誉	2018 年	城关区政府
八廓派出所冲赛康社区警务室三号网格	2018 年度城关区优秀网格荣誉	2018 年	城关区政府
八廓派出所白林社区警务室一号网格	2018 年度城关区示范网格荣誉	2018 年	城关区政府

续表1

获奖单位	获奖名称	表彰时间	授予单位
八廓派出所八廓社区警务室三号网格	2018年度城关区示范网格荣誉	2018年	城关区政府
八廓派出所	城关区2018年网格化社会服务管理工作先进派出所	2018年	城关区政府
八廓街道绕赛社区	2017年度社会治安综合治理先进集体	2018年	城关区政府
八廓街道绕赛社区	2018年度先进网格	2018年	城关区政府
八廓街道绕赛社区	2018年度综治工作先进集体	2018年	城关区政府
八廓街道白林社区第一网格	2018年网格示范	2018年	城关区政府
八廓街道白林社区	2017年综合治理先进集体	2018年	城关区政府
八廓街道白林社区	2017年深化全国文明城市创建	2018年	城关区政府
八廓古城公安局	综治二等奖	2018年	城关区政府
八廓古城公安局	综治先进集体	2018年	城关区政府

注：由于各单位资料提供不全，可能有遗漏

受区(县)级以上表彰的先进个人名录

表 2

姓　名	性别	民族	工作单位	获奖名称	表彰时间	授予单位
西绕措姆	女	藏	城关区人民法院	全国维护妇女儿童权益先进个人	2018 年	最高人民法院
仁丹旺姆	女	藏	城关区人民法院	全国法院办案标兵	2018 年	最高人民法院
央金卓玛	女	藏	扎细街道办事处	全国流动人口动态监测调查优秀个人	2018 年	国家卫生和计划生育委员会
洪修燕	女	汉	拉萨市第三小学	全国优秀辅导员	2018 年	共青团中央教育部、全国少工委
巴　桑	女	藏	八廓街道鲁固社区	最美家庭	2018 年	中华全国妇女联合会
赵秀林	女	汉	拉萨市第一小学	“翻转课堂教学模式在初中数学教学中的应用研究”课题教研成果一等奖	2018 年	教育部中国智慧教育指导十三五规划管理办公室
洛桑云丹	男	藏	拉萨市第一中学	全国青少年毒品预防教育“6.27”工程优秀教师	2018 年	中国禁毒委办公室
马　琴	女	汉	拉萨市实验幼儿园	第十一届全国创新课堂大赛三等奖	2018 年	中央电化教育馆
旦增曲扎	男	藏	城关区拉萨北京小学	作品《美丽的校园》荣获“中国移动‘和教育’杯”第十九届全国中小学电脑制作活动小学组电子板报三等奖	2018 年	中央电化教育馆
王　巧	女	汉	拉萨市第二中学	第二十二届全国信息化大奖赛三等奖	2018 年	中央电教馆
小巴桑	女	藏	城关区吉崩岗小学	全国优秀指导奖	2018 年	国家基础教育实验中心外语教育研究中心
拉　拥	女	藏	城关区吉崩岗小学	全国优秀指导奖	2018 年	国家基础教育实验中心外语教育研究中心
米　玛	女	藏	城关区吉崩岗小学	全国优秀指导奖	2018 年	国家基础教育实验中心外语教育研究中心
索朗德庆	女	藏	城关区委组织部	拉萨市级创先争优强基础惠民生先进工作者	2018 年	西藏自治区党委、自治区政府
洛桑欧珠	男	藏	城关区委组织部	拉萨市级创先争优强基础惠民生先进工作者	2018 年	西藏自治区党委、自治区政府
阿达为拉	男	回	城关区公安局吉日派出所	西藏自治区民族团结进步模范个人	2018 年	西藏自治区党委、自治区政府
扎　拉	男	藏	城关区公安局吉日派出所	2018 年度自治区先进驻村队员	2018 年	西藏自治区党委、自治区政府
扎　拉	男	藏	八廓街道八廓社区	先进驻居队员	2018 年	西藏自治区党委、自治区政府

续表2

姓　　名	性别	民族	工作单位	获奖名称	表彰时间	授予单位
田沛沛	女	汉	两岛街道甲玛林卡社区	自治区第七批先进驻村工作队员	2018年	西藏自治区党委、自治区政府
次仁嘎玛	男	藏	两岛街道仙足岛社区	自治区第七批先进驻村工作队员	2018年	西藏自治区党委、自治区政府
群　　培	男	藏	娘热街道慈松堂社区	“柳梧投资杯”秀兹(藏骰)比赛第二名	2018年	西藏自治区党委
边巴扎西	男	藏	两岛街道仙足岛社区	自治区第二批优秀村(社区)党组织第一书记	2018年	西藏自治区党委
德　　央	女	藏	城关区藏热小学	自治区“首届文明家庭”	2018年	西藏自治区政府
次达瓦	男	藏	城关区职业技术培训中心	西藏自治区书法协会“雅酷笔栽”书法比赛二等奖荣誉称号	2018年	西藏自治区教育科学研究院
旦增白玛	女	藏	城关区职业技术培训中心	西藏自治区“优秀学生资助工作者”荣誉称号	2018年	西藏自治区教育厅
罗布次仁	男	藏	城关区纳金小学	2014年至2017年全区群众体育先进工作者	2018年	西藏人力资源和社会保障厅
格桑多吉	男	藏	城关区消防大队	三等功	2018年	西藏消防总队
张　　桁	男	汉	城关区消防大队	三等功	2018年	西藏消防总队
陈　　磊	男	汉	城关区消防大队	三等功	2018年	西藏消防总队
洛松扎西	男	藏	城关区消防大队	三等功	2018年	西藏消防总队
达瓦江村	男	藏	城关区消防大队	三等功	2018年	西藏消防总队
边巴次仁	男	藏	蔡公堂街道蔡村委会	五好家庭	2018年	西藏自治区妇女联合会
拉巴卓玛	女	藏	城关区妇女联合会	2017年度“优秀妇联干部”	2018年	西藏自治区妇女联合会
刘献屿	男	汉	城关区人民法院	全区法院先进个人	2018年	西藏自治区高级人民法院
索朗曲珍	女	藏	城关区人民法院	全区法院岗位岗位大练兵演讲比赛二等奖	2018年	西藏自治区高级人民法院
卢海平	女	汉	拉萨市第一小学	第四期全区中小学书法教师培训班优秀学员	2018年	西藏自治区教育科学研究院
卢海平	女	汉	拉萨市第一小学	第四期全区中小学书法教师培训班学院展览优秀作品	2018年	西藏自治区教育科学研究院
巴桑卓玛	女	藏	拉萨市实验幼儿园	首届自治区赛课比赛中荣获优秀辅导员	2018年	西藏自治区教育厅
张林霞	女	藏	拉萨市实验幼儿园	首届自治区赛课比赛中荣获优秀辅导员	2018年	西藏自治区教育厅
米玛卓玛	女	藏	拉萨市实验幼儿园	西藏自治区首届幼儿教师课堂大赛“一等奖”	2018年	西藏自治区教育厅

续表2

姓　名	性别	民族	工作单位	获奖名称	表彰时间	授予单位
洛真绕姆	女	藏	拉萨市实验幼儿园	全区首届幼儿教师教学技能大赛一等奖	2018年	西藏自治区教育厅
阿旺央金	女	藏	城关区第二小学	2018年全区小学教学竞赛藏文学科一等奖	2018年	西藏自治区教育厅
小格桑德吉	女	藏	城关区吉崩岗小学	先进个人	2018年	西藏自治区教育厅
吴卓颖	女	汉	拉萨市第二中学	中考阅卷优秀评卷组长	2019年	西藏自治区教育厅
王　巧	女	汉	拉萨市第二中学	中考阅卷优秀评卷员	2018年	西藏自治区教育厅
王　巧	女	汉	拉萨市第二中学	自治区级优课	2018年	西藏自治区教育厅
格桑罗布	男	藏	拉萨市第二中学	中考阅卷优秀评卷员	2018年	西藏自治区教育厅
旺　加	男	藏	拉萨市第二中学	中考阅卷优秀评卷员	2018年	西藏自治区教育厅
董庆芝	女	汉	拉萨市第二中学	中考阅卷优秀评卷组长	2018年	西藏自治区教育厅
白　央	女	藏	城关区海城小学	全区小学教师教学竞赛决赛科学学科一等奖	2018年	西藏自治区教育厅
扎　西	男	藏	拉萨江苏中学	2018全区初中教师教学竞赛决赛藏语文组一等奖	2018年	西藏自治区教育厅
胡德荣	男	汉	拉萨市第三中学	“一师一优课一课一名师”拉萨市级、自治区级优课	2018年	西藏自治区教育厅
邓红娟	女	汉	拉萨市第三中学	“一师一优课一课一名师”拉萨市级级优课	2018年	西藏自治区教育厅
邓红娟	女	汉	拉萨市第三中学	“优秀评卷教师”	2018年	西藏自治区教育厅
廖　红	女	汉	拉萨市第三中学	“优秀出卷教师”	2018年	西藏自治区教育厅
赵利群	男	汉	拉萨市第三中学	2018年全区初中教师教学竞赛决赛一等奖	2018年	西藏自治区教育厅
樊元芳	女	汉	拉萨市第三中学	“优秀评卷教师”	2018年	西藏自治区教育厅
王小波	男	汉	拉萨市第三中学	“优秀评卷组长”	2018年	西藏自治区教育厅
叶　林	男	汉	拉萨市第一中学	自治区“中考阅卷优秀组长”荣誉称号	2018年	西藏自治区教育厅
王正浩	男	汉	城关区教师培训中心	2018年自治区优秀教研工作者	2018年	西藏自治区教育厅
赵秀林	女	汉	拉萨市第一小学	第九届中国移动和教育杯全国教育技术一等奖	2018年	西藏自治区教育厅
达瓦次仁	男	藏	拉萨市第一小学	第十九届全国中小学电脑制作二等奖	2018年	西藏自治区教育厅
普　尺	女	藏	拉萨市第一小学	“国培项目2018年西藏自治区小学教研主任能力培训班”优秀学员	2018年	西藏自治区教育厅师资处
王　锐	男	汉	城关区发展和改革委员会	2015—2017年公务员三等功	2018年	西藏自治区人力资源和社会保障厅、西藏自治区公务员局

续表2

姓　　名	性别	民族	工作单位	获奖名称	表彰时间	授予单位
扎西次仁	男	藏	城关区海淀小学	西藏自治区“优秀社会体育指导员”荣誉称号	2018 年	西藏自治区体育局
扎西次仁	男	藏	城关区海淀小学	西藏自治区第十二届运动会“优秀篮球裁判员”荣誉称号	2018 年	西藏自治区体育局
方建萍	女	汉	城关区第二小学	西藏自治区优秀社会指导员、西藏自治区第十二届运动会暨第四节名族传统体育运动会优秀裁判	2018 年	西藏自治区体育局、西藏自治区第十二届运动会暨第四节民族传统体育运动会组委会
张林军	女	汉	城关区教师培训中心	自治区第八届自治区级普通话测试员任职资格培训优秀学员	2018 年	自治区国家语委办
马小静	女	汉	城关区委办公室	市级驻村优秀个人	2018 年	拉萨市委、市政府
旦增曲珍	女	藏	城关区拉萨北京小学	拉萨市第 34 个教师节优秀教师“铜奖”	2018 年	拉萨市委、市政府
顿珠次仁	男	藏	八廓街道八廓社区	创城“三连创”先进个人	2018 年	拉萨市委、市政府
索朗加措	男	藏	两岛街道办事处	深化全国文明城市创建工作先进个人	2018 年	拉萨市委、市政府
达　　瓦	男	藏	城关区当巴小学	拉萨市优秀教师“铜奖”荣誉称号	2018 年	拉萨市委、市政府
解　　瑜	女	汉	城关区拉萨广西友谊小学	拉萨市李氏教育荣誉称号	2018 年	拉萨市委、市政府
边　　巴	男	藏	城关区拉萨广西友谊小学	拉萨市教师节铜奖荣誉称号	2018 年	拉萨市委、市政府
旦增卓玛	女	藏	城关区政协办公室	拉萨市创先争优强基础惠民生活动先进驻村（居）工作队员	2018 年	拉萨市委、市政府
阿　　旺	男	藏	城关区公安局夺底派出所	拉萨市综治先进个人	2019 年	拉萨市委
达　　娃	男	藏	娘热街道仁钦蔡村	致富带头人	2018 年	拉萨市委
次　　成	男	藏	城关区公安局治安大队	拉萨市创建文明城市先进个人	2018 年	拉萨市政府
阿达为拉	男	回	城关区公安局吉日派出所	民族团结先进模范个人	2018 年	拉萨市政府
强巴卓嘎	女	藏	城关区海淀小学	拉萨市优秀教师“铜奖”荣誉称号	2018 年	拉萨市政府
次达瓦	男	藏	城关区职业技术培训中心	拉萨市“优秀教师”铜奖	2018 年	拉萨市政府
吴卓颖	女	汉	拉萨市第二中学	拉萨市李氏优秀个人奖	2018 年	拉萨市政府
王　　巧	女	汉	拉萨市第二中学	拉萨市优秀教师铜奖	2018 年	拉萨市政府
强巴格桑	男	藏	城关区海城小学	拉萨市“优秀教师”铜奖称号	2018 年	拉萨市政府
王兴俊	男	汉	拉萨市第三中学	拉萨市 2018 年度民族团结进步模范个人	2018 年	拉萨市政府

续表2

姓　名	性别	民族	工作单位	获奖名称	表彰时间	授予单位
洛桑云丹	男	藏	拉萨市第一中学	拉萨市创城"先进个人"荣誉称号	2018年	拉萨市政府
尼玛扎西	男	藏	拉萨市第一中学	西藏自治区拉萨市优秀教师铜奖	2018年	拉萨市政府
张　凤	女	汉	拉萨市第四中学	拉萨市李氏个人奖	2018年	拉萨市政府
幸乾钊	男	汉	拉萨市第四中学	拉萨市优秀教师铜奖	2018年	拉萨市政府
格桑卓嘎	女	藏	拉萨市城关区第一幼儿园	李氏教育奖	2018年	拉萨市政府
益西曲觉	男	藏	拉萨市第七中学	拉萨市优秀教师铜奖	2018年	拉萨市政府
周县鸽	女	汉	拉萨市第一小学	拉萨市第34个教师节表彰大会优秀教师铜奖	2018年	拉萨市政府
曾鹤生	男	汉	城关区环境保护局	全市环保工作先进个人	2018年	拉萨市政府
王红艳	女	汉	拉萨市第一中学	拉萨市"教育明星"荣誉称号	2018年	拉萨市政府
扎阿拉姆	女	藏	拉萨市第三小学	拉萨市优秀教师银奖	2018年	拉萨市政府
马　琴	女	汉	拉萨市实验幼儿园	拉萨市李氏教育个人奖	2018年	拉萨市政府、拉萨市教育局
次　央	女	藏	城关区藏热小学	城关区"先进教育工作者"荣誉称号	2018年	拉萨市政府、拉萨市教育局
索朗旺姆	女	藏	城关区藏热小学	城关区"优秀班主任"荣誉称号	2018年	拉萨市政府、拉萨市教育局
格　列	男	藏	城关区藏热小学	城关区"优秀教师"荣誉称号	2018年	拉萨市政府、拉萨市教育局
普布卓玛	女	藏	城关区藏热小学	拉萨市"优秀教师铜奖"荣誉称号	2018年	拉萨市政府、拉萨市教育局
旺　杰	男	藏	城关区纳金小学	拉萨市"优秀教师"荣誉称号	2018年	拉萨市政府、拉萨市教育局
叶　林	男	汉	拉萨市第一中学	拉萨市"十百千计划"送教下乡活动优秀工作者荣誉称号	2018年	拉萨市委组织部
杨春青	女	汉	拉萨市第二中学	名师送教下乡优秀教师	2018年	拉萨市委组织部
乔艳芳	女	汉	拉萨市第一小学	2018年拉萨市"百名专家下基层服务活动"优秀工作者	2018年	拉萨市委组织部
小扎西	男	藏	拉萨市第一小学	2018年拉萨市"百名专家下基层服务活动"优秀教师	2018年	拉萨市委组织部
普　珍	女	藏	拉萨市实验幼儿园	2018年拉萨市"百名专家下基层服务活动"优秀工作者	2018年	拉萨市委组织部、拉萨市教委
吴　建	女	藏	拉萨市实验幼儿园	2018年拉萨市"百名专家下基层服务活动"优秀工作者	2018年	拉萨市委组织部、拉萨市教委
段　丹	女	藏	拉萨市实验幼儿园	2018年拉萨市"百名专家下基层服务活动"优秀工作者	2018年	拉萨市委组织部、拉萨市教委
包　纯	女	藏	拉萨市实验幼儿园	2018年拉萨市"百名专家下基层服务活动"优秀工作者	2018年	拉萨市委组织部、拉萨市教委

续表2

姓　名	性别	民族	工作单位	获奖名称	表彰时间	授予单位
央　宗	女	藏	拉萨市实验幼儿园	2018年拉萨市“百名专家下基层服务活动”优秀工作者	2018年	拉萨市委组织部、拉萨市教委
张　英	女	藏	拉萨市实验幼儿园	2018年拉萨市“百名专家下基层服务活动”优秀工作者	2018年	拉萨市委组织部、拉萨市教委
次　央	女	藏	拉萨市实验幼儿园	2018年拉萨市“百名专家下基层服务活动”优秀工作者	2018年	拉萨市委组织部、拉萨市教委
余　敏	女	藏	拉萨市实验幼儿园	2018年拉萨市“百名专家下基层服务活动”优秀工作者	2018年	拉萨市委组织部、拉萨市教委
魏红红	女	藏	拉萨市实验幼儿园	2018年拉萨市“百名专家下基层服务活动”优秀工作者	2018年	拉萨市委组织部、拉萨市教委
仓　觉	女	藏	拉萨市实验幼儿园	2018年拉萨市“百名专家下基层服务活动”优秀工作者	2018年	拉萨市委组织部、拉萨市教委
张林霞	女	藏	拉萨市实验幼儿园	2018年拉萨市“百名专家下基层服务活动”优秀工作者	2018年	拉萨市委组织部、拉萨市教委
旺　西	女	藏	拉萨市实验幼儿园	2018年拉萨市“百名专家下基层服务活动”优秀工作者	2018年	拉萨市委组织部、拉萨市教委
樊元芳	女	汉	拉萨市第三中学	拉萨市教育局送教下乡优秀教师	2018年	拉萨市委组织部、拉萨市教委
次　珍	女	藏	拉萨市第一小学	2018年拉萨市“百名专家下基层服务活动”优秀教师	2018年	拉萨市委组织部、拉萨市教委
卢海平	女	汉	拉萨市第一小学	2019年拉萨市“百名专家下基层服务活动”优秀教师	2018年	拉萨市委组织部、拉萨市教委
多吉桑布	男	藏	城关区第二小学	拉萨市“百名专家下基层服务活动”优秀教师	2018年	拉萨市委组织部、拉萨市教委
多吉桑布	男	藏	城关区第二小学	拉萨市“百名专家下基层服务活动”优秀教师	2018年	拉萨市委组织部、拉萨市教委
小巴桑	男	藏	城关区海淀小学	拉萨市“优秀教师”荣誉称号	2018年	拉萨市委组织部、拉萨市教育局
平　措	男	藏	城关区教师培训中心	拉萨市百名专家下基层服务活动“优秀教师”	2018年	拉萨市委组织部、拉萨市教育局
李　莉	女	汉	拉萨市第七中学	拉萨市“百名专家下基层”活动优秀教师	2018年	拉萨市委组织部、拉萨市教育局
陈海龙	女	汉	城关区委宣传部	2018年度拉萨市“四讲四爱”先进个人	2018年	拉萨市委宣传部
桑木旦	男	藏	城关区公安局扎细派出所	拉萨市第二届最美人民警察	2018年	拉萨市公安局
何　丽	女	汉	城关区公安局娘热派出所	拉萨市第二届最美人民警察	2018年	拉萨市公安局
德　珍	女	藏	城关区人民法院	全市法院优秀书记员	2018年	拉萨市中级人民法院
刘献屿	男	汉	城关区人民法院	全市法院优秀庭审直播	2018年	拉萨市中级人民法院
廖　锐	女	汉	城关区人民法院	全市法院优秀审判管理工作先进个人	2018年	拉萨市中级人民法院

续表2

姓　名	性别	民族	工作单位	获奖名称	表彰时间	授予单位
赵　娜	女	汉	纳金街道办事处	拉萨市优秀共青团员	2018年	拉萨市团委
阿旺央金	女	藏	城关区第二小学	2018年拉萨市教学竞赛藏文学科二等奖	2018年	拉萨市教育委
杨　丽	女	汉	城关区旅游局	2018年优秀驻村队员	2018年	拉萨市创先争优强基础惠民生活动领导小组办公室
德吉卓玛	女	藏	城关区夺底小学	拉萨市三科教师培训优秀学员	2018年	拉萨市教体局
巴桑卓玛	女	藏	拉萨市实验幼儿园	拉萨市优秀教师金奖	2018年	拉萨市教育局
普　珍	女	藏	拉萨市实验幼儿园	拉萨市教育明星	2018年	拉萨市教育局
米玛卓玛	女	藏	拉萨市实验幼儿园	拉萨市首届幼儿教师课堂大赛“一等奖”	2018年	拉萨市教育局
王婷婷	女	藏	拉萨市实验幼儿园	拉萨市第三届微课制作大赛“三等奖”	2018年	拉萨市教育局
赵雪梅	女	汉	拉萨市实验幼儿园	拉萨市第三届微课制作大赛“二等奖”	2018年	拉萨市教育局
郎嘎卓玛	女	藏	拉萨市实验幼儿园	拉萨市第三届微课制作大赛“二等奖”	2018年	拉萨市教育局
付人杰	男	汉	城关区藏热小学	拉萨市“校园足球优秀教练”荣誉称号	2018年	拉萨市教育局
伦珠次旦	男	藏	城关区藏热小学	拉萨市“一师一优课”优课	2018年	拉萨市教育局
梅朵卓嘎	女	藏	城关区藏热小学	拉萨市“一师一优课”优课	2018年	拉萨市教育局
索朗措姆	女	藏	城关区第二小学	拉萨市优秀教师(铜奖)	2018年	拉萨市教育局
阿旺央金	女	藏	城关区第二小学	拉萨市中小学教师岗位大练兵优秀教案奖	2018年	拉萨市教育局
多吉桑布	男	藏	城关区第二小学	拉萨市“一师一优课,一课一名师”活动市级优课	2018年	拉萨市教育局
多吉桑布	男	藏	城关区第二小学	拉萨市中小学教师岗位大练兵优秀作业设计奖	2018年	拉萨市教育局
巴桑玉珍	女	藏	城关区海淀小学	拉萨市教师岗位技能大练兵活动业务测试第一名	2018年	拉萨市教育局
晋美念扎	男	藏	城关区吉崩岗小学	优秀体育工作者	2018年	拉萨市教育局
次旦扎西	男	藏	城关区吉崩岗小学	优秀教练	2018年	拉萨市教育局
吕　斌	男	汉	城关区吉崩岗小学	微课三等奖	2018年	拉萨市教育局
白　珍	女	藏	城关区吉崩岗小学	优秀作业设计	2018年	拉萨市教育局
阿旺次仁	男	藏	城关区吉崩岗小学	优秀中层	2018年	拉萨市教育局
多　旺	男	藏	城关区吉崩岗小学	优秀教师送教下乡优秀教师	2018年	拉萨市教育局

续表2

姓　名	性别	民族	工作单位	获奖名称	表彰时间	授予单位
次仁央宗	女	藏	城关区吉崩岗小学	优秀教案设计	2018年	拉萨市教育局
索朗坚赞	男	藏	城关区娘热小学	拉萨市教师岗位练兵论文大赛“二等奖”荣誉称号	2018年	拉萨市教育局
索朗坚赞	男	藏	城关区娘热小学	拉萨市教师岗位练兵作业设计“优秀奖”荣誉称号	2018年	拉萨市教育局
娜　珍	女	藏	城关区娘热小学	拉萨市部编版三科培训“优秀学员”荣誉称号	2018年	拉萨市教育局
索朗白珍	女	藏	城关区娘热小学	拉萨市“优秀教师”荣誉称号	2018年	拉萨市教育局
米玛拉吉	女	藏	城关区当巴小学	“一师一优课、一课一名师”获“市级优课”	2018年	拉萨市教育局
旦增拉巴	男	藏	城关区当巴小学	“一师一优课、一课一名师”获“市级优课”	2018年	拉萨市教育局
旦增拉巴	男	藏	城关区当巴小学	拉萨市书法大赛藏文硬笔三等奖	2018年	拉萨市教育局
何春燕	女	汉	城关区第二幼儿园	拉萨市教师“第三届微课大赛”三等奖	2018年	拉萨市教育局
任俊荣	女	汉	拉萨市第二中学	“一师一优课”市级优课	2018年	拉萨市教育局
翟明建	女	汉	拉萨市第二中学	“一师一优课”市级优课	2018年	拉萨市教育局
翟明建	女	汉	拉萨市第二中学	拉萨市教学技能竞赛二等奖	2018年	拉萨市教育局
李　祎	女	汉	拉萨市第二中学	“一师一优课”市级优课	2018年	拉萨市教育局
洛桑次仁	男	藏	拉萨市第二中学	市级优秀体育工作者	2018年	拉萨市教育局
杨春青	女	汉	拉萨市第二中学	拉萨市教学技能竞赛二等奖	2018年	拉萨市教育局
顿　珠	男	藏	拉萨江苏中学	2018年拉萨市优秀教师	2018年	拉萨市教育局
何　萍	女	汉	城关区拉萨北京小学	拉萨市2017—2018年度“一师一优课、一课一名师”活动“市级优课	2018年	拉萨市教育局
杨丽红	女	藏	城关区拉萨北京小学	2018年拉萨市教师岗位大练兵教案设计获小学数学学科优秀奖	2018年	拉萨市教育局
杨　芳	女	藏	城关区拉萨北京小学	2019年拉萨市教师岗位大练兵教案设计获小学语文学科优秀奖	2018年	拉萨市教育局
段世春	男	汉	拉萨市第三中学	拉萨市中小学教师岗位技能大练兵活动优秀作业设计者	2018年	拉萨市教育局
许爱玲	女	汉	拉萨市第三中学	拉萨市第三届微课大赛一等奖	2018年	拉萨市教育局
旺　扎	男	藏	拉萨市第三中学	2018年拉萨市课堂大赛一等奖	2018年	拉萨市教育局
廖　红	女	汉	拉萨市第三中学	拉萨市理化生实验教学大赛一等奖	2018年	拉萨市教育局
刘振林	男	汉	拉萨市第三中学	拉萨市理化生实验教学大赛二等奖	2018年	拉萨市教育局

续表2

姓　名	性别	民族	工作单位	获奖名称	表彰时间	授予单位
杨　洁	男	汉	拉萨市第三中学	拉萨市中小学教师岗位技能大练兵活动优秀教案设计者	2018年	拉萨市教育局
樊元芳	女	汉	拉萨市第三中学	拉萨市中小学教师岗位技能大练兵活动优秀作业设计者	2018年	拉萨市教育局
拉　姆	女	藏	拉萨市第一中学	拉萨市教师岗位技能大练兵活动业务测试荣获第一名	2018年	拉萨市教育局
杨　静	女	汉	拉萨市第一中学	拉萨市教师市教师岗位技能大练兵业务测试荣获第一名	2018年	拉萨市教育局
李彦超	男	汉	拉萨市第一中学	拉萨市教师大练兵优秀论文大赛三等奖	2018年	拉萨市教育局
巴　桑	女	藏	拉萨市第六中学	拉萨市中小学教师岗位技能大练兵活动“优秀教案”奖	2018年	拉萨市教育局
达　旦	男	藏	拉萨市第六中学	拉萨市中小学教师岗位技能大练兵活动“优秀论文”二等奖	2018年	拉萨市教育局
嘎玛曲旦	男	藏	拉萨市第六中学	拉萨市“一师一优课、一课一名师”活动市级优课	2018年	拉萨市教育局
刘红艳	女	汉	拉萨市第六中学	拉萨市2017——2018年度“一师一优课、一课一名师”活动优质课	2018年	拉萨市教育局
刘红艳	女	汉	拉萨市第六中学	拉萨市首届初中理化生教师实验教学操作技能竞赛生物学科二等奖	2018年	拉萨市教育局
平　措	男	藏	城关区教师培训中心	2018年一师一优课、一课一名师拉萨市优秀	2018年	拉萨市教育局
尼　次	男	藏	城关区教师培训中心	拉萨市党务先进工作者	2018年	拉萨市教育局
万家碧	女	汉	拉萨市第三小学	教师技能大练兵“优秀作业设计”	2018年	拉萨市教育局
张　凤	女	汉	拉萨市第四中学	拉萨市课堂教学比赛一等奖	2018年	拉萨市教育局
普布卓玛	女	藏	拉萨市第四中学	拉萨市首届实验教学课堂操作比赛一等奖	2018年	拉萨市教育局
尼　玛	女	藏	拉萨市第四中学	拉萨市首届实验教学课堂操作比赛二等奖	2018年	拉萨市教育局
邵旭东	男	汉	拉萨市第四中学	拉萨市首届实验教学课堂操作比赛三等奖	2018年	拉萨市教育局
苟晓梅	女	回	拉萨市第四中学	拉萨市课堂教学比赛三等奖	2018年	拉萨市教育局
李　娟	女	汉	拉萨市第四中学	拉萨市微课比赛三等奖	2018年	拉萨市教育局
赵亚宇	女	汉	拉萨市第四中学	拉萨市微课比赛二等奖	2018年	拉萨市教育局
赵亚宇	女	汉	拉萨市第四中学	“一师一优课”市级优课	2018年	拉萨市教育局
尼玛拉姆	女	藏	拉萨市第四中学	“一师一优课”市级优课	2018年	拉萨市教育局

续表2

姓　名	性别	民族	工作单位	获奖名称	表彰时间	授予单位
索朗卓玛	女	藏	拉萨市第四中学	岗位技能大练兵优秀教学设计、优秀作业设计奖	2018年	拉萨市教育局
旦增旺姆	女	藏	拉萨市第四中学	岗位技能大练兵优秀教学设计、优秀作业设计奖	2018年	拉萨市教育局
王朝玄	男	汉	拉萨市第四中学	“一师一优课”市级优课	2018年	拉萨市教育局
曾诗雅	女	汉	拉萨市城关区第十四双语幼儿园	拉萨市课堂技能大练兵幼儿组一等奖	2018年	拉萨市教育局
索朗德吉	女	藏	城关区夺底小学	2018年国培中小学音乐骨干教师培训优秀学员	2018年	拉萨市教育局
李　莉	女	汉	拉萨市第七中学	拉萨市中小学教师岗位技能大练兵活动优秀教案	2018年	拉萨市教育局
蒲　刚	男	汉	拉萨市第七中学	拉萨市中小学教师岗位技能大练兵活动优秀作业设计	2018年	拉萨市教育局
边巴仓啦	女	藏	拉萨市第七中学	拉萨市初中理化生教师实验教学技能大赛一等奖	2018年	拉萨市教育局
高　娜	女	汉	拉萨市第七中学	拉萨市初中理化生教师实验教学技能大赛三等奖	2018年	拉萨市教育局
杨红梅	女	汉	拉萨市第一小学	东方少年中国梦创意作文大赛获小学组优秀指导老师	2018年	拉萨市教育局
乔艳芳	女	汉	拉萨市第一小学	东方少年中国梦创意作文大赛获小学组三等奖优秀指导老师	2018年	拉萨市教育局
罗含情	女	汉	拉萨市第一小学	拉萨市首届“教育明星”	2018年	拉萨市教育局
央　金	女	藏	拉萨市第一小学	2018年拉萨市第三届教师微课大赛三等奖	2018年	拉萨市教育局
赵秀林	女	汉	拉萨市第一小学	2018年拉萨市第三届教师微课大赛二等奖	2018年	拉萨市教育局
普　尺	女	藏	拉萨市第一小学	拉萨市一师一优课活动市级优课	2018年	拉萨市教育局
小扎西	男	藏	拉萨市第一小学	拉萨市一师一优课活动市级优课	2018年	拉萨市教育局
尼　片	女	藏	拉萨市第一小学	拉萨市一师一优课活动市级优课	2018年	拉萨市教育局
边　珍	女	藏	拉萨市第一小学	拉萨市一师一优课活动市级优课	2018年	拉萨市教育局
次仁措姆	女	藏	拉萨市第一小学	2018年拉萨市第三届教师微课大赛二等奖	2018年	拉萨市教育局
罗　维	女	汉	拉萨市第一小学	拉萨市一师一优课活动市级优课	2018年	拉萨市教育局
罗布次仁	男	藏	城关区纳金小学	2018年“城投杯”校园足球联赛优秀体育工作者	2018年	拉萨市教育局
洛真绕姆	女	藏	拉萨市实验幼儿园	拉萨市课堂教学大赛一等奖	2018年	拉萨市教育局

续表2

姓 名	性别	民族	工作单位	获奖名称	表彰时间	授予单位
许爱玲	女	汉	拉萨市第三中学	拉萨市理化生实验教学大赛三等奖	2018年	拉萨市教育体育局
群 培	男	藏	娘热街道慈松堂社区	“拉萨市首届运动会暨民族传统体育运动会”秀兹比赛第一名	2018年	拉萨市首届运动会暨民族传统体育运动会组委会
曹景奇	男	汉	拉萨市第三中学	2018年拉萨市运动会押加比赛70公斤级第四名	2018年	拉萨市体育局
拉巴卓玛	女	藏	城关区文化新闻出版广电局(文物局)	2017年拉萨市深化全国文明城市创建先进个人	2018年	拉萨市文明办
段 钊	男	汉	嘎玛贡桑街道	拉萨市创城先进个人	2018年	拉萨市文明办
强巴卓嘎	女	藏	金珠西路街道办事处	拉萨市创城工作先进个人	2018年	拉萨市文明办
次 仁	男	藏	拉萨市第三小学	“一师一优课、一课一名师”市级优课	2018年	拉萨市教育局
王 雁	女	汉	拉萨市第三小学	教师技能大练兵“优秀作业设计”	2018年	拉萨市教育局
格桑卓嘎	女	藏	拉萨市城关区第一幼儿园	先进党务工作者	2018年	城关区教育局
赵春燕	女	汉	拉萨市第一小学	“国培计划2018送教下乡项目”优秀学员	2018年	拉萨市继续教育学校
赵 帅	男	汉	城关区公安局治安大队	征兵工作先进个人	2018年	拉萨市政府征兵办公室
次仁曲宗	女	藏	城关区委办公室	优秀公务员	2018年	城关区委、区政府
罗桑多吉	男	藏	城关区委办公室	优秀公务员	2018年	城关区委、区政府
李其祥	男	汉	城关区委办公室	优秀公务员	2018年	城关区委、区政府
次 旦	女	藏	城关区委办公室	优秀公务员	2018年	城关区委、区政府
魏 楠	女	汉	城关区人大常委会办公室	优秀公务员	2018年	城关区委、区政府
虞俊锐	男	汉	城关区人大常委会办公室	优秀公务员	2018年	城关区委、区政府
虞俊锐	男	汉	城关区人大常委会办公室	优秀党员	2018年	城关区委、区政府
李德明	男	汉	城关区委组织部	优秀公务员	2018年	城关区委、区政府
拉姆卓玛	女	藏	城关区委组织部	优秀公务员	2018年	城关区委、区政府
洛松玉珍	女	藏	城关区信访局	优秀公务员	2018年	城关区委、区政府
斯郎曲西	女	藏	城关区信访局	优秀公务员	2018年	城关区委、区政府
薛 晶	女	汉	城关区人民法院	优秀党务工作者	2018年	城关区委、区政府
次仁达瓦	男	藏	城关区人民法院	优秀党员	2018年	城关区委、区政府

续表2

姓　名	性别	民族	工作单位	获奖名称	表彰时间	授予单位
县西峰	男	汉	城关区人民法院	城关区综治先进个人	2018年	城关区委、区政府
巴　桑	女	藏	城关区人民法院	优秀公务员	2018年	城关区委、区政府
次仁达瓦	男	藏	城关区人民法院	优秀公务员	2018年	城关区委、区政府
贡　多	男	藏	城关区人民法院	优秀公务员	2018年	城关区委、区政府
桑　吉	女	藏	城关区人民法院	优秀公务员	2018年	城关区委、区政府
高　波	男	汉	城关区人民法院	优秀公务员	2018年	城关区委、区政府
贡秋泽仁	男	藏	城关区人民法院	优秀公务员	2018年	城关区委、区政府
德　吉	女	藏	城关区人民法院	优秀公务员	2018年	城关区委、区政府
拉　珍	女	藏	城关区人民法院	优秀公务员	2018年	城关区委、区政府
唐曲央培	男	藏	城关区人民法院	优秀公务员	2018年	城关区委、区政府
吴　燕	女	汉	城关区人民法院	优秀公务员	2018年	城关区委、区政府
达娃卓嘎	女	藏	城关区人民法院	优秀公务员	2018年	城关区委、区政府
西绕措姆	女	藏	城关区人民法院	优秀公务员	2018年	城关区委、区政府
大索朗德吉	女	藏	城关区人民法院	优秀公务员	2018年	城关区委、区政府
廖　锐	女	汉	城关区人民法院	优秀公务员	2018年	城关区委、区政府
宗　吉	女	藏	城关区人民法院	优秀公务员	2018年	城关区委、区政府
达瓦平措	男	藏	城关区人民法院	优秀公务员	2018年	城关区委、区政府
格桑玉珍	女	藏	城关区人民法院	优秀公务员	2018年	城关区委、区政府
斯朗措姆	女	藏	城关区人民法院	优秀公务员	2018年	城关区委、区政府
洛松曲西	女	藏	城关区人民法院	优秀公务员	2018年	城关区委、区政府
尼玛仓觉	女	藏	城关区人民法院	优秀公务员	2018年	城关区委、区政府
边巴卓玛	女	藏	城关区旅游局	优秀公务员	2018年	城关区委、区政府
旦增群培	男	藏	城关区民族宗教事务局	优秀公务员	2018年	城关区委、区政府
尼玛珍	女	藏	城关区民族宗教事务局	2017年度综治工作先进个人	2018年	城关区委、区政府
尼　玛	女	藏	城关区文化新闻出版广电局(文物局)	2018年优秀公务员	2018年	城关区委、区政府
次仁多吉	男	藏	城关区文化新闻出版广电局(文物局)	2018年优秀干部	2018年	城关区委、区政府

续表2

姓　名	性别	民族	工作单位	获奖名称	表彰时间	授予单位
索朗次仁	男	藏	城关区扶贫（农发）办公室	优秀公务员	2018年	城关区委、区政府
索朗央拉	女	藏	城关区精准扶贫领导小组办公室	优秀公务员	2018年	城关区委、区政府
旺　西	女	藏	拉萨市实验幼儿园	城关区教育系统“先进教育工作者”	2018年	城关区委、区政府
次　珍	女	藏	拉萨市实验幼儿园	城关区教育系统“先进教育工作者”	2018年	城关区委、区政府
次　央	女	藏	拉萨市实验幼儿园	城关区教育系统“先进教育工作者”	2018年	城关区委、区政府
尼桑旺姆	女	藏	拉萨市实验幼儿园	城关区教育系统“优秀班主任”	2018年	城关区委、区政府
琼　啦	女	藏	拉萨市实验幼儿园	城关区教育系统“优秀班主任”	2018年	城关区委、区政府
梅　春	女	藏	拉萨市实验幼儿园	城关区教育系统“优秀班主任”	2018年	城关区委、区政府
色　珍	女	藏	拉萨市实验幼儿园	城关区教育系统“优秀教师”	2018年	城关区委、区政府
罗布曲珍	女	藏	拉萨市实验幼儿园	城关区教育系统“优秀教师”	2018年	城关区委、区政府
次　旦	女	藏	拉萨市实验幼儿园	城关区教育系统“优秀教师”	2018年	城关区委、区政府
次仁平措	女	藏	拉萨市实验幼儿园	城关区教育系统“优秀后勤员工”	2018年	城关区委、区政府
巴　拥	女	藏	拉萨市实验幼儿园	城关区教育系统“优秀后勤员工”	2018年	城关区委、区政府
桑　吉	女	藏	拉萨市实验幼儿园西城分园	2018年公办幼儿园第三届教师教学技能大赛中荣获二等奖	2018年	城关区委、区政府
德吉曲珍	女	藏	拉萨市实验幼儿园	城关区教育系统“优秀后勤员工”	2018年	城关区委、区政府
次　吉	女	藏	拉萨市实验幼儿园	城关区教育系统“优秀后勤员工”	2018年	城关区委、区政府
洛桑卓玛	女	藏	拉萨市实验幼儿园	城关区教育系统“优秀后勤员工”	2018年	城关区委、区政府
旦增白珍	女	藏	拉萨市实验幼儿园	城关区教育系统“优秀后勤员工”	2018年	城关区委、区政府
次旦卓玛	女	藏	拉萨市实验幼儿园	城关区教育系统“优秀后勤员工”	2018年	城关区委、区政府
更　珠	女	藏	拉萨市实验幼儿园	城关区教育系统“优秀后勤员工”	2018年	城关区委、区政府
普布卓玛	女	藏	拉萨市实验幼儿园	城关区教育系统“优秀后勤员工”	2018年	城关区委、区政府
扎　桑	女	藏	拉萨市实验幼儿园	城关区教育系统“优秀后勤员工”	2018年	城关区委、区政府
拉从志玛	女	藏	拉萨市实验幼儿园	城关区教育系统“优秀后勤员工”	2018年	城关区委、区政府
曲　珍	女	藏	拉萨市实验幼儿园	城关区教育系统“优秀后勤员工”	2018年	城关区委、区政府
拉巴卓玛	女	藏	拉萨市实验幼儿园	城关区教育系统“优秀后勤员工”	2018年	城关区委、区政府
边巴卓玛	女	藏	拉萨市实验幼儿园	城关区教育系统“优秀后勤员工”	2018年	城关区委、区政府

续表2

姓　名	性别	民族	工作单位	获奖名称	表彰时间	授予单位
格桑央金	女	藏	城关区第二幼儿园	城关区教育系统“先进教育工作者”荣誉称号	2018年	城关区委、区政府
次旦扎西	男	藏	拉萨市第二中学	城关区第七届课堂教学大赛初中藏文二等奖	2018年	城关区委、区政府
白玛旺姆	女	藏	拉萨市第二中学	城关区第七届课堂教学大赛初中藏文优秀奖	2018年	城关区委、区政府
任俊荣	女	汉	拉萨市第二中学	城关区第七届课堂教学大赛初中音乐三等奖	2018年	城关区委、区政府
翟明建	女	汉	拉萨市第二中学	城关区第七届课堂教学大赛初中语文二等奖	2018年	城关区委、区政府
邵荣昌	男	汉	拉萨市第二中学	城关区第七届课堂教学大赛初中生物优秀奖	2018年	城关区委、区政府
靳江华	男	汉	拉萨市第二中学	城关区第七届课堂教学大赛初中物理三等奖	2018年	城关区委、区政府
央　啦	女	藏	拉萨市第二中学	城关区第七届课堂教学大赛初中英语优秀奖	2018年	城关区委、区政府
格桑罗布	男	藏	拉萨市第二中学	城关区第七届课堂教学大赛初中化学三等奖	2018年	城关区委、区政府
金　珠	男	藏	城关区拉萨广西友谊小学	城关区先进教育工作者	2018年	城关区委、区政府
朱筱蓉	女	汉	城关区拉萨广西友谊小学	城关区优秀教师	2018年	城关区委、区政府
郭小刚	男	汉	拉萨市第三中学	2018年城关区第七届教学大赛一等奖	2018年	城关区委、区政府
党建华	女	汉	拉萨市第三中学	2018年城关区第七届教学大赛二等奖	2018年	城关区委、区政府
次卓嘎	女	藏	拉萨市第六中学	城关区优秀党员	2018年	城关区委、区政府
尼玛次仁	男	藏	拉萨市第六中学	城关区优秀教师	2018年	城关区委、区政府
桑丹卓玛	女	藏	拉萨市第六中学	城关区第七届课堂教学大赛优秀奖	2018年	城关区委、区政府
巴　桑	女	藏	拉萨市第六中学	城关区第七届课堂教学大赛二等奖	2018年	城关区委、区政府
全　娜	女	汉	城关区第七双语幼儿园	2018年公办幼儿园第三届教师教学技能大赛二等奖	2018年	城关区委、区政府
李媛媛	女	汉	城关区第十五幼儿园	城关区“优秀教师”荣誉称号	2018年	城关区委、区政府
徐彩瑜	女	汉	城关区第十五幼儿园	城关区公办幼儿园赛课二等奖	2018年	城关区委、区政府
仁增白玛	女	藏	城关区第十五幼儿园	城关区“优秀后勤工作者”荣誉称号	2018年	城关区委、区政府
嘎玛曲尼	女	藏	城关区第十五幼儿园	城关区“优秀后勤工作者”荣誉称号	2018年	城关区委、区政府
拉西多吉	男	藏	城关区第十五幼儿园	城关区“优秀后勤工作者”荣誉称号	2018年	城关区委、区政府
次旦卓嘎	女	藏	城关区第十五幼儿园	城关区“优秀后勤工作者”荣誉称号	2018年	城关区委、区政府

续表2

姓 名	性别	民族	工作单位	获奖名称	表彰时间	授予单位
向秋志玛	女	藏	城关区第四幼儿园	城关区“先进教育工作者”荣誉称号	2018年	城关区委、区政府
嘎 珍	女	藏	城关区第四幼儿园	城关区“优秀班主任”荣誉称号	2018年	城关区委、区政府
丹珍卓玛	女	藏	城关区第四幼儿园	城关区“优秀教师”荣誉称号	2018年	城关区委、区政府
卢 婷	女	汉	城关区第四幼儿园	城关区“优秀后勤”荣誉称号	2018年	城关区委、区政府
拉巴仓决	女	藏	城关区第四幼儿园	城关区赛课“三等奖”	2018年	城关区委、区政府
益西曲珍	女	藏	城关区第十幼儿园	2018年度城关区教育系统“优秀班主任”	2018年	城关区委、区政府
平措格列	男	藏	拉萨城顺综合服务有限公司	优秀公务员	2018年	城关区委、区政府
德吉央宗	女	藏	城关区城市管理局	2018年度城关区综治先进个人	2018年	城关区委、区政府
赵 娜	女	汉	纳金街道办事处	优秀公务员	2018年	城关区委、区政府
扎西卓嘎	女	藏	纳金街道办事处	优秀公务员	2018年	城关区委、区政府
索郎央金	女	藏	纳金街道办事处	优秀公务员	2018年	城关区委、区政府
次 珍	女	藏	纳金街道办事处	优秀公务员	2018年	城关区委、区政府
旦增曲扎	男	藏	纳金街道办事处	优秀公务员	2018年	城关区委、区政府
拉巴仓决	女	藏	蔡公堂街道办事处	2017年度优秀公务员	2018年	城关区委、区政府
旦增卓嘎	女	藏	蔡公堂街道办事处	2017年度优秀公务员	2018年	城关区委、区政府
张 蔷	女	汉	蔡公堂街道白定村委会	2017年度优秀公务员	2018年	城关区委、区政府
次仁维色	男	藏	蔡公堂街道白定村委会	2017年度优秀公务员	2018年	城关区委、区政府
次 普	女	藏	蔡公堂街道办事处	2017年度优秀公务员	2018年	城关区委、区政府
次仁德吉	女	藏	蔡公堂街道办事处蔡村委会	2017年度优秀公务员	2018年	城关区委、区政府
白 珍	女	藏	蔡公堂街道办事处	2017年度优秀公务员	2018年	城关区委、区政府
次仁央宗	女	藏	八廓街道办事处	优秀公务员	2018年	城关区委、区政府
旦增云丹	男	藏	八廓街道办事处	优秀公务员	2018年	城关区委、区政府
贡桑扎西	男	藏	八廓街道办事处	优秀公务员	2018年	城关区委、区政府
刘少杰	男	汉	八廓街道办事处	优秀公务员	2018年	城关区委、区政府

续表2

姓　名	性别	民族	工作单位	获奖名称	表彰时间	授予单位
刘少杰	男	汉	八廓街道办事处	优秀党务工作者	2018 年	城关区委、区政府
次　成	男	藏	八廓街道八廓社区	2018 年度个人考核先进个人	2018 年	城关区委、区政府
次仁平措	男	藏	八廓街道鲁固社区	2017 年度社会治安综合治理“先进个人”	2018 年	城关区委、区政府
晋　美	男	藏	八廓街道绕赛社区	优秀党务工作者	2018 年	城关区委、区政府
拉　珍	女	藏	嘎玛贡桑街道统建社区	2017 年度社会治安综合治理“先进个人称号”	2018 年	城关区委、区政府
达瓦顿珠	男	藏	嘎玛贡桑街道	2017 年度社会治安综合治理“先进个人称号”	2018 年	城关区委、区政府
尼玛次仁	男	藏	嘎玛贡桑街道嘎玛贡桑社区	2017 年度社会治安综合治理“先进个人称号”	2018 年	城关区委、区政府
强巴卓嘎	女	藏	金珠西路街道办事处	优秀公务员	2018 年	城关区委、区政府
德吉央啦	女	藏	金珠西路街道办事处	优秀公务员	2018 年	城关区委、区政府
张旭峰	男	汉	金珠西路街道办事处	优秀公务员	2018 年	城关区委、区政府
旦增卓玛	女	藏	金珠西路街道办事处	优秀公务员	2018 年	城关区委、区政府
高　雅	女	藏	金珠西路街道办事处	优秀公务员	2018 年	城关区委、区政府
扎西卓玛	女	藏	扎细街道办事处	城关区先进驻村工作队员	2018 年	城关区委、区政府
袁　青	女	汉	两岛街道办事处	创城先进个人	2018 年	城关区委、区政府
次仁嘎玛	男	藏	两岛街道仙足岛社区	城关区“四讲四爱”最美人物	2018 年	城关区委、区政府
边巴扎西	男	藏	两岛街道仙足岛社区	优秀共产党员	2018 年	城关区委、区政府
卢学前	男	汉	两岛街道仙足岛社区	优秀党务工作者	2018 年	城关区委、区政府
卓玛央宗	女	藏	城关区拉萨北京小学	城关区教育系统“优秀教师”	2018 年	城关区委、区政府
尼　珍	女	藏	城关区拉萨北京小学	城关区教育系统“优秀班主任”	2018 年	城关区委、区政府
何　渊	男	汉	城关区拉萨北京小学	城关区教育系统“先进教育工作者”	2018 年	城关区委、区政府
泽仁群错	女	藏	城关区拉萨北京小学	城关区教育系统“优秀后勤工作者”	2018 年	城关区委、区政府
普　布	男	藏	城关区拉萨北京小学	城关区教育系统“优秀后勤工作者”	2018 年	城关区委、区政府
杨丽红	女	藏	城关区拉萨北京小学	2018 年城关区第七届课堂教学大赛中荣获小学组小学数学学科三等奖	2018 年	城关区委、区政府
洛桑晋美	男	藏	城关区拉萨北京小学	2018 年城关区第七届课堂教学大赛中荣获小学组小学音乐学科三等奖	2018 年	城关区委、区政府

续表2

姓　名	性别	民族	工作单位	获奖名称	表彰时间	授予单位
朱文雅	女	汉	城关区拉萨北京小学	2018年城关区第七届课堂教学大赛中荣获小学组小学语文学科优秀奖	2018年	城关区委、区政府
顿珠次仁	男	藏	城关区拉萨北京小学	2018年城关区第七届课堂教学大赛中荣获小学组小学体育学科优秀奖	2018年	城关区委、区政府
次仁德吉	女	藏	城关区拉萨北京小学	在2017年度城关区深化全国文明城市创建工作中表现突出成绩优异	2018年	城关区委、区政府
段世春	男	汉	拉萨市第三中学	城关区优秀教育工作者	2018年	城关区委、区政府
仁　增	男	藏	拉萨市第三中学	城关区优秀班主任	2018年	城关区委、区政府
普　顿	男	藏	拉萨市第三中学	城关区优秀教师	2018年	城关区委、区政府
胡德荣	男	汉	拉萨市第三中学	城关区优秀教师（铜奖）	2018年	城关区委、区政府
胡德荣	男	汉	拉萨市第三中学	2018年城关区第七届教学大赛三等奖	2018年	城关区委、区政府
次仁尼玛	男	藏	拉萨市第三中学	城关区优秀藏语文工作者	2018年	城关区委、区政府
曲　吉	女	藏	拉萨市第三中学	城关区优秀后勤员工	2018年	城关区委、区政府
次旦卓嘎	女	藏	拉萨市第三中学	2018年城关区第七届教学大赛三等奖	2018年	城关区委、区政府
旺　扎	男	藏	拉萨市第三中学	2018年城关区第七届教学大赛一等奖	2018年	城关区委、区政府
王兴俊	男	汉	拉萨市第三中学	2018年城关区第七届教学大赛优秀奖	2018年	城关区委、区政府
王　桢	女	汉	拉萨市第三中学	2018年城关区第七届教学大赛一等奖	2018年	城关区委、区政府
盛小霞	女	汉	拉萨市第三中学	2018年城关区第七届教学大赛优秀奖	2018年	城关区委、区政府
盛小霞	女	汉	拉萨市第三中学	城关区“四讲四爱”最美工作者	2018年	城关区委、区政府
次旦央吉	女	藏	拉萨市第三中学	2018年城关区第七届教学大赛优秀奖	2018年	城关区委、区政府
张路平	男	汉	拉萨市第三中学	2018年城关区第七届教学大赛优秀奖	2018年	城关区委、区政府
许寒冰	男	汉	拉萨市第三中学	2018年城关区第七届教学大赛一等奖	2018年	城关区委、区政府
杨　洁	男	汉	拉萨市第三中学	2018年城关区第七届教学大赛三等奖	2018年	城关区委、区政府
米　玛	女	藏	八廓街道办事处	优秀公务员	2018年	城关区委、区政府
米玛仓曲	女	藏	城关区第二幼儿园	公办幼儿园“第三届教师教学技能大赛”三等奖	2018年	城关区委、区政府
沈春花	女	汉	拉萨市第二中学	城关区优秀班主任	2018年	城关区委、区政府
田江涛	女	汉	拉萨市第二中学	城关区先进教育工作者	2018年	城关区委、区政府

续表2

姓　名	性别	民族	工作单位	获奖名称	表彰时间	授予单位
王玉婵	女	汉	城关区拉萨北京小学	2018年第七届教师教学大赛中荣获小学思品课优秀奖	2018年	城关区委、区政府
罗布卓嘎	女	藏	城关区当巴小学	城关区“优秀教师”荣誉称号	2018年	城关区委、区政府
边巴卓玛	女	藏	城关区当巴小学	城关区“优秀班主任”“优秀党员”荣誉称号	2018年	城关区委、区政府
尼　玛	女	藏	城关区当巴小学	城关区全国文明城市创建工作表现突出奖	2018年	城关区委、区政府
央　吉	女	藏	城关区当巴小学	城关区第七届教学大赛小学数学学科二等奖	2018年	城关区委、区政府
杨　梅	女	汉	城关区当巴小学	城关区第七届教学大赛小学数学学科二等奖	2018年	城关区委、区政府
段育芳	女	白	城关区当巴小学	城关区第七届教学大赛小学品德学科二等奖、小学思品课三等奖	2018年	城关区委、区政府
旦增拉巴	男	藏	城关区当巴小学	城关区第七届教学大赛小学藏文学科优秀奖	2018年	城关区委、区政府
陈雪茹	女	藏	吉崩岗街道办事处	城关区深化全国文明城市创建工作先进个人	2018年	城关区委、区政府
罗海涛	男	汉	金珠西路街道办事处	城关区先进党务工作者	2018年	城关区委、区政府
次　旦	女	藏	城关区委办公室	优秀党务工作者	2018年	城关区委
索朗卓玛	女	藏	城关区政协办公室	优秀党务工作者	2018年	城关区委
伊比热恨	男	藏回	城关区委宣传部	2017年度城关区新闻宣传工作先进个人	2018年	城关区委
邱光涛	男	汉	城关区委宣传部	2017年度城关区外事外宣工作先进个人	2018年	城关区委
张丽丽	女	汉	城关区委宣传部	2017年度城关区优秀网评员	2018年	城关区委
管可可	男	汉	城关区发展和改革委员会	2017年优秀共产党员	2018年	城关区委
次　央	女	藏	城关区统计局	优秀干部	2018年	城关区委
全余秀	女	汉	城关区统计局	优秀干部	2018年	城关区委
次旺旺久	男	藏	城关区民族宗教事务局	上半年优秀涉宗工作者	2018年	城关区委
旦增群培	男	藏	城关区民族宗教事务局	优秀共产党员	2018年	城关区委
索朗白珍	女	藏	城关区娘热小学	城关区“优秀党务工作者”荣誉称号	2018年	城关区委
何春燕	女	汉	城关区第二幼儿园	优秀党务工作者	2018年	城关区委
卢海平	女	汉	拉萨市第一小学	2018年第七届教师教学大赛小学思品课优秀奖	2018年	城关区委
普　尺	女	藏	拉萨市第一小学	2018年城关区第七届课堂教学大赛藏文学科三等奖	2018年	城关区委

续表2

姓　名	性别	民族	工作单位	获奖名称	表彰时间	授予单位
尼　片	女	藏	拉萨市第一小学	2018年城关区第七届课堂教学大赛藏文学科三等奖	2018年	城关区委
王利平	女	汉	拉萨市第一小学	2018年城关区第七届课堂教学大赛数学学科优秀奖	2018年	城关区委
罗　维	女	汉	拉萨市第一小学	2018年城关区第七届课堂教学大赛科学学科一等奖	2018年	城关区委
土登次旺晋美	男	藏	拉萨市第一小学	2018年城关区第七届课堂教学大赛美术学科二等奖	2018年	城关区委
洛桑曲扎	男	藏	城祥物业公司	城关区“四讲四爱”群众教育最美人物个人奖	2018年	城关区委
向巴来珠	男	藏	娘热街道办事处	优秀共产党员	2018年	城关区委
格桑白珍	女	藏	娘热街道办事处	优秀共产党员	2018年	城关区委
毛　辉	男	汉	娘热街道办事处	优秀党务工作者	2018年	城关区委
洛白旺措	女	藏	娘热街道办事处	优秀工作队员	2018年	城关区委
达瓦卓玛	女	藏	蔡公堂街道蔡村委会	优秀共产党员	2018年	城关区委
旦增曲珍	女	藏	蔡公堂街道蔡村委会	优秀党务工作者	2018年	城关区委
次　吉	女	藏	蔡公堂街道蔡村委会	优秀共产党员	2018年	城关区委
索朗江村	男	藏	八廓街道鲁固社区	优秀共产党员	2018年	城关区委
登增达杰	男	藏	嘎玛贡桑街道	优秀党务工作者	2018年	城关区委
普布次仁	男	藏	嘎玛贡桑街道嘎玛贡桑社区	优秀党务工作者	2018年	城关区委
尼玛卓嘎	女	藏	扎细街道办事处	优秀共产党员	2018年	城关区委
仓木啦	女	藏	扎细街道办事处	三八红旗手	2018年	城关区委
平　措	男	藏	扎细街道办事处	社会治安综合治理工作先进个人	2018年	城关区委
巴桑卓玛	女	藏	扎细街道办事处	优秀共产党员	2018年	城关区委
拉巴卓玛	女	藏	扎细街道办事处	三八红旗手	2018年	城关区委
斯朗德吉	女	藏	扎细街道办事处	优秀党务工作者	2018年	城关区委
陈海龙	女	汉	公德林街道办事处	城关区“四讲四爱”先进工作者	2019年	城关区委
吴金川	男	汉	公德林街道办事处	优秀共产党员	2018年	城关区委
永宗拉姆	女	藏	公德林街道办事处	优秀党务工作者	2018年	城关区委

续表2

姓　　名	性别	民族	工作单位	获奖名称	表彰时间	授予单位
珠　　吉	女	藏	公德林街道办事处	优秀公务员	2018年	城关区委
闻　　亮	男	汉	城关区公安局扎细派出所	2018度综治先进个人	2018年	城关区政府
达瓦卓玛	女	藏	城关区第二小学	城关区优秀班主任	2018年	城关区政府
次　　央	女	藏	城关区第二小学	城关区优秀教师	2018年	城关区政府
洛桑卓嘎	女	藏	城关区第二小学	城关区优秀教师	2018年	城关区政府
次仁多吉	男	藏	城关区第二小学	城关区优秀教育工作者	2018年	城关区政府
米玛片多	女	藏	城关区第二小学	2018年度城关区教育系统优秀班主任	2018年	城关区政府
次旦卓嘎	女	藏	城关区第二小学	2018年度城关区教育系统优秀教育工作者	2018年	城关区政府
尼玛玉珍	女	藏	城关区海淀小学	城关区“优秀教师”荣誉称号	2018年	城关区政府
次仁顿珠	男	藏	城关区娘热小学	城关区“先进教育工作者”荣誉称号	2018年	城关区政府
索朗坚赞	男	藏	城关区娘热小学	城关区“优秀教师”荣誉称号	2018年	城关区政府
扎西泽珍	女	藏	城关区娘热小学	城关区“优秀班主任”荣誉称号	2018年	城关区政府
加央次仁	男	藏	城关区娘热小学	城关区城市文明建设“优秀个人”荣誉称号	2018年	城关区政府
次仁德吉	女	藏	城关区职业技术培训中心	城关区“优秀教师”荣誉称号	2018年	城关区政府
旺　　堆	男	藏	拉萨市第二中学	城关区优秀教师	2018年	城关区政府
尼玛仓拉	女	藏	拉萨市第一中学	城关区教育系统“优秀教师”荣誉称号	2018年	城关区政府
杨　　冲	女	汉	拉萨市第一中学	城关区教育系统“优秀教师”荣誉称号	2018年	城关区政府
格桑拉姆	女	藏	拉萨市第一中学	城关区教育系统“优秀班主任”荣誉称号	2018年	城关区政府
格　　桑	男	藏	拉萨市第一中学	城关区教育系统“优秀教育工作者”荣誉称号	2018年	城关区政府
杨　　静	女	汉	拉萨市第一中学	城关区第七届课堂教学大赛中荣获初中英语二等奖	2018年	城关区政府
李昆园	男	汉	拉萨市第一中学	城关区第七届课堂教学大赛中荣获初中物理学科优秀奖	2018年	城关区政府
杨　　玲	女	回	拉萨市第一中学	城关区第七届课堂教学大赛中荣获初中政治学科三等奖	2018年	城关区政府

续表2

姓　名	性别	民族	工作单位	获奖名称	表彰时间	授予单位
德吉卓嘎	女	藏	拉萨市第一中学	城关区第七届课堂教学大赛中荣获初中英语二等奖	2018年	城关区政府
朗　杰	男	藏	拉萨市第一中学	城关区第七届课堂教学大赛中荣获初中数学二等奖	2018年	城关区政府
小尼珍	女	藏	拉萨市第三小学	城关区课堂大赛三等奖	2018年	城关区政府
次仁央吉	女	藏	拉萨市第三小学	城关区课堂大赛优秀奖	2018年	城关区政府
次仁央宗	女	藏	拉萨市第三小学	城关区课堂大赛优秀奖	2018年	城关区政府
大扎西央宗	女	藏	拉萨市第三小学	城关区优秀班主任	2018年	城关区政府
达娃拉珍	女	藏	拉萨市第三小学	城关区优秀教育工作者	2018年	城关区政府
徐　虎	男	汉	拉萨市第三小学	城关区课堂大赛优秀奖	2018年	城关区政府
刘　刚	男	汉	拉萨市第三小学	拉萨李氏教育个人奖	2018年	城关区政府
阿旺伦珠	男	藏	拉萨市第三小学	城关区课堂大赛优秀奖	2018年	城关区政府
米玛扎西	男	藏	拉萨市第三小学	城关区课堂大赛优秀奖	2018年	城关区政府
普布卓玛	女	藏	拉萨市第四中学	城关区课堂教学大赛一等奖	2018年	城关区政府
尼　玛	女	藏	拉萨市第四中学	城关区课堂教学大赛三等奖	2018年	城关区政府
李　娟	女	汉	拉萨市第四中学	城关区课堂教学大赛优秀奖	2018年	城关区政府
尼玛拉姆	女	藏	拉萨市第四中学	城关区课堂教学大赛优秀奖	2018年	城关区政府
旦增旺姆	女	藏	拉萨市第四中学	城关区优秀教师奖	2018年	城关区政府
王朝玄	男	汉	拉萨市第四中学	城关区课堂教学大赛一等奖	2018年	城关区政府
拉巴卓玛	女	藏	拉萨市城关区第一幼儿园	第三届教师技能大赛中荣获三等奖	2018年	城关区政府
高　明	男	汉	拉萨市第七中学	城关区“优秀班主任”	2018年	城关区政府
女琼达	女	藏	拉萨市第七中学	城关区优秀教师	2018年	城关区政府
沈清峰	女	汉	拉萨市第一小学	2018年度城关区教育系统“优秀教师”	2018年	城关区政府
德吉卓嘎	女	藏	拉萨市第一小学	2018年度城关区教育系统“先进教育工作者”	2018年	城关区政府
坚增益西	男	藏	拉萨市第一小学	2018年度城关区教育系统“优秀班主任”	2018年	城关区政府
达瓦普赤	女	藏	拉萨市第一小学	优秀共产党员	2018年	城关区政府

续表2

姓　名	性别	民族	工作单位	获奖名称	表彰时间	授予单位
梅　春	女	藏	拉萨市实验幼儿园	城关区"优秀班主任"称号	2018年	城关区政府
赵洋萍	女	藏	拉萨市实验幼儿园	公办幼儿园第三届教师教学技能大赛一等奖	2018年	城关区政府
琼　琼	女	藏	拉萨市第四中学	城关区课堂教学大赛三等奖	2018年	城关区政府
次旦拉姆	女	藏	拉萨市第四中学	城关区课堂教学大赛优秀奖	2018年	城关区政府
格桑德吉	女	藏	拉萨市第四中学	城关区课堂教学大赛优秀奖	2018年	城关区政府
汤沸腾	男	汉	拉萨市第四中学	城关区先进教育工作者	2018年	城关区政府
谭　超	男	汉	拉萨市第四中学	城关区优秀班主任	2018年	城关区政府

注：由于各单位资料提供不全，可能有遗漏

城关区 2018 年国民经济和社会发展统计公报

2018 年城关区深入贯彻落实党的十九大精神，以习近平新时代中国特色社会主义思想为指导，紧紧围绕市委、市政府各项决策部署，立足自身客观实际，坚持稳中求进、进中求好、补齐短板工作总基调，以提高发展质量和效益为中心，以供给侧结构性改革为主线，深入实施“六大战略”，积极适应引领经济新常态，城关区经济继续保持平稳发展。

一、综 合

区划及面积：截至 2018 年末，城关区共有 12 个街道办事处；10 个村民委员会，41 个居民委员会。全区城区面积 554 平方千米。

经济增长：2018 年城关区实现区属地区生产总值（GDP）273.15 亿元，比上年增长 9.5%。其中：第一产业增加值 1.29 亿元，同比增长 0.0%；第二产业增加值 78.93 亿元，同比增长 21%；第三产业增加值 192.92 亿元，同比增长 4.8%。

产业结构：2018 年三次产业比重依次为 0.47%、0.48%、28.9%、25.34%、70.63%、74.18%，分别拉动经济增长 0.06、7.3 和 5.59 个百分点。与上年相比，第一产业比重下降 0.01 个百分点；第二产业比重提高 3.56 个百分点；第三产业比重下降 3.55 个百分点。

二、农牧业

农业：2018年城关区农业总产值18039.66万元，按现价计算，比上年增长 3.13%。其中农业 9842.47 万元；林业 115.61 万元；牧业 8081.58 万元。

农作物种植面积：2018 年农作物总播种面积 741.23 公顷，比上年增加 44.66 公顷。粮食种植面积 64.18 公顷，其中：青稞种植面积 58.39 公顷、小麦种植面积 5.79 公顷；其他农作物播种面积 532 公顷，其中：蔬菜种植面积 532 公顷；瓜果种植面积 145.05 公顷。

畜禽产量：2018 年末牲畜存栏总头数 11966 头（只、匹），其中，大牲畜存栏 11642 头，牲畜出栏 10700 头；肉类产量 470.25 吨，同比下降 53.99%；奶产量 4807.14 吨，同比下降 56.37%。

三、工业和建筑业

工业：2018 年区属规模以上工业增加值按可比价同比增长 4.7%。2018 年末城关区共有规模以上工业企业 5 家，同比下降 16.67%；规模以下工业企业 19 家，同比下降 24%。

建筑业：2018 年城关区建筑业总收入 4.53 亿元，比上年增加 1.8%。年末人数 5177 人，同比增加 83.71%。

四、固定资产投资

固定资产投资：2018 年区属全社会固定资产投资同比增长 10.6%。（暂无法提供，2018 年上级要求固定资产不提供绝对数，现年鉴资料能提供哪些数据等自治区统计局指示。）

五、贸易和旅游

全社会消费品零售：2018 年末，城关区共有限额以上企业 78 家；全年完成区属社会消费品零售

总额238.5亿元,同比增长14.2%

旅游业: 2018年城关区接待旅游人数达1758万人次,同比增长14.9%;旅游收入实现145.2亿元,同比增长20%。

六、教育、文化、卫生

教育: 2018年末,共有各类区属学校81所,其中:幼儿园55所;小学18所;中学8所。班级总1249个;在校生58227人,其中女生28357人。其中中学在校生10387人(其中女生5088人),小学在校生29008人(其中女生14232人),幼儿园在校生18832人(其中女生9037人)。教职工人数3979人,其中少数民族教职工2772人。

文化: 2018年末共有文化站(室)63个;公共图书馆有63个。城关区辖区范围内文物保护单位109个,其中:国家级文物保护单位15个、自治区级文物保护单位35个、市级文物保护单位54个、县区级文物保护单位5个。

卫生: 年末共有区属各类卫生机构22个,其中:社区卫生服务中心(站)12个、疾病预防控制中心1个、其他9个。实有床位数110个,每千常住人口拥有医院床位数1.83个,病床使用率65%。各类卫生技术人员246人,执业(助理)医师97人,每千常住人口拥有注册护士0.15人。

七、人口和社会保障

人口: 截至2018年末,城关区共有户籍人口172355人,比2017年末增加180人,其中农业人口12315人,非农业人口160040人。

社会保障: 区属基本养老保险参保人数2.81万人,基本养老保险基金收缴率96%;参加基本医疗保险单位72个,增长18.03%,基本医疗保险参保人数6.06万人;参加工伤保险单位668个,下降8.74%,工伤保险参保人数2.3万人;参加失业保险单位33个,下降72.73%,失业保险参保人数0.4万人;参加生育保险单位93个,生育保险参保人数1.39万人;

八、环卫和绿化

城市环境卫生: 2018年末城区共有环卫工人2202人。环卫机械246台,其中:公路清扫车35辆、垃圾收集车174辆、粪便车2辆、洒水车35辆。公共厕所150座。全年城市道路清扫保洁面积928万平方米,其中机扫面积588.52万平方米。全年共清运垃圾24万吨。

园林绿地: 截至2018年末共有公园39个,建成区面积8085公顷,建成区绿地覆盖面积2969.6公顷。年末城市绿地覆盖率36.73%。

注:

1. 本公报数据摘自《城关区统计年鉴2019》。

2. 地区生产总值及各产业(行业)增加值指标绝对数按现价计算,增长速度按可比价计算。

3. 规模以上工业企业是指年主营业务收入2000万元及以上的全部法人工业企业;限额以上批发企业是指年销售额在2000万元及以上的企业;限额以上零售企业是指年销售额在500万元及以上的企业;限额以上住宿餐饮企业是指年营业额在200万元及以上的企业。

索　引

说　明

一、本索引采用主题分析法编制。索引范围包括篇目、类目、部(门)目、条目等。
二、本索引按主题词首字汉语拼音音序(同音按音调)排列,若首字拼音相同则按第二字音序排列,以此类推。
三、索引款目后的数字表示内容所在的页码,数字后的拉丁字母(a、b、c)表示栏别(从左至右)。
四、篇目、类目、部(门)目用黑体字。

A

艾滋病、性病防控　210a
爱国守法先进僧尼表彰评选　207b
爱国卫生　212c
安全保卫　150c
安全生产　122b　275c　281a
安置帮教　306b
安置就业用地　173c
按规定收取会费　121a

B

八廓街道办事处　273b
8月　68b
白定村委会　261c
办公室管理　204c
办理人大、政协提案　242c　254a
办文办会　80c
办学理念　236b
办学特色　238a
办园特色　239b
帮扶解困服务　121a
保安服务　233a
保护民事权益　157c
保护母亲河行动　124a
保密工作　81a
保障“两节”期间产品供应　193c
保障公共服务平台　203a
保障基层平台人才待遇　203a
保障水平有新提升　78a
编译工作　91b
编制城关区土地利用总体规划　172c
便民服务　263c
标定奋进目标路线　152a
殡葬管理　201c
不断完善慈善超市运营　291a
部队改革转隶工作　142c

C

财税体制改革　169b

财务室管理 204c
财政管理 169c
财政收入 166c
"菜篮子"工程 219b
蔡村委会 261a
蔡公堂街道办事处 256a
蔡公堂乡白定支沟防洪工程 221c
参观教学、寓教于乐 118b
参政议政 96c
残疾人联合会工作 200a
藏胞基本情况 117c
草补奖工作 217b
"厕所革命" 249a
查处治安案件 150b
产业发展 57b 87c
产业园区申报 219c
成功申报第二批自治区农产品质量安全县区 219b
城创电子科技信息公司 233c
城关区 2018 年国民经济和社会发展计划执行情况与 2019 年国民经济和社会发展计划草案的报告（节选） 47
城关区 2018 年国民经济和社会发展统计公报 343
城关区安全生产监督管理局 182a
城关区财政局 168a
城关区藏语委办(编译局)133a
城关区城市管理综合执法局 249c
城关区创先争优强基础惠民生活动领导小组办公室 134b
城关区发展和改革委员会 162a
城关区房地产开发公司 195b
城关区扶贫(农发)办公室 222c
城关区妇女联合会 125c
城关区工商业联合会 130a
城关区工业和信息化局 176b
城关区公安局 148c
城关区环境保护局 244a
城关区环境卫生保护局 247b
城关区教育(体育)局 224c
城关区洁达园林绿化投资工程有限公司 229c
城关区净土农业发展有限公司 190b
城关区旅游局 187b
城关区民政局 197a
城关区民族宗教事务局 205a
城关区农机加油一卡通推行 219b
城关区农牧(科技、林业)局 215c
城关区人力资源和社会保障局 202a
城关区人民代表大会常务委员会 82b
城关区人民代表大会常务委员会办公室 85a
城关区人民法院 157a
城关区人民检察院 154a
城关区人民武装部 138a
城关区人民政府 87a
城关区人民政府办公室 90b
城关区商务局 184a
城关区审计局 174b
城关区食品药品监督管理局 179a
城关区水利局 220c
城关区司法局 159c
城关区统计局 166a
城关区卫生和计划生育委员会 209a
城关区文化新闻出版广电局(文物局)213a
城关区消防大队 141a
城关区信访局 131c
城关区住房和城乡建设局 241a
城关区总工会 119b
城关掌上通 115c
城南大队成立 254b
城燊服装贸易公司 233b
城市管理 78b 275c 285a 300a
城市基层党建 106a
城市建设·环保 241
城市综合治理 100c
城乡大病医疗救助 198a
城乡低保 197c
城乡低保稳步提升三年行动计划 198c
城乡环境卫生 269a
城乡居民收入 167a
城乡居民养老保险 203c

城乡一体化 248c
城镇职工养老保险 203c
出租房屋管理 275a
畜牧业生产 216c
传染病防控 210b
创建城关社会用字专项监控网 133b
创建绿色拉萨 230b
创建微信翻译平台 133b
创新创业载体建设 218b
创新社会管理 285b
创新社会治理 147a
创新宣传推介 188b
“春秋两季”防疫 216c
慈善活动和社会公益事业 96a
村级活动场所标准化建设 266c
村级组织标准化建设 274a

D

搭建平台创优代表活动条件 84b
打击侵犯知识产权 186a
打造“高原奶都” 218c
打造风清气正教育生态 225b
大气、水、土壤污染防治 246b
大事记 60
档案工作 81b
档案管理 204b 252a
档案管理与保密工作 85b
党的建设 57a 87a
党风廉政建设 111a 116c 120a 125b 126a 130b 141a 141c 148a 156b 159b 161b 163a 166b 168c 171c 175b 178c 179b 186b 189a 191b 195a 197b 202c 205b 213c 220b 222a 223a 227c 230a 231c 235c 241c 244c 251b 256b 265a 267b 271a 274b 280b 287a 289a 293a 296c 302c 307b 76a 80c 84a 86c 93a 97c 99b
党管意识形态 266b
党建扶贫 195c
党建工作 102b 110b 116b 120a 125a 125c 130a 138b 141b 156a 162b 166b 169a 171c 175a 178b 179b 182c 186b 188c 190c 194c 197a 202a 205b 212c 213b 220b 222c 225c 227b 231b 234c 237b 241b 244b 250a 264c 291c 301c 306c 80b 84a 86b 92a 99a
党外干部及知识分子 118c
党外政协委员 118b
党员队伍 280a
党员队伍建设 256c 296a
党员干部队伍建设 248a
党员干部教育 108a
党员政治教育活动 97b
党支部改选补充 250c
党组织建设 174c
低收入群体 289c
地方病防治 209c
地方志工作 91a
地名管理 201b
第四次全国经济普查 299a
碘盐推广 185b
东西部扶贫协作 299c
冬季牛羊肉市场整顿 252b
动物包虫病防治 217b
动物卫生监督执法 217c
督办各类议案、建议和意见 86a
督查督办 93a
督查工作 252a 82a
队伍建设 132a 155c 76a
对口帮扶 242a
对外交流探索新思路 84c
多元评价，全面发展 237a
夺底街道办事处 265c
恩惠苑社区居委会 260c

E

2017 年城关区娘热阿坝林社区棚户区（323 套） 243b
2017 年江苏路以北老城区棚户区（612 套） 243b
2017 年团结新村基础设施改造项目（733 套） 243b
2017 年小农维修养护项目 221a
2018 年重点领域资金落实情况 170a
2 月 61b
儿童福利 200c

F

发放养老补贴 258b
发挥青少年阵地作用 123a
发展社区集体经济 282c
发展愿景 238c
法 治 144
法律监督 155a
法律援助 160b
法制宣传教育 275b
法治宣传 159c 304b
法治宣传教育 252a
法治政府建设 91b
翻译工作 133a
反分裂斗争 98a
反腐败斗争 103c
防违控违 260b
房产管理 242c
房屋租赁补贴发放 243a
非公党建工作 288c
非公企业党建工作 273c
非洲猪瘟 217a
分级诊疗 212b
丰富职工生活 121b
风湿病筛查 211b
扶贫工作 272c
服务大局 123c
服务会员企业发展 130c
妇联工作 306a
妇联组织建设 129a
妇女儿童“两规”工作 129c
妇女儿童法律知识宣传 127a
妇女儿童维权 126c
妇女思想引领 126b
妇女与健康 128a
妇幼保健 211c
附 录 309

G

嘎玛贡桑街道办事处 295a
改革办工作 81c
干部队伍建设 108c
干部驻村工作 109b
高校毕业生就业 202c
各项经济指标完成情况 270a
耕地占补平衡事宜 172c
工程建设领域安全生产监督管理 242b
工会第六届代表大会 119c
工伤保险 203c
工商资本违法违规租地问题 173c
工业经济 167a
工资福利 204a
公德林街道办事处 287c
公共服务体系建设 186a
公共设施管理 253b
公益性岗位招聘 203b
巩固“禁白”工作成果 245c
共青团城关区委员会 123a
构建高原生态屏障 170a
构建思想引领新格局 123b
固定资产投资 166c
管理流动人员 149a
广播影视 215a
广告公司 233b
规范管理 190a
规范排污许可发放 245c
规划审批 100b

国防后备力量建设　139a
国庆期间重点整治　254a
国土工作取得成效　174a

H

合理安排培训　174c
“河长制”工作　221c　278a
弘扬传承历史文化遗产　214c
红袖标队伍规范化　153c
后勤服务　91c
后装建设　140c
户籍管理　166a
户外广告治理　252c
划转人员,增加编制　254c
化解行政争议　157c
环保督办　229a
环保工作　272b　276a　294c
环保宣传　245a
环境保护　259b　263b　281c　306a
环境投诉、举报受理　245b
环境卫生整治　298a
环卫督查　248b
环卫工作　248a
会务工作　85a　90c
惠民政策　264a
婚姻档案登记管理　201c
火锅市场专项整治　180c
火灾基础防控体系建设　142a
机关管理　85c
机关效能建设　285a
机关作风效能建设　223c
机要工作　81a
基本草原划定　217c
基本建设领域资金保障　170a
基层党建　274a　279b
基层党建工作　147c　151a　286c
基层党组织建设　273c
基层基础不断夯实　75c
基层精神文明建设　136a
基层民政力量建设　201c
基层组织建设　295c
激发基层党组织活力　266a
吉崩岗街道办事处　279b
吉日街道办事处　283c
集体经济　302c
集体经济发展壮大　298c
集体聚餐专项检查　181a
集中学习、统一思想　117a
计划生育　212a
计生、卫生、食品安全　286a
纪律建设　104a
加措棚户区　243a
加快发展学前教育　225a
加荣棚户区　243a
加油站监管　185c
家庭教育　128c
家庭医生签约　211c
坚持从严治警　153c
坚持从优待警　153c
坚持稳中求进 忠诚履职尽责推动新时代纪检监察工作高质量发展　28

J

坚持政治建警　153c
监察体制改革　104c
监督委员会　200a
监管工作　180a
检查整治　153a
建好民兵组织　139b
建立教授工作站　220a
建立项目库　175c
建设领域矛盾隐患排查　132c
建设项目环境管理　245a
建筑垃圾监管和整治　249c
健康城关　299b
健康服务　209a
健康活动　304a
健康事业　77c

健全党建工作机制 247c
交流共建 131b
交通工作 165a
教师专业化水平持续提高 226b
教学特色 239b
教育工作 258b 268c 276c
教育均衡 299c
教育培训 146b
教育事业 171a 77b
教育信息化建设 226c
接待工作 234b
街道概况 256
结核病防治 210b
结核病筛查 211b
解决当地群众就业 192b
解决佛协理事生活补助 118a
解决环境突出问题 246a
解决就业问题 277a
解决历史遗留问题 244a
解决群众就业 232a
巾帼关心关爱 127c
巾帼脱贫行动 129b
金珠西路街道办事处 305a
“禁白”工作 252c 276b
京藏合作交流 302c
经济发展 257b 267c 295b
经济管理 162
经济建设 57a
经济与民生 289a
经济运营 232c
精神文明建设 122c 129c 278b 285a
精准扶贫 167c 192c 194a 221c 257c 263a
精准推进脱贫攻坚 225c
精准脱贫 76c
救灾物资管理 199c
救灾资金管理 199b
就业创业 299a 303a
就业工作 282c
就业和社会保障 269a
9月 69b
决策执行 101a
军 事 138
均衡发展义务教育 225a

K

开展“三区”人才工作 218c
开展“扫黑除恶” 281a
开展“扫黄打非”行动 278b
开展爱国主义教育 234c
开展党员日常活动 191c
开展关爱健康活动 122a
开展环保专项整治行动 246c
开展节前慰问活动 95a
开展普法宣传 280c
开展清理清查 149c
开展扫黑除恶专项行动 152b
开展社会用字大检查 133c
开展私设石墩、铁桩摸底工作 253b
科技人才培养和储备 218c
科技型中小企业申报 218a
科学划分,制定禁养区 219c
科研兴教 239c
科研兴校 238b
课题引领,以研促教 236c

L

垃圾分类 248c
拉萨城发房地产开发有限公司 195c
拉萨城发建设工程有限公司 195b
拉萨城发旅游综合开发有限公司 195c
拉萨城发实业有限公司 194a
拉萨城发投资有限公司 195c
拉萨城顺综合服务有限公司 231a
拉萨河道清理 249b
拉萨市2017年第一批脱贫攻坚整合资金项目 221b
拉萨市八廓古城公安局 151c
拉萨市八廓古城管理委员会 98c

拉萨市城关区 2018年财政预算执行情况和2019年财政预算(草案)报告(节选) 52
拉萨市城关区人民代表大会常务委员会工作报告(节选) 18
拉萨市城关区人民法院工作报告(节选) 37
拉萨市城关区人民检察院工作报告(节选) 41
拉萨市城关区人民政府工作报告(节选) 10
拉萨市第七中学 237c
拉萨市国土资源局城关分局 171c
拉萨市拉鲁湿地国家级自然保护区管理局 227a
拉萨市实验小学 235c
拉萨市实验幼儿园 238c
牢记使命担当高效履职尽责 136b
老干部管理 108b
老龄工作 201a
理论和业务学习 124b
理论武装 150c
理论学习 111c 284a
历史文化名城保护项目 243b
粮食工作 166a
两创”工作 184a
两岛街道办事处 301c
“两学一做”教育常态化、制度化 296a
“两学一做”学习教育 175c 191a 194c 241c 250c 266a 288a 97b
“两学一做”学习教育常态化制度化 270b
亮点工作 262b
临时性执法保障任务完成圆满 253a
6月 66b
流动人员管理 275a
露天烧烤专项整治 252c
洛堆棚户区 243a
落实各项强农惠农富农政策 171b
落实战备制度 140a
落实志愿者相关政策性福利 125a
旅游管理 187a
旅游基础设施建设 187c
旅游培训 188a
旅游事业 76b
旅游质量建设 187c
履行基层党建责任 265c
绿化工程建设 230c

M

慢性非传染性疾病防控 210c
矛盾纠纷 275b
矛盾纠纷排查 146a 301a
矛盾纠纷调处 152c 174a
“门前三包”责任制 252b
米琼日生态修复 218a
免疫规划 210a
瞄准重点强基础惠民生 135c
民兵训练 139c
民间艺术团队 214b
民生保障 89b
民生工作 258a 271a 294a
民生事业 58b
民政工作 269a 277c
民政救助 305b
民主监督 96c
民族团结 283a 286a
民族团结持续巩固 78c
民族团结创建 301a
民族团结活动 208a
民族团结进步模范表彰大会 208a
民族团结事业 208a
墨竹工卡县政协到城关学习考察 96a

N

纳金街道办事处 262b
奶产业建设与发展 193c
奶牛引进 217b
内部建设 174c
内外监督 190a
能动参与社会治理 157b
拟定各街道藏文社会用字规范专干 134a
拟定上报“街巷长”制方案 255a
年货市场专项整治 252c

娘热街道办事处 269c
娘热乡加尔西村五组农田灌溉工程 221a
农产品保护 216a
农村集体土地发证 172b
农村集体资产清产核资 219c
农村土地确权颁证 216b
农工办工作 81c
农牧、水利工作 269a
农牧工作 258c
农牧民专业合作社 193b
农牧区医疗管理 212a
农牧业 263b
农用地转用手续 172c

P

排查矛盾纠纷 150a
培育合作社 216a
配合审计组工作 175c
平安城关建设 147a
平安创建 79b
破解执行难题 157c

Q

7月 67a
其他新建项目 243c
强化组织，全面压实责任 182b
强基惠民 284b
抢抓老城区改造工程 243c
清政府驻藏大臣衙门旧址陈列馆 233c
区人民代表大会 82c
取得成效 229b
全国第二次污染源普查 245c
全国第四次经济普查 167c 276a 303a
“全国综合减灾示范社区”创建活动 199c
全力护航国家安全社会稳定 154b
全面清查堵塞漏洞 152a
全面提升安全素质 183c
全民参保暨社会保障卡数据采集 204a
全民健康 269a
确保社会局势持续稳定 171b
群防群治 146a
群团工作 296a

R

人才工作 108a
人大、政协提案、议案答复 173c
人大常委会会议 83a
人大代表工作 83b
人大工委工作 297c
人大工作 257a 283a
人民调解 306c
人员分类管理 159a
肉菜追溯体系工作 184c

S

3月 62a
“三包”物资发放 193c
三病筛查 303c
“三大”攻坚战 58a 88c
“三个专项”斗争 300b
“三渠一河”专项治理 291a
散养牛专项整治 253a
扫黑除恶、打非治乱 304c
“扫黑除恶”专项斗争 275c
扫黑除恶打非治乱 148a
僧尼“两保一低” 207a
僧尼到各省市参观考察 207a
僧尼自然减员补充 206b
商贸领域安全生产 185c
商贸领域环保工作 186a
少数民族流动人口服务管理 208b
社保工作 272a
社会保障 277a 282a 299a 305b
社会救助工作资金保障 170b
社会救助联席会议制度 198a
社会流动从事宗教人员调查 208b

社会矛盾纠纷排查化解 160a
社会面管控 300c
社会实践,探索发现 236c
社会事业 197
社会事业统筹发展 264a
社会治理 59b 79a 89c
社会综合治理 186c
社会组织管理 201b
社区活动场所标准化建设 296b
社区建设 200a 285c
社区矫正 306b
社区矫正和安置帮教 160c
涉农项目 219a
深化法制与政策宣传 206a
深化源头治理 183b
深圳福田区政协到城关考察 96a
审计工作 176a
生产总值 166c
生态、精神文明建设 259a
生态创建 245b
生态环保 77a
生态环境保护 304a
生态恢复 173b
生态文明建设 228a 268a
生育保险 203c
10月 71a
11月 72a
12月 73a
失业保险 203c
实兵实战处置演练 153b
实施涉农保险 216b
实有人口服务管理 145c
食品安全 277a 283a
食品药品 306a
食品药品安全 259a
市政养护 100a
事业专技人员管理 204b
收集情报信息 150a 152b
守护重点区域 149b
首次召开全区藏语文总结工作暨表彰大会 133b
受区(县)级以上表彰的先进个人名录 321
受区(县)级以上表彰的先进集体名录 309
受援工作 164b
蔬菜惠民直销车 192c
“双联户”工作 147b 275a
双拥工作 200b
双拥共建 140a
水毁项目 221b
水质监测 229b
司法工作 260a 275b 285c
司法公开力度 158c
司法行政业务能力建设 161a
思想建设 247c 75b
思想宣传 280b
思想政治教育 151a
4月 63a
“四讲四爱”群众教育活动 232a
“四讲四爱”群众教育实践活动 113b 191b
“四讲四爱”主题教育实践活动 195a 242a
寺庙服务管理 205c
寺庙基础设施 207c
寺庙僧尼及人员管理 206c
送党关怀、喜迎节日 117c
送教引领 240b
诉讼服务中心建设 158a
索 引 345

T

特 载 1
特困人员救助供养 197c
特色产业 76a
提案办理 98a
提升城市低收入群体生活水平 277b
提升城市低收入人群生活水平 299b
提升队伍素质 122a
提升履约率 176c
体育事业 226c
调研“两创”工作 95c
调研“食品安全及监管”工作 96a

停车场管理 233a
通过创建国家公共文化服务体系示范区终验 214a
统计法律知识学习 167a
统计法制宣传 167b
统计数据分析 167c
统一装备标识 250a
土地矿产卫片检查 173a
土地预审 172c
土地征收 172a
“土十条”工作 216b
团建工作 278c
团委工作 285c
推动党委主体责任落实情况 103a
推动旅游智慧化建设 291b
推进“互联网 +” 184c
推进基建项目实施 226a
推进司法体制改革 155c
推进乡村振兴战略 136a
推进专项斗争 150a
脱贫攻坚 135b 224a
拓宽调解渠道 158b

W

完成穆斯林群众朝觐工作 207a
完成辖区成立中队试点 254c
完成中央、自治区环保督察整改落实 247a
完善各类管理机制 206a
完善落实制度 284a
完善社会保障体系 170c
完善制度,压实责任 132c
“万村千乡”市场工程建设 185a
网格化服务管理 147b
网格化工作 274c
网信工作 115a
违建工作 271c
维护国家安全和社会稳定 157a
维护青少年合法权益 124a
尾随兜售专项整治 253a
卫生工作 232c
卫生计生 305c
卫生监督 211a
卫生健康 277a
卫生应急 212b
慰问基层维稳工作人员 95b
文化产业发展 214a
文化惠民 303b
文化事业 77c
文化科技体育事业发展 171b
文件保密 251c
文件管理和保密工作 91a
文秘工作 85b 90c
文明创建 114b 305c
文明煨桑工作 278c
文物安全 235b
文物保护 214c
文物藏品 234a
稳价保供 193a
“我以城管为荣”首届文艺演出 255b
5 月 64b
“污普”工作 276c
物价工作 165b
物价监测 185b
物业服务 233a
物业管理 242c

X

西藏城馨建设工程有限公司 195b
西藏亚兴建筑有限责任公司 195b
辖区环境卫生综合整治 291a
乡村建设 220a
香草专项整治 253a
项目储备 177c
项目风险评估 254a
项目管理 163c
项目建设 209b
项目审批及备案 163c
项目投入 216a

消费品领域 167a
校园周边整治 145b
协调服务 176c 91a
协助常委会开展各项工作 86a
协助区、市人大做好立法工作 83c
心系藏胞、鼎力相助 118a
新的社会阶层人士概况 119a
新建项目棚户区 243c
信访工作 275b 280c 87a
信访业务办理 132a
信息报送、宣传报道 254b
信息工作 220c 222b 82a
信息化建设 177c
信息上报 260a
行政区划 201a
宣传工作 173a 259c
宣传活动 112b
宣传教育 223c 228b 267a
宣传培训 220c
宣传营造氛围 181b
选送优质兵员 139c
学习贯彻党的十九大精神 134c

Y

严厉查处食品药品违法行为 181b
严抓安全生产 149c 230c
野生动物保护工作 218a
1月 60a
“一标三实”工作 153b
“一门救助、协同办理”198a
医疗保险 203c
医疗卫生 272a
医药卫生体制改革 171a
以保脱贫 268b
以补脱贫 220a 268b
以教脱贫 268b
以迁脱贫 268b
以业脱贫 220a
以业脱贫 268c
以助脱贫 268b
义务植树 218a
意识形态 278a 297a
意识形态工作 293c
意识形态领域建设 288b
因地制宜精准派驻 134b
引导企业投身公益事业 131b
隐患整改 182c
印章管理 252a
营造和谐稳定教育环境 225c
勇立潮头争上游解放思想再出发奋力谱写新时代城关发展新篇章(节选) 1
优化文化市场发展环境 215b
园区土地流转征用款项事宜 192c
援藏工作 199a

Z

灾民临时救助管理制度 199b
灾情信息报送管理 199a
扎细街道办事处 291c
渣土车辆、建筑垃圾乱倒专项整治 253a
掌握“两违”情况 268a
招商引税 232b
召开“3·28”纪念日座谈会 118a
召开城关区妇女第九次代表大会 126a
征地拆迁 260b
整治仓库、家具厂、旧货市场 185a
整治重点行业 149b
政 治 75
政策宣传 117b
政法委职能 144c
政府建设 87b
政务审批 180a
政协常委会召开第八次会议 94c
政协常委会召开第九次会议 95a
政协常委会召开第六次会议 94b
政协常委会召开第七次会议 94b
政协常委会召开第十次会议 95a
政协第九届城关区委员会第三次会议 94a

政协第九届拉萨市城关区委员会常务委员会工作报告(节选) 23
政治文明建设 284c
“支部主题党日”(党建载体)活动 267a
知识产权保护 218b
执法规范化建设 142b
执法整治 252b
植物检疫 217c
指导交流 240a
制度完善 273c
治理辖区木材市场 185a
中共城关区纪律检查委员会(城关区监察委员会) 102a
中共城关区委办公室 80a
中共城关区委统战部 116a
中共城关区委宣传部 110a
中共城关区委员会 75a
中共城关区委政法委员会 144a
中共城关区委组织部(编办) 106a
中国人民政治协商会议城关区委员会 93c
中国人民政治协商会议城关区委员会办公室 97a
中央环保督导组督导整改案件 290c
种植业 216a
重点工作 163a
重点排污企业监管 245c
重视代表议案,建议、批评和意见办理 84b
主次干道简易房摸底调研 253c
住房保障 171b
筑牢“三道防线” 148c
筑牢思想根基 159a
专项宣传活动 146c
专业知识学习 167a
转移就业 258c
自身建设 105b 123a 98b
自治区、拉萨市两级工会调研 122a
自治区党委统战部党外干部处处长任显东调研 95c
自治区政协社会法制外事委员会主任孙永平调研 95b
宗教活动审核上报 206c
宗教领域和谐稳定 78c
综 述 57
综合实践,伴我成长 236b
综合治理 228c 280c 304c
综治办职能 145a
走出去、请进来 177a
组织机构 295b
组织领导重视 131c
组织群众性文化文艺活动 278b
组织召开执常委会 130c
遵行“四条标准” 207c
作风建设 104a